Literatura Hispanoamericana

Enrique Anderson Imbert

HARVARD UNIVERSITY

Eugenio Florit

BARNARD COLLEGE, COLUMBIA UNIVERSITY

HOLT, RINEHART AND WINSTON
New York   Toronto   London

Literatura
Hispanoamericana

Antología e introducción histórica

EDICIÓN REVISADA

Tomo **2**

Library of Congress Catalog Number: 70–86101

Printed in the United States of America
SBN: 03-083455-4

1234   090   98765432

Prefacio

Esta antología ha sido preparada especialmente para los estudiantes de literatura hispanoamericana en los Estados Unidos. Sin embargo, creemos que también ha de ser útil en los países de lengua española. No es un mero texto escolar, sino un repertorio de literatura. Claro está que al elegir sus materiales hemos tenido en cuenta las necesidades pedagógicas; pero en ningún momento hemos rebajado nuestro criterio de selección. Al contrario, nos hemos esforzado en mantener la más alta calidad literaria posible.

Creemos ofrecer un cuadro bastante completo: desde Colón, el primer europeo que describió en castellano sus impresiones del Nuevo Mundo, hasta escritores que nacieron de 1900 a 1930. Cuadro de cuatro siglos y medio de literatura al que hemos puesto una introducción sobre las civilizaciones prehispánicas.

La organización de los textos escogidos sigue un orden rigurosamente histórico; y, en efecto, nuestra antología lleva una mínima historia dentro. Cada capítulo, un período. Cada período, caracterizado según los estilos de sus escritores más notables. Cada escritor, presentado con una semblanza crítica.

Figuran todos los países, todas las tendencias, todos los períodos, pero no todos los géneros, ni siquiera todos los autores importantes. No hemos escatimado espacio a la poesía, al cuento, al ensayo, a la crónica, pero en cambio la novela y el teatro han quedado fuera. Por su extensión, no cabrían en forma completa; y publicar sólo un episodio novelesco o una escena dramática apenas ayudaría al lector a comprender el sentido de la obra original. Para obviar de algún modo esta limitación damos al final una lista complementaria de las más notables novelas y piezas teatrales. Creemos que los profesores, en cuyas manos ponemos esta colección, estimarán las muchas posibilidades que aquí se les ofrece de combinar, de acuerdo con sus propios programas de estudio, la asignación de lecturas suplementarias a los estudiantes.

En los pocos casos en que un escritor desarrolla su tema complaciéndose en largas digresiones nos hemos visto obligados a practicar algunos cortes en el texto. No es una mutilación, sin embargo, pues hemos salvado la unidad profunda de su pensamiento. Unos puntos suspensivos entre corchetes [. . .] indicarán siempre tales cortes.

Lo que sigue al nombre de cada escritor es el título original de su obra. A veces, sobre todo al reproducir páginas de cronistas de Indias, hemos agregado por nuestra cuenta otro titulillo—compuesto en un tipo especial de letra— que acentúa el contenido de un núcleo de acción. En esos textos de los siglos XVI y XVII hemos modernizado la ortografía y modificado levemente la puntuación y el uso de algunas partículas gramaticales, como la copulativa «y», de manera que el lector no tropiece con dificultades innecesarias.

Nos ha parecido superfluo preparar un vocabulario: quien desconozca una palabra puede recurrir a los diccionarios corrientes. En cambio hemos anotado palabras y giros poco comunes y también nombres relacionados con la geografía y la historia de la cultura.

Agradecemos a los editores y escritores que nos han permitido usar sus libros y al señor Frédéric Ernst que con tanta paciencia como discreción ha colaborado en la realización de esta empresa.

Extendemos también nuestra gratitud al Fondo de Cultura Económica de México. Los textos conteniendo juicios o referencias a las obras y los autores que figuran en esta antología han sido extraídos de la *Historia de la literatura hispanoamericana* del Profesor Anderson Imbert, que fue publicada por el Fondo de Cultura Económica (quinta edición, en dos volúmenes, 1966), y se hace con especial autorización de esta Editorial mexicana.

A petición de numerosos profesores y estudiantes, hemos revisado esta antología. Para facilitar su empleo, la hemos dividido en dos volúmenes. Algunas selecciones han sido reemplazadas por otras más recientes y la lista de lecturas complementarias se ha puesto al día.

E. A. I.

E. F.

Contenido

I

1880-1895

MARCO HISTÓRICO: *Nuevas fuerzas económicas y sociales. Prosperidad, inmigración, desarrollo técnico, capitalismo. Mayor estabilidad política. Las oligarquías y la oposición democrática.*

TENDENCIAS CULTURALES: *Culto a las novedades europeas. El Parnaso francés. El naturalismo. La primera generación de «modernistas».*

ROBERTO J. PAYRÓ
JAVIER DE VIANA
BALDOMERO LILLO
TOMÁS CARRASQUILLA
BALDOMERO SANÍN CANO
JUAN ZORRILLA DE SAN MARTÍN

SALVADOR DÍAZ MIRÓN
JOSÉ MARTÍ
MANUEL GUTIÉRREZ NÁJERA
JULIÁN DEL CASAL
JOSÉ ASUNCIÓN SILVA

Los hispanoamericanos que llegaron a la vida pública alrededor de 1880 — es decir, cuando ya sus patrias habían pasado lo peor de la anarquía — admiraban, todavía románticamente, a los héroes de la acción política; pero presentían que, cambiadas las circunstancias, su papel no iba a ser heroico. Con gesto amargo, irónico o decepcionado, según los casos, se apartaron de la lucha y se dedicaron a la literatura. En este período hay escritores muy distintos; pero lo común entre todos ellos parece ser el resentimiento contra las condiciones de vida social inmediatas y el aire jactancioso de ser los primeros en cultivar las letras por las letras mismas. De Rubén Darío en adelante el «modernismo» será un movimiento con dirección inconfundible; pero hasta Rubén Darío sí que se confunden las distintas direcciones de quienes se interesan exclusivamente por la literatura. En este sentido la lista de los «precursores del modernismo» debe ser mucho más larga de lo que se cree. Entremos en este período por la prosa, para salir con la poesía; y, al tratar a los poetas, dejemos para el final a los que han de prevalecer cuando triunfe el modernismo.

1

La prosa narrativa. En Argentina apareció un grupo de escritores que hicieron de la novela una profesión. El tema, predominantemente social, documenta los trastornos de un país que veía derrumbarse por lo menos el optimismo de las grandes presidencias de Mitre, Sarmiento y Avellaneda. Los procedimientos eran realistas y, en algunos casos, con tesis, al modo de los naturalistas. El narrador que con los años gana más y más respeto es ROBERTO J. PAYRÓ (1867-1928). En crónicas, relatos y dramas desperdigó Payró su concepción paciente, comprensiva, honesta, tolerante y esperanzada de la Argentina en transición. Después de un desbroce de veintitantos volúmenes se nos quedan en las manos *El casamiento de Laucha* (1906), *Pago Chico* (1908), que podríamos fundir con los póstumos «Cuentos de Pago Chico», y *Divertidas aventuras del nieto de Juan Moreira* (1910), tres obras estructuradas por un asunto común: los pícaros en la vida argentina. Pero las tres novelas suponen distintos puntos de enfoque, y, claro, cristalizan también en maneras diferentes de estilo. Tres obras, tres miras. La del pícaro, la del humorista y la del sociólogo. *El casamiento de Laucha* es la historia de una canallada. El mundo que allí rezuma es el mundo tal como lo intuye un pícaro, quien toma la palabra y va discurriendo gozoso de sí y confiado en que no existen valores más legítimos que los suyos. Los relatos de *Pago Chico* nos vuelven a evocar la misma realidad apicarada de *El casamiento de Laucha* pero con un importante cambio de perspectiva: los episodios los relata desde fuera un cronista a quien se supone burlón, ajeno al ambiente y documentado con papeles. En *Divertidas aventuras del nieto de Juan Moreira*, en cambio, creó a un pícaro con un propósito absolutamente serio. Se trata de la misma realidad social y humana que hemos visto en las obras anteriores. Pero ahora Payró ha construido los esquemas de esa realidad para que la juzguemos. Ha estirado la materia de la novela sobre los ejes de una teoría del progreso de la República Argentina.

Roberto J. Payró

EN LA POLICÍA

No siempre había sido Barraba el comisario de Pago Chico; necesitóse de graves acontecimientos políticos para que tan alta personalidad policial fuera a poner en vereda a los revoltosos pagochiquenses.

Antes de él, es decir, antes de que se fundara «La Pampa» y se formara el comité de oposición, cualquier funcionario era bueno para aquel pueblo tranquilo entre los pueblos tranquilos.

El antecesor de Barraba fué un tal Benito Páez, gran truquista,[1] no poco aficionado al porrón[2] y por lo demás excelente individuo salvo la inveterada costumbre de no tener gendarmes sino en número reducidísimo — aunque las planillas dijeran lo contrario —, para crearse honestamente un sobresueldo con las mesadas vacantes.

— ¡El comisario Páez — decía Silvestre — se come diez o doce vigilantes al mes!

La tenida de truco[3] en el Club Progreso, las carreras en la pulpería de La Polvadera, las riñas de gallos dominicales, y otros quehaceres no menos perentorios, obligaban a don Benito Páez a frecuentes, a casi reglamentarias ausencias de la comisaría. Y está probado que nunca hubo tanto orden ni tanta paz en Pago Chico. Todo fué ir un comisario activo con una docena de vigilantes más, para que comenzaran los escándalos y las prisiones, y para que la gente anduviera con el Jesús en la boca, pues hasta los rateros pululaban. Saquen otros las consecuencias filosóficas de este hecho experimental. Nosotros vamos al cuento aunque quizá algún lector lo haya oído ya, pues se hizo famoso en aquel tiempo, y los viejos del pago lo repiten a menudo.

Sucedió, pues, que en nuevo jefe de policía, tan entrometido como mal inspirado, resolvió conocer el manejo y situación de los subalternos rurales y sin decir ¡agua va! destacó inspectores que fueran a escudriñar cuanto pasaba en las comisarías. Como sus colegas, don Benito ignoró hasta el útimo momento la sorpresa que se le preparaba, y ni dejó su truco, sus carreras y sus riñas, ni se ocupó de reforzar el personal con gendarmes de ocasión.

Cierta noche lluviosa y fría, en que Pago Chico dormía entre la sombra y el barro, sin otra luz que la de las ventanas del Club Progreso, dos hombres a caballo, envueltos en sendos ponchos, con el ala del chambergo sobre los ojos, entraron al tranquito[4] al pueblo, y se dirigieron a la plaza principal, calados por la lluvia y recibiendo las salpicaduras de los charcos. Sabido es que la Municipalidad corría pareja con la policía, y que aquellas calles eran modelo de intransitabilidad.

Las dos sombras mudas siguieron avanzando sin embargo, como dos personajes de novela caballeresca, y llegaron a la puerta de la comisaría, herméticamente cerrada. Una de ellas, la que montaba el mejor caballo — y en quien el lector perspicaz habrá reconocido al inspector de marras, como habrá reconocido en la otra a su asistente —, trepó a la acera sin desmontar, dió tres fuertes golpes en el tablero de la puerta con el cabo del rebenque . . .

Y esperó.

Esperó un minuto, impacientado por la lluvia que arreciaba, y refunfuñando un terno[5] volvió a golpear con mayor violencia.

Igual silencio. Nadie se asomaba, ni en el interior de la comisaría se notaba movimiento alguno.

Repitió el inspector una, dos y tres veces el llamado, condimentándolo cada uno de ellos con mayor proporción de ajos y cebollas[6] y por fin allá a las cansadas entreabrióse la puerta, vióse por la rendija la llama vacilante de una vela de sebo, y a su luz un ente andrajoso y soñoliento, que miraba al importuno con ojos entre asombrados y dormidos, mientras abrigaba la vela en el hueco de la mano.

— ¿Está el comisario? — preguntó el inspector bronco y amenazante.

El otro, humilde, tartamudeando, contestó:

— No, señor.

— ¿Y el oficial?

— Tampoco, señor.

El inspector, furioso, se acomodó mejor en la montura, echóse un poco para atrás, y ordenó, perentoriamente:

— ¡Llame al cabo de cuarto!

— ¡No . . . no . . . no hay, señor!

— De modo que no hay nadie aquí, ¿no?

— Sí se . . . señor . . . Yo.

— ¿Y usted es agente?

— No, señor . . . yo . . . yo soy preso.

Una carcajada del inspector acabó de

---

[1] Jugador de truque o truco, juego de naipes.
[2] Botijo, recipiente de origen catalán para beber vino.
[3] Sesión o partida de ese juego.

[4] Diminutivo de «tranco»; paso corto de los caballos.
[5] En este caso, voto o juramento; decir palabras mal sonantes.
[6] *Idem.*

asustar al pobre hombre, que temblaba de pies a cabeza.

— ¿Y no hay ningún gendarme en la comisaría?

— Sí, se ... señor ... Está Petronilo ... que lo tra ... lo traí de la esquina bo ... borracho, si se ... señor! ... Está durmiendo en la cuadra.

Una hora después don Benito se esforzaba en vano por dar explicaciones de su conducta al inspector, que no las aceptaba de ninguna manera. Pero afirman las malas lenguas, que cuando no se limitó a dar simples explicaciones, todo quedó arreglado satisfactoriamente; y lo probaría el hecho de que su sistema no sufrió 5 modificación, y de que el preso portero y protector de agentes descarriados siguió largos meses desempeñando sus funciones caritativas y gratuitas.

(De *Pago Chico*, 1908). 10

———————◆———————

De la generación uruguaya que dio sus mejores frutos entre 1895 y 1910 — Rodó, Carlos y María Eugenia Vaz Ferreira, Herrera y Reissig, Carlos Reyles, Florencio Sánchez, Horacio Quiroga — presentaremos aquí a un narrador realista: JAVIER DE VIANA (1868–1926). Escribió una novela, *Gaucha*, (1899), pero acertó más en sus cuentos. Cuentista de garra fue. Y tan abundante que llegó a concebir (él mismo lo dijo) cuatro en tres horas. Sus mejores colecciones son *Campo* (1896), *Gurí y otras novelas* (1901), *Macachines* (1910), *Leña seca* (1911) y *Yuyos* (1912). Produjo otros volúmenes pero cada vez fue mecanizando más sus procedimientos. Había aprendido a contar — él lo dice — en Zola, Maupassant, Turgueniev y Sacher-Masoch. No obstante, su arte es tan espontáneo, tan típico de la conversación, que citar a esos maestros fue una coquetería. Viana construía sus cuentos con anécdotas: una pasión, un crimen, un engaño, una escena de guerra civil o de costumbres campesinas. Y prefería el efectismo de la violencia y la sordidez. Fue un naturalista: es decir, que para él hombres y mujeres eran productos del suelo. «La Tísica» pone de manifiesto su concepción naturalista de la vida. Repárese cómo todo el cuento, de ambiente rústico, presenta a la muchacha como un animal enfermo. Su tema fue la vida del campo.

Javier de Viana

LA TÍSICA

Yo la quería, la quería mucho a mi princesita gaucha, de rostro color de trigo, de ojos color de pena, de labios color de pitanga[1] marchita.

5 Tenía una cara pequeña, pequeña y afilada como la de un cuzco[2]; era toda pequeña y humilde. Bajo el batón de percal, su cuerpo de virgen apenas acusaba curvas ligerísimas: un pobre cuerpo de chicuela anémica. Sus pies 10 aparecían diminutos, aun dentro de las burdas alpargatas; sus manos desaparecían en el exceso de manga de la tosca camiseta de algodón.

A veces, cuando se levantaba a ordeñar, en 15 las madrugadas crudas, tosía. Sobre todo, tosía cuando se enojaba haciendo inútiles esfuerzos para separar de la ubre el ternero grande, en el «apoyo».[3] Era la tisis que andaba rondando sobre sus pulmoncitos indefensos. 20 Todavía no era tísica. Médico yo, lo había constatado.

Hablaba raras veces y con una voz extremadamente dulce. Los peones no le dirigían la palabra sino para ofenderla y empurpurarla[4] 25 con alguna obscenidad repulsiva. Los patrones mismos — buenas gentes, sin embargo — la estimaban poco, considerándola máquina animal de escaso rendimiento.

Para todos era «La Tísica».

30 Era linda, pero su belleza enfermiza, sin los atributos incitantes de la mujer, no despertaba codicias. Y las gentes de la estancia, brutales, casi la odiaban por eso: el yaribá, el caraguatá, todas esas plantas que dan frutos incomestibles, 35 estaban en su caso.

Ella conocía tal inquina y, lejos de ofenderse, pagaba con un jarro de «apoyo» a quien más cruelmente la había herido. Ante los insultos y las ofensas no tenía más venganza que la mirada tristísima de sus ojos, muy grandes, de pupilas muy negras, nadando en unas córneas de un blanco azulado que le servían de marco admirable. Jamás había una lágrima en esos ojos que parecían llorar siempre.

Exponiéndose a un rezongo de la patrona, ella apartaba la olla del fuego para que calentase una caldera para el mate amargo el peón recién venido del campo; o distraía brasas al asado a fin de que otro tostase un choclo . . .[5] ¡Y no la querían los peones!

— La Tísica tiene más veneno que un alacrán — oí decir a uno.

Y a otro que salía envolviendo en el poncho el primer pan del amasijo, que ella le había alcanzado a hurtadillas:

— La Tísica se parece al camaleón: es el animal más chiquito y más peligroso.

A estas injusticias de los hombres se unían otras injusticias del destino para amargar la existencia de la pobre chicuela. Llevada de su buen corazón, recogía pichones de «benteveo» y de «pirincho» y hasta «horneros»[6] a quienes los chicos habían destruído sus palacios de barro. Con santa paciencia los atendía en sus escasos momentos de ocio; y todos los pájaros morían, más tarde o más temprano, no se sabe por qué extraño maleficio.

Cuidaba los corderos guachos[7] que crecían, engordaban y se presentaban rozagantes para

---

[1] Árbol de hojas olorosas y fruto comestible semejante a una guinda negra.
[2] Perro pequeño.
[3] La leche más gruesa que dan las vacas, ovejas, cabras, etc., con el auxilio de la cría.

[4] Hacerla ruborizar. De «púrpura».
[5] Mazorca tierna de maíz.
[6] *Benteveo, pirincho, hornero*. Pájaros.
[7] Huérfano.

aparecer una mañana muertos, la panza hinchada, las patas rígidas.

Una vez pude presenciar esta escena.

Anochecía. Se había carneado[8] tarde. Media res de capón asábase apresuradamente al calor de una leña verde que se «emperraba»[9] sin hacer brasas. Llega un peón:

— ¡Hágame un lugarcito para la caldera!

— ¿Pero no ve que no hay fuego?

— ¡Un pedacito!

— ¡Bueno, traiga, aunque después me llueva un aguacero de retos[10] de la patrona!

Se sacrifican algunos tizones. El agua comienza a hervir en la pava.[11] La Tísica, tosiendo, ahogada por el humo de la leña verde, se inclina para cogerla. El peón la detiene.

— Deje — dice —, no se acerque.

— ¿No me acerque? . . . ¿por qué, Sebastián? — balbucea la infeliz, lagrimeando.

— Porque . . . sabe . . . para ofensa no es . . . pero . . . ¡le tengo miedo cuando se arrima!

— ¿Me tiene miedo a mí? . . .

— ¡Más miedo que al cielo cuando refucila! . . .[12]

El peón tomó la caldera y se fué sin volver la vista. Yo entré en ese momento y ví a la chicuela muy afanada en el cuidado del costillar, el rostro inmutable, siempre la misma palidez en sus mejillas, siempre idéntica tristeza en sus enormes ojos negros, pero sin una lágrima, sin otra manifestación de pena que la que diariamente reflejaba su semblante.

— ¿La hacen sufrir mucho, mi princesita? — dije por decir algo y tratando de ocultar mi indignación.

Ella rió, con una risa incolora, fría, mala, a fuerza de ser buena, y dijo con incomparable dulzura:

— No, señor. Ellos son así, pero son buenos . . . Y después . . . para mí to . . .

Un acceso de tos le cortó la palabra.

Yo no pude contenerme. Corrí. La sostuve en mis brazos entre los cuales se estremecía su cuerpecito, mientras sus ojos, sus ojos de crepúsculo de invierno, sus ojos áridos inmensamente negros, se fijaban en los míos con extraña expresión, con una expresión que no era de agradecimiento, ni de simpatía, ni de cariño. Aquella mirada me desconcertó por completo. Era la misma mirada, la misma, de una víbora de la Cruz[13] con la cual, en circunstancia inolvidable, me encontré frente a frente cierta vez.

Helado de espanto, abrí los brazos. Y antes que me arrepintiese de mi acción cobarde, cuando creía ver a la Tísica tumbada, falta de mi apoyo, la contemplé muy firme, muy segura, arrimando tranquilamente brasas al asado, siempre pálida, siempre serena, la misma tristeza resignada en el fondo de sus pupilas sombrías.

Turbado en extremo, sin saber qué hacer, sin saber qué decir, abandoné la cocina, salí al patio y en el patio encontré al peón de la caldera que me dijo respetuosamente:

— Vaya con cuidado, doctor. Yo le tengo mucho miedo a las víboras; pero, caso obligado, preferiría acostarme a dormir con una víbora crucera y no con la Tísica.

Intrigado e indignado a un tiempo lo tomé por un brazo, lo zamarreé gritando:

— ¿Qué sabe usted?

Él, muy tranquilo, me respondió:

— No sé nada. Nadie sabe nada. Colijo.

— ¡Pero es una infamia presumir de ese modo! — respondí con violencia —. ¿Qué ha hecho esta pobre muchacha para que la traten así, para que la supongan capaz de malas acciones, cuando toda ella es bondad, cuando no hace otra cosa que pagar con bondades las ofensas que ustedes le infieren a diario?

— Oiga, don . . . Decir una cosa de la Tísica, yo no puedo decir. Tampoco puedo decir que el camaleón mata picando, porque no lo he

---

[8] De carnear: matar y descuartizar las reses para aprovechar su carne.

[9] Con el prefijo *en* y el sustantivo *perro* se forma un verbo cuyo significado traslada a acciones del hombre modos propios del animal. En este caso, la leña verde se niega a dar fuego, con la obstinación de un perro que no cede a una orden.

[10] Regaños.

[11] Caldero para hervir agua.

[12] De *refucilo*, «relámpago».

[13] Así llamada por un dibujo en forma de cruz que lleva en la piel. Es muy venenosa.

visto picar a nadie ... Puede ser, puede ser, pero le tengo miedo ... Y a la Tísica es lo mismo... Yo le tengo miedo, todos le tenemos miedo ... Mire, doctor: a esos bichos chiquitos como el alacrán, como la mosca mala, hay que tenerles miedo ...

Calló el paisano. Yo nada repliqué.

Pocos días después partí de la estancia y al cabo de cuatro o cinco meses leí de un diario este breve despacho telegráfico:

«En la estancia X ... han perecido, envenenados con pasteles que contenían arsénico, el dueño Z ..., su esposa, su hija, el capataz y toda la servidumbre, excepto una peona conocida por el sobrenombre de la Tísica.»

(De *Macachines*, 1912).

Los realistas chilenos se dedicaron casi por entero a temas campestres; si se ocupaban de la ciudad la mostraban en relación con el campo. BALDOMERO LILLO (1867–1923) descuella sobre los narradores chilenos de su generación no sólo por la originalidad de su talento, sino también por la novedad de su tema. En los relatos de *Sub Terra* (1904) mostró con vigoroso realismo los sufrimientos del trabajador de las minas de carbón. Hay protesta en sus cuentos; pero la protesta no se queda en grito, sino que se hace literatura. Del mismo lugar del alma de donde le subía la protesta le subía también su comprensión para el roto, el huaso, el indio; fue esta comprensión, más que la protesta, lo que hizo de Lillo uno de los más efectivos escritores de su tiempo. Los cuentos de *Sub Sole* (1907) no son tan buenos como los anteriores.

Baldomero Lillo

EL POZO

Con los brazos arremangados y llevando sobre la cabeza un cubo lleno de agua, Rosa atravesaba el espacio libre que había entre las habitaciones y el pequeño huerto, cuya cerca de ramas y troncos secos se destacaba oscura, casi negra, en el suelo arenoso de la campiña polvorienta.

El rostro moreno, asaz encendido de la muchacha, tenía toda la frescura de los dieciséis años y la suave y cálida coloración de la fruta no tocada todavía. En sus ojos verdes, sombreados por largas pestañas, había una expresión desenfrenada y picaresca, y su boca de labios rojos y sensuales mostraba, al reír, dos hileras de dientes blancos que envidiaría una reina.

Aquella postura, con los brazos en alto, hacía resaltar en el busto opulento ligeramente echado atrás y bajo el corpiño de burda tela, sus pechos firmes, redondos e incitantes. Al andar cimbrábanse el flexible talle y la ondulante falda de percal azul que modelaba sus caderas de hembra bien conformada y fuerte.

Pronto se encontró delante de la puertecilla que daba acceso al cercado y penetró en su interior. El huerto muy pequeño estaba plantado de hortalizas cuyos cuadros mustios y marchitos empezó la joven a refrescar con el agua que había traído. Vuelta de espalda hacia la entrada, introducía en el cubo puesto en tierra, ambas manos y lanzaba el líquido con fuerza delante de sí. Absorta en esta operación, no se dió cuenta de que un hombre, deslizándose sigilosamente por el postigo entreabierto, avanzó hacia ella a paso de lobo, evitando todo rumor. El recién llegado era un individuo muy joven, cuyo rostro pálido, casi imberbe, estaba iluminado por dos ojos oscuros llenos de fuego.

Un ligero bozo apuntaba en su labio superior, y el cabello negro y lacio que caía sobre su frente deprimida y estrecha le daba un aspecto casi infantil. Vestía una camiseta de rayas blancas y azules, pantalón gris y calzaba alpargatas de cáñamo.

El leve roce de las hojas secas que tapizaban el suelo hizo volverse a la joven rápidamente y una expresión de sorpresa y de marcado disgusto se pintó en su expresiva fisonomía.

El visitante se detuvo frente a un cuadro de coles y de lechugas que lo separaba de la moza y se quedó inmóvil, devorándola con la mirada.

La muchacha, con los ojos bajos y el ceño fruncido, callaba enjugando las manos en los pliegues de su traje.

— Rosa — dijo el mozo con tono jovial y risueño, pero que acusaba una emoción mal contenida —, ¡qué a tiempo te volviste! ¡Vaya con el susto que te habría dado!

Y cambiando de acento, con voz apasionada e insinuante, prosiguió:

— Ahora que estamos solos me dirás qué es lo que te han dicho de mí, porque no me oyes y te escondes cuando quiero verte.

La interpelada permaneció silenciosa y su aire de contrariedad se acentuó. El reclamo amoroso se hizo tierno y suplicante.

— Rosa — imploró la voz —, ¿tendré tan mala suerte que desprecies este cariño, este corazón que es más tuyo que mío? ¡Acuérdate que éramos novios, que me querías!

Con acento reconcentrado, sin levantar la vista del suelo, la moza respondió:

— ¡Nunca te dije nada!

— Es cierto, pero tampoco te esquivabas cuando te hablaba de amor. Y el día que te juré casarme contigo no me dijiste que no. Al contrario, te reías y con los ojos me dabas el sí.

— Creí que lo decías en broma.

Una forzada sonrisa vagó por los labios del galán y en tono de doloroso reproche contestó:

— ¡Broma! ¡Mira, aunque se rían de mí porque me caso a fardo cerrado,[1] dí una palabra y ahora mismo voy a buscar al cura para que nos eche las bendiciones.

Rosa, cuya impaciencia y fastidio habían ido en aumento, por toda respuesta se inclinó, tomó el balde y dió un paso hacia la puerta. El mozo se interpuso y con tono sombrío y resuelto exclamó:

— ¡No te irás de aquí mientras no me digas por qué has cambiado de ese modo!

Una oleada de sangre coloreó el pálido rostro del muchacho, un relámpago brotó de sus ojos y con voz trémula por el dolor y por la cólera profirió:

— ¡Ah, perra, ya sé quién es el que te ha puesto así; pero antes que se salga con la suya, como hay Dios que le arrancaré la lengua y el alma.

Rosa, erguida delante de él, lo contemplaba hosca y huraña.

— Por última vez. ¿Quieres o no ser mi mujer?

— ¡Nunca! — dijo con fiereza la joven —. ¡Primero muerta!

La mirada con que acompañó sus palabras fué tan despreciativa y había tal expresión de desafío en sus verdes y luminosas pupilas, que el muchacho quedó un instante como atontado, sin hallar qué responder; pero de improviso, ebrio de despecho y de deseos, dió un salto hacia la moza, la cogió por la cintura y levantándola en el aire, la tumbó sobre la hojarasca.

Una lucha violentísima se entabló. La joven, robusta y vigorosa, opuso una desesperada resistencia y sus dientes y sus uñas se clavaron con furor en la mano que sofocaba sus gritos y la impedía demandar socorro.

Una aparición inesperada la salvó. Un segundo individuo estaba de pie en el umbral

---

[1] Como paquete cerrado, que no se sabe lo que contiene.

de la puerta. El agresor se levantó de un brinco y con los puños cerrados y la mirada centelleante, aguardó al intruso que avanzó recto hacia él, con el rostro ceñudo y los ojos inyectados de sangre.

Rosa, con las mejillas encendidas, surcadas por lágrimas de fuego, reparaba junto a la cerca el desorden de sus ropas. Las desgarraduras del corpiño dejaban entrever tesoros de oculta belleza que su dueña esmerábase en poner a cubierto con el pañolillo anudado al cuello, avergonzada y llorosa.

Entretanto, los dos hombres habían empeñado una lucha a muerte. La primera embestida furibunda y rabiosa puso de manifiesto su vigor y destreza de combatientes. El defensor de la muchacha, también muy joven, era un palmo más alto que su antagonista. De anchas espaldas y fornido pecho, era todo un buen mozo, de ojos claros, rizado cabello y rubios bigotes. Silenciosos, sin más armas que los puños, despidiendo bajo el arco de sus cejas contraídas relámpagos de odio, se atacaban con extraordinario furor. El más bajo, de miembros delgados, esquivaba con pasmosa agilidad los terribles puñetazos que le asestaba su enemigo, devolviéndole golpe por golpe, firme y derecho sobre sus jarretes[2] de acero. La respiración estertorosa silbaba de rabia cada vez que el puño del adversario alcanzaba sus rostros, congestionados y sudorosos.

Rosa, mientras arrancaba con sus dedos las hojas secas adheridas a las negrísimas ondas de sus cabellos, seguía con los ojos llameantes las peripecias de la refriega, que se prolongaba sin ventajas visibles para los campeones enfurecidos, que delante de la moza redoblaban sus acometidas como fieras en celo y que se disputaban la posesión de la hembra que los excita y enamora.

Los cuadros de hortaliza eran pisoteados sin piedad y aquel destrozo arrancó una mirada de desolación a los airados ojos de la joven. La ira que ardía en su pecho se acrecentó, y en el instante en que su ofensor pasaba junto a ella acosado por su formidable adversario, tuvo una súbita inspiración: se agachó y cogiendo un puñado de arena se lo lanzó a la cara. El efecto fué instantáneo, el que retrocedía se detuvo vacilante y en un segundo fué derribado en tierra, donde quedó sin movimiento, oprimido el pecho bajo la rodilla del vencedor.

Rosa lanzó una postrera mirada al grupo y luego, sin preocuparse del cubo vacío, se precipitó fuera del cercado y salvó a la carrera la distancia que la separaba de las habitaciones. Al llegar se volvió para mirar atrás y distinguió entre los matorrales la figura de su salvador que se alejaba, mientras que por la parte opuesta caminaba el vencido apartándose apresuradamente del sitio de la batalla.

La joven se deslizó por los corredores casi desiertos y después de pasar por delante de una serie de puertas, se detuvo delante de una apenas entornada y, empujándola suavemente, transpuso el umbral. Un gran fuego ardía en la chimenea y en el centro del cuarto una mujer en cuclillas delante de una artesa de madera se ocupaba en lavar algunas piezas de ropa. Las paredes blanqueadas y desnudas acusaban la miseria. En el suelo y tirados por los rincones había desperdicios que exhalaban un olor infecto. Una mesa y algunas sillas cojas componían todo el mobiliario y detrás de la puerta asomaba el pasamanos de una escalera que conducía a una segunda habitación, situada en los altos. La mujer, de edad ya madura, corpulenta, de rostro cubierto de pecas y de manchas, sin interrumpir su tarea fijó en la moza una mirada escrutadora, exclamando de pronto con extrañeza:

— ¿Qué tienes, qué te ha pasado?

Rosa, con tono compungido y lacrimoso, respondió:

— ¡Ay, madre! El huerto está hecho pedazos. ¡Las coles, las lechugas, los rábanos, todo lo han arrancado y pisoteado!

El semblante de la mujer se puso rojo como la púrpura.

— ¡Ah! condenada — gritó —, seguro que has dejado la puerta abierta y se ha entrado la chancha[3] del otro lado.

Púsose de pie blandiendo sus rollizos brazos arremangados por encima del codo y se desató en improperios y amenazas.

---

[2] Corva; a veces, talón.

[3] Puerca.

— ¡Bribona! Si ha sido así, apronta el cuero porque te lo voy a arrancar a tiras.

Y con las sayas levantadas se dirigió presurosa a comprobar el desastre.

La atmósfera estaba pesada y ardiente, y el sol ascendía al cenit en un cielo plomizo ligeramente brumoso. En la arena gris y movediza hundíanse los pies, dejando un surco blanquecino. Rosa, que caminaba detrás de su madre, lanzando a todas partes miradas inquietas y escudriñadoras, distinguió después de un instante, por encima de un pequeño matorral, la cabeza de alguien puesto en acecho.

La joven sonrió. Acababa de reconocer en el que atisbaba, a su defensor, quien, viendo que la muchacha lo había descubierto, se incorporó un tanto y le envió con la diestra un beso a través de la distancia. Brillaron los ojos de la moza y sus mejillas se tiñeron de carmín, y a pesar de comprender que, dado el carácter violento de su madre, la aguardaba tal vez una paliza, penetró alegre, casi risueña en el malhadado huerto, dentro del cual se alzaba un coro formidable de gemidos, maldiciones y juramentos.

***

Hija única, Rosa ayudaba a su madre en los quehaceres domésticos, mientras el padre, viejo barretero,[4] luchaba encarnizadamente debajo de la tierra para ganar el mísero salario que era el pan de cada día. La muchacha, aunque rústica, era toda una belleza y una virtud arisca, inaccessible hasta entonces a las seducciones de los galanes que bebían los vientos por aquella beldad de cuerpo sano, exuberante de vida, con la gracia irresistible de la mujer ya formada.

Entre los que más de cerca la asediaban distinguíanse dos mozos gallardos y apuestos, que eran la flor y nata de los tenorios de la mina. Ambos habían puesto sitio en toda regla a la linda Rosa, que recibía sus apasionadas declaraciones con risotadas, dengues y mohines llenos de gracia y de malicia. Amigos desde la infancia, aquel amor había enfriado

sus relaciones, concluyendo por separarlos completamente.

Durante algún tiempo, Remigio el carretillero, un moreno pálido, delgado y esbelto, pareció haber inclinado a su favor el poquísimo interés que prestaba a sus adoradores la desdeñosa muchacha. Pero aquello duró muy poco y el enamorado mozo vió con amarga decepción que el barretero Valentín, su rubio rival, lo desbancaba en el voluble corazón de la hermosa. Esta, que en un principio oía sonriente sus apasionadas protestas, alentándolo a veces con una mirada incendiaria, empezó de pronto a huir de él, a esquivar su presencia, y las pocas ocasiones que lograba hablarla apenas podía arrancarle una que otra frase evasiva, acompañada de un gesto de despego y de disgusto.

El desvío de la moza exaltó su pasión hasta el infinito. Mordido por los celos, redobló sus esfuerzos para reconquistar el terreno perdido, estrellándose contra el creciente desamor de la joven, que cada día demostraba, con señales visibles, su simpatía y preferencia por el otro. La rivalidad de ambos aumentó y el odio anidado en sus corazones hizo de ellos dos enemigos irreconciliables. Vigilábanse mutuamente y echaban mano a todos los medios a su alcance para estorbar al contrario e impedirle que tomase alguna ventaja.

Como siempre, y según la costumbre, el cerco puesto por los galanes a su hija, no inquietaba en lo más mínimo a los padres. Cediese o no al amoroso reclamo, era asunto que sólo a ella le importaba.

Remigio, el desdeñado pretendiente, quiso un día tener con la joven una explicación decisiva y salir, de una vez por todas, de la incertidumbre que lo atormentaba, para lo cual decidió no ir una mañana a su trabajo en el fondo de la cantera. Valentín, que tuvo conocimiento por un camarada de aquella novedad, recelando el motivo que lo ocasionaba, resolvió quedarse para espiar los pasos de su rival, lo que trajo por consecuencia el encuentro del huerto y el terrible combate que se siguió.

Rosa, cuyo corazón dormía aún, había

---

[4] El operario que derriba en las minas el mineral con barra o piqueta.

acogido con cierta coquetería las amorosas insinuaciones de Remigio, que fué el primero en requebrarla. Halagábala aquella conquista que había despertado la envidia de muchas de sus compañeras; pero la vehemencia de aquel amor y la mirada de esos ojos sombríos que se fijaban en los suyos cargados de pasión y de deseos, la hacían estremecer. El miedo al hombre, al macho, aplacaba entonces los ardores nacientes de su carne produciéndole la proximidad del mozo un instintivo sentimiento de repulsión.

Mas, cuando principió a cortejarla el otro, el rubio y apuesto Valentín, un cambio brusco se operó en ella. Poníase encendida a la vista del joven y si le dirigía la palabra, la respuesta incisiva, vivaz y pronta con que dejaba parado al más atrevido, no acudía a sus labios, y después de balbucear uno que otro monosílabo, terminaba por escabullirse corta y ruborosa.

La abierta y franca fisonomía del mozo, su carácter alegre y turbulento, la atrajeron insensiblemente, y el amor escondido hasta entonces en el fondo de su ser, germinó vigoroso en aquella tierra virgen.

Después de la refriega de ese día, la actitud de los dos rivales se modificó. Mientras Valentín seguía cortejando abiertamente a la moza Remigio se limitaba a vigilarla a la distancia. Su pasión, excitada por los celos y aguijoneada por el despecho, se había tornado en una hoguera voraz que lo consumía. Su exaltada imaginación fraguaba los planes más descabellados para tomar venganza, pronta y terrible, de la infiel, de la traidora.

Rosa, por su parte, entregada de lleno a su naciente amor, no se cuidaba gran cosa de su antiguo pretendiente. No le guardaba rencor y sólo sentía por él una desdeñosa indiferencia.

Las cosas quedaron así por algún tiempo. El huerto había sido reparado y los cuadros rehechos, pero nunca se descubrió a los autores del destrozo, ni se supo lo que allí había pasado.

Un día el padre de la muchacha tuvo una idea luminosa. Como el agua para el riego había que acarrearla desde una gran distancia, resolvió abrir un pozo junto al cercado, Comunicado el proyecto a su mujer y a su hija, éstas lo aplaudieron calurosamente. No había grandes dificultades que vencer, pues el terreno sobre el que se asentaba la pequeña población estaba formado por arena negra y gruesa hasta una gran profundidad. A los cuatro metros de la superficie brotaba el agua que se mantenía al mismo nivel en todas las estaciones. Quedó acordada que el domingo siguiente se pondría mano a la obra, para lo cual ofrecieron su concurso los amigos, contándose entre los más entusiastas a Remigio y Valentín.

El día designado llegó y muy de mañana se empezaron los trabajos. La excavación se hizo cerca de la puerta de entrada y al mediodía se había profundizado dos metros. La arena era extraída por medio de un gran balde de hierro atado a un cordel que pasaba por una polea, sujeta a un travesaño de madera.

Los adversarios eran los más empeñosos en la tarea, pero evitando siempre todo contacto. Mientras el uno estaba abajo llenando el balde, el otro estaba arriba apartando la arena de la abertura. En un momento en que Remigio permanecía metido en el agujero, Valentín, pretextando que tenía sed, tiró la pala y se encaminó en derechura a la habitación de Rosa. La joven estaba sentada cosiendo junto a la puerta.

— Vengo a pedirte un vaso de agua. Ando muerto de sed — díjole el obrero, con tono alegre y malicioso.

Rosa se levantó en silencio, con los ojos brillantes, y yendo hacia un rincón del cuarto volvió con un vaso que Valentín cogió junto con la pequeña y morena mano que lo sostenía.

La joven, risueña y sonrojada, profirió:

— ¡Vaya, no la derrames!

Él la miraba sonriente, fascinándola con la mirada. Se bebió el agua de un sorbo y luego, enjugándose los labios con la manga de la blusa, agregó festivo y zalamero:

— Rosa, si para verte fuera preciso tomarse cada vez un vaso de agua, yo me tragaría el mar.

La joven se rió mostrando su blanca dentadura.

— ¡Y así tan salado!

— ¡Así, y con pescados, barcos y todo!

Con una alegre carcajada saludó la moza la ocurrencia.

— ¡Vaya qué tragaderas!

Una voz preguntó desde arriba:

— Rosa, ¿quién está ahí?

— Es Valentín, madre.

Un ¡ah! indiferente pasó a través del techo y todo quedó en silencio.

Valentín había cogido a la moza por la cintura y la atrajo hacia sí. Rosa, con las manos puestas en el amplio pecho del mozo, se resistía y murmuraba, con voz queda y suplicante:

— ¡Vaya! ¡Déjame!

Su combado pecho henchíase como el oleaje en día de tormenta y el corazón le golpeaba adentro con acelerado y vertiginoso martilleo.

El mozo, enardecido, le decía tiernamente:

— ¡Rosa! ¡Vida mía! ¡Mi linda paloma!

La joven, vencida, fijaba en él una mirada desfalleciente, llena de promesas, impregnada de pasión. La rigidez de sus brazos aflojábase poco a poco y a medida que sentía aproximarse aquel aliento que le abrasaba el rostro retrocedía, echando atrás la hermosa cabeza hasta que tocó la pared. Cerró entonces los ojos, y el muchacho con la suya hambrienta acogió en la fresca boca, puesta a su alcance, las primicias de esos labios más encendidos que un manojo de claveles y más dulces que el panal de miel que elabora en las frondas la abeja silvestre.

Un paso pesado que hacía crujir la escalera hizo apartarse bruscamente a los amantes. El obrero abandonó el cuarto diciendo en voz alta:

— ¡Gracias, Rosa, hasta luego!

La joven, agitada y trémula, cogió de nuevo la aguja, pero su pulso estaba tembloroso y se pinchaba a cada instante.

Valentín, mientras caminaba hacia el pozo, pensaba henchido de júbilo que el triunfo final estaba próximo. Si la ocasión protectora de los amantes se presentaba, la rústica belleza sería suya. Su experiencia de avezado galanteador le daba de ello la certeza y no pudo menos que lanzar a Remigio una mirada triunfante cuando uno de los compañeros le dijo con sorna:

— ¡Qué tal el agua! ¿Apagaste la sed?

Retorciéndose el rubio bigote, contestó sentenciosamente:

— Dios sabe más y averigua menos.

Al caer la tarde el pozo quedó terminado.

Tenía cuatro metros de hondura y dos de diámetro y del fondo el agua borbotaba lentamente. Los obreros se apartaron de allí y se fueron a la sombra del corredor a preparar la armadura de madera destinada a impedir el desmoronamiento de las frágiles paredes de la excavación. Remigio se quedó un instante para arreglar un desperfecto de la polea y cuando terminada la compostura iba a seguir tras sus compañeros, la falda azul de Rosa entrevista a través del ramaje de la cerca lo hizo mudar de determinación y cogiéndose de la cuerda se deslizó dentro del agujero.

La joven, que no lo había visto, iba a coger algunas hortalizas para la merienda y pensaba echar de paso una mirada a la obra y ver si ya el agua empezaba a subir.

Remigio, de pie, arrimado a la húmeda muralla, aguardaba callado e inmóvil; Rosa se acercó con precaución hasta el borde de la abertura y miró dentro.

La presencia del mozo la sorprendió, pero luego una picaresca sonrisa asomó a sus labios. Alargó la mano, cogió la cuerda, cuya extremidad estaba arriba atada a una estaca y de un brusco tirón hizo subir el balde hasta la polea y lo mantuvo allí enrollando el resto del cordel en uno de los soportes del travesaño.

El obrero no trató de impedir aquella maniobra. Había alcanzado a percibir el fugaz rostro de la joven cuando se inclinaba hacia abajo y aquella broma le pareció un síntoma favorable en su desairada situación. Alzó la vista y se quedó esperando con impaciencia el resultado de aquella jugarreta.

De pronto oyó una exclamación ahogada y algo semejante al rumor de una lucha vino a interrumpir el silencio de aquella muda escena. Enderezóse como si hubiera visto una serpiente y aguzando el oído se puso a escuchar con toda su alma. Una voz armoniosa, blanda como una queja murmuraba frases entrecortadas y suplicantes y otra más grave y varonil la respondía con un murmullo apasionado y ardiente. El ruido pareció alejarse en dirección al huerto, el postigo se cerró con estrépito, las hojas secas crujieron como el lecho blando y muelle que recibe su carga nocturna, todo rumor se apagó.

Remigio se puso pálido como un muerto, crispáronse sus músculos y sus dientes rechinaron de furor. Había reconocido la voz de Valentín y en un acceso de cólera salvaje se revolvió como un tigre dentro del pozo, golpeando con los puños las húmedas paredes y dirigiendo hacia arriba miradas enloquecidas por la rabia y la desesperación.

De improviso sintió que desgarraba sus carnes la hoja de un agudísimo puñal. Un grito ligero, rápido como el aleteo de un pájaro, había cruzado encima de él. Toda la sangre se le agolpó al corazón, empañándose sus ojos y una roja llamarada lo deslumbró.

Y mientras por la atmósfera cálida y sofocante resbalaba la acariciadora y rítmica sinfonía de los ósculos fogosos e interminables, Remigio, dentro del hoyo, sufría las torturas del infierno. Sus uñas se clavaban en su pecho hasta hacer brotar la sangre y el pedazo de cielo azul que percibía desde abajo le recordaba la visión de unos ojos claros, límpidos y profundos, cuyas pupilas húmedas por las divinas embriagueces reflejarían en ese instante la imagen de otros ojos que no era la sombría y tenebrosa de los suyos.

Por fin, los goznes de la puertecilla rechinaron y un cuchicheo rápido, al que siguió el chasquido de un beso, hirió los oídos del prisionero, quien un instante después sintió los pasos de alguien que se detenía al borde de la cavidad. Una sombra se proyectó en el muro y una voz burlona profirió desde arriba una frase irónica y sangrienta que era una injuria mortal.

Un rugido se escapó del pecho de Remigio, palideció densamente y sus ojos fulgurantes midieron la distancia que lo separaba de su ofensor, quien soltando una risotada desató la cuerda y la dejó deslizarse por la polea.

El primer impulso del preso fué precipitarse fuera en persecución de su enemigo, pero un súbito desfallecimiento se lo impidió. Repuesto un tanto iba a emprender el ascenso cuando una ligera trepidación del suelo producida por un caballo que, perseguido por un perro, pasaba al galope cerca de la abertura, hizo desprenderse algunos trozos de las paredes y la arena subió hasta cerca de sus rodillas, sepultando el balde de hierro. El temor de perecer enterrado vivo, sin que pudiera saciar su rabiosa sed de venganza, le dió fuerzas, y ágil como un acróbata se remontó por la

cuerda tirante y se encontró fuera de la excavación.

Una vez libre, se quedó un instante indeciso acerca del rumbo que debía seguir. En derredor de él la llanura se extendía monótona y desierta bajo el cielo de un azul pálido que el sol teñía de oro en su fuga hacia el horizonte. El ambiente era de fuego y la arena abrasaba como el rescoldo de una hornada inmensa. A un centenar de pasos se alzaban las blancas habitaciones de los obreros rodeadas de pequeños huertos protegidos por palizadas de ramas secas.

¡Qué suma de trabajo y de paciencia representaba cada uno de aquellos cercados! La tierra, acarreada desde una gran distancia, era extendida en ligeras capas sobre aquel suelo infecundo cual una materia preciosa cuya conservación ocasionaba a veces disputas y riñas sangrientas.

Remigio, preso de una tristeza infinita, paseó una mirada por el paisaje y lo encontró tétrico y sombrío.

El caballo cuyo paso cerca del pozo había estado a punto de producir un hundimiento, galopaba aún, allá lejos, levantando nubes de polvo bajo sus cascos. Pero el recuerdo de las ofensas se sobrepuso muy pronto, en el mozo, al abatimiento, y el aguijón de la venganza despertó en su alma inculta y semibárbara las furias implacables de sus pasiones salvajes.

Ningún suplicio le parecía bastante para aquellos que se habían burlado tan cruelmente de su amoroso deseo y juró no perdonar medio alguno para obtener la revancha. Y engolfado en esos pensamientos se encaminó con paso tardo hacia las habitaciones. A pesar de que el amor se había trocado en odio, sentía un deseo punzante de encontrarse con la joven para inquirir en su rostro, antes tan amado, las huellas de las caricias del otro.

Muy luego atravesó el espacio vacío que había entre el pozo y los primeros huertos. En este día de fiesta, en medio de las mujeres y de los niños, los hombres iban y venían por los corredores con el pantalón de paño sujeto por el cinturón de cuero y la camiseta de algodón ceñida al busto amplio y fuerte. Por todas partes se oían voces, alegres gritos y carcajadas, el ladrido de un perro y el llanto desesperado de alguna criatura.

Frente al cuarto de Rosa, el padre de ésta y varios obreros trabajaban con ahinco en la armadura de madera que debía sostener los muros de la excavación. Remigio se detuvo en el ángulo de una cerca, desde el cual podía ver lo que pasaba en la habitación de la joven, quien delante de la puerta, con los torneados brazos desnudos hasta el codo, retorcía algunas piezas de ropa que iba extrayendo de un balde puesto en el suelo. Valentín, apoyado en el dintel en una apostura de conquistador, le dirigía frases que encontraban en la moza un eco alegre y placentero. Su fresca risa atravesaba como un dardo el corazón de Remigio, a quien la felicidad de la pareja no hacía sino aumentar la ira que hervía en su pecho. En el rostro de la joven había un resplandor de dicha y sus húmedas pupilas tenían una expresión de languidez apasionada que acrecentaba su brillo y su belleza.

Estrujada la última pieza de tela, Rosa cogió el balde y se dirigió a uno de los cercados seguida de Valentín, que llevaba en la diestra un rollo de cordel. El rubio mocetón ató las extremidades de la cuerda en las puntas salientes de dos maderos, ayudando en seguida a suspender de ellas las prendas de vestir. Sin adivinar que eran espiados, proseguían su amorosa plática al abrigo de las miradas de los que estaban en el corredor, cuando de súbito Valentín percibió a veinte pasos, pegada a la cerca, la figura amenazadora de su rival y queriendo hacerle sentir todo el peso de la derrota y la plenitud de su triunfo, rodeó con el brazo izquierdo el cuello de la joven y echándole la cabeza atrás, la besó en la boca. Después le habló al oído misteriosamente.

Remigio, que contemplaba la escena con mirada torva, vió a la moza volverse hacia él con rapidez, mirarlo de alto abajo y soltar, en seguida, una estrepitosa carcajada. Luego, desasiéndose de los brazos que la retenían, echó a correr acometida por una risa loca.

El ofendido mozo se quedó como enclavado en el sitio. Una llamarada le abrasó el rostro y enrojeció hasta la raíz de los cabellos. Cegado por el coraje avanzó algunos pasos, tambaleándose como un ebrio.

En dirección al pozo caminaba Valentín, cantando a voz en cuello una insultante copla:

El tonto que se enamora
es un tonto de remate
trabaja y calienta el agua
para que otro se tome el mate.

Remigio, con la mirada extraviada, lo siguió. Sólo un pensamiento había en su cerebro: matar y morir; en el paroxismo de su cólera se sentía con fuerza para acometer a un gigante.

Valentín se había detenido al borde de la excavación y tiraba de la cuerda para hacer subir el balde, pero viendo que la arena que lo cubría hacía inútiles sus esfuerzos, se deslizó al fondo para librarlo de aquel obstáculo. Remigio, al verlo desaparecer, se detuvo un momento, desorientado, mas una siniestra sonrisa asomó luego a sus labios y apretando el paso se acercó a la abertura y desató la cuerda, la cual se escurrió por la polea y cayó dentro del hoyo. El obrero se enderezó: su enemigo quedaba preso y no podría escapársele. ¿Mas cómo rematarlo? Sus ojos que escudriñaban el suelo buscando un arma, una piedra, se detuvieron en las huellas del caballo, despertándose en él, de pronto, un recuerdo, una idea lejana. ¡Oh, si pudiera lanzar diez, veinte caballos sobre aquel terreno movedizo! Y a su espíritu sobreexcitado acudieron extrañas ideas de venganza, de torturas, de suplicios atroces. De improviso se estremeció. Un pensamiento rápido como un rayo había atravesado su cerebro. A cincuenta metros de allí, tras uno de los huertos, había una pequeña plazoleta, donde un centenar de obreros se entretenían en diversos juegos de azar: tirando los dados y echando las cartas. Oía distintamente sus voces, sus gritos y carcajadas. Allí tenía lo que le hacía falta y en algunos segundos ideó y maduró un plan.

El día declinaba, las sombras de los objetos se alargaban más y más hacia el oriente cuando los jugadores vieron aparecer delante de ellos a Remigio, que, con los brazos en alto, en ademán de suprema consternación, gritaba con voz estentórea:

—¡Se derrumba el pozo! ¡Se derrumba el pozo!

Los obreros se volvieron sorprendidos y los que estaban tumbados en el suelo se pusieron de pie bruscamente como un resorte. Todos clavaron en el mozo sus ojos azorados, pero ninguno se movía. Mas, cuando le oyeron repetir de nuevo:

5 — ¡El pozo se ha derrumbado! ¡Valentín está dentro! — comprendieron y aquella avalancha humana, rápida como una tromba, se precipitó hacia la excavación.

Entretanto, Valentín, ignorante del peligro
10 que corría, había extraído el balde, el cual, por no ser allí necesario, le había sido reclamado por la madre de Rosa. La caída de la cuerda no le causó sorpresa y la achacó al impotente despecho de su rival, cuyos pasos había
15 sentido arriba, pero no se alarmó por ello, porque de un momento a otro vendrían a colocar la armadura de madera y quedaría libre de su prisión. Mas, cuando oyó el lejano clamoreo y la frase «se derrumba el pozo»
20 llegó distintamente hasta él, sintió el aletazo del miedo y la amenaza de un peligro desconocido hizo encogérsele el corazón. El tropel llegaba como un alud. El obrero dirigió a lo alto una mirada despavorida y vió con espanto
25 desprenderse pedazos de las paredes. La arena se deslizaba como un líquido negro y espeso que se amontonaba en el fondo y subía a lo largo de sus piernas.

Dió un grito terrible, el suelo se conmovió
30 súbitamente y un haz apretado de cabezas, formando un círculo estrecho en torno de la abertura, se inclinó con avidez hacia abajo.

Un alarido ronco se escapaba de la garganta de Valentín:

35 — ¡Por Dios, hermanos, sáquenme de aquí!

La arena le llegaba al pecho y como el agua en un recipiente, seguía subiendo con intermitencias, lenta y silenciosamente.

40 En derredor del pozo la muchedumbre aumentaba por instantes. Los obreros se oprimían, se estrujaban, ansiosos por ver lo que pasaba abajo. Un vocerío inmenso atronaba el aire. Se oían las órdenes más contra-
45 dictorias. Algunos pedían cuerdas y otros gritaban:

— ¡No, no, traigan palas!

Habíase pasado debajo de los brazos de Valentín un cordel, del cual los de arriba
50 tiraban con furia; pero la arena no soltaba la presa, la retenía con tentáculos invisibles que

se adherían al cuerpo de la víctima y la sujetaban con su húmedo y terrible abrazo.

Algunos obreros viejos habían hecho inútiles esfuerzos para alejar a la ávida multitud, cuyas pisadas removiendo el suelo no harían sino precipitar la catástrofe. El grito «¡El pozo se derrumba!» había dejado vacías las habitaciones. Hombres, mujeres y niños corrían desolados hacia aquel sitio, coadyuvando así, sin saberlo, al siniestro plan de Remigio, quien, con los brazos cruzados, feroz y sombrío, contemplaba a la distancia el éxito de la estratagema.

Rosa pugnaba en vano por acercarse a la abertura. Sus penetrantes gritos de angustia resonaban por encima del clamor general, pero nadie se cuidaba de su desesperación y la barrera que le cerraba el camino se hacía a cada instante más infranqueable y tenaz.

De pronto un movimiento se produjo en la turba. Una anciana desgreñada, despavorida, hendió la masa viviente que se separaba silenciosa para darle paso. Un gemido salía de su pecho:

— ¡Mi hijo, hijo de mi alma!

Llegó al borde y sin vacilar se precipitó dentro del hoyo. Valentín clamó con indecible terror:

— ¡Madre, sáqueme de aquí!

Aquella marea implacable que subía lenta, sin detenerse, lo cubría ya hasta el cuello y, de improviso, como si el peso que gravitaba encima hubiese sufrido un aumento repentino, se produjo un nuevo desprendimiento y la lívida cabeza con los cabellos erizados por el espanto desapareció apagándose instantáneamente su ronco grito de agonía. Pero, un momento después, surgió de nuevo, los ojos fuera de las órbitas y la abierta boca llena de arena.

La madre, escarbando rabiosamente aquella masa movediza, había logrado otra vez poner en descubierto la amoratada faz de su hijo y una lucha terrible se trabó entonces en derredor de la rubia cabeza del agonizante. La anciana, puesta de rodillas, con el auxilio de sus manos, de sus brazos y de su cuerpo, rechazaba, lanzando alaridos de pavor y de locura, las arenosas ondas que subían, cuando el último hundimiento tuvo lugar. La corteza sólida carcomida por debajo se rompió en varios sitios. Los que estaban cerca del borde sintieron que el piso cedía súbitamente bajo sus pies y rodaron en confuso montón dentro de la hendidura. El pozo se había cegado, la arena cubría a la mujer hasta los hombros y sobrepasaba más de un metro por encima de la cabeza de Valentín.

Cuando después de una hora de esforzada y ruda labor se extrajo el cadáver, el sol había ya terminado su carrera, la llanura se poblaba de sombras y desde el occidente un inmenso haz de rayos rojos, violetas y anaranjados, ⁵ surgía debajo del horizonte y se proyectaba en abanico hacia el cenit.

(De *Sub Terra*, 1956).

En Colombia el gran novelista de estos años es TOMÁS CARRASQUILLA (1858–1940). Talento de escritor le sobraba. También dominio de una lengua sabrosa en modismos regionales, castiza y dorada en su raíz última, desenvuelta y ágil en sus atrevimientos. Pero no tomó en serio el oficio de novelar. Borroneaba cuartillas sin pensar en el público; ni siquiera se proponía publicar. Casi como apuesta para probar que Antioquia se prestaba como escenario novelesco se avino a escribir *Frutos de mi tierra* (1896), «tomada directamente del natural — dice el mismo Carrasquilla — sin idealizar en nada la realidad de la vida.» El escribir en el vacío, sin público y sin aspiración al libro, dañó la armazón de sus relatos. Son de variada estructura, de variados temas: novelas (*Grandeza*. 1910; *La Marquesa de Yolombó*, 1926; *Hace tiempo. Memorias de Eloy Gamboa*, 1935–36); novelines (*Luterito*, 1899; *Salve, Regina*, 1903; *Entrañas de niño*, 1906; *Ligia Cruz*, 1920; *El Zarco*, 1922); y cuentos folklóricos, fantásticos, psicológicos, simbólicos (entre los mejores, «En la diestra de Dios Padre», 1897; «El ánima sola», 1898; «¡A la plata!», 1901; «El Angel», 1914; «El rifle», 1915; «Palonegro», 1919).

En «¡A la plata!» Carrasquilla no sólo nos da un cuadro costumbrista, sino también un estudio psicológico sobre el sentimiento del honor: el padre codicioso que sin ningún escrúpulo quiere perder a su hija en los brazos de un hombre rico, pero que se considera deshonrado cuando averigua que la hija ha tenido amores con un hombre pobre.

Tomás Carrasquilla

¡A LA PLATA!

Aquel enjambre humano debía presentar a vuelo de pájaro el aspecto de un basurero. Los sombreros mugrientos, los forros encarnados de las ruanas,[1] los pañolones oscuros y sebosos, 5 los paraguas apabullados, tantos pañuelos y trapajos retumbantes, eran el guardarropa de un Arlequín. Animadísima estaba la feria: era primer domingo de mes, y el vecindario todo había acudido a Renovación. Destellaba un 10 sol de justicia; en las tasajeras[2] de carne, de esa carne que se acarroñaba[3] al resistero,[4] buscaban las moscas donde incubar sus larvas; en los tendidos de cachivaches se agrupaban las muchachas campesinas, sudorosas y sofo-15 cadas, atraídas por la baratija, mientras las magnatas sudaban el quilo, a regateo limpio, entre los puestos de granos, legumbres y panela.[5] Ese olor de despensa, de carnicería, de transpiración de gentes, de guiñapos sucios, 20 mezclados al olor del polvo y al de tanta plebe y negrería, formaban, sumados, la hediondez genuina, paladinamente manifestada, de la humanidad. Los altercados, los diálogos, las carcajadas, el chillido, la rebatiña vertiginosa 25 de la venduta,[6] componían, sumados también, el baladro de la bestia. Llenaba todo el ámbito del lugarón.

Sonó la campana, y cátate al animal aplacado. Se oyó el silencio, silencio que parecía 30 un asueto, una frescura, que traía como ráfagas de limpieza ... hasta religioso sería ese silencio. Rompiólo el curita con su voz gangosa; contestóle la muchedumbre, y, acabada la prez, reanudóse aquello. Pero por un instante solamente, porque de pronto sintióse el pánico, y la palabra «¡Encierro!» vibró en el aire como preludio de juicio final. Encierro era, en toda regla. Los veinte soldados del piquete, que inopinada y repentinamente acababan de invadir el pueblo, habíanse repartido por las cuatro esquinas de la plaza, a bayoneta calada. Fué como un ciclón. Desencajados, trémulos, abandonándolo todo, se dispararon los hombres y hasta hembras también, a los zaguanes y a la iglesia. ¡Pobre gente!; todo en vano, porque, como la amada de Lulio,[7] «ni en la casa de Dios está segura.»

De allí sacaron unas decenas. Cayó entre los cazados el Caratejo[8] Longas. Lo que no lloró su mujer, la señá Rufa, llorólo a moco tendido María Eduvigis, su hija. Fuése ésta con súplicas al alcalde. A buen puerto arrimaba: cabalmente que al Caratejo no había riesgo de largarlo. ¡Figúrense! El mayordomo de Perucho Arcila, el rojo más recalcitrante y más urdemales en cien leguas a la redonda: ¡un pícaro, un bandido! Antes no era tanto para todo lo rojo que era el tal Arcila.

Ya desahuciado y en el cuartel, llamó el Caratejo a conferencia a su mujer y a su hija, y habló así:

— A lo hecho, pecho. Corazón con Dios, y peganos del manto de María Santísima. A yo, lo que es matame, no me matan. Allá verán que ni an[9] mal me va. Ello más bien es maluco dejalas como dos ánimas; pero ai les dejo maiz pa mucho tiempo. Pa desgusanar el ganao del patrón, y pa mantener esas mangas[10] bien

---

[1] Capotes de monte.
[2] Tasajos, pedazos cortados.
[3] Podría.
[4] Calor causado por la reverberación del sol.
[5] Pan de azúcar morena.
[6] Almoneda, venta.
[7] Raimundo Lulio (1235–1315), poeta y filósofo catalán, de juventud alegre y disipada.
[8] Que tiene carate: enfermedad de la piel, sarna.
[9] *An* es contracción de aun: ni aun mal me va.
[10] Porciones de praderas o de minas, naturalmente separadas.

limpias, vustedes lo saben hacer mejor que yo. Sigan con el balance[11] de la güerta y de los quesitos, y métanle a esas placeñas[12] y a las amasadoras[13] los güevos hasta las cachas,[14] y allá verán cómo nos enredamos la pita.[15] Mirá, Rufa: si aquellos muchachos acaban de pagar la condena antes que yo güelva,[16] no los almitás[17] en la casa, de mantenidos. Que se larguen a trabajar, o a jalale[18] a la vigüela y a las décimas si les da la gana. ¡Y no s'infusquen[19] por eso! . . . ultimadamente, el gobierno siempre paga.

Y su voz selvática, encadenada en gruñidos, con inflexiones y finales dejativos, ese acento característico de los campesinos de nuestra región oriental, los acompañaba el orador con mil visajes y mímicas de convencimiento, y un aire de socarronería y unos manoteos y paradas de dedo de una elocuencia verdaderamente salvaje. Ayudábale el carate. Por aquella cara larga, y por cuanto mostraba de aquel cuerpo langaruto[20] y cartilaginoso, lucía el jaspe, con vetas de carey, con placas esmeriladas y nacarinas. Pintoresco forro el de aquella armazón.

Ensartando y ensartando, dirigióse al fin a la hija, y, con un tono y un gesto allá, que encerraban un embuchado de cosas, le dice, dándole una palmadita en el hombro:

— Y vos, no te metás de filática[21] con el patrón: ¡es muy abierto!

¡Culebra brava la tal Eduvigis! Sazonado por el sol y el viento de la montaña era aquel cuerpo en que no intervinieron ni artificio ni deformación civilizadoras; obra premiada de naturaleza. Las caderas, el busto bien alto, la proclamaban futura madre de la titanería laboradora. El cabello negro, de un negror profundo, se le alborotaba, indomable como una pasión; y en esos ojos había unas promesas, unos rechazos y un misterio, que hicieron empalidecer a más de un rostro masculino. Un toche[22] habría picado aquellos labios como pulpa de guayaba madura; de perro faldero eran los dientes, por entre los cuales asomaba tal cual vez, como para lamer tanta almíbar, una puntita roja y nerviosa. Por este asomo lingüístico de ingénito coquetismo,[23] la regañaba el cura a cada confesión, pero no le valía. Así y todo, mostrábase tan brava y retrechera, que un cierto galancete hubo de llevarse, en alguna memorable ocasión, un sopapo que ni un trancazo. Fuera de que el Caratejo la celaba a su modo. Él tenía su idea. Tanto que, apenas separado de la muchacha, se dijo, hablado y todo y con parada de dedo:

— Verán cómo el patrón le quebranta agora los agallones.[24]

Y pocos días después partió el Caratejo para la guerra.

*
* *

Rufa, que se entregó en poco tiempo y por completo al vicio de la separación, cuando los dos hijos partieron a presidio, bien podría ahora arrostrar esta otra ausencia, por más que pareciera cosa de viudez. ¡Y tanto como pudo! Ni las más leves nostalgias conyugales, ni quebraderos de cabeza porque volara el tiempo y le tornase el bien ausente, ni nada, vino a interrumpir aquel viento de cristiana filosófica indolencia. A vela henchida, gallarda y serenísima, surcaba y surcaba por esos mares de leche. Y eso que en la casa ocurrió algo, y aun algos, por aquellos días. Pero no: sus altas atribuciones de vaquera labradora y mayordoma de finca, en que dió rumbo a sus actividades y empleo a la potencia judaica que hervía en su carácter, no le daban tiempo ni lugar para embelecos y enredos de otro orden. ¡Lo que es tener oficio! . . .

Hembra de canela e inventora de dineros era

---

[11] Trabajo, negocio.
[12] Habitantes de la ciudad, que venden en las plazas.
[13] Que amasan, que hacen masas de panadería, usando huevos.
[14] Vendan huevos hasta llenar completamente las canastas de los panaderos y otros comerciantes. (Meter el cuchillo hasta las cachas: hasta la empuñadura, completamente).
[15] Lazo.
[16] Vuelva.
[17] Admitas.
[18] Tirarle las cuerdas, tocar la guitarra.
[19] Ofusquen, enojen.
[20] Larguirucho, flaco.
[21] Respondona, arguciosa, discutidora.
[22] Bellísima ave.
[23] Coquetería; de coqueta, mujer que por vanidad procura agradar a los hombres.
[24] Agallas, amígdalas; en sentido figurado, por el ver las agallas al que abre ansiosamente la boca para engullir, es «ánimo desafiante», «codicia», «desvergüenza.»

la tal Rufa Chaverra. Arcila declaróla luego espejo de administradoras. Ella se iba por esas mangas, y, a güinchazo[25] limpio, extirpaba cuanta malecilla o yerbajo intruso asomase la cabeza. Con sapientísima oportunidad salaba y ponía el fierro a aquel ganado, cuyo idioma parecía conocer, y a quien hacía los más expresivos reclamos, bien fuese colectiva o individualmente, ya con bramido bronco, igual que una vaca, si era a res mayor, ahora melindroso, si se trataba de parvulillos; y siempre con el nombre de pila, sin que la Chapola se le confundiese con la Cachipanda, ni el Careperro con el Mancoreto. Hasta medio albéitara[26] resultaba en ocasiones. Mano de ángel poseía para desgusanar, hacer los untos y sobaduras, y gran experiencia y fortuna en aplicar menjurjes por dentro y por fuera. La vaca más descastada y botacrías no se la jugaba a Rufa; que ella, juzgando por el volumen y otras apariencias, de la proximidad del asunto, ponía a la taimada, en el corral, por la noche; y, si alguna vez se necesitaba un poco de obstetricia, allí estaba ella para el caso. En punto a echar argollas a los cerdos más bravíos, y de hacer de un ternero algo menos ofensivo, allá se las habría con cualquier itagüiseño[27] del oficio. Iniciada estaba en los misterios del harem, y cuando al rebuzno del pachá[28] respondían eróticos relinchos, ella sabía si eran del caso o no eran idilios a puerta cerrada, y cuál la odalisca que debía ir al tálamo. Porque sí o porque no, nunca dejaba de apostrofar al progenitor aquel con algo así:

—¡Ah taita, como no tenés más oficio que jartar,[29] siempre estás dispuesto pa la vagamundería!

Si tan facultativa y habilidosa era para manejar lo ajeno, cuánto y más no sería para lo propio. Ni se diga de los gajes con la leche que le correspondía, ni de los productos del gallinero, ni de esa huerta donde los mafafales[30] alternaban, con la achira,[31] los repollos con las pepineras,[32] las vitorias[33] con las auyamas.[34]

Pues resultó que todo estuvo a pique de perderse. Del huracán que ahora corre, llegaron ráfagas hasta la montañesa. Supo que unas amigas y comadres mazamorreaban[35] a orillas de La Cristalina, riachuelo que corre obra de dos millas de la casa de Arcila. Lo mismo fué saber que embelecarse. So pretexto de buscar un cerdo que dizque se le había remontado, fuése a las lavanderas de oro, y con la labia y el disimulo del mundo, les sonsacó todas las mañas y particularidades del oficio. Ese mismo día se hizo a batea, y vierais a la rolliza campesina, con las sayas anudadas a guisa de bragas, zambullida hasta el muslo, garridamente repechada, haciéndole bailar a la batea la danza del oro con la siniestra mano, mientras que con la diestra iba chorreando el agua sobre la fina arena, donde asomaban los ruedos oscuros de la jagua.[36] Al domingo siguiente cambió el oro, y cual se le ensancharía el cuajo[37] cuando amarrados, a pico de pañuelo, treinta y seis reales de un boleo.

Dada a la minería pasara su vida entera, a no ser por un cólico que la retuvo en cama varios días, y que le repitió más violento al volver al oficio. Mas no cedió en su propósito; mandó entonces a la Eduvigias, a quien le sentaron muy bien las aguas de La Cristalina. Mientras la hija pasaba de sol a sol en la mazamorrería,[38] la madre cargaba con todo el brete de la finca. Y ¡tan campantes y satisfechas! . . .

Más rastrajo[39] deja en un espejo la imagen reflejada, que en el ánimo de Rufa las noticias sobre la guerra, que oía en el pueblo los

---

[25] Golpe con un güinche, instrumento curvo de dos filos usado para desmochar las malezas.
[26] Veterinario.
[27] Habitante de Itagüi, Colombia.
[28] Galicismo de Bajá: cargo superior, en Turquía; título de honor a personas de la más alta clase social.
[29] Comer excesivamente, hartarse.
[30] Campos de mafafa, planta de tubérculos comestibles.
[31] Cierta planta (Arundo índica).
[32] Mata de pepinos.
[33] Plantas que dan frutos comestibles.
[34] Calabazas.
[35] Explotaban minas ya labradas o de poca importancia.
[36] Arenilla ferruginosa que queda en el fondo de la batea en que se lava el oro.
[37] Henchirse de satisfacción.
[38] Lugar de explotación minera, imperfecta y accidental.
[39] Huellas.

domingos y los días de semana que iba a sus ventas. Lo que fué del Caratejo, no llegó a preocuparle hasta el grado de indagar por el lugar de su paradero. Bien confirmaba esta esposa que las ternuras y blandicies de alma son necesidades de los blancos de la ciudad, y un lujo superfluo para el pobre campesino.

Envueltos en la niebla, arrebujados y borrosos, mostrábanse riscos y praderas; la casa de la finca semejaba un esbozo de paisaje a dos tintas; a trechos se percibían los vallados y chambas[40] de la huerta, las aristas del techo, el alto andamio del gallinero; sólo alcanzaban a destacarse con alguna precisión los cuernos del ganado, rígidos y oscuros, rompiendo esas vaguedades, cual la noción del diablo la bruma de una mente infantil. A la quejumbrosa melodía de los recentales, acorralados y ateridos, contestaban desde afuera los bajos profundos y cariñosos de las madres, mientras que Rufa y Eduvigis renegaban, si Dios tenía qué, en las bregas y afanes del ordeño. Eduvigis, en cuclillas, remangada hasta las axilas, cubierta la cabeza con enorme pañuelo de pintajos, hacía saltar de una ubre al cuenco amarillento de la cuyabra,[41] el chorro humeante y cadencioso. Un hálito de vida, de salud, se exhalaba de aquel fondo espumoso. Casi colmaba la vasija, cuando un grito agudo, prolongado adrede, rasgó la densidad de esa atmósfera. La moza se suspende; el grito se repite más agudo todavía:

—¡Mi taita! — exclama la Eduvigis, y sin pensar en leches ni en ordeñas, corre alebrestada[42] chamba abajo.

No se engañaba. Buen Amigo,[43] que sí lo era en efecto, descolgóse a saltos, lengua afuera, la cola en alboroto. Impasible, la señá Rufa permaneció en su puesto. A poco llegóse el Caratejo con el perro, que quería encaramársele a los hombros. Marido y mujer se avistaron. Nada de culto externo ni de

perrerías en aquel saludo. Dijérase que acababan de separarse.

— ¿Y qué es lo que hay p'al viejo? — dice Longas por toda efusión.

Y Rufa, plantificada, totuma[44] en mano, con soberano desentendimiento, contesta:

— ¿Y eso qué contiene, pues?

— Pues que anoche llegamos al sitio, y que el fefe[45] me dió licencia pa venir a velas, porque mañana go[46] esta tarde seguimos pa la Villa.

Fachada peregrina la de este hijo de Marte. El sombrero hiperbólico de caña abigarrada, el vestido mugriento de coleta, los golpes rojos y desteñidos del cuello y de los puños, los pantalones holgados y caídos por las posas y que más parecían de seminarista, dignos eran de cubrir aquel cuerpo largo y desgavilado.[47] Ni las escaseces, ni las intemperies, ni las fatigas de campaña, habían alterado en lo mínimo al mayordomo de Arcila. Tan feo volvía y tan caratejo como se fue. Por morral llevaba una jícara[48] algo más que preñada; por faja, una chuspa[49] oculta, y no vacía.

Rufa sigue ordeñando. Toma Longas la palabra.

— Pues, pa que viás. Ya lo ves que nada me sucedió. Los que no murieron de bala, se templaron de tanta plaga y de tanta mortecina de cristiano, y yo... ai con mi carate:[50] ¡la cáscara guarda el palo!

Y aquí siguió un relato bélico autobiográfico, con algo más de largas que de cortas, como es usanza en tales casos. Rufa parecía un tanto cohibida y preocupada.

— Y ¿ontá[51] la Eduvigis? — dice pronto el marido, cortando la narración.

— Pes ella... pes ella... puai[52] cogió chamba abajo, izque[53] porque la vas a matar.

— ¿A matala? ¿Y por qué gracia?

— ¿Pes... ella... no salió, pues, con un embeleco de muchacho?...

---

[40] Vallados y champas significan, en Colombia, zanjas, fosos cubiertos de césped.

[41] Utensilio hecho por los campesinos con la mitad de una calabaza para los usos domésticos.

[42] Alborotada, animada, como las liebres y los conejos cuando se enderezan sobre las patas traseras.

[43] Nombre del perro de Caratejo Longas.

[44] Tazas hechas cortando por la mitad un fruto.

[45] Jefe.

[46] Pronunciación antioqueña de la conjunción o.

[47] El prefijo «des» refuerza la idea de que el hombre es parecido al gavilán.

[48] Canasta tejida.

[49] Bolsa de cualquier material para cualquier uso.

[50] Enfermedad de la piel; erupción o empeine; sarna.

[51] Dónde está.

[52] Por ahí.

[53] Dizque, izque significa «dice que.»

— ¿De muchacho? — prorrumpe el conscripto, abriendo tamaños ojos, ojos donde pareció asomar un fulgor de triunfo.

— ¿Conque muchacho? ¿Y pu'eso s'esconde esa pendeja?[54] ¿Y ontá el muchacho?

— ¿Ai no'stá, pues, en la maca?[55]

— Andá llamáme esa boba.

Y tirando corredor adentro, se coló al cuartucho. Debajo de la cama, pendiente de unos rejos,[56] oscilaba la batea. Envuelto en pingajos de colores verdosos y alterados, dormía el angelito. No pudo resistir el abuelo a la fuerza de la sangre, ni menos al empuje de un orgullo repentino que le borbotó en las entrañas. Sacó de la batea a la criatura, que al despertar y ver aquella cara tan fea y tan extraña, puso el grito en el cielo. Era José Dolores Longas un rollete de manteca, mofletudo y cariacontecido; las manos, unas manoplas; las muñecas, como estranguladas con cuerda, a modo de morcillas; las piernas, tronchas y exuberantes, más huevos de arracacha[57] que carne humana: una figura eclesiástica, casi episcopal. Iba a quebrarse con los berridos que lanzaba: ¡cuidado si había pulmones! El soldado lo cogió en los brazos, haciéndole zarandeos, por vía de arrullo. Abrazaba su fortuna: en aquel vástago veía el Caratejo horizontes azules y rosados, de dicha y prosperidad: El predio cercano, su sueño dorado, era suyo; suyas unas decenas de vacas; suyo el par de muletos y los aparejos de la arriería; y quién sabe si la casa, esa casa tan amplia y espaciosa, ¿no sería suya pasado corto tiempo? ¡El patrón era tan abierto! ... Calmóse un tanto el monigote. Escrutólo el Caratejo de una ojeada, y se dijo:

— ¡Igualitio al taita!

Entretanto, Rufa gritaba desde la manga:

— ¡Que vengás a tu taita, que no está nada bravo! ¡Que no sias caraja![58] ¡Subí, Duvigis, que siempre lo habís de ver!

La muchacha, más muerta que viva, a pesar de la promesa, subía por la chamba, minutos después. Pálida por el susto, parecía más hermosa y escultural. Levantó la mirada hacia la casa, y vió a su padre en el corredor, con el niño en brazos. A paso receloso llégase a él; arrodíllase a las plantas y murmura:

— ¡Sacramento del altar, taita!

Y con la diestra carateja, le rayó la bendición el padre, no sin sus miajas de unción y de solemnidad. Mandóla luego la madre a la cocina a preparar el agasajo para el viajero, y Rufa, que ya en ese momento había terminado sus faenas perentorias, tomó al nieto en su regazo, y se preparó al interrogatorio que se le venía encima.

— Bueno — principia el marido —, ¿y el patrón siempre le habrá dejao a la muchacha ... por lo menos sus tres vacas, y le habrá dao mucha plata pa los gastos?

— ¡Eh! — repica Rufa —. ¿Usté por qué ha determinao que fué don Perucho?

— ¿Que no fué el patrón? — salta el Caratejo, desfigurándose.

— Si fué Simplicio, el hijo de la dijunta[59] Jerónima! ...

— Ese tuntuniento![60] ... — vocifera el deshonrado padre —. ¡Un muertodiambre que no tiene un cristo en qué morir! ... ¿Y vos, so almártaga,[61] pa qué consentís esos enredos?

La cara se le desencajó; le temblaban los labios como si tuviera tercianas.

— Yo mato a esa arrastrada, a esa sinvergüenza —. Y, atontado y frenético, se lanza a la cocina, agarra una astilla de leña, y a cada golpe escupe sobre la hija un insulto, una desvergüenza, una bajeza. Cuando la infeliz yacía por tierra, convulsa y sollozante, arrimóle Longas formidable puntapié, y exclamó tartajoso:

— ¡Te largás ... ahora mismo ... con tu muchacho ... que yo no voy a mantener aquí vagamundas!

Y salió disparado, camino del pueblo, como huyendo de su propia deshonra.

(De *Obras completas*, Madrid, 1952).

---

[54] Muchacha, persona joven.
[55] Hamaca.
[56] Lazos de cuero sin curtir.
[57] Planta comestible.

[58] Apocada, torpe.
[59] Difunta, muerta.
[60] Tonto, feo, impertinente.
[61] Mandria, maula, cobarde, haragana.

———————◆———————

Prosa de ideas. De los pensadores de esta época el más sistemático fue ALEJANDRO KORN (Argentina; 1860–1936). Nos ofreció una doctrina de los valores, de la que se desprendió su ética: una enérgica profundización de la conciencia en la lucha por la libertad. En un grupo de ensayistas con doble vocación de pensadores y artistas figuran CARLOS ARTURO TORRES (Colombia; 1867–1911), CÉSAR ZUMETA (Venezuela; 1863–1955), ALBERTO MASFERRER (El Salvador; 1867–1932) y otros. Los grandes periodistas del Modernismo no siempre eran doradores de estilo, pero en sus páginas, por sencillas que fueran en su lenguaje, recogían el oro de las mejores literaturas. BALDOMERO SANÍN CANO (Colombia; 1861–1957) fue uno de estos. Su inquieta alma de humanista fue desplegándose como las hojas de un gran diario que registrase todos los temas y noticias de nuestro tiempo. Están todas las secciones, hasta la del buen humor. Y la internacional, pues viajó por muchos países y nos trajo informaciones y comentarios sobre remotas literaturas, anglosajonas, germánicas, escandinavas. Sin contar sus viajes por las bibliotecas y por la amplia casona de su propio espíritu. Fue amigo y mentor de los primeros modernistas, de Silva a Valencia; y no sólo por vivir mucho, sino por comprender bien lo nuevo que le salía al paso, siguió siendo amigo y mentor de los jóvenes. Su escepticismo era una alerta atención a todos los puntos de vista. La crítica literaria era para él un saber oír lo que cada autor está diciendo. Coleccionó algunos ensayos en *La civilización manual* (1925), *Indagaciones e imágenes* (1926), *Crítica y arte* (1932), *Ensayos* (1942). Ni siquiera sus memorias — *De mi vida y otras vidas*, 1949 — son orgánicas. En *El Humanismo y el progreso del hombre*, 1955, recogió ensayos de los últimos veinticinco años.

Baldomero Sanín Cano

EL «GRANDE HUMOR»

Si una cosa tiene chiste, regístra-
la en busca de una oculta verdad.
B. SHAW. *Back to Methuselah.*

I

El autor de las síntesis más completas sobre
las ideas filosóficas de los tiempos modernos,
5 analista desprevenido de la moral contemporánea y atrevido investigador de los senos
del alma, el profesor Hoeffding,[1] de la Universidad de Copenhague, ha querido coronar
su obra de filósofo, de pensador y moralista
10 con un estudio sobre el humor, curiosa y
elusiva facultad o disposición del espíritu, a la
cual debemos, sin duda, las obras literarias de
significado más profundo y las figuras imaginativas más humanas y más trascenden-
15 tales.

Con un gran respeto a su profesión y para
evadir la censura de los especialistas, el autor
de este libro advierte desde el principio que no
es su ánimo hacer obra de análisis estético,
20 sino «puramente psicológico»; mas como el
humor se ha mostrado casi exclusivamente
en obras de arte (dramas, novelas, ensayos
literarios, pinturas, grabados, esculturas),
viene siendo poco menos que imposible
25 evitar la emisión de opiniones literarias al
tratar del humor. En las siguientes páginas, sin
excusar el análisis psicológico, la intención
del escritor es aplicar las teorías de Hoeffding
a las manifestaciones humorísticas en la obra
30 literaria. [. . .]

El profesor Hoeffding ha dividido el humor
en dos clases, separadas por él con los cali-
ficativos de «grande» y «pequeño», para
fijar los caracteres de la primera, en la cual
aparecen los grandes luminares de la filosofía
y del arte: Sócrates, Shakespeare, Cervantes,
Kierkégaard.[2] Fundamento de esta clasificación es el hecho de que el humor, el grande y
genuino, es para Hoeffding no un estado de
alma transitorio sino el resultado de un concepto general de la vida. En la obra del ironista,
del satírico, del humorista en pequeño puede
haber alternativas, al través de las cuales la
psicología o el mero análisis literario suelen
tropezar con maneras contradictorias de
entender la vida, de explicar este enigma
apasionante de la existencia. Para hacer más
comprensible su punto de vista Hoeffding
analiza en los primeros capítulos de su obra lo
que él llama sentimientos totales (*Total-
foeleser*), en contraposición a los estados de
alma elementales o incompletos (*Enkeltfoe-
leser*). En su tratado sobre las pasiones, Ribot[3]
denomina «emociones» los estados de alma
elementales y caracteriza con el nombre de
«pasión» lo que Hoeffding describe como
«sentimiento total.»

Para acentuar la diferencia entre estas dos
actitudes mentales y evitar las confusiones que
las alternativas de la vida individual podrían

---

[1] Harald Høffding (1843–1931), psicólogo y filósofo
danés, autor de un libro sobre Kierkegaard.
[2] Sören Aabye Kierkegaard (1813–1855), filósofo y
teólogo dinamarqués.

[3] Théodule Armand Ribot (1839–1916), filósofo
francés, autor de estudios de psicología experimental.

traer a su estudio, Hoeffding hace valer una curiosa clasificación de los espíritus, debida a Francis Newman,[4] el humanista, hermano del cardenal. Según esa teoría, hay hombres que nacen espiritualmente una vez y otros que tienen, como si dijéramos, dos vidas espirituales sucesivas. Solamente entre los primeros hay individuos cuya vida está dominada y dirigida por un estado de alma de los que merecen, de acuerdo con la terminología de Ribot, el nombre de pasión. Los hombres que nacen dos veces (*Tofoedte*), entre los cuales son de citar Renan,[5] el cardenal Newman[6] y, en una esfera mucho más limitada, Mauricio Barrés,[7] la idea directriz de cierta parte de la vida le cede el puesto a otro concepto general de la existencia, como resultado de una crisis sentimental o filosófica. Dice Hoeffding: «En las personalidades fuertemente determinadas habrá, pues, un estado total de sentimiento que le da al resto de la vida espiritual su carácter propio. No es preciso que ese estado de sentimiento esté siempre en actividad, pero obra sus efectos y desempeña en toda circunstancia un papel indirecto. Y en aquellos momentos decisivos para la personalidad es él quien lleva la palabra. A él recurre la personalidad siempre que ha menester recogimiento, concentración. Con él se expresa el hombre interior, ya sea éste asequible o no a las demás gentes.» Así define con la natural precisión y belleza de su estilo a los hombres de «un solo nacimiento espiritual» el profesor de Copenhague. No hay para qué detenernos en definir a los hombres de dos nacimientos cuya vida es un espectáculo muy interesante, sin duda, pero está fuera de nuestras investigaciones. Aun podría decirse que hay quienes se atreven a nacer espiritualmente más de dos veces, ya por efecto de una excesiva inquietud de la inteligencia, ya para guiarse en la turbia atmósfera de las evoluciones políticas, ya por obedecer al carácter histriónico de su naturaleza. También quedan fuera de nuestra competencia.

El «grande humor», el humor verdadero, sólo es posible en los hombres de una sola vida espiritual dominada, como lo explica Hoeffding, por una sola pasión intelectual. Son por ello tan raros los verdaderos y grandes [5] humoristas. A más de los nombrados anteriormente, es difícil dar con otros en la historia de las letras humanas. En los fastos de la literatura contemporánea apenas podrían caer dentro de la denominación de grandes [10] humoristas, Bernard Shaw,[8] en Inglaterra, y acaso Ángel Ganivet[9] en España. En la vida del primero es discernible una actitud espiritual preponderante, la protesta casi orgánica contra el carácter falaz e hipócrita de la vida [15] moderna. Su obra es la exposición franca y desnuda de la oposición constante entre los principios por los cuales se rigen las sociedades y los individuos y las acciones de unas y otros. En Ángel Ganivet, la actitud mental es seme- [20] jante, pero en él solicita su protesta más bien la imbecilidad incurable que la hipocresía de los hombres.

No carece de importancia en el análisis del humor buscar el origen de la palabra y seguir- [25] la en el curso de sus varios significados. En el principio, la palabra tenía un sentido material y daba la idea de fluidez o humedad. Dos preciosas sugestiones se asocian a este significado original: el humor vivifica el [30] organismo espiritual a la manera que la humedad es elemento indispensable de la vida física. Para hablar de un ingenio que carece de movilidad y de gracia se dice en la mayor parte de las lenguas indogermánicas que es [35] un espíritu seco. La fluidez es virtud literaria tan apreciable como la claridad. En tiempo de Shakespeare y de su rival y amigo Ben Johnson,[10] las palabras *humor* y *humorous* ya habían entrado al idioma con significado [40] distinto del meramente material. [. . .]

Acaso pensaba en esto el espíritu sistemático de Taine[11] cuando quiso definir el humor como el estado de espíritu bajo cuyo influjo el escritor describe lo sublime en formas [45]

---

[4] Francis Newman (1805–1897), escritor inglés, hermano y opositor del Cardenal.
[5] Ernest Renan (1823–1892), historiador francés.
[6] Cardenal Newman (1801–1890), escritor y teólogo inglés.
[7] Maurice Barrès (1862–1923), novelista francés.

[8] George Bernard Shaw (1856–1950), dramaturgo irlandés.
[9] Angel Ganivet (1868–1890), escritor y diplomático español.
[10] Ben Jonson (1573–1637), dramaturgo inglés.
[11] Hipólito Taine (1828–1893), el crítico francés.

grotescas y lo grotesco en palabras sublimes, definición adaptable tal vez a lo llamado por Hoeffding «el pequeño humor» que, según sus palabras, es una burla más o menos apacible. «Esa benignidad puede tener muchos grados, pasando por los cuales el humor puede revestir las formas de la ironía, de la sátira o el desdén.»

Está en la imaginación popular, y aun en la mente cultivada de críticos regalones asociada la idea del humor al gesto de la risa. Spencer[12] no ensaya la disociación de estos elementos en su curioso estudio sobre la facultad de reír, ya que su análisis aborda casi exclusivamente el carácter fisiológico de esta función jerárquica, tal vez la única que poseemos, con exclusión de las otras especies zoológicas. «Se revela, dice Hoeffding, el carácter de un hombre, en su actitud ante lo ridículo», una sentencia que encierra en pocas palabras opiniones semejantes de Platón, Kant, Goethe y de la sabiduría popular expresada en proverbios.

De dos puntos de vista muy distintos ha de estudiarse la risa: sea como la calidad de los actos externos que la provocan, sea como la disposición interior que se expresa por medio de ella. Los tratados elementales de estética en sus apreciaciones de lo cómico más tienen que ver con lo exterior que con los estados de ánimo de donde proviene la risa. De aquí resulta que ella es definida como el movimiento de ánimo causado en nosotros por la contemplación de lo inesperado o lo incongruente. La risa no es compañera inseparable del humor y puede afirmarse que allí donde ella se muestra, especialmente en la forma extrema de carcajada, el «grande humor», según lo define Hoeffding, está ausente. El humorista verdadero no suscita la risa. Suele en ocasiones la sonrisa asomar a los labios de quienes se ponen en contacto por la lectura o la contemplación con los maestros del humor, pero mientras más puras y más profundas sean las sensaciones creadas por el humor, mientras más tenue sea el lazo de las asociaciones suscitadas por la obra de arte verdaderamente

humorística, más lejos están del lector las manifestaciones exteriores de la sonrisa. El acompañamiento natural de las sensaciones e ideas que despierta en nosotros la obra del humorista genuino es la sonrisa interior.

Hay en las asociaciones de ideas provocadoras de risa una cierta complacencia con el espectáculo del mal ajeno o con la indiferencia de la naturaleza o de los poderes invisibles ante los esfuerzos incompletos de la criatura humana o del mismo animal. La risa se acompaña de una falta de piedad o de simpatía para con la bestia irracional o la bestia humana. En el humor, por el contrario, la nota predominante es la de simpatía para con el género humano. El burlador, por lo tanto, el satírico, el hombre que practica lo que Barrés llamaba el «desdén suficiente», están en el polo opuesto del humorista. Por esto dice Hoeffding muy acertadamente: « Sea que se considere el humor como una especie peculiar de las sensaciones que provocan a risa o como una manera de entender la vida, nada está con él en contraste tan vivo y característico como el sarcasmo o el desdén.»

Más cerca del humor está la ironía, pero aun ésta incluye ciertos matices de sentimiento que la apartan de aquella humanísima visión de la vida. El ironista puede en ocasiones inspirarse en la simpatía y menos frecuentemente hay en sus expansiones muestras de piedad. Renan, sin duda, era un sentimental a quien punzaban las miserias y limitaciones del género humano. Hay piedad comunicativa en algunos libros de France.[13] *Crainquebille* es el apólogo de un evangelista a quien los hados concedieron profusamente con las dotes de la ironía y el sentido de la belleza verbal, un inexhausto anhelo de justicia. En Heine[14] la ironía no es siempre bondadosa. En todos estos autores el rasgo psicológico, la actitud que les impide llegar al grande humor es el sentimiento, velado en Renan con las más dulces apariencias, perceptible a trechos en las últimas producciones de France, y ruidosamente articulado en Heine, de la superioridad del escritor sobre el resto del género humano. A

---

[12] Herbert Spencer (1820–1903), el filósofo inglés.
[13] Anatole France (1844–1924), novelista y crítico francés.

[14] Heinrich Heine (1799–1856), poeta alemán.

causa de esto la ironía degenera a veces en los dos últimos en burla inmisericorde o en sarcasmo deshecho. Va un abismo de las suaves e irónicas insinuaciones de *Thaïs* al cinismo verbal y al pensamiento indecoroso de la *Révolte des anges*. En Heine el procedimiento literario consiste en dividir sus composiciones en dos partes ligadas hábilmente, en la primera de las cuales hay una nota sentimental delicada o profunda, fragorosamente contrastada por el sarcasmo sin atenuaciones de la segunda.

Estos ejemplos, tomados al azar en dos literaturas, sirven de apoyo a la tesis fundamental del profesor Hoeffding, según la cual el grande humor no es una actitud pasajera, ni un estado de espíritu fácilmente provocable, a manera de la embriaguez o el entusiasmo, por medios físicos o inmateriales, pero siempre de artificio, sino una pasión cuya permanencia y vigor determinan en el individuo su concepto general de la existencia. Lo cual no quiere decir, según se explicó antes con palabras del mismo Hoeffding, que la pasión o estado de alma total esté actuando siempre en todos los menudos detalles de una vida individual; pero en la obra literaria o artística del grande, del verdadero humorista, puede siempre encontrar el crítico el hilo de oro que le da unidad y le predica divino encanto. Siguiendo un método distinto y sin tener a su disposición el riquísimo caudal de datos ofrecidos por el análisis moderno a los directores de almas, ya Taine había indicado las ventajas que ofrece la determinación de la «facultad dominante» en el estudio de un autor y sus obras. [. . .]

II

No en todas las épocas de la literatura o de la filosofía ha existido la disposición de ánimo denominada «grande humor», por el profesor Hoeffding. Falta por completo en los diversos autores a quienes se debe el *Antiguo testamento*. El estado de espíritu que predomina en esos libros excluye las posibilidades del humor. El autor de los cinco primeros libros era un iluminado. Explicaba el origen del mundo de acuerdo con las nociones que acerca de ese importante suceso le habían participado seres sobrenaturales de cuya existencia estaba él convencido, tal vez, y seguramente los hombres a quienes comunicaba el resultado de sus conversaciones con el Altísimo. Algunos de estos libros contienen preceptos morales y de higiene, redactando los cuales no era posible extraviarse en los meandros de la noción humorística de la vida. Además, el temperamento de aquel sabio legislador y conductor de multitudes era, como juez y gobernante, de una severidad que a menudo llegaba a los mayores extremos de la sevicia, no sólo con sus enemigos sino también con sus administrados. En ese pueblo y en esa raza ha predominado siempre un concepto de la divinidad que le atribuye los sentimientos justicieros o vengativos del hombre, llevados a su máximum de exaltación. Mirar los simulacros sagrados era grave culpa; el tocarlos se pagaba con muerte subitánea. Un desgraciado que estiró el brazo con ánimo de evitar que cayase el Arca de la Alianza, quedó muerto al instante. En ese estado de exaltación, la disposición de ánimo cuyas manifestaciones suavizan la vida y enriquecen la mente no podía existir.

Más adelante el *Antiguo testamento* es obra de profetas y videntes, cuya actitud ante el pueblo hebreo había de ser una de seriedad absoluta y sin intermitencias. El profeta es también un iluminado, y de ese punto de vista su actitud es necesariamente contraria a la del humorista. La exaltación profética dió frutos espléndidos en la poesía lírica. Debemos a los hombres que colgaron de los sauces llorones en Babilonia sus arpas melancólicas las notas más altas de ese género de poesía en aquella remota edad de la cultura humana. Al través de los siglos esa raza ha conservado el poder sobrehumano de expresar sus más íntimas emociones y de analizar sus estados de alma en rimas o en ritmos de un poder comunicativo irresistible. La poesía de los profetas renace en Heine y apunta en muchos de los poetas modernistas que le agregaban ímpetu desde Viena al movimiento alemán de «Hojas para el Arte.» Dauthendey[15] era israelita, y

---

[15] Max Dauthendey (1867–1918), poeta lírico alemán de la escuela simbolista.

Hofmannsthal[16] lo es por la raza y por el acento de penetrante y refinada tristeza que hay en su obra poética decididamente judaica. Algunos han querido hallar modelos del humor en estos grandes representantes de la raza bíblica en la poesía moderna. Ya hemos visto cómo Heine se aparta del «grande humor» por el uso del sarcasmo, en que fué maestro, y por la ironía que ejercitaba con real emoción contra los demás y contra sí mismo, como para vengarse de la vida, que fué con él indiferente y en ocasiones y a la postre, cruel.

De los griegos pone Hoeffding como excelso modelo del «grande humor» a Sócrates. Sabemos que fué amigo del concepto delicado y gracioso y aun en los últimos momentos de su vida, discurriendo con sus amigos, dió muestras de un ingenio plácidamente burlón. Su discípulo y admirador,[17] al verter la esencia del espíritu socrático en sus divinos diálogos, dejó uno como débil trasunto del temperamento regocijado del maestro. Aristófanes se apartó del humor con el estrépito de su sarcasmo y con el encono personal, de que hay por momentos claro testimonio en sus exhibiciones teatrales de la sociedad contemporánea; y, por lo que hace a los líricos de la Antología, estaban demasiado atraídos por el fragor de la guerra, por el atletismo, por las variadas y sanas emociones del amor pagano, para mirar la vida dentro del ángulo en que es menester colocarse, para sentir y comunicar la impresión humorística.

Es menos perceptible el «grande humor» en los famosos latinos del siglo de Augusto.[18] Ellos amaban la gracia, y el más alto exponente de esa maravillosa época de letrados y estetas llegó a tocar notas unisonas con las de aquellos grandes líricos que en las postrimerías del setecientos y en el siglo XIX humanizaron los aspectos del paisaje y crearon el sentimiento moderno de la naturaleza. Pero la gracia romana no llegó nunca a las fronteras del «grande humor». Fué irónica en Juvenal,[19]

acremente sarcástica en el gran satírico hispalense.[20] Carecía aquella civilización del nuevo factor de la piedad y la simpatía que hace posible esta manera complicada de representar los sentimientos humanos. Nacida para la conquista y puesta frente a frente de la inmensa tarea de organizar un mundo, esa raza estimaba principalmente los valores de fuerza y era extraña a los sentimientos humanitarios. Creó el derecho . . . basado en la fuerza, dos elementos de cultura que excluyen naturalmente las premisas del humor. Antes del siglo de Augusto, un gran letrado, un orador sublime y un hombre mezquino, el inolvidable Cicerón, había dicho a Paetus, el epicúreo, en una de sus cartas inmortales: «Y a esto se añade la sal de tu ingenio, no la sal ática, sino un chiste más salado que el de los atenienses, el puro, el antiguo chiste romano, lleno de urbanidad . . . me siento completamente fascinado por el chiste genuino, en especial el del terruño, y más ahora cuando observo que, con la acción del Lacio,[21] de donde nos ha venido a torrentes la influencia extranjera, y con la inmigración de las gentes de bragas, procedentes del otro lado de los Alpes, el puro chiste romano ha tomado otras formas exteriores. Se encuentra ya apenas la huella del talento de nuestros abuelos para la burla.» Las gentes de bragas a quienes se refiere Marco Tulio eran los galos forzados por el clima a cubrirse las piernas con una especie de pantalones. Y ya desde entonces, empezaba a difundirse por el mundo el *esprit gaulois*, forma del ingenio que apenas tiene en su curso relaciones someras de tangencia con las características del «grande humor», según lo han practicado los modernos. El estrépito de la *gaité gauloise* en Rabelais, la ironía en Montaigne, el grueso y demoledor sarcasmo de Voltaire no están incluídos en las categorías humorísticas. Con todo su talento literario y su vasta comprensión de las formas, al patriarca de Ferney[22] se

---

[16] Hugo von Hofmannsthal (1874–1929), gran dramaturgo y poeta lírico austriaco.
[17] Referencia a Platón.
[18] César Augusto (63 a. de J. C.–14 d. de. J. C.), el famoso emperador romano.
[19] Juvenal (h. 42–h. 125), poeta satírico latino.

[20] Marcial (43–104), que no era hispalense (de Hispalis, Sevilla), sino de Bilbilis, hoy Calatayud.
[21] Lacio, región de Italia, a lo largo del mar Tirreno.
[22] Ferney, villa de Francia, cerca de Ginebra, donde vivió Voltaire de 1758 a 1778.

le escaparon las sutilezas y el tenue perfume de gracia y de caridad que hacen la obra de Shakespeare un valor excepcional y profundamente humano. Le llamó bárbaro, no sin reconocerle algún talento.

El «grande humor» es un producto eminentemente cristiano. Para que existiese y llegase a ser comprendido era necesario que la ley de gracia, la «charitas» nueva hubiera bañado el sentimiento de las varias razas en una onda amplísima de piedad humana. Era menester que la noción de pecado formase parte de la ideología del hombre, para que el genio del humorista pudiese apelar a la comprensión universal. No fué, por lo tanto, una mera coincidencia que los dos modelos del humorismo en las literaturas modernas hubiesen aparecido en el momento mismo en que la idea cristiana experimentaba la crisis más ruda de cuantas ha padecido en las alternativas de su historia.

Goethe, el genio literario más rico, más desparramado y a un mismo tiempo más profundo, careció del sentido del humor. Era intensamente lírico y conscientemente pagano. Le impacientaba el pequeño humor de los poetas alemanes de segunda alzada, que opacaban el ambiente espiritual del día con sus burlas de gusto equívoco y con aquella ansiedad imprecisa que recibió el nombre de «la flor azul.» En una de sus cartas a Zelter[23] dice que «como el humor no tiene asiento ni ley en sí mismo, tarde o temprano degenera en melancolía o en capricho de mal carácter.» «El humorista, dice en otra parte, atiende más a su propia disposición de ánimo que al objeto que observa o describe.» Sin embargo, decir que carecía del sentido del humor es acaso una exageración. Le irritaban las exteriorizaciones agudas del «pequeño humor», de la ironía metódica al alcance de los funcionarios; pero apreciaba en su justo valor la actitud de Shakespeare y Cervantes ante el variado espectáculo de la vida intensa, generosa y completa.

El «grande humor» es, sin duda, el resultado de una apreciación de los valores humanos, según la cual la vida es una obra de arte.

Conformándonos a él, aceptamos las desarmonías en el conflicto vital y tratamos de acomodarlas en la sinfonía general formada por el juego de apetitos y tendencias contradictorias. Los dos grandes humoristas de los tiempos modernos fueron también hombres de acción que sintieron la vida intensamente y recorrieron la escala de las tribulaciones el uno, de las pasiones, de los reveses y logros, el más afortunado.

Es raro que mientras Shakespeare dejara en su patria el germen fecundo de su genio, hasta hacer de él en sus conciudadanos una especie de distintivo nacional en la forma del «pequeño humor», Cervantes, el genio nacional por excelencia, no haya penetrado en el alma española para provocar la imitación de sus actitudes ante la vida. En Inglaterra es casi condición de la vida intelectual el poseer en vasta o en pequeña escala el sentido del humor. El retruécano, el *calembour*, las frases de vario y torpe sentido, merecen reprobación unánime en las esferas distinguidas de la inteligencia. La sátira violenta y personal, aun la ataviada artísticamente por talentos literarios de tan alta envergadura como Swift[24] o Byron, merece atención literaria, pero excluye la imitación o las actitudes admirativas. Pocos novelistas insignes carecen en la Inglaterra del siglo XIX y de los tiempos actuales, del sentido del humor. Para recomendarse a la gentileza del lector han de llevar en las venas ese grano de sal que impide la corrupción de los humores. Los más excelsos escritores británicos de la época actual y de la que la ha precedido inmediatamente llegan, por el fondo y por la forma, a la categoria del «grande humor», conforme al minucioso análisis de Hoeffding.

En España el ingenio y la obra de Ganivet caen dentro de aquella definición; pero tamaña persona vivió y murió sin recibir de sus contemporáneos señales de comprensión ni palabras de aplauso congruentes. Es cierto que su obra es escasa y fragmentaria. En ella, sin embargo, luce la pasión intelectual característica del hombre para quien la vida propia es una obra de arte y la vida de otros un espectáculo humorístico digno de hacer

---

[23] Carl Friedrich Zelter (1758–1832), compositor alemán, amigo de Goethe.

[24] Jonathan Swift (1667–1745), escritor satírico inglés.

un esfuerzo para comprenderlo en sus grandes líneas y en sus aspectos primordiales, no sin echarle encima un velo sutil y transparente de caridad y simpatía.

5 Al hacer un estudio del «pequeño humor», no sería posible olvidar dos grandes inteligencias españolas cuya obra tiene reflejos pasajeros del verdadero y grande. Larra murió demasiado pronto para legar a la posteridad 10 cuanto ella tenía derecho a esperar de tamaño temperamento; pero en él estaban reunidas la simpatía hacia el género humano con la aptitud para percibir las incongruencias de las acciones ajenas y representarlas en el plano usual de la vida. Galdós habría sido un grande humorista si su piedad hubiese sido más sincera y si hubiese excusado las tentaciones de la propaganda. En su manera discreta y suave de poner en solfa las costumbres de sus compatriotas, echa uno de menos la onda subterránea de simpatía que caracteriza a los genuinos representantes del humorismo.

(De *Tipos, obras, ideas*, 1949).

Poesía. Algunos poetas dormían en postura académica, en una convalecencia neoclásica. Por eso, cuando en estos años surja una nueva poesía — en cierto modo equivalente a la renovación que habían realizado en Europa los parnasianos franceses y los prerrafaelistas ingleses — será una reaccción, no contra el romanticismo, sino contra ese yacente neoclasicismo. El anhelo de ser modernos los llevaba a muchas modas diferentes. La fascinación de las desconocidas lenguas alemana (Heine) o inglesa (Poe), el lirismo estremecido ante el misterio (Bécquer), el arte de la perfecta ornamentación, la belleza pura del Parnaso francés (los maestros Gautier, Leconte de Lisle, Banville, Baudelaire y sus discípulos Sully Prudhomme, Heredia, Coppée y Mendès) los mareaban como si cursaran por un mar agitado, pero todos ansiaban llegar a un puerto, no sabían cuál, donde los esperaba «lo moderno.» Iremos de los poetas que estiman más la tradición a los poetas que más estiman la innovación. JUAN ZORRILLA DE SAN MARTÍN (Uruguay; 1855–1931) empezó a trabajar su poema *Tabaré* en 1879 y lo publicó en 1888. Algunos críticos lo han leído con una preocupación retórica: ¿a qué género pertenece? ¿Novela versificada? ¿Poema épico? Y han solido desmerecerlo porque no se ajusta a sus nociones retóricas. Zorrilla no dio importancia al tema novelesco, que es muy ingenuo: Tabaré, mestizo de un cacique charrúa y de una cautiva española ha recibido de niño la gracia del bautismo; ya mozo, ve a Blanca, hermana del conquistador don Gonzalo, y se siente intensamente atraído por reminiscencias de su madre muerta; luchan en él su alma bautizada y sus hábitos guerreros; salva a Blanca de los brazos de un indio, pero don Gonzalo cree que él ha sido el raptor y lo mata. Al considerar a *Tabaré* como poema épico nos advirtió que daba a la palabra epopeya una connotación personal: mostrar las leyes de Dios en los sucesos humanos. *Tabaré* es un poema católico, y por eso resulta grosero interpretarlo, como se ha hecho, a la luz de una verosimilitud naturalista. Al describir a los indios Zorrilla no tiene una actitud etnográfica, sino metafísica. Su tema — el destino de la raza charrúa — ha sido concebido teológicamente: ¿qué voluntad sobrenatural condenó a esa raza? El poema intuye, poéticamente, a la raza charrúa en momentos en que está por desaparecer: es tiniebla, sinsentido. Gracias a Tabaré, el mestizo de los ojos azules, Zorrilla se asoma al abismo y ve los destellos de la raza desaparecida. Tabaré, pues, aparece en el filo de dos creaciones: la raza charrúa, que es naturaleza, y la raza española, que es espiritu. La muerte de Tabaré condena a la raza charrúa al silencio eterno: desaparece no sólo físicamente, sino como posibilidad de ser comprendida. A pesar de su aparato exterior, legendario, novelesco, épico, *Tabaré* es poema lírico. Zorrilla de San Martín, como muchos otros poetas de su tiempo, salió de la escuela romántica española de José Zorilla, Núñez de Arce y Bécquer. Pero Bécquer fue el que le enseñó a impostar la voz. Zorrilla de San Martín «becquerizó» con tanta delicadeza — imágenes sugeridoras del misterio, impresionismo descriptivo, melancólica contemplación del vivir y del morir, vaga fluctuación entre la realidad y el ensueño —, que se puso a la vanguardia lírica. Del romanticismo salieron dos brotes especializados, uno en la perfección plástica (Parnaso), otro en la sugestión musical (Simbolismo). Zorrilla camina del romanticismo al simbolismo, pero independiente de la literatura francesa. Su actitud se parece a la que luego tendrán los iniciados en el simbolismo. Sólo que su poesía, deliberadamente vaga, es rica en visualidad. Acierta siempre en la imagen visual, que va mejorando el relato y distinguiéndolo. Sus imágenes recorren todo el lenguaje del impresionismo: animación de la naturaleza, proyección sentimental, correspondencias entre los datos sensoriales, etc. De Bécquer tomó, junto con su delicadeza, la simplicidad del verso. Tal simplicidad se logra, empero, con una rica variedad de sugestiones musicales: el *leitmotiv* («cayó la flor al río . . .»), el súbito cambio de los finales llanos a los agudos, el desenvolvimiento de endecasílabos y heptasílabos. La elección de esta versificación respondía a su estado de ánimo vago, persuasivo, más interesado en la flúida y apagada comunicación de metáforas que en la sonoridad fuerte y articulada. Esta tendencia de Zorrilla hacia una poesía de alusiones lo convierte en América en uno de los poetas líricos de más pureza y frescura: si apartamos la ingenua arquitectura novelesca de *Tabaré* muchos de sus versos son ya modernos. Su obra en prosa — ensayos, crónicas de viaje, discursos, historia — es menos renovadora.

Juan Zorrilla de San Martín

TABARÉ

(Fragmentos)

Introducción

I

Levantaré la losa de una tumba;
e, internándome en ella,
encenderé en el fondo el pensamiento,
que alumbrará la soledad inmensa.

5 Dadme la lira, y vamos: la de hierro,
la más pesada y negra;
ésa, la de apoyarse en las rodillas,
y sostenerse con la mano trémula,

Mientras la azota el viento temeroso
10 que silba en las tormentas,
y, al golpe del granizo restallando,
sus acordes difunde en las tinieblas;

La de cantar, sentado entre las ruinas,
como el ave agorera;
15 la que, arrojada al fondo del abismo,
del fondo del abismo nos contesta.

Al desgranarse las potentes notas
de sus heridas cuerdas,
despertarán los ecos que han dormido
20 sueño de siglos en la oscura huesa;

Y formarán la estrofa que revele
lo que la muerte piensa:
resurrección de voces extinguidas,
extraño acorde que en mi mente suane.

II

Vosotros, los que amáis los imposibles;
los que vivís la vida de la idea;
los que sabéis de ignotas muchedumbres,
que los espacios infinitos pueblan,

Y de esos seres que entran en las almas,
y mensajes oscuros les revelan,
desabrochan las flores en el campo,
y encienden en el cielo las estrellas;

Los que escucháis quejidos y palabras
en el triste rumor de la hoja seca,
y algo más que la idea del invierno,
próximo y frío, a vuestra mente llega,

Al mirar que los vientos otoñales
los árboles desnudan, y los dejan
ateridos, inmóviles, deformes,
como esqueletos de hermosuras muertas,

Seguidme, hasta saber de esas historias
que el mar, y el cielo, y el dolor nos cuentan;
que narran el ombú[1] de nuestras lomas,
el verde canelón[2] de las riberas,

La palma centenaria, el camalote,[3]
el ñandubay, los talas y las ceibas[4]:
la historia de la sangre de un desierto,
la triste historia de una raza muerta.

---

[1] Árbol de la América meridional, característico del paisaje de la Argentina y el Uruguay.
[2] *Capororoca*, árbol de la familia de los mirtos, de la región del Plata.
[3] Planta acuática, de hoja en forma de plato y flor azul.
[4] *Ñandubay, tala, ceiba:* diversas clases de árboles americanos.

Y vosotros aun más, bardos amigos,
trovadores galanos de mi tierra,
vírgenes de mi patria y de mi raza,
que templáis el laúd de los poetas;

Seguidme juntos, a escuchar las notas
de una elegía, que, en la patria nuestra,
el bosque entona, cuando queda solo,
y todo duerme entre sus ramas quietas;

Crecen laureles, hijos de la noche,
que esperan liras, para asirse a ellas,
allá en la oscuridad, en que aún palpita
el grito del desierto y de la selva.

III

¡Extraña y negra noche! ¿Dónde vamos?
   ¿Es esto cielo, o tierra?
¿Es lo de arriba? ¿Lo de abajo? Es lo hondo,
sin relación, ni espacio, ni barreras;

Sumersión del espíritu en lo oscuro,
   reino de las quimeras,
en que no sabe el pensamiento humano
si desciende, o asciende, o se despeña;

El caos de la mente, que, pujante,
   la inspiración ordena;
los elementos vagos y dispersos
que amasa el genio, y en la forma encierra.

Notas, palabras, llantos, alaridos,
   plegarias, anatemas,
formas que pasan, puntos luminosos,
gérmenes de imposibles existencias;

Vidas absurdas, en eterna busca
   de cuerpos que no encuentran;
días y noches en estrecho abrazo,
que espacio y tiempo en que vivir esperan;

Líneas fosforescentes y fugaces,
   y que en los ojos quedan
como estrofas de un himno bosquejado,
o gérmenes de auroras o de estrellas;

Colores que se funden y repelen
   en inquietud eterna,
ansias de luz, primeras vibraciones
que no hallan ritmo, no dan lumbre, y cesan;

Tipos que hubieran sido, y que no fueron,
   y que aún el ser esperan;
informes creaciones, que se mueven
con una vida extraña o incompleta;

Proyectos, modelados por el tiempo,   5
   de razas intermedias;
principios sutilísimos, que oscilan
entre la forma errante y la materia;

Voces que llaman, que interrogan siempre,
   sin encontrar respuesta;   10
palabras de un idioma indefinible
que no han hablado las humanas lenguas;

Acordes que, al brotar, rompen el arpa,
   y en los aires revientan
estridentes, sin ritmo, como notas   15
de mil puntos diversos que se encuentran,

Y se abrazan en vano sin fundirse,
y hasta esa misma repulsión ingénita,
forma armonía, pero rara, absurda;
música indescriptible, pero inmensa;   20

Rumor de silenciosas muchedumbres;
   tumultos que se alejan . . .
todo se agita, en ronda atropellada,
en esta oscuridad que nos rodea;

Todo asalta en tropel al pensamiento,   25
   que en su seno penetra
a hacer inteligible lo confuso,
a refrenar lo que huye y se rebela;

A consagrar, del ritmo y del sonido,
   la unión que viva eterna;   30
la del dolor y el alma con la línea;
de la palabra virgen con la idea;

Todo brota en tropel, al levantarse
   la ponderosa piedra,
como bandada de aves que, chirriando,   35
brota del fondo de profunda cueva;

Nube con vida que, cobrando formas
   variables y quiméricas,
se contrae, se alarga, y se resuelve,
por sí misma empujada en las tinieblas.   40

Y así cuajó en mi mente, obedeciendo
  a una atracción secreta,
y entre risas, y llantos, y alaridos,
se alzó la sombra de la raza muerta;

5 De aquella raza que pasó, desnuda
  y errante, por mi tierra,
como el eco de un ruego no escuchado
que, camino del cielo, el viento lleva.

IV

10 Tipo soñado, sobre el haz surgido
  de la infinita niebla;
ensueño de una noche sin aurora,
flor que una tumba alimentó en sus grietas:

15 Cuando veo tu imagen impalpable
  encarnar nuestra América,
y fundirse en la estrofa transparente,
darle su vida, y palpitar en ella;

20 Cuando creo formar el desposorio
  de tu ignorada esencia
con esa forma virgen, que los genios
para su amor o su dolor encuentran;

Cuando creo infundirte, con mi vida,
25   el ser de la epopeya,
y legarte a mi patria y a mi gloria,
grande como mi amor y mi impotencia,

El más débil contacto de las formas
  desvanece tu huella,
30 como al contacto de la luz, se apaga
el brillo sin calor de las luciérnagas.

Pero te ví. Flotabas en lo oscuro,
  como un girón de niebla;
afluían a ti, buscando vida,
35 como a su centro acuden las moléculas,

Líneas, colores, notas de un acorde
  disperso, que frenéticas
se buscaban en ti; palpitaciones
que en ti buscaban corazón y arterias;

40 Miradas que luchaban en tus ojos
  por imprimir su huella,
y lágrimas, y anhelos, y esperanzas,
que en tu alma reclamaban existencia;

Todo lo de la raza: lo inaudito,
  lo que el tiempo dispersa,
y no cabe en la forma limitada,
y hace estallar la estrofa que lo encierra.

Ha quedado en mi espíritu tu sombra,
  como en los ojos quedan
los puntos negros, de contornos ígneos,
que deja en ellos una lumbre intensa . . .

¡Ah! no, no pasarás, como la nube
que el agua inmóvil en su faz refleja;
como esos sueños de la media noche
que a la mañana ya no se recuerdan;

Yo te ofrezco, ¡oh ensueño de mis días!
la vida de mis cantos, que en la tierra
vivirán más que yo . . .; ¡Palpita y anda,
forma imposible de la estirpe muerta!

(*Del Canto segundo* del *Libro primero*)

IX

Cayó la flor al río.
Se ha marchitado, ha muerto.
Ha brotado, en las grietas del sepulcro,
un lirio amarillento.

La madre ya ha sentido
mucho frío en los huesos;
la madre tiene, en torno de los ojos,
amoratado cerco;

Y en el alma la angustia,
y el temblor en los miembros,
y en los brazos el niño que sonríe,
y en los labios el ruego.

Duerme hijo mío. Mira: entre las ramas
está dormido el viento;
el tigre en el flotante camalote,
y en el nido los pájaros pequeños . . .

¿Sentís la risa? Caracé el cacique
ha vuelto ebrio, muy ebrio.
Su esclava estaba pálida, muy pálida . . .
Hijo y madre ya duermen *los dos sueños*.

Los párpados del niño se cerraban.
　Las sonrisas entre ellos
asomaban apenas, como asoman
las últimas estrellas a lo lejos.

Los párpados caían de la madre,
　que, con esfuerzo lento,
pugnaba en vano porque no llegaran
de su pupila al agrandado hueco.

Pugnaba por mirar el indio niño
　una vez más al menos;
pero el niño, para ella, poco a poco,
en un nimbo sutil se iba perdiendo.

Parecía alejarse, desprenderse,
resbalar de sus brazos, y, por verlo,
las pupilas inertes de la madre
se dilataban en supremo esfuerzo.

X

Duerme hijo mío. Mira, entre las ramas
　está dormido el viento;
el tigre en el flotante camalote,
y en el nido los pájaros pequeños;
　hasta en el valle
　duermen los ecos.

Duerme. Si al despertar no me encontraras,
　yo te hablaré a lo lejos;
una aurora sin sol vendrá a dejarte
entre los labios mi invisible beso;
　duerme; me llaman,
　concilia el sueño.

Yo formaré crepúsculos azules
　para flotar en ellos:
para infundir en tu alma solitaria
la tristeza más dulce de los cielos;
　así tu llanto
　no será acerbo.

Yo ampararé de aladas melodías
　los sauces y los ceibos,
y enseñaré a los pájaros dormidos
a repetir mis cánticos maternos . . .
　el niño duerme,
　duerme sonriendo.
. . . .

La madre lo estrechó; dejó en su frente
una lágrima inmensa, en ella un beso,
y se acostó a morir. Lloró la selva,
y, al entreabrirse, sonreía el cielo.　　　　5

(Del *Canto Sexto* del *Libro Tercero*)

IX

Por allá, entre los árboles,　　　　10
　apareció un momento
Tabaré, conduciendo a la española,
y en la espesura se internó de nuevo.

De Blanca se escuchaban
　los débiles lamentos;　　　　15
aun vierte, sobre el hombro del charrúa,
el llanto aquel que reventó en su pecho.

El indio va callado,
　sigue, sigue corriendo,
siempre empujado por la fuerza aquella　　　　20
que sacudió sus ateridos miembros.

Va insensible, agobiado,
　y en dirección al pueblo;
siempre dejando, de su sangre fría,　　　　25
las gotas que aun le quedan, en el suelo.

Grito de rabia y júbilo
　lanzó Gonzalo al verlo,
y, como empuja el arco a la saeta,　　　　30
de su ciega pasión lo empujó el vértigo.

Los ruidos de su arnés y de sus armas,
al chocar con los árboles, se oyeron
internarse saltando entre las breñas,
y despertando los dormidos ecos.　　　　35

Han seguido al hidalgo
el monje y los soldados. Allá adentro
se va apagando el ruido de sus pasos;
el aire está y los árboles suspensos . . .　　　　40

Un grito sofocado
　resuena a poco tiempo;
tras él, clamores de dolor y angustia
turban del bosque el funeral silencio . . .　　　　45
. . . .

X

¡Cayó la flor al río!
Los temblorosos círculos concéntricos
5 balancearon los verdes camalotes,
y entre los brazos del juncal murieron.

Las grietas del sepulcro
engendraron un lirio amarillento.
10 Tuvo el perfume de la flor caída,
su misma extrema palidez . . . ¡Han muerto!

Así el himno cantaban
los desmayados ecos;
así lloraba el *urutí* en las ceibas,
15 y se quejaba en el sauzal el viento.

XI

20 Cuando al fondo del soto
el anciano llegó con los guerreros,
Tabaré, con el pecho atravesado,
yacía inmóvil, en su sangre envuelto.

La espada del hidalgo
25 goteaba sangre que regaba el suelo;
Blanca lanzaba clamoroso gritos . . .
Tabaré no se oía . . . Del aliento

de su vida quedaba
un estertor apenas, que sus miembros
30 extendidos en tierra recorría,
y que en breve cesó . . . Pálido, trémulo,

inmóvil, don Gonzalo,
que aun oprimía el sanguinoso acero,
miraba a Blanca, que, poblando el aire
35 de gritos de dolor, contra su seno

estrechaba al charrúa,
que dulce la miró, pero de nuevo
tristemente cerró, para no abrirlos,
los apagados ojos en silencio.

40 El indio oyó su nombre,
al derrumbarse en el instante eterno.
Blanca, desde la tierra, lo llamaba;
lo llamaba, por fin, pero de lejos . . .

Ya *Tabaré*, a los hombres,
ese postrer ensueño
no contará jamás . . . Está callado,
callado para siempre, como el tiempo,
como su raza,
como el desierto,
como tumba que el muerto ha abandonado:
¡Boca sin lengua, eternidad sin cielo!

XII

Ahogada por las sombras,
la tarde va a morir. Vagos lamentos
vienen, de los lejanos horizontes,
a estrecharse en el aire entre los ceibos.

Espíritus errantes e invisibles,
desde los cuatro vientos,
desde el mar y las sierras, han venido
con la suprema queja del desierto:

con la voz de los llanos y corrientes,
de los bosques inmensos,
de las dulces colinas uruguayas,
en que una raza dispersó sus huesos;

voz de un mundo vacío que resuena;
raro acorde, compuesto
de lejanos cantares o tumultos,
de alaridos, y lágrimas, y ruegos.

El sol entre los árboles
ha dejado su adiós más lastimero,
triste como la última mirada
de una virgen que fuere sonriëndo.

Cuelgan, entre los árboles del bosque,
largos crespones negros;
cuelgan, entre los árboles, las sombras,
que, como aves informes, van cayendo.

Cuelgan, entre los árboles del bosque,
tules amarillentos;
cuelgan, entre los árboles, los últimos
lampos de luz, como sudarios trémulos.

La luz y las tinieblas, en los aires,
batallan un momento;
extraña y negra forma cobra el bosque . . .
La noche sin aurora está en su seno.

Y, cual se oyen gotear, tras de la lluvia,
  después que cesa el viento,
las empapadas ramas de los árboles,
  o los mojados techos,

brotan del bosque, en que el callado grupo
está en la densa obscuridad envuelto,

ya un metálico golpe en la armadura
del capitán o de un arcabucero;

ya un sollozo de Blanca, aun abrazada
de *Tabaré* con el inmóvil cuerpo,   5
o una palabra, trémula y solemne,
de la oración del monje por los muertos.

FIN DEL POEMA

(De «*Tabaré*», en *Obras completas*, 1930).

———————◆———————

Difícil de situar en la zigzagueante marcha de poetas es SALVADOR DÍAZ MIRÓN (1853–1928). Está entre Justo Sierra, que anuncia el «modernismo», y Gutiérrez Nájera, que le abre la puerta. O, mejor, Díaz Mirón es el que entra por la ventana. A pesar de que su primer libro es de 1896 lo estudiaremos aquí, entre 1880 y 1895, porque desde hacía más de diez años su voz venía encantando a toda nuestra América. Díaz Mirón publicó dos libros: *Poesías* (1896) y *Lascas* (1901). Más tarde renegó de su pasado y sólo reconoció *Lascas*. En la primera época, hasta 1892, fue poeta victorhuguesco y byroniano. Pero Díaz Mirón, que había profetizado revoluciones políticas, hizo la única revolución posible para el poeta: la revolución interior. En este segundo período, el de *Lascas*, se serena. Hay ternura, delicadeza, perfección formal, gusto por vencer dificultades técnicas que él mismo se creaba, poesía pura. Renuncia así a la poesía que lo había hecho famoso y se pone al servicio de una nueva estética. Sacrificó su volcánica energía a una perfección de miniatura; sacrificio mayor en él por la fuerza eruptiva que debía contener. El decoro parnasiano de sus estrofas congeló muchas veces su emoción. Castigada y todo, su emoción reaparece convertida en una heroica voluntad de mejoramiento técnico en el arte del verso. Llegó a escribir los versos más difíciles de nuestra lengua; y algunos de ellos fueron también los más bellos, por lo bien que disimulaba el esfuerzo. Además de sus sonidos perfectos ofrecía una musicalidad psíquica, interior, sugestiva. Fue con *Lascas* un «modernista», aunque en el «modernismo» quedó siempre como un solitario altanero, rebelde y amenazante. Su última época es de 1902 a 1928: poesías en las que se agudiza su talento técnico.

Salvador Díaz Mirón

EJEMPLO

En la rama el expuesto cadáver se pudría
como un horrible fruto colgante junto al tallo,
rindiendo testimonio de inverosímil fallo
y con ritmo de péndola oscilando en la vía.

5   La desnudez impúdica, la lengua que salía,
y alto mechón en forma de una cresta de gallo,
dábanle aspecto bufo; y al pie de mi caballo
un grupo de arrapiezos holgábase y reía.

Y el fúnebre despojo, con la cabeza gacha,
10 escandaloso y túmido en el verde patíbulo,
desparramaba hedores en brisa como racha,

mecido con solemnes compases de turíbulo.
Y el Sol iba en ascenso por un azul sin tacha,
15 y el campo era figura de una canción de
[Tíbulo.¹

A ELLA

Semejas esculpida en el más fino
20 hielo de cumbre sonrojado al beso
del Sol, y tienes ánimo travieso,
y eres embriagadora como el vino!

Y mientes: no imitaste al peregrino
que cruza un monte de penoso acceso,
25 y pónese a escuchar con embeleso
un pájaro que canta en el camino.

Obrando tú como rapaz avieso,
correspondiste con la trampa al trino,
30 por ver mi pluma y torturarme preso!

No así el viandante que se vuelve a un pino
y pónese a escuchar con embeleso
un pájaro que canta en el camino.

35

Xalapa. El 27 de mayo de 1901.

DE « IDILIO »

Vestida con sucios jirones de paño,
descalza y un lirio en la greña,
la pastora gentil y risueña
camina detrás del rebaño.

Radioso y jovial firmamento.
Zarcos fondos, con blancos celajes
como espumas y nieves al viento
esparcidas en copos y encajes.

Y en la excelsa y magnífica fiesta,
y cual mácula errante y funesta,
un vil zopilote² resbala,
tendida e inmóvil el ala.

El Sol meridiano fulgura,
suspenso en el Toro;³
y el paisaje, con varia verdura,
parece artificio de talla y pintura,
según está quieto en el oro.

El fausto del orbe sublime
rutila en urente⁴ sosiego;
y un derribo de paz y de fuego
baja y cunde y escuece y oprime.

Ni céfiro blanco que aliente, que rase,
que corra, que pase.

Entre dunas aurinas⁵ que otean, —
tapetes de grama serpean,
cortados a trechos por brozas hostiles,
que muestran espinas y ocultan reptiles.
Y en hojas y tallos un brillo de aceite
simula un afeite.

La luz torna las aguas espejos;
y en el mar sin arrugas ni ruidos
reverbera con tales reflejos
que ciega, causando vahídos.

---

¹ Albio Tíbulo (54–19 a. de J.C.), poeta romano,
  autor de las famosas *Elegías*.
² Aura, ave rapaz de América.

³ Tauro, el signo del Zodiaco.
⁴ Ardiente, abrasador.
⁵ Doradas.

El ambiente sofoca y escalda;
y encendida y sudando, la chica
se despega y sacude la falda,
y así se abanica.

Los guiñapos revuelan en ondas . . .
La grey pace y trisca y holgándose tarda . . .
Y al amparo de umbráticas frondas
la palurda se acoge y resguarda.

Y un borrego con gran cornamenta
y pardos mechones de lana mugrienta,
y una oveja con bucles de armiño, —
la mejor en figura y aliño ,—
se copulan con ansia que tienta.

La zagala se turba y empina . . .
Y alocada en la fiebre del celo,
lanza un grito de gusto y anhelo . . .
¡Un cambujo patán[6] se avecina!

Y en la excelsa y magnífica fiesta,
y cual mácula errante y funesta,
un vil zopilote resbala,
tendida e inmóvil el ala.

EL FANTASMA

Blancas y finas, y en el manto apenas
visibles, y con aire de azucenas,
las manos -que no rompen mis cadenas.   5

Azules y con oro enarenados,
como las noches limpias de nublados,
los ojos -que contemplan mis pecados.

Como albo pecho de paloma el cuello;   10
y como crin de sol barba y cabello;
y como plata el pie descalzo y bello.

Dulce y triste la faz; la veste zarca . . .
Así, del mal sobre la inmensa charca,   15
Jesús vino a mi unción, como a la barca.

Y abrillantó a mi espíritu la cumbre
con fugaz cuanto rica certidumbre,
como con tintas de refleja lumbre.   20

Y suele retornar; y me reintegra
la fe que salva y la ilusión que alegra;
y un relámpago enciende mi alma negra.

Cárcel de Veracruz. El 14 de diciembre de 1893.   25

(De *Lascas*, 1901).

En la historia literaria aparecen formando parte del primer grupo «modernista» Martí, Gutiérrez Nájera, Casal y Silva. La muerte de todos ellos antes de 1896 ha influído para que los historiadores redondearan ese grupo. Pero debemos resistir a la tentación de embellecer la historia con esquemas geométricos. Otros esquemas se han propuesto: por ejemplo, que ese grupo modernista tiene un meridiano en el tiempo (1882, fecha del *Ismaelillo* de Martí, o 1888, fecha del *Azul* . . . de Darío) y una latitud en el espacio (al norte del Ecuador vivieron el colombiano Silva, el mexicano Gutiérrez Nájera, los cubanos Martí y Casal, el nicaragüense Darío). No es tan fácil delimitar a ese «primer modernismo». González Prada, Zorrilla de San Martín, Almafuerte, que contribuyeron a la renovación poética, cada quien a su modo, fueron mayores de edad a los considerados «modernistas»; y

---

[6] Cambujo, en México aplícase al descendiente de indio y china o al contrario. Patán: rústico.

vivieron al sur del Ecuador. Por otro lado, la gran figura, Rubén Darío, llena no sólo este primer período modernista sino también el segundo, de 1896 en adelante, y preferimos presentarlo en el próximo capítulo, cuando es posible hablar del «modernismo» como de un movimiento estético perfilado. No se espere una clara división entre «romanticismo» y «modernismo». No son conceptos opuestos. No podrían serlo porque, a pesar de sus diferencias, ambos incluyen notas comunes. Románticos insatisfechos del romanticismo fueron, después de todo, quienes salieron en busca de modernidades. La llamada «literatura modernista» agrega, a los descubrimientos de la vida sentimental hechos por los románticos, la conciencia casi profesional de qué es la literatura y cuál su última moda, el sentido de las formas de más prestigio, el esfuerzo aristocrático para sobrepujarse en una alta esfera de cultura, la industria combinatoria de estilos diversos y la convicción de que eso era, en sí, un arte nuevo, el orgullo de pertenecer a una generación hispanoamericana que por primera vez puede especializarse en el arte. Nos detendremos ahora en los autores del período que termina en 1895: Martí, Gutiérrez Nájera, Casal y Silva. JOSÉ MARTÍ (Cuba; 1853–1895) es la presencia más gigantesca. Hacen bien los cubanos en reverenciar su memoria: vivió y murió heroicamente al servicio de la libertad de Cuba. Pero Martí se sale de Cuba, se sale de América: es uno de los lujos que la lengua española puede ofrecer a un público universal. Apenas tuvo tiempo, sin embargo, para consagrarse a las letras. Dejó pocas obras orgánicas, que tampoco son lo mejor que escribió. Era un ensayista, un cronista, un orador; es decir, un fragmentario, y sus fragmentos alcanzan con frecuencia altura poética. Con él culmina el esfuerzo romántico hacia una prosa estéticamente elaborada. En la historia de la prosa Martí se sitúa entre otros dos gigantes: Montalvo y Rubén Darío. Parece todavía próximo a Montalvo por el predominio en su prosa de estructuras sintácticas que podrían encontrarse en cualquier autor de la Edad de Oro; y parece ya próximo a Darío por su cultura aristocrática, cosmopolita, esteticista. Su mayor herencia literaria era castiza — renacentistas, barrocos —, no francesa. Pero por muy poco afrancesado que él fuera lo cierto es que el aire poético de muchas de sus páginas se aclara si tenemos en cuenta que Martí estimaba a los franceses que crearon la prosa pictórica (Gautier, Flaubert) e impresionista (Daudet, los Goncourt). Se quejaba de la inercia idiomática de los españoles y, al buscar elegancias en otras lenguas, prefería la literatura francesa a la inglesa. No fue un esteticista. No concebía la literatura como actividad de un especial órgano estético. Escribir era para él un modo de servir. Celebraba las letras por sus virtudes prácticas: la sinceridad con que desahogaban las emociones generosas del hombre, la utilidad con que ayudaban a mejorar la sociedad, el patriotismo con que plasmaban una conciencia criolla. Por eso, aun en su estimación de la prosa artística, había sobretonos morales. Muy significativas en este sentido son las páginas que escribió en 1882 sobre Oscar Wilde. Aprecia «las nobles y juiciosas cosas» que Wilde dijo al propagar su fe en el culto de la belleza y del arte por el arte; pero las corrige con reflexiones sobre «el poder moral y fin trascendental de la belleza». Las ideas de Martí sobre el arte variaron a lo largo de su carrera y algunas de ellas, si no fueron contradictorias, por lo menos estuvieron acentuadas contradictoriamente. Es como si en Martí guerrearan su voluntad de perfección artística y su voluntad de conducta ejemplar. Siempre refrenó su gusto por el arte puro — renunciamiento en él más enérgico que en otros pues estaba espléndidamente dotado para la pura expresión artística —; pero en los últimos años tiró tanto de la rienda que su impulso hacia el arte fue deteniéndose. Al crecer su impaciencia por actuar — más o menos alrededor de 1887 — Martí empezó a repeler la literatura quintaesenciada y el aprovechamiento de los «modernismos» europeos, especialmente del francés. Hay en su obra un período más esteticista y otro más moral. El primero cristalizó en una novela, la única que escribió: *Amistad funesta* (1885). En el género narrativo Martí continuará su esteticismo en los cuentos infantiles para su revista *La Edad de Oro* (1889). Su prosa, con todo, no es tan francesa como la que Darío está escribiendo ya en esos años. Martí fue orador y usaba todos los latiguillos de persuasión de que es capaz nuestra lengua. Al escribir, animado por esa voluntad práctica o sacudido por el ímpetu declamatorio, solía dar a su prosa arquitectura de sermón, de discurso, de proclama, de oración. Una tormenta de rayos de ideas, de truenos de emoción y de relámpagos de metáforas hace estallar sus parrafadas. La sinceridad es torrencial, derriba diques y socava nuevos cauces. Pero hay en su elocuencia un arquitecto laborioso. Sin duda es un escritor enfático, pero con frecuencia su énfasis no es elocuente, sino expresivo. Es riquísimo en variedad melódica: períodos desmesurados y, al otro extremo de la escala rítmica, frases concisas, elípticas, exclamativas. Martí flexibilizó la prosa para que fuera portadora de sus experiencias impresionistas. Como poeta no era menos excelente. *Ismaelillo* (1882) fue ya un libro extraño: en metros de apariencia popular y con el tema también popular de recuerdos del hogar y del hijo ausente, Martí elabora una poesía breve, pictórica, de rimas inesperadas, de sintaxis compleja, de arcaísmos y riquezas verbales, de condensación y arte detallista. Diferentes fueron sus póstumos *Versos libres*, escritos alrededor de la misma fecha: la violencia enturbia a veces la visión poética. En *Versos sencillos* (1891) Martí fue original porque llegó a zonas más profundas de sí y nos las cifró en apretados símbolos.

José Martí

SUEÑO DESPIERTO

Yo sueño con los ojos
abiertos, y de día
y noche siempre sueño.
Y sobre las espumas
del ancho mar revuelto,
y por entre las crespas
arenas del desierto,
y del león pujante,
monarca de mi pecho,
montado alegremente
sobre el sumiso cuello,
un niño que me llama
flotando siempre veo!

SOBRE MI HOMBRO

Ved: sentado lo llevo
sobre mi hombro:
oculto va, y visible
para mí sólo:
él me ciñe las sienes
con su redondo
brazo, cuando a las fieras
penas me postro: —
cuando el cabello hirsuto
yérguese y hosco,
cual de interna tormenta
símbolo torvo,
como un beso que vuela
siento en el tosco
cráneo: su mano amansa
el bridón loco! —
cuando en medio del recio
camino lóbrego,
sonrío, y desmayado
del raro gozo,
la mano tiendo en busca
de amigo apoyo, —
es que un beso invisible
me da el hermoso
niño que va sentado
sobre mi hombro.

(De Ismaelillo, 1882).

COPA CON ALAS

Una copa con alas ¿quién la ha visto
antes que yo? Yo ayer la ví. Subía
con lenta majestad, como quien vierte
óleo sagrado; y a sus dulces bordes
mis regalados labios apretaba.
¡Ni una gota siquiera, ni una gota
del bálsamo perdí que hubo en tu beso!

Tu cabeza de negra cabellera,
¿te acuerdas?, con mi mano requería,
porque de mí tus labios generosos
no se apartaran. Blanda como el beso
que a ti me trasfundía, era la suave
atmósfera en redor; ¡la vida entera
sentí que a mí abrazándote, abrazaba!
¡Perdí el mundo de vista, y sus ruidos
y su envidiosa y bárbara batalla!
¡Una copa en los aires ascendía
y yo, en brazos no vistos reclinado
tras ella, asido de sus dulces bordes,
por el espacio azul me remontaba!

¡Oh, amor, oh, inmenso, oh, acabado artista!
En rueda o riel funde el herrero el hierro;
una flor o mujer o águila o ángel
en oro o plata el joyador cincela;
¡Tú sólo, sólo tú, sabes el modo
de reducir el Universo a un beso!

AMOR DE CIUDAD GRANDE

De gorja son y rapidez los tiempos.
Corre cual luz la voz; en alta aguja,
cual nave despeñada en sirte horrenda,
húndese el rayo, y en ligera barca
el hombre, como alado, el aire hiende.
Así el amor, sin pompa ni misterio
muere, apenas nacido, de saciado!
Jaula es la villa de palomas muertas
y ávidos cazadores! Si los pechos
se rompen de los hombres, y las carnes
rotas por tierra ruedan, no han de verse
dentro más que frutillas estrujadas!

Se ama de pie, en las calles, entre el polvo
de los salones y las plazas; muere
la flor el día en que nace. Aquella virgen
trémula que antes a la muerte daba
la mano pura que a ignorado mozo;
el goce de temer; aquel salirse
del pecho el corazón; el inefable
placer de merecer; el grato susto
de caminar de prisa en derechura
del hogar de la amada, y a sus puertas
como un niño feliz romper en llanto;
y aquel mirar, de nuestro amor al fuego,
irse tiñendo de color las rosas,
ea, que son patrañas! Pues ¿quién tiene
tiempo de ser hidalgo? ¡Bien que sienta,
cual áureo vaso o lienzo suntuoso,
dama gentil en casa de magnate!
O si te tiene sed, se alarga el brazo
y a la copa que pasa se la apura!
Luego, la copa turbia al polvo rueda,
y el hábil catador — manchado el pecho
de una sangre invisible — sigue alegre
coronado de mirtos, su camino!
No son los cuerpos ya sino desechos,
y fosas, y jirones! Y las almas
no son como en el árbol fruta rica
en cuya blanda piel la almíbar dulce
en su sazón de madurez rebosa,
sino fruta de plaza que a brutales
golpes el rudo labrador madura!

¡La edad es ésta de los labios secos!
¡de las noches sin sueño! ¡de la vida
estrujada en agraz! ¿Qué es lo que falta
que la ventura falta? Como liebre
azorada, el espíritu se esconde,
trémulo huyendo al cazador que ríe,
cual en soto selvoso, en nuestro pecho;
y el deseo, de brazo de la fiebre,
cual rico cazador recorre el soto.

¡Me espanta la ciudad! Toda está llena
de copas por vaciar, o huecas copas!
¡Tengo miedo! ¡ay de mí! de que este vino
tósigo sea, y en mis venas luego
cual duende vengador los dientes clave!
¡Tengo sed; mas de un vino que en la tierra
no se sabe beber! ¡No he padecido
bastante aún, para romper el muro
que me aparta! ¡oh dolor de mi viñedo!

¡Tomad vosotros, catadores ruines
de vinillos humanos, esos vasos
donde el jugo de lirio a grandes sorbos
sin compasión y sin temor se bebe!
¡Tomad! ¡Yo soy honrado, y tengo miedo!   5

New York, abril de 1882.

(De *Versos libres*, 1882).

[VERSOS SENCILLOS]

IX

Quiero, a la sombra de un ala,
contar este cuento en flor:
la niña de Guatemala,
la que se murió de amor.

Eran de lirios los ramos,
y las orlas de reseda
y de jazmín: la enterramos
en una caja de seda.

. . . Ella dió al desmemoriado
una almohadilla de olor:
él volvió, volvió casado:
ella se murió de amor.

Iban cargándola en andas
obispos y embajadores:
detrás iba el pueblo en tandas,
todo cargado de flores.

. . . Ella, por volverlo a ver,
salió a verlo al mirador;
él volvió con su mujer:
ella se murió de amor.

Como de bronce candente
al beso de despedida
era su frente ¡la frente
que más he amado en mi vida!

. . . Se entró de tarde en el río,
la sacó muerta el doctor;
dicen que murió de frío:
yo sé que murió de amor.

Allí, en la bóveda helada,
la pusieron en dos bancos:
besé su mano afilada,
besé sus zapatos blancos.

5 Callado, al oscurecer,
me llamó el enterrador:
¡nunca más he vuelto a ver
a la que murió de amor!

X

10 El alma trémula y sola
padece al anochecer:
hay baile; vamos a ver
la bailarina española.

15 Han hecho bien en quitar
el banderón de la acera;
porque si está la bandera,
no sé, yo no puedo entrar.

20 Ya llega la bailarina:
soberbia y pálida llega:
¿cómo dicen que es gallega?
pues dicen mal: es divina.

25 Lleva un sombrero torero
y una capa carmesí:
¡lo mismo que un alelí
que se pusiese un sombrero!

Se ve, de paso, la ceja,
30 ceja de mora traidora:
y la mirada, de mora:
y como nieve la oreja.

Preludian, bajan la luz,
y sale en bata y mantón,
35 la virgen de la Asunción
bailando un baile andaluz.

Alza, retando, la frente;
crúzase al hombro la manta:
en arco el brazo levanta:
40 mueve despacio el pie ardiente.

Repica con los tacones
el tablado zalamera,
como si la tabla fuera
tablado de corazones.

Y va el convite creciendo
en las llamas de los ojos,
y el manto de flecos rojos
se va en el aire meciendo.

Súbito, de un salto arranca:
húrtase, se quiebra, gira:
abre en dos la cachemira,
ofrece la bata blanca.

El cuerpo cede y ondea;
la boca abierta provoca;
es una rosa la boca:
lentamente taconea.

Recoge, de un débil giro
el manto de flecos rojos:
se va, cerrando los ojos,
se va, como en un suspiro . . .

Baila muy bien la española,
es blanco y rojo el mantón:
¡vuelve, fosca, a su rincón
el alma trémula y sola!

XVI

En el alféizar calado
de la ventana moruna,
pálido como la luna,
medita un enamorado.

Pálida, en su canapé
de seda tórtola y roja,
Eva, callada, deshoja
una violeta en el té.

XVL

Sueño con claustros de mármol
donde en silencio divino
los héroes, de pie, reposan:
¡de noche, a la luz del alma,
hablo con ellos: de noche!
están en fila: paseo
entre las filas: las manos
de piedra les beso: abren
los ojos de piedra: mueven
los labios de piedra: tiemblan
las barbas de piedra: empuñan
la espada de piedra: lloran:
¡vibra la espada en la vaina!
mudo, les beso la mano.

Hablo con ellos, de noche!
están en fila: paseo
entre las filas: lloroso
me abrazo a un mármol: « Oh mármol,
dicen que beben tus hijos
su propia sangre en las copas
venenosas de sus dueños!
¡Que hablan la lengua podrida
de sus rufianes! Que comen
juntos el pan del oprobio,
en la mesa ensangrentada!
¡Que pierden en lengua inútil
el último fuego! ¡Dicen,
oh mármol, mármol dormido,
que ya se ha muerto tu raza! »

Échame en tierra de un bote
el héroe que abrazo: me ase
del cuello: barre la tierra
con mi cabeza: levanta
el brazo, ¡el brazo le luce
lo mismo que un sol!: resuena
la piedra: buscan el cinto
las manos blancas: del zoclo
saltan los hombres de mármol!

(De *Versos sencillos*, 1891)

DOS PATRIAS

Dos patrias tengo yo: Cuba y la noche.
¿O son una las dos? No bien retira
su majestad el sol, con largos velos
y un clavel en la mano, silenciosa
Cuba cual viuda triste me aparece.   5
¡Yo sé cuál es ese clavel sangriento
que en la mano le tiembla! Está vacío
mi pecho, destrozado está y vacío
en donde estaba el corazón. Ya es hora
de empezar a morir. La noche es buena   10
para decir adiós. La luz estorba
y la palabra humana. El universo
habla mejor que el hombre.

             Cual bandera 15
que invita a batallar, la llama roja
de la vela flamea. Las ventanas
abro, ya estrecho en mí. Muda, rompiendo
las hojas del clavel, como una nube
que enturbia el cielo, Cuba, viuda, pasa ... 20

─────────────

En un campo florido en que retoñan   25
al sol de abril las campanillas blancas,
un coro de hombres jóvenes esperan
    a sus novias gallardas.

Tiembla el ramaje; cantan y aletean   30
los pájaros; las silvias[1] de su nido
salen, a ver pasar las lindas mozas
    en sus blancos vestidos.

Ya se ven en parejas por lo oscuro
susurrando los novios venturosos: 35
volverán, volverán dentro de un año
    más felices los novios.

Sólo uno, el más feliz, uno sombrío,
con un traje más blanco que la nieve,   40
para nunca volver, llevaba al brazo
    la novia que no vuelve.

              12 Mayo 1887

(De *Flores del destierro*, 1882–1891)

---

[1] Silvia: género de pájaros de pequeño tamaño al que
pertenecen las especies llamadas *currucas*.

ESCENA NEOYORQUINA

Es mañana de otoño, clara y alegre. El sol amable calienta y conforta. Agólpase la gente a la puerta del tranvía del puente de Brooklyn: que ya corre el tranvía y toda la ciudad quiere 5 ir por él.

Suben a saltos la escalera de granito y repletan de masa humana los andenes. ¡Parece como que se ha entrado en casa de gigantes y que se ve ir y venir por todas partes a la 10 dueña de la casa!

Bajo el amplio techado se canta este poema. La dama es una linda locomotora en traje negro. Avanza, recibe, saluda, lleva a su asiento al huésped, corre a buscar otro, 15 déjalo en nuevo sitio, adelántase a saludar a aquel que llega. No pasa de los dinteles de la puerta. Gira: torna: entrega: va a diestra y a siniestra: no reposa un instante. Dan deseos, al verla venir, campaneando alegremente, de ir 20 a darle la mano. Como que se la ve tan avisada y diligente, tan útil y animosa, tan pizpireta y gentil, se siente amistad humana por la linda locomotora. Viendo a tantas cabecillas menudas de hombres asomados al borde del ancho 25 salón donde la dama colosal deja y toma carros, y revolotea, como rabelaisiana[1] mariposa, entre rieles, andenes y casillas — dijérase que los tiempos se han trocado y que los liliputienses han venido a hacer visita a *Gulliver*.[2] 30 Los carros que atraviesan el puente de Brooklyn vienen de New York, traídos por la cuerda movible que entre los rieles se desliza velozmente por sobre ruedas de hierro, y, desde las seis de la mañana hasta la una de la 35 madrugada del día siguiente, jamás para. Pero donde empieza la colosal estación, el carro suelta la cuerda que ha venido arrastrándolo, y se detiene. La locomotora, que va y viene como ardilla de hierro, parte a buscarlo. Como 40 que mueve al andar su campana sonora, parece que habla. Llega al carro, lo unce a su zaga;

arranca con él, estación adentro, hasta el vecino chucho;[3] llévalo, ya sobre otros rieles, con gran son de campana vocinglera, hasta la salida de la estación, donde abordan el carro, ganosos de contar el nuevo viaje, centenares de pasajeros. Y allá va la coqueta de la casa en busca de otro carro, que del lado contiguo deja su carga de transeúntes neoyorquinos.

Abre el carro los grifos complicados que salen de debajo de su pavimento; muerde con ellos las cuerda rodante, y ésta lo arrebata a paso de tren, por entre ambas calzadas de carruajes del puente, por junto a millares de curiosos, que en el camino central de a pie miran absortos; por sobre las casas altas y vastos talleres, que como enormes juguetes se ven allá en lo hondo; arrastra la cuerda al carro por sobre el armazón del ferrocarril elevado, que parece fábrica de niños; por sobre los largos muelles, que parecen siempre abiertas fauces; por sobre los topes de los mástiles; por sobre el río turbio y solemne, que corre abajo, como por cauce abierto en un abismo; por entre las entrañas solitarias del puente magnífico, gran trenzado de hierro, bosque extenso de barras y puntales, suspendido en longitud de media legua, de borde a borde de las aguas. ¡Y el vapor, que parece botecillo! ¡Y el botecillo, que parece mosca! ¡Y el silencio, cual si entrase en celestial espacio! ¡Y la palabra humana, palpitante en los hilos numerosos de enredados telégrafos, serpeando, recodeando, hendiendo la acerada y colgante maleza, que sustenta por encima del agua vencida sus carros volantes!

Y cuando se sale al fin al nivel de las calzadas del puente, del lado de New York, no se siente que se llega, sino que se desciende.

Y se cierran involuntariamente los ojos, como si no quisiera dejarse de ver la maravilla.

(1883)

---

[1] De Rabelais, el escritor francés (1495–1553), autor de *Gargantúa y Pantagruel*.

[2] Referencia al personaje de la novela de Jonathan Swift (1667–1745).

[3] En Cuba, aguja de ferrocarril.

EL TERREMOTO DE CHARLESTON⁴

Un terremoto ha destrozado las ciudad de Charleston. Ruina es hoy lo que ayer era flor, y por un lado se miraba en el agua arenosa de sus ríos, surgiendo entre ellos como un cesto de frutas, y por el otro se extendía a lo interior en pueblos lindos, rodeados de bosques de magnolias, y de naranjos y jardines.

Los blancos vencidos y los negros bien hallados viven allí después de la guerra en lánguida concordia; allí no se caen las hojas de los árboles; allí se mira al mar desde los colgadizos vestidos de enredaderas; allí, a la boca del Atlántico, se levanta casi oculto por la arena el fuerte Sumter,⁵ en cuyos muros rebotó la bala que llamó al fin a guerra al Sur y al Norte; allí recibieron con bondad a los viajeros infortunados de la barca Puig.

Las calles van derechas a los dos ríos; borda la población una alameda que se levanta sobre el agua; hay un pueblo de buques en los muelles, cargando algodón para Europa y la India; en la calle de King se comercia; la de Meeting ostenta hoteles ricos; viven los negros parleros y apretados en un barrio populoso; y el resto de la ciudad es de residencias bellas, no fabricadas hombro a hombro como estas casas impúdicas y esclavas de las ciudades frías del Norte, sino con ese noble apartamiento que ayuda tanto a la poesía y decoro de la vida. Cada casita tiene sus rosales, y su patio en cuadro lleno de hierba y girasoles y sus naranjos a la puerta.

Se destacan sobre las paredes blancas las alfombras y ornamentos de colores alegres que en la mañana tienden en la baranda del colgadizo alto las negras risueñas, cubierta la cabeza con el pañuelo azul o rojo; el polvo de la derrota veía en otros lugares el color crudo del ladrillo de las moradas opulentas. Se vive con valor en el alma y con luz en la mente en aquel pueblo apacible de ojos negros.

¡Y hoy los ferrocarriles que llegan a sus puertas se detienen a medio camino sobre sus rieles torcidos, hundidos, levantados; las torres están por tierra; la población ha pasado una semana de rodillas; los negros y sus antiguos señores han dormido bajo la misma lona, y comido del mismo pan, de lástima, frente a las ruinas de sus casas, a las paredes caídas, a las rejas lanzadas de su base de piedra, a las columnas rotas!

Los cincuenta mil habitantes de Charleston, sorprendidos en las primeras horas de la noche por el temblor de tierra que sacudió como nidos de paja sus hogares, viven aún en las calles y en las plazas, en carros, bajo tiendas, bajo casuchas cubiertas con sus propias ropas.

Ocho millones de pesos rodaron en polvo en veinticinco segundos. Sesenta han muerto: unos, aplastados por las paredes que caían; otros, de espanto. Y en la misma hora tremenda, muchos niños vinieron a la vida.

Estas desdichas que arrancan de las entrañas de la tierra, hay que verlas desde lo alto de los cielos. De allí los terremotos, con todo su espantable arreo de dolores humanos, no son más que el ajuste del suelo visible sobre sus entrañas encogidas, indispensable para el equilibrio de la creación; ¡con toda la majestad de sus pesares, con todo el empuje de olas de su juicio, con todo ese universo de alas que le golpea de adentro el cráneo, no es el hombre más que una de esas burbujas resplandecientes que danzan a tumbos ciegos en un rayo de sol! ¡pobre guerrero del aire, recamado de oro, siempre lanzado a tierra por un enemigo que no ve, siempre levantándose aturdido del golpe, pronto a la nueva pelea, sin que sus manos le basten nunca a apartar los torrentes de la propia sangre que le cubren los ojos!

¡Pero siente que sube como la burbuja por

---

⁴ Ciudad del Estado de Carolina del Sur en los Estados Unidos en la que el terremoto del 31 de agosto de 1886 causó daños considerables.

⁵ Fuerte en la bahía de Charleston, capturado por los Confederados en la guerra de Secesión el 14 de abril de 1861.

el rayo de sol; pero siente en su seno todos los goces y luces, y todas las tempestades y padecimientos de la naturaleza que ayuda a levantar!

5 Toda esta majestad rodó por tierra en la hora de horror del terremoto en Charleston.

Serían las diez de la noche. Como abejas de oro trabajaban sobre sus cajas de imprimir los
10 buenos hermanos que hacen los periódicos; ponía fin a sus rezos en las iglesias la gente devota, que en Charleston, como país de poca ciencia e imaginación ardiente, es mucha; las puertas se cerraban, y al amor o al reposo
15 pedían fuerzas los que habían de reñir al otro día la batalla de la casa; el aire sofocante y lento no llevaba el olor de las rosas; dormía media Charleston; ¡ni la luz va más aprisa que la desgracia que la esperaba!
20 Nunca allí se había estremecido la tierra, que en blanda pendiente se inclina hacia el mar; sobre suelo de lluvias, que es el de la planicie de la costa, se extiende el pueblo; jamás hubo cerca volcanes ni volcanillos,
25 columnas de humo, levantamientos y solfataras; de aromas eran las únicas columnas, aromas de los naranjos perennemente cubiertos de flores blancas. Ni del mar venían tampoco sobre sus costas de agua baja, que
30 amarillea con la arena de la cuenca, esas olas robustas que echa sobre la orilla, oscuras como fauces, el Océano, cuando su asiento se desequilibra, quiebra o levanta, y sube de lo hondo la tremenda fuerza que hincha y en-
35 corva la ola y la despide como un monte hambriento contra la playa.

En esa paz, señora de las ciudades del Mediodía, empezaba a irse la noche, cuando se oyó un ruido que era apenas como el de un
40 cuerpo pesado que empujan de prisa.

Decirlo es verlo. Se hinchó el sonido: lámparas y ventanas retemblaron . . ., rodaba ya bajo tierra pavorosa artillería; sus letras sobre las cajas dejaron caer los impresores,
45 con sus casullas huían los clérigos, sin ropas se lanzan a las calles las mujeres olvidadas de sus hijos, corrían los hombres desolados por entre las paredes bamboleantes: ¿quién asía por el cinto a la ciudad, y la sacudía en el aire,
50 con mano terrible, y la desconyuntaba?

Los suelos ondulaban; los muros se partían;

las casas se mecían de un lado a otro; la gente casi desnuda besaba la tierra: «¡oh Señor! ¡oh mi hermoso Señor!», decían llorando las voces sofocadas; ¡abajo, un pórtico entero!; huía el valor del pecho y el pensamiento se turbaba; ya se apaga, ya tiembla menos, ya cesa. ¡El polvo de las casas caídas subía por encima de los árboles y de los techos de las casas!

Los padres desesperados aprovechan la tregua para volver por sus criaturas; con sus manos aparta las ruinas de su puerta propia una madre joven de grande belleza; hermanos y maridos llevan a rastra, o en brazos, a mujeres desmayadas; un infeliz que se echó de una ventana anda sobre su vientre dando gritos horrendos, con los brazos y las piernas rotas; una anciana es acometida de un temblor, y muere; otra, a quien mata el miedo, agoniza abandonada en un espasmo; las luces de gas débiles, que apenas se distinguen en el aire espeso, alumbran la población desatentada, que corre de un lado a otro, orando, llamando a grandes voces a Jesús, sacudiendo los brazos en alto. Y de pronto en la sombra se yerguen, bañando de esplendor rojo la escena, altos incendios que mueven pesadamente sus anchas llamas.

Se nota en todas las caras, a la súbita luz, que acaban de ver la muerte: la razón flota en jirones en torno a muchos rostros, y en torno de otros se la ve que vaga, cual buscando su asiento ciega y aturdida. Y las llamas son palio, y el incendio sube; pero ¿quién cuenta en palabras lo que vió entonces? Se oye venir de nuevo el ruido sordo; giran las gentes, como estudiando la mejor salida; rompen a huir en todas direcciones; la ola de abajo crece y serpentea; cada cual cree que tiene encima a un tigre.

Unos caen de rodillas; otros se echan de bruces; viejos señores pasan en brazos de sus criados fieles; se abre en grietas la tierra; ondean los muros como un lienzo al viento; topan en lo alto las cornisas de los edificios que se dan el frente; el horror de las bestias aumenta el de las gentes; los caballos que no han podido desuncirse de sus carros los vuelcan de un lado a otro con las sacudidas de sus flancos; uno dobla las patas delanteras; otros husmean el suelo; a otro, a la luz de las llamas, se le ven los ojos rojos y el cuerpo temblante como caña en tormenta: ¿qué tambor espantoso llama en las entrañas de la tierra a la batalla?

Entonces, cuando cesó la ola segunda, cuando ya estaban las almas preñadas de miedo, cuando de bajo los escombros salían, como si tuvieran brazos, los gritos ahogados de los moribundos, cuando hubo que atar a tierra como a elefantes bravíos a los caballos trémulos, cuando los muros habían arrastrado al caer los hilos y postes del telégrafo, cuando los heridos se desembarazaban de los ladrillos y maderos que les cortaron la fuga, cuando vislumbraron en la sombra con la vista maravillosa del amor sus casas rotas las pobres mujeres, cuando el espanto dejó encendida la imaginación tempestuosa de los negros, entonces empezó a levantarse por sobre aquella alfombra de cuerpos postrados un clamor que parecía venir de honduras jamás exploradas, que se alzaba temblando por el aire con alas que lo hendían como si fueran flechas. Se cernía aquel grito sobre las cabezas, y parecía que llovían lágrimas. Los pocos bravos que quedaban en pie, ¡que eran muy pocos!, procuraban en vano sofocar aquel clamor creciente que se les entraba por las carnes; ¡cincuenta mil criaturas a un tiempo adulando a Dios con las lisonjas más locas del miedo!

Apagaban el fuego los más bravos, levantaban a los caídos, dejaban caer a los que ya no tenían para qué levantarse, se llevaban a cuestas a los ancianos paralizados por el horror. Nadie sabía la hora: todos los relojes se habían parado, en el primer estremecimiento.

La madrugada reveló el desastre.

Con el claror del día se fueron viendo los cadáveres tendidos en las calles, los montones de escombros, las paredes deshechas en polvo, los pórticos rebanados como a cercén, las rejas y los postes de hierro combados y retorcidos, las casas caídas en pliegues sobre sus cimientos, y las torres volcadas, y la espira

más alta prendida sólo a su iglesia por un leve hilo de hierro.

El sol fué calentando los corazones: los muertos fueron llevados al cementerio donde está sin hablar aquel Calhoun que habló tan bien, y Gaddens, y Rutledge, y Pinckney[6]; los médicos atendían a los enfermos; un sacerdote confesaba a los temerosos; en persianas y en hojas de puertas recogían a los heridos.

Apilaban los escombros sobre las aceras. Entraban en las casas en busca de sábanas y colchas para levantar tiendas; frenesí mostraban los negros por alcanzar el hielo que se repartía desde unos carros. Humeaban muchas casas; por las hendeduras recién abiertas en la tierra había salido una arena de olor sulfuroso.

Todos llevan y traen. Unos preparan camas de paja. Otros duermen a un niño sobre una almohada y lo cobijan con un quitasol. Huyen aquéllos de una pared que está cayendo. ¡Cae allí un muro sobre dos pobres viejos que no tuvieron tiempo para huir! Va besando al muerto el hijo barbado que lo lleva en brazos, mientras el llanto le corre a hilos.

Se ve que muchos niños han nacido en la noche y que, bajo una tienda azul precisamente, vinieron de una misma madre dos gemelos.

Saint Michael de sonoras campanas, Saint Phillips de la torre soberbia, el Salón hiberniano[7] en que se han dicho discursos que brillaban como bayonetas, la casa de la guardia, lo mejor de la ciudad, en fin, se ha desplomado o se está inclinando sobre la tierra.

Un hombre manco, de gran bigote negro y rostro enjuto, se acerca con los ojos flameantes de gozo a un grupo sentado tristemente sobre un frontón roto: — «No ha caído, muchachos, no ha caído»; — ¡lo que no había caído era la casa de justicia, donde al oír el primer disparo de los federales sobre Fort Sumter, se despojó de su toga de juez el ardiente McGrath; juró dar al Sur toda su sangre, y se la dió!

En las casas ¡qué desolación! No hay pared firme en toda la ciudad, ni techo que no esté

---

[6] John Caldwell Calhoun (1782–1850), James Gaddens (1788–1858), Edward Rutledge (1749–1800), Thomas Pinckney (1746–1828), personajes destacados en la política y la diplomacia, nacidos todos ellos en esa ciudad.

[7] Relativo a Hibernia, el nombre latino de Irlanda, o a sus habitantes; irlandés.

abierto: muchos techos de los colgadizos se mantienen sin el sustento de sus columnas, como rostros a que faltase la mandíbula inferior; las lámparas se han clavado en la pared o en forma de araña han quedado aplastadas contra el pavimento; las estatuas han descendido de sus pedestales; el agua de los tanques, colocados en lo alto de la casa, se ha filtrado por las grietas y la inunda; en el pórtico mismo parecen entender el daño los jazmines marchitos en el árbol y las rosas plegadas y mustias.

Grande fué la angustia de la ciudad en los dos días primeros. Nadie volvía a las casas. No había comercio ni mercado. Un temblor sucedía a otro, aunque cada vez menos violentos. La ciudad era un jubileo religioso; y los blancos arrogantes, cuando arreciaba el temor, unían su voz humildemente a los himnos improvisados de los negros frenéticos: ¡muchas pobres negritas cogían del vestido a las blancas que pasaban, y les pedían llorando que las llevasen con ellas — que así el hábito llega a convertir en bondad y a dar poesía a los mismos crímenes; así esas criaturas, concebidas en la miseria por padres a quienes la esclavitud helo el espíritu, aún reconocen poder sobrenatural a la casta que lo poseyó sobre sus padres; así es de buena y humilde esa raza que sólo los malvados desfiguran o desdeñan: pues su mayor vergüenza es nuestra más grande obligación de perdonarla!

Caravanas de negros salían al campo en busca de mejoras, para volver a poco aterrados de lo que veían. En veinte millas a lo interior el suelo estaba por todas partes agujereado y abierto; había grietas de dos pies de ancho a que no se hallaba fondo; de multitud de pozos nuevos salía una arena fina y blanca mezclada con agua, o arena sólo, que se apilaba a los bordes del pozo como en los hormigueros, o agua y lodo azulado, o montoncillos de lodo que llevaban encima otros de arena, como si bajo la capa de la tierra estuviese el lodo primero y la arena más a lo hondo. El agua nueva sabía a azufre y hierro.

Un estanque de cien acres se secó de súbito en el primer temblor, y estaba lleno de peces muertos. Una esclusa se había roto, y sus aguas se lo llevaron todo delante de sí.

Los ferrocarriles no podían llegar a Charleston, porque los rieles habían salido de quicio y estallado, o culebreaban sobre sus durmientes suspendidos. Una locomotora venía en carrera triunfante a la hora del primer temblor, y dió un salto, y sacudiendo tras de sí como un rosario a los vagones lanzados del carril, se echó de bruces con su maquinista muerto en la hendedura en que se abrió el camino. Otra, a poca distancia, seguía silbando alegremente; la alzó en peso el terremoto y la echó a un estanque cercano, donde está bajo cuarenta pies de agua.

Los árboles son las casas en todos los pueblos medrosos de la cercanía; y no sale de las iglesias la muchedumbre campesina, que oye espantada los mensajes de ira con que excitan sus cabezas los necios pastores: los cantos y oraciones de los templos campestres pueden oírse a millas de distancia. Todo el pueblo de Summerville ha venido abajo y por allí parece estar el centro de esta rotura de la tierra.

En Columbia las gentes se apoyaban en las paredes, como los mareados. En Abbeville el temblor echó a vuelo las campanas, que ya tocaban a somatén desenfrenado, ya plañían. En Savannah, tal fué el espanto, que las mujeres saltaron por las ventanas con sus niños de pecho, y ahora mismo se está viendo desde la ciudad levantarse en el mar a pocos metros de la costa una columna de humo.

Los bosques aquella noche se llenaron de la gente poblana, que huía de los techos sacudidos, y se amparaba de los árboles, juntándose en lo oscuro de la selva para cantar en coro, arrodillada, las alabanzas de Dios e impetrar su misericordia. En Illinois, en Kentucky, en Missouri, en Ohio, tembló y se abrió la tierra. Un masón despavorido que se iniciaba en una logia, huyó a la calle con una cuerda atada a la cintura. Un indio cherokee que venía de poner mano brutal sobre su pobre mujer, cayó de hinojos al sentir que el suelo se movía bajo sus plantas, y empeñaba su palabra al Señor de no volverla a castigar jamás.

¡Qué extraña escena vieron los que al fin, saltando grietas y pozos, pudieron llevar a

Charleston socorros de dinero y tiendas de campaña! De noche llegaron. Eran las calles líneas de carros, como las caravanas del Oeste. En las plazas, que son pequeñas, las familias dormían bajo tiendas armadas con mantas de abrigo, con toallas a veces y trajes de lienzo. Tiendas moradas, carmesíes, amarillas; tiendas blancas y azules con listas rojas.

Ya habían sido echadas por tierra las paredes que más amenazaban. Alrededor de los carros de hielo, bombas de incendio y ambulancias, se había levantado tolderías con apariencia de feria. Se oía de lejos, como viniendo de barrios apartados, un vocear salvaje. Se abrazaban llorando al encontrarse las mujeres, y su llanto era el lenguaje de su gratitud al cielo: se ponían en silencio de rodillas, oraban, se separaban consoladas.

Hay unos peregrinos que van y vienen con su tienda al hombro, y se sientan, y echan a andar, y cantan en coro, y no parecen hallar puesto seguro para sus harapos y su miedo. Son negros, negros en quienes ha resucitado, en lamentosos himnos y en terribles danzas, el miedo primitivo que los fenómenos de la naturaleza inspiran a su encendida raza.

Aves de espanto, ignoradas de los demás hombres, parecen haberse prendido de sus cráneos, y picotear en ellos, y flagelarles las espaldas con sus alas en furia loca.

Se vió, desde que en el horror de aquella noche se tuvo ojos con que ver, que de la empañada memoria de los pobres negros iba surgiendo a su rostro una naturaleza extraña: ¡era la raza comprimida, era el África de los padres y de los abuelos, era ese signo de propiedad que cada naturaleza pone a su hombre, y a despecho de todo accidente y violación humana, vive su vida y se abre su camino!

Trae cada raza al mundo su mandato, y hay que dejar la vía libre a cada raza, si no se ha de estorbar la armonía del universo, para que emplee su fuerza y cumpla su obra, en todo el decoro y fruto de su natural independencia: ¿ni quién cree que sin atraerse un castigo lógico pueda interrumpirse la armonía espiritual del mundo, cerrando el camino, so pretexto de una superioridad que no es más que grado en tiempo, a una de sus razas?

¡Tal parece que alumbra a aquellos hombres de África un sol negro! Su sangre es un incendio; su pasión, mordida; llamas sus ojos; y todo en su naturaleza tiene la energía de sus venenos y la potencia perdurable de sus bálsamos.

Tiene el negro una gran bondad nativa, que ni el martirio de la esclavitud pervierte, ni se oscurece con su varonil bravura.

Pero tiene, más que otra raza alguna, tan íntima comunión con la naturaleza, que parece más apto que los demás hombres a estremecerse y regocijarse con sus cambios.

Hay en su espanto y alegría algo de sobrenatural y maravilloso que no existe en las demás razas primitivas, y recuerda en sus movimientos y miradas la majestad del león; hay en su afecto una lealtad tan dulce que no hace pensar en los perros, sino en las palomas; y hay en sus pasiones tal claridad, tenacidad, intensidad, que se parecen a las de los rayos del sol.

Miserable parodia de esa soberana constitución son esas criaturas deformadas en quienes látigo y miedo sólo les dejaron acaso vivas para transmitir a sus descendientes, engendrados en las noches tétricas y atormentadas de la servidumbre, las emociones bestiales del instinto, y el reflejo débil de su naturaleza arrebatada y libre.

Pero ni la esclavitud, que apagaría al mismo sol, puede apagar completamente el espíritu de una raza: ¡así se la vió surgir en estas almas calladas cuando el mayor espanto de su vida sacudió en lo heredado de su sangre lo que traen en ella de viento de selva, de oscilación de mimbre, de ruido de caña! ¡así resucitó en toda su melancólica barbarie en estos negros nacidos en su mayor parte en tierra de América y enseñados en sus prácticas, ese temor violento e ingenuo, como todos los de su raza llameante, a los cambios de la naturaleza escandecida, que cría en la planta el manzanillo, y en el animal el león!

Biblia les han enseñado, y hablaban su espanto en la profética lengua de la Biblia. Desde el primer instante del temblor de tierra, el horror en los negros llegó al colmo.

Jesús es lo que más aman de todo lo que saben de la cristiandad estos desconsolados, porque lo ven fusteado y manso como se vieron ellos.

Jesús es de ellos, y le llaman en sus preces

« mi dueño Jesús », « mi dulce Jesús », « mi Cristo bendito. » A él imploraban de rodillas, golpeándose la cabeza y los muslos con grandes palmadas, cuando estaban viniéndose
5 abajo espiras y columnas. « Esto es Sodoma y Gomorra »,[8] se decían temblando: « ¡Se va a abrir, se va a abrir el monte Horeb! »[9] Y lloraban, y abrían los brazos, y columpiaban su cuerpo, y le rogaban que los tuviese con
10 ellos hasta que « se acabase el juicio ».

Iban, venían, arrastraban en loca carrera a sus hijos; y cuando aparecieron los pobres viejos de su casta, los viejos sagrados para todos los hombres menos para el hombre
15 blanco, postráronse en torno suyo en grandes grupos, oíanlos de hinojos con la frente pegada a la tierra, repetían en un coro convulsivo sus exhortaciones misteriosas, que del vigor e ingenuidad de su naturaleza y del
20 divino carácter de la vejez traían tal fuerza sacerdotal que los blancos cultos, penetrados de veneración, unían la música de su alma atribulada a aquel dialecto tierno y ridículo.

Como seis muchachos negros, en lo más
25 triste de la noche, se arrastraban en grupo por el suelo, presa de este frenesí de raza que tenía aparato religioso. Verdaderamente se arrastraban. Temblaba en su canto una indecible ansia. Tenían los rostros bañados de
30 lágrimas: « ¡Son los angelitos, son los angelitos que llaman a la puerta!. »[10] Sollozaban en voz baja la misma estrofa que cantaban en voz alta. Luego el refrán venía, henchido de plegaria, incisivo, desesperado: « ¡Oh, díle a
35 Noé que haga pronto el arca, que haga pronto el arca, que haga pronto el arca!. » Las plegarias de los viejos no son de frase ligada, sino de esa frase corta de las emociones genuinas y las razas sencillas.
40 Tiene las contorsiones, la monotonía, la fuerza, la fatiga de sus bailes. El grupo que le oye inventa un ritmo al fin de frase que le parece musical y se acomoda al estado de las almas; y sin previo acuerdo todos se juntan en
45 el mismo canto. Esta unidad da singular

influjo y encanto positivo a estos rezos grotescos, esmaltados a veces de pura poesía: « ¡Oh mi Señor, no toques; oh mi Señor, no toques otra vez a mi ciudad! »

« Los pájaros tienen sus nidos: ¡Señor, déjanos nuestros nidos! » Y todo el grupo, con los rostros en tierra, repite con una agonía que se posesiona del alma: — « ¡Déjanos nuestros nidos! »

En la puerta de una tienda se nota a una negra a quien da fantástica apariencia su mucha edad. Sus labios se mueven, pero no se la oye hablar; sus labios se mueven; y mece su cuerpo, lo mece incesantemente, hacia adelante y hacia atrás. Muchos negros y blancos la rodean con ansiedad visible, hasta que la anciana prorrumpe en este himno: — « ¡Oh, déjame ir, Jacob, déjame ir! »

La muchedumbre toda se le une, todos cantando, todos meciendo el cuerpo, como ella, de un lado a otro, levantando las manos al cielo, expresando con palmadas su éxtasis. Un hombre cae por tierra pidiendo misericordia. Es el primer convertido. Las mujeres traen una lámpara, y se encuclillan a su rededor. Le toman de la mano. Él se estremece, balbucea, entona plegarias; sus músculos se tienden, las manos se le crispan; un paño de dichosa muerte parece irle cubriendo el rostro; allí queda, junto a la tienda, desmayado. Y otros como él después. Y en cada tienda una escena como ésa. Y al alba todavía ni el canto ni el mecer de la anciana habían cesado. Allá, en los barrios viciosos, caen so pretexto de religión en orgías abominables las bestias que abundan en todas las razas.

Ya, después de siete días de miedo y oraciones, empieza la gente a habitar sus casas; las mujeres fueron las primeras en volver, y dieron ánimo a los hombres: la mujer, fácil para la alarma y primera en la resignación. El corregidor vive ya con su familia en la parte que quedó en pie de su morada suntuosa; por los rieles compuestos

---

[8] Las ciudades de Palestina destruidas por una lluvia de fuego, de que habla la Biblia.
[9] Montaña de Arabia donde Moisés recibió de Dios, que se le apareció en una zarza ardiendo, la primera revelación de su misión.

[10] Estas citas y las siguientes son de himnos o cantos religiosos de los negros norteamericanos.

entran cargados de algodones los ferrocarriles; se llena de forasteros la ciudad consagrada por el valor en la guerra y ahora por la catástrofe; levanta el municipio un empréstito nacional de diez millones de pesos para reparar los edificios rotos y reponer los que han venido a tierra.

De las bolsas, de los teatros, de los diarios, de los bancos les van socorros ricos en dinero; ya se pliegan, por falta de ocupantes, muchas de las tiendas que improvisó el Gobierno en los jardines y en las plazas. Tiembla aún el suelo, como si no se hubiese acomodado definitivamente sobre su nuevo quicio: ¿cuál ha podido ser la causa de este sacudimiento de la tierra?

¿Será que, encogidas sus entrañas por la pérdida lenta de calor que echa sin cesar afuera en sus manantiales y en sus lavas, se haya contraído aquí, como en otras partes, la corteza terrestre para ajustarse a su interior cambiado y reducido que llama a sí la superficie?

La tierra entonces, cuando ya no puede resistir la tensión, se encoge y alza en ondas y se quiebra, y una de las bocas de la rajadura se monta sobre la otra con terrible estruendo, y tremor sucesivo de las rocas adyacentes, siempre elásticas, que hacia arriba y a los lados van empujando el suelo hasta que el eco del estruendo cesa.

Pero acá no hay volcanes en el área extensa en que se sintió el terremoto; y los azufres y vapores que expele por sus agujeros y grietas la superficie son los que abundan naturalmente por la formación del suelo en esta planicie costal del Atlántico, baja y arenosa.

¿Será que allá, en los senos de la mar, por virtud de ese mismo enfriamiento gradual del centro encendido, ondease el fondo demasiado extenso para cubrir la bóveda amenguada; se abriera, como todo cuerpo que violentamente se contrae, y al cerrarse con enorme empuje sobre el borde roto, estremeciera los cimientos todos y subiese rugiendo el movimiento hasta la superficie de las olas?

Pero entonces se habría arrugado la llanura del mar en una ola monstruosa, y con las bocas de ella habría la tierra herida cebado su dolor en la ciudad galana que cría flores y mujeres de ojos negros en la arena insegura de la orilla.

¿O será que, cargada por los residuos seculares de los ríos la planicie pendiente de roca fragmentaria de la costa, se arrancó con violencia cediendo al fin al peso, a la masa de gneiss que baja de los montes Alleghanys, y resbaló sobre el cimiento granítico que a tres mil pies de hondura la sustenta a la orilla de la mar, comprimiendo con la pesadumbre de la parte alta desasida de la roca las gradas inferiores de la planicie, e hinchando el suelo y sacudiendo las ciudades levantadas sobre el terreno plegado al choque en ondas?

Eso dicen que es: que la planicie costal del Atlántico, blanda y cadente, cediendo al peso de los residuos depositados sobre ella en el curso de siglos por los ríos, se deslizó sobre su lecho granítico en dirección al mar.

¡Así, sencillamente, tragando hombres y arrebatando sus casas como arrebata hojas el viento, cumplió su ley de formación el suelo, con la majestad que conviene a los actos de creación y dolor de la naturaleza!

El hombre herido procura secarse la sangre que le cubre a torrentes los ojos, y se busca la espada en el cinto para combatir al enemigo eterno, y sigue danzando al viento en su camino de átomo, subiendo siempre, como guerrero que escala, por el rayo del sol.

Ya Charleston revive, cuando aún no ha acabado su agonía, ni se ha aquietado el suelo bajo sus casas bamboleantes.

Los parientes y amigos de los difuntos hallan que el trabajo rehace en el alma las raíces que le arranca la muerte. Vuelven los negros humildes, caído el fuego que en la hora del espanto les llameó en los ojos, a sus quehaceres mansos y su larga prole. Las jóvenes valientes sacuden en los pórticos repuestos el polvo de las rocas.

Y ríen todavía en la plaza pública, a los dos lados de su madre alegre, los dos gemelos que en la hora misma de la desolación nacieron bajo una tienda azul.

(1886)

DE «EL POETA WALT WHITMAN»

(FRAGMENTO)

[. . .] Pero ayer vino Whitman del campo para recitar, ante un concurso de leales amigos, su oración sobre aquel otro hombre natural, aquella alma grande y dulce, « aquella poderosa estrella muerta del Oeste », aquel Abraham Lincoln. Todo lo culto de Nueva York asistió en silencio religioso a aquella plática resplandeciente, que por sus súbitos quiebros, tonos vibrantes, hímnica fuga, olímpica familiaridad, parecía a veces como un cuchicheo de astros. Los criados a leche latina, académica o francesa no podrían, acaso, entender aquella gracia heroica. La vida libre y decorosa del hombre en un continente nuevo ha creado una filosofía sana y robusta que está saliendo al mundo en epodos atléticos. A la mayor suma de hombres libres y trabajadores que vió jamás la tierra, corresponde una poesía de conjunto y de fe, tranquilizadora y solemne, que se levanta, como el sol del mar, incendiando las nubes, bordeando de fuego las crestas de las olas, despertando en las selvas fecundas de la orilla las flores fatigadas y los nidos. Vuela el polen; los picos cambian besos; se aparejan las ramas; buscan el sol las hojas; exhala todo música: con ese lenguaje de luz ruda habló Whitman de Lincoln.

Acaso una de las producciones más bellas de la poesía contemporánea es la mística trenodia que Whitman compuso a la muerte de Lincoln.[11] La Naturaleza entera acompaña en su viaje a la sepultura el féretro llorado. Los astros lo predijeron. Las nubes venían ennegreciéndose un mes antes. Un pájaro gris cantaba en el pantano un canto de desolación. Entre el pensamiento y la seguridad de la muerte viaja el poeta por los campos conmovidos, como entre dos compañeros. Con arte de músico agrupa, esconde y reproduce estos elementos tristes en una armonía total del crepúsculo. Parece, al acabar la poesía, como si la tierra toda estuviese vestida de negro, y el muerto la cubriera desde un mar al otro. Se ven las nubes, la luna cargada que anuncia la catástrofe, las alas largas del pájaro gris. Es mucho más hermoso, extraño y profundo que *El cuervo* de Poe. El poeta trae al féretro un gajo de lilas.

Ya sobre las tumbas no gimen los sauces; la muerte es « la cosecha, la que abre la puerta, la gran reveladora »; lo que está siendo, fué y volverá a ser; en una grave y celeste primavera se confunden las oposiciones y penas aparentes; un hueso es una flor. Se oye de cerca el ruido de los soles que buscan con majestuoso movimiento su puesto definitivo en el espacio; la vida es un himno; la muerte es una forma oculta de la vida; santo es el sudor y el entozoario es santo; los hombres, al pasar, deben besarse en la mejilla; abrácense los vivos en amor inefable; amen la hierba, el animal, el aire, el mar, el dolor, la muerte; la vida no tiene dolores para el que entiende a tiempo su sentido; del mismo germen son la miel, la luz y el beso; en la sombra que esplende en paz como una bóveda maciza de estrellas, levántase con música suavísima, por sobre los mundos dormidos como canes a sus pies, un apacible y enorme árbol de lilas. [. . .]

(1887)

---

[11] Se refiere al primer poema de la serie titulada « Memories of President Lincoln », del libro *Leaves of Grass*.

LA MUÑECA NEGRA

De puntillas, de puntillas, para no despertar a Piedad, entran en el cuarto de dormir el padre y la madre. Vienen riéndose, como dos muchachones. Vienen de la mano, como dos muchachos. El padre viene detrás, como si fuera a tropezar con todo. La madre no tropieza; porque conoce el camino. ¡Trabaja mucho el padre, para comprar todo lo de la casa, y no puede ver a su hija cuando quiere! A veces, allá en el trabajo, se ríe solo, o se pone de repente como triste, o se le ve en la cara como una luz; y es que está pensando en su hija; se le cae la pluma de la mano cuando piensa así, pero en seguida empieza a escribir, y escribe tan de prisa, tan de prisa, que es como si la pluma fuera volando. Y le hace muchos rasgos a la letra, y las *oes* le salen grandes como un sol, y las *ges* largas como un sable, y las *eles* están debajo de la línea, como si se fueran a clavar en el papel, y las *eses* caen al fin de la palabra, como una hoja de palma; ¡tiene que ver lo que escribe el padre cuando ha pensado mucho en la niña! Él dice que siempre que le llega por la ventana el olor de las flores del jardín, piensa en ella. O a veces, cuando está trabajando cosas de números, o poniendo un libro sueco en español, la ve venir, venir despacio, como en una nube, y se le sienta al lado, le quita la pluma, para que repose un poco, le da un beso en la frente, le tira de la barba rubia, le esconde el tintero: es sueño no más, no más que sueño, como esos que se tienen sin dormir, en que ve uno vestidos muy bonitos, o un caballo vivo de cola muy larga, o un cochecito, con cuatro chivos blancos, o una sortija con la piedra azul; sueño es no más, pero dice el padre que es como si lo hubiera visto, y que después tiene más fuerza y escribe mejor. Y la niña se va, se va despacio por el aire, que parece de luz todo; se va como una nube.

Hoy el padre no trabajó mucho, porque tuvo que ir a una tienda; ¿a qué iría el padre a una tienda? y dicen que por la puerta de atrás entró una caja grande; ¿qué vendrá en la caja? ¡a saber lo que vendrá! Mañana hace ocho años. que nació Piedad. La criada fué al jardín y se pinchó el dedo por cierto, por querer coger, para un ramo que hizo, una flor muy hermosa. La madre a todo dice que sí, y se puso el vestido nuevo, y le abrió la jaula al canario. El cocinero está haciendo un pastel, y recortando en figura de flores los nabos y las zanahorias, y le devolvió a la lavandera el gorro, porque tenía una mancha que no se veía apenas, pero, « ¡hoy, hoy, señora lavandera, el gorro ha de estar sin mancha! » Piedad no sabía, no sabía. Ella sí vió que la casa estaba como el primer día de sol, cuando se va ya la nieve, y les salen las hojas a los árboles. Todos sus juguetes se los dieron aquella noche, todos. Y el padre llegó muy temprano del trabajo, a tiempo de ver a su hija domida. La madre lo abrazó cuando lo vió entrar; ¡y lo abrazó de veras! Mañana cumple Piedad ocho años.

*

El cuarto está a media luz, una luz como la de las estrellas, que viene de la lámpara de velar, con su bombillo de color de ópalo. Pero se ve, hundida en la almohada, la cabecita rubia. Por la ventana entra la brisa, y parece que juegan, las mariposas que no se ven, con el cabello dorado. Le da en el cabello la luz. Y la madre y el padre vienen andando, de puntillas. ¡Al suelo, el tocador de jugar! ¡Este padre ciego, que tropieza con todo! Pero la niña no se ha despertado. La luz le da en la mano ahora; parece una rosa la mano. A la cama no se puede llegar; porque están alrededor todos los juguetes, en mesas y sillas. En una silla está el baúl que le mandó en Pascuas la abuela, lleno de almendras y de mazapanes; boca abajo está el baúl, como si lo hubieran sacudido, a ver si caía alguna almendra de un rincón, o si andaban escondidas por la cerradura algunas migajas de mazapán; ¡eso es, de seguro, que las muñecas

tenían hambre! En otra silla está la loza, mucha loza y muy fina, y en cada plato una fruta pintada; un plato tiene una cereza, y otro un higo, y otro una uva; da en el plato
5 ahora la luz, en el plato del higo, y se ven como chispas de estrellas; ¿cómo habrá venido esta estrella a los platos? «¡Es azúcar!» dijo el pícaro padre. «¡Eso es de seguro!» dice la madre: «eso es que estuvieron las muñecas
10 golosas comiéndose el azúcar.» El costurero está en otra silla, y muy abierto, como de quien ha trabajado de verdad; el dedal está machucado ¡de tanto coser!; cortó la modista mucho, porque del calicó que le dió la madre
15 no queda más que un redondel con el borde de picos, y el suelo está por allí lleno de recortes, que le salieron mal a la modista, y allí está la chàmbra empezada a coser, con la aguja clavada junto a una gota de sangre. Pero la
20 sala, y el gran juego, está en el velador, al lado de la cama. El rincón, allá contra la pared, es el cuarto de dormir de las muñequitas de loza, con su cama de la madre, de colcha de flores, y al lado una muñeca de traje rosado, en una
25 silla roja; el tocador está entre la cama y la cuna, con su muñequita de trapo, tapada hasta la nariz, y el mosquitero encima; la mesa del tocador es una cajita de cartón castaño, y el espejo es de los buenos, de los que
30 vende la señora pobre de la dulcería, a dos por un centavo. La sala está delante del velador, y tiene en medio una mesa, con el pie hecho de un carretel de hilo, y lo de arriba de una concha de nácar, con una jarra mexicana en medio, de
35 las que traen los muñecos aguadores de México; y alrededor unos papelitos doblados, que son los libros. El piano es de madera, con las teclas pintadas; y no tiene banqueta de tornillo, que eso es poco lujo, sino una de
40 espaldar, hecha de la caja de una sortija, con lo de abajo forrado de azul; y la tapa cosida por un lado, para la espalda, y forrada de rosa; y encima un encaje. Hay visitas, por supuesto, y son de pelo de veras, con ropones
45 de seda lila de cuartos blancos, y zapatos dorados; y se sientan sin doblarse, con los pies en el asiento; y la señora mayor, la que trae gorra color de oro, y está en el sofá, tiene su

levantapiés, porque del sofá se resbala; y el levantapiés es una cajita de paja japonesa, puesta boca abajo; en un sillón blanco están sentadas juntas, con los brazos muy tiesos, dos hermanas de loza. Hay un cuadro en la sala, que tiene detrás, para que no se caiga, un pomo de olor; y es una niña de sombrero colorado, que trae en los brazos un cordero. En el pilar de la cama, del lado del velador, está una medalla de bronce, de una fiesta que hubo con las cintas francesas; en su gran moña de los tres colores está adornando la sala el medallón, con el retrato de un francés muy hermoso, que vino de Francia a pelear porque los hombres fueran libres,[12] y otro retrato del que inventó el pararrayos, con la cara de abuelo que tenía cuando pasó el mar para pedir a los reyes de Europa que lo ayudaran a hacer libre su tierra;[13] ésa es la sala, y el gran juego de Piedad. Y en la almohada, durmiendo en su brazo, y con la boca desteñida de los besos, está su muñeca negra.

*

Los pájaros del jardín la despertaron por la mañanita. Parece que se saludan los pájaros, y la convidan a volar. Un pájaro llama, y otro pájaro responde. En la casa hay algo, porque los pájaros se ponen así cuando el cocinero anda por la cocina saliendo y entrando, con el delantal volándole por las piernas, y la olla de plata en las dos manos, oliendo a leche quemada y a vino dulce. En la casa hay algo; porque si no, ¿para qué está ahí, al pie de la cama, su vestidito nuevo, el vestidito color de perla, y la cinta lila que compraron ayer, y las medias de encaje? «Yo te digo, Leonor, que aquí pasa algo. Dímelo tú, Leonor, tú que estuviste ayer en el cuarto de mamá, cuando yo fuí a paseo. ¡Mamá mala, que no te dejó ir conmigo, porque dice que te he puesto muy fea con tantos besos, y que no tienes pelo, porque te he peinado mucho! La verdad, Leonor; tú no tienes mucho pelo; pero yo te quiero así, sin pelo. Leonor; tus ojos son los que quiero yo, porque con los ojos me dices que me quieres; te quiero mucho, porque no te

---

[12] El marqués de La Fayette (1757–1834).

[13] Benjamin Franklin (1706–1790).

quieren: ¡a ver! ¡sentada aquí en mis rodillas, que te quiero peinar!; las niñas buenas se peinan en cuanto se levantan; ¡a ver, los zapatos, que ese lazo no está bien hecho!; y los dientes, déjame ver los dientes, las uñas; ¡Leonor! esas uñas no están limpias. Vamos, Leonor, dime la verdad; oye, oye a los pájaros que parece que tienen baile; dime, Leonor, ¿qué pasa en esta casa?» Y a Piedad se le cayó el peine de la mano, cuando le tenía ya una trenza hecha a Leonor; y la otra estaba toda alborotada. Lo que pasaba, allí lo veía ella. Por la puerta venía la procesión. La primera era la criada con el delantal de rizos de los días de fiesta y la cofia de servir la mesa en los días de visita; traía el chocolate, el chocolate con crema, lo mismo que el día de Año Nuevo, y los panes dulces en una cesta de plata; luego venía la madre, con un ramo de flores blancas y azules; ¡ni una flor colorada en el ramo, ni una flor amarilla!; y luego venía la lavandera, con el gorro blanco que el cocinero no se quiso poner, y un estandarte que el cocinero le hizo, con un diario y un bastón; y decía en el estandarte, debajo de una corona de pensamientos: «¡Hoy cumple Piedad ocho años!» Y la besaron, y la vistieron con el traje color de perla, y la llevaron, con el estandarte detrás, a la sala de los libros de su padre, que tenía muy peinada su barba rubia, como si se la hubieran peinado muy despacio, y redondeándole las puntas, y poniendo cada hebra en su lugar. A cada momento se asomaba a la puerta, a ver si Piedad venía; escribía, y se ponía a silbar; abría un libro, y se quedaba mirando a un retrato, a un retrato que tenía siempre en su mesa, y era como Piedad, una Piedad de vestido largo. Y cuando oyó ruido de pasos, y un vozarrón que venía tocando música en un cucurucho de papel, ¿quién sabe lo que sacó de una caja grande? y se fué a la puerta con una mano en la espalda; y con el otro brazo cargó a su hija. Luego dijo que sintió como que en el pecho se le abría una flor, y como que se le encendía en la cabeza un palacio, con colgaduras azules de flecos de oro, y mucha gente con alas; luego dijo todo eso, pero entonces, nada se le oyó decir. Hasta que Piedad dió un salto en sus brazos, y se le quiso subir por el hombro, porque en un espejo había visto lo que llevaba en la otra

mano el padre. «¡Es como el sol el pelo, mamá, lo mismo que el sol! ¡ya la ví, ya la ví, tiene el vestido rosado! ¡dile que me la dé, mamá! si es de peto verde, de peto de terciopelo, ¡como las mías son las medias, de encaje como las mías!» Y el padre se sentó con ella en el sillón, y le puso en los brazos la muñeca de seda y porcelana. Echó a correr Piedad, como si buscase a alguien. «¿Y yo me quedo hoy en casa por mi niña — le dijo su padre, — y mi niña me deja solo?» Ella escondió la cabecita en el pecho de su padre bueno. Y en mucho, mucho tiempo, no la levantó, aunque ¡de veras! le picaba la barba.

*

Hubo paseo por el jardín, y almuerzo con un vino de espuma debajo de la parra, y el padre estaba muy conversador, cogiéndole a cada momento la mano a su mamá, y la madre estaba como más alta, y hablaba poco, y era como música todo lo que hablaba. Piedad le llevó al cocinero una dalia roja, y se la prendió en el pecho del delantal; y a la lavandera le hizo una corona de claveles; y a la criada le llenó los bolsillos de flores de naranjo, y le puso en el pelo una flor, con sus dos hojas verdes. Y luego, con mucho cuidado, hizo un ramo de *no me olvides*. «¿Para quién es ese ramo, Piedad?» «No sé, no sé para quién es; ¡quién sabe si es para alguien!» Y lo puso a la orilla de la acequia, donde corría como un cristal el agua. Un secreto le dijo a su madre, y luego le dijo: «¡Déjame ir!» Pero le dijo «caprichosa» su madre; «¿y tu muñeca de seda, no te gusta?; mírale la cara, que es muy linda; y no le has visto los ojos azules.» Piedad sí los había visto; y la tuvo sentada en la mesa después de comer, mirándola sin reírse; y la estuvo enseñando a andar en el jardín. Los ojos era lo que miraba ella; y le tocaba en el lado del corazón: «¡Pero, muñeca, háblame, háblame!» Y la muñeca de seda no le hablaba. «¿Conque no te ha gustado la muñeca que te compré, con sus medias de encaje y su cara de porcelana y su pelo fino?» «Sí, mi papá, sí me ha gustado mucho. Vamos, señora muñeca, vamos a pasear. Usted querrá coches, y lacayos, y querrá dulce de castañas, señora muñeca. Vamos, vamos a pasear.» Pero en cuanto

estuvo Piedad donde no la veían, dejó a la muñeca en un tronco, de cara contra el árbol. Y se sentó sola, a pensar, sin levantar la cabeza, con la cara entre las dos manecitas.
5 De pronto echó a correr, de miedo de que se hubiese llevado el agua el ramo de *no me olvides.*

***

10 — ¡Pero, criada, llévame pronto!

— ¿Piedad, qué es eso de criada? ¡Tú nunca le dices criada así, como para ofenderla!

— No, mamá, no; es que tengo mucho
15 sueño; estoy muerta de sueño. Mira, me parece que es un monte la barba de papá; y el pastel de la mesa me da vueltas, vueltas alrededor, y se están riendo de mí las banderitas; y me parece que están bailando en el aire
20 las flores de la zanahoria; estoy muerta de sueño; ¡adiós, mi madre!; mañana me levanto muy tempranito; tú, papá, me despiertas antes de salir; yo te quiero ver siempre antes de que te vayas a trabajar; ¡oh, las zanahorias!
25 ¡estoy muerta de sueño! ¡Ay, mamá, no me mates el ramo! ¡mira, ya me mataste mi flor!

— ¿Conque se enoja mi hija porque le doy un abrazo?

— ¡Pégame, mi mamá! ¡papá, pégame tú!
30 es que tengo mucho sueño.

Y Piedad salió de la sala de los libros, con la criada que le llevaba la muñeca de seda.

— ¡Qué de prisa va la niña, que se va a caer! ¿Quién espera a la niña?

— ¡Quién sabe quién me espera!

Y no habló con la criada; no le dijo que le contase el cuento de la niña jorobadita que se volvió una flor; un juguete no más le pidió, y lo puso a los pies de la cama; y le acarició a la criada la mano, y se quedó dormida. Encendió la criada la lámpara de velar, con su bombillo de ópalo; salió de puntillas; cerró la puerta con mucho cuidado. Y en cuanto estuvo cerrada la puerta, relucieron dos ojitos, en el borde de la sábana; se alzó de repente la cubierta rubia; de rodillas en la cama, le dió toda la luz a la lámpara de velar; y se echó sobre el juguete que puso a los pies, sobre la muñeca negra. La besó, la abrazó, se la apretó contra el corazón: «Ven, pobrecita, ven, que esos malos te dejaron aquí sola; tú no estás fea, no, aunque no tengas más que una trenza; la fea es ésa, la que han traído hoy, la de los ojos que no hablan; dime, Leonor, dime, ¿tú pensaste en mí? mira el ramo que te traje, un ramo de *no me olvides*, de los más lindos del jardín; ¡así, en el pecho! ¡ésta es mi muñeca linda! ¿y no has llorado? ¡te dejaron tan sola! ¡no me mires así, porque voy a llorar yo! ¡no, tú no tienes frío! ¡aquí conmigo, en mi almohada, verás como te calientas! ¡y me quitaron, para que no me hiciera daño, el dulce que te traía! ¡así, así, bien arropadita! ¡a ver, mi beso, antes de dormirte! ¡ahora, la lámpara baja! ¡y a dormir, abrazadas las dos! ¡te quiero, porque no te quieren!

(De *La Edad de oro*, octubre de 1889).

MI RAZA

35 Ésa de racista está siendo una palabra confusa y hay que ponerla en claro. El hombre no tiene ningún derecho especial porque pertenezca a una raza o a otra: dígase hombre, y ya se dicen todos los derechos. El negro, por
40 negro, no es inferior ni superior a ningún otro hombre; peca por redundante el blanco que dice: «Mi raza»; peca por redundante el negro que dice: «Mi raza». Todo lo que divide a los hombres, todo lo que especifica, aparta o
45 acorrala es un pecado contra la humanidad. ¿A qué blanco sensato le ocurre envanecerse de ser blanco, y qué piensan los negros del blanco que se envanece de serlo y cree que tiene derechos especiales por serlo? ¿Qué han de pensar los blancos del negro que se envanece de su color? Insistir en las divisiones de raza, en las diferencias de raza, en un pueblo naturalmente dividido, es dificultar la ventura pública y la individual, que están en el mayor acercamiento de los factores que han de vivir en común. Si se dice que en el negro no hay culpa aborigen ni virus que lo inhabilite para desenvolver toda su alma de hombre, se dice la

verdad, y ha de decirse y demostrarse, porque la injusticia de este mundo es mucha, y es mucha la ignorancia que pasa por sabiduría, y aún hay quien crea de buena fe al negro incapaz de la inteligencia y corazón del blanco; y si a esa defensa de la naturaleza se la llama racismo, no importa que se la llame así, porque no es más que decoro natural y voz que clama del pecho del hombre por la paz y la vida del país. Si se aleja de la condición de esclavitud, no acusa inferioridad la raza esclava, puesto que los galos blancos, de ojos azules y cabellos de oro, se vendieron como siervos, con la argolla al cuello, en los mercados de Roma; ése es racismo bueno, porque es pura justicia y ayuda a quitar prejuicios al blanco ignorante. Pero ahí acaba el racismo justo, que es el derecho del negro a mantener y a probar que su color no le priva de ninguna de las capacidades y derechos de la especie humana.

El racista blanco, que le cree a su raza derechos superiores, ¿qué derechos tiene para quejarse del racista negro que también le vea especialidad a su raza? El racista negro, que ve en la raza un carácter especial, ¿qué derecho tiene para quejarse del racista blanco? El hombre blanco que, por razón de su raza, se cree superior al hombre negro, admite la idea de la raza y autoriza y provoca al racista negro. El hombre negro que proclama su raza, cuando lo que acaso proclama únicamente en esta forma errónea es la identidad espiritual de todas las razas, autoriza y provoca al racista blanco. La paz pide los derechos comunes de la naturaleza; los derechos diferenciales, contrarios a la naturaleza, son enemigos de la paz. El blanco que se aísla, aísla al negro. El negro que se aísla, provoca a aislarse al blanco.

En Cuba no hay temor a la guerra de razas. Hombre es más que blanco, más que mulato, más que negro. En los campos de batalla murieron por Cuba, han subido juntos por los aires, las almas de los blancos y de los negros. En la vida diaria de defensa, de lealtad, de hermandad, de estudio, al lado de cada blanco hubo siempre un negro. Los negros, como los blancos, se dividen por sus caracteres, tímidos, o valerosos, abnegados o egoístas, en los partidos diversos en que se agrupan los hombres. Los partidos políticos son agregados

de preocupaciones, de aspiraciones, de intereses y de caracteres. Lo semejante esencial se busca y halla por sobre las diferencias de detalle; y lo fundamental de los caracteres análogos se funde en los partidos, aunque en lo incidental o en lo postergable al móvil común difieran. Pero en suma, la semejanza de los caracteres, superior como factor de unión a las relaciones internas de un color de hombres, graduado y en su grado a veces opuesto, decide e impera en la formación de los partidos. La afinidad de los caracteres es más poderosa entre los hombres que la afinidad del color. Los negros, distribuídos en las especialidades diversas u hostiles del espíritu humano, jamás se podrán ligar, ni desearán ligarse, contra el blanco, distribuído en las mismas especialidades. Los negros están demasiado cansados de la esclavitud para entrar voluntariamente en la esclavitud del color. Los hombres de pompa e interés se irán de un lado, blancos o negros; y los hombres generosos y desinteresados se irán de otro. Los hombres verdaderos, negros o blancos, se tratarán con lealtad y ternura, por el gusto del mérito y el orgullo de todo lo que honre la tierra en que nacimos, negro o blanco. La palabra racista caerá de los labios de los negros que la usan hoy de buena fe, cuando entiendan que ella es el único argumento de apariencia válida y de validez en hombres sinceros y asustadizos, para negar al negro la plenitud de sus derechos de hombre. Dos racistas serán igualmente culpables: el racista blanco y el racista negro. Muchos blancos se han olvidado ya de su color, y muchos negros. Juntos trabajan, blancos y negros, por el cultivo de la mente, por la propagación de la virtud, por el triunfo del trabajo creador y de la caridad sublime.

En Cuba no hay nunca guerra de razas. La República no se puede volver atrás; y la República, desde el día único de redención del negro en Cuba, desde la primera constitución de la independencia el 10 de abril en Güáimaro, no habló nunca de blancos ni de negros. Los derechos públicos, concedidos ya de pura astucia por el Gobierno español e iniciados en las costumbres antes de la independencia de la Isla, no podrán ya ser negados, ni por el español que los mantendrá mientras aliente en

Cuba para seguir dividiendo al cubano negro del cubano blanco, ni por la independencia, que no podría negar en la libertad los derechos que el español reconoció en la servidumbre.

5 Y en lo demás, cada cual será libre en lo sagrado de su casa. El mérito, la prueba patente y continua de cultura y el comercio inexorable acabarán de unir a los hombres. En Cuba hay mucha grandeza en negros y blancos.

[1893]

Cronológicamente MANUEL GUTIÉRREZ NÁJERA (México; 1859–1895) fue, de todos los renovadores del verso, el primero en hacer resonar las notas de elegancia, gracia, refinamiento, ligereza que Rubén Darío seguirá orquestando. Esteticismo, ni frío ni frívolo — por lo menos ni tan frío ni tan frívolo como el que ya veremos en otros poetas que han de venir —, pero que juega con la vida hasta darle una figura de pura belleza: «y haz, artista, con tus dolores, / excelsos monumentos sepulcrales». La vida se hace monumento artístico. Imágenes plásticas, bien contorneadas para que las veamos; pero algunas también sugieren visiones sin mostrarnos las cosas concretas que esas visiones ven, en una especie de vago lenguaje musical. En sus versos a «La serenata de Schubert» exclama envidiosamente: «¡Así hablara mi alma . . . si pudiera!» Envidia a la música por su virtud insinuante, actitud nueva en nuestra literatura. En «Non omnis moriar» Gutiérrez Nájera recoge el tema de Horacio y lo reelabora con la oposición de Hombre-Poeta, tan cara al esteticismo: el poeta expresa lo inefable del hombre. Por aquí el romanticismo hispanoamericano (como antes el europeo) empieza a distanciarse del público y el poeta acabará por creerse un atormentado por elección de Dios. Gutiérrez Nájera — el Duque Job era su más famoso seudónimo — no se siente elegido pero sí aristócrata: era más duque que Job. Justo Sierra le atribuyó «pensamientos franceses en versos españoles» (como Valera le atribuiría a Darío un «galicismo mental»). En francés leyó no sólo a los franceses (en poesía, de Lamartine a Baudelaire; en prosa, de Chateaubriand a Flaubert y Mendès), sino traducciones de la literatura: nexos con escritores mexicanos anteriores no los tenía. Visto desde América era un solitario que, en el camino, encontraría a otros como él y constituirían todos juntos un grupo: el de la llamada «primera generación modernista». Sus imágenes, desconcertantes para los lectores de entonces, estaban concertadas entre sí, en una melodía de perfecta unidad; imágenes ordenadas como una mirada que se va desplegando hacia planos cada vez más profundos, enriqueciéndose con descubrimientos de bellezas; y, a pesar de la composición coherente, esas imágenes desfilan como ágiles cuerpos individuales. La selección que el oído de Gutiérrez Nájera hace de las palabras — las más armoniosas, las que mejor se enlazan en ritmos y rimas — coincide con la que hacen sus ojos — los objetos más lujosos, más bonitos, más exquisitos —. El prosista Gutiérrez Nájera fue también excelente: *Cuentos frágiles* (1883), *Cuentos de color de humo* (1898), crónicas, notas de viajes por México, crítica literaria.

Manuel Gutiérrez Nájera

PARA ENTONCES

Quiero morir cuando decline el día,
en alta mar y con la cara al cielo;
donde parezca un sueño la agonía,
y el alma, un ave que remonta el vuelo.

No escuchar en los últimos instantes,
ya con el cielo y con la mar a solas,
más voces ni plegarias sollozantes
que el majestuoso tumbo de las olas.

Morir cuando la luz triste retira
sus áureas redes de la onda verde,
y ser como ese sol que lento expira:
algo muy luminoso que se pierde.

Morir, y joven: antes que destruya
el tiempo aleve la gentil corona;
cuando la vida dice aún: «soy tuya»,
¡aunque sepamos bien que nos traiciona!

(1887)

MARIPOSAS

Ora blancas cual copos de nieve,
ora negras, azules o rojas,
en miriadas esmaltan el aire
y en los pétalos frescos retozan.
Leves saltan del cáliz abierto,
como prófugas almas de rosas,
y con gracia gentil se columpian
en sus verdes hamacas de hojas.
Una chispa de luz les da vida
y una gota al caer las ahoga;
aparecen al claro del día,
y ya muertas las halla la sombra.

¿Quién conoce sus nidos ocultos?
¿En qué sitio de noche reposan?
Las coquetas no tienen morada . . .
Las volubles no tienen alcoba . . .
Nacen, aman, y brillan y mueren,
en el aire al morir se transforman,
y se van, sin dejarnos su huella,
cual de tenue llovizna las gotas.

Tal vez unas en flores se truecan,
y llamadas al cielo las otras,
con millones de alitas compactas
el arco-iris espléndido forman.
Vagabundas, ¿en dónde está el nido?   5
Sultanita, ¿qué harem te aprisiona?
¿A qué amante prefieres, coqueta?
¿En qué tumba dormís, mariposas?

                                              10

Así vuelan y pasan y expiran
las quimeras de amor y de gloria,
esas alas brillantes del alma,
ora blancas, azules o rojas . . .   15
¿Quién conoce en qué sitio os perdisteis,
ilusiones que sois mariposas?
¡Cuán ligero voló vuestro enjambre
al caer en el alma la sombra!
Tú, la blanca, ¿por qué ya no vienes?   20
¿No eras fresco azahar de mi novia?
Te formé con un grumo del cirio
que de niño llevé a la parroquia;
eras casta, creyente, sencilla,
y al posarte temblando en mi boca,   25
murmurabas, heraldo de goces,
«¡Ya está cerca tu noche de bodas!»

¡Ya no viene la blanca, la buena!   30
Ya no viene tampoco la roja,
la que en sangre teñí, beso vivo,
al morder unos labios de rosa.
Ni la azul que me dijo: ¡poeta!
Ni la de oro, promesa de gloria.   35
Ha caído la tarde en el alma;
es de noche . . . ya no hay mariposas.
Encended ese cirio amarillo . . .
Ya vendrán en tumulto las otras,
las que tienen las alas muy negras   40
y se acercan en fúnebre ronda . . .
Compañeras, la cera está ardiendo;
compañeras, la pieza está sola . . .
Si por mi alma os habéis enlutado,
¡venid pronto, venid, mariposas!   45

(1887)

LA SERENATA DE SCHUBERT

¡Oh, qué dulce canción! Límpida brota
esparciendo sus blandas armonías,
5 y parece que lleva en cada nota
muchas tristezas y ternuras mías.

¡Así hablara mi alma . . ., si pudiera!
Así, dentro del seno,
se quejan, nunca oídos, mis dolores!
10 Así, en mis luchas, de congoja lleno,
digo a la vida: « Déjame ser bueno! »
¡Así sollozan todos mis dolores!

¿De quién es esa voz? Parece alzarse
junto del lago azul, en noche quieta,
15 subir por el espacio, y desgranarse
al tocar el cristal de la ventana
que entreabre la novia del poeta . . .
¿No la oís cómo dice: «Hasta mañana»?

¡Hasta mañana, amor! El bosque espeso
20 cruza, cantando, el venturoso amante,
y el eco vago de su voz distante
decir parece: «¡Hasta mañana, beso!»

¿Por qué es preciso que la dicha acabe?
¿Por qué la novia queda en la ventana,
25 y a la nota que dice: «¡Hasta mañana!»
el corazón responde: «¿Quién lo sabe?»

¡Cuántos cisnes jugando en la laguna!
¡Qué azules brincan las traviesas olas!
En el sereno ambiente, ¡cuánta luna!
30 Mas las almas, ¡qué tristes y qué solas!

En las ondas de plata
de la atmósfera tibia y transparente,
como una Ofelia[1] náufraga y doliente,
¡va flotando la tierna serenata!

35 Hay ternura y dolor en ese canto,
y tiene esa amorosa despedida
la transparencia nítida del llanto,
¡y la inmensa tristeza de la vida!

¿Qué tienen esas notas? ¿Por qué lloran?
Parecen ilusiones que se alejan,
sueños amantes que piedad imploran,
y, como niños huérfanos, ¡se quejan!

Bien sabe el trovador cuán inhumana
para todos los buenos es la suerte . . .
que la dicha es de ayer . . . y que « mañana »
es el dolor, la oscuridad, ¡la muerte!

El alma se compunge y estremece
al oír esas notas sollozadas . . .
¡Sentimos, recordamos, y parece
que surgen muchas cosas olvidadas!

¡Un peinador muy blanco y un piano!
Noche de luna y de silencio afuera . . .
Un volumen de versos en mi mano,
y en el aire, y en todo, ¡primavera!

¡Qué olor de rosas frescas! En la alfombra,
¡qué claridad de luna!, ¡qué reflejos! . . .
¡Cuántos besos domidos en la sombra!
Y la muerte, la pálida, ¡qué lejos!

En torno al velador, niños jugando . . .
La anciana, que en silencio nos veía . . .
Schubert en tu piano sollozando,
y en mi libro, Musset con su *Lucía*.[2]

¡Cuántos sueños en mi alma y en tu alma!
¡Cuántos hermosos versos! ¡Cuántas flores!
En tu hogar apacible, ¡cuánta calma!
Y en mi pecho, ¡que inmensa sed de amores!

¡Y todo ya muy lejos! ¡Todo ido!
¿En dónde está la rubia soñadora? . . .
¡Hay muchas aves muertas en el nido,
y vierte muchas lágrimas la aurora!

. . . Todo lo vuelvo a ver . . ., ¡pero no existe!
Todo ha pasado ahora . . ., ¡y no lo creo!
Todo está silencioso, todo triste . . .
¡Y todo alegre, como entonces, veo!

---

[1] Referencia al personaje de *Hamlet*, la tragedia de
Shakespeare.

[2] Referencia a una conocida elegía de Alfred de
Musset (1810–1857), publicada en *Poésies nouvelles*
(1840).

. . . Ésa es la casa . . . ¡Su ventana, aquélla!
Ése el sillón en que bordar solía . . .
La reja verde . . . y la apacible estrella
que mis nocturnas pláticas oía.

Bajo el cedro robusto y arrogante,
que allí domina la calleja oscura,
por la primera vez y palpitante
estreché entre mis brazos su cintura.

¡Todo presente en mi memoria queda:
la casa blanca, y el follaje espeso . . .
el lago azul . . . el huerto . . . la arboleda,
donde nos dimos, sin pensarlo, un beso!

Y te busco, cual antes te buscaba,
y me parece oírte entre las flores,
cuando la arena del jardín rozaba
el percal de tus blancos peinadores.

¡Y nada existe ya! Calló el piano . . .
Cerraste, virgencita, la ventana . . .
y oprimiendo mi mano con tu mano,
me dijiste también: «¡Hasta mañana!»

¡Hasta mañana! . . . ¡Y el amor risueño
no pudo en tu camino detenerte!
Y lo que tú pensaste que era el sueño,
sueño fué, pero inmenso: ¡el de la muerte!

¡Ya nunca volveréis, noches de plata!
Ni unirán en mi alma su armonía
Schubert, con su doliente serenata,
y el pálido Musset con su *Lucía*.

(1888)

DE BLANCO

¿Qué cosa más blanca que cándido lirio?
¿Qué cosa más pura que místico cirio?
¿Qué cosa más casta que tierno azahar?
¿Qué cosa más virgen que leve neblina?
¿Qué cosa más santa que el ara divina
de gótico altar?

¡De blancas palomas el aire se puebla;
con túnica blanca, tejida de niebla,
se envuelve a lo lejos feudal torreón;
erguida en el huerto la trémula acacia
al soplo del viento sacude con gracia
su níveo pompón!

¿No ves en el monte la nieve que albea?
La torre muy blanca domina la aldea,
las tiernas ovejas triscando se van,
de cisnes intactos el lago se llena,
columpia su copa la enhiesta azucena,   5
y su ánfora inmensa levanta el volcán.

Entremos al templo: la hostia fulgura;
de nieve parecen las canas del cura,
vestido con alba de lino sutil;   10
cien niñas hermosas ocupan las bancas,
y todas vestidas con túnicas blancas
en ramos ofrecen las flores de abril.

Subamos al coro: la Virgen propicia   15
escucha los rezos de casta novicia,
y el cristo de mármol expira en la cruz;
sin mancha se yerguen las velas de cera;
de encaje es la tenue cortina ligera
que ya transparenta del alba la luz.   20

Bajemos al campo: tumulto de plumas
parece el arroyo de blancas espumas
que quieren, cantando, correr y saltar;
la airosa mantilla de fresca neblina   25
terció la montaña; la vela latina
de barca ligera se pierde en el mar.

Ya salta del lecho la joven hermosa,
y el agua refresca sus hombros de diosa,   30
sus brazos ebúrneos, su cuello gentil;
cantando y risueña se ciñe la enagua,
y trémulas brillan las gotas de agua
en su árabe peine de blanco marfil.

¡Oh mármol! ¡Oh nieves! ¡Oh inmensa
                              [blancura   35
que esparces doquiera tu casta hermosura!
¡Oh tímida virgen! ¡Oh casta vestal!
Tú estás en la estatua de eterna belleza,
de tu hábito blanco nació la pureza,
¡al ángel das alas, sudario al mortal!   40

Tú cubres al niño que llega a la vida,
coronas las sienes de fiel prometida,
al paje revistes de rico tisú.
¡Qué blancos son, reinas, los mantos de
                              [armiño!   45
¡Qué blanca es, ¡oh madres!, la cuna del niño!
¡Qué blanca, mi amada, qué blanca eres tú!

En sueños ufanos de amores contemplo
alzarse muy blancas las torres de un templo
y oculto entre lirios abrirse un hogar;
y el velo de novia prenderse a tu frente,
5 cual nube de gasa que cae lentamente
y viene en tus hombros su encaje a posar.

(1888)

MIS ENLUTADAS

10

Descienden tacíturnas las tristezas
al fondo de mi alma,
y entumecidas, haraposas brujas,
con uñas negras
15 mi vida escarban.

De sangre es el color de sus pupilas,
de nieve son sus lágrimas;
20 hondo pavor infunden . . . yo las amo
por ser las solas
que me acompañan.

25 Aguárdolas ansioso si el trabajo
de ellas me separa,
y búscolas en medio del bullicio,
y son constantes,
y nunca tardan.

30

En las fiestas, a ratos se me pierden
o se ponen la máscara,
pero luego las hallo, y así dicen:
— ¡Ven con nosotras!
35 — ¡Vamos a casa!

Suelen dejarme cuando sonriendo
mis pobres esperanzas,
como enfermitas ya convalecientes,
salen alegres
40 a la ventana.

Corridas huyen, pero vuelven luego
y por la puerta falsa
entran trayendo como nuevo huésped
alguna triste,
45 lívida hermana.

Ábrese a recibirlas la infinita
tiniebla de mi alma,
y van prendiendo en ella mis recuerdos
cual tristes cirios
de cera pálida.

Entre esas luces, rígido, tendido,
mi espíritu descansa;
y las tristezas revolando en torno,
lentas salmodias
rezan y cantan.

Escudriñan del húmedo aposento
rincones y covachas,
el escondrijo do guardé cuitado
todas mis culpas,
todas mis faltas.

Y urgando mudas, como hambrientas lobas,
las encuentran, las sacan,
y volviendo a mi lecho mortuorio
me las enseñan
y dicen: habla.

En lo profundo de mi ser bucean,
pescadoras de lágrimas,
y vuelven mudas con las negras conchas
en donde brillan
gotas heladas.

A veces me revuelvo contra ellas
y las muerdo con rabia,
como la niña desvalida y mártir
muerde a la harpía
que la maltrata.

Pero en seguida, viéndose impotente,
mi cólera se aplaca,
¿qué culpa tienen, pobres hijas mías,
si yo las hice
con sangre y alma?

Venid, tristezas de pupila turbia,
venid, mis enlutadas,
las que viajáis por la infinita sombra,
donde está todo
lo que se ama.

Vosotras no engañáis: venid, tristezas,
 ¡oh mis criaturas blancas
abandonadas por la madre impía,
 tan embustera,
 por la esperanza!

Venid y habladme de las cosas idas,
 de las tumbas que callan,
de muertos buenos y de ingratos vivos . . .
 voy con vosotras,
 vamos a casa.   5

(1890)

(De *Poesías completas*, 1953).

HISTORIA DE UN PESO FALSO

¡Parecía bueno! ¡Limpio, muy cepilladito, con su águila, a guisa de alfiler de corbata, y caminaba siempre por el lado de la sombra, para dejar al Sol la otra acera! No tenía mala cara el muy bellaco y el que sólo de vista lo hubiera conocido no habría vacilado en fiarle cuatro pesetas. ¡Pero . . . crean ustedes en las canas blancas y en la plata que brilla! Aquel peso era peso teñido; su cabello era castaño, de cobre, y él por coquetería, porque le dijeran « es Ud. muy Luis XVI »[3] se lo había empolvado.

Por supuesto, era de padres desconocidos. ¡Estos pobrecitos pesos siempre son expósitos! A mí me inspiran mucha lástima y de buen grado los recogería; pero mi casa, es decir, la casa de ellos, el bolsillo de mi chaleco, está vacío, desamueblado, lleno de aire y por eso no puedo recibirlos. Cuando alguno me cae, procuro colocarlo en una cantina, en una tienda, en la contaduría del teatro; pero hoy están las colocaciones por las nubes y casi siempre se queda en la calle el pobre peso.

No pasó lo mismo, sin embargo, con aquel de la buena facha, de la sonrisa bonachona y del águila que parecía verdad. Yo no sé en dónde me lo dieron; pero sí estoy cierto de cuál es la casa de comercio en donde tuve la fortuna de colocarlo, gracias al buen corazón y a la mala vista del respetable comerciante cuyo nombre callo por no ofender la cristiana modestia de tan excelente sujeto y por aquello de que hasta la mano izquierda debe ignorar el bien que hizo la derecha.

Ello es que, como un beneficio no se pierde nunca, y como Dios recompensa a los caritativos, el generoso padre putativo de mi peso falso no tardó mucho en hallar a otro caballero que consintiera en hacerse cargo de la criatura. Cuentan las malas lenguas que este rasgo filantrópico no fué del todo puro; parece que el nuevo protector de mi peso (y téngase entendido que el comerciante a quien yo encomendé la crianza y educación del pobre expósito, era un cantinero) no se dió cuenta exacta de que iba a hacer una obra de misericordia, en razón de que repetidas libaciones habían oscurecido un tanto cuanto su vista y entorpecido su tacto. Pero, sea porque aquel hombre poseía un noble corazón, sea porque el coñac predispone a la benevolencia, el caso es que mi hombre recibió el peso falso no con los brazos abiertos, pero sí tendiéndole la diestra. Dió un billete de a cinco duros, devolvióle cuatro el cantinero, y entre esos cuatro, como amigo pobre en compañía de ricos, iba mi peso.

Pero, ¡vean ustedes cómo los pobres somos buenos y cómo Dios nos ha adornado con la virtud de los perros: la fidelidad! Los cuatro capitalistas, los cuatro pesos de plata, los aristócratas siguieron de parranda. ¡Es indudable que la aristocracia está muy corrompida! Éste se quedó en una cantina; ése, en *La Concordia*;[4] aquél, en la contaduría del teatro . . . Sólo el peso falso, el pobretón, el de la clase media, el que no era centavo ni tampoco persona decente, siguió acompañando

---

[3] Luis XVI, rey de Francia (1754–1793), cuya efigie estaba grabada en las monedas llamadas por ello « luises. »

[4] Un restaurante de la ciudad de México en tiempos del autor.

a su generoso protector, como Cordelia acompañó al rey Lear.[5] En *La Concordia* fué donde lo conocieron; allí le echaron en cara su pobreza y no le quisieron fiar ni servir nada. La última moneda buena se escapó entonces con el mozo (no es nuevo que una señorita bien nacida se fugue con algún pinche de cocina) y allí quedó el pobre peso, el que no tenía ni un real, pero sí un corazón que no estaba todavía metalizado, acompañando al amparador de su orfandad, en la tristeza, en el abandono, en la miseria . . . ¡Lo mismo que Cordelia a! lado del rey Lear!

¡ De veras enternecen estos pesos falsos! Mientras los llamados buenos, los de alta alcurnia, los nacidos en la opulenta casa de Moneda,[6] llevan mala vida y van pasando de mano en mano como los periodistas venales, como los políticos tránsfugas, como las mujeres coquetas; mientras estos viciosos impertinentes trasnochan en las fondas, compran la virtud de las doncellas y desdeñan al menesteroso para irse con los ricos: el peso falso busca al pobre, no sale y no lo abandona a pesar del mal trato que éste le da siempre; no sale; se está en su casa encerradito; no compra nada; y espera, como solo premio de virtudes tan excelsas, el martirio; la ingratitud del hombre; ser aprehendido, en fin de cuentas, por el gendarme sin entrañas o morir clavado en la madera de algún mostrador como murió San Dimas[7] en la cruz. ¡Pobres pesos falsos! A mí me parten el alma cuando los veo en manos de otros.

El de mi cuento, sin embargo, había empezado bien su vida. ¡Dios lo protegía por guapo, sí, por bueno, a pesar de que no creyera el escéptico mesero de *La Concordia* en tal bondad; por sencillo, por inocente, por honrado! A mí no me robó nada; al cantinero tampoco, y al caballero que le sacó de la cantina, en donde no estaba a gusto porque los pesos falsos son muy sobrios, le recompensó la buena obra, dándole una hermosa ilusión; la ilusión de que contaba con un peso todavía.

Y no sólo hizo eso . . . ¡ya verán ustedes todo lo que hizo!

El caballero se quedó en la fonda meditabundo y triste, ante la taza de té, la copa de Burdeos, ya sin Burdeos, y el mesero que estaba parado enfrente de él como un signo de interrogación. Aquella situación no podía prolongarse. Cuando está alguien a solas con una inocente moneda falsa, se avergüenza como si estuviera con una mujer perdida; quiere que no le vean, pasar de incógnito, que ningún amigo lo sorprenda . . . Porque serán muy buenas las monedas falsas . . . ¡pero la gente no quiere creer!

Yo mismo, en las primeras líneas de este cuento, cuando aún no había encontrado un padre putativo para el peso falso, lo llamé bellaco. ¡Tan imperioso es el poder del vulgo!

Todavía el caballero, en un momento de mal humor que no disculpo en él, pero que en mí habría disculpado, luego que quitaron los manteles de la mesa, golpeó el peso contra el mármol como diciéndole: — ¡A ver, malvado, si de veras no tienes corazón! — ¡Y vaya si tenía corazón! ¡lo que no tenía el infeliz era dinero! . . .

El caballero quedó meditabundo por largo rato. ¿Quién le había dado aquel peso? Los recuerdos andaban todavía por su memoria como indecisos, como distraídos, como soñolientos. Pero no cabía duda: ¡el peso era falso! Y lo que es peor, ¡era el último!

Su dueño, entonces, se puso a hacer, no para uso propio, todo un tratado de moral.

— La verdad es — se decía — que yo soy un badulaque. Esta tarde recibí en la oficina un billete de a veinte. Me parece estarlo viendo . . . *Londres-México* . . . el águila. . . Don Benito Juárez. . . y una cara de perro. ¿A dónde está el billete?

En los zarzales de la vida deja
alguna cosa cada cual: la oveja
su blanca lana; el hombre su virtud.

Y lo malo es que mi mujer esperaba esos veinte. Yo iba a darle quince . . . pero ¿de dónde cojo ahora esos quince?

El caballero volvió a arrojar con ira el peso

---

[5] Referencia al *Rey Lear*, de Shakespeare.
[6] Lugar donde se hace la acuñación de las monedas por el Estado.
[7] El buen ladrón crucificado junto a Jesús.

falso sobre el mármol de la mesa. ¡Por poco no le rompió al infortunado el águila, el alfiler de la corbata! La única ventaja con que cuentan los pesos falsos es la de que no podemos estrellarlos contra una esquina.

En la calle, *La Esmeralda,*[8] que ya no baila sobre tapiz oriental ni toca donairosamente su pandero; la pobre *Esmeralda* que está ahora empleada en la esquina de Plateros y que, como los antiguos serenos, da las horas, mostró a nuestro héroe su reloj iluminado: eran las doce de la noche.

A tal hora, no hay dinero en la calle. ¡Y era preciso volver a casa!

— Le daré a mi mujer el peso falso para el desayuno, y mañana . . . veremos —. ¡Pero no! Ella los suena en el buró y así es seguro que no me escapo de la riña. ¡Maldita suerte! . . .

El pobre peso sufría en silencio los insultos y araños de su padre putativo, escondido en lo más oscuro del bolsillo. ¡Solo, tristemente solo!

El caballero pasó frente a un garito.[9] ¿Entraría? Puede ser que estuviera en él algún amigo. Además, allí lo conocían . . . hasta le cobraban de cuando en cuando sus quincenas . . . Cuando menos podrían abrirle crédito por cinco duros . . . Volvió la vista atrás y entró de prisa como quien se arroja a la alberca.

El amigo cajero no estaba de guardia aquella noche; pero probablemente volvería a la una. El caballero se paró junto a la mesa de la ruleta. No sé qué encanto tiene esa bolita de marfil que corre, brinca, ríe y da o quita dinero; pero ¡es tan chiquita! ¡es tan mona! Los pesos en columnas, se apercibían a la batalla formada en los casilleros del tapete verde. ¡Y estaba cierto nuestro hombre de que iba a salir el 32! ¡Lo había visto! ¿Pondría el peso falso ? . . . La verdad es que aquello no era muy correcto . . . Pero, al cabo, en esa casa lo conocían . . . y . . . ¡cómo habían de sospechar!

Con la mano algo trémula, abrió la cartera como buscando algún billete de banco (que, por supuesto, no estaba en casa), volvió a cerrarla, sacó el peso, y resueltamente, con ademán de gran señor, lo puso al 32. El corazón le saltaba más que la bola de marfil en la ruleta. Pero vean ustedes lo que son las cosas. Los buenos mozos tienen mucho adelantado . . . Hay hombres que llegan a ministros extranjeros, a ricos, a poetas, a sabios, nada más porque son buenos mozos. Y el peso aquel — ya lo había dicho — era todo un buen mozo . . . un buen mozo bien vestido.

— ¡Treinta y dos colorado!

La bola de marfil y el corazón del jugador se pararon, como el reloj cuya cuerda se rompe. ¡Había ganado! Pero . . . ¿y si lo conocían? . . . ¡No a él . . . al otro . . . al falso!

Nuestro amigo (porque ya debe ser amigo nuestro este hijo mimado de la dicha) tuvo un rasgo de genio. Recogió su peso desdeñosamente y dijo al que regenteaba la ruleta:

— Quiero en papel los otros treinta y cinco. ¡No lo habían tocado! . . . ¡No lo habían conocido! . . . Pagó el monte.[10] Uno de veinte . . . uno de diez . . . y otro color de chocolate, con la figura de una mujer en camisón y que está descansando de leer, separada por estas dos palabras: *Cinco pesos,* del retrato de una muchacha muy linda, a quien el mal gusto del grabador le puso un águila y una víbora en el pecho. El de a diez y el color de chocolate eran para la señora que suena los pesos en la tapa del buró. El de a veinte, el de Juárez, el patriótico, era para nuestro amigo . . . era el que al día siguiente se convertiría en copas, en costillas de milanesa, y por remate, en un triste y desconocido peso falso.

¡Qué afortunados son los pesos falsos y los hombres pícaros!

Los que estaban alrededor del tapete verde hacían lado al dichoso *punto*[11] para que entrase en el ruedo y se sentara. Pero, dicho sea en honra de nuestro buen amigo, él fué prudente, tuvo fuerza de ánimo, y volvió la espalda a la traidora mesa. Volvería, sí, volvería a dejar en ella su futura quincena: o propiamente hablando, el futuro imperfecto de su quincena, pero lo que es en aquella

---

[8] Una tienda; la alusión es al personaje del *Jorobado de Nuestra Señora,* la novela de Victor Hugo.
[9] Casa de juego.

[10] El banquero, en el juego de naipes.
[11] El que apunta contra el banquero en algunos juegos de azar.

noche se entregaba a las delicias y los pellizcos del hogar.

Cuando se sintió en la calle con su honrado, su generoso peso falso, que había sido tan bueno; con el rostro de Juárez, con el busto de un perro y con el grabado que representa a una señora en camisón, rebosaba alegría nuestro querido amigo. Ya era tan bueno como el peso falso, aquel honrado e inteligente caballero. Habría prestado un duro a cualquier amigo pobre; habría repartido algunos reales entre los pordioseros; caminaba aprisa, aprisa por las calles, pensaba en su pobrecita mujer, que es tan buena persona y que lo estaría esperando . . . para que le diera el gasto.

Al torcer una esquina, tropezó con cierto muchachito que voceaba periódicos y a quien llamaban *el Inglés*. Y parecía inglés, en verdad, porque era muy blanco, muy rubio y hasta habría sido bonito con no ser tan pobre. Por supuesto, no conocía a su padre . . . era uno de tantos pesos falsos humanos, de esos que circulan subrepticiamente por el mundo y que ninguno sabe en dónde fueron acuñados. Pero a la madre, ¡sí la conocía! Los demás decían que era mala. Él creía que era buena. Le pegaba. ¡Ése sería su modo de acariciar! También cuando no se come, es imposible estar de buen humor. Y muchas veces aquella desgraciada no comía. Sobre todo, era la madre; lo que no se tiene más que una vez; lo que siempre vive poco; la madre que, aunque sea mala, es buena a ratos, aquella en cuya boca no suena el *tú* como un insulto . . . la madre, en suma . . . ¡nada más la madre! Y como aquel niño tenía en las venas sangre buena — sangre colorida con vino, sangre empobrecida en las noches de orgía, pero sangre, en fin, de hombres que pensaron y sintieron hace muchos años — amaba mucho a la mamá . . . y a la hermanita, a la que vendía billetes . . . a esa que llamaban *la Francesa*.

La madre, para él, era muy buena; pero le pegaba cuando no podía llevarle el pobre una peseta. Y aquella noche — ¡la del peso falso! — estaba el chiquitín, con *El Nacional*, con *El Tiempo de mañana*,[12] pero sin centavo en el bolsillo de su desgarrado pantalón. ¡No compraba periódicos la gente! Y no se atrevía a volver a su accesoria,[13] no por miedo a los golpes, sino por no afligir a la mamá.

Tan pálido, tan triste lo vió el afortunado jugador, que quiso, realmente quiso, darle una limosna. Tal vez le habría comprado todos los periódicos, porque así son los jugadores cuando ganan. Pero dar cinco pesos a un perillán de esa ralea era demasiado. Y el jugador había recibido los treinta y cinco en billetes. No le quedaba más que el peso falso.

Ocurriósele entonces una travesura; hacer bobo al muchacho.

— ¡Toma, *Inglés*, para tus hojas con catalán, anda! Emborráchate.

¡Y allá fué el peso falso!

Y no, el muchacho no creyó que lo habrían engañado. Tenía aquel señor tan buena cara como el peso falso. ¡Qué bueno era! Si hubiera recibido esa moneda para devolver siete reales y medio, cobrando *El Nacional* o *El Tiempo de mañana*, la habría sonado en las losas del zaguán, cuyo umbral le servía casi de lecho; habría preguntado si era bueno o no al abarrotero[14] que aun tenía abierta su tienda. Pero ¡de limosna! ¡Brillaba tanto en la noche! ¡Brillaba tanto para su alma hambrienta de dar algo a la mamá y a la hermanita! ¡Qué buen señor! . . . ¡Habría ganado un premio en la lotería! . . . ¡sería muy rico! Quién sabe . . .

¡Qué buen señor era el del peso falso! Le había dicho: — ¡Anda, ve y emborráchate! . . . Pero así dicen todos.

Recogió el arrapiezo los periódicos, y corriendo como si hubiera comido, como si tuviera fuerzas, fué hasta muy lejos, hasta la puerta de su casa. No le abrieron. La viejecita (la llamo viejecita, aunque aporreara a ese muchacho, porque, al cabo era infeliz, era padre, era madre) se había dormido cansada de aguardar al *Inglesito*. Pero ¿qué le importaba a él dormir en la calle? ¡Si lo mismo pasaba muchas noches! ¡Y al día siguiente no lo azotarían! . . . ¡Llegaba rico! . . . ¡con su peso!

---

[12] Diarios de la ciudad de México.
[13] Habitaciones bajas de una casa que se alquilan por separado.

[14] Dueño de la tienda de comestibles (abarrotes).

¡Ay, cuántas cosas tiene adentro un peso para el pobre!

Allí, en el zaguán, encogido como un gatito blanco, se quedó el muchacho dormido. ¡Dormido, sí; pero apretando con los dedos de la mano derecha, que es la más segura, aquel sol, aquella águila, aquel sueño! Durmió mal, no por la dureza del colchón de piedra, no por el frío, no por el aire, porque a eso estaba acostumbrado, pero sí porque estaba muy alegre y tenia mucho miedo de que aquel pájaro de plata se volara.

¿Creerán ustedes que ese muchacho jamás había tenido un peso suyo? Pues así hay muchísimos.

Además, el *Inglesito* quería soñar despierto, hablar en voz alta con sus ilusiones.

Primero, el desayuno . . . ¡Bueno, un real para los tres! Pero los pesos tienen muchos centavos, y hacía tiempo que el *Inglesito* tenía ganas de tomar un tamal con su champurrado.[15] Bueno: real y tlaco.[16] Quedaba mucho, mucho dinero . . . No, él no diría que tenía un peso . . . Aunque le daban tentaciones muy fuertes de enseñarlo, de lucirlo, de pasearlo, de sonárselo, como si fuera una sonaja, a la hermanita, de que lo viera la mamá y pensara: « Ya puedo descansar, porque mi hijo me mantiene.» Pero en viéndolo, en tomándolo, la mamá compraría un real de tequila. Y el muchacho tenía un proyecto atrevido: gastar un real, que iba a ser de tequila, en un billete. Y, sobre todo, recordaba el granuja que debían unos tlacos en la panadería, otros en la tienda . . . y no era imposible que la mamá los pagara si él le diera el peso. ¡Reales menos!

¡No! Era más urgente comprar manta para que la hermanita se hiciera una camisa. ¡La pobrecilla se quejaba tantísimo del frío! . . . Decididamente, a la mamá cuatro reales, un tostón[17] . . . y los otros cuatro reales para él, es decir, para el tamal, para el billete, para la manta . . . ¡y quién sabe para cuántas cosas más! ¡Puede ser que alcanzara hasta para el circo!

¿Y si ganaba $300 en la lotería con ese real? ¡Trescientos pesos! ¡No se han de acabar nunca! Ésos tendría el señor que le dió el peso . . .

Vino la luz, es decir, ya estaba para llegar, cuando el muchacho se puso en pie. Barrían la calle . . . Pasaron unas burras con los botes de hojalata, en que de las haciendas próximas viene la leche . . . Luego pasaron las vacas . . . En Santa Teresa llamaban a misa . . . — ¡Jaletinas![18] — gritó una voz áspera.

El rapazuelo no quiso todavía entrar a la casa. Necesitaba cambiar el peso. Llegaría tarde, a las seis, a las siete; pero con un tostón para la madre, con manta, con un bizcocho para *la Francesita* y con un tamal en el estómago. Iba a esperar a que abrieran cierto tendajo en el que vendían todo lo más hermoso, todo lo más útil, todo lo más apetecible para él: velas, indianas, santos de barro, madejas de seda, cohetes, soldaditos de plomo, caramelos, pan, estampas, títeres . . . ¡Cuánto se necesitaba para vivir! Y precisamente en la puerta se sentaba una mujer detrás de la olla de tamales.

Fué paso a paso, porque todavía era muy temprano. Ya había aclarado. Pasó por San Juan de Letrán. De la pensión de caballos salía una hermosa yegua con albardón de cuero amarillo llevada de la brida por el mozo de su dueño, alemán probablemente. Frente a la imprenta del « Monitor » y casi echados en las baldosas de la acera, hombres y chicuelos doblaban los periódicos todavía húmedos. Muchos de esos chicos eran amigos de él, y el primer impulso que sintió fué el de ir a hablarles, enseñarles el peso . . . Pero, ¿y si se lo quitaban? El cojo, sobre todo el cojo, era algo malo.

De modo que el pillín siguió de largo.

Ya el tendajo estaba abierto. Y lo primero, por de contado, fué el tamal . . . y no fué uno, fueron dos: ¡al fin estaba rico! Y tras los tamales, un bizcocho de harina y huevo, un rico bollo que sabía a gloria. Querían cobrarle adelantado; pero él enseñó el peso con majestuosa dignidad.

— Ahora que compre manta, cambiaré.

---

[15] Bebida hecha de chocolate y atole de maíz.
[16] Moneda mexicana, que vale medio real.
[17] Moneda mexicana, que vale medio peso.
[18] Gelatinas; jalea transparente.

Y pidió dos varas de manta; compró un granadero de barro que valía cuartilla[19] y al que tuvo la desdicha de perder en su más temprana edad, porque al cogerlo con la mano convulsa de emoción, se le cayó al suelo; le envolvieron la manta en un papel de estraza, y él con orgullo, con el ademán de un soberano, arrojó por el aire el limpio peso, que al caer en el cinc del mostrador, dió un grito de franqueza, uno de esos gritos que se escapan en los melodramas, al traidor, al asesino, al verdadero delincuente. El español había oído . . . y atrapó al chiquitín por el pescuezo.

— ¡Ladroncillo! ¡Ladrón! . . . ¡Vas a pagármelas!

. . . .

¿Qué pasó? El muñeco roto, hecho pedazos, en el suelo . . . la india que gritaba . . . el gachupín[20] estrujando al pobre chico . . . la madre, la hermanita, *la Francesita* allá muy lejos . . . más lejos todavía las ilusiones . . . ¡y el gendarme muy cerca!

Una comisaría . . . un herido . . . un borracho . . . gentes que le vieron mala cara . . . hombres que lo acusaron de haber robado pañuelos; ¡a él, que se secaba las lágrimas con la camisa! Y luego la Correccional . . . el jorobadito que le enseñó a hacer malas cosas . . . y afuera la madre, que murió en el hospital, de diarrea alcohólica . . . y la hermanita, *la Francesita*, a quien porque no vendía muchos billetes, la compraron, y a poco, la pobrecilla se murió.

¡Señor! Tú que trocaste el agua en vino, tú que hiciste santo al ladrón Dimas; ¿por qué no te dignaste convertir en bueno el peso falso de ese niño? ¿Por qué en manos del jugador fué peso bueno, y en manos del desvalido fué un delito? Tú no eres como la esperanza, como el amor, como la vida, peso falso. Tú eres bueno. Te llamas caridad. Tú que cegaste a Saulo en el camino de Damasco,[21] ¿por qué no cegaste al español de aquella tienda?

(De *Cuentos completos*, 1958).

———◆———

JULIÁN DEL CASAL (Cuba: 1863-1893) publicó dos libros de poesías — *Hojas al viento*, 1890, y *Nieve*, 1892 — y dejó otro póstumo — *Bustos y rimas*, 1893 —, de prosas y versos. Recientemente se han recogido sus cuentos, poemas en prosa y crónicas. Los tres poemarios tienen entonación elegíaca. En el primero Casal no se ha acabado de desenredar de los españoles Zorrilla, Bartrina, Bécquer, Campoamor, aunque su romanticismo se crispa con expresiones a lo Heine y Leopardi y ya hay reflejos de la lírica francesa de Gautier, Heredia, Coppée y Baudelaire. En el segundo, el aristocrático vocabulario, la renovación métrica, la búsqueda de formas perfectas y el cultivo del poema descriptivo-pictórico son ya modernistas. No sólo rinde tributo a los franceses Baudelaire, Gautier, Banville, Mendès, Leconte, Heredia, Richepin, Verlaine y Moréas, sino también a los hispanoamericanos Gutiérrez Nájera y Darío. En el tercero Casal se revela más íntimo, personal, audaz e innovador. Vista en su conjunto la poesía de Casal es íntima. No hay en ella ni cantos civiles, ni descripciones de la patria, ni relatos eróticos. O,

---

[19] Otra moneda mexicana, de plata.
[20] En México, español establecido en el país.

[21] Referencia al modo como quedó Saulo (San Pablo) ciego en el camino de Damasco (*Hechos de los Apóstoles*, 9).

mejor dicho, los escasos versos de tema exterior son insignificantes. No sentía la belleza natural del paisaje cubano. En su isla de sol, verdes, alegrías, bullicios, entornaba las puertas y prefería quedarse a oscuras y a solas, en un enfermizo encierro. Su poesía, pues, está toda vertida dentro de su alma, que era tristísima. Era taciturno, no porque tuviera una concepción pesimista de la vida, ni siquiera por ser pobre, tímido y enfermo, sino porque no estaba íntimamente hecho para participar de las incitaciones gozosas del mundo. No da un juicio sobre el mundo: su tema es la propia tristeza, que le sube de escondido manantial. Siente disgusto por la vida, eso es todo. Pero no se queja: el mundo le es indiferente, y cuando dice que le parece cieno, pantano, nos da una impresión, no una filosofía. Se siente ya muerto en vida; y hay en él una gozosa expectativa de la muerte cabal que, por lo menos en ciertos versos que quedaron abandonados en periódicos, le hicieron pensar en el suicidio: « Y sólo me sonríe en lontananza, / brindándole consuelo a mi amargura, / la boca del cañón de una pistola. » Léase « Nihilismo » y se verá cuán sinceras eran sus ganas de estar muerto: « Ansias de aniquilarme sólo siento / o de vivir en mi eternal pobreza / con mi fiel compañero, el descontento, / y mi pálida novia, la tristeza. » Lo que conmueve en Casal es, precisamente, que no jugara con las formas, a pesar de que pudo haberlo hecho, pues estaba bien dotado para lucirse con artificios, sino que prefiriera la pobreza formal de una obsesión única: la de morir. El arte fue para él un refugio. Su primer romanticismo había sido superficial: el ánimo flotaba en las convenciones de la época, los versos boyaban vacíos. Pero en sus mejores composiciones se advierte que Casal se hunde como un buzo. A veces su escafandra es la poesía plástica, colorida, refinada que Casal admiraba en los franceses Gautier y Heredia; a veces, la poesía crepuscular e insinuante que Casal admiró en Baudelaire. La primera clase de poesía, por parecerse al lenguaje poético del Parnaso francés, resultó emparentada con la de otros hispanoamericanos que leían a los mismos autores. Hay versos de Casal notablemente parecidos a otros de Gutiérrez Nájera y Rubén Darío. Componía en cuadros vivos (como que solía inspirarse en cuadros de pintores: *v. gr.* Gustavo Moreau. Ya Huysmans, en *A Rebours*, había descrito cuadros de Moreau). Los objetos no están embellecidos por Casal; ya eran bellos en el arte y el poeta los transporta como adornos. Es una atmósfera aristocrática, cosmopolita, exótica, con esplendores de París y de Tokio, con cisnes, cortesanas dieciochescas, piedras preciosas ... Los títulos « medallones », « cromos », « camafeos », « marfiles viejos », « bocetos », « museo ideal », etc. ya anuncian su voluntad de artífice de formas y colores. En la otra dirección de su poesía, vuelta hacia la penumbra más secreta de su vida interior, Casal — deslumbrado por Baudelaire — expresó su « visión sangrienta de la neurosis », su viaje « hacia el país glacial de la locura »; su sinestesia « percibe el cuerpo dormido / por mi mágico sopor, / sonidos en el color, / colores en el sonido. »

Julián del Casal

ELENA[1]

Luz fosfórica entreabre claras brechas
en la celeste inmensidad, y alumbra
del foso en la fatídica penumbra
cuerpos hendidos por doradas flechas;

cual humo frío de homicidas mechas
en la atmosfera densa se vislumbra
vapor disuelto que la brisa encumbra
a las torres de Ilión,[2] escombros hechas.

Envuelta en veste de opalina gasa
recamada de oro, desde el monte
de ruinas hacinadas en el llano,

indiferente a lo que en torno pasa,
mira Elena hacia el lívido horizonte
irguiendo un lirio en la rosada mano.

NOSTALGIAS

I

Suspiro por las regiones
donde vuelan los alciones
sobre el mar,
y el soplo helado del viento
parece en su movimiento
sollozar;
donde la nieve que baja
del firmamento, amortaja
el verdor
de los campos olorosos
y de ríos caudalosos
el rumor;
donde ostenta siempre el cielo,
a traves de aéreo velo,
color gris;
es más hermosa la Luna
y cada estrella más que una
flor de lis.

II

Otras veces sólo ansío
bogar en firme navío
a existir
en algún país remoto,
sin pensar en el ignoto
porvenir.
Ver otro cielo, otro monte,
otra playa, otro horizonte,
otro mar,
otros pueblos, otras gentes
de maneras diferentes
de pensar.
¡Ah!, si yo un día pudiera,
con qué júbilo partiera
para Argel
donde tiene la hermosura
el color y la frescura
de un clavel.
Después fuera en caravana
por la llanura africana
bajo el Sol
que, con sus vivos destellos,
pone un tinte a los camellos
tornasol.

---

[1] Uno de los poemas de Casal correspondientes a la serie *Mi museo ideal*, de «Nieve», 1882, escritos sobre cuadros del pintor francés Gustave Moreau.

[2] Troya.

Y cuando el día expirara,
mi árabe tienda plantara
 en mitad
de la llanura ardorosa
inundada de radiosa
 claridad.
Cambiando de rumbo luego,
dejara el país del fuego
 para ir
hasta el imperio florido
en que el opio da el olvido
 del vivir.
Vegetara allí contento
de alto bambú corpulento
 bajo el pie,
o aspirando en rica estancia
la embriagadora fragancia
 que da el té.
De la Luna al claro brillo
iría al Río Amarillo
 a esperar
la hora en que, el botón roto,
comienza la flor de loto
 a brillar.
O mi vista deslumbrara
tanta maravilla rara
 que el buril
de artista, ignorado y pobre,
graba en sándalo o en cobre
 o en marfil.
Cuando tornara el hastío
en el espíritu mío
 a reinar,
cruzando el inmenso piélago
fuera a taitiano archipiélago
 a encallar.
A aquél en que vieja historia
asegura a mi memoria
 que se ve
el lago en que un hada peina
los cabellos de la reina
 Pomaré.[3]
Así errabundo viviera
sintiendo toda quimera
 rauda huir,
y hasta olvidando la hora
incierta y aterradora
 del morir.

III

Mas no parto. Si partiera
al instante yo quisiera   5
 regresar.
¡Ay! ¿Cuándo querrá el destino
que yo pueda en mi camino
 reposar?

        10
      (De *Nieve,* 1892).

CREPUSCULAR

Como vientre rajado sangra el ocaso,   20
manchando con sus chorros de sangre
       [humeante
de la celeste bóveda el azul raso,
de la mar estañada la onda espejeante.

         25

Alzan sus moles húmedas los arrecifes
donde el chirrido agudo de las gaviotas,
mezclado a los crujidos de los esquifes,
agujerea el aire de extrañas notas.   30

Va la sombra extendiendo sus pabellones,
rodea el horizonte cinta de plata,
y, dejando las brumas hechas jirones,   35
parece cada faro flor escarlata.

Como ramos que ornaron senos de ondinas
y que surgen nadando de infecto lodo,   40
vagan sobre las ondas algas marinas
impregnadas de espumas, salitre y yodo.

Ábrense las estrellas como pupilas,   45
imitan los celajes negruzcas focas
y, extinguiendo las voces de las esquilas,
pasa el viento ladrando sobre las rocas.

---

[3] Nombre de una dinastía que reinó en Tahití (1775–1880).

NEUROSIS

Noemí, la pálida pecadora
de los cabellos color de aurora
y las pupilas de verde mar,
entre cojines de raso lila,
5 con el espíritu de Dalila,
deshoja el cáliz de un azahar.

Arde a sus plantas la chimenea
donde la leña chisporrotea
10 lanzando en torno seco rumor,
y alzada tiene su tapa el piano
en que vagaba su blanca mano
cual mariposa de flor en flor.

15 Un biombo rojo de seda china
abre sus hojas en una esquina
con grullas de oro volando en cruz,
y en curva mesa de fina laca
ardiente lámpara se destaca
20 de la que surge rosada luz.

Blanco abanico y azul sombrilla,
con unos guantes de cabritilla
yacen encima del canapé,
mientras en taza de porcelana,
25 hecha con tintes de la mañana,
humea el alma verde del té.

Pero ¿qué piensa la hermosa dama?
¿Es que su príncipe ya no la ama
30 como en los días de amor feliz,
o que en los cofres del gabinete
ya no conserva ningún billete
de los que obtuvo por un desliz?

35 ¿Es que la rinde cruel anemia?
¿Es que en sus búcaros de Bohemia
rayos de luna quiere encerrar,
o que, con suave mano de seda,
del blanco cisne que amaba Leda
40 ansía las plumas acariciar?

¡Ay!, es que en horas de desvarío
para consuelo del regio hastío
que en su alma esparce quietud mortal,
45 un sueño antiguo le ha aconsejado
beber en copa de ónix labrado
la roja sangre de un tigre real.

EN EL CAMPO

Tengo el impuro amor de las ciudades,
y a este sol que ilumina las edades
prefiero yo del gas las claridades.

A mis sentidos lánguidos arroba,
más que el olor de un bosque de caoba,
el ambiente enfermizo de una alcoba.

Mucho más que las selvas tropicales,
plácenme los sombríos arrabales
que encierran las vetustas capitales.

A la flor que se abre en el sendero,
como si fuese terrenal lucero,
olvido por la flor de invernadero.

Más que la voz del pájaro en la cima
de un árbol todo en flor, a mi alma anima
la música armoniosa de una rima.

Nunca a mi corazón tanto enamora
el rostro virginal de una pastora,
como un rostro de regia pecadora.

Al oro de la mies en primavera,
yo siempre en mi capricho prefiriera
el oro de teñida caballera.

No cambiara sedosas muselinas
por los velos de nítidas neblinas
que la mañana prende en las colinas.

Más que el raudal que baja de la cumbre,
quiero oír a la humana muchedumbre
gimiendo en su perpetua servidumbre.

El rocío que baña en la montaña
no ha podido decir a mi alma extraña
lo que el llanto al bañar una pestaña.

Y el fulgor de los astros rutilantes
no trueco por los vívidos cambiantes
del ópalo, la perla o los diamantes.

(De *Bustos y rimas*, 1893).

———————◆———————

José Asunción Silva (Colombia; 1865-1896) se paseó por los caminos del jardín romántico que ya estaba mustio; y tan pronto lo vemos pisando las huellas de los prosaicos Campoamor y Bartrina — «Gotas amargas» — como apartándose hacia los lugares preferidos por Bécquer — «Crisálidas», «Notas perdidas» —. Toda su obra es de juventud, conviene tenerlo en cuenta; y se logró como aspiracasición, adivinando. Silva no cuidó sus relaciones con el público. Por no interesarse en el favor de los lectores no les ayudó ordenando la propia obra, que por su mezcla confusa produce una impresión falsa de inmadurez. Su pequeño volumen de poesías careció de unidad, y la diversidad de composiciones patrióticas, festivas, folklóricas, narrativas, eróticas, filosóficas desluce su mérito. Ahora que tenemos la *Obra completa* (1956), el crítico puede apartar la vista de las direcciones ya holladas y seguir a Silva cuando se interna por un senderillo misterioso, íntimo, lírico, estremecido, que es el que ha de llevarlo a la renovación poética que están emprendiendo otros poetas. Su cultura literaria estaba al día, con las últimas cotizaciones francesas e inglesas. Tenía afinidad espiritual sobre todo con Poe. Se ha señalado la influencia de Poe en los ritmos de «Día de difuntos» y del tercer «Nocturno» — dos composiciones de nueva maestría métrica —, pero Silva seguía en verdad su propio deseo de dulcificarlos en el camino hacia el versolibrismo. En «Un poema» nos dió su Estética: «Soñaba en ese entonces en forjar un poema / de arte nervioso y raro, obra audaz y suprema.» No siempre fue fiel a esa estética. Cuando lo fue — y esos momentos son los que cuentan — nos dejó poesías trémulas de sentimientos mórbidos, sugeridoras de enigmas, con acentos de ternura y de melancolía. El pesimismo de Silva tenía raíces en su cuerpo, en su alma, en su filosofía, en la filosofía de su época. Sus mejores poesías — buen ejemplo de ellas es «Vejeces» — son las que evocan el tiempo ido, la voz de las cosas desgastadas, las visiones de la niñez, las sombras, los rumores y las fragancias olvidadas, y todo esto en un lenguaje poético vago, desvanecido y musical. Lo que le ha valido su fama es, sobre todo, su «Nocturno». Con una voz entrecortada en la que los silencios se sienten como escalofríos, con una especie de tartamudez poética, como si el poeta estuviera absorto ante una aparición sobrenatural y, en su estupor, sólo acertara a mover los labios o a mordérselos para contener el llanto, este «Nocturno» mayor — escrito, según se dice, con motivo de la muerte de su hermana Elvira — es una de las más altas expresiones líricas de la época, nueva en su timbre, en su tono, en su estructura musical, en su tema fantasmalmente elegíaco, en su rítmica imitación del sollozo. Reproducimos la leccsión del manuscrito original.

José Asunción Silva

NOCTURNO

Una noche,
una noche toda llena de murmullos, de perfumes y de músicas de alas;
una noche
en que ardían en la sombra nupcial y húmeda las luciérnagas fantásticas,
a mi lado lentamente, contra mí ceñida toda, muda y pálida,
como si un presentimiento de amarguras infinitas
hasta el fondo más secreto de las fibras te agitara,
por la senda que atraviesa la llanura florecida
caminabas;
y la luna llena
por los cielos azulosos, infinitos y profundos esparcía su luz blanca;
y tu sombra
fina y lánguida,
y mi sombra,
por los rayos de la luna proyectadas,
sobre las arenas tristes
de la senda se juntaban;
y eran una,
y eran una,
y eran una sola sombra larga,
y eran una sola sombra larga,
y eran una sola sombra larga ...

Esta noche
solo; el alma
llena de las infinitas amarguras y agonías de tu muerte,
separado de ti misma por el tiempo, por la sombra y la distancia,
por el infinito negro
donde nuestra voz no alcanza,
mudo y solo
por la senda caminaba ...
Y se oían los ladridos de los perros a la luna,
a la luna pálida,
y el chirrido
de las ranas ...
Sentí frío. Era el frío que tenían en tu alcoba
tus mejillas y tus sienes y tus manos adoradas,
entre las blancuras níveas
de las mortuorias sábanas.

Era el frío del sepulcro, era el frío de la muerte,
   era el frío de la nada.
   Y mi sombra,
  por los rayos de la luna proyectada,
   iba sola,   5
   iba sola,
iba sola por la estepa solitaria;
   y tu sombra esbelta y ágil,
   fina y lánguida,
como en esa noche tibia de la muerta primavera, 10
como en esa noche llena de murmullos, de perfumes y de músicas de alas,
   se acercó y marchó con ella,
   se acercó y marchó con ella,
se acercó y marchó con ella . . . ¡Oh las sombras enlazadas!
¡Oh las sombras de los cuerpos que se juntan con las sombras de las almas! 15
¡Oh las sombras que se buscan y se juntan en las noches de negruras y de lágrimas!

VEJECES

Las cosas viejas, tristes, desteñidas,
sin voz y sin color, saben secretos
de las épocas muertas, de las vidas
que ya nadie conserva en la memoria,
y a veces a los hombres, cuando inquietos
las miran y las palpan, con extrañas
voces de agonizante, dicen, paso,
casi al oído, alguna rara historia
que tiene oscuridad de telarañas,
son de laúd y suavidad de raso.

¡Colores de anticuada miniatura,
hoy de algún mueble en el cajón dormida;
cincelado puñal; carta borrosa;
tabla en que se deshace la pintura,
por el polvo y el tiempo ennegrecida;
histórico blasón, donde se pierde
la divisa latina, presuntuosa,
medio borrada por el líquen verde;
misales de las viejas sacristías;
de otros siglos fantásticos espejos
que en el azogue de las lunas frías
guardáis de lo pasado los reflejos;
arca, en un tiempo de ducados llena;
crucifijo que tanto moribundo
humedeció con lágrimas de pena

y besó con amor grave y profundo;
negro sillón de Córdoba; alacena
que guardaba un tesoro peregrino
y donde anida la polilla sola; 20
sortija que adornaste el dedo fino
de algún hidalgo de espadín y gola;
mayúsculas del viejo pergamino;
batista tenue que a vainilla hueles;
seda que te deshaces en la trama 25
confusa de los ricos brocateles;
arpa olvidada, que al sonar te quejas;
barrotes que formáis un monograma
incomprensible en las antiguas rejas:
el vulgo os huye, el soñador os ama 30
y en vuestra muda sociedad reclama
las confidencias de las cosas viejas!

El pasado perfuma los ensueños
con esencias fantásticas y añejas, 35
y nos lleva a lugares halagüeños
en épocas distantes y mejores;
¡por eso a los poetas soñadores
les son dulces, gratísimas y caras,
las crónicas, historias y consejas, 40
las formas, los estilos, los colores,
las sugestiones místicas y raras
y los perfumes de las cosas viejas!

PAISAJE TROPICAL

Magia adormecedora vierte el río
en la calma monótona del viaje,
cuando borra los lejos del paisaje
la sombra que se extiende en el vacío.

5   Oculta en sus negruras al bohío
la maraña tupida, y el follaje
semeja los calados de un encaje,
al caer del crepúsculo sombrío.

Venus se enciende en el espacio puro.
10   La corriente dormida, una piragua
rompe en su viaje rápido y seguro,

y con sus nubes el Poniente fragua
otro cielo rosado y verdeoscuro
15   en los espejos húmedos del agua.

       . . . ¿ . . .

Estrellas que entre lo sombrío
de lo ignorado y de lo inmenso,
asemejáis en el vacío
20   jirones pálidos de incienso;

Nebulosas que ardéis tan lejos
en el infinito que aterra,
que sólo alcanzan los reflejos
de vuestra luz hasta la tierra;

Astros que en abismos ignotos
derramáis resplandores vagos,
constelaciones que en remotos
tiempos adoraron los magos;

Millones de mundos lejanos,
flores de fantástico broche,
islas claras de los océanos
sin fin ni fondo de la noche;

¡Estrellas, luces pensativas!
¡Estrellas, pupilas inciertas!
¿Por qué os calláis si estáis vivas
y por qué alumbráis si estáis muertas?

DÍA DE DIFUNTOS

La luz vaga . . . opaco el día . . .
La llovizna cae y moja
con sus hilos penetrantes la ciudad desierta y fría;
por el aire, tenebrosa, ignorada mano arroja
25   un obscuro velo opaco, de letal melancolía,
y no hay nadie que en lo íntimo no se aquiete y se recoja,
al mirar las nieblas grises de la atmósfera sombría,
y al oír en las alturas
melancólicas y obscuras
30   los acentos dejativos
y tristísimos e inciertos
con que suenan las campanas,
las campanas plañideras que les hablan a los vivos
de los muertos.

35   Y hay algo de angustioso y de incierto
que mezcla a ese sonido su sonido,
e inarmónico vibra en el concierto
que alzan los bronces al tocar a muerto
por todos los que han sido.

Es la voz de una campana
que va marcando la hora,
hoy lo mismo que mañana,
rítmica, igual y sonora;
una campana se queja   5
y la otra campana llora,
ésta tiene voz de vieja
y ésa de niña que ora.
Las campanas más grandes que dan un doble recio
suenan con acento de místico desprecio;   10
mas la campana que da la hora
ríe, no llora;
tiene en su timbre seco sutiles ironías;
su voz parece que habla de goces, de alegrías,
de placeres, de citas, de fiestas y de bailes,   15
de las preocupaciones que llenan nuestros días;
es una voz del siglo entre un coro de frailes,
y con sus notas se ríe
escéptica y burladora
de la campana que ruega,   20
de la campana que implora,
y de cuanto aquel coro conmemora;
y es que con su retintín
ella midió el dolor humano
y marcó del dolor el fin.   25
Por eso se ríe del grave esquilón
que suena allá arriba con fúnebre son;
por eso interrumpe los tristes conciertos
con que el bronce santo llora por los muertos.
No le oigáis, oh bronces, no le oigáis, campanas,   30
que con la voz grave de ese clamoreo
rogáis por los seres que duermen ahora
lejos de la vida, libres del deseo,
lejos de las rudas batallas humanas;
seguid en el aire vuestro bamboleo,   35
¡no le oigáis, campanas! . . .
Contra lo imposible, ¿qué puede el deseo?

   Allá arriba suena,
rítmica y serena,
esa voz de oro,   40
y sin que lo impidan sus graves hermanas
que rezan en coro,
la campana del reloj
suena, suena, suena ahora
y dice que ella marcó,   45
con su vibración sonora,
de los olvidos la hora;
que después de la velada

que pasó cada difunto
en una sala enlutada
y con la familia junto
en dolorosa actitud,
mientras la luz de los cirios
alumbraba el ataúd
y las coronas de lirios;
que después de la tristura,
de los gritos de dolor,
de las frases de amargura,
del llanto desgarrador,
marcó ella misma el momento
en que con la languidez
del luto, huyó el pensamiento
del muerto, y el sentimiento,
seis meses más tarde . . . o diez.

Y hoy, día de los muertos . . . ahora que flota
en las nieblas grises la melancolía,
en que la llovizna cae gota a gota
y con sus tristezas los nervios embota,
y envuelve en un manto la ciudad sombría;
ella, que ha marcado la hora y el día
en que a cada casa lúgubre y vacía
tras el luto breve volvió la alegría;
ella, que ha marcado la hora del baile
en que al año justo en vestido aéreo
estrena la niña, cuya madre duerme
olvidada y sola en el cementerio;
suena indiferente a la voz de fraile
del esquilón grave a su canto serio;
ella, que ha medido la hora precisa
en que a cada boca que el dolor sellaba
como por encanto volvió la sonrisa,
esa precursora de la carcajada;
ella, que ha marcado la hora en que el viudo
habló de suicidio y pidió el arsénico,
cuando aun en la alcoba recién perfumada
flotaba el aroma del ácido fénico;
y ha marcado luego la hora en que mudo
por las emociones con que el gozo agobia,
para que lo unieran con sagrado nudo
a la misma iglesia fué con otra novia;
¡ella no comprende nada del misterio
de aquellas quejumbres que pueblan el aire,
y lo ve en la vida todo jocoserio;
y sigue marcando con el mismo modo,
el mismo entusiasmo y el mismo desgaire
la huída del tiempo que lo borra todo!

Y eso es lo angustioso y lo incierto
que flota en el sonido;
ésa es la nota irónica que vibra en el concierto
que alzan los bronces al tocar a muerto
por todos los que han sido.   5

Es la voz fina y sutil
de vibraciones de cristal
que con acento juvenil,
indiferente al bien y al mal,
mide lo mismo la hora vil   10
que la sublime y la fatal,
y resuena en las alturas
melancólicas y obscuras
sin tener en su tañido
claro, rítmico y sonoro,   15
los acentos dejativos
y tristísimos e inciertos
de aquel misterioso coro
con que suenan las campanas . . .
¡las campanas plañideras,   20
que les hablan a los vivos
de los muertos! . . .

ÉGALITÉ

Juan Lanas, el mozo de esquina,
es absolutamente igual
al Emperador de la China:
los dos son un mismo animal.

Juan Lanas cubre su pelaje
con nuestra manta nacional;
el gran magnate lleva el traje
de seda verde excepcional.

Del uno cuidan cien dragones
de porcelana y de metal;
el otro cuenta sus girones
triste y hambreado en un portal.

Pero si alguna mandarina
siguiendo el instinto sexual

al potentado se avecina
en el traje tradicional,   25

que tenía nuestra madre Eva
en aquella tarde fatal
en que se comieron la breva
del árbol del bien y del mal,   30

y si al mismo Juan una Juana
se entrega de un modo brutal
y palpita la bestia humana
en un solo espasmo sexual,   35

Juan Lanas, el mozo de esquina,
es absolutamente igual
al Emperador de la China:
los dos son un mismo animal.

(De *Poesías completas*, 1952).

NOTICIA COMPLEMENTARIA

En la historia de la novela cuentan otros escritores que no han podido entrar en nuestra antología. CARLOS REYLES (1868–1938) fue el mayor novelista que ofreció Uruguay en esta generación. Su técnica es la del realismo, y la realidad que noveló con más firmeza fue la del campo uruguayo: *El gaucho Florido* es la novela de una estancia uruguaya, con « gauchos crudos ». En cambio el chileno LUIS ORREGO LUCO (1866–1949) se destacó en temas de ciudad y, dentro de la ciudad, en temas de las clases sociales más afortunadas. La peruana CLORINDA MATTO DE TURNER (1854–1909) se distinguió por su valentía en llevar a la novela — *Aves sin nido* — las fórmulas de liberación del indio que había enunciado González Prada. Los venezolanos MANUEL VICENTE ROMERO GARCÍA (1865–1917), autor de *Peonía*, y GONZALO PICÓN-FEBRES (1860–1918), autor de *El sargento Felipe*, novelaron las costumbres de su país.

II

1895-1910

MARCO HISTÓRICO: *Industrialización. Fuerza del capitalismo internacional. Porfirio Díaz en México. La oligarquía liberal en la Argentina. España pierde sus últimas posesiones en América.*

TENDENCIAS CULTURALES: *Plenitud del Modernismo.*

RUBÉN DARÍO
LEOPOLDO LUGONES
RICARDO JAIMES FREYRE
GUILLERMO VALENCIA
JULIO HERRERA Y REISSIG
JOSÉ SANTOS CHOCANO
JOSÉ M. EGUREN
AMADO NERVO
ENRIQUE GONZÁLEZ MARTÍNEZ
LUIS LLORÉNS TORRES

ENRIQUE GÓMEZ CARRILLO
MANUEL DÍAZ RODRÍGUEZ
MACEDONIO FERNÁNDEZ
HORACIO QUIROGA
RUFINO BLANCO FOMBONA
ENRIQUE LÓPEZ ALBÚJAR
ALCIDES ARGUEDAS
FROILÁN TURCIOS
JOSÉ ENRIQUE RODÓ
CARLOS VAZ FERREIRA

JOSÉ VASCONCELOS

Desde 1880 aparecieron en toda la América española claros indicios de un cambio en el gusto romántico. En la historia literaria se ha bautizado este cambio con el nombre de Modernismo. Intentemos una caracterización general. El rasgo dominante en estos escritores fue el orgullo de formar parte de una minoría. Tenían un concepto heroico de la vida; pero puesto que las circunstancias sociales y políticas de América habían cambiado, y ya no podían ser héroes de la acción, se convirtieron en héroes del arte. Lo importante era no sucumbir en la mediocridad. Había que desviarse enérgicamente de toda línea media. Cultivaban las formas literarias como valores supremos. Todo podía entrar en esas formas, lo viejo tanto como lo nuevo, pero las formas mismas debían ser provocadoras, desafiantes, sorprendentes. Sus polémicas no iban, en verdad, contra el pasado — al contrario: les encantaba el pasado — sino contra el presente, contra un presente burgués de clisés, lugares comunes, perezas y pequeñas satisfacciones. La pasión formalista los llevó al esteticismo y generalmente es este aspecto el que más han estudiado los críticos; pero, con la misma voluntad de formas nuevas, los modernistas hicieron también literatura naturalista, filosófica, política y americanista. Cualquier esfuerzo espiritual les entusiasmaba, siempre que tuviera distinción.

Los modernistas aprendieron a escribir observando lo que el romanticismo tenía de elegante, no lo que tenía de apasionado. Pero fue el parnasismo francés la escuela donde los hispanoamericanos aprendieron a anhelar la perfección de la forma. Cuando ya los modernistas, con Rubén Darío a la cabeza, avanzaban triunfantes por las letras hispánicas, se enteraron de los triunfos que el simbolismo tenía en Francia en esos mismos años y, sobre la marcha, agregaron a sus maneras parnasianas, ricas en visión, las maneras simbolistas, ricas en musicalidad. Tanto en el verso como en la prosa ensayaron procedimientos novísimos. Ante todo, una portentosa renovación rítmica. Además de las ritmos de la lengua, los de la sensibilidad y el pensamiento.

RUBÉN DARÍO (Nicaragua; 1867–1916) comienza a estudiar las invenciones poéticas francesas cuando todavía es un adolescente en Centroamérica. Lee e imita a Gautier, Coppée y Mendès. Iluminadas con estos focos, adquieren un brillo precursor muchas de sus composiciones centroamericanas. A mediados de 1886 Rubén Darío llegó a Chile y se sintió deslumbrado porque Valparaíso y Santiago eran las primeras ciudades importantes que veía, prósperas y con ciertas pretensiones europeas. Los poetas de la primera y aun de la segunda generación romántica no habían tenido una experiencia real, inmediata, del lujo: Rubén Darío y sus coetáneos la tendrán. En Chile continuó informándose sobre las primicias literarias francesas. Pero a pesar de sus preferencias por la poesía parnasiana escribió en la manera tradicional *Abrojos, Rimas y Canto épico* (1887). Simultáneamente escribió *Azul . . .* (1888) donde innovó más en los cuentos y prosas poemáticas que en los versos. Saltó a un alto nivel de prosa; en cambio, caminó lentamente hacia los versos exquisitos que admiraba de lejos. Y mientras caminaba miraba a uno y otro lado, eligiendo amigos. Sintiéndose rodeado y viendo a todo el grupo en marcha, lanzó una segunda edición de *Azul . . .* (1890), aumentada con versos y prosas. Una comparación entre ambas ediciones prueba los adelantos del no-conformismo de Darío. Sus versos, ahora, están señalados por los principios de pureza artística que antes sólo se atrevió a expresar en prosa. Parece haber comprendido que su papel era adelantarse a otros en la modernización del verso español; y, sin renunciar a sus viejas maneras, ya no se distrajo. Sólo le faltaba tantear el ambiente de España. Partió para allí en 1892. En dos meses echó un vistazo sobre la España literaria y confirmó que la reforma era necesaria. Al llegar en 1893 a Buenos Aires, Rubén Darío se encontró con una inquietud literaria parnasiana y decadente. Más talentoso que los poetas jóvenes de Buenos Aires ya iniciados en el parnaso francés, Darío se dejó rodear y pronto es aclamado cabecilla. Fue entonces cuando decidió explicarse con cánones teóricos: de 1896 son sus artículos *Los raros,* las «palabras preliminares» de *Prosas profanas* y «Los colores del estandarte». Rubén Darío había observado desde sus años de Centroamérica que nuevos poetas estaban haciéndose oír. Ahora sospechó que esas voces americanas se alzaban sobre el coro de poetas de España; y empezó a sentir el orgullo de una generación americana independiente: «los jóvenes han encendido la revolución actual». Pero esa revolución no tenía nombre. Poco a poco fue insinuándose el de «modernismo». «Modernos», «modernistas» andan por el aire de América y de España mezclados con «parnasianos», «simbolistas», «decadentes», «estetas», «nuevos», «reformistas», «ultrarreformistas» . . . Darío se decide por la palabra «modernismo» y la convierte en el nombre del movimiento juvenil y del aporte de América a la revolución artística en lengua española. Uno de los méritos más altos de Rubén Darío es el de haber incitado a cada poeta a abordar sus propios problemas formales y a resolverlos artísticamente. No estaba solo. Pero Darío resaltó entre todos, no sólo por la mayor fuerza de su genio, sino también porque de pronto se propuso un programa. Buscó invenciones en la literatura de su tiempo; y hasta las rebuscó en la vieja poesía española. Tuvo conciencia del oficio de poetizar; y sistemáticamente se puso a perfeccionar todos los procedimientos no trillados. Este afán de perfección verbal es lo permanente en su obra. Por eso en, último análisis, es esa voluntad de estilo lo que define su «modernismo», fundición y aleación de todos los «ismos» de la época. En 1896, al publicar *Prosas profanas,* debió de sentir sobre sí toda la responsabilidad del nuevo movimiento. Martí, Gutiérrez Nájera, Casal, Silva, todos acababan de morir prematuramente. Otros, de más edad que él, que marchaban hacia el mismo sitio por caminos separados (Díaz Mirón), se desviaron para juntársele. Pero los coetáneos o los más jóvenes lo rodearon (Lugones, Nervo) y se formó así la llamada «segunda generación modernista». Con un perfecto sentido musical Darío ensayó toda clase de tipos de verso y de ritmos. En su reforma predominaba la versificación regular (después de 1920 es cuando se desata el torrente de versos amétricos en América); y hasta tuvo la timidez de no atreverse a «las peligrosas tentaciones del versolibrismo». Pero sus invenciones y restauraciones modularon deliciosamente la prosodia de nuestra lengua. Gran parte de tanto alarde técnico se inspiraba en las tendencias francesas hacia el verso libre. *Prosas profanas* no es una mera colección de poemas: es un poemario con alma, con gesto, con rostro. París — un París ideal — fue el boquete por donde Darío se escapaba de América. Y al otro lado disfrutaba — arte por el arte — de un nuevo mundo de objetos. La Francia de Banville y de Verlaine, la Francia del siglo XVIII, la Francia de la mitología y los orientalismos, la Francia rococó. Y hasta en las evocaciones del campo argentino, del mar chileno y del campo español hay un espejo deformante, fabricado en París. En Rubén Darío el sentimiento aristocrático, desdeñoso para la realidad de su tiempo, se objetiva en una poesía exótica, cosmopolita, reminiscente de arte y nostálgica de épocas historicas. Algunas composiciones perciben más lo exótico, otras lo cosmopolita, otras los bienes ya realizados en artes plásticas o musicales, otras el prestigio de Grecia, Roma, la Edad Media, la Francia del siglo XVIII; pero en cada una de ellas resuenan las demás. Y esta unidad se nos muestra con distintos temples sentimentales: el tono frívolo, el tono hedonista, el tono erótico, el tono reflexivo.

Cuando años después surgió en España una nueva generación (se llama «del 98») Rubén Darío supo que todos, en frío o con fervor, admiraban su maestría. Unos acompasan sus pasos a los pasos de él (Salvador Rueda); otros no se suman a la procesión, pero la miran pasar con respeto (Antonio Machado) o a regañadientes (Unamuno); están los entusiastas (Villaespesa, Valle Inclán); y no faltan los más jóvenes, que llevarán el estandarte hasta una poesía de puras esencias (Juan Ramón Jiménez). Seguro de su importancia, en América y en España, Darío abre los ojos hacia dentro, ahonda su poesía. Había en él un virtuoso que, para lucirse, prefería ofrecer novedad y no originalidad; y también un intuitivo capaz de poetizar sus visiones directas. El virtuosismo de *Prosas profanas* fue imitado porque se podía imitar; eran temas y procedimientos lo bastante intelectuales para que sirvieran de estímulo a una escuela. Su mester tuvo secuaces. Pero, después de *Prosas profanas,* Darío escribió poesías de timbre emocional que ya no se pueden desarrollar como ejercicios retóricos porque brotan de una manera peculiar de padecer el mundo. El Rubén Darío de los *Cantos de vida y esperanza* (1905) es el mismo que el de las *Prosas*. Ante todo, la misma prestancia aristocrática. Pero en los *Cantos* presenciamos la crisis del esteticismo de *Prosas*. No hay rompimiento con el pasado, sino un cambio en la escala de valores. Es como un comienzo de Otoño. Otra dirección en los *Cantos* es la vuelta a la preocupación social. Reaparecen — pero con las virtudes de un estilo soberbio — las actitudes de Darío anteriores a *Azul* . . .: la política, el amor a España, la conciencia de la América española, el recelo a los Estados Unidos, normas morales. En la tercera dirección del libro, el poeta reflexiona y se pregunta qué es el arte, qué es el placer, qué es el amor, qué es el tiempo, qué es la vida, qué es la muerte, qué es la religión.

Cantos de vida y esperanza es el mejor libro de Rubén Darío. Después escribirá poesías aún mejores pero no libros que, en tanto libros, lo superen: *El canto errante* (1907), *Poema del otoño y otros poemas* (1910), *Canto a la Argentina y otros poemas* (1914). Rubén Darío dejó la poesía diferente de como la había encontrado: en esto, como Garcilaso, Fray Luis de León, San Juan de la Cruz, Lope, Góngora y Bécquer. Con incomparable elegancia poetizó el gozo de vivir y el terror de la muerte. La transformación de la prosa castellana que llevó a cabo Rubén Darío fue gemela a la del verso, aunque menos genial.

Ya hemos hablado de los cuentos y poemas en prosa de *Azul* . . . Rubén Darío los superó con otros cuentos, con otros poemas en prosa, coleccionados en varios libros póstumos. Y sobre todo en su prosa no narrativa y no deliberadamente poemática es donde está lo más viviente de su calidad de prosista: *Los raros* (1896), *Peregrinaciones* (1901), *La caravana pasa* (1902), *Tierras solares* (1904). Prosa fragmentaria, ocasional y sin embargo enérgicamente victoriosa sobre el lugar común.

Rubén Darío

AUTUMNAL

Eros, Vita, Lumen

En las pálidas tardes
yerran nubes tranquilas
en el azul; en las ardientes manos
se posan las cabezas pensativas.
¡Ah los suspiros! ¡Ah los dulces sueños!
¡Ah las tristezas íntimas!
¡Ah el polvo de oro que en el aire flota,
tras cuyas ondas trémulas se miran
los ojos tiernos y húmedos,
las bocas inundadas de sonrisa,
las crespas cabelleras
y los dedos de rosa que acarician!

En las pálidas tardes
me cuenta un hada amiga
las historias secretas
llenas de poesía;
lo que cantan los pájaros,
lo que llevan las brisas,
lo que vaga en las nieblas,
lo que sueñan las niñas.

Una vez sentí el ansia
de una sed infinita.
Dije al hada amorosa:
— Quiero en el alma mía
tener la inspiración honda, profunda,
inmensa: luz, calor, aroma, vida.
Ella me dijo: — ¡Ven! — con el acento
con que hablaría un arpa. En él había
un divino idioma de esperanza.
¡Oh sed del ideal!

Sobre la cima
de un monte, a media noche,
me mostró las estrellas encendidas.
Era un jardín de oro
con pétalos de llamas que titilan.   5
Exclamé: — Más . . .

La aurora
vino después. La aurora sonreía,
con la luz en la frente,   10
como la joven tímida
que abre la reja, y la sorprenden luego
ciertas curiosas, mágicas pupilas.
Y dije: — Más . . . — Sonriendo
la celeste hada amiga   15
prorrumpió: — ¡Y bien! ¡Las flores!

Y las flores
estaban frescas, lindas,
empapadas de olor: la rosa virgen,
la blanca margarita,   20
la azucena gentil y las volúbiles
que cuelgan de la rama estremecida.
Y dije: — Más . . .

El viento   25
arrastraba rumores, ecos, risas,
murmullos misteriosos, aleteos,
músicas nunca oídas.
El hada entonces me llevó hasta el velo
que nos cubre la ansias infinitas,   30
la inspiración profunda
y el alma de las liras.
Y lo rasgó. Y allí todo era aurora.
En el fondo se vía
un bello rostro de mujer.   35

¡Oh; nunca,
Piérides,[1] diréis las sacras dichas
que en el alma sintiera!
Con su vaga sonrisa:
5 — ¿Más?... — dijo el hada. — Y yo tenía
entonces
clavadas las pupilas
en el azul, y en mis ardientes manos
se posó mi cabeza pensativa ...

(*1887*)
10

DE INVIERNO

En invernales horas, mirad a Carolina.
15 Medio apelotonada, descansa en el sillón,
envuelta con su abrigo de marta cibelina
y no lejos del fuego que brilla en el salón.

El fino angora blanco junto a ella se reclina,
rozando con su hocico la falda de Alençon,[2]
20 no lejos de las jarras de porcelana china
que medio oculta un biombo de seda del
Japón.

Con sus sutiles filtros la invade un dulce
sueño;
25 entro, sin hacer ruido; dejo mi abrigo gris;
voy a besar su rostro, rosado y halagüeño

como una rosa roja que fuera flor de lis;
abre los ojos; mírame, con su mirar risueño,
y en tanto cae la nieve del cielo de París.

(*1889*)

WALT WHITMAN

En su país de hierro vive el gran viejo,
bello como un patriarca, sereno y santo.
Tiene en la arruga olímpica de su entrecejo
algo que impera y vence con noble encanto.

Su alma del infinito parece espejo;
son sus cansados hombros dignos del manto:
y con arpa labrada de un roble añejo,
como un profeta nuevo canta su canto.

Sacerdote, que alienta soplo divino,
anuncia en el futuro tiempo mejor.
Dice al águila: «¡Vuela!» «¡Boga!», al
marino,

y «¡Trabaja!», al robusto trabajador.
¡Así va ese poeta por su camino
con su soberbio rostro de emperador!

(*1890*)

EL FARDO

Allá lejos, en la línea, como trazada con un lápiz azul, que separa las aguas y los cielos, se iba hundiendo el sol, con sus polvos de oro y
30 sus torbellinos de chispas purpuradas, como un gran disco de hierro candente. Ya el muelle fiscal iba quedando en quietud; los guardas pasaban de un punto a otro, las gorras metidas hasta las cejas, dando aquí y allá sus vistazos.
35 Inmóvil el enorme brazo de los pescantes,[3] los jornaleros se encaminaban a las casas. El agua murmuraba debajo del muelle, y el húmedo viento salado, que sopla del mar afuera a la hora en que la noche sube, man-

tenía las lanchas cercanas en un continuo cabeceo.

Todos los lancheros se habían ido ya; solamente el viejo tío Lucas, que por la mañana se estropeara un pie al subir una barrica a un carretón, y que, aunque cojín cojeando, había trabajado todo el día, estaba sentado en una piedra y, con la pipa en la boca, veía triste el mar.

— ¡Eh, tío Lucas! ¿Se descansa?
— Sí, pues, patroncito.
Y empezó la charla, esa charla agradable y

---

[1] Nombre con que se designa a veces a las Musas.
[2] Ciudad de Francia, famosa por sus encajes.

[3] Piezas salientes sujetas a un poste, para colgar algo de ellas.

suelta que me place entablar con los bravos hombres toscos que viven la vida del trabajo fortificante, la que da la buena salud y la fuerza del músculo, y se nutre con el grano del poroto[4] y la sangre hirviente de la viña.

Yo veía con cariño a aquel rudo viejo, y le oía con interés sus relaciones, así, todas cortadas, todas como de hombre basto, pero de pecho ingenuo. ¡Ah, conque fué militar! ¡Conque de mozo fué soldado de Bulnes![5] ¡Conque todavía tuvo resistencias para ir con rifle hasta Miraflores![6] Y es casado, y tuvo un hijo, y . . .

Y aquí el tío Lucas:

—Sí, patrón; hace dos años que se me murió.

Aquellos ojos, chicos y relumbrantes bajo las cejas grises y peludas, se humedecieron entonces.

—¿Que cómo se murió? En el oficio, por darnos de comer a todos: a mi mujer, a los chiquitos y a mí, patrón, que entonces me hallaba enfermo.

Y todo me lo refirió, al comenzar aquella noche, mientras las olas se cubrían de brumas y la ciudad encendía sus luces; él, en la piedra que servía de asiento, después de apagar su negra pipa y de colocársela en la oreja, y de estirar y cruzar sus piernas flacas y musculosas, cubiertas por los sucios pantalones arremangados hasta el tobillo.

El muchacho era muy honrado y muy de trabajo. Se quiso ponerlo a la escuela desde grandecito; ¡pero los miserables no deben aprender a leer cuando se llora de hambre en el cuartucho!

El tío Lucas era casado, tenía muchos hijos.

Su mujer llevaba la maldición del vientre de las pobres: la fecundación. Había, pues, mucha boca abierta que pedía pan, mucho chico sucio que se revolcaba en la basura, mucho cuerpo magro que temblaba de frío; era preciso ir a llevar qué comer, a buscar harapos, y para eso, quedar sin alientos y trabajar como un buey.

Cuando el hijo creció, ayudó al padre. Un vecino, el herrero, quiso enseñarle su industria; pero como entonces era tan débil, casi una armazón de huesos, y en el fuelle tenía que echar el bofe,[7] se puso enfermo y volvió al conventillo.[8] ¡Ah, estuvo muy enfermo! Pero no murió. ¡No murió! Y eso que vivían en uno de esos hacinamientos humanos, entre cuatro paredes destartaladas, viejas, feas, en la callejuela inmunda de las mujeres perdidas, hedionda a todas horas, alumbrada de noche por escasos faroles, y donde resuenan en perpetua llamada a las zambras de echarcovería,[9] las arpas y los acordeones, y el ruido de los marineros que llegan al burdel, desesperados con la castidad de las largas travesías, a emborracharse como cubas y a gritar y patalear como condenados. ¡Sí! entre la podredumbre, al estrépito de las fiestas tunantescas, el chico vivió, y pronto estuvo sano y en pie.

Luego llegaron sus quince años.

El tío Lucas había logrado, tras mil privaciones, comprar una canoa. Se hizo pescador.

Al venir el alba, iba con su mocetón al agua, llevando los enseres de la pesca. El uno remaba, el otro ponía en los anzuelos la carnada. Volvían a la costa con buenas esperanzas de vender lo hallado, entre la brisa fría y las opacidades de la neblina, cantando en baja voz alguna «triste»[10] y enhiesto el remo triunfante que chorreaba espuma.

Si había buena venta, otra salida por la tarde.

Una de invierno había temporal. Padre e hijo, en la pequeña embarcación, sufrían en el mar la locura de la ola y del viento. Difícil era llegar a tierra. Pesca y todo se fué al agua, y se pensó en librar el pellejo. Luchaban como desesperados por ganar la playa. Cerca de ella estaban; pero una racha maldita les empujó contra una roca, y la canoa se hizo astillas. Ellos salieron sólo magullados, ¡gracias a Dios! como decía el tío Lucas al narrarlo. Después, ya son ambos lancheros.

Sí, lancheros; sobre las grandes embarcaciones chatas y negras; colgándose de la

---

[4] Los frijoles.
[5] Manuel Bulnes, general chileno que combatió contra la confederación peruano-boliviana en 1838.
[6] Batalla de 1881 que abrió las puertas de Lima al ejército chileno en la guerra del Pacífico.

[7] Echar el pulmón, trabajar con exceso.
[8] En algunos países de la América del Sur, casa de vecindad.
[9] Fiestas de gente de mal vivir.
[10] Canción popular del Perú, Bolivia y Chile.

cadena que rechina pendiente como una sierpe de hierro del macizo pescante que semeja una horca; remando de pie y a compás; yendo con la lancha del muelle al vapor y del vapor al muelle; gritando: ¡hiiooeep! cuando se empujan los pesados bultos para engancharlos en la uña potente que los levanta balanceándolos como un péndulo. ¡Sí! lancheros; el viejo y el muchacho, el padre y el hijo; ambos a horcajadas sobre un cajón, ambos forcejeando, ambos ganando su jornal, para ellos y para sus queridas sanguijuelas del conventillo.

Íbanse todos los días al trabajo, vestidos de viejo, fajadas las cinturas con sendas bandas coloradas, y haciendo sonar a una sus zapatos groseros y pesados que se quitaban al comenzar la tarea, tirándolos en un rincón de la lancha.

Empezaba el trajín, el cargar y descargar. El padre era cuidadoso: — ¡Muchacho, que te rompes la cabeza! ¡Que te coje la mano el chicote![11] ¡Que vas a perder una canilla![12] — Y enseñaba, adiestraba, dirigía al hijo, con su modo, con sus bruscas palabras de obrero viejo y de padre encariñado.

Hasta que un día el tío Lucas no pudo moverse de la cama, porque el reumatismo le hinchaba las coyunturas y le taladraba los huesos.

¡Oh! Y había que comprar medicinas y alimentos; eso sí.

— Hijo, al trabajo, a buscar plata; hoy es sábado.

Y se fué el hijo, solo, casi corriendo, sin desayunarse, a la faena diaria.

Era un bello día de luz clara, de sol de oro. En el muelle rodaban los carros sobre sus rieles, crujían las poleas, chocaban las cadenas. Era la gran confusión del trabajo que da vértigo: el son del hierro, traqueteos por doquiera, y el viento pasando por el bosque de árboles y jarcias de los navíos en grupo.

Debajo de uno de los pescantes del muelle estaba el hijo del tío Lucas con otros lancheros, descargando a toda prisa. Había que vaciar la lancha repleta de fardos. De tiempo en tiempo

bajaba la larga cadena que remata en un garfio, sonando como una matraca al correr con la roldana; los mozos amarraban los bultos con una cuerda doblada en dos, los enganchaban en el garfio, y entonces éstos subían a la manera de un pez en un anzuelo, o del plomo de una sonda, ya quietos, ya agitándose de un lado a otro, como un badajo, en el vacío.

La carga estaba amontonada. La ola movía pausadamente de cuando en cuando la embarcación colmada de fardos. Éstos formaban una a modo de pirámide en el centro. Había uno muy pesado, muy pesado. Era el más grande de todos, ancho, gordo y oloroso a brea. Venía en el fondo de la lancha. Un hombre, de pie sobre él, era pequeña figura para el grueso zócalo.

Era algo como todos los prosaísmos de la importación, envueltos en lona y fajados con correas de hierro. Sobre sus costados, en medio de líneas y de triángulos negros, había letras que miraban como ojos. — Letras en «diamante» — decía el tío Lucas. Sus cintas de hierro estaban apretadas con clavos cabezudos y ásperos; y en las entrañas tendría el monstruo, cuando menos, linones y percales.

Sólo él faltaba.

— ¡Se va el bruto! — dijo uno de los lancheros.

— El barrigón — agregó otro.

El hijo del tío Lucas, que estaba ansioso de acabar pronto, se alistaba para ir a cobrar y desayunarse anudándose un pañuelo de cuadros al pescuezo.

Bajó la cadena danzando en el aire. Se amarró un gran lazo al fardo, se probó si estaba bien seguro, y se gritó: — ¡Iza! — mientras la cadena tiraba de la masa chirriando y levantándola en vilo.

Los lancheros, de pie, miraban subir el enorme peso, y se preparaban para ir a tierra, cuando se vió una cosa horrible. El fardo, el grueso fardo, se zafó del lazo, como de un collar holgado saca un perro la cabeza; y cayó sobre el hijo del tío Lucas que entre el filo de la lancha y el gran bulto quedó con los riñones rotos, el espinazo desencajado y echando sangre negra por la boca.

---

[11] En marinería, extremo de cuerda o pedazo pequeño de ella.

[12] Hueso largo de la pierna.

Aquel día no hubo pan ni medicinas en casa del tío Lucas, sino el muchacho destrozado, al que se abrazaba llorando el reumático, entre la gritería de la mujer y de los chicos, cuando llevaban el cadáver al cementerio.

Me despedí del viejo lanchero, y a pasos elásticos dejé el muelle, tomando el camino de la casa y haciendo filosofía con toda la cachaza de un poeta, en tanto que una brisa glacial, que venía de mar afuera, pellizcaba tenazmente las narices y las orejas.

(*1887*)

LA MUERTE DE LA EMPERATRIZ DE LA CHINA

Delicada y fina como una joya humana, vivía aquella muchachita de carne rosada, en la pequeña casa que tenía un saloncito con los tapices de color azul desfalleciente. Era su estuche.

¿Quién era el dueño de aquel delicioso pájaro alegre, de ojos negros y boca roja? ¿Para quién cantaba su canción divina, cuando la señorita Primavera mostraba en el triunfo del sol su bello rostro riente, y abría las flores del campo, y alborotaba la nidada? Suzette se llamaba la avecita que había puesto en jaula de seda, peluches y encajes, un soñador artista cazador, que la había cazado una mañana de mayo en que había mucha luz en el aire y muchas rosas abiertas.

Recaredo — capricho paternal, él no tenía la culpa de llamarse Recaredo — se había casado hacía año y medio. — ¿Me amas? — Te amo. ¿Y tú? — Con toda el alma.

Hermoso el día dorado, después de lo del cura. Habían ido luego al campo nuevo, a gozar libres del gozo del amor. Murmuraban allá en sus ventanas de hojas verdes, las campanillas, y las violetas silvestres que olían cerca del riachuelo, cuando pasaban los dos amantes, el brazo de él en la cintura de ella, el brazo de ella en la cintura de él, los rojos labios en flor dejando escapar los besos. Después, fué la vuelta a la gran ciudad, al nido lleno de perfume, de juventud y de calor dichoso.

¿Dije ya que Recaredo era escultor? Pues si no lo he dicho, sabedlo.

Era escultor. En la pequeña casa tenía su taller, con profusión de mármoles, yesos, bronces y terracotas. A veces, los que pasaban oían a través de las rejas y persianas una voz que cantaba y un martilleo vibrante y metálico. Suzette, Recaredo, la boca que emergía el cántico, y el golpe del cincel.

Luego el incesante idilio nupcial. En puntillas, llegar donde él trabajaba, e inundándole de cabellos la nuca, besarle rápidamente. Quieto, quietecito, llegar donde ella duerme en su *chaise longue*, los piececitos calzados y con medias negras, uno sobre otro, el libro abierto sobre el regazo, medio dormida; y allí el beso es en los labios, beso que sorbe el aliento y hace que se abran los ojos inefablemente luminosos. Y a todo esto, las carcajadas del mirlo; un mirlo enjaulado que cuando Suzette toca de Chopín, se pone triste y no canta. ¡Las carcajadas del mirlo! No era poca cosa. — ¿Me quieres? — ¿No lo sabes? — ¿Me amas? — ¡Te adoro! Ya estaba el animalucho echando toda la risa del pico. Se le sacaba de la jaula, revolaba por el saloncito azulado, se detenía en la cabeza de un Apolo de yeso, o en la frámea[13] de un viejo germano de bronce oscuro. Tiiiiiirit... rrrrrrich... fiii... ¡Vaya que a veces era mal criado e insolente en su algarabía! Pero era lindo sobre la mano de Suzette que le mimaba, le apretaba el pico entre sus dientes hasta hacerlo desesperar, y le decía a veces con una voz severa que temblaba de terneza: ¡Señor mirlo, es usted un picarón!

Cuando los dos amados estaban juntos, se arreglaban uno a otro el cabello. «Canta», decía él. Y ella cantaba lentamente; y aunque no eran sino pobres muchachos enamorados,

---

[13] Jabalina de los antiguos germanos.

se veían hermosos, gloriosos y reales; él la miraba como a una Elsa y ella le miraba como a un Lohengrin. Porque el Amor, ¡oh jóvenes llenos de sangre y de sueños!, pone un azul de cristal ante los ojos, y da las infinitas alegrías.

¡Cómo se amaban! Él la contemplaba sobre las estrellas de Dios; su amor recorría toda la escala de la pasión, y era ya contenido, ya tempestuoso en su querer, a veces casi místico. En ocasiones dijérase aquel artista un teósofo que veía en la amada mujer algo supremo y extra-humano como la Ayesha de Rider Haggard,[14] la aspiraba como una flor, le sonreía como a un astro y se sentía soberbiamente vencedor al estrechar contra su pecho aquella adorable cabeza, que cuando estaba pensativa y quieta, era comparable al perfil hierático de la medalla de una emperatriz bizantina.

Recaredo amaba su arte. Tenía pasión de la forma; hacía brotar del mármol gallardas diosas desnudas de ojos blancos, serenos y sin pupilas; su taller estaba poblado de un pueblo de estatuas silenciosas, animales de metal, gárgolas terroríficas, grifos de largas colas vegetales, creaciones góticas quizá inspiradas por el ocultismo. ¡Y, sobre todo, la gran afición! Japonerías y chinerías. Recaredo era en esto un original. No sé qué habría dado por hablar chino o japonés. Conocía los mejores albums; había leído buenos exotistas, adoraba a Loti[15] y a Judith Gautier,[16] y hacía sacrificios por adquirir trabajos legítimos, de Yokoama, de Nagasaki, de Kioto o de Nankin o Pekin: los cuchillos, las pipas, las máscaras feas y misteriosas como las caras de los sueños hípnicos, los mandarinitos enanos con panzas de cucurbitáceos y ojos circunflejos, los monstruos de grandes bocas de batracio, abiertas y dentadas y diminutos soldados de Tartaria, con faces foscas.

— ¡Oh — le decía Suzette —, aborrezco tu casa de brujo, ese terrible taller, arca extraña que te roba a mis caricias!

Él sonreía, dejaba su lugar de labor, su templo de raras chucherías y corría al pequeño

salón azul, a ver y mimar su gracioso dije vivo, y oír cantar y reír al loco mirlo jovial.

Aquella mañana, cuando entró, vió que estaba su dulce Suzette, soñolienta y tendida, cerca de un tazón de rosas que sostenía un trípode. ¿Era la Bella durmiente del bosque? Medio dormida, el delicado cuerpo modelado bajo una bata blanca, la cabellera castaña apelotonada sobre uno de los hombros, toda ella exhalando un suave olor femenino, era como una deliciosa figura de los amables cuentos que empiezan: «Éste era un rey...».

La despertó:

— ¡Suzette; mi bella!

Traía la cara alegre; le brillaban los ojos negros bajo su fez rojo de labor; llevaba una carta en la mano.

— Carta de Robert, Suzette. ¡El bribonazo está en China! «Hong Kong, 18 de enero...». Suzette, un tanto amodorrada, se había sentado y le había quitado el papel. ¡Conque aquel andariego había llegado tan lejos! «Hong Kong, 18 de enero...». Era gracioso. ¡Un excelente muchacho el tal Robert, con la manía de viajar! Llegaría al fin del mundo. ¡Robert, un grande amigo! Se veían como de la familia. Había partido hacía dos años para San Francisco de California. ¡Habríase visto loco igual!

Comenzó a leer.

«Hong Kong, 18 de enero de 1888.

«Mi buen Recaredo:

«Vine y ví. No he vencido aún.

«En San Francisco supe vuestro matrimonio y me alegré. Dí un salto y caí en la China. He venido como agente de una casa californiana, importadora de sedas, lacas, marfiles y demás chinerías. Junto con esta carta debes recibir un regalo mío que, dada tu afición por las cosas de este país amarillo, te llegará de perlas. Ponme a los pies de Suzette, y conserva el obsequio en memoria de tu

Robert ».

---

[14] Henry Rider Haggard (1856–1925), novelista inglés, autor de algunas obras de temas africanos, como «King Solomon's Mines», y «Ayesha.»

[15] Pierre Loti (1850–1923), escritor francés, autor de obras de carácter exótico.
[16] (1846–1917), novelista francesa.

Ni más, ni menos. Ambos soltaron la carcajada. El mirlo, a su vez, hizo estallar la jaula en una explosión de gritos musicales.

La caja había llegado, una caja de regular tamaño, llena de marchamos,[17] de números y de letras negras que decían y daban a entender que el contenido era muy frágil. Cuando la caja se abrió, apareció el misterio. Era un fino busto de porcelana, un admirable busto de mujer sonriente, pálido y encantador. En la base tenía tres inscripciones, una en caracteres chinescos, otra en inglés y otra en francés: *La emperatriz de la China*. ¡La emperatriz de la China! ¿Qué manos de artista asiático habían modelado aquellas formas atrayentes de misterio? Era una cabellera recogida y apretada, una faz enigmática, ojos bajos y extraños, de princesa celeste, sonrisa de esfinge, cuello erguido sobre los hombros columbinos, cubiertos por una honda de seda bordada de dragones, todo dando magia a la porcelana blanca, con tonos de cera, inmaculada y cándida. ¡La emperatriz de la China! Suzette pasaba sus dedos de rosa sobre los ojos de aquella graciosa soberana, un tanto inclinados, con sus curvos epicantus[18] bajo los puros y nobles arcos de las cejas. Estaba contenta. Y Recaredo sentía orgullo de poseer su porcelana. Le haría un gabinete especial, para que viviese y reinase sola, como en el Louvre la Venus de Milo, triunfadora, cobijada imperialmente por el plafón de su recinto sagrado.

Así lo hizo. En un extremo del taller, formó un gabinete minúsculo, con biombos cubiertos de arrozales y de grullas. Predominaba la nota amarilla. Toda la gama, oro, fuego, ocre de oriente, hoja de otoño hasta el pálido que agoniza fundido en la blancura. En el centro, sobre un pedestal dorado y negro, se alzaba riendo la exótica imperial. Alrededor de ella había colocado Recaredo todas sus japonerías y curiosidades chinas. La cubría un gran quitasol nipón, pintado de camelias y de anchas rosas sangrientas. Era cosa de risa, cuando el artista soñador, después de dejar la pipa y los pinceles, llegaba frente a la emperatriz, con las manos cruzadas sobre el pecho, a hacer zalemas. Una, dos, diez, veinte veces la visitaba. Era una pasión. En un plato de laca yokoamesa le ponía flores frescas todos los días. Tenía, en momentos, verdaderos arrobos delante del busto asiático que le conmovía en su deleitable e inmóvil majestad. Estudiaba sus menores detalles, el caracol de la oreja, el arco del labio, la nariz pulida, el epicantus del párpado. ¡Un ídolo, la famosa emperatriz! Suzette le llamaba de lejos: — ¡Recaredo!

— ¡Voy! — y seguía en la contemplación de su obra de arte. Hasta que Suzette llegaba a llevárselo a rastras y a besos.

Un día, las flores del plato de laca desaparecieron como por encanto.

— ¿Quién ha quitado las flores? — gritó el artista, desde el taller.

— Yo — dijo una voz vibradora.

Era Suzette, que entreabría una cortina, toda sonrosada y haciendo relampaguear sus ojos negros.

Allá en lo hondo de su cerebro se decía el señor Recaredo, artista escultor: — ¿Qué tendrá mi mujercita? No comía casi. Aquellos buenos libros desflorados por su espátula de marfil, estaban en el pequeño estante negro, con sus hojas cerradas sufriendo la nostalgia de las blandas manos de rosa y del tibio regazo perfumado. El señor Recaredo la veía triste. ¿Qué tendrá mi mujercita? En la mesa no quería comer. Estaba seria. ¡Qué seria! La miraba a veces con el rabo del ojo, y el marido veía aquellas pupilas oscuras, húmedas, como si quisieran llorar. Y ella al responder, hablaba como los niños a quienes se ha negado un dulce. ¿Qué tendrá mi mujercita? ¡Nada! Aquel «nada» lo decía ella con voz de queja, y entre sílaba y sílaba había lágrimas.

— ¡Oh, señor Recaredo! Lo que tiene vuestra mujercita es que sois un hombre abominable. ¿No habéis notado que desde que esa buena de la emperatriz de la China ha llegado a vuestra casa, el saloncito azul se ha

---

[17] Señal o marca que los aduaneros ponen en las mercancías.

[18] Enfermedad del ángulo interno del ojo, que consiste en la presencia de un repliegue semilunar de la piel que cubre una parte del globo ocular.

entristecido, y el mirlo no canta ni ríe con su risa perlada? Suzette despierta a Chopin, y lentamente hace brotar la melodía enferma y melancólica del negro piano sonoro. ¡Tiene
5 celos, señor Recaredo! Tiene el mal de los celos, ahogador y quemante, como una serpiente encendida que aprieta el alma. ¡Celos! Quizá él lo comprendía, porque una tarde dijo a la muchachita de su corazón estas
10 palabras, frente a frente, a través del humo de una taza de café:

— Eres demasiado injusta. ¿Acaso no te amo con toda mi alma? ¿Acaso no sabes leer en mis ojos lo que hay dentro de mi corazón?
15 Suzette rompió a llorar. ¡Que la amaba! No, ya no la amaba. Habían huído las buenas y radiantes horas, y los besos que chasqueaban también eran idos, como pájaros en fuga. Ya no la quería. Y a ella, a la que él veía su re-
20 ligión, su delicia, su sueño, su rey, a ella, a Suzette, la había dejado por la otra.

¡La otra! Recaredo dió un salto. Estaba engañada. ¿Lo diría por la rubia Eulogia, a quien en un tiempo había dirigido madrigales?
25 Ella movió la cabeza: — No. ¿Por la ricachona Gabriela, de largos cabellos negros, blanca como un alabastro y cuyo busto había hecho? ¿O por aquella Luisa, la danzarina, que tenía una cintura de avispa, un seno de
30 buena nodriza y unos ojos incendiarios? ¿O por la viudita Andrea, que al reír sacaba la punta de la lengua, roja y felina, entre sus dientes brillantes y marfilados?

No, no era ninguna de esas. Recaredo se
35 quedó con asombro. — Mira, chiquilla, dime

la verdad. ¿Quién es ella? Sabes cuánto te adoro, mi Elsa, mi Julieta, amor mío.

Temblaba tanta verdad de amor en aquellas palabras entrecortadas y trémulas, que Suzette, con los ojos enrojecidos, secos ya de lágrimas, se levantó irguiendo su linda cabeza heráldica.

— ¿Me amas?

— ¡Bien lo sabes!

— Deja, pues, que me vengue de mi rival. Ella o yo, escoge. Si es cierto que me adoras, ¿querrás permitir que la aparte para siempre de tu camino, que quede yo sola, confiada en tu pasión?

— Sea — dijo Recaredo.

Y viendo irse a su avecita celosa y terca, prosiguió sorbiendo el café tan negro como la tinta.

No había tomado tres sorbos, cuando oyó un gran ruido de fracaso en el recinto de su taller.

Fué: ¿Qué miraron sus ojos? El busto había desaparecido del pedestal de negro y oro, y entre minúsculos mandarines caídos y descolgados abanicos, se veían por el suelo pedazos de porcelana que crujían bajo los pequeños zapatos de Suzette, quien toda encendida y con el cabello suelto, aguardando los besos, decía entre carcajadas argentinas al maridito asustado: — Estoy vengada. ¡Ha muerto ya para ti la emperatriz de la China!

Y cuando comenzó la ardiente reconciliación de los labios, en el saloncito azul, todo lleno de regocijo, el mirlo, en su jaula, se moría de risa.

(De *Azul*, 1888–1890).

PROSAS PROFANAS

Palabras liminares

Después de *Azul*..., después de *Los Raros*,[19] voces *insinuantes*, buena y mala intención, entusiasmo sonoro y envidia sub-
40 terránea — todo bella cosecha —, solicitaron lo que, en conciencia, no he creído fructuoso ni oportuno: un manifiesto.

Ni fructuoso ni oportuno:

a) Por la absoluta falta de elevación mental de la mayoría pensante de nuestro continente, en la cual impera el universal personaje clasificado por Rémy de Gourmont[20] con el nombre de *Celui-qui-ne-comprend-pas*.[21] *Celui-qui-*

---

[19] Libro de ensayos literarios en prosa, publicado por Rubén Darío en 1896.

[20] (1858–1915), ensayista francés, y crítico importante del grupo simbolista.

[21] Del francés, «el que no comprende.»

ne-comprend-pas es, entre nosotros, profesor, académico correspondiente de la Real Academia Española, periodista, abogado, poeta, *rastaquouère*.[22]

b) Porque la obra colectiva de los nuevos de América es aún vana, estando muchos de los mejores talentos en el limbo de un completo desconocimiento del mismo arte a que se consagran.

c) Porque proclamando, como proclamo, una estética acrática, la imposición de un modelo o de un código implicaría una contradicción.

Yo no tengo literatura «mía» — como lo ha manifestado una magistral autoridad — para marcar el rumbo de los demás: mi literatura es *mía* en mí — ; quien siga servilmente mis huellas perderá su tesoro personal y, paje o esclavo, no podrá ocultar sello o librea. Wágner, a Augusta Holmes,[23] su discípula, dijo un día: «Lo primero, no imitar a nadie, y, sobre todo, a mí.» Gran decir.

Yo he dicho, en la misma rosa de mi juventud, mis antífonas, mis secuencias, mis profanas prosas. Tiempo y menos fatigas de alma y corazón me han hecho falta para, como un buen monje artífice, hacer mis mayúsculas dignas de cada página del breviario. (A través de los fuegos divinos de las vidrieras historiadas me río del viento que sopla afuera, del mal que pasa.) Tocad campanas de oro, campanas de plata, tocad todos los días, llamándome a la fiesta en que brillan los ojos de fuego, y las rosas de las bocas sangran delicias únicas. Mi órgano es un viejo clavicordio Pompadour, al son del cual danzaron sus gavotas alegres abuelos; y el perfume de tu pecho es mi perfume, eterno incensario de carne, Varona inmortal, flor de mi costilla. Hombre soy.

*

¿Hay en mi sangre alguna gota de sangre de África, o de indio chorotega o nograndano?[24] Pudiera ser, a despecho de mis manos de marqués; mas he aquí que veréis en mis versos princesas, reyes, cosas imperiales, visiones de países lejanos o imposibles; ¡qué queréis!, yo detesto la vida y el tiempo en que me tocó nacer; y a un presidente de la República no podré saludarle en el idioma en que te cantara a ti, ¡oh Halagabal!,[25] de cuya corte — oro, seda, mármol — me acuerdo en sueños . . .

(Si hay poesía en nuestra América, ella está en las cosas viejas: en Palenke y Utlatán, en el indio legendario, y en el inca sensual y fino, y en el gran Moctezuma de la silla de oro. Lo demás es tuyo, demócrata Walt Whitman.)

Buenos Aires; Cosmópolis.

¡Y mañana!

*

El abuelo español de barba blanca me señala una serie de retratos ilustres: «Éste — me dice — es el gran don Miguel de Cervantes Saavedra, genio y manco; éste es Lope de Vega; éste, Garcilaso; éste, Quintana.» Yo le pregunto por el noble Gracián, por Teresa la Santa, por el bravo Góngora y el más fuerte de todos, don Francisco de Quevedo y Villegas. Después exclamo: «¡Shakespeare! ¡Dante! ¡Hugo . . . !» (Y en mi interior: ¡Verlaine . . . !)

Luego, al despedirme: «Abuelo, preciso es decíroslo: mi esposa es de mi tierra; mi querida, de París.»

*

¿Y la cuestión métrica? ¿Y el ritmo?

Como cada palabra tiene un alma, hay en cada verso, además de la armonía verbal, una melodía ideal. La música es sólo de la idea, muchas veces.

---

[22] Palabra francesa que proviene del español, de «arrastrar» y «cueros», aplicada en Francia a los americanos ostentosos que alardean de su posición económica.

[23] (1847-1903), compositora francesa de origen irlandés.

[24] Tribus indígenas de Nicaragua.

[25] Heliogábalo, refinado emperador romano (nació en 204), célebre por su locura y su crueldad.

*

La gritería de trescientas ocas no te impedirá
silvano, tocar tu encantadora flauta, con tal
que tu amigo el ruiseñor esté contento de tu
melodía. Cuando él no esté para escucharte,
cierra los ojos y toca para los habitantes de tu
reino interior.

¡Oh pueblo de las desnudas ninfas, de
rosadas reinas, de amorosas diosas!
Cae a tus pies una rosa, otra rosa, otra rosa.
¡Y besos!

*

Y la primera ley, creador: crear. Bufe el
eunuco. Cuando una musa te dé un hijo,
queden las otras ocho encinta.

ERA UN AIRE SUAVE . . .

Era un aire suave de pausados giros;
el Hada Harmonía ritmaba sus vuelos;
e iban frases vagas y tenues suspiros,
entre los sollozos de los violoncelos.

Sobre la terraza, junto a los ramajes,
diríase un trémolo de liras eolias,[26]
cuando acariciaban los sedosos trajes
sobre el tallo erguido las altas magnolias.

La marquesa Eulalia, risas y desvíos
daba a un tiempo mismo para dos rivales:
el vizconde rubio de los desafíos
y el abate joven de los madrigales.

Cerca, coronado con hojas de viña,
reía en su máscara Término[27] barbudo,
y como un efebo que fuese una niña,
mostraba una Diana su mármol desnudo.

Y bajo un boscaje, del amor palestra,
sobre el rico zócalo al modo de Jonia,[28]
con un candelabro prendido en la diestra
volaba el Mercurio de Juan de Bolonia.[29]

La orquesta perlaba sus mágicas notas,
un coro de sones alados se oía;
galantes pavanas, fugaces gavotas,
cantaban los dulces violines de Hungría.

Al oír las quejas de sus caballeros
ríe, ríe, ríe la divina Eulalia,
pues son su tesoro las flechas de Eros,[30]
el cinto de Cipria,[31] la rueca de Onfalia.[32]

¡Ay de quien sus mieles y frases recoja!
¡Ay de quien del canto de su amor se fíe!
Con sus ojos lindos y su boca roja,
la divina Eulalia, ríe, ríe, ríe!

Tiene azules ojos, es maligna y bella;
cuando mira vierte viva luz extraña:
se asoma a sus húmedas pupilas de estrella
el alma del rubio cristal de Champaña.

Es noche de fiesta, y el baile de trajes
ostenta su gloria de triunfos mundanos.
La divina Eualia, vestida de encajes,
una flor destroza con sus tersas manos.

El teclado armónico de su risa fina
a la alegre música de un pájaro iguala,
con los *staccatti*[33] de una bailarina
y las locas fugas de una colegiala.

¡Amoroso pájaro que trinos exhala
bajo el ala a veces ocultando el pico;
que desdenes rudos lanza bajo el ala,
bajo el ala aleve del leve abanico!

---

[26] De la Eólida, país del Asia antigua; relativo a
Eolo, el dios del viento.
[27] Busto humano colocado sobre un soporte o pedestal, que representa a uno de los dioses de la mitología romana, protector de los limites.
[28] De estilo jónico.
[29] La famosa obra del escultor flamenco radicado en
Florencia (1524–1608).

[30] Nombre dado por los griegos al Amor.
[31] *Cipris, Ciprina*, uno de los nombres de Venus,
honrada en la isla de Chipre.
[32] Onfale, reina de Lidia, que casó con Hércules
después de haberle obligado a que hilara a sus pies
como una mujer.
[33] Del italiano, paso menudo y rápido de baile, como
en el término que se usa en música.

Cuando a media noche sus notas arranque,
y en arpegios áureos gima Filomela,[34]
y el ebúrneo cisne, sobre el quieto estanque,
como blanca góndola imprima su estela,

la marquesa alegre llegará al boscaje,   5
boscaje que cubre la amable glorieta
donde han de estrecharla los brazos de un paje,
que siendo su paje será su poeta.

Al compás de un canto de artista de Italia
que en la brisa errante la orquesta deslíe,   10
junto a los rivales, la divina Eulalia,
la divina Eulalia ríe, ríe, ríe.

¿Fué, acaso, en el tiempo del Rey Luis de Francia[35]
sol con corte de astros, en campo de azur?
¿Cuando los alcázares llenó de fragancia   15
la regia y pomposa rosa Pompadour?

¿Fué cuando la bella su falda cogía,
con dedos de ninfa, bailando el minué,
y de los compases el ritmo seguía
sobre el tacón rojo, lindo y leve el pie?   20

¿O cuando pastoras de floridos valles
ornaban con cintas sus albos corderos
y oían, divinas Tirsis[36] de Versalles,
las declaraciones de los caballeros?

¿Fué en ese buen tiempo de duques pastores,   25
de amantes princesas y tiernos galanes,
cuando entre sonrisas y perlas y flores
iban las casacas de los chambelanes?

¿Fué, acaso, en el Norte o en el Mediodía?
Yo el tiempo y el día y el país ignoro,   30
pero sé que Eulalia ríe todavía
¡y es cruel y es eterna su risa de oro!

(1893)

---

[34] El ruiseñor, según la fábula mitológica de las dos
hermanas Filomena y Progne.

[35] Luis XIV de Francia, el rey sol.

[36] Nombre femenino usado en la literatura bucólica.

SONATINA

La princesa está triste . . . ¿Qué tendrá la princesa?
Los suspiros se escapan de su boca de fresa
que ha perdido la risa, que ha perdido el color.
La princesa está pálida en su silla de oro,
está mudo el teclado de su clave sonoro,
y en un vaso olvidada se desmaya una flor.

El jardín puebla el triunfo de los pavos reales;
parlanchina, la dueña dice cosas banales,
y vestido de rojo piruetea el bufón.
La princesa no ríe, la princesa no siente;
la princesa persigue por el cielo de Oriente
la libélula vaga de una vaga ilusión.

¿Piensa acaso en el príncipe de Golconda[37] o de China,
o en el que ha detenido su carroza argentina
para ver de sus ojos la dulzura de luz?
¿O en el rey de las islas de las rosas fragantes,
o en el que es soberano de los claros diamantes,
o en el dueño orgulloso de las perlas de Ormuz?[38]

¡Ay! la pobre princesa de la boca de rosa
quiere ser golondrina, quiere ser mariposa,
tener alas ligeras, bajo el cielo volar,
ir al sol por la escala luminosa de un rayo,
saludar a los lirios con los versos de Mayo,
o perderse en el viento sobre el trueno del mar.

Ya no quiere el palacio, ni la rueca de plata,
ni el halcón encantado, ni el bufón escarlata,
ni los cisnes unánimes en el lago de azur.
Y están tristes las flores por la flor de la corte;
los jazmines de Oriente, los nelumbos[39] del Norte,
de Occidente las dalias y las rosas del Sur.

¡Pobrecita princesa de los ojos azules!
Está presa en sus oros, está presa en sus tules,
en la jaula de mármol del palacio real;
el palacio soberbio que vigilan los guardas,
que custodian cien negros con sus cien alabardas,
un lebrel que no duerme y un dragón colosal.

---

[37] Antigua ciudad de la India, famosa por sus riquezas.
[38] Isla, también famosa por sus perlas, situada a la entrada del Golfo Pérsico.

[39] Nelumbio, especie de loto, de flores blancas o amarillas.

¡Oh, quién fuera hipsipila[40] que dejó la crisálida!
(La princesa está triste. La princesa está pálida)
¡Oh visión adorada de oro, rosa y marfil!
¡Quién volara a la tierra donde un príncipe existe
(La princesa está pálida. La princesa está triste)   5
más brillante que el alba, más hermoso que Abril!

Calla, calla, princesa — dice el hada madrina —
en caballo con alas hacia acá se encamina,
en el cinto la espada y en la mano el azor,
el feliz caballero que te adora sin verte,   10
y que llega de lejos, vencedor de la Muerte,
a encenderte los labios con su beso de amor.

(1893)

VERLAINE

(Responso)

Padre y maestro mágico, liróforo[41] celeste
que al instrumento olímpico[42] y a la siringa[43] agreste
    diste tu acento encantador;   15
¡Panida![44] ¡Pan tú mismo, que coros condujiste
hacia el propíleo[45] sacro que amaba tu alma triste,
    al son del sistro[46] y del tambor!

Que tu sepulcro cubra de flores Primavera,
que se humedezca el áspero hocico de la fiera,   20
    de amor, si pasa por allí;
que el fúnebre recinto visite Pan bicorne;
que de sangrientas rosas el fresco abril se adorne
    y de claveles de rubí.

Que si posarse quiere sobre la tumba el cuervo,   25
ahuyenten la negrura del pájaro protervo,
    el dulce canto de cristal
que Filomela[47] vierta sobre tus tristes huesos,
o la armonía dulce de risas y de besos
    de culto oculto y florestal.   30

---

[40] Mariposa.
[41] Portador de la lira, poeta.
[42] La lira.
[43] La flauta de Pan, el dios de la naturaleza.
[44] Hijo de Pan.

[45] Vestíbulo de un templo o palacio (del griego).
[46] Instrumento músico de los antiguos egipcios; consistía en un arco de metal atravesado por varillas, que se hacía sonar agitándolo con la mano.
[47] Véase nota no. 34.

Que púberes canéforas[48] te ofrenden el acanto,[49]
que sobre tu sepulcro no se derrame el llanto,
    sino rocío, vino, miel;
que el pámpano allí brote, las flores de Citeres,[50]
5 ¡y que se escuchen vagos suspiros de mujeres
    bajo un simbólico laurel!

Que si un pastor su pífano[51] bajo el frescor del haya,
en amorosos días, como en Virgilio ensaya,
    tu nombre ponga en la canción.
10 Y que la virgen náyade, cuando ese nombre escuche,
con ansias y temores entre las linfas luche,
    llena de miedo y de pasión.

De noche, en la montaña, en la negra montaña
de las visiones, surja gigante sombra extraña,
15   sombra de un Sátiro espectral;
que ella al centauro adusto con su grandeza asuste;
de una extrahumana flauta la melodía ajuste
    a la armonía sideral.

Y huya el tropel equino por la montaña vasta;
20 tu rostro de ultratumba bañe la luna casta
    de compasiva y blanca luz;
y el Sátiro contemple sobre un lejano monte,
una cruz que se eleve cubriendo el horizonte,
    ¡y un resplandor sobre la cruz! . . .

ALABA LOS OJOS NEGROS DE JULIA

25 ¿Eva era rubia? No. Con negros ojos
vió la manzana del jardín: con labios
rojos probó su miel; con labios rojos
que saben hoy más ciencia que los sabios.

Venus tuvo el azur en sus pupilas,
30 pero su hijo no. Negros y fieros
encienden a las tórtolas tranquilas
los dos ojos de Eros.

Los ojos de las reinas fabulosas,
de las reinas magníficas y fuertes,
35 tenían las pupilas tenebrosas
que daban los amores y las muertes.

Pentesilea, reina de amazonas,
Judith, espada y fuerza de Betulia,
Cleopatra, encantadora de coronas,
la luz tuvieron de tus ojos, Julia.

Luz negra, que es más luz que la luz blanca
del sol, y las azules de los cielos.
Luz que el más rojo resplandor arranca
al diamante terrible de los celos.

Luz negra, luz divina, luz que alegra
la luz meridional, luz de las niñas
de las grandes ojeras, ¡oh luz negra
que hace cantar a Pan bajo las viñas!

                 (*1894*)

        (De *Prosas profanas*, 1896).

---

[48] Doncellas que llevaban en la cabeza, en ciertas fiestas paganas, un canastillo de flores o frutas.
[49] Planta de hojas largas y rizadas, que se usa como adorno en el capitel de orden corintio.
[50] Citera, isla del archipiélago griego, donde Venus tenía un templo.
[51] Especie de flauta.

CANTOS DE VIDA Y ESPERANZA

Prefacio

Podría repetir aquí más de un concepto de las palabras liminares de *Prosas Profanas*. Mi respeto por la aristocracia del pensamiento, por la nobleza del Arte, siempre es el mismo. Mi antiguo aborrecimiento a la mediocridad, a la mulatez intelectual, a la chatura estética, apenas si se aminora hoy con una razonada indiferencia.

El movimiento de libertad que me tocó iniciar en América se propagó hasta España, y tanto aquí como allá el triunfo está logrado. Aunque respecto a la técnica tuviese demasiado que decir en el país en donde la expresión poética está anquilosada, a punto de que la momificación del ritmo ha llegado a ser un artículo de fe, no haré sino una corta advertencia. En todos los países cultos de Europa se ha usado el exámetro,[52] absolutamente clásico, sin que la mayoría letrada y, sobre todo, la minoría leída se asustasen de semejante manera de cantar. En Italia ha mucho tiempo, sin citar antiguos, que Carducci[53] ha autorizado los exámetros; en inglés, no me atrevería casi a indicar, por respeto a la cultura de mis lectores, que la *Evangelina*, de Longfellow, está en los mismos versos en que Horacio dijo sus mejores pensares. En cuanto al verso libre moderno... ¿no es verdaderamente singular que en esta tierra de Quevedos y Góngoras los únicos innovadores del instrumento lírico, los únicos libertadores del ritmo, hayan sido los poetas del *Madrid Cómico*[54] y los libretistas del género chico?[55]

Hago esta advertencia porque la forma es lo que primeramente toca a las muchedumbres. Yo no soy un poeta para las muchedumbres. Pero sé que indefectiblemente tengo que ir a ellas.

Cuando dije que mi poesía era *mia, en mí,* sostuve la primera condición de mi existir, sin pretensión ninguna de causar sectarismo en mente o voluntad ajena y en un intenso amor a lo absoluto de la belleza.

Al seguir la vida que Dios me ha concedido tener, he buscado expresarme lo más noble y altamente en mi comprensión; voy diciendo mi verso con una modestia tan orgullosa, que solamente las espigas comprenden, y cultivo, entre otras flores, una rosa rosada, concreción de alba, capullo de porvenir, entre el bullicio de la literatura.

Si en estos cantos hay política, es porque parece universal. Y si encontráis versos a un presidente, es porque son un clamor continental. Mañana podremos ser yanquis, y es lo más probable; de todas maneras, mi protesta queda escrita sobre las alas de los immaculados cisnes, tan ilustres como Júpiter.

YO SOY AQUEL...

A José Enrique Rodó

I

Yo soy aquel que ayer no más decía
el verso azul y la canción profana,
en cuya noche un ruiseñor había
que era alondra de luz por la mañana.

El dueño fuí de mi jardín de sueño,
lleno de rosas y de cisnes vagos;
el dueño de las tórtolas, el dueño
de góndolas y liras en los lagos;

---

[52] El verso de seis silabas, compuesto de dáctilos y espondeos.
[53] Giosuè Carducci (1836–1907), famoso poeta italiano.

[54] Semanario satírico de esos años.
[55] En el teatro español, nombre dado a ciertas obras cortas de género festivo.

y muy siglo diez y ocho y muy antiguo
y muy moderno; audaz, cosmopolita;
con Hugo fuerte y con Verlaine ambiguo,
y una sed de ilusiones infinita.

5   Yo supe de dolor desde mi infancia,
mi juventud . . . ¿fué juventud la mía?
Sus rosas aún me dejan la fragancia . . .
una fragancia de melancolía . . .

   Potro sin freno se lanzó mi instinto,
10 mi juventud montó potro sin freno;
iba embriagada y con puñal al cinto;
si no cayó, fué porque Dios es bueno.

   En mi jardín se vió una estatua bella;
se juzgó mármol y era carne viva;
15 una alma joven habitaba en ella,
sentimental, sensible, sensitiva.

   Y tímida ante el mundo, de manera
que encerrada en silencio no salía,
sino cuando en la dulce primavera
20 era la hora de la melodía . . .

   Hora de ocaso y de discreto beso;
hora crepuscular y de retiro;
hora de madrigal y de embeleso,
de «te adoro», de «¡ay!» y de suspiro.

25   Y entonces era en la dulzaina[56] un juego
de misteriosas gamas cristalinas,
un renovar de notas del Pan griego
y un desgranar de músicas latinas.

   Con aire tal y con ardor tan vivo,
30 que a la estatua nacían de repente
en el muslo viril patas de chivo
y dos cuernos de sátiro en la frente.

   Como la Galatea[57] gongorina
me encantó la marquesa verleniana,
35 y así juntaba a la pasión divina
una sensual hiperestesia humana;

todo ansia, todo ardor, sensación pura
y vigor natural; y sin falsía,
y sin comedia y sin literatura . . . .
si hay una alma sincera, ésa es la mía.

   La torre de marfil tentó mi anhelo;
quise encerrarme dentro de mí mismo,
y tuve hambre de espacio y sed de cielo
desde las sombras de mi propio abismo.

   Como la esponja que la sal satura
en el jugo del mar, fué el dulce y tierno
corazón mío, henchido de amargura
por el mundo, la carne y el infierno.

   Mas, por gracia de Dios, en mi conciencia
el Bien supo elegir la mejor parte;
y si hubo áspera hiel en mi existencia,
melificó toda acritud el Arte.

   Mi intelecto libré de pensar bajo,
bañó el agua castalia el alma mía,
peregrinó mi corazón y trajo
de la sagrada selva la armonía.

   ¡Oh, la selva sagrada! ¡Oh, la profunda
emanación del corazón divino
de la sagrada selva! ¡Oh, la fecunda
fuente cuya virtud vence al destino!

   Bosque ideal que lo real complica,
allí el cuerpo arde y vive y Psiquis vuela;
mientras abajo el sátiro fornica,
ebria de azul deslíe Filomela.

   Perla de ensueño y música amorosa
en la cúpula en flor del laurel verde,
Hipsipila sutil liba en la rosa,
y la boca del fauno el pezón muerde.

   Allí va el dios en celo tras la hembra,
y la caña de Pan se alza del lodo;
la eterna vida sus semillas siembra,
y brota la armonía del gran Todo.

---

[56] Instrumento músico de viento, parecido al clarinete.
[57] Ninfa amada por el gigante Polifemo. Aquí, alusión a la «Fábula de Polifemo y Galatea» de don Luis de Góngora (1561–1627).

El alma que entra allí debe ir desnuda,
temblando de deseo y fiebre santa,
sobre cardo heridor y espina aguda:
así sueña, así vibra y así canta.

Vida, luz y verdad, tal triple llama
produce la interior llama infinita.
El arte puro como Cristo exclama:
EGO SUM LUX ET VERITAS ET VITA![58]

Y la vida es misterio, la luz ciega
y la verdad inaccesible asombra,
la adusta perfección jamás se entrega,
y el secreto ideal duerme en la sombra.

Por eso ser sincero es ser potente;
de desnuda que está brilla la estrella;
el agua dice el alma de la fuente
en la voz de cristal que fluye de ella.

Tal fué mi intento, hacer del alma pura
mía, una estrella, una fuente sonora,
con el horror de la literatura
y loco de crepúsculo y de aurora.

Del crepúsculo azul que da la pauta   5
que los celestes éxtasis inspira,
bruma y tono menor — ¡toda la flauta!,
y Aurora, hija del Sol — ¡toda la lira!

Pasó una piedra que lanzó una honda;
pasó una flecha que aguzó un violento.   10
La piedra de la honda fué a la onda,
y la flecha del odio fuése al viento.

La virtud está en ser tranquilo y fuerte;
con el fuego interior todo se abrasa;
se triunfa del rencor y de la muerte,   15
y hacia Belén . . . ¡la caravana pasa!

(1904)

A ROOSEVELT[59]

¡Es con voz de la Biblia, o verso de Walt Whitman,
que habría que llegar hasta ti, cazador!
¡Primitivo y moderno, sencillo y complicado,
con un algo de Washington y cuatro de Nemrod![60]   20
Eres los Estados Unidos,
eres el futuro invasor
de la América ingenua que tiene sangre indígena,
que aún reza a Jesucristo y aún habla en español.

Eres soberbio y fuerte ejemplar de tu raza;   25
eres culto, eres hábil; te opones a Tolstoy.[61]
Y domando caballos, o asesinando tigres,
eres un Alejandro-Nabucodonosor.
(Eres un profesor de Energía,
como dicen los locos de hoy.)   30

Crees que la vida es incendio,
que el progreso es erupción;
que en donde pones la bala
el porvenir pones.

No.

---

[58] «Yo soy la luz la verdad y la vida» (San Juan, XIV, 6).
[59] Theodore Roosevelt (1858–1919), presidente de los Estados Unidos de Norte América de 1901 a 1909.
[60] Rey fabuloso de Caldea, a quien la Biblia llama «robusto cazador ante Yavé» (Génesis, X, 8–10).
[61] Leon Tolstoi (1828–1910), el gran novelista ruso.

Los Estados Unidos son potentes y grandes.
Cuando ellos se estremecen hay un hondo temblor
que pasa por las vértebras enormes de los Andes.
Si clamáis, se oye como el rugir del león.
5   Ya Hugo a Grant[62] lo dijo: «Las estrellas son vuestras.»
(Apenas brilla, alzándose, el argentino sol
y la estrella chilena se levanta . . .) Sois ricos.
Juntáis al culto de Hércules el culto de Mammón;[63]
y alumbrando el camino de la fácil conquista,
10   la Libertad levanta su antorcha en Nueva York.

Mas la América nuestra que tenía poetas
desde los tiempos viejos de Netzahualcoyotl,[64]
que ha guardado las huellas de los pies del gran Baco;[65]
que el alfabeto pánico en un tiempo aprendió;
15   que consultó los astros, que conoció la Atlántida,[66]
cuyo nombre nos llega resonando en Platón;
que desde los remotos momentos de su vida
vive de luz, de fuego, de perfume, de amor;
la América del grande Moctezuma, del Inca,
20   la América fragante de Cristóbal Colón,
la América católica, la América española,
la América en que dijo el noble Guatemoc:[67]
«Yo no estoy en un lecho de rosas»; esa América
que tiembla de huracanes y que vive de amor;
25   hombres de ojos sajones y alma bárbara, vive.
Y sueña. Y ama, y vibra; y es la hija del Sol.
Tened cuidado. ¡Vive la América española!
Hay mil cachorros sueltos del León español.
Se necesitaría, Roosevelt, ser, por Dios mismo,
30   el Riflero terrible y el fuerte Cazador
para poder tenernos en vuestras férreas garras.

Y, pues contáis con todo, falta una cosa: ¡Dios!

(1904)

---

[62] Cuando el general Ulysses S. Grant visitó Paris en 1877, Victor Hugo escribió varios artículos en su contra. Probable referencia a la bandera norteamericana. (Nota de Arturo Torres Rioseco en su libro *Rubén Darío. Antologia poética*, University of California Press, 1949, del cual están tomadas también muchas de estas notas.)
[63] Dios de la riqueza en la mitologia fenicia.
[64] Rey mexicano del siglo XV, poeta y filósofo.
[65] El dios del vino, de quien se dice que aprendió de las Musas el alfabeto de Pan.
[66] En la leyenda griega, la gran isla en el mar occidental; continente que los antiguos suponían haber existido en el Atlántico, al oeste de Gibraltar. A ella se refiere Platón en dos de sus diálogos.
[67] Guatimozin, Cuauhtémoc, sobrino de Moctezuma y último emperador de los aztecas, a quien los conquistadores torturaron aplicándole fuego a los pies.

MARCHA TRIUNFAL

¡Ya viene el cortejo!
¡Ya viene el cortejo! Ya se oyen los claros clarines.
La espada se anuncia con vivo reflejo;
ya viene, oro y hierro, el cortejo de los paladines.

Ya pasa debajo los arcos ornados de blancas Minervas y Martes,   5
los arcos triunfales en donde las Famas erigen sus largas trompetas,
la gloria solemne de los estandartes,
llevados por manos robustas de heroicos atletas.
Se escucha el ruido que forman las armas de los caballeros,
los frenos que mascan los fuertes caballos de guerra,   10
los cascos que hieren la tierra
y los timbaleros
que el paso acompasan con ritmos marciales.
¡Tal pasan los fieros guerreros
debajo los arcos triunfales!   15

Los claros clarines de pronto levantan sus sones,
su canto sonoro,
su cálido coro,
que envuelve en un trueno de oro
la augusta soberbia de los pabellones.   20
Él dice la lucha, la herida venganza,
las ásperas crines,
los rudos penachos, la pica, la lanza,
la sangre que riega de heroicos carmines
la tierra;   25
los negros mastines
que azuza la muerte, que rige la guerra.

Los áureos sonidos
anuncian el advenimiento
triunfal de la Gloria: 30
dejando el picacho que guarda sus nidos,
tendiendo sus alas enormes al viento,
los cóndores llegan. ¡Llegó la victoria!

Ya pasa el cortejo.
Señala el abuelo los héroes al niño: 35
ved cómo la barba del viejo
los bucles de oro circunda de armiño.
Las bellas mujeres aprestan coronas de flores,
y bajo los pórticos vense sus rostros de rosa,
y la más hermosa   40
sonríe al más fiero de los vencedores.
¡Honor al que trae cautiva la extraña bandera;
honor al herido y honor a los fieles
soldados que muerte encontraron por mano extranjera:
¡Clarines! ¡Laureles!   45

Las nobles espadas de tiempos gloriosos,
desde sus panoplias saludan las nuevas coronas y lauros: —
Las viejas espadas de los granaderos, más fuertes que osos,
hermanos de aquellos lanceros que fueron centauros: —
5   Las trompas guerreras resuenan;
de voces los aires se llenan . . .

— A aquellas antiguas espadas,
a aquellos ilustres aceros,
que encarnan las glorias pasadas . . .
10   Y al sol que hoy alumbra las nuevas victorias ganadas,
y al héroe que guía su grupo de jóvenes fieros,
al que ama la insignia del suelo materno,
al que ha desafiado, ceñido el acero y el arma en la mano,
los soles del rojo verano,
15   las nieves y vientos del gélido invierno,
la noche, la escarcha
y el odio y la muerte, por ser por la patria inmortal,
¡saludan con voces de bronce las trompas de guerra que tocan la marcha triunfal! . . .

(*1895*)

CANCIÓN DE OTOÑO EN PRIMAVERA

Juventud, divino tesoro,
20   ¡ya te vas para no volver!
Cuando quiero llorar, no lloro . . .
y a veces lloro sin querer . . .

Plural ha sido la celeste
historia de mi corazón.
25   Era una dulce niña en este
mundo de duelo y de aflicción.

Miraba como el alba pura;
sonreía como una flor.
Era su cabellera obscura
30   hecha de noche y de dolor.

Yo era tímido como un niño.
Ella, naturalmente, fué,
para mi amor hecho de armiño,
Herodías y Salomé . . .

35   Juventud, divino tesoro,
¡ya te vas para no volver!
Cuando quiero llorar, no lloro . . .
y a veces lloro sin querer . . .

La otra fué más sensitiva,
y más consoladora y más
halagadora y expresiva,
cual no pensé encontrar jamás.

Pues a su continua ternura
una pasión violenta unía.
En un peplo de gasa pura
una bacante se envolvía . . .

En sus brazos tomó mi sueño
y lo arrulló como a un bebé . . .
y le mató, triste y pequeño,
falto de luz, falto de fe . . .

Juventud, divino tesoro,
¡te fuiste para no volver!
Cuando quiero llorar, no lloro . . .
y a veces lloro sin querer . . .

Otra juzgó que era mi boca
el estuche de su pasión;
y que me roería, loca,
con sus dientes, el corazón,

poniendo en un amor de exceso
la mira de su voluntad,
mientras eran abrazo y beso
síntesis de la eternidad;

y de nuestra carne ligera
imaginar siempre un Edén,
sin pensar que la primavera
y la carne acaban también . . .

Juventud, divino tesoro,
¡ya te vas para no volver!
Cuando quiero llorar, no lloro
y a veces lloro sin querer . . .

¡Y las demás! En tantos climas,
y en tantas tierras, siempre son,
si no pretextos de mis rimas,
fantasmas de mi corazón.

En vano busqué a la princesa
que estaba triste de esperar.
La vida es dura. Amarga y pesa.
¡Ya no hay princesa que cantar!   5

Mas a pesar del tiempo terco,
mi sed de amor no tiene fin;
con el cabello gris me acerco
a los rosales del jardín . . .   10

Juventud, divino tesoro;
¡ya te vas para no volver!
Cuando quiero llorar, no lloro
y a veces lloro sin querer . . .   15

¡Mas es mía el Alba de oro!

MELANCOLÍA

Hermano, tú que tienes la luz, díme la mía.
Soy como un ciego. Voy sin rumbo y ando a tientas.   20
Voy bajo tempestades y tormentas
ciego de ensueño y loco de armonía.

Ése es mi mal. Soñar. La poesía
es la camisa férrea de mil puntas cruentas
que llevo sobre el alma. Las espinas sangrientas   25
dejan caer las gotas de mi melancolía.

Y así voy, ciego y loco, por este mundo amargo;
a veces me parece que el camino es muy largo,
y a veces que es muy corto . . .

Y en este titubeo de aliento y agonía,   30
cargo lleno de penas lo que apenas soporto.
¿No oyes caer las gotas de mi melancolía?

NOCTURNO

Los que auscultasteis el corazón de la noche;
los que por el insomnio tenaz habéis oído
el cerrar de una puerta, el resonar de un coche
lejano, un eco vago, un ligero ruido . . .

En los instantes del silencio misterioso,
cuando surgen de su prisión los olvidados,
en la hora de los muertos, en la hora del reposo,
¡sabréis leer estos versos de amargor impregnados! . . .

Como en un vaso vierto en ellos mis dolores
de lejanos recuerdos y desgracias funestas,
y las tristes nostalgias de mi alma, ebria de flores,
y el duelo de mi corazón, triste de fiestas.

Y el pesar de no ser lo que yo hubiera sido,
la pérdida del reino que estaba para mí,
el pensar que un instante pude no haber nacido,
y el sueño que es mi vida desde que yo nací.

Todo esto viene en medio del silencio profundo
en que la noche envuelve la terrena ilusión,
y siento como un eco del corazón del mundo
que penetra y conmueve mi propio corazón.

LO FATAL

Dichoso el árbol, que es apenas sensitivo,
y más la piedra dura, porque ésa ya no siente,
pues no hay dolor más grande que el dolor de ser vivo,
ni mayor pesadumbre que la vida consciente.

Ser, y no saber nada, y ser sin rumbo cierto,
y el temor de haber sido, y un futuro terror . . .
Y el espanto seguro de estar mañana muerto,
y sufrir por la vida, y por la sombra, y por

lo que no conocemos y apenas sospechamos.
Y la carne que tienta con sus frescos racimos,
y la tumba que aguarda con sus fúnebres ramos,
¡y no saber a dónde vamos,
ni de dónde venimos . . .!

(De *Cantos de vida y esperanza*, 1905).

¡ EHEU !⁶⁸

Aquí, junto al mar latino,
digo la verdad:
siento en roca, aceite y vino,
yo mi antigüedad.

¡Oh, qué anciano soy, Dios santo!
¡Oh! qué anciano soy!...
¿De dónde viene mi canto?
Y yo ¿a dónde voy?

El conocerme a mí mismo
ya me va costando
muchos momentos de abismo
y el cómo y el cuándo...

Y esta claridad latina,
¿de qué me sirvió
a la entrada de la mina
del yo y el no yo?...

Nefelibata⁶⁹ contento,
creo interpretar
las confidencias del viento,
la tierra y el mar...

Unas vagas confidencias
del ser y el no ser,
y fragmentos de conciencias
de ahora y ayer.

Como en medio de un desierto
me puse a clamar;
y miré el sol como muerto
y me eché a llorar.

(De *El canto errante*, 1907).

POEMA DEL OTOÑO

Tú, que estás la barba en la mano
meditabundo,
¿has dejado pasar, hermano,
la flor del mundo?

Te lamentas de los ayeres   5
con quejas vanas:
¡aún hay promesas de placeres
en los mañanas!

Aún puedes casar la olorosa
rosa y el lis,   10
y hay mirtos para tu orgullosa
cabeza gris.

El alma ahíta cruel inmola
lo que la alegra,
como Zingua,⁷⁰ reina de Angola,   15
lúbrica negra.

Tú has gozado de la hora amable,
y oyes después
la imprecación del formidable
Eclesiastés.⁷¹   20

El domingo de amor te hechiza;
mas mira cómo
llega el miércoles de ceniza;
Memento, homo...⁷²

Por eso hacia el florido monte   25
las almas van,
y se explican Anacreonte⁷³
y Omar Kayam.⁷⁴

Huyendo del mal, de improviso
se entra en el mal,   30
por la puerta del paraíso
artificial.

---

⁶⁸ Primera palabra de la oda de Horacio (Libro II, núm. XIV) que comienza con la exclamación «Eheu fugaces...» (Ah, fugitivos...).

⁶⁹ De «nefele», nube en griego. Hombre que anda por las nubes. Soñador.

⁷⁰ Nzingua o Ginga (1582–1688) luchó contra los portugueses. Su subida al trono se señaló por asesinatos y ritos sangrientos. Luego se convirtió al cristianismo.

⁷¹ Libro atribuído a Salomón, en el que se desarrolla la famosa máxima «vanidad de vanidades y todo vanidad.»

⁷² La frase completa, «memento homo, quia pulvis es et in pulverem reverteris», (recuerda, hombre, que eres polvo y en polvo te convertirás), está en la liturgia del Miércoles de Ceniza en varias iglesias cristianas.

⁷³ Poeta griego (565–478 a. de J. C.), cantor de los placeres sensuales.

⁷⁴ Omar Kheyyam, poeta persa del siglo XIII, también cantor del amor y los placeres.

Y, no obstante, la vida es bella,
por poseer
la perla, la rosa, la estrella
y la mujer.

5   Lucifer[75] brilla. Canta el ronco
mar. Y se pierde
Silvano[76] oculto tras el tronco
del haya verde.

Y sentimos la vida pura,
10   clara, real,
cuando la envuelve la dulzura
primaveral.

¿Para qué las envidias viles
y las injurias,
15   cuando retuercen sus reptiles
pálidas furias?

¿Para qué los odios funestos
de los ingratos?
¿Para qué los lívidos gestos
20   de los Pilatos?[77]

¡Si lo terreno acaba, en suma,
cielo e infierno,
y nuestras vidas son la espuma
de un mar eterno!

25   Lavemos bien de nuestra veste
la amarga prosa;
soñemos en una celeste
mística rosa.

Cojamos la flor del instante;
30   ¡la melodía
de la mágica alondra cante
la miel del día!

Amor a su fiesta convida
y nos corona.
Todos tenemos en la vida
nuestra Verona.[78]

Aun en la hora crepuscular
canta una voz:
«¡Ruth, risueña, viene a espigar
para Booz!»[79]

Mas cojed la flor del instante,
cuando en Oriente
nace el alba para el fragante
adolescente.

¡Oh! Niño que con Eros[80] juegas,
niños lozanos,
danzad como las ninfas griegas
y los silvanos.

El viejo tiempo todo roe
y va de prisa;
sabed vencerle, Cintia, Cloe
y Cidalisa.

Trocad por rosas, azahares,
que suenan al son
de aquel Cantar de los Cantares
de Salomón.

Príapo[81] vela en los jardines
que Cipris[82] huella;
Hécate[83] hace aullar a los mastines;
mas Diana[84] es bella

y apenas envuelta en los velos
de la ilusión,
baja a los bosques de los cielos
por Endimión.[85]

---

[75] Llamado Venus a la hora del alba, y Vésper al atardecer.

[76] Genio de los bosques, ganados y pastores.

[77] Se refiere a los gestos de cobardía, recordando a Pilatos, el gobernador de Judea que entregó a sus jueces religiosos a Jesucristo, temiendo una sedición popular.

[78] Referencia a la ciudad del norte de Italia donde ocurren los amores de Julieta y Romeo.

[79] Los personajes que aparecen en el libro de Rut, en la Biblia.

[80] Cupido, dios del Amor.

[81] Hijo de Baco y Afrodita, dios de los jardines y de las vides.

[82] Cipria, Venus.

[83] Uno de los nombres que corresponden a dos deidades diferentes; la Hécate sencilla, divinidad lunar, identificada con Artemisa; y la triple Hécate, divinidad infernal, de tres cabezas o tres cuerpos, identificada con Perséfone, que vagaba con las almas de los muertos y cuya presencia era anunciada por el aullido de los perros.

[84] Diosa de la caza, también llamada Artemisa.

[85] Pastor famoso por su belleza. La Luna, o Selene, identificada en este mito con Diana y Artemisa, lo puso a dormir eternamente en un monte para poder besarle por las noches.

¡Adolescencia! Amor te dora
con su virtud;
goza del beso de la aurora,
¡oh, juventud!

¡Desventurado el que ha cogido
tarde la flor!
Y ¡ay de aquel que nunca ha sabido
lo que es amor!

Yo he visto en tierra tropical
la sangre arder,
como en un cáliz de cristal,
en la mujer.

Y en todas partes la que ama
y se consume
como una flor hecha de llama
y de perfume.

Abrasaos en esa llama
y respirad
ese perfume que embalsama
la Humanidad.

Gozad de la carne, ese bien
que hoy nos hechiza,
y después se tornará en
polvo y ceniza.

Gozad del sol, de la pagana
luz de sus fuegos;
gozad del sol, porque mañana
estaréis ciegos.

Gozad de la dulce armonía
que a Apolo invoca;
gozad del canto, porque un día
no tendréis boca.

Gozad de la tierra, que un
bien cierto encierra;
gozad, porque no estáis aún
bajo la tierra.

Apartad el temor que os hiela
y que os restringe;
la paloma de Venus vuela
sobre la Esfinge.

Aún vencen muerte, tiempo y hado   5
las amorosas;
en las tumbas se han encontrado
mirtos y rosas.

Aún Anadiómena[86] en sus lidias
nos da su ayuda;   10
aún resurge en la obra de Fidias[87]
Friné[88] desnuda.

Vive el bíblico Adán robusto,
de sangre humana,
y aún siente nuestra lengua el gusto   15
de la manzana.

Y hace de este globo viviente
fuerza y acción
la universal y omnipotente
fecundación.   20

El corazón del cielo late
por la victoria
de este vivir, que es un combate
y es una gloria.

Pues aunque hay pena y nos agravia   25
el sino adverso,
en nosotros corre la savia
del universo.

Nuestro cráneo guarda el vibrar
de tierra y sol,   30
como el ruido de la mar
el caracol.

La sal del mar en nuestras venas
va a borbotones;
tenemos sangre de sirenas[89]   35
y de tritones.[90]

---

[86] Uno de los nombres de Venus.
[87] El célebre escultor de la Grecia antigua (h. 500–431 a. de J. C.).
[88] Famosa cortesana griega, de la que Fidias hizo una estatua.

[89] Seres fabulosos, mitad mujeres y mitad peces.
[90] Deidades marinas.

A nosotros encinas, lauros,
frondas espesas;
tenemos carne de centauros[91]
y satiresas.[92]

En nosotros la Vida vierte
fuerza y calor.
¡Vamos al reino de la Muerte
por el camino del Amor!

(De *El Poema del otoño y otros poemas*, 1910).

Al salir de la América Central, Rubén Darío la dejó desierta. Por el contrario, al ir a Buenos Aires, se vio rodeado por una muchedumbre modernista. Allí tuvo su gran escuela. LEOPOLDO LUGONES (Argentina; 1874-1938) trajo a la poesía de América aportes no menos valiosos que los de Rubén Darío. Fue, como Darío, un extraordinario gimnasta verbal. Exploró nuevos territorios. El Lugones de *Las montañas de oro* (1897) estaba a la izquierda del modernismo. Exageraba las tendencias anárquicas de la nueva poesía. Con un pandemónium de bellas pero chocantes imágenes incitaba a la revolución de los estilos. En *Los crepúsculos del jardín* (1905) aquella voz estentórea se hace meliflua. Lugones domina ahora el arte parnasiano y simbolista de asociar metáforas delicadamente. Versos magistrales, pero sin resonancia íntima. *Lunario sentimental* (1909) es el vivero donde se han trasplantado desde la almáciga simbolista arbolillos de Moréas, Samain, Laforgue ¡sobre todo Laforgue! y, una vez recriados, se transponen a toda la poesía nueva del continente. Es el libro de Lugones que más influencia ha tenido en América y en España. Originalidad rebuscada, acrobacia en los conceptos y en los ritmos, humorismo que con un rápido trazo anima caricaturescamente las cosas inanimadas, arte deshumanizado, como se le llamaría después de la guerra mundial. En 1910 Rubén Darío había publicado su *Canto a la Argentina*. Lugones, no quiso quedarse atrás y escribió rápidamente su *Odas seculares* (1910) en las que salió de su cámara interior y se asomó al campo. Lo nuevo, en este tipo de literatura virgiliana, no fue tanto la imagen poética de los objetos de la realidad argentina como los esquemas de acción, las narraciones incoadas. En *El libro fiel* (1912) el amor, la naturaleza son los temas dominantes. Sobre todo el del amor. El tema de la naturaleza fué más patente en *El libro de los paisajes* (1912). Después de sus ensayos versolibristas Lugones vuelve a la ortodoxia poética: ritmos, rimas, estrofas tradicionales. Pero los chorros líricos, sinceros, cambiantes, suben libremente. El «Salmo pluvial» bastaría para hacernos respetar su fuerza imaginativa. En *Las horas doradas* (1922) el lirismo está entretejido con la reflexión: la hebra lírica es la más viva. Pero aun ese original lirismo parece menos potente

---

[91] Seres fabulosos, mitad hombres, mitad caballos, hijos de Ixión y de la Nube.

[92] Faunesas, símbolo de la sensualidad y la alegría.

que su don descriptivo y épico. En el *Romancero* (1924) aparece lo popular, lo castizo, lo hondo y común del hombre. Lugones siente que su canto es eco del canto de los otros hombres. Este salirse de sí mismo y enderezar hacia la realidad de todos se acentúa en *Poemas solariegos* (1928). En los *Romances de Río Seco* (1938) su voluntad de despersonalizarse, de que no se le distinga ni la voz ni el ademán, de sumirse en el pueblo anónimo, de despojarse de toda gala literaria y dar salida a su amor al país y a los temas colectivos — fe, amor, coraje, etc. — llega al extremo de lo posible. Su prosa no fue tan eximia como su poesía. Gran técnico de la prosa, no gran prosista. Lo que sí tenía era sensibilidad e imaginación, felices sobre todo en metáforas ópticas. Aun en *La guerra gaucha* (1905) hay pirotecnia de poeta. Son relatos históricos de las luchas por la independencia que introdujeron en la literatura argentina el norte montañés. Tenía talento de narrador: *Las fuerzas extrañas* (1906), *Cuentos fatales* (1924). Admirables fueron, en el primero de estos libros, sus cuentos fantásticos, unos originados en mitos clásicos («La lluvia de fuego», «Los caballos de Abdera»), otros con apoyos en hechos seudocientíficos («Yzur», «Viola Acherontia»).

Leopoldo Lugones

DELECTACIÓN MOROSA

La tarde, con ligera pincelada
que iluminó la paz de nuestro asilo,
apuntó en su matiz crisoberilo[1]
una sutil decoración morada.

Surgió enorme la luna en la enramada;
las hojas agravaban su sigilo,
y una araña en la punta de su hilo,
tejía sobre el astro, hipnotizada.

Poblóse de murciélagos el combo
cielo, a manera de chinesco biombo;
tus rodillas exangües sobre el plinto[2]

manifestaban la delicia inerte,
y a nuestros pies un río de jacinto
corría sin rumor hacia la muerte.

EL SOLTERÓN

Largas brumas violetas
flotan sobre el río gris,
y allá en las dársenas quietas
sueñan oscuras goletas
con un lejano país.   5

El arrabal solitario
tiene la noche a sus pies,
y tiembla su campanario
en el vapor visionario
de ese paisaje holandés.   10

El crepúsculo perplejo
entra a una alcoba glacial,
en cuyo empañado espejo
con soslayado reflejo
turba el agua del cristal.   15

---

[1] Piedra preciosa de color verde amarillento.

[2] Cuadrado sobre el cual se asienta la columna.

El lecho blanco se hiela
junto al siniestro baúl,
y en su herrumbrada tachuela
envejece una acuarela
5   cuadrada de felpa azul.

En la percha del testero,
el crucificado frac
exhala un fenol severo,
y sobre el vasto tintero
10   piensa un busto de Balzac.

La brisa de las campañas,
con su aliento de clavel,
agita las telarañas
que son inmensas pestañas
15   del desusado cancel.

Allá por las nubes rosas
las golondrinas, en pos
de invisibles mariposas,
trazan letras misteriosas
20   como escribiendo un adiós.

En la alcoba solitaria,
sobre un raído sofá
de cretona centenaria,
junto a su estufa precaria
25   meditando un hombre está.

Tendido en postura inerte
masca su pipa de boj,
y en aquella calma advierte
¡qué cercana está la muerte
30   del silencio del reloj!

En su garganta reseca
gruñe una biliosa hez,
y bajo su frente hueca
la verdinegra jaqueca
35   maniobra un largo ajedrez.

¡Ni un gorjeo de alegrías!
¡Ni un clamor de tempestad!
Como en las cuevas sombrías
en el fondo de sus días
40   bosteza la soledad.

Y con vértigos extraños
en su confusa visión
de insípidos desengaños,
ve llegar los grandes años
con sus cargas de algodón.

A inverosímil distancia
se acongoja un violín,
resucitando en la estancia
como una ancestral fragancia
del humo de aquel esplín.

Y el hombre piensa. Su vista
recuerda las rosas té
de un sombrero de modista . . .
El pañuelo de batista . . .
Las peinetas . . . El corsé . . .

Y el duelo en la playa sola: —
Uno . . . dos . . . tres . . . Y el lucir
de la montada pistola . . .
y el son grave de la ola
convidando a bien morir.

Y al dar a la niña inquieta
la reconquistada flor
en la persiana discreta,
sintióse héroe y poeta
por la gracia del amor.

Epitalamios de flores
la dicha escribió a sus pies,
y las tardes de colores
supieron de esos amores
celestiales . . . Y después . . .

Ahora una vaga espina
le punza en el corazón,
si su coqueta vecina
saca la breve botina
por los hierros del balcón;

y si con voz pura y tersa,
la niña del arrabal
en su malicia perversa,
temas picantes conversa
con el canario jovial;

surge aquel triste percance
de tragedia baladí:
la novia . . . la flor . . . el lance . . .
veinte años cuenta el romance.
Turguenef tiene uno así.

¡Cuán triste era su mirada,
cuán luminosa su fe
y cuán leve su pisada!
¿Por qué la dejó olvidada? . . .
¡Si ya no sabe por qué!

En el desolado río
se agrisa el tono punzó
del crepúsculo sombrío,
como un imperial hastío
sobre un otoño de gró.

Y el hombre medita. Es ella
la visión triste que en un
remoto nimbo descuella;
es una ajada doncella
que le está aguardando aún.

Vago pavor le amilana,
y va a escribirla por fin
desde su informe nirvana . . .
la carta saldrá mañana
y en la carta irá un jazmín.

La pluma en sus dedos juega;
ya el pliego tiene doblez;
y su alma en lo azul navega.
A los veinte años de brega
va a escribir *tuyo* otra vez.

No será trunca ni ambigua
su confidencia de amor
sobre la vitela exigua.
¡Si esa carta es muy antigua! . . .
Ya está turbio el borrador.

Tendrá su deleite loco
blancas sedas de amistad
para esconder su ígneo foco.
La gente reirá un poco
de esos novios de otra edad.

Ella, la anciana, en su leve
candor de virgen senil,
será un alabastro breve.
Su aristocracia de nieve
nevará un tardío abril.   5

Sus canas, en paz suprema,
en la alcoba sororal
darán olor de alhucema,
y estará en la suave yema
del fino dedo el dedal.   10

Cuchicheará a ras del suelo
su enagua un vago frú-frú,
¡y con qué afable consuelo
acogerá el terciopelo
su elegancia de bambú! . . .   15

Así está el hombre soñando
en el aposento aquel,
y su sueño es dulce y blando;
mas la noche va llegando
y está aún blanco el papel.   20

Sobre su visión de aurora,
un tenebroso crespón
los contornos descolora,
pues la noche vencedora
se le ha entrado al corazón.   25

Y como enturbiada espuma,
una idea triste va
emergiendo de su bruma:
¡qué mohosa está la pluma!
¡La pluma no escribe ya!   30

(De *Los Crepúsculos del jardín*, 1905).

DIVAGACIÓN LUNAR   35

Si tengo la fortuna
de que con tu alma mi dolor se integre,
te diré entre melancólico y alegre
las singulares cosas de la luna.   40

Mientras el menguante exiguo
a cuyo noble encanto ayer amaste,
aumenta su desgaste
de sequín antiguo,
5 quiero mezclar a tu champaña
como un buen astrónomo teórico,
su luz, en sensación extraña
de jarabe hidroclórico.
Y cuando te envenene
10 la pálida mixtura,
como a cualquier romántica Eloísa o Irene
tu espíritu de amable criatura
buscará una secreta higiene
en la pureza de mi desventura.

15 Amarilla y flacucha,
la luna cruza el azul pleno,
como una trucha
por un estanque sereno,
y su luz ligera,
20 indefiniendo asaz tristes arcanos,
pone una mortuoria translucidez de cera
en la gemela nieve de tus manos.

Cuando aún no estaba la luna, y afuera
como un corazón poético y sombrío
25 palpitaba el cielo de primavera,
la noche, sin ti, no era
más que un obscuro frío.
Perdida toda forma, entre tanta
obscuridad, eras sólo un aroma;
30 y el arrullo amoroso ponía en tu garganta
una ronca dulzura de paloma.
En una puerilidad de tactos quedos,
la mirada perdida en una estrella,
me extravié en el roce de tus dedos.
35 Tu virtud fulminaba como una centella . . .
Mas el conjuro de los ruegos vanos
te llevó al lance dulcemente inicuo,
y el coraje se te fué por las manos
como un poco de agua por un mármol oblicuo.
40

La luna fraternal, con su secreta
intimidad de encanto femenino,
al definirte hermosa te ha vuelto coqueta.
Sutiliza tus maneras un complicado tino;
45 en la lunar presencia,
no hay ya ósculo que el labio al labio suelde;
y sólo tu seno de audaz incipiencia,
con generosidad rebelde
continúa el ritmo de la dulce violencia.

Entre un recuerdo de Suiza
y la anécdota de un oportuno primo
tu crueldad virginal se sutiliza;
y con sumisión postiza
te acurrucas en pérfido mimo,
como un gato que se hace una bola
en la cabal redondez de su cola.

Es tu ilusión suprema
de joven soñadora,
ser la joven mora
de un antiguo poema.
La joven cautiva que llora
llena de luna, de amor y de sistema.

La luna enemiga
que te sugiere tanta mala cosa,
y de mi brazo cordial te desliga,
pone un detalle trágico en tu intriga
de pequeño mamífero rosa.
Mas al amoroso reclamo
de la tentación, en tu jardín alerta,
tu grácil juventud despierta
golosa de caricia y de *Yoteamo*.
En el albaricoque
un tanto marchito de tu mejilla,
pone el amor un leve toque
de carmín, como una lucecilla.
Lucecilla que a medias con la luna
tu rostro excava en escultura inerte,
y con sugestión oportuna
de pronto nos advierte
no sé qué próximo estrago,
como el rizo anacrónico de un lago
anuncia a veces el soplo de la muerte . . .

(De *Lunario sentimental*, 1909).

LA BLANCA SOLEDAD

Bajo la calma del sueño,
calma lunar de luminosa seda,
la noche
como si fuera
el blanco cuerpo del silencio,
dulcemente en la inmensidad se acuesta.
Y desata
su cabellera,
en prodigioso follaje
de alamedas.

Nada vive sino el ojo
del reloj en la torre tétrica,
profundizando inútilmente el infinito
como un agujero abierto en la arena.
El infinito.
Rodado por las ruedas
de los relojes,
como un carro que nunca llega.

La luna cava un blanco abismo
de quietud, en cuya cuenca
las cosas son cadáveres
y las sombras viven como ideas.
Y uno se pasma de lo próxima
que está la muerte en la blancura aquella.
De lo bello que es el mundo
poseído por la antigüedad de la luna llena.
Y el ansia tristísima de ser amado,
en el corazón doloroso tiembla.

Hay una ciudad en el aire,
una ciudad casi invisible suspensa,
cuyos vagos perfiles
sobre la clara noche transparentan,
como las rayas de agua en un pliego,
su cristalización poliédrica.
Una ciudad tan lejana,
que angustia con su absurda presencia.

¿Es una ciudad o un buque
en el que fuésemos abandonando la tierra,
callados y felices,
y con tal pureza,
que sólo nuestras almas
en la blancura plenilunar vivieran? . . .

Y de pronto cruza un vago
estremecimiento por la luz serena.
Las líneas se desvanecen,
la inmensidad cámbiase en blanca piedra,
y sólo permanece en la noche aciaga
la certidumbre de tu ausencia.

HISTORIA DE MI MUERTE

Soñé la muerte y era muy sencillo:
una hebra de seda me envolvía,
y cada beso tuyo
con una vuelta menos me ceñía.

Y cada beso tuyo
era un día;
y el tiempo que mediaba entre dos besos,
una noche. La muerte es muy sencilla.

Y poco a poco fué desenvolviéndose
la hebra fatal. Ya no la retenía
sino por sólo un cabo entre los dedos . . .
Cuando de pronto te pusiste fría,
y ya no me besaste . . .
Y solté el cabo, y se me fué la vida.

(De *El libro fiel*, 1912).

SALMO PLUVIAL

Tormenta

Érase una caverna de agua sombría el cielo;
el trueno, a la distancia, rodaba su peñón;
y una remota brisa de conturbado vuelo,
se acidulaba en tenue frescura de limón.

Como caliente polen exhaló el campo seco
un relente de trébol lo que empezó a llover.
Bajo la lenta sombra, colgada en denso fleco,
se vió al cardal con vívidos azules florecer.

Una fulmínea verga rompió el aire al
[soslayo;
sobre la tierra atónita cruzó un vapor mortal;
y el firmamento entero se derrumbó en un
[rayo,
como en inmenso techo de hierro y de cristal.

Lluvia

Y un mimbreral vibrante fué el chubasco
[resuelto
que plantaba sus líquidas varillas al trasluz,
o en pajonales de agua se espesaba revuelto,
descerrajando al paso su pródigo arcabuz.

Saltó la alegre lluvia por taludes y cauces;
descolgó del tejado sonoro caracol;
y luego, allá a lo lejos, se desnudó en los sauces,
transparente y dorada bajo un rayo de sol.

Calma	*Plenitud*

Delicia de los árboles que abrevó el
[aguacero.
Delicia de los gárrulos raudales en desliz.
Cristalina delicia del trino del jilguero.
5 Delicia serenisima de la tarde feliz.

El cerro azul estaba fragante de romero,
y en los profundos campos silbaba la perdiz.

(De *El libro de los paisajes*, 1917).

VIOLA ACHERONTIA[3]

Lo que deseaba aquel extraño jardinero, era crear la flor de la muerte. Sus tentativas remontaban a diez años, con éxito negativo siempre, porque considerando al vegetal sin
10 alma, ateníase exclusivamente a la plástica. Injertos, combinaciones, todo había ensayado. La producción de la rosa negra ocupóle un tiempo; pero nada sacó de sus investigaciones. Después interesáronlo las pasionarias y los
15 tulipanes, con el único resultado de dos o tres ejemplares monstruosos, hasta que Bernardin de Saint-Pierre[4] lo puso en el buen camino, enseñándole cómo puede haber analogías entre la flor y la mujer encinta, supuestas
20 ambas capaces de recibir por «antojo» imágenes de los objetos deseados.

Aceptar este audaz postulado, equivalía a suponer en la planta un mental suficientemente elevado para recibir, concretar y conservar una
25 impresión; en una palabra, para sugestionarse con intensidad parecida a la de un organismo superior. Esto era, precisamente, lo que había llegado a comprobar nuestro jardinero.

Según él, la marcha de los vástagos en las
30 enredaderas obedecía a una deliberación seguida por resoluciones que daban origen a una serie de tanteos. De aquí las curvas y acodamientos, caprichosos al parecer, las diversas orientaciones y adaptaciones a
35 diferentes planos, que ejecutan las guías, los gajos, las raíces. Un sencillo sistema nervioso presidía esas obscuras funciones. Había también en cada planta su bulbo cerebral y su corazón rudimentario, situados respectivamente en el cuello de la raíz y en el tronco. La semilla, es decir, el ser resumido para la procreación, lo dejaba ver con toda claridad. El embrión de una nuez tiene la misma forma del corazón, siendo asaz parecida al cerebro la de los cotiledones. Las dos hojas rudimentarias que salen de dicho embrión, recuerdan con bastante claridad dos ramas bronquiales cuyo oficio desempeñan en la germinación.

Las analogías morfológicas suponen casi siempre otras de fondo; y por esto la sugestión ejerce una influencia más vasta de lo que se cree sobre la forma de los seres. Algunos clarividentes de la historia natural, como Michelet[5] y Fries,[6] presintieron esta verdad que la experiencia va confirmando. El mundo de los insectos pruébalo enteramente. Los pájaros ostentan colores más brillantes en los países cuyo cielo es siempre puro (Gould).[7] Los gatos blancos y de ojos azules son comúnmente sordos (Darwin).[8] Hay peces que llevan fotografiadas en la gelatina de su dorso las olas del mar (Strindberg). El girasol mira constantemente al astro del día, y reproduce con fidelidad su núcleo, sus rayos y sus manchas (Saint-Pierre).

He aquí un punto de partida. Bacon[9] en su *Novum Organum*[10] establece que el canelero y

---

[3] De «violeta» y «Aqueronte,» el río de la muerte, de los infiernos, en la mitología griega.
[4] (1735–1814) novelista francés.
[5] Jules Michelet (1798–1874), historiador francés y autor de varias obras de vulgarización sobre la vida de la naturaleza.
[6] Elías Magnus Fries (1794–1878), botánico sueco, especialista en micología. Se le debe la sistematización de los hongos.

[7] John Gould (1804–1881), ornitólogo inglés.
[8] Charles R. Darwin (1809–1882), el famoso naturalista y fisiólogo inglés.
[9] Francis Bacon (1561–1626), uno de los creadores del método experimental.
[10] Nuevo «Organum», en alusión al viejo «Organum», de Aristóteles.

otros odoríferos colocados cerca de lugares fétidos, retienen obstinadamente el aroma, rehusando su emisión, para impedir que se mezcle con las exhalaciones graves . . .

Lo que ensayaba el extraordinario jardinero con quien iba a verme, era una sugestión sobre las violetas. Habíalas encontrado singularmente nerviosas, lo cual demuestra, agregaba, la afección y el horror siempre exagerados que les profesan las histéricas, y quería llegar a hacerlas emitir un tósigo mortal sin olor alguno: una ponzoña fulminante e imperceptible. ¿Qué se proponía con ello?, si no era puramente una extravagancia, permaneció siempre misterioso para mí.

Encontré un anciano de porte sencillo, que me recibió con cortesía casi humilde. Estaba enterado de mis pretensiones, por lo cual entablamos acto continuo la conversación sobre el tema que nos acercaba.

Quería sus flores como un padre, manifestando fanática adoración por ellas. Las hipótesis y datos consignados más arriba, fueron la introducción de nuestro diálogo; y como el hombre hallara en mí un conocedor, se encontró más a sus anchas.

Después de haberme expuesto sus teorías con rara precisión, me invitó a conocer sus violetas.

— He procurado, decía mientras íbamos, llevarlas a la producción del veneno que deben exhalar, por una evolución de su propia naturaleza; y aunque el resultado ha sido otro, comporta una verdadera maravilla; sin contar con que no desespero de obtener la exhalación mortífera. Pero ya hemos llegado; véalas usted.

Estaban al extremo del jardín, en una especie de plazoleta rodeada de plantas extrañas. Entre las hojas habituales, sobresalían sus corolas que al pronto tomé por pensamientos, pues eran negras.

— ¡Violetas negras! exclamé.

— Sí, pues; había que empezar por el color, para que *la idea* fúnebre se grabara mejor en ellas. El negro es, salvo alguna fantasía china, el color natural del luto, puesto que lo es de la noche vale decir de la tristeza, de la disminución vital, y del sueño, hermano de la muerte. Además, estas flores no tienen perfume, conforme a mi propósito, y éste es otro resultado producido por un efecto de correlación. El color negro parece ser, en efecto, adverso al perfume; y así tiene usted que sobre mil ciento noventa y tres especies de flores blancas, hay ciento setenta y cinco perfumadas y doce fétidas; mientras que sobre dieciocho especies de flores negras, hay diecisiete inodoras y una fétida. Pero esto no es lo interesante del asunto. Lo maravilloso está en otro detalle, que requiere, desgraciadamente, una larga explicación . . .

— No tema usted, respondí; mis deseos de aprender son todavía mayores que mi curiosidad.

— Oiga usted, entonces, cómo he procedido:

Primeramente, debí proporcionar a mis flores un medio favorable para el desarrollo de la idea fúnebre; luego, sugerirles esta idea por medio de una sucesión de fenómenos; después poner su sistema nervioso en estado de recibir la imagen y fijarla; por último, llegar a la producción del veneno, combinando en su ambiente y en su savia diversos tósigos vegetales. La herencia se encargaría del resto.

Las violetas que usted ve, pertenecen a una familia cultivada bajo ese régimen durante diez años. Algunos cruzamientos, indispensables para prevenir la degeneración, han debido retardar un tanto el éxito final de mi tentativa. Y digo éxito final, porque conseguir la violeta negra e inodora, ya es un resultado.

Sin embargo, ello no es difícil; redúcese a una serie de manipulaciones en las que entra por base el carbono con el objeto de obtener una variedad de añilina.[11] Suprimo el detalle de las investigaciones a que debí entregarme sobre las toluidinas y los xilenos,[12] cuyas enormes series me llevarían muy lejos, vendiendo, por otra parte, mi secreto. Puedo darle, no obstante, un indicio: el origen de los colores que llamamos añilinas es una combinación de hidrógeno y carbono; el trabajo químico posterior, se reduce a fijar oxígeno y

---

[11] Anilina, alcaloide artificial, empleado en tintorería.

[12] Productos que se utilizan en la fabricación de colores artificiales.

nitrógeno, produciendo los álcalis[13] artificiales cuyo tipo es la añilina, y obteniendo derivados después. Algo semejante he hecho yo. Usted sabe que la clorófila[14] es muy sensible, y a esto se debe más de un resultado sorprendente. Exponiendo matas de hiedra a la luz solar, en un sitio donde ésta entraba por aberturas romboidales solamente, he llegado a alterar la forma de su hoja, tan persistente, sin embargo, que es el tipo geométrico de la curva cisoides;[15] y luego, es fácil observar que las hierbas rastreras de un bosque, se desarrollan imitando los arabescos de la luz a través del ramaje . . .

Llegamos ahora al procedimiento capital. La sugestión que ensayo sobre mis flores es muy difícil de efectuar, pues las plantas tienen su cerebro debajo de tierra: son seres inversos. Por esto me he fijado más en la influencia del medio como elemento fundamental. Obtenido el color negro de las violetas, estaba conseguida la primera nota fúnebre. Planté luego en torno los vegetales que usted ve: estramonio, jazmín y belladona. Mis violetas quedaban, así, sometidas a influencias química y fisiológicamente fúnebres. La solanina[16] es, en efecto, un veneno narcótico; así como la daturina[17] contiene hioscyamina y atropina, dos alcaloides dilatadores de la pupila que producen la megalopsia, o sea el agrandamiento de los objetos. Tenía, pues, los elementos del sueño y de la alucinación, es decir, dos productores de pesadillas; de modo que a los efectos específicos del color negro, del sueño y de las alucinaciones, se unía el miedo.

Debo añadirle que para redoblar las impresiones alucinantes, planté además el beleño[18] cuyo veneno radical es precisamente la hioscyamina.

—¿Y de qué sirve, puesto que la flor no tiene ojos? pregunté.

—Ah, señor; no se ve únicamente con los ojos, replicó el anciano. Los sonámbulos ven con los dedos de la mano y con la planta de los pies. No olvide usted que aquí se trata de una sugestión.

Mis labios rebosaban de objeciones; pero callé, por ver hasta dónde iba a llevarnos el desarrollo de tan singular teoría.

—La solanina y la daturina, prosiguió mi interlocutor, se aproximan mucho a los venenos cadavéricos— ptomaínas y leucomaínas[19] —que exhalan olores de jazmín y de rosa. Si la belladona y el estramonio me dan aquellos cuerpos, el olor está suministrado por el jazminero y por ese rosal cuyo perfume aumento, conforme a una observación de de Candolle,[20] sembrando cebollas en sus cercanías. El cultivo de las rosas está ahora muy adelantado, pues los ingertos han hecho prodigios; en tiempo de Shakespeare se ingertó recién las primeras rosas en Inglaterra . . .

Aquel recuerdo que tendía a halagar visiblemente mis inclinaciones literarias, me conmovió.

—Permítame, dije, que admire de paso su memoria verdaderamente juvenil.

—Para extremar aún la influencia sobre mis flores, continuó él sonriendo vagamente, he mezclado a los narcóticos plantas cadavéricas. Algunos arum y orchis, una stapelia[21] aquí y allá, pues sus olores y colores recuerdan los de la carne corrompida. Las violetas sobrexcitadas por su excitación amorosa natural, dado que la flor es un órgano de reproducción, aspiran el perfume de los venenos cadavéricos añadido al olor del cadáver mismo; sufren la influencia soporífera de los narcóticos que las predisponen a la hipnosis, y la megalopsia alucinante de los venenos dilatadores de la pupila. La sugestión fúnebre comienza así a efectuarse con toda intensidad; pero todavía aumento la sensibilidad anormal en que la flor se encuentra por la inmediación de esas poten-

---

[13] Sustancias químicas venenosas.

[14] Materia verde de los vegetales.

[15] Curva de dos ramas simétricas, inventada por el geómetra Diocles (entre los siglos II y I a. de J. C.). para resolver el problema de la duplicación del cubo.

[16] Sustancia muy venenosa contenida en algunas plantas de la familia de las solanáceas.

[17] Nombre del alcaloide que se extrae del estramonio.

[18] Planta solanácea narcótica.

[19] Alcaloides que provienen de la descomposición de materias orgánicas.

[20] Agustín Piramo de Candolle (1778–1841), botánico suizo.

[21] Diversos géneros de plantas. Hay especies medicinales y alimenticias, y otras de formas muy originales y extrañas.

cias vegetales, aproximándole de tiempo en tiempo una mata de valeriana y de espuelas de caballero cuyo cianuro la irrita notablemente. El etileno de la rosa colabora también en este sentido.

Llegamos ahora al punto culminante del experimento, pero antes deseo hacerle esta advertencia: el ¡ay! humano es un grito de la naturaleza.

Al oír este brusco aparte, la locura de mi personaje se me presentó evidente; pero él, sin darme tiempo a pensarlo bien siquiera, prosiguió:

—El ¡ay! es, en efecto, una interjección de todos los tiempos Pero lo curioso es que entre los animales sucede también así. Desde el perro, un vertebrado superior, hasta la esfinge calavera, una mariposa, el ¡ay! es una manifestación de dolor y de miedo. Precisamente el extraño insecto que acabo de nombrar, y cuyo nombre proviene de que lleva dibujada una calavera en el coselete, recuerda bien la fauna lúgubre en la cual el ¡ay! es común. Fuera inútil recordar a los buhos; pero sí debe mencionarse a ese extraviado de las selvas primitivas, el perezoso,[22] que parece llevar el dolor de su decadencia en el ¡ay! específico al cual debe uno de sus nombres . . .

Y bien; exasperado por mis diez años de esfuerzos, decidí realizar ante las flores escenas crueles que las impresionaran más aún, sin éxito también; hasta que un día . . .

. . . Pero aproxímese, juzgue por usted mismo.

Su cara tocaba las negras flores, y casi obligado hice lo propio. Entonces — cosa inaudita — me pareció percibir débiles quejidos. Pronto hube de convencerme. Aquellas flores se quejaban en efecto, y de sus corolas obscuras surgía una pululación de pequeños ayes muy semejantes a los de un niño. La sugestión habíase operado en forma completamente imprevista, y aquellas flores, durante toda su breve existencia, no hacían sino llorar.

Mi estupefacción había llegado al colmo, cuando de repente una idea terrible me asaltó. Recordé que al decir de las leyendas de hechicería, la mandrágora[23] llora también cuando se la ha regado con la sangre de un niño; y con una sospecha que me hizo palidecer horriblemente, me incorporé.

— Como las mandrágoras, dije.

— Como las mandrágoras, repitió él palideciendo aún más que yo.

Y nunca hemos vuelto a vernos. Pero mi convicción de ahora es que se trata de un verdadero bandido, de un perfecto hechicero de otros tiempos, con sus venenos y sus flores de crimen. ¿Llegará a producir la violeta mortífera que se propone? ¿Debo entregar su nombre maldito a la publicidad? . . .

(1906)

(De *Las fuerzas extrañas*, Buenos Aires, 1926).

RICARDO JAIMES FREYRE (Bolivia; 1868–1933) fue amigo de Rubén Darío y de Leopoldo Lugones y participó con ellos en la condenación de la rutina poética y en el denunciamiento de nuevos filones. Su primer libro — *Castalia bárbara*, 1897 — fue un laboratorio experimental de ritmos. Como los temas iniciales de *Castalia bárbara* eran de mitología escandinava, de paisajes nórdicos e invernales (los dramas líricos de Ricardo Wagner los habían difundido), el golpeteo de ritmos asombraba como cosa salvaje. El adjetivo «bárbara» convenía a esa poesía: tenía exotismo geográfico y religioso como los *Poèmes barbares* de Leconte de Lisle; e injertos de versificación como las *Odi barbare* de Giosuè Carducci. En general este primer libro de Jaimes

---

[22] Mamífero desdentado de movimientos muy lentos.

[23] Planta cuyo fruto tiene olor fétido, y sobre la cual corrieron muchas leyendas en la antigüedad.

Freyre tenía un mínimo de impresiones inmediatas percibidas de la vida directamente. En su segundo poemario — *Los sueños son vida*, 1917 — la libertad métrica es aún mayor. Hay un álbum de poesía parnasiana, con el estilo colectivo del modernismo. En «Tiempos idos . . .» Jaimes Freyre nos da la clave de la transposición artística: «Yo te he visto en los lienzos encantadores / donde se inmortalizan fiestas mundanas » / «tal vez en el *Embarque para Citeres . . .*» Es el mismo lienzo de Watteau que había inspirado a Darío algunas de las imágenes de «Era un aire suave.» Más íntima — «es ya tiempo de que suenen las orquestas interiores» — es una de las mejores composiciones de este libro: «Subliminar». Otros temas, preocupados por el dolor universal de las masas, surgen ahora vigorosamente («El clamor», *v. gr.*), y no falta la profecía, en «Rusia» (1906): «La hoguera que consuma los restos del pasado / saldrá de las entrañas del país de la nieve . . .»

Ricardo Jaimes Freyre

AETERNUM VALE[1]

Un Dios misterioso y extraño visita la selva.
Es un Dios silencioso que tiene los brazos abiertos.
Cuando la hija de Thor[2] espoleaba su negro caballo,
le vió erguirse, de pronto, a la sombra de un añoso fresno.[3]
5   Y sintió que se helaba su sangre
ante el Dios silencioso que tiene los brazos abiertos.

De la fuente de Imer,[4] en los bordes sagrados, más tarde,
la Noche[5] a los Dioses absortos reveló el secreto;
el Aguila[6] negra y los Cuervos de Odín[7] escuchaban,
10 y los Cisnes[8] que esperan la hora del canto postrero;
          y a los Dioses mordía el espanto
de ese Dios silencioso que tiene los brazos abiertos.

---

[1] «Adios para siempre.» En la mitologia germánica, el universo será destruído totalmente en un gran cataclismo que denominan Ragnarök, o sea, el ocaso de los dioses.

[2] Dios del trueno y de la guerra. Su hija, Thrud, era una giganta en estatura y fuerza, que a veces tomaba la forma de una nube.

[3] Odin, el todopoderoso, creó el fresno Yggdrasil, que era el árbol del universo, el tiempo y la vida.

[4] El mar, que se hallaba bajo una de las tres inmensas raíces del fresno Yggdrasil.

[5] Hija de uno de los gigantes, y diosa de la noche.

[6] Esta ave estaba posada en el fresno Yggdrasil y era conocedora de muchas cosas.

[7] El primero y más grande de los dioses de la mitología germánica. En sus hombros se posaban dos cuervos, Hugin, el pensamiento, y Munin, la memoria.

[8] Dos cisnes habitaban el charco Urd, debajo de la tercera raíz de Yggdrasil, el fresno.

En la selva agitada se oían extrañas salmodias;
mecía la encina y el sauce quejumbroso viento;
el bisonte y el alce rompían las ramas espesas,
y a través de las ramas espesas huían mugiendo.
                En la lengua sagrada de Orga[9]   5
despertaban del canto divino los divinos versos.

Thor, el rudo, terrible guerrero que blande la maza
— en sus manos es arma la negra montaña de hierro —,
va a aplastar, en la selva, a la sombra del árbol sagrado,
a ese Dios silencioso que tiene los brazos abiertos.   10
            Y los Dioses la maza contemplan
que gira en los aires y nubla la lumbre del cielo.

Ya en la selva sagrada no se oyen las viejas salmodias,
ni la voz amorosa de Freya[10] cantando a lo lejos;
agonizan los Dioses que pueblan la selva sagrada,   15
y en la lengua de Orga se extinguen los divinos versos.
            Solo, erguido a la sombra de un árbol,
hay un Dios silencioso que tiene los brazos abiertos.

LUSTRAL

Llamé una vez a la visión
                y vino.

Y era pálida y triste, y sus pupilas
ardían como hogueras de martirios.
Y era su boca como un ave negra
de negras alas.
                En sus largos rizos
había espinas. En su frente, arrugas.
Tiritaba.
            Y me dijo:
—¿Me amas aún?
            Sobre sus negros labios
posé los labios míos;
en sus ojos de fuego hundí mis ojos
y acaricié la zarza de sus rizos.
Y uní mi pecho al suyo, y en su frente
apoyé mi cabeza.
            Y sentí el frío
que me llegaba al corazón. Y el fuego
en los ojos.
            Entonces
se emblanqueció mi vida como un lirio.

(De *Castalia bárbara*, 1899).

SIEMPRE

Peregrina paloma imaginaria
que enardeces los últimos amores,   20
alma de luz, de música y de flores,
peregrina paloma imaginaria,

vuela sobre la roca solitaria
que baña el mar glacial de los dolores;   25
haya, a tu paso, un haz de resplandores
sobre la adusta roca solitaria . . .

Vuela sobre la roca solitaria,
peregrina paloma, ala de nieve   30
como divina hostia, ala tan leve

como un copo de nieve; ala divina,
copo de nieve, lirio, hostia, neblina,
peregrina paloma imaginaria . . .   35

LO FUGAZ

La rosa temblorosa   40
se desprendió del tallo,
y la arrastró la brisa
sobre las aguas turbias del pantano.

---

[9] Palabra inventada por el autor.

[10] Esposa de Odín, diosa del amor y el matrimonio.

Una onda fugitiva
le abrió su seno amargo,
y estrechando a la rosa temblorosa
la deshizo en sus brazos.

Flotaron sobre el agua
las hojas como miembros mutilados,

y confundidas con el lodo negro,
negras, aun más que el lodo, se tornaron.

Pero en las noches puras y serenas
se sentía vagar en el espacio
un leve olor de rosa
sobre las aguas turbias del pantano.

(De *Los sueños son vida*, 1917).

━━━━━◆━━━━━

Ya GUILLERMO VALENCIA (Colombia; 1873-1943) había publicado su único libro original *Ritos* (1898) cuando conoció personalmente a Darío en París; pero en *Ritos* hay huellas de un conocimiento de Darío como poeta. Sin vacilaciones, sin penosos tanteos, armado de pies a cabeza en su primera jornada, Valencia se colocó en la vanguardia de los que estaban transformando la poesía. No iba a ser un adalid vociferante: era poeta parco, escaso, apretado como un metal, que dio su gran golpe y se retiró para siempre. Después no hará más que traducir (su *Catay*, 1928, son poemas antiguos de China). Con corazón de romántico, ojos de parnasiano y oído de simbolista Valencia ofreció un mundo poético diferente del de sus compañeros. Si tuviéramos que ponerle un solo rótulo sería el de parnasiano por más que sus preocupaciones sociales y su cerebralismo no fueran lo que esperamos de esa escuela de pura perfección formal. Tenía el don de la definición lírica; o sea, que con un mínimo de lengua conseguía reducir a sus límites la imagen que se le había formado en su fantasía. Las palabras son como esos gránulos de arena que, en uno de sus mejores poemas — «Los camellos» —, se ciñen a la forma de un camello ideal y lo visten. Escogía las palabras con tal economía que a veces la definición, aunque inteligente, no es inteligible. Parte de su oscuridad resultaba, pues, de concisión; otras zonas oscuras lo eran porque el poeta y sus símbolos se metían en una selva misteriosa. Su catolicismo no basta para descifrar el misterio. En «Cigüeñas blancas» es notable el atrevimiento de sus metáforas dibujadas en croquis como con tinta china. Ahí nos insinúa su Estética, que parece consistir en crear problemas difíciles para resolverlos o, más aún, para quedarse frente a ellos, en absoluto silencio. A pesar de la perfección parnasiana de sus descripciones, Valencia no prescindía de sus emociones. En esto, más cerca de Leconte de Lisle que de Heredia. Enriquece cada verso con impresiones, y siempre quiere sentir más, como dice en su traducción del soneto de D'Annunzio: «¡Ah, quién pudiera darme otros nuevos sentidos!» («Animal triste»). Aun su espíritu de protesta ante las desigualdades sociales se abrió camino hacia su poesía, y en «Anarkos» desafió la gazmoñería burguesa con la fuerza con que su espíritu de reforma poética desafiaba las academias.

Guillermo Valencia

LOS CAMELLOS

Dos lánguidos camellos, de elásticas cervices,
de verdes ojos claros y piel sedosa y rubia,
los cuellos recogidos, hinchadas las narices,
a grandes pasos miden un arenal de Nubia.[1]

Alzaron la cabeza para orientarse, y luego   5
al soñoliento avance de sus vellosas piernas
— bajo el rojizo dombo de aquel cenit de fuego —
pararon, silenciosos, al pie de las cisternas . . .

Un lustro apenas cargan bajo el azul magnífico,
y ya sus ojos quema la fiebre del tormento: 10
tal vez leyeron, sabios, borroso jeroglífico
perdido entre las ruinas de infausto monumento.

Vagando taciturnos por la dormida alfombra,
cuando cierra los ojos el moribundo día,
bajo la virgen negra que los llevó en la sombra,   15
copiaron el desfile de la Melancolía.

Son hijos del desierto: prestóles la palmera
un largo cuello móvil que sus vaivenes finge,
y en sus marchitos rostros que esculpe la Quimera[2]
¡sopló cansancio eterno la boca de la Esfinge![3]   20

Dijeron las Pirámides que el viejo sol rescalda:
«amamos la fatiga con inquietud secreta . . . »
y vieron desde entonces correr sobre una espalda,
tallada en carne viva, su triangular silueta.

Los átomos de oro que el torbellino esparce   25
quisieron en sus giros ser grácil vestidura,
y unidos en collares por invisible engarce
vistieron del giboso la escuálida figura.

Todo el fastidio, toda la fiebre, toda el hambre,
la sed sin agua, el yermo sin hembras, los despojos   30
de caravanas . . . huesos en blanquecino enjambre . . .
todo en el cerco bulle de sus dolientes ojos.

---

[1] Región de África, al sur de Egipto.
[2] Animal fabuloso que vomitaba llamas y tenía cabeza de león, vientre de cabra y cola de dragón.
[3] Animal fabuloso, con busto de mujer, cuerpo y pies de león, y alas. Aquí se refiere especialmente a la Esfinge esculpida que hay en Egipto.

Ni las sutiles mirras, ni las leonadas pieles,
ni las volubles palmas que riegan sombra amiga,
ni el ruido sonoroso de claros cascabeles
alegran las miradas al rey de la fatiga.

5 ¡Bebed dolor en ellas, flautistas de Bizancio
que amáis pulir el dáctilo al son de las cadenas;
sólo esos ojos pueden deciros el cansancio
de un mundo que agoniza sin sangre entre las venas!

¡Oh artistas! ¡Oh camellos de la llanura vasta
10 que váis llevando a cuestas el sacro Monolito!
¡Tristes de Esfinge! ¡Novios de la Palmera casta!
¡Sólo calmáis vosotros la sed de lo infinito!

¿Qué pueden los ceñudos? ¿Qué logran las melenas
de las zarpadas tribus cuando la sed oprime?
15 Sólo el poeta es lago sobre este mar de arenas,
sólo su arteria rota la Humanidad redime.

Se pierde ya a lo lejos la errante caravana
dejándome — camello que cabalgó el Excidio . . . —⁴
¡cómo buscar sus huellas al sol de la mañana,
20 entre las ondas grises de lóbrego fastidio!

¡No! Buscaré dos ojos que he visto, fuente pura
hoy a mi labio exhausta, y aguardaré paciente
hasta que suelta en hilos de mística dulzura
refresque las entrañas del lírico doliente.

25 Y si a mi lado cruza la sorda muchedumbre
mientras el vago fondo de esas pupilas miro,
dirá que vió un camello con honda pesadumbre
mirando, silencioso, dos fuentes de zafiro . . .

JUDITH Y HOLOFERNES⁵

Blancos senos, redondos y desnudos, que al paso
30 de la hebrea se mueven bajo el ritmo sonoro
de las ajorcas rubias y los cintillos de oro,
vivaces como estrellas sobre la tez de raso.

Su boca, dos jacintos en indecible vaso,
da la sutil esencia de la voz. Un tesoro
35 de miel hincha la pulpa de sus carnes. El lloro
no dió nunca a esa faz languideces de ocaso.

---

⁴ Destrucción, ruina, asolamiento.
⁵ Holofernes, general de Nabucodonosor I. Por orden
de su amo invadió la Palestina en 689 a. de J. C. En
el sitio de Betulia fue muerto por Judit al final de un
banquete.

Yacente sobre un lecho de sándalo, el Asirio
reposa fatigado; melancólico cirio
los objetos alarga y proyecta en la alfombra.

Y ella, mientras reposa la bélica falange,
muda, impasible, sola, y escondido el alfanje,
para el trágico golpe se recata en la sombra.

—

Y ágil tigre que salta de tupida maleza,
se lanzó la israelita sobre el héroe dormido,
y de doble mandoble, sin robarle un gemido,
del atlético tronco desgajó la cabeza.

Como de ánforas rotas, con urgida presteza,
desbordó en oleadas el carmín encendido,
y de un lago de púrpura y de sueño y de olvido,
recogió la homicida la pujante cabeza.

5

En el ojo apagado, las mejillas y el cuello,
de la barba, en sortijas, al ungido cabello
se apiñaban las sombras en siniestro derroche

sobre el lívido tajo de color de granada . . .   10
y fingía la negra cabeza destroncada
una lúbrica rosa del jardín de la Noche.

(De « Las dos cabezas,» de *Ritos*, 1898, en
Obras Poéticas completas, 1948).

Los diez años de producción poética de JULIO HERRERA Y REISSIG (Uruguay;
1875–1910) son como un espejo donde se refleja de pies a cabeza la figura del
modernismo. Escribía con la imaginación tan excitada por la literatura
simbolista que su lenguaje tiene una rara cualidad antológica. Es difícil
señalar una fuente precisa: sin embargo, al leerlo, uno tiene la indefinible
impresión de estar leyendo una época. Respiraba la poesía, se alimentaba de
poesía, paseaba sobre la poesía. Así, sus versos daban voz a un estilo poético
que era el aire, la sustancia y el ánimo de su vida. Como los simbolistas, se
desinteresó de la realidad práctica y volvió sus ojos nocturnos hacia las zonas
más irracionales de su ser. Buscó allí lo que, por sus lecturas (¿de Baudelaire,
Samain, Laforgue, Saint-Paul Roux? ¡qué importa!), lo que por sus lecturas
sabía que otros poetas habían encontrado. Su punto de partida estaba, pues,
en un estilo colectivo; pero el punto de llegada era su propio cuerpo, y lo
que descubrió fue una prodigiosa fuente de metáforas. No hay, en nuestra
poesía, otro ejemplo así de ametralladora metafórica. Por eso, cuando diez
años después de su muerte los jóvenes que empezaban a escribir poemas
leyeron *Los maitines de la noche* (1902), *Los éxtasis de la montaña* (1904–1907)
y la «Tertulia lunática» en *La Torre de las Esfinges* (1909) se deslumbraron
ante ese apretado tesoro de imágenes y lo consideraron como precursor del
propio culto a la metáfora a que se entregaban.

Julio Herrera y Reissig

DESOLACIÓN ABSURDA

Noche de tenues suspiros
platónicamente ilesos:
vuelan bandadas de besos
y parejas de suspiros;
5 ebrios de amor los cefiros
hinchan su leve plumón,
y los sauces en montón
obseden los camalotes
como torvos hugonotes
10 de una muda emigración.

Es la divina hora azul
en que cruza el meteoro,
como metáfora de oro
15 por un gran cerebro azul.
Una encantada Estambul[1]
surge de tu guardapelo,
y llevan su desconsuelo
hacia vagos ostracismos
20 floridos sonambulismos
y adioses de terciopelo.

En este instante de esplín,
25 mi cerebro es como un piano
donde un aire wagneriano
toca el loco del esplín.
En el lírico festín
de la ontológica altura,
30 muestra la luna su dura
calavera torva y seca
y hace una rígida mueca
con su mandíbula oscura.

35 El mar, como un gran anciano,
lleno de arrugas y canas,
junto a las playas lejanas
tiene rezongos de anciano.

Hay en acecho una mano
dentro del tembladeral;
y la supersustancial
vía láctea se me finge
la osamenta de una Esfinge
dispersada en un erial.

Cantando la tartamuda
frase de oro de una flauta,
recorre el eco su pauta
de música tartamuda.
El entrecejo de Buda
hinca el barranco sombrío,
abre un bostezo de hastío
la perezosa campaña,
y el molino es una araña
que se agita en el vacío.

¡Deja que incline mi frente
en tu frente subjetiva,
en la enferma, sensitiva
media luna de tu frente;
que en la copa decadente
de tu pupila profunda
beba el alma vagabunda
que me da ciencias astrales
en las horas espectrales
de mi vida moribunda!

¡Deja que rime unos sueños
en tu rostro de gardenia,
Hada de la neurastenia,
trágica luz de mis sueños!
Mercadera de beleños
llévame al mundo que encanta;
¡soy el genio de Atalanta[2]
que en sus delirios evoca
el ecuador de tu boca
y el polo de tu garganta!

---

[1] Nombre turco de la ciudad de Constantinopla.

[2] Hija de un rey de Esciros, célebre por su agilidad en la carrera.

Con el alma hecha pedazos,
tengo un Calvario en el mundo;
amo y soy un moribundo,
tengo el alma hecha pedazos:
¡cruz me deparan tus brazos,
hiel tus lágrimas salinas,
y dos clavos luminosos
los aleonados y briosos
ojos con que me fascinas!

¡Oh mariposa nocturna
de mi lámpara suicida,
alma caduca y torcida,
evanescencia nocturna;
linfática taciturna
de mi Nirvana[3] opioso
en tu mirar sigiloso
me espeluzna tu erotismo
que es la pasión del abismo
por el Angel Tenebroso.

(Es media noche) Las ranas
torturan en su acordeón
un «piano» de Mendelssohn[4]
que es un gemido de ranas;
habla de cosas lejanas
un clamoreo sutil;
y con aire acrobatil,
bajo la inquieta laguna,
hace piruetas la luna
sobre una red de marfil.

Juega el viento perfumado,
con los pétalos que arranca,
una partida muy blanca
de un ajedrez perfumado;
pliega el arroyo en el prado
su abanico de cristal,
y genialmente anormal
finge el monte a la distancia
una gran protuberancia
del cerebro universal.

¡Vengo a ti, serpiente de ojos
que hunden crímenes amenos,
la de los siete venenos
en el iris de sus ojos;
beberán tus llantos rojos   5
mis estertores acerbos,
mientras los fúnebres cuervos,
reyes de las sepulturas,
velan como almas oscuras
de atormentados protervos!   10

¡Tú eres pústuma y marchita
misteriosa flor erótica,
miliunanochesca, hipnótica,
flor de Estigia[5] ocre y marchita;
tú eres absurda y maldita,   15
desterrada del Placer,
la paradoja del ser
en el borrón de la Nada,
una hurí desesperada
del harem de Baudelaire![6]   20

¡Ven, reclina tu cabeza
de honda noche delincuente
sobre mi tétrica frente,
sobre mi aciaga cabeza;
deje su indócil rareza   25
tu numen desolador,
que en el drama inmolador
de nuestros mudos abrazos
yo te abriré con mis brazos   30
un paréntesis de amor!

JULIO

Flota sobre el esplín de la campaña   35
una jaqueca sudorosa y fría,
y las ranas celebran en la umbría
una función de ventriloquia extraña.

La Neurastenia gris de la montaña   40
piensa, por singular telepatía,
con la adusta y claustral monotonía
del convento senil de la Bretaña.

---

[3] En la religión budista, estado de gracia eterna concedido al justo, que consiste en el completo anonadamiento por absorción en el seno de la divinidad.

[4] Felix Mendelssohn (1809–1847), célebre compositor alemán.

[5] Laguna del infierno mitológico griego.

[6] Charles Baudelaire (1821–1867), gran poeta francés.

Resolviendo una suma de ilusiones,
como un Jordán de cándidos vellones
la majada eucarística se integra;

5 y a lo lejos el cuervo pensativo
sueña acaso en un Cosmos abstractivo
como una luna pavorosa y negra.

(De *Los maitines de la noche*, 1902).

10

COLOR DE SUEÑO

Anoche vino a mí, de terciopelo;
sangraba fuego de su herida abierta;
15 era su palidez de pobre muerta
y sus náufragos ojos sin consuelo . . .

Sobre su mustia frente descubierta
languidecía un fúnebre asfodelo.[7]
Y un perro aullaba, en la amplitud de hielo,
20 al doble cuerno de una luna incierta . . .

Yacía el índice en su labio, fijo
como por gracia de hechicero encanto,
y luego que, movido por su llanto,

25 quién era, al fin, la interrogué, me dijo:
—Ya ni siquiera me conoces, hijo:
¡si soy tu alma que ha sufrido tanto! . . .

(De *Los parques abandonados*, primera serie,
1901).

30

EL DESPERTAR

Alisia y Cloris abren de par en par la puerta
y torpes, con el dorso de la mano haragana,
35 restréganse los húmedos ojos de lumbre
[incierta,
por donde huyen los últimos sueños de la
[mañana . . .

La inocencia del día se lava en la fontana,
el arado en el surco vagaroso despierta
y en torno de la casa rectoral, la sotana
del cura se pasea gravemente en la huerta . . .

Todo suspira y ríe. La placidez remota
de la mañana sueña celestiales rutinas.
El esquilón repite siempre su misma nota

de grillo de las cándidas églogas matutinas.
Y hacia la aurora sesgan agudas golondrinas
como flechas perdidas de la noche en derrota.

(De *Los éxtasis de la montaña*, 1904).

ALMAS PÁLIDAS

Mi corazón era una selva huraña . . .
El suyo, asaz discreto, era una urna . . .
Soñamos . . . Y en la hora taciturna
vibró, como un harmonium la campaña.

La Excéntrica, la Esfinge, la Saturna,
acongojóse en su esquivez extraña;
y torvo yo miraba la montaña
hipertrofiarse de ilusión nocturna.

—¿Sufres, me dijo, de algún mal interno . . .
o es que de sufrimiento haces alarde? . . .
¡Esplín! . . .—la respondí—¡mi esplín eterno!

—¿Sufres? . . .—la dije, al fin—. En tu ser
[arde
algún secreto . . . ¡Cuéntame tu invierno!
—¡Nada!—Y llorando:—¡Cosas de la tarde!

(De *Los parques abandonados*, segunda serie,
1908).

---

[7] Gamón, planta liliacea de flores blancas.

———◆———

A pesar de las tempranas innovaciones de González Prada — versos pulidos en talleres cosmopolitas, con facetas del Parnaso, con luces del simbolismo, con técnicas polirrítmicas — , el Perú acogió el modernismo muy tarde. Pero los dos nombres que ofrece son de importancia: Chocano y Eguren. El viento se ha llevado casi toda la obra de JOSÉ SANTOS CHOCANO (Perú; 1875-1934) porque tenía la elocuencia de las palabras declamadas en la plaza pública. Estaba más cerca de Díaz Mirón que de Rubén Darío; y si se lo agrupa con Darío y otros modernistas es porque era un visual que había aprendido a pintar lo que veía con el lenguaje parnasiano. Lo que vio, sin embargo, fue diferente de la realidad de los modernistas. Chocano se dedicaba a cantar los exteriores de América: naturaleza, leyendas y episodios históricos, relatos con indios, temas de la acción política. Se puso a la cabeza del movimiento modernista en el Perú. Tenía, para ello, la egolatría de un caudillo y un verbo torrencial. Además, su dominio de las técnicas nuevas del verso servía en el fondo a temas fáciles y populares. Un poeta de la élite, pero en la calle. Es natural que lo aplaudieran. Sus libros más famosos — *Alma América, poemas indo-españolas,* 1906, y *¡Fiat Lux!,* 1908 — fueron expresión de lo objetivo, nacionalista de la poesía de esos años.

José Santos Chocano

LA MAGNOLIA

En el bosque, de aromas y de músicas lleno,
la magnolia florece delicada y ligera,
cual vellón que en las zarzas enredado
        [estuviera
o cual copo de espuma sobre lago sereno.

Es un ánfora digna de un artífice heleno,
un marmóreo prodigio de la Clásica Era;
y destaca su fina redondez a manera
de una dama que luce descotado su seno.

No se sabe si es perla, ni se sabe si es llanto.
Hay entre ella y la luna cierta historia de
        [encanto,
en la que una paloma pierde acaso la vida;

porque es pura y es blanca y es graciosa y es
        [leve,

como un rayo de luna que se cuaja en la nieve
o como una paloma que se queda dormida . . .

(De *Alma América, poemas indo-españolas,* 1906).

LA CANCIÓN DEL CAMINO

Era un camino negro.
La noche estaba loca de relámpagos. Yo iba
en mi potro salvaje
por la montaña andina.
Los chasquidos alegres de los cascos,
como masticaciones de monstruosas mandí-
        [bulas,
destrozaban los vidrios invisibles
de las charcas dormidas.
Tres millones de insectos
formaban una como rabiosa inarmonía.

Súbito, allá, a lo lejos,
por entre aquella mole doliente y pensativa
de la selva,
ví un puñado de luces, como un tropel de
[avispas.
5 ¡La posada! El nervioso
látigo persignó la carne viva
de mi caballo, que rasgó los aires
con un largo relincho de alegría.

Y como si la selva
10 lo comprendiese todo, se quedó muda y fría.

Y hasta mí llegó, entonces,
una voz clara y fina
de mujer que cantaba. Cantaba. Era su canto
una lenta . . . muy lenta . . . melodía:
15 algo como un suspiro que se alarga
y se alarga y se alarga . . . y no termina.

Entre el hondo silencio de la noche,
y a través del reposo de la montaña, oíanse
los acordes
20 de aquel canto sencillo de una música íntima,
como si fuesen voces que llegaran
desde la otra vida . . .

Sofrené mi caballo;
y me puse a escuchar lo que decía:

25 — Todos llegan de noche,
todos se van de día . . .

Y, formándole dúo,
otra voz femenina
completó así la endecha
con ternura infinita:

— El amor es tan sólo una posada
en mitad del camino de la vida . . .

Y las dos voces, luego,
a la vez repitieron con amargura rítmica:
— Todos llegan de noche,
todos se van de día . . .

Entonces, yo bajé de mi caballo
y me acosté en la orilla
de una charca.

Y fijo en ese canto que venía
a través del misterio de la selva,
fuí cerrando los ojos al sueño y la fatiga.

Y me dormí, arrullado; y, desde entonces,
cuando cruzo las selvas por rutas no sabidas,
jamás busco reposo en las posadas;
y duermo al aire libre mi sueño y mi fatiga,
porque recuerdo siempre
aquel canto sencillo de una música íntima:

— ¡Todos llegan de noche,
todos se van de día!
El amor es tan sólo una posada
en mitad del camino de la vida . . .

(De *¡Fiat Lux!*, [poemas varios]), 1908).

Chocano seguía cantando cuando de pronto surgió un anti-Chocano (antiépico, antideclamatorio, antirrealista, antiobvio) que inauguró un nuevo estilo poético: JOSÉ M. EGUREN (Perú; 1874–1942), Fue un «raro» en el sentido exquisito que la palabra había cobrado desde *Los raros* de Rubén Darío; pero su rareza no era ya la del modernismo, sino la que vino después. Su primer poemario se llamaba *Simbólicas* (1911): pero el título era ajeno al simbolismo que hicieron conocer los simbolistas. En *La canción de las figuras* (1916) y en *Sombra* y *Rondinelas* (editadas ambas en 1929, junto con una colección de las obras primeras con el título *Poesías*) Eguren se hizo aún más interior, como si entornara los ojos y, párpados adentro, estuviera mirando alucinantes fosforescencias. Su poesía tiene la incoherencia del sueño y la pesadilla. Las figuras aparecen y se desvanecen como fantasmas en nubes de opio. Los colores increíbles — sangre celeste, oros azulinos, noches purpúreas, barbas verdes — brillan un instante y luego se matizan, se funden y acaban por deshacerse en tinieblas. No hay acción, por lo menos acción con sentido. Algo se mueve en esa atmósfera deformante e irreal, pero no lo comprendemos. Es como si los hombres, sonámbulos, hubieran atravesado no sabemos qué espejos mágicos y ahora se deslizaran como bellas siluetas deshumanizadas. Y animales, plantas, astros, cosas, paisajes se entregan también a maravillosas metamorfosis. El poeta mezcla las sensaciones en desordenadas impresiones, y sólo dos clases de orden parece respetar: el orden de un vocabulario artístico muy elegido; el orden de esquemas musicales fijos.

José M. Eguren

LA DAMA i

La dama i, vagarosa
en la niebla del lago,
canta las finas trovas.

Va en su góndola encantada,
de papel, a la misa
verde de la mañana.

Y en su ruta va cogiendo
las dormidas umbelas
y los papiros muertos.

Los sueños rubios de aroma
despierta blandamente
su sardana en las hojas.

Y parte dulce, adormida,
a la borrosa iglesia
de la luz amarilla.

LAS TORRES

Brunas lejanías . . .
batallan las torres
presentando
siluetas enormes.

Áureas lejanías . . .   5
las torres monarcas
se confunden
en sus iras llamas.   10

Rojas lejanías . . .
se hieren las torres;
purpurados   15
se oyen sus clamores.

Negras lejanías . . .
horas cenicientas   20
se oscurecen,
¡ay!, las torres muertas.

LA TARDA[1]

Despunta por la rambla amarillenta,
donde el puma se acobarda;
5   viene de lágrimas exenta
la Tarda.

Ella del esqueleto madre
al puente baja inescuchada,
y antes que el rondín ladre
10   a la alborada,
lanza ronca carcajada.

Y con sus epitalamios rojos,
sus vacíos ojos
y su extraña belleza,
15   pasa sin ver por la senda bravía,
sin ver que hoy me he muerto de tristeza
y de monotonía.

Va a la ciudad, que duerme parda,
por la muerta avenida,
20   sin ver el dolor, distraída,
la Tarda.

LOS MUERTOS

25   Los nevados muertos,
bajo triste cielo,
van por la avenida
doliente que nunca termina.

30   Van con mustias formas
entre las auras silenciosas:
y de la muerte dan el frío
a sauces y lirios.

Lentos brillan blancos
35   por el camino desolado;
y añoran las fiestas del día
y los amores de la vida.

Al caminar los muertos una
40   esperanza buscan:
y miran sólo la guadaña,
la triste sombra ensimismada.

En yerma noche de las brumas
y en el penar y la pavura,
van los lejanos caminantes
por la avenida interminable.

(De *Simbólicas*, 1911).

LA NIÑA DE LA LÁMPARA AZUL

En el pasadizo nebuloso,
cual mágico sueño de Estambul,
su perfil presenta destelloso
la niña de la lámpara azul.

Ágil y risueña se insinúa
y su llama seductora brilla,
tiembla en su cabello la garúa
de la playa de la maravilla.

Con voz infantil y melodiosa
con fresco aroma de abedul,
habla de una vida milagrosa
la niña de la lámpara azul.

Con cálidos ojos de dulzura
y besos de amor matutino,
me ofrece la celeste criatura
un mágico y celeste camino.

De encantación en un derroche,
hiende leda vaporoso tul;
y me guía a través de la noche
la niña de la lámpara azul.

PEREGRÍN, CAZADOR DE FIGURAS

En el mirador de la fantasía,
al brillar del perfume
tembloroso de armonía;
en la noche que llamas consume;
cuando duerme el ánade implume,
los oríficos insectos se abruman
y luciérnagas fuman;

[1] La tardía, la Muerte, que a veces llega tarde.

cuando lucen los silfos galones, entorcho,
y vuelan mariposas de corcho
o los rubios vampiros cecean,
o las firmes jorobas campean,
por la noche de los matices,
de ojos muertos y largas narices;

en el mirador distante,
por las llanuras;
Peregrín cazador de figuras,
con ojos de diamante
mira desde las ciegas alturas. 5

(De *La canción de las figuras*, 1916).

México se convirtió, en estos años, en centro de producción modernista. Ante todo, AMADO NERVO (1870-1919).

Alguna vez la extensa obra de Amado Nervo — más de treinta volúmenes en que hay poesía, novela, cuentos, críticas, crónicas, poemas en prosa, ensayos y hasta una pieza teatral — mereció la admiración de todo el mundo hispánico. Hoy la porción admirable de esa obra se ha encogido a un buen ramo de poesías y a una media docena de cuentos. Su poesía ha recorrido un camino de la opulencia a la sencillez, de lo sensual a lo religioso, del juego a la sobriedad. Nació su poesía en la edad de piedras preciosas, oropeles, exotismos, mórbidas sensaciones, exquisiteces, afectaciones satánicas, voluptuosidades, misterios y primores técnicos. Sus primeros poemarios — *Perlas negras*, 1898, *Poemas,* 1901, *Jardines interiores,* 1905 — pertenecen al modernismo. Después — *En voz baja*, 1909 — Nervo empieza a desnudarse; y en *Serenidad*, 1914 y *Elevación*, 1917 — «de hoy más, sea el silencio mi mejor poesía» — tanto se ha desnudado que nos parece disminuído. Se ha dicho que más que cambio estético fue una crisis moral: después de diez años de amor a una mujer — Ana, la «Amada inmóvil», que murió en 1912 — Nervo habría atormentado su erotismo hasta volverse hacia Dios. Lo cierto es que Nervo siguió amando mujeres hasta su propia muerte. La vida del hombre no explica necesariamente el arte del poeta. Lo que importa, pues, es la transición estética, no los siete años de viudez más o menos desconsolada; y en esos años escribió algunas de sus mejores poesías. De publicación póstuma: *La amada inmóvil* y *El arquero divino*. Se ofreció caritativamente a consolar, predicar y aun catequizar con sus nociones de elevación y renunciamiento. Las gentes agradecieron sus buenos sentimientos; los lectores más exigentes lamentaron la impureza lírica de su pureza moral. En la prosa recorrió el mismo camino de simplificación desde «los períodos extensos, los giros pomposos, el léxico fértil» — como él mismo describía su propia manera — hasta un estilo más nervioso y aforístico. Sin embargo, no descolló como prosista. Tiene cuentos fantásticos en los que juega con ciencias imaginarias al modo de las de H. G. Wells, a quien leía, o con visiones metafísicas (como las del «eterno retorno» de Nietzsche o de la pitagórica transmigración de la almas), o con raras experiencias metapsíquicas, que sacaba de sí y también de lecturas religiosas orientales, de magia espiritista y de filosofías irracionales.

Amado Nervo

VIEJO ESTRIBILLO

¿Quién es esa sirena de la voz tan doliente,
de las carnes tan blancas, de la trenza tan bruna?
— Es un rayo de luna que se baña en la fuente,
    es un rayo de luna . . .

¿Quién gritando mi nombre la morada recorre?
¿Quién me llama en las noches con tan trémulo acento?
— Es un soplo de viento que solloza en la torre,
    es un soplo de viento . . .

Di ¿quién eres, arcángel cuyas alas se abrasan
en el fuego divino de la tarde y que subes
por la gloria del éter?
               — Son las nubes que pasan;
    mira bien, son las nubes . . .

¿Quién regó sus collares en el agua, Dios mío?
Lluvia son de diamantes en azul terciopelo.
— Es la imagen del cielo que palpita en el río,
    es la imagen del cielo . . .

¡Oh, Señor! La Belleza sólo es, pues, espejismo,
nada más Tú eres cierto: sé Tú mi último Dueño.
¿Dónde hallarte, en el éter, en la tierra, en mí mismo?
— Un poquito de ensueño te guiará en cada abismo,
    un poquito de ensueño . . .

               (De *El éxodo y las flores del camino,* 1902).

A LEONOR

Tu cabellera es negra como el ala
del misterio; tan negra como el lóbrego
jamás, como un adiós, como un «quién sabe!»
Pero hay algo más negro aún: ¡tus ojos!

Tus ojos son dos magos pensativos,
dos esfinges que duermen en la sombra,
dos enigmas muy bellos . . . Pero hay algo
pero hay algo más bello aún: tu boca.

Tu boca, ¡oh sí!, tu boca, hecha divina-
mente para el amor, para la cálida
comunión del amor, tu boca joven;
pero hay algo mejor aún: ¡tu alma!

Tu alma, recogida y silenciosa,   5
de piedades tan hondas como el piélago,
de ternuras tan hondas . . .
                    Pero hay algo,
pero hay algo más hondo aún; ¡tu ensueño!

(De *En voz baja,* 1909).

GRATIA PLENA

Todo en ella encantaba, todo en ella atraía;   10
su mirada, su gesto, su sonrisa, su andar . . .
El ingenio de Francia de su boca fluía.
Era *llena de gracia*, como el Avemaría;
¡quien la vió no la pudo ya jamás olvidar!

Ingenua como el agua, diáfana como el día,   15
rubia y nevada como margarita sin par,
al influjo de su alma celeste, amanecía . . .
Era *llena de gracia*, como el Avemaría;
¡quien la vió no la pudo ya jamás olvidar!

Cierta dulce y amable dignidad la investía   20
de no sé qué prestigio lejano y singular.
Más que muchas princesas, princesa parecía:
era *llena de gracia* como el Avemaría;
¡quien la vió no la pudo ya jamás olividar!

Yo gocé el privilegio de encontrarla en mi vía   25
dolorosa: por ella tuvo fin mi anhelar,
y cadencias arcanas halló mi poesía.
Era *llena de gracia* como el Avemaría;
¡quien la vió no la pudo ya jamás olvidar!

¡Cuánto, cuánto la quise! Por diez años fué mía;   30
pero flores tan bellas nunca pueden durar!
Era *llena de gracia*, como el Avemaría;
y a la Fuente de gracia de donde procedía,
se volvió . . . ¡como gota que se vuelve a la mar!

(De *La Amada Inmovil,* pub. 1929).

Y TÚ, ESPERANDO . . .

Pasan las hoscas noches cargadas de astros,
pasan los cegadores días bermejos,
pasa el gris de las lluvias, huyen las nubes,
. . . ¡y tú, esperando!

5 ¡Tú, esperando y las horas no tienen prisa!
¡Con qué pereza mueven las plantas torpes!
Las veinticuatro hermanas llevar parecen
zuecos de plomo.

Esa rosa encendida ya se presiente,
10 entre los gajos verdes de su justillo.
Entre los gajos verdes su carne santa
es un milagro.

¡Pero cuándo veremos la rosa abierta!
Dios eterno, tú nunca te precipitas;
15 mas el hombre se angustia porque es efímero.
¡Señor, cuándo veremos la rosa abierta!

(De *El arquero divino*, 1915–1918).

LA SED

Inútil la fiebre que aviva tu paso;
no hay fuente que pueda saciar tu ansiedad,
por mucho que bebas . . .
20   El alma es un vaso
que sólo se llena con eternidad.

¡Qué mísero eres! Basta un soplo frío
para helarte . . . Cabes en un ataúd;
¡y en cambio a tus vuelos es corto el vacio,
25 y la luz muy tarda para tu inquietud!

¿Quién pudo esconderte, misteriosa esencia,
entre las paredes de un vil cráneo? ¿Quién
es el carcelero que con la existencia
te cortó las alas? ¿Por qué tu conciencia,
30 si es luz de una hora, quiere el sumo Bien?

Displicente marchas del orto al ocaso;
no hay fuente que pueda saciar tu ansiedad
por mucho que bebas . . .
         ¡El alma es un vaso
35 que sólo se llena con eternidad!

(De *El estanque de los lotos*, 1919).

Por la edad ENRIQUE GONZÁLEZ MARTÍNEZ (1871-1952) pertenecía al grupo de poetas mexicanos formado por Nervo y Tablada; o, fuera de México, al de Lugones, Valencia y Jaimes Freyre. En este sentido corresponde presentarlo aquí. Sin embargo, es después de 1910 cuando González Martínez logra sus mejores libros y se convierte en uno de los dioses mayores de los cenáculos. Como Lugones, fue admirado y seguido aun por los jóvenes que, poco después de 1920, aparecieron rompiendo a pedradas las lámparas modernistas. Sus dos primeros libros — *Preludios*, 1903; *Lirismos*, 1909 — eran ya nobles, serios, sinceros. Pero fue en los dos libros siguientes — *Silénter*, 1909, y *Los senderos ocultos*, 1911 — donde González Martínez admiró a todos — y desde entonces no dejó de admirar — por la límpida serenidad con que se interrogaba. «Busca en todas las cosas un alma y un sentido / oculto; no te ciñas a la apariencia vana.» Poesía lírica, personal; pero el poeta no nos canta los accidentes exteriores de su vida cotidiana, sino una autobiografía decantada, hecha puro espíritu, con la esencia de sus emociones y pensamientos. Uno de los poemas de *Los senderos ocultos*, el famoso soneto «Tuércele el cuello al cisne», indica cómo, en la escala de valores de González Martínez, se invertía la dirección de su exquisitez: no ya hacia el cisne de engañoso plumaje «que da su nota blanca al azul de la fuente; / él pasea su gracia no más, pero no siente / el alma de las cosas ni la voz del paisaje», sino hacia el sapiente buho: «él no tiene la gracia del cisne, mas su inquieta / pupila que se clava en la sombra interpreta / el misterioso libro del silencio nocturno». Algunos críticos observaron en este soneto ciertas intenciones de manifiesto estético; no faltaron otros que, seducidos por la imagen del primer verso — «Tuércele el cuello al cisne de engañoso plumaje» —, creyeron que ese cuello era en verdad el de Rubén Darío. Lo cierto es que no sólo Rubén Darío había retorcido cuellos de cisne antes que González Martínez, sino que, desde *Cantos de vida y esperanza* (1905), nadie podía acusarlo de frivolidad y superficial esteticismo. En sus memorias — publicadas con los títulos de *El hombre del buho*. 1944, y *La apacible locura*, 1951 — González Martínez ha aclarado, a quienes necesitaban de la aclaración, que no reaccionó contra Rubén Darío, sino contra ciertos tópicos «modernistas» usados por imitadores de Rubén Darío. En su próximo libro — *La muerte del cisne*, 1915 — el soneto reapareció en primer término, con el título de «El símbolo»: otra vez el equívoco de quienes supusieron que González Martínez había liquidado su pasado modernista y ahora se encaminaba hacia otro signo poético. No. En todos los libros que vengan — maduros, otoñales, invernales — González Martínez conservará su inicial tono de nobleza, de austeridad, de fidelidad a su estética. No es de los poetas que hacen piruetas cuando envejecen, para atraerse a los jóvenes. No hay en sus libros — el final: *El nuevo Narciso*, 1952 — saltos sobre el vacío de una estética a otra, sino ascensión por dentro de su modo de ser hacia un arte cada vez más preocupado por los problemas últimos. La desesperanza, el sollozo, la duda y la sonrisa, el angustioso sentimiento de la vida, de la muerte, del tiempo, se depuran en una admirable serenidad.

Enrique González Martínez

TUÉRCELE EL CUELLO AL CISNE...

Tuércele al cuello al cisne de engañoso plumaje
que da su nota blanca al azul de la fuente;
él pasea su gracia nomás, pero no siente
el alma de las cosas ni la voz del paisaje.

5
Huye de toda forma y de todo lenguaje
que no vayan acordes con el ritmo latente
de la vida profunda ... y adora intensamente
la vida, y que la vida comprenda tu homenaje.

Mira el sapiente buho cómo tiende las alas
10
desde el Olimpo,[1] deja el regazo de Palas[2]
y posa en aquel árbol el vuelo taciturno ...

Él no tiene la gracia del cisne, mas su inquieta
pupila que se clava en la sombra, interpreta
el misterioso libro del silencio nocturno.

LAS TRES COSAS DEL ROMERO

15
Sólo tres cosas tenía
para su viaje el Romero:
los ojos abiertos a la lejanía,
atento el oído y el paso ligero.

Cuando la noche ponía
20
sus sombras en el sendero,
él miraba cosas que nadie veía,
y en su lejanía
brotaba un lucero.

De la soledad que huía
bajo el silencio agorero,
¡qué canción tan honda la canción que oía
y que repetía temblando el viajero!

En la noche y en el día,
por el llano y el otero,
aquel caminante no se detenía,
al aire la frente, y el ánimo entero
como el primer día ...

---

[1] Conjunto de los dioses del paganismo; el cielo, el empíreo.

[2] Uno de los nombres de Minerva, diosa de la sabiduría y de las artes.

Porque tres cosas tenía
para su viaje el Romero:
los ojos abiertos a la lejanía,
atento el oído y el paso ligero.

PSALLE ET SILE[3]

No turbar el silencio de la vida,
ésa es la ley . . . Y sosegadamente
llorar, si hay que llorar, como la fuente
escondida.

Quema a solas (¡a solas!) el incienso
de tu santa inquietud, y sueña, y sube
por la escala del sueño . . . Cada nube
fué desde el mar hasta el azul inmenso . . .

Y guarda la mirada
que divisaste en el sendero . . . (una
a manera de ráfaga de luna
que filtraba el tamiz de la enramada):
el perfume sutil de un misterioso
atardecer, la voz cuyo sonido
te murmuró mil cosas al oído,
el rojo luminoso
de una cumbre lejana,
la campana
que daba al viento su gemido vago . . .

La vida debe ser como un gran lago
cuajado al soplo de invernales brisas,
que lleva en su blancura sin rumores
las estelas de todas las sonrisas
y los surcos de todos los dolores.

Toda emoción sentida,
en lo más hondo de tu ser impresa
debe quedar, porque la ley es ésa:
no turbar el silencio de la vida,
y sosegadamente
llorar, si hay que llorar, como la fuente
escondida . . .

(De *Los senderos ocultos*, 1911).

MI AMIGO EL SILENCIO

Llegó una vez, al preludiar mi queja
bajo el amparo de la tarde amiga,
y posó su piedad en mi fatiga,   5
y desde aquel momento no me deja.

Con blanda mano, de mi labio aleja
el decidor afán y lo mitiga,
y a la promesa del callar obliga
la fácil voz de la canción añeja.   10

Vamos por el huir de los senderos,
y nuestro mudo paso de viajeros
no despierta a los pájaros . . . Pasamos

solos por la región desconocida;   15
y en la vasta quietud, no más la vida
sale a escuchar el verso que callamos.

(De *La muerte del cisne*, 1915).

UN FANTASMA   20

El hombre que volvía de la muerte
se llegó a mí, y el alma quedó fría,
trémula y muda . . . De la misma suerte
estaba mudo el hombre que volvía   25
de la muerte . . .

Era sin voz, como la piedra . . . Pero
había en su mirar ensimismado
el solemne pavor del que ha mirado   30
un gran enigma, y torna mensajero
del mensaje que aguarda el orbe entero . . .
El hombre mudo se posó a mi lado.

Y su faz y mi faz quedaron juntas,   35
y me subió del corazón un loco
afán de interrogar . . . Mas, poco a poco,
se helaron en mi boca las preguntas . . .

Se estremeció la tarde con un fuerte   40
gemido de huracán . . . Y paso a paso,
perdióse en la penumbra del ocaso
el hombre que volvía de la muerte . . .

(De *El Romero alucinado*, 1920–1922, publicado
en 1925).

---

[3] «Canta y calla»; tal vez «canta calladamente.»

LA NOVIA DEL VIENTO

Amé el augurio de sus ojos,
hondo cristal de lago quieto;
pero sus ojos no miraban
sino fantasmas de allá lejos . . .
Porque era la novia del viento.

Quise embriagarme en su divina
voz inefable, mas su acento
era tan sólo un simulacro
de canción, y el eco de un eco . . .

Quise envolverme con el manto
de su cabellera de fuego;
pero sus cabellos flotaban
inasibles en el misterio . . .

Imploré el signo de sus manos,
nevada flor de finos pétalos;
mas sus manos tejían hilos
entre las mallas del invierno . . .

Se fué, llamada por un grito
que provenía del desierto . . .
Se fué . . . Ya no ha de volver nunca,
porque era la novia del viento.

(De « Poemas truncos » en *Poesía*, 1898–1938,
tomo III, 1940).

LA CITA

La sentí llegar. Ví sus ojos
de un gris azul, entre humo y cielo;
su palidez era de luna
sobre la noche del desierto;
sus manos largas ascendían
por la escala de los cabellos
cual si ensayaran tenues ritmos
sobre las arpas del silencio . . .

Poco después, posó en mis hombros
la crispatura de sus dedos,
y me miró, con las pupilas
vagas y absortas de los ciegos . . .
No me habló; pero de sus labios
sin color, delgados y trémulos,
brotó un murmurio imperceptible,
un misterioso llamamiento
como de voces irreales
que sólo oímos entre sueños,
como la palabra extinguida
de aquellas almas que se fueron
sin dejar signo de su paso
en los arenales del tiempo . . .

De sus labios y de sus ojos
fluía un mensaje secreto;
pero su mirar era sombra
y su voz fantasma del viento.

Me conturbaba y me atraía,
a la par memoria y deseo.
Quise apartarme de su lado
y me sentí su prisionero.
La codiciaba y la temía;
quise besarla y tuve miedo
de atarme al nudo de sus brazos
y morir de su abrazo eterno . . .

Se alejó de mí . . . Quedé solo;
mas yo supe que aquel encuentro
era anuncio de que vendría
pronto a visitarme de nuevo . . .
Y con un guiño misterioso,
bajo las antorchas del cielo,
concertamos la cita próxima,
sin fijar el sitio ni el tiempo,
sin más aviso que sus pasos
entre los árboles del huerto,
en la claridad opalina
de algún plenilunio de invierno.

10 de noviembre de 1946.

(De *Vilano al viento*, 1948).

———◆———

En Puerto Rico, uno de los poetas interesantes fue LUIS LLORÉNS TORRES (1878–1944). Sus relaciones con el Modernismo no fueron muy íntimas. Sus libros — *Al pie de la Alhambra, Visiones de mi musa, Sonetos sinfónicos, Voces de la campana mayor, Alturas de América* — lo muestran como poeta conservador, popular, orgulloso de su tradición hispánica, nacionalista en el amor a su isla, con preferencia por temas históricos, civiles o criollos. Su tono más personal fue el erótico.

Luis Lloréns Torres

BOLÍVAR

Político, militar, héroe, orador y poeta.
Y en todo, grande. Como las tierras libertadas
                                    [por él.
Por él, que no nació hijo de patria alguna,
sino que muchas patrias nacieron hijas de él.

Tenía la valentía del que lleva una espada.
Tenía la cortesía del que lleva una flor.
Y entrando en los salones arrojaba la espada.
Y entrando en los combates arrojaba la flor.

Los picos del Ande no eran más, a sus ojos,
que signos admirativos de sus arrojos.

Fué un soldado poeta. Un poeta soldado.
Y cada pueblo libertado
era una hazaña del poeta y era un poema del
                                    [soldado. 5
Y fué crucificado . . .

(De *Sonetos sinfónicos*, 1914).

CAFÉ PRIETO

Se le cae el abrigo a la noche.
Ya el ártico Carro la cuesta subió.
Río abajo va el último beso
caído del diente del Perro Mayor.

Se desmaya en mis brazos la noche.
Su Virgo de oro llorando se fué.
Los errantes luceros empaña
el zarco resuello del amanecer.

Se me muere en los brazos la noche.
La envenena el zumoso azahar.
Y la tórtola azul, en su vuelo,
una azul puñalada le da.

La neblina se arisca en el monte.
Las hojas despierta rocío sutil.   10
Y en la muda campana del árbol,
el gallo repica su quiquiriquí.

Al reflejo del vaho del alba,
el pez en la onda, la abeja en la flor,
con la fe de su crédulo instinto,   15
descubren la miga segura de Dios.

De la choza que está en la vereda,
un humito saliendo se ve.
La ventana se abre. Y la doña
me da un trago de prieto café.   20

(De *Alturas de América*, 1940).

GERMINAL

¿Qué me dicen desplegadas las nubes,
esas nubes de tus tristes ojeras?
¿Qué me dicen desquiciadas las curvas,
esas curvas de tus nobles caderas?

5 ¿Qué me dicen tus mejillas tan pálidas,
tus dos cisnes ahuecando su encaje,
tus nostalgias, tus volubles anhelos
y el descuido maternal de tu traje?

Oh, yo escucho cuando tocas a risa
un alegro que del cielo me avisa.
Y vislumbro cuando el llanto te anega,

en los lagos de tus ojos en calma,
las estelas de la nao de mi alma
que en el cosmos de tu sangre navega.

La prosa modernista. Algunos de los poetas mencionados fueron excelentes prosistas. Del mismo modo, fueron poetas algunos de los prosistas que pasaremos a mencionar. Con frecuencia hacían prosa con la misma tensión lírica con que hacían versos.

Los orífices de la prosa — y eso de «orífices» no siempre es un elogio, pues los hubo de mal gusto — doraron aun las páginas de los periódicos. El primer nombre que acude en este punto es el de ENRIQUE GÓMEZ CARRILLO (Guatemala; 1873–1927). Educó su gusto en Europa, adonde fue por primera vez en 1889. A pesar de la humildad de su oficio — comentar creaciones ajenas —, su prosa fue de las más ágiles de su tiempo. Su información de toda la literatura europea contemporánea era fabulosa. Era un impresionista: impresiones, más que de la vida, de la vida literaria. Viajó mucho, y de los viajes le nacían libros: *La Rusia actual, El Japón heroico y galante, La sonrisa de la Esfinge* [Egipto], *La Grecia eterna, Jerusalén y la Tierra Santa,* etc. Estas tierras eran provincias de su alma afrancesada. «Yo — decía — no busco nunca en los libros de viaje el alma de los países que me interesan. Lo que busco es algo más frívolo, más sutil, más positivo: la sensación.» Era un cronista de genio. En parte porque percibió que la «crónica» era un género literario valioso y se dedicó a él con la fuerza de una vocación lírica. Renovó el estilo periodístico de lengua española dándole vivacidad, desenvoltura, elegancia y brillo.

Enrique Gómez Carrillo

DANZA DE BAYADERA[1]

Nuestro guía iba delante sin prisa, y el farolillo que llevaba en la diestra hacía sobre el suelo rojo grandes jeroglíficos de luz. Habíamos andado cerca de dos horas. Después de las calles floridas en que los europeos construyen sus benglows[2] paradisíacos a la sombra de las palmeras, encontramos el barrio indígena con sus vías estrechas, con sus casitas bajas, con sus techos enormes. Y luego, nada, ni una vivienda, ni una luz; nada más que la verdura, las móviles arquitecturas de los árboles, el follaje espeso, las cúpulas palpitantes. Al fin, entre las hojas, una puertecilla. El guía se detuvo, abrió, y, gravemente, como si fuera nuestro jefe y no nuestro servidor, penetró, haciéndonos seña de seguirle hacia un patio interior, en el cual encontramos, amontonada en el suelo, a una multitud silenciosa.

Al principio no vimos sino torsos humildes cubiertos de camisas blancas, y torsos más humildes aún completamente desnudos. Pero poco a poco fuimos descubriendo, perdidos entre la masa, algunos suntuosos trajes de seda y cuatro o cinco mantos amarillos de sacerdotes de Budha. Nos sentamos, como todo el mundo, en una estera y esperamos. La danza no había comenzado aún. Una música angustiosa, de una monotonía y de una tristeza infinitas; una música que parecía no haber comenzado nunca y no deber terminar jamás; una música que era como un quejido entrecortado, como un quejido infantil y salvaje, vagaba en el aire, sin que uno supiera de qué rincón salía. ¿En dónde habíamos oído aquellos acordes? ¿Por qué aquel ritmo nos producía una sensación tan honda de malestar?

De pronto, silenciosa cual una sombra, apareció la bayadera.

¡Las bayaderas! En Benarés la Santa[3] y en otras ciudades de las riberas del Ganges, las hay que son graves y suntuosas sacerdotisas. Las hay servidoras del dios Siva, que tienen algo de sagrado en sus cuerpos de bronce y que, al aparecer ante las multitudes absortas, determinan milagros de adoración. Desde el fondo del Asia, los que sufren mal de amores van hacia ellas en romerías delirantes; y cuando las ven, cuando ante sus bellezas la obsesión de otras bellezas se esfuma en suaves ondas de olvido, vuelven a sus tierras como los peregrinos de las leyendas que, después de obtener lo que pedían, alejábanse del templo bañados de éxtasis.

Las hay también que en los palacios de los maharadjahs hacen revivir, con el prestigio fabuloso de sus danzas, el esplendor abolido de las antiguas cortes indianas. Para éstas, Ceylán no tiene perlas bastante bellas, ni Golconda zafiros bastante puros. Son ídolos luminosos; son figulinas de oro oscuro, incrustadas de gemas; son astros humanos que giran en un horizonte de esmaltes, de pórfidos, de filigranas. Las hay, en fin, que viviendo del ejercicio de su arte, recorren las grandes capitales del mundo, y modifican insensiblemente, a medida que viajan y que aprenden, sus nativas armonías.

La nuestra, que acaba de aparecer en este patio de Colombo,[4] no pertenece a esas altas castas. No es ni una joya sagrada ni una flor de suntuosidad.

Es la bailadora popular, la planta indígena, el fruto de la tierra. Su piel de bronce no fué nunca macerada entre esencias, y las uñas de

---

[1] Bailarina y cantora de la India.
[2] Bungalows, casa de campo.

[3] Ciudad sagrada de la India, a orillas del río Ganges.
[4] Capital de la isla de Ceylán.

sus pies no han sido doradas sino por el sol. Ninguna influencia sabia adultera su arte instintivo. Ningún ritual mide sus pasos. Y lo más probable es que, entre todas las pedrerías que la adornan, sólo los dos grandes diamantes negros de sus ojos no sean falsos. Pero, ¡qué importa! Tal como es, humilde y divina, hecha, no para divertir a los príncipes, sino para completar la embriaguez voluptuosa de los marineros malabares y de los trabajadores cingaleses; tal como es y tal como se presenta esta noche entre modestas ofrendas de flores, bajo el manto fosforescente del cielo, parece digna hermana de las místicas devadashis[5] de otro tiempo.

*
* *

¡Ya sé en dónde hemos oído esta música! ¡Ya comprendo por qué mis compañeros y yo, desde el principio, sentimos una impresión tan angustiosa al escucharla! Es el mismo ritmo adormecedor y uniforme con que los kritinas de ojos de fuego encantan a las serpientes. Lo he notado al ver de qué modo la bayadera yergue su cuello y cómo mueve la cabeza. ¡Es el ritmo de la serpiente! ¡Y esas ondulaciones de los brazos redondos, y esos movimientos de ascensión de las piernas, y esas espirales del cuerpo, también son de serpiente, de serpiente sagrada! Hay algo de anilloso en todo su ser. La elasticidad dura de sus músculos no se parece a la de nuestras bailadoras occidentales. Su carne juvenil conserva, aun después de largas fatigas, una frigidez que sorprende al tacto.

Pero alejemos de nuestro espíritu tales locuras. Lo que baila, según nuestro guía, la admirable bayadera, es una danza de seducción.

*
* *

Suavemente, resbalando más que andando, la bella bailadora se adelanta hasta tocar con el extremo de sus pies descalzos a los primeros espectadores. Las argollas doradas que aprisionan sus tobillos, y las otras, más numerosas y más ricas, que le sirven de brazaletes,

marcan con un ligero rumor de cascabeles rotos todos sus ritmos. En el cuello, un triple collar de piedras multicolores palpita sin cesar, haciendo ver que aun en los minutos en que hay una apariencia de quietud, el movimiento persiste. Y no es un movimiento de brazos y de piernas, no; ni un movimiento de la cintura y del cuello, sino del cuerpo entero.

La piel misma se anima. Y hay tal armonía, o mejor dicho, tal unidad en el ser completo, que cuando los labios sonríen, el pecho sonríe también, y también los brazos y también los pies. Todo vive, todo vibra, todo goza, todo ama. Es una pantomima de amor más que un baile lo que la bayadera ejecuta. Sus gestos son de seducción. Haciendo sonar sus joyas, se acerca hacia el elegido y le hace ver en detalle los tesoros de belleza que le ofrece. ¡Cuánta coquetería instintiva y sublime en cada ademán! «¡Estos ojos — parece decirle — estos ojos de sombra y de tristeza; estos ojos y estos labios de sangre; estos brazos que son cadenas voluptuosas; todo este cuerpo que tiembla, es tuyo, es para ti; contémplalo!» Y con objeto de hacerse ver mejor, se acerca; mas luego se aleja; luego gira.

Sus miradas son como un filtro de hechizo. Sus manos, de dedos afiladísimos, que apenas parecen poder soportar el peso de tanta sortija, entreábrense en un perpetuo implorar de caricias. Y es tal el sortilegio, que, poco a poco, atraída por la belleza, comulgando en una general embriaguez del alma, la multitud se aproxima, estrecha el círculo en que la bailadora evoluciona y en un místico transporte, saborea idealmente la suprema ventura de amar y de sentirse amada.

*
* *

Sin sacudimientos ni brusquedades, la danza continúa largo tiempo, en series armoniosas de pasos que se alejan y de pasos que se acercan. Poco a poco, el círulo se estrecha. Guirnaldas humildes de jazmines amontónanse a los pies de la bayadera, sin que el menor ruido ni el más ligero gesto anuncie su caída.

---

[5] Mujeres de la India, de la clase Brahma, que se consagran a la religión. Visten de blanco y viven en los templos hindúes.

Parece que esas flores, tributo de amor popular, surgieran solas del suelo. Después de las flores, vienen las ramas. Manos de bronce, temblorosas y ardientes, alárganse con cautela para depositar hojas de palmeras y follajes de canela. El ídolo dorado aparece así, al fin, en un zócalo vegetal que la impide dar un paso. Sus narices, en las que brillan dos rubíes, respiran voluptuosamente el aire preñado de espesos perfumes, y sus ojos se entornan no dejando pasar, entre los párpados pintados de azul, sino un rayo de luz diamántica. El cuerpo siempre palpitante, yérguese de nuevo, cual en un principio, retorciéndose en anillosas espirales.

Los brazos que se alzan ondulando, parecen subir sin cesar. ¡Es la serpiente sagrada de la India! La música, que encuentra al fin su verdadero empleo, redobla su penetrante, su angustiante, su exasperante melancolía. Y alucinados por el ritmo acabamos por no ver, allá en el centro, entre ramas y flores, en medio de la multitud extática, sino una bella serpiente cubierta de pedrerías, una serpiente de voluptuosidad, una serpiente de oro que danza.

(De *Desfile de visiones*, 1906).

En Venezuela — país de novelistas — la dirección artística está representada por PEDRO EMILIO COLL, PEDRO CÉSAR DOMÍNICI, LUIS MANUEL URBANEJA ACHELPOHL y DÍAZ RODRÍGUEZ. Los tres primeros lanzaron en 1894 su revista *Cosmópolis*, respiradero de «todas las escuelas literarias de todos los países.» El mayor de esos venezolanos, y uno de los mayores novelistas de toda esta época hispanoamericana, fue MANUEL DÍAZ RODRÍGUEZ (1868–1927). Caso ejemplar de prosa que discretamente, mesuradamente, se desliza entre los escollos del preciosismo que no sabe novelar y el naturalismo que novela sin saber escribir. Sus primeros libros — *Confidencias de Psiquis* y *Sensaciones de viaje*, ambos de 1896, *De mis romerías*, 1898, *Cuentos de color*, 1899 — se solazan en la civilización europea: había vivido en Francia, en Italia, y su óptica era la de Barrès, la de D'Annunzio. En sus cuentos no hay héroes: atmósferas impresionísticas son los personajes móviles. Cuentos de color, también de músicas, de perfumes, de caricias, de gustos un poco parnasianos, un poco simbolistas. En su segundo grupo de obras — *Idolos rotos*, 1901; *Sangre patricia*, 1902 — Díaz Rodriguez choca con la realidad venezolana y la repudia estéticamente. Su ideal de hombre era el «distinguido» de Nietzsche; pero sus personajes no luchan. Son pesimistas, derrotistas, inadaptados que van al destierro o al suicidio. En los últimos años de su vida — *Peregrina o el pozo encantado*, 1922, que incluía otros relatos — Díaz Rodríguez intentó la narración criolla, en que sus ideales artísticos trabajaron, y bien, en la tierra y sus hombres. Es como si, desilusionado, se refugiara en la vida campesina, en la emoción directa del paisaje.

Manuel Díaz Rodríguez

ÉGLOGA DE VERANO

¡Alza la cabeza, Clavelito! ¡Arrímate, Fragante!

Después de arrear la yunta, para sus adentros monologaba Sandalio: «¡Mal principio!», recordando cómo aquella mañana su mujer se levantó, le preparó y sirvió el café, y por último le dejó ir sin decirle ni siquiera «hasta luego.» En seguida abandonó el monólogo interior para seguirlo en voz alta:

—¡Ayayay! ¡Mal principio! ¡Ah, buey! ¡Arrímate, buey! ¡Ah, buey sinvergüenza!

Y desahogó los temores de su conciencia algo turbia en el pinchazo de garrocha con que picó al moroso Clavelito en el anca. Inmediatamente, como si no le hubiera dado el garrochazo al buey, sino que se lo hubiera dado a sí mismo, olvidó el incomprensible silencio de Justa, para pensar en la sed que lo torturaba. Del continuo trasnochar y del mucho beber caña en la mesa de juego todas las noches, las fauces, la boca y los labios resecos le ardían. Muy temprano, antes de enyugar, había ido a extinguir o adormecer aquel fuego hasta la casa de la hacienda, en la acequia siempre límpida, que pasa cantando a la sombra de mangos y bucares, frente a las tapias del trapiche,[1] y ahí, de bruces en la borda suave de la acequia, a la medida de su enorme sed bebió del agua cristalina, fresca y sabrosa, que es un presente del Ávila.[2] Ahora la acequia le quedaba muy lejos. Era demasiado temprano para ir hasta allá, y, de ir, se aventuraba a ser visto del mayordomo. «¡Quién sabe si el severo malaspulgas del mayordomo no estaba siguiéndolo como un vigía desde el corte de caña!» Instintivamente volvió los ojos al cerro.

Los raudales que en lo alto del Ávila dan principio al Pajarito y al Sebucán,[3] lucieron, en las partes libres de bosque, deslumbrándolo con su fulgor de inmensos copos de espuma. «¿Por qué lo habían mandado allá abajo a romper tierra, en vez de mandarlo a carretear caña como a los otros?» «Así, a cada viaje, habría tenido ocasión de beber agua en el trapiche.» De cuando en cuando los gritos de sus compañeros y el traqueteo de los carros vacíos o colmos de caña a lo largo de los callejones iban a tentarle como una música. De lejos, el múltiple ruido del corte—ruido hecho con el chischás de los machetes que abaten las cañas, perfumándose de miel, con el infinito rozarse de los verdes y ásperos cogollos entre sí, con la algazara de los peones, que hablan y ríen mientras cortan o emburran las cañas, o llenan de éstas los carros, y con el estrépito de los carreteros y carretas, precipitados en busca del cogollo — le sonaba aquella mañana como un suavísimo y dulce rumor de seda.

Luego desvió los ojos del Ávila y de sus torrentes, que blanqueaban al sol, como de un miraje demasiado cruel para un sitibundo, y los volvió al sur, hacia donde estaba el río. Ahí cerca, por la linde misma del tablón de tierra polvillosa que él estaba rompiendo, pasaba el Guaire. Hasta Sandalio venía, claro y preciso, el cantar provocador del agua corriente. Una estrecha cinta de cañaveral, de caña-amarga, señalaba y acompañaba del ocaso a la aurora, a una y otra margen, el sesgado curso del río. Algunas trepadoras florecían en lo alto de las cañas. Las grandes flores de la nicua invitaban a beber en sus

---

[1] Ingenio de azúcar; molino para extraer el jugo de la caña.
[2] Montaña situada entre Caracas y el mar Caribe.

[3] Nombre de dos ríos de Venezuela, uno de los cuales pasa cerca de Caracas.

candidísimas copas. A través de un claro del cañaveral, Sandalio, en una de sus idas y venidas con los bueyes, vió una de esas grandes flores abierta al mismo ras del agua, como tendida a llenarse en la corriente obscura. Y tentado por la flor, sintió impulsos de correr hasta el río, a echarse en la orilla boca abajo y beber hasta saciarse de agua puerca. Sin embargo, se contentó con lanzar en la atmósfera serena un vocablo rudo y sonoro. Luego dijo:

— ¡Maldita sea!

Pensaba en Caracas, en la ciudad que le impedía apagar la sed, porque, haciendo del Guaire un desaguadero de horruras[4] cambiaba su linfa en infecto humor de carroña:

— ¡Maldita sea! ¡No bebo yo de esa pudrición ni por casualidá!

Como supremo recurso ideó llegarse en un brinco hasta su propio rancho. Agazapado sobre una cuesta suave, al otro lado del río, su rancho era, sin duda, el paraje más próximo en donde podía encontrarse agua buena. Pero desechó también esa idea, al representarse de nuevo el aire y el silencio de Justa.

— ¡Ni por pienso! ¡Malo! ¡Malo!... Mal principio.

Y desahogó los tumultos de su conciencia turbada, en el puntazo de garrocha, que esta vez hincó, no el anca de oro de Clavelito, sino el anca negra de Fragante. Menos paciente, el buey negro contestó dando una coz y un bufido, y arrastrando por un instante al compañero lebruno[5] a campo traviesa con ímpetu diabólico.

— Só, buey. Soo, soo..., soo..., buey...

Cuando sujetó la yunta, quiso corregir su imprudencia, repartiendo suaves palmadas y voces a Clavelito y Fragante. Mañero, no dejó de acariciarlos hasta desvanecerles a caricias el temblor brioso de los remos. Entonces los limpió de algunas garrapatas.[6] Por último, les manoseó los cuernos, mientras les reajustaba la coyunda, y por debajo de los mismos cuernos airosos les reacomodaba los frontiles.[7] Entretanto, gracias al sol, ya alto y vivo, y al esfuerzo hecho por dominar la yunta, el sudor lo inundaba, empapándole toda la ropa, bajándole del nacimiento del pelo a gotear en la punta de la nariz y en el extremo de la barba. Al mismo tiempo se sorprendió en la boca una sensación de frescura. La sed se le había hecho más llevadera, o lo abandonaba de golpe. Se había ido quizás en el sudor, con el demonio del aguardiente. Libre de la sed, echó el resto en olvido.

Oyendo el distante rumor del corte de caña y el traqueteo de los carros por los callejones de la hacienda, su corazón, ya sereno, fué llenándosele de música, y al compás de esa música se puso a cantar en la besana.[8]

***

No se acordó más de su mujer hasta no verla llegar con el atadijo del almuerzo en una mano y la cafetera colgando de la otra. La acompañaba Coralín, su perro. Después de observar que Justa se dejaba ver simplemente de él, sin llamarlo a gritos, como de ordinario, Sandalio se movió a poner los bueyes a la sombra. Los instaló a mordisquear gamelote y lengua-de-vaca[9] en un bajo siempre húmedo, por donde pasaba un caz[10] en otros tiempos, a la parte de arriba y a la sombra del bucare que, en la vereda abierta hacia el Guaire en zig-zag, apenas comenzaba a florecer, con muy notable retardo respecto de sus congéneres de los próximos fundos de café, ya ataviados de púrpura en la inminencia de la Epifanía. A la parte de abajo del bucare y en su misma sombra, con el almuerzo prevenido, lo aguardaba Justa.

Satisfecha la sed, porque hacia las once pudo ir a beber agua al trapiche, y aligerado de

---

[4] Légamo que dejan los ríos en las crecidas; escoria; desperdicios, basuras.

[5] Propio de liebre o de su color.

[6] nombre de unos arácnidos que se fijan en la piel de ciertos animales como bueyes, perros, etc., para chuparles la sangre.

[7] Colchado de material basto que se pone a los bueyes entre su frente y la coyunda para que ésta no les moleste.

[8] Labor que se hace con el arado, consistente en abrir surcos paralelos; también se aplica el nombre al primer surco practicado.

[9] Plantas de terreno húmedo y bajo.

[10] Canal construído junto a los ríos para tomar el agua de ellos y llevarla adonde conviene.

alcohol con el mucho sudar, Sandalio no sentía como en la mañana, mientras avanzaba hacia Justa, ningún escrúpulo de conciencia. Más bien se decía entonces:

5 — ¡Que no me vaya a venir con zoquetadas![11]

Pero ella no despegó sus labios durante el almuerzo. Bajo la dulzura doliente de los ojos, negros y embrujadores como suelen centellear
10 en las mulatas de piel de cobre o de canela, sus demás facciones pregonaban, con líneas netas y precisas, la actitud resuelta de quien tiene un secreto y contra toda violencia lo calla, o de quien tomó su partido y contra el querer de
15 los otros lo cumple. Sólo cuando readerezaba su atado con las sobras de la frugal colación, preparándose a la vuelta, dijo:

— Mira, Sandalio. Juega tu jornal, que pa eso es tuyo, o bébetelo de aguardiente, so
20 borracho. Pero te participo, óyelo bien, que hay un hombre que me persigue, que me sale siempre por donde quiera que yo voy, en el paso del río, de entre el cañaveral, de detrás de los palos, y que se ha atrevido a pasar por
25 el mismito patio del rancho y a decirme palabritas dulces. Como él anda siempre en la patrulla, y tú nunca estás en casa, y todas la noches me dejas íngrima y sola... Si tú no tienes vergüenza, yo sí tengo, y no me quiero
30 ver en un mal paso.

Recriminaciones, quejas, lágrimas, todo lo esperaba él, menos una semejante salida. Anonadado un minuto, su reacción fué tremenda. Se le inyectaron los ojos. Asió a la
35 mujer por los brazos y la sacudió con toda su fuerza, mientras rugía:

— ¿Qué estás ahí diciendo? ¿Qué estás ahí diciendo, Justa?

— La verdá, la pura verdá. Pero ¡suéltame!,
40 ¡suéltame! ¿Es conmigo que te debes agarrar o es con otro?

Sandalio, avergonzado, la soltó:

— Es verdá. Tienes razón, Justa. Pero me has clavado una puñalada y no sé lo que hago.
45 Dime quién es el hombre.

Una pausa.

— ¡Que me digas quién es! ¿No escuchas?

— Teodoro.

— ¿Qué Teodoro? ¿Guacharaco?

— El mismo.

— Pues hoy mismito le arreglaré sus cuentas, hoy mismito. No tengas cuidado. Hoy mismito... Oye, Justa, mira, yo te prometo...

Ella, como si supiera de memoria cuánto iba a prometerle Sandalio, no lo escuchó; antes, encogiéndose de hombros, le dió la espalda y, seguida de su perro, como al llegar, se fué con rumbo al río.

El, corrido, se encaminó adonde sesteaban los bueyes. Apenas dió tres o cuatro vueltas con la yunta, decidió dejar el trabajo e ir inmediatamente a excusarse, contándole cualquiera conseja al mayordomo. «Le diría, por ejemplo, que le había dado un gran dolor, tan grande que no pudo sino tumbarse y revolcarse en el suelo, como el buey lebruno Clavelito aquella vez que de un cólico se echó bramando en la besana.»

En cuanto desunció y puso a los animales en donde comieran, se dió a correr, viendo al norte. Por toda la falda del Ávila, desde el Tócoma al Pajarito, se tendía, celando la espuma de los raudales, un largo plumón de niebla. Más arriba del plumón, el cerro, en lo más fragoso de él, aparecía como lavado, casi bruñido, con una suave luz rosa. Para Sandalio, aquella rosa discreta fué un augurio de sangre.

Sin embargo, su estratagema resultó inútil, porque no halló a Guacharaco en el corte, ni en la casa de la hacienda, ni en la pulpería. Según le contestaban al preguntar por él, en todas partes había estado y le vieron, mas ya no estaba en ninguna. Y Sandalio pensaba: «¡Si no me habrá visto venir el muy sinvergüenza y ha puesto los pies en polvorosa!» Por fin se resignó a disimular para ir sobre seguro, quedándose en atisbo de la ocasión en que el otro no tuviese escape, como sucedería por ser Teodoro pailero[12] en la sala de pailas del trapiche, cuando empezaron la molienda.

A pesar de este propósito, su inquietud fué creciendo y no le dejaba las piernas tranquilas. Caminó primero largo tiempo al sol de los

---

[11] Impertinencias.
[12] En los ingenios de azúcar, el encargado del manejo y operación de las pailas, que son unas vasijas grandes de metal empleadas en la fabricación de aquel producto.

cañaverales. Caminando, caminando, subió hasta el pie del cerro. Largo rato arrastró su inquietud por la sabana entre pedruscos y peñones. En seguida se internó desesperado en una hacienda de café, y ahí le fué peor, aunque pasara del duro sol de los barbechos[13] a la fresca umbría de los cafetales. Pretendió en el suelo del cafetal, mullido con hojas de guamo y de bucare, dormir, mas no concilió el sueño: el cafetal se le entraba por los oídos como un inmenso órgano vibrante de música. Sonoro de cigarras, el cafetal era, en efecto, como un órgano en que hicieran de flautas los árboles de varia alteza, de tiples rudos y estridentes las chicharras y de bajos las cocas. Desesperado de no poder dormir, huyó del cafetal, y a su paso por la confluencia del Sebucán y el Pajarito, en un manantialejo que ahí brota, hundió y por un buen momento sostuvo la cabeza en el agua. Pero no le valió la frescura. Al través de la rendija abierta por los celos, el mediodía de verano con su sol vivísimo, con sus flores de púrpura, con su música de chicharras, había penetrado en su corazón y lo quemaba como un incendio.

*
* *

Al día siguiente, viendo al gañán pocacosa y flacucho junto al pailero gigantón, a cualquiera se le habría ocurrido que éste, de querer, podía deshacerse del otro con sólo una débil puñada. Sin embargo, el pailero, al notar el aire decidido del gañán, cuando en la sala de pailas entró y fué a él en derechura, se llenó de respeto. Apenas le dijo Sandalio: «Tengo que hablar contigo, Teodoro», Guacharaco, afectando fineza, repuso: «En cuantico me desocupe, Sandalio.» Y aunque, avisado por su malicia, inmediatamente pensase en el modo de salir del repentino atolladero, fingió entregarse a su tarea en cuerpo y alma haciéndose el meticuloso. Ante esa inocente apariencia de hombre muy abstraído en su trabajo, Sandalio sintió el primer cosquilleo de la duda: «¡Como no sean exageraciones! ¡Como él es así, tan...» Y de tanto mirar el cuidado escrupuloso del pailero se encontró divertido, siguiendo las vicisitudes del guarapo, desde que en la primera paila cae con el sucio color de la tierra para ir por la espumadera aliviado de la más gruesa borra, con las pagayas depurado de cachaza, peinado, alisado y aplacado por las mismas cuando hierve y se amontona y sube en espumarajos de oro semejantes a enormes avisperos de ericas rubias, de paila en paila trasegado por los remillones, tomando todos los matices del cobre, del oro y de la miel, hasta caer en la tacha con un cálido tinte rojizo.

Un ruido cualquiera lo sacó de su contemplación del guarapo y lo llevó adonde una mujer lavaba, acicalaba y ahilaba las hormas en que, ya bien templado, se conformaría definitivamente el azúcar. Desde ahí admiró la panza garrafal de un alambique decrépito y, para hacer la espera menos fastidiosa, dió una vuelta por toda la oficina y fué a salir para la bagacera[14] grande. Ahí se paró a matar el tiempo conversando con un su compadre, entre otras cosas, de cómo se había asentado el verano muy más rudo a raíz de ciertos imprevistos aguaceros de los días anteriores.

Cuando volvió a la sala de pailas, ya Guacharaco, armado con sus grandes recursos, disertaba muy garboso, en medio a un corrillo de bausanes[15] boquiabiertos. Alto y fornido, causaba deleite ver cómo en el pecho y los brazos desnudos resaltaban y en la misma quietud se le arqueaban los músculos de bronce. Pero, más que en los músculos, tenía lo mejor de su fuerza en los labios. Guacharaco lo apodaban porque, habiéndose ido a la guerra, cuando lo reclutaron, motolito[16] y taciturno, regresó, al cabo de poco más de un año de guerrillear, no solo con ínfulas de valiente, sino hablando mucho y con alboroto, como suelen mañana y tarde, al abrirse y al

---

[13] Tierra labrantía que no se siembra en uno o más años; primera labor que se hace con el arado para sembrarla.

[14] Lugar de los ingenios de azúcar destinado a echar el bagazo o residuo que queda de la caña después de exprimida, para que sirva de combustible.

[15] En algunos países de América, personas que viven en la ociosidad.

[16] Necio, bobalicón.

ponerse el sol, en las quiebras nemorosas del Ávila y en los rastrojos del otro lado del río, a la orilla de los conucos, las guacharacas[17] vocingleras. Hablaba siempre de cosas lejanas, fantásticas y fabulosas, difíciles de verificar, que precisamente por ser difíciles de verificar le granjearon considerable prestigio. En el trapiche, en la pulpería, frente a ésta en el camino real durante el juego de bolas, en la plaza del pueblo, en el corro formado junto a la pesa de carne o la puerta de la gallera, en donde él estuviese, no había más héroe ni más personaje que él, y nadie le disputaba su triunfo. Su incipiente prestigio conmovió al jefe civil del pueblo, a tal punto, que esa autoridad llamó una vez a Guacharaco para ensalzarlo a los honores de la comisaría. Ya comisario, fué llamado otra vez, y entonces le encomendaron de un todo la organización de las patrullas. Verdad es que, a la nueva organización de las patrullas, por una coincidencia fatal, empezaron a desaparecer de los gallineros peor tenidos las piezas más preciadas y a encontrarse en el centro de los tablones de caña, al siguiente día de las noches de luna, mayúsculos vestigios de chupadores.[18] La aureola de Guacharaco no se apagaba a pesar de eso: cuando amenazaba obscurecerse, la reencendía él con el fuego de su labia.

Contaba maravillas truculentas de la guerra, escenas de campos de batalla en lo recio del combatir, o de abandonados campos de batalla donde banqueteaban macabramente los zamuros.[19] A menudo provocaba la envidia y la avidez amorosa de los oyentes, presentándoseles como actor feliz en historias de lindas doncellas violadas. También con frecuencia les pintaba las bellezas de los Llanos, porque él había ido hasta los Llanos del Apure, y les inventaba marchas y contramarchas con el agua al cinto por entre ciénagas limosas; o les decía de cómo una vez a la orilla de un río vío moverse unas peñas, y eran caimanes; o de cómo otra vez miró que toda una fanegada de tierra se empezó a mover y a caminar, y eran

tortugas; o de como otra vez le pasaron por encima unas grandes nubes blancas, y eran garzas que se levantaban del garcero. Aquella tarde los embebecía, relatándoles enormidades de una tierra para ellos misteriosa, porque no se la habían oído mentar sino a él, donde, según él decía, unos indios borrachos y muy brutos cosechan caucho y cacao silvestres para el solo beneficio de unos cuantos gamonales,[20] donde una migaja de queso vale un fuerte[21] y cualquiera otra cosa de comerse o de vestir cuesta una esterlina,[22] donde hay un pueblo que bañan cuatro ríos, codiciado, según le dijeron, por los musiúes,[23] y donde, por todas partes anchos ríos de aguas negras corren sobre lechos de basalto rojo.

— Una piedra coloradita, coloradita, mucho más que ese guarapo, mucho más que ese papelón, como la misma sangre.

Desde que Sandalio se aproximó al grupo, Guacharaco parecía no hablar sino para Sandalio; a él casi únicamente se dirigía, exponiéndole hábiles dudas, consultándole su opinión como si él fuera el solo capaz de comprenderle. Poco a poco alrededor de Sandalio, fué tramando la sonora telaraña de su elocuencia hasta cazar en ella al gañán por la suave lisonja desvanecido. Si a todos encantusaba con su facundia, el gañán era el más encantusado. De manera nebulosa, mientras hablaba Guacharaco, Sandalio empezó a preguntarse por dentro si no era insensato creer ninguna mala pasada de parte de aquel hombre que tan cariñosamente le distinguía en público. Terminó por avergonzarse de los reproches que proyectara hacer al pailero, y no pensó ya sino en el modo de escurrirse. Marchóse con disimulo sin decir adiós, como si él fuera el culpable. Y luego se avergonzó de haberse avergonzado, al encontrarse lejos del trapiche, lejos de aquella voz de sortilegio que lo embrujaba con su pérfida música. Resuelto de nuevo a cumplir su primitivo propósito, regresó al trapiche, pero ya Guacharaco no estaba.

---

[17] Ave del orden de las gallináceas, muy ruidosa.
[18] Alimañas que se prenden a otros animales y les chupan la sangre.
[19] En Colombia y Venezuela, nombre que se da al aura, ave de rapiña que se alimenta de carnes muertas.

[20] El ricacho que se hace cacique de un pueblo.
[21] Real fuerte, moneda de plata.
[22] Libra esterlina, moneda.
[23] Extranjeros.

Desde ese punto se trabó en el ánimo del gañán un combate que duró largos días. Ya meditaba llegarse a Guacharaco bruscamente y abrumarlo a reproches; pero Guacharaco, sobre aviso, al verle venir lo desarmaba. Ya meditaba esperarlo hacia la tardecita en aquella parte del camino real en donde dos colosales mijaos[24] vuelven más densa la noche, y allí en lo obscuro y sin decirle palabra, clavarle media vara de hierro en el vientre; bajo el hechizo de Guacharaco, su pensamiento medroso le sugería: «¿Y si son exageraciones de Justa?»

Mientras tanto, si no satisfecha, Justa se contentaba con que ya el marido no saliera de noche.

Lentamente, en lo interior del gañán se calmó la empeñadísima lucha, llevándose el sutil hablador la ventaja. Sandalio acabó por decirse: «De seguro que son exageraciones de Justa. Como él es tan confianzúo y tan relambío, y ella es como es . . . Porque, eso sí, ella es mujer de mucha vergüenza y de mucho punto.» Y entonces una palabra, cualquiera pulla dirigida a su formalidad presente, bastó para que Sandalio tomase de nuevo todas las noches el camino de la pulpería.

*
* *

Claro de luna. Aúlla un perro a lo lejos, otro de más allá le responde, y así va por todo el valle tendiéndose una cadena de aullidos. La brisa trae de cuando en cuando la tonada única del joropo.[25] La voz del Guaire, alta y distinta en el silencio, llega hasta el rancho y acompaña gravemente la monótona serenata de los grillos.

—¿Quién es?—dice Justa incorporándose en el catre, porque entredormida ha escuchado tocar a la puerta. Como nadie contesta, y quiere asegurarse de si en efecto han llamado otra vez pregunta:

—¿Quién es?

— Soy yo, Justa. ¡Abre!

—¿Quién yo? — vuelve a preguntar Justa, aunque ya ha reconocido la voz, y de un todo despierta se acurruca en la cabecera del catre, contra el ángulo de alcoba en donde va la cabecera. Luego, fingiendo hablar al marido, añade: — ¡Sandalio! Oye, Sandalio, están tocando; levántate a ver quién es.

— No, Justa — replica la voz de afuera —, no puedes engañarme. Yo sé que Sandalio no está aquí; lo dejé ahorita mismo en la pulpería del pueblo, jugando . . Y no vendrá hasta la madrugada, de seguro . . . si acaso viene, porque puede irse a amanecer en el joropo. Todos, todos los de la hacienda y muchos del pueblo se van pal joropo. ¡Ábreme! ¡Ábreme por vía tuyita, Justa!

Sin atender a cuanto decía el de afuera, y con la cabeza entre ambas manos, Justa, en su desesperación, buscaba una salida. «¡Borracho! ¡borracho!», pensaba, acordándose de Sandalio: «Hasta se llevó el perro esta noche. Siquiera haciendo bulla, Coralín podría defenderme.»

Tras de una breve pausa volvió a sonar la voz de afuera, haciéndose poco a poco más humilde y más dulce:

— Oye, mira, Justa; ábreme. Nadie lo sabrá. Todos están en el joropo. Esta noche nadie pasará por aquí. Yo he arreglado las cosas muy bien, ¿no ves que soy de la patrulla? Ábreme. Yo te lo prometo; no lo sabrá ninguníto, ninguníto.

— No, no, Guacharaco: sigue tu camino. Te has equivocado de puerta y de mujer, Guacharaco. Mira que yo tengo mi marido, mi hombre.

—¿Tu hombre? ¡Bueno está tu hombre! ¡Y pa lo que te quiere! Todo se lo juega o se lo bebe de caña en la pulpería. Yo sí que te quiero y te quiero de verdá, verdá . . . Desde antes de la guerra. Pero por aquella maldita pena que yo tenía no te lo dije nunca. ¡Nunca! Si acaso te lo dije con los ojos . . . Todavía si tú quisieras podría arreglase todo pa ti y pa mí, porque yo no le tengo a nadie miedo.

Entonces fué la voz de adentro la que se volvió muy suave, muy dulce, convirtiendo las palabras en otras tantas caricias:

—¿Qué vas tú a quererme, Guacharaco? Si me quisieras como dices, no harías eso . . . eso que estás haciendo esta noche. ¡Buenas maneras de tratar mujeres como yo! Si fuera

---

[24] Cierta clase de árbol de gran tamaño, y muy frondoso.

[25] El baile nacional de Venezuela.

verdá, si me quisieras de verdá, verdá, como tú dices, no me tratarías como esta noche. Harías de otro modo, Guacharaco.

— Bueno. Pues dime de qué modo, Justa.

— Te lo diría ... con tal que te fueras ahora. Te lo diría mañana. Vete, y te ofrezco decírtelo mañana, en la línea, a la hora del primer tren, que es la hora en que yo voy al pueblo.

Turbado por las palabras que lo embriagaban como caricias, y por el rápido rendimiento de Justa, Guacharaco no halló al pronto qué decir, y se puso a dar vueltas en el patio del rancho. Justa lo sintió ir y venir, lo sintió caminar en la especie de corredorcito que daba entrada al rancho, y beber agua de la tinaja que ahí, en un ángulo del corredor y sobre una especie de trípode rústica se alzaba, protegida por anchas hojas de plátanos limpísimas, del tiznado y polvoroso bahareque.[26] Ya ella cobraba confianza, cuando Guacharaco volvió, y le dijo:

— Oye, Justa. Eso que tú me dices ahí, es pa engatusame. Eso es pa que me vaya ahora ... Y mañana ... y después, nada, nadita. Ábreme, Justa.

— No, no, Guacharaco.

— Pues me abriré yo mismo.

Y diciendo así, Guacharaco arremetió con tal envión de sus hombros hercúleos a la puerta del rancho, que el rancho todo se puso a temblar, aunque la puerta misma no cedió, porque estaba muy bien atrancada por dentro. Justa, como por el mismo envión proyectada, saltó del catre, hizo luz, echóse encima desordenadamente la ropa y se dispuso a dar la cara al peligro.

— No importa que no me abras. Ya sé por dónde entrar — dijo entonces Guacharaco, insinuando su machete al través de una ancha rendija que, abierta al ras del piso en el bahareque, dió salida a la luz cuando Justa encendió la vela.

Mientras con el machete al principio, y luego con las dos manos locas de rabia, Guacharaco trataba de ensanchar la hendedura Justa apagó la vela y corrió a guarecerse y acurrucarse en otra esquina de la alcoba. En su angustia, se llevaba las manos a la cabeza, o una contra otra se las restregaba. De repente sus manos tropezaron con algo suave y liso. Era el ástil de araguaney[27] del hacha con que ella solía cortar leña en los cafetales o en el monte. Como un resorte se enderezó, libertándose de la angustia. Corrió en sentido contrario al de la otra vez, a ponerse a un paso del sitio en donde el hombre trabajaba y tenía ya hecha una entrada poco menos que perfecta.

— ¡Por última vez, Justa, ábreme!

— No, y no — dijo ella con voz impregnada de cólera —. Vete, si no quieres perderme. Vete ¡en el nombre de Dios, Guacharaco!

— Pues entraré en el rancho y serás mía, más que no quieras.

— Nunca.

— ¿Nunca? Ya lo verás.

Multiplicado por la furia, siguió ensanchando el agujero. Un instante se detuvo a limpiarse el sudor: se apartó del agujero, y por éste se entró en el rancho el claro de la luna.

En su impaciencia, al ver ya avanzada la tarea, e imaginándose que un solo empuje de sus hombros la perfeccionaría, Guacharaco se arriesgó a meterse de cabeza por la abertura, en el preciso momento en que, dentro del rancho, la mujer, sutilizada la vista por el peligro y la obscuridad, y con su misma destreza de cuando cortaba leña, blandió en el aire su hacha y la descargó de un golpe. Sonó un grito. Justa nunca supo decir de quién fué, si de ella o de Guacharaco, aquel grito.

Reinan de nuevo el silencio de la noche y el claro de la luna. La voz del Guaire llega hasta el rancho alta y distinta en el silencio. En el patio los grillos continúan su monótona serenata. De cuando en cuando aúlla un perro, y otro de más allá le responde, y así va por todo el valle tendiéndose una cadena de aullidos.

***

Justa, inmóvil y en pie, en donde mismo

---

[26] En ciertos paises de la América del Sur, paredes de cañas y tierra, con grandes aleros. En Cuba, choza pequeña.

[27] Árbol de Venezuela, de madera muy dura.

estaba al descargar su hachazo, espera. Largo tiempo erige su incomparable y súbita lucidez de conciencia encima de las piernas y los pies inútiles, como afectados de parálisis por lo entumecidos y torpes. Al fin, hacia al amanecer, escucha ladridos familiares: los de Coralín que parece retroceder, avanzar y dar vueltas en el patio, oliscando algo nuevo. Casi inmediatamente se alza la voz de Sandalio:

—¡Justa! ¡Justa! ¿Qué es esto? ¿Quién es este hombre? ¡Abre, abre, Justa!

—Ahora no. Vete volando al pueblo, y tráete al jefe civil. Entonces abriré.

Sandalio, desembriagado de repente, salió hacia el pueblo a escape. Dió y habló con el jefe civil fácilmente. Más difícil fué dar con el Secretario de la Jefatura, pues aunque no faltaba casi nada para amanecer, se hallaba todavía en el joropo. De ahí, adonde le fueron a buscar, salió tambaleándose y más cargado de aguardiente que un pipote[28] del trapiche. Por el camino se encargó de animar a Sandalio:

—No se asuste, socio, no se asuste. Eso no es nada. Con el general — asi por antonomasia, designaban al jefe civil del pueblo — con el general, conmigo que soy un secretario en la guama[29] y con Guacharaco, el jefe de la patrulla, tiene usté, socio, todas las garantias. Créame, socio, usté tiene garantias, todas las garantias.

Cuando Justa abrió la puerta y entraron todos en el rancho, también todos abrieron enormemente los ojos. La cabeza de Guacharaco, tendida en el esfuerzo por entrar cuando fué cortada a cercén, brincó, y tal vez en un movimiento convulsivo se asió con los dientes a la sábana del catre. Así la encontraron todavía, colgando de la sábana, que sin duda no cedió a la extraña pesadumbre de la cabeza,

por hallarse del otro lado cogida entre el catre y un horcon[30] del bahareque.

Justa refirió con fidelidad extremosa cuanto había pasado. Luego de terminar su relación, y mientras el jefe civil, que hasta ese día nunca se viera en un semejante aprieto, no hallaba qué resolver, añadió:

—Pa lo que usté quiera, yo estaré con mi familia en el pueblo; usté la conoce.

Y se dirigió a la puerta del rancho.

—¿Pa ónde vas tú, Justa? — preguntó Sandalio interponiéndose.

—Como yo sé ya que puedo valerme yo misma, estoy mejor sola, Sandalio. Además, tampoco estaré sola, porque como voy caje mi familia, allí tendré quien me acompañe — contestó Justa, y apartó a Sandalio con un gesto.

Al trasponer la puerta y simultáneamente ver el cuerpo mutilado y el negro cuajarón de sangre que iba del bahareque al mismo centro del patio, la sacudió un calofrío y tuvo un miedo como no lo sintiera hasta entonces. Partió llevándose en las retinas aquel inmenso coágulo rojo-negruzco. Amanecía. Aunque el sol no se hubiera alzado aún sobre los cerros del oriente, ya lo iluminaba todo. Pero Justa, a pesar de eso, todo lo veía color de sangre: le pareció que el río arrastraba sangre, no agua; se turbó ante la visión de un alba campánula pascual que se balanceaba abierta al mismo ras del agua, como tendida a llenarse en la corriente; se horrorizó a la vista de los cafetales remotos incendiados bajo flameantes bucares de púrpura; y, cuando se vió del otro lado del Guaire, echó a correr desatentadamente hacia el pueblo, mientras un claro son de campanas volaba de la iglesia del pueblo a todo el valle, anunciando la Epifanía.

(De *Peregrina o El pozo encantado,* 1922).

———◆———

Cuentos y novelas sobre realidades anormales, sea que la anormalidad estuviera en las circunstancias o en las mentes de los personajes, se habían escrito en la época romántica. Ahora, al cultivar esa anormalidad, los autores

---

[28] Pipa o tonel pequeño.
[29] (Estar) en la guama significa aquí «estar contento con la suerte».

[30] Poste de ángulo de una casa de madera.

no disimularon que les gustaba representar el papel estético de raros, de decadentes, de neuróticos. De este grupo especializado en lo anormal se escapa MACEDONIO FERNÁNDEZ (Argentina; 1874-1952) porque, en verdad, era un hombre de desconcertante originalidad que no cedió a ninguna moda literaria. Al contrario, se libró del Modernismo — que era la escuela de su generación — y desde entonces sigue fascinando a todas las generaciones que van surgiendo. Él fue quien inició a Borges en la lectura de Berkeley y en los temas de la literatura fantástica; él fue quien, sin afectación, inició los experimentos que hoy practican Julio Cortázar y otros demoledores de las formas tradicionales del arte de narrar. Alguna vez se le llamó «el primer metafísico argentino». Habría que agregar que fue el primer humorista de la metafísica. Escribió poco porque no le interesaba la literatura: *No toda es vigilia la de los ojos abiertos* (1928). Los libros que se publicaron después fueron páginas arrancadas, contra su voluntad, por amigos devotos: *Papeles de Recienvenido* (1930), *Una novela que comienza* (1941), *Continuación de la Nada* (1944), *Poemas* (1953). El mejor Macedonio es el de la carta a Borges que aquí reproducimos, magia verbal que se publicó en *Proa*. El resto es digresión, a menos que se busque, entre las ruinas de esa prosa (de esa razón) toda rota por dentro larvas de ingenioso solipsismo y sorpresas poéticas. Nos dio una visión humorística del Universo. Un Universo que, después de las operaciones a que lo sometieron la imaginación y la sofística de Macedonio, queda en ridículo, junto con todos los hombres que lo habitamos. Fue escritor desaliñado, pero tuvo intuiciones tan contrarias a los hábitos mentales que deslumbran a los jóvenes que buscan en la literatura fantasía y rebeldía.

Macedonio Fernández

CARTA A JORGE LUIS BORGES

Querido Jorge:

Iré esta tarde y me quedaré a comer si hay
5 inconveniente y estamos con ganas de trabajar.
(Advertirás que las ganas de cenar ya las tengo
y sólo falta asegurarme las otras.)

Tienes que disculparme el no haber ido
anoche. Soy tan distraído que iba para allá y
10 en el camino me acuerdo de que me había
quedado en casa. Estas distracciones frecuentes
son una vergüenza y hasta me olvido de avergonzarme.

Estoy preocupado con la carta que ayer
concluí y estampillé para vos; como te encontré antes de echarla al buzón tuve el aturdimiento de romperle el sobre y ponértela en el bolsillo: otra carta que por falta de dirección se habrá extraviado. Muchas de mis cartas no llegan, porque omito el sobre o las señas o el texto. Esto me trae tan fastidiado que te rogaría vinieras a leer ésta a casa.

Su objeto es explicarte que si anoche tú y Pérez Ruiz en busca de Bartolomé Galíndez no dieron con la calle Coronda, debe ser, creo, porque la han puesto presa para concluir con los asaltos que en ella se distribuían de continuo. A un español le robaron hasta la zeta, que tanto la necesitan para pronunciar la ese y aún para toser. Además, los asaltantes que prefieren esa calle por comodidad, quejáronse de que se la mantenía tan oscura que escaseaba la luz hasta para el trabajo de ellos y se veían forzados a asaltar de día, cuando debían descansar y dormir.

De modo que la calle Coronda antes era ésa y frecuentaba ese paraje, pero ahora es otra; creo que atiende al público de 10 a 4, seis horas. Lo más del tiempo lo pasa cruzada de veredas en alguna de sus casas: quizá anoche estaba metida en la de Galíndez: ese día le tocó a Galíndez vivir en la calle.

Es por turnos y éste es el turno de que yo me calle,

Macedonio.

(Carta publicada originariamente en *Proa*).

UNA NOVELA PARA NERVIOS SÓLIDOS

Se estaba produciendo una lluvia de día domingo con completa equivocación porque estábamos en martes, día de semana seco por excelencia. Pero con todo esto no estaba sucediendo nada: la orden de huelga de sucesos se cumplía.

Sin contrariar este revuelto estado de cosas empujé hacia atrás con un movimiento decidido la silla que ocupaba, y luego de este ruido oficinesco y autoritario de 20, jefe burocrático que tiene temblándole veinte bostezantes sobresaltados, le retiré la percha al sombrero y en las mangas de éste introduje ambos brazos, dí cuerda al almanaque, arranqué la hojita del día al reloj y eché carbón a la heladera, aumenté hielo a la estufa, añadí al termómetro colgado todos los termómetros que tenía guardados para combatir el frío que empezaba, y como pasaba alcanzablemente un lento tranvía dí el salto hacia la vereda y caí cómodamente sentado en mi buen sillón de escritorio.

Por cierto que había mucho que pensar; los días transcurrían de un tiempo a esta parte y sin embargo no se aclaraba el misterio (todos ignorábamos que hubiera uno) en el puente proyectado. Primero se nos hizo conocer un dibujo del puente tal y cómo estaban de adelantados sus trabajos antes de que nadie hubiera pensado en hacerlo existir; Segundo: dibujo de cómo era el puente cuando alguien pensó en él; Tercero: fotografía de transeúnte del puente; Cuarto: ya está el primer tramo empezado. En suma: que el puente ya estaba concluído, sólo que había que hacerlo llegar a la otra orilla porque por una módica equivocación había sido dirigida su colocación de una orilla a la misma orilla.

Ahora bien ¿por qué en el meditado discurso que el Ministro le tosió al puente por hallarse medio resfriado aquél, o éste, no estoy muy seguro, se acusó de ingratitud para con el Gobierno?

Sabido es cuánto ha sufrido la humanidad por ingratitudes de puentes. Pero en éste ¿dónde estaba la ingratitud? En la otra orilla no puede ser, porque el puente no apuntaba hacia la otra orilla y en verdad el arduo problema del momento era torcer el río de modo que pasase por debajo del puente. Esto era lo menos que se podía molestar, y esperar de un río que no se había tomado trabajo ninguno en el asunto puente.

(Publicada en *Orígenes*, La Habana, año V, núm. 19, 1948).

El gran narrador de temas anormales — con curiosa aleación de esteticismo y naturalismo — fue HORACIO QUIROGA (Uruguay; último día de 1878-1937). Si bien escribió ocasionalmente versos y prosas artísticas (*Los arrecifes de coral*, 1901), novelas (*Historia de un amor turbio*, 1908, y *Pasado amor*, 1929), novelín (*Los perseguidos*, 1905), drama (*Las sacrificadas*, 1920), Horacio Quiroga subresalió en el cuento corto. Publicó varias colecciones: *El crimen del otro* (1904), *Cuentos de amor, de locura y de muerte* (1917), *Cuentos de la selva* (1918), *El salvaje* (1920), *Anaconda* (1921), *El desierto* (1924), *La gallina degollada y otros cuentos* (1925), *Los desterrados* (1926) y *Más allá* (1935). A estos títulos podrían agregarse cuentos dispersos en periódicos, reunidos ya en varias ediciones póstumas. Quizá sus mejores cuentos aparecieron entre 1907 («El almohadón de plumas») y 1928 («El hijo»). Se ha observado que, en los últimos años, Quiroga pareció desviarse del cuento al periodismo: artículos, crónicas, comentarios. Sin embargo, escribió cuentos hasta el último instante, si bien no tan buenos como los de la serie que culmina en «El hijo.» La acción de gran parte de sus cuentos transcurre en medio de la naturaleza bárbara; a veces sus protagonistas son animales; y, si son hombres, suelen aparecer deshechos por las fuerzas naturales. Y este hombre Quiroga, para quien la naturaleza era un tema literario, no tenía nada de primitivo. Era autor de compleja espiritualidad, refinado en su cultura, con una mórbida organización nerviosa. Había comenzado como modernista; y nunca rompió con esa iniciación. Su prosa se hizo cada vez más desmañada; su técnica narrativa, cada vez más realista. Pero permaneció fiel a su estética de la primera hora: expresar percepciones delicuescentes, oscuras, raras, personales. Tenía una teoría de lo que debía ser el cuento: véanse el «Decálogo del perfecto cuentista», «La retórica del cuento», «Ante el tribunal», etc. Y aunque no hubiera citado sus maestros uno reconocería las influencias que recibió. Pero los citó: «Creo en un maestro — Poe, Maupassant, Kipling, Chejov — como en Dios mismo», dijo. Y pudo haber mencionado otros porque leyó mucho. No, no era un primitivo; y aun su visión de la selva era la de un ojo excepcionalmente educado. Los tonos de sus cuentos son variados: no falta el humorístico. Sin embargo, una buena antología se inclinaría hacia sus cuentos crueles, en los que se describe la enfermedad, la muerte, el fracaso, la alucinación, el miedo a lo sobrenatural, el alcoholismo. No le conocemos ningún cuento perfecto: en general escribía demasiado rápidamente y cometía fallas, no sólo de estilo, sino de técnica narrativa. Pero la suma de sus cuentos revela un cuentista de primera fila en nuestra literatura. Recuérdese el esquema dinámico de emociones en «La gallina degollada», «A la deriva», «El hijo», «El desierto», «El hombre muerto», «Juan Darién» y diez más.

Horacio Quiroga

LA GALLINA DEGOLLADA

Todo el día, sentados en el patio, en un banco, estaban los cuatro hijos idiotas del matrimonio Mazzini-Ferraz. Tenían la lengua entre los labios, los ojos estúpidos, y volvían la cabeza con toda la boca abierta.

El patio era de tierra, cerrado al Oeste por un cerco de ladrillos. El banco quedaba paralelo a él, a cinco metros, y allí se mantenían inmóviles, fijos los ojos en los ladrillos. Como el sol se ocultaba tras el cerco al declinar, los idiotas tenían fiesta. La luz enceguecedora llamaba su atención al principio; poco a poco sus ojos se animaban; se reían al fin estrepitosamente, congestionados por la misma hilaridad ansiosa, mirando el sol con alegría bestial, como si fuera comida.

Otras veces, alineados en el banco, zumbaban horas enteras imitando al tranvía eléctrico. Los ruidos fuertes sacudían asimismo su inercia, y corrían entonces alrededor del patio, mordiéndose la lengua y mugiendo. Pero casi siempre estaban apagados en un sombrío letargo de idiotismo, y pasaban todo el día sentados en su banco, con las piernas colgantes y quietas, empapando de glutinosa saliva el pantalón.

El mayor tenía doce años y el menor, ocho. En todo su aspecto sucio y desvalido se notaba la falta absoluta de un poco de cuidado maternal.

Esos cuatro idiotas, sin embargo, habían sido un día el encanto de sus padres. A los tres meses de casados, Mazzini y Berta orientaron su estrecho amor de marido y mujer y mujer y marido hacia un porvenir mucho más vital: un hijo. ¿Qué mayor dicha para dos enamorados que esa honrada consagración de su cariño, libertado ya del vil egoísmo de un mutuo amor sin fin ninguno y, lo que es peor para el amor mismo, sin esperanzas posibles de renovación?

Así lo sintieron Mazzini y Berta, y cuando el hijo llegó, a los catorce meses de matrimonio, creyeron cumplida su felicidad. La criatura creció bella y radiante hasta que tuvo año y medio. Pero en el vigésimo mes sacudiéronlo una noche convulsiones terribles y a la mañana siguiente no conocía más a sus padres. El médico lo examinó con esa atención profesional que está visiblemente buscando la causa del mal en las enfermedades de los padres.

Después de algunos días los miembros paralizados de la criatura recobraron el movimiento; pero la inteligencia, el alma, aun el instinto, se habían ido del todo. Había quedado profundamente idiota, baboso, colgante, muerto para siempre sobre las rodillas de su madre.

—¡Hijo, mi hijo querido! — sollozaba ésta sobre aquella espantosa ruina de su primogénito.

El padre, desolado, acompañó al médico afuera.

— A usted se le puede decir: creo que es un caso perdido. Podrá mejorar, educarse en todo lo que le permita su idiotismo, pero no más allá.

—¡Sí!..., ¡sí!... — asentía Mazzini —. Pero dígame: ¿Usted cree que es herencia, que...?

— En cuanto a la herencia paterna, ya le dije lo que creí cuando ví a su hijo. Respecto a la madre, hay allí un pulmón que no sopla bien. No veo nada más, pero hay un soplo un poco rudo. Hágala examinar detenidamente.

Con el alma destrozada de remordimiento, Mazzini redobló el amor a su hijo, el pequeño idiota que pagaba los excesos del abuelo. Tuvo asimismo que consolar, sostener sin tregua a Berta, herida en lo más profundo por aquel fracaso de su joven maternidad.

Como es natural, el matrimonio puso todo su amor en la esperanza de otro hijo. Nació éste, y su salud y limpidez de risa reencendieron el porvenir extinguido. Pero a los dieciocho meses las convulsiones del primogénito se repetían, y al día siguiente el segundo hijo amanecía idiota.

Esta vez los padres cayeron en honda desesperación. ¡Luego su sangre, su amor estaban malditos! ¡Su amor, sobre todo! Veintiocho años él, veintidós ella, y toda su apasionada ternura no alcanzaba a crear un átomo de vida normal. Ya no pedían más belleza e inteligencia, como en el primogénito; ¡pero un hijo, un hijo como todos!

Del nuevo desastre brotaron nuevas llamaradas de dolorido amor, un loco anhelo de redimir de una vez para siempre la santidad de su ternura. Sobrevinieron mellizos, y punto por punto repitióse el proceso de los dos mayores.

Mas por encima de su inmensa amargura quedaba a Mazzini y Berta gran compasión por sus cuatro hijos. Hubo que arrancar del limbo de la más honda animalidad no ya sus almas, sino el instinto mismo, abolido. No sabían deglutir, cambiar de sitio, ni aun sentarse. Aprendieron al fin a caminar, pero chocaban contra todo, por no darse cuenta de los obstáculos. Cuando los lavaban mugían hasta inyectarse de sangre el rostro. Animábanse sólo al comer o cuando veían colores brillantes u oían truenos. Se reían entonces, echando afuera lengua y ríos de baba, radiantes de frenesí bestial. Tenían, en cambio, cierta facultad imitativa; pero no se pudo obtener nada más.

Con los mellizos pareció haber concluído la aterradora descendencia. Pero pasados tres años, Mazzini y Berta desearon de nuevo ardientemente otro hijo, confiando en que el largo tiempo transcurrido hubiera aplacado a la fatalidad.

No satisfacían sus esperanzas. Y en ese ardiente anhelo que se exasperaba en razón de su infructuosidad, se agriaron. Hasta ese momento cada cual había tomado sobre sí la parte que le correspondía en la miseria de sus hijos; pero la desesperanza de redención ante las cuatro bestias que habían nacido de ellos echó afuera esa imperiosa necesidad de culpar a los otros, que es patrimonio específico de los corazones inferiores.

Iniciáronse con el cambio de pronombres: *tus* hijos. Y como a más del insulto había la insidia, la atmósfera se cargaba.

— Me parece — díjole una noche Mazzini, que acababa de entrar y se lavaba las manos — que podrías tener más limpios a los muchachos.

Berta continuó leyendo como si no hubiera oído.

— Es la primera vez — repuso al rato — que te veo inquietarte por el estado de tus hijos.

Mazzini volvió un poco la cara a ella con una sonrisa forzada.

— De nuestros hijos, me parece . . .

— Bueno, de nuestros hijos. ¿Te gusta así? — alzó ella los ojos.

Esta vez Mazzini se expresó claramente:

— Creo que no vas a decir que yo tenga la culpa, ¿no?

—¡Ah, no!—se sonrió Berta, muy pálida — ; pero yo tampoco, supongo . . . ¡No faltaba más! . . . — murmuró.

—¿Que no faltaba más?

—¡Que si alguien tiene la culpa no soy yo, entiéndelo bien! Eso es lo que te quería decir.

Su marido la miró un momento, con brutal deseo de insultarla.

—¡Dejemos! — articuló al fin, secándose las manos.

— Como quieras; pero si quieres decir . . .

— ¡Berta!

— ¡Como quieras!

Éste fué el primer choque, y le sucedieron otros. Pero en las inevitables reconciliaciones sus almas se unían con doble arrebato y ansia por otro hijo.

Nació así una niña. Vivieron dos años con la angustia a flor de alma, esperando siempre otro desastre.

Nada acaeció, sin embargo, y los padres pusieron en su hija toda su complacencia, que la pequeña llevaba a los más extremos límites del mimo y la mala crianza.

Si aun en los últimos tiempos Berta cuidaba siempre de sus hijos, al nacer Bertita olvidóse casi del todo de los otros. Su solo recuerdo la horrorizaba como algo atroz que la hubieran obligado a cometer. A Mazzini, bien que en menor grado, pasábale lo mismo.

No por eso la paz había llegado a sus almas. La menor indisposición de su hija echaba ahora afuera, con el terror de perderla, los rencores de su descendencia podrida. Habían acumulado hiel sobrado tiempo para que el vaso no quedara distendido, y al menor contacto el veneno se vertía afuera. Desde el primer disgusto emponzoñado habíanse perdido el respeto; y si hay algo a que el hombre se siente arrastrado con cruel fruición es, cuando ya se comenzó, a humillar del todo a una persona. Antes se contenían por la mutua falta de éxito; ahora que éste había llegado, cada cual, atribuyéndolo a sí mismo, sentía mayor la infamia de los cuatro engendros que el otro habíale forzado a crear.

Con estos sentimientos, no hubo ya para los cuatro hijos mayores afecto posible. La sirvienta los vestía, les daba de comer, los acostaba, con visible brutalidad. No los lavaban casi nunca. Pasaban casi todo el día sentados frente al cerco, abandonados de toda remota caricia.

De ese modo Bertita cumplió cuatro años, y esa noche, resultado de las golosinas que sus padres eran incapaces de negarle, la criatura tuvo algún escalofrío y fiebre. Y el temor a verla morir o quedar idiota tornó a reabrir la eterna llaga.

Hacía tres horas que no hablaban, y el motivo fué, como casi siempre, los fuertes pasos de Mazzini.

— ¡Mi Dios! ¿No puedes caminar más despacio? ¿Cuántas veces...?

— Bueno, es que me olvido; ¡se acabó! No lo hago a propósito.

Ella se sonrió, desdeñosa:

— ¡No, no te creo tanto!

— Ni yo jamás te hubiera creído tanto a ti..., ¡tisiquilla!

— ¡Qué! ¿qué dijiste?...

— ¡Nada!

— ¡Sí, te oí algo! Mira: ¡no sé lo que dijiste; pero te juro que prefiero cualquier cosa a tener un padre como el que has tenido tú!

Mazzini se puso pálido.

— ¡Al fin! — murmuró con los dientes apretados —. ¡Al fin, víbora, has dicho lo que querías!

— ¡Sí, víbora, sí! ¡Pero yo he tenido padres sanos, ¿oyes? ¡sanos! ¡Mi padre no ha muerto de delirio! ¡Yo hubiera tenido hijos como los de todo el mundo! ¡Ésos son hijos tuyos, los cuatro tuyos!

Mazzini explotó a su vez.

— ¡Víbora tísica! ¡Eso es lo que te dije, lo que te quiero decir! ¡Pregúntale, pregúntale al médico quién tiene la mayor culpa de la meningitis de tus hijos; mi padre o tu pulmón picado, víbora!

Continuaron cada vez con mayor violencia, hasta que un gemido de Bertita selló instantáneamente sus bocas. A la una de la mañana la ligera indigestión había desaparecido y, como pasa fatalmente con todos los matrimonios jóvenes que se han amado intensamente una vez siquiera, la reconciliación llegó, tanto más efusiva cuanto infames fueran los agravios.

Amaneció un espléndido día, y mientras Berta se levantaba escupió sangre. Las emociones y mala noche pasada tenían, sin duda, gran culpa. Mazzini la retuvo abrazada largo rato y ella lloró desesperadamente, pero sin que ninguno se atreviera a decir una palabra.

A las diez decidieron salir, después de almorzar. Como apenas tenían tiempo, ordenaron a la sirvienta que matara una gallina.

El día, radiante, había arrancado a los idiotas de su banco. De modo que mientras la sirvienta degollaba en la cocina al animal, desangrándolo con parsimonia (Berta había aprendido de su madre este buen modo de conservar la frescura de la carne), creyó sentir algo como respiración tras ella. Volvióse, y vió a los cuatro idiotas, con los hombros pegados uno a otro, mirando estupefactos la operación. Rojo... rojo...

— ¡Señora! Los niños están aquí en la cocina.

Berta llegó; no quería que jamás pisaran allí. ¡Y ni aun en estas horas de pleno perdón, olvido y felicidad reconquistada podía evitarse esa horrible visión! Porque, naturalmente, cuanto más intensos eran los raptos de amor a su marido e hija, más irritado era su humor con los monstruos.

— ¡Que salgan, María! ¡Échelos! ¡Échelos, le digo!

Las cuatro bestias, sacudidas, brutalmente empujadas, fueron a dar a su banco.

Después de almorzar salieron todos. La sirvienta fué a Buenos Aires y el matrimonio a pasear por las quintas. Al bajar el sol volvieron; pero Berta quiso saludar un momento a sus vecinas de enfrente. Su hija escapóse en seguida a casa.

Entretanto los idiotas no se habían movido en todo el día de su banco. El sol había traspuesto ya el cerco, comenzaba a hundirse, y ellos continuaban mirando los ladrillos, más inertes que nunca.

De pronto algo se interpuso entre su mirada y el cerco. Su hermana, cansada de cinco horas paternales, quería observar por su cuenta. Detenida al pie del cerco, miraba pensativa la cresta. Quería trepar, eso no ofrecía duda. Al fin decidióse por una silla desfondada, pero aun no alcanzaba. Recurrió entonces a un cajón de kerosene, y su instinto topográfico hízole colocar vertical el mueble, con lo cual triunfó.

Los cuatro idiotas, la mirada indiferente, vieron cómo su hermana lograba pacientemente dominar el equilibrio y cómo en puntas de pie apoyaba la garganta sobre la cresta del cerco, entre sus manos tirantes. Viéronla mirar a todos lados y buscar apoyo con el pie para alzarse más.

Pero la mirada de los idiotas se había animado; una misma luz insistente estaba fija en sus pupilas. No apartaban los ojos de su hermana, mientras creciente sensación de gula bestial iba cambiando cada línea de sus rostros. Lentamente avanzaron hacia el cerco. La pequeña, que habiendo logrado calzar el pie, iba ya a montar a horcajadas y a caerse del otro lado, seguramente, sintióse cogida de una pierna. Debajo de ella, los ocho ojos clavados en los suyos le dieron miedo.

—¡Soltáme!, ¡dejáme! — gritó sacudiendo la pierna. Pero fué atraída.

—¡Mamá! ¡Ay, mamá! ¡Mamá, papá! — lloró imperiosamente. Trató aún de sujetarse del borde, pero sintióse arrancada y cayó.

—¡Mamá! ¡Ay, ma . . .! — no pudo gritar más. Uno de ellos le apretó el cuello, apartando los bucles como si fueran plumas, y los otros la arrastraron de una sola pierna hasta la cocina, donde esa mañana se había desangrado la gallina, bien sujeta, arrancándole la vida segundo por segundo.

Mazzini, en la casa de enfrente, creyó oír la voz de su hija.

— Me parece que te llama — le dijo a Berta.

Prestaron oído, inquietos, pero no oyeron más. Con todo, un momento después se despidieron, y mientras Berta iba a dejar su sombrero, Mazzini avanzó en el patio:

—¡Bertita!

Nadie respondió.

—¡Bertita! — alzó más la voz, ya alterada.

Y el silencio fué tan fúnebre para su corazón siempre aterrado, que la espalda se le heló del horrible presentimiento.

—¡Mi hija, mi hija! — corrió ya desesperado hacia el fondo. Pero al pasar frente a la cocina vió en el piso un mar de sangre. Empujó violentamente la puerta, entornada, y lanzó un grito de horror.

Berta, que ya se había lanzado corriendo a su vez al oír el angustioso llamado del padre, oyó el grito y respondió con otro. Pero al precipitarse en la cocina, Mazzini, lívido como la muerte, se interpuso, conteniéndola:

—¡No entres! ¡No entres!

Berta alcanzó a ver el piso inundado de sangre. Sólo pudo echar sus brazos sobre la cabeza y hundirse a lo largo de él con un ronco suspiro.

(De *Cuentos de amor, de locura y de muerte*, 1917).

EL HOMBRE MUERTO

El hombre y su machete acababan de limpiar la quinta calle del bananal. Faltábanles aún dos calles; pero como en éstas abundaban las chircas y malvas silvestres, la tarea que tenían por delante era muy poca cosa. El hombre echó en consecuencia una mirada satisfecha a los arbustos rozados, y cruzó el alambrado para tenderse un rato en la gramilla.

Mas al bajar el alambre de púa y pasar el cuerpo, su pie izquierdo resbaló sobre un trozo de corteza desprendida del poste, a tiempo que el machete se le escapaba de la mano. Mientras caía, el hombre tuvo la impresión sumamente lejana de no ver el machete de plano en el suelo.

Ya estaba tendido en la gramilla, acostado sobre el lado derecho, tal como él quería. La boca, que acababa de abrírsele en toda su extensión, acababa también de cerrarse. Estaba como hubiera deseado estar, las rodillas dobladas y la mano izquierda sobre el pecho, Sólo que tras el antebrazo, e inmediatamente por debajo del cinto, surgían de su camisa el puño y la mitad de la hoja del machete; pero el resto no se veía.

El hombre intentó mover la cabeza, en vano. Echó una mirada de reojo a la empuñadura del machete, húmeda aún del sudor de su mano. Apreció mentalmente la extensión y la trayectoria del machete dentro de su vientre, y adquirió, fría, matemática e inexorable, la seguridad de que acababa de llegar al término de su existencia.

La muerte. En el transcurso de la vida se piensa muchas veces en que un día, tras años, meses, semanas y días preparatorios, llegaremos a nuestro turno al umbral de la muerte. Es la ley fatal, aceptada y prevista; tanto, que solemos dejarnos llevar placenteramente por la imaginación a ese momento, supremo entre todos, en que lanzamos el último suspiro.

Pero entre el instante actual y esa postrera espiración, ¡qué de sueños, trastornos, esperanzas y dramas presumimos en nuestra vida! ¡Qué nos reserva aún esta existencia llena de vigor, antes de su eliminación del escenario humano! Es éste el consuelo, el placer y la razón de nuestras divagaciones mortuorias: ¡Tan lejos está la muerte, y tan imprevisto lo que debemos vivir aún!

¿Aún?... No han pasado dos segundos: el sol está exactamente a la misma altura; las sombras no han avanzado un milímetro. Bruscamente, acaban de resolverse para el hombre tendido las divagaciones a largo plazo: Se está muriendo.

Muerto. Puede considerarse muerto en su cómoda postura.

Pero el hombre abre los ojos y mira. ¿Qué tiempo ha pasado? ¿Qué cataclismo ha sobrevenido en el mundo? ¿Qué trastorno de la naturaleza trasuda el horrible acontecimiento?

Va a morir. Fría, fatal e ineludiblemente, va a morir.

El hombre resiste — ¡es tan imprevisto ese horror! Y piensa: Es una pesadilla; esto es! ¿Qué ha cambiado? Nada. Y mira: ¿No es acaso ese bananal su bananal? ¿No viene todas las mañanas a limpiarlo? ¿Quién lo conoce como él? Ve perfectamente el bananal, muy raleado, y las anchas hojas desnudas al sol. Allí están, muy cerca, deshilachadas por el viento. Pero ahora no se mueven... Es la calma de mediodía; pronto deben ser las doce.

Por entre los bananos, allá arriba, el hombre ve desde el duro suelo el techo rojo de su casa. A la izquierda, entrevé el monte y la capuera de canelas. No alcanza a ver más, pero sabe muy bien que a sus espaldas está el camino al puerto nuevo; y que en la dirección de su cabeza, allá abajo, yace en el fondo del valle el Paraná dormido como un lago. Todo, todo exactamente como siempre; el sol de fuego, el aire vibrante y solitario, los bananos inmóviles, el alambrado de postes muy gruesos y altos que pronto tendrá que cambiar...

¡Muerto! ¿Pero es posible? ¿No es éste uno de los tantos días en que ha salido al amanecer de su casa con el machete en la mano? ¿No está allí mismo con el machete en la mano? ¿No está allí mismo, a cuatro metros de él, su caballo, su malacara, oliendo parsimoniosamente el alambre de púa?

¡Pero sí! Alguien silba... No puede ver, porque está de espaldas al camino; mas siente resonar en el puentecito los pasos del caballo... Es el muchacho que pasa todas las mañanas hacia el puerto nuevo, a las once y media. Y siempre silbando... Desde el poste descascarado que toca casi con las botas, hasta el cerco vivo de monte que separa el bananal del camino, hay quince metros largos. Lo sabe perfectamente bien, porque él mismo, al levantar el alambrado, midió la distancia.

¿Qué pasa, entonces? ¿Es ése o no un natural mediodía de los tantos en Misiones, en su monte, en su potrero, en el bananal ralo? ¡Sin duda! Gramilla corta, conos de hormigas, silencio, sol a plomo...

Nada, nada ha cambiado. Sólo él es distinto.

Desde hace dos minutos su persona, su personalidad viviente, nada tiene ya que ver ni con el potrero, que formó él mismo a azada, durante cinco meses consecutivos; ni con el bananal, obra de sus solas manos. Ni con su familia. Ha sido arrancado bruscamente, naturalmente, por obra de una cáscara lustrosa y un machete en el vientre. Hace dos minutos: Se muere.

El hombre, muy fatigado y tendido en la gramilla sobre el costado derecho, se resiste siempre a admitir un fenómeno de esa trascendencia, ante el aspecto normal y monótono de cuanto mira. Sabe bien la hora: las once y media... El muchacho de todos los días acaba de pasar el puente.

¡Pero no es posible que haya resbalado!... El mango de su machete (pronto deberá cambiarlo por otro; tiene ya poco vuelo) estaba perfectamente oprimido entre su mano izquierda y el alambre de púa. Tras diez años de bosque, él sabe muy bien cómo se maneja un machete de monte. Está solamente muy fatigado del trabajo de esa mañana, y descansa un rato como de costumbre.

¿La prueba?... ¡Pero esa gramilla que entre ahora por la comisura de su boca la plantó él mismo, en panes de tierra distantes un metro uno de otro! Y ése es su bananal; y ése es su malacara, resoplando cauteloso ante las púas del alambre! Lo ve perfectamente; sabe que no se atreve a doblar la esquina del alambrado, porque él está echado casi al pie del poste. Lo distingue muy bien; y ve los hilos oscuros de sudor que arrancan de la cruz y del anca. El sol cae a plomo, y la calma es muy grande, pues ni un fleco de los bananos se mueve. Todos los días, como *ése*, ha visto las mismas cosas.

... Muy fatigado, pero descansa sólo. Deben de haber pasado ya varios minutos... Y a las doce menos cuarto, desde allá arriba, desde el chalet de techo rojo, se desprenderán hacia el bananal su mujer y sus dos hijos, a buscarlo para almorzar. Oye siempre, antes que las demás, la voz de su chico menor que quiere soltarse de la mano de su madre: ¡Piapiá¡ ¡piapiá!

¿No es eso?... ¡Claro, oye! Ya es la hora. Oye efectivamente la voz de su hijo...

¡Qué pesadilla!... ¡Pero es uno de los tantos días, trivial como todos, claro está! Luz excesiva, sombras amarillentas, calor silencioso de horno sobre la carne, que hace sudar al malacara inmóvil ante el bananal prohibido.

... Muy cansado, mucho, pero nada más. ¡Cuántas veces, a mediodía como ahora, ha cruzado volviendo a casa ese potrero, que era capuera cuando él llegó, y antes había sido monte virgen! Volvía entonces, muy fatigado también, con su machete pendiente de la mano izquierda, a lentos pasos.

Puede aun alejarse con la mente, si quiere; puede si quiere abandonar un instante su cuerpo y ver desde el tajamar por él construído, el trivial paisaje de siempre: el pedregullo volcánico con gramas rígidas; el bananal y su arena roja; el alambrado empequeñecido en la pendiente, que se acoda hacia el camino. Y más lejos aún ver el potrero, obra sola de sus manos. Y al pie de un poste descascarado, echado sobre el costado derecho y las piernas recogidas, exactamente como todos los días, puede verse a él mismo, como un pequeño bulto asoleado sobre la gramilla — descansando, porque está muy cansado...

Pero el caballo rayado de sudor, e inmóvil de cautela ante el esquinado del alambrado, ve también al hombre en el suelo y no se atreve a costear el bananal, como desearía. Ante las voces que ya están próximas — ¡Piapiá! — vuelve un largo, largo rato las orejas inmóviles al bulto: y tranquilizado al fin, se decide a pasar entre el poste y el hombre tendido — que ya ha descansado.

(De *Los desterrados*, 1926).

EL HIJO

Es un poderoso día de verano en Misiones[1] con todo el sol, el calor y la calma que puede deparar la estación. La naturaleza, plenamente abierta, se siente satisfecha de sí.

Como el sol, el calor y la calma ambiente, el padre abre también su corazón a la naturaleza.

— Ten cuidado, chiquito — dice a su hijo abreviando en esa frase todas las observaciones del caso y que su hijo comprende perfectamente.

— Sí, papá — responde la criatura, mientras coge la escopeta y carga de cartuchos los bolsillos de su camisa, que cierra con cuidado.

— Vuelve a la hora de almorzar — observa aún el padre.

— Sí, papá — repite el chico.

Equilibra la escopeta en la mano, sonríe a su padre, lo besa en la cabeza y parte.

Su padre lo sigue un rato con los ojos y vuelve a su quehacer de ese día, feliz con la alegría de su pequeño.

Sabe que su hijo, educado desde su más tierna infancia en el hábito y la precaución del peligro, puede manejar un fusil y cazar no importa qué. Aunque es muy alto para su edad, no tiene sino trece años. Y parecería tener menos, a juzgar por la pureza de sus ojos azules, frescos aun de sorpresa infantil.

No necesita el padre levantar los ojos de su quehacer para seguir con la mente la marcha de su hijo: Ha cruzado la picada[2] roja y se encamina rectamente al monte a través del abra de espartillo.

Para cazar en el monte — caza de pelo — se requiere más paciencia de la que su cachorro puede rendir. Después de atravesar esa isla de monte, su hijo costeará la linde de cactus hasta el bañado, en procura de palomas, tucanes o tal cual casal de garzas, como las que su amigo Juan ha descubierto días anteriores.

Solo ahora, el padre esboza una sonrisa al recuerdo de la pasión cinegética de las dos criaturas. Cazan sólo a veces un yacútoro, un surucuá — menos aún — y regresan triunfales, Juan a su rancho con el fusil de nueve milímetros que él le ha regalado, y su hijo a la meseta, con la gran escopeta Saint-Etienne[3] calibre 16, cuádruple cierre y pólvora blanca.

El fué lo mismo. A los trece años hubiera dado la vida por poseer una escopeta. Su hijo, de aquella edad, la posee ahora; — y el padre sonríe.

No es fácil, sin embargo, para un padre viudo, sin otra fe ni esperanza que la vida de su hijo, educarlo como lo ha hecho él, libre en su corto radio de acción, seguro de sus pequeños pies y manos desde que tenía cuatro años, consciente de la inmensidad de ciertos peligros y de la escasez de sus propias fuerzas.

Ese padre ha debido luchar fuertemente contra lo que él considera su egoísmo. ¡Tan fácilmente una criatura calcula mal, sienta un pie en el vacío y se pierde un hijo!

El peligro subsiste siempre para el hombre en cualquier edad; pero su amenaza amengua si desde pequeño se acostumbra a no contar sino con sus propias fuerzas.

De este modo ha educado el padre a su hijo. Y para conseguirlo ha debido resistir no sólo a su corazón, sino a sus tormentos morales; porque ese padre, de estómago y vista débiles, sufre desde hace un tiempo de alucinaciones.

Ha visto, concretados en dolorosísima ilusión, recuerdos de una felicidad que no debía surgir más de la nada en que se recluyó. La imagen de su propio hijo no ha escapado a este tormento. Lo ha visto una vez rodar envuelto en sangre cuando el chico percutía en la morsa del taller una bala de parabellum, siendo así que lo que hacía era limar la hebilla de su cinturón de caza.

Horribles cosas . . . Pero hoy, con el ardiente y vital día de verano, cuyo amor su hijo parece haber heredado, el padre se siente feliz, tranquilo y seguro del porvenir.

En ese instante, no muy lejos, suena un estampido.

— La Saint-Etienne . . . — piensa el padre

---

[1] Provincia al norte de la Argentina, en la frontera con Brasil y Paraguay.

[2] Senda estrecha.
[3] Fábrica francesa de armas de fuego.

al reconocer la detonación. — Dos palomas de menos en el monte . . .

Sin prestar más atención al nimio acontecimiento, el hombre se abstrae de nuevo en su tarea.

El sol, ya muy alto, continúa ascendiendo. Adonde quiera que se mire — piedras, tierra, arboles, — el aire, enrarecido como en un horno, vibra con el calor. Un profundo zumbido que llena el ser entero e impregna el ámbito hasta donde la vista alcanza, concentra a esa hora toda la vida tropical.

El padre echa una ojeada a su muñeca: las doce. Y levanta los ojos al monte.

Su hijo debía estar ya de vuelta. En la mutua confianza que depositan el uno en el otro — el padre de sienes plateadas y la criatura de trece años, — no se engañan jamás. Cuando su hijo responde: — Sí, papá, hará lo que dice. Dijo que volvería antes de las doce, y el padre ha sonreído al verlo partir.

Y no ha vuelto.

El hombre torna a su quehacer, esforzándose en concentrar la atención en su tarea. ¡Es tan fácil, tan fácil perder la noción de la hora dentro del monte, y sentarse un rato en el suelo mientras se descansa inmóvil . . .

Bruscamente, la luz meridiana, el zumbido tropical y el corazón del padre se detienen a compás de lo que acaba de pensar: su hijo descansa inmóvil . . .

El tiempo ha pasado; son las doce y media. El padre sale de su taller, y al apoyar la mano en el banco de mecánica sube del fondo de su memoria el estallido de una bala de parabellum, e instantáneamente, por primera vez en las tres horas transcurridas, piensa que tras el estampido de la Saint-Etienne no ha oído nada más. No ha oído rodar el pedregullo bajo un paso conocido. Su hijo no ha vuelto, y la naturaleza se halla detenida a la vera del bosque, esperándolo . . .

¡Oh! No son suficientes un carácter templado y una ciega confianza en la educación de un hijo para ahuyentar el espectro de la fatalidad que un padre de vista enferma ve alzarse desde la línea del monte. Distracción, olvido, demora fortuita: ninguno de estos nimios motivos que pueden retardar la llegada de su hijo, hallan cabida en aquel corazón.

Un tiro, un solo tiro ha sonado, y hace ya mucho. Tras él el padre no ha oído un ruido, no ha visto un pájaro, no ha cruzado el abra una sola persona a anunciarle que al cruzar un alambrado, una gran desgracia . . .

La cabeza al aire y sin machete, el padre va. Corta el abra de espartillo, entra en el monte, costea la línea de cactus sin hallar el menor rastro de su hijo.

Pero la naturaleza prosigue detenida. Y cuando el padre ha recorrido las sendas de caza conocidas y ha explorado el bañado en vano, adquiere la seguridad de que cada paso que da en adelante lo lleva, fatal e inexorablemente, al cadáver de su hijo.

Ni un reproche que hacerse, el lamentable. Sólo la realidad fría, terrible y consumada: Ha muerto su hijo al cruzar un . . .

¡Pero dónde, en qué parte! ¡Hay tantos alambrados allí, y es tan tan sucio el monte! . . . ¡Oh, muy sucio! . . . Por poco que no se tenga cuidado al cruzar los hilos con la escopeta en la mano . . .

El padre sofoca un grito. Ha visto levantarse en el aire . . . ¡Oh, no es su hijo, no! . . . Y vuelve a otro lado, y a otro y a otro . . .

Nada se ganaría con ver el color de su tez y la angustia de sus ojos. Ese hombre aun no ha llamado a su hijo. Aunque su corazón clama por él a gritos, su boca continúa muda. Sabe bien que el solo acto de pronunciar su nombre, de llamarlo en voz alta, será la confesión de su muerte . . .

— ¡Chiquito! — se le escapa de pronto. Y si la voz de un hombre de carácter es capaz de llorar, tapémonos de misericordia los oídos ante la angustia que clama en aquella voz.

Nadie ni nada ha respondido. Por las picadas rojas de sol, envejecido en diez años, va el padre buscando a su hijo que acaba de morir.

— ¡Hijito mío! . . . ¡Chiquito mío! . . . — clama en un diminutivo que se alza del fondo de sus entrañas.

Ya antes, en plena dicha y paz, ese padre ha sufrido la alucinación de su hijo rodando con la frente abierta por una bala al cromo níquel. Ahora, en cada rincón sombrío de bosque ve centelleos de alambre; y al pie de un poste, con la escopeta descargada al lado, ve a su . . .

— ¡Chiquito! . . . ¡Mi hijo! . . .

Las fuerzas que permiten entregar un pobre padre alucinado a la más atroz pesadilla tienen también un límite. Y el nuestro siente que las suyas se le escapan, cuando ve bruscamente desembocar de un pique lateral a su hijo.

A un chico de trece años bástale ver desde cincuenta metros la expresión de su padre sin machete dentro del monte, para apresurar el paso con los ojos húmedos.

— Chiquito . . . — murmura el hombre. Y, exhausto, se deja caer sentado en la arena albeante, rodeando con los brazos las piernas de su hijo.

La criatura, así ceñida, queda de pie; y como comprende el dolor de su padre, le acaricia despacio la cabeza:

— Pobre papá . . .

En fin, el tiempo ha pasado. Ya van a ser las tres. Juntos, ahora, padre e hijo emprenden el regreso a la casa.

— ¿Cómo no te fijaste en el sol para saber la hora? . . . — murmura aún el primero.

— Me fijé, papá . . . Pero cuando iba a volver vi las garzas de Juan y las seguí . . .

— ¡Lo que me has hecho pasar, chiquito! . . .

— Piapiá . . . — murmura también el chico. Después de un largo silencio:

— Y las garzas, ¿las mataste? — pregunta el padre.

— No . . .

Nimio detalle, después de todo. Bajo el cielo y el aire candentes, a la descubierta por el abra de espartillo, el hombre vuelve a casa con su hijo, sobre cuyos hombros, casi del alto de los suyos, lleva pasado su feliz brazo de padre. Regresa empapado de sudor, y aunque quebrantado de cuerpo y alma, sonríe de felicidad . . .

. . . .

. . . .

Sonríe de alucinada felicidad . . . Pues ese padre va solo. A nadie ha encontrado, y su brazo se apoya en el vacío. Porque tras él, al pie de un poste y con las piernas en alto, enredadas en el alambre de púa, su hijo bien amado yace al sol, muerto desde las diez de la mañana.

(*Más allá*, 1934).

———◆———

Hablamos ya, a propósito de Díaz Rodríguez, de la corriente artística de la narrativa venezolana. En la otra corriente, la realista, hay que situar a RUFINO BLANCO FOMBONA (Venezuela; 1874–1944). Sus primeros versos salieron del alambique modernista; pero de ese estilo sólo la exaltación de las personalidades violentas le convenía, pues era eso, un violento. Él decía sentirse «más cerca de los románticos, aun cuando no me alejo nunca de la verdad que ven mis ojos.» Reprochó a los modernistas su blandura, su exotismo, su espíritu de imitación, su ceguera para las cosas de América. Él, es cierto, se preocupó por América más que otros modernistas, en su labor de historiador, panfletario político y crítico; pero su obra de pura creación literaria no resultó tan buena como su programa de un arte americano original había prometido. Su verdadero mérito está en los *Cuentos americanos* (1904) — aumentados en la edición titulada *Dramas mínimos*, 1920 — y en las novelas *El hombre de hierro* (1907), *El hombre de oro* (1915), *La mitra en la mano* (1927), etc. Desgraciadamente aun aquí sólo mostró la garra con que se escriben novelas, no las novelas que se logran con esa garra. Dejó caricaturas, no personajes. Su pasión política, sus propósitos satíricos, su orgullo en ser instintivo y bárbaro, sus recursos periodísticos aplicados al arte echaron a perder su visión creadora. Si se le llama «realista» es por contraste con el preciosismo de otros narradores. En realidad, Blanco

Fombona se desahogaba demasiado para narrar con objetividad. Estaba obsesionado por la estupidez, la maldad y la sordidez de las gentes — aunque él mismo no fue hombre moralmente ejemplar — y cuando no deformaba la realidad con sus diatribas la empobrecía con el sexo. En fin, que Blanco Fombona, si bien no escribió ningún libro realmente poderoso, dejó una obra de conjunto lo bastante considerable para que nos interesemos por su personalidad humana y, en este sentido, gustemos el Diario de su vida, de 1906 a 1914, que publicó en 1933 con el título de *Camino de imperfección;* diario que va desplegando un anecdotario erótico, político y literario siempre vanidoso y a veces brillante.

Rufino Blanco Fombona

CAMINO DE IMPERFECCIÓN.
DIARIO DE MI VIDA

1906. Caracas

2 de abril. Quisiera, al morir, poder inspirar una pequeña necrología por el estilo de la siguiente:

Este hombre, como amado de los dioses, murió joven. Supo querer y odiar con todo su corazón. Amó campos, ríos, fuentes; amó el buen vino, el mármol, el acero, el oro; amó las núbiles mujeres y los bellos versos. Despreció a los timoratos, a los presuntuosos y a los mediocres. Odió a los pérfidos, a los hipócritas, a los calumniadores, a los venales, a los eunucos y a los serviles. Se contentó con jamás leer a los fabricantes de literatura tonta. En medio de su injusticia, era justo. Prodigó aplausos a quien creyó que los merecía; admiraba a cuantos reconoció por superiores a él, y tuvo en estima a sus pares. Aunque a menudo celebró el triunfo de la garra y el ímpetu del ala, tuvo piedad del infortunio hasta en los tigres. No atacó sino a los fuertes. Tuvo ideales y luchó y se sacrificó por ellos. Llevó el desinterés hasta el ridículo. Sólo una cosa nunca dió: consejos. Ni en sus horas más tétricas le faltaron de cerca o de lejos la voz amiga y el corazón de alguna mujer. No se sabe si fué moral o inmoral o amoral. Pero él se tuvo por moralista, a su modo. Puso la verdad y la belleza — su belleza y su verdad — por encima de todo. Gozó y sufrió mucho espiritual y físicamente. Conoció el mundo todo y deseaba que todo el mundo lo conociera a él. Ni imperatorista ni acrático, pensaba que la inteligencia y la tolerancia debían gobernar los pueblos; y que debía ejercerse un máximum de justicia social, sin privilegio de clases ni de personas. Cuanto al arte, creyó siempre que se podía y debía ser original, sin olvidarse del *nihil novum sub sole.*[1] Su vivir fué ilógico. Su pensar fué contradictorio. Lo único perenne que tuvo parece ser la sinceridad, ya en la emoción, ya en el juicio. Jamás la mentira mancilló ni sus labios ni su pluma. No le temió nunca a la verdad, ni a las consecuencias que acarrea. Por eso afrontó puñales homicidas; por eso sufrió cárceles largas y larguísimos destierros. Predicó la libertad con el ejemplo: fué libre. Era un alma del siglo XVI y un hombre del siglo XX. Descanse, en paz,

---

[1] «Nada nuevo bajo el sol», palabras de Salomón en el *Eclesiastés,* (I, 10).

por la primera vez. La tierra, que amó, le sea propicia.

3 de diciembre. El balneario de Macuto rebosa en gente; todo Caracas está aquí, sin contar mucho personaje político de las provincias, que viene a acechar la agonía de Castro,[2] porque Castro agoniza en Macuto, en su quinta de la Guzmanía.[3] Pero a Macuto no le importa. Macuto se divierte. ¿Se divierte? No. En Venezuela nadie se divierte sino finge divertirse. Faltan sinceridad, ingenuidad, tolerancia; sobran hipocresía, orgullo y estupidez. Lo que pasa en Macuto es curiosísimo. Unas familias no se juntan con otras porque se creen mejores o de más claro linaje, como si aquí hubiese linaje sin algo de tenebroso. Algunas señoras piensan que el buen tono consiste en huir de las distracciones y aburrirse en la soledad. Y no falta quien las imite. Una panadera — vieja antipática y presuntuosa — mujer de un pobre diablo de panadero, da el tono y se cree de sangre azul. Quizás como la tinta: azul negra. La otra noche en el casino, después de una audición de fonógrafo — colmo de las distracciones locales — alguien sentóse al piano y tocó un vals. Los jóvenes quisieron bailar; pero la hija de la panadera — una chica idiota de catorce años, incapaz de coordinar dos palabras — se levantó, acaso por miedo de que nadie la sacara a bailar, acaso porque no sabía. Eso bastó. Retirándose la hija de la panadera ¡cómo se iban a quedar las otras muchachas! Todas fueron partiendo, una a una, a fastidiarse, por supuesto, en su casa. Se propone un paseo a los alrededores de Macuto, que son pintorescos: no falta imbécil de señora que exclame cuando invitan a sus hijas, como si le propusieran llevarlas a un burdel:

— Mis hijas no han venido aquí para eso.

¡Qué gente más repugnante y más fastidiosa! El orgullo los devora a todos; un orgullo absurdo, por infundado. Todo el mundo se cree mejor que el prójimo; y es, a menudo, el único en tal opinión. Para probar superioridad, trata de denigrar o ridiculizar al vecino, cuando no lo calumnia, y, desde luego, lo mira con aire de protección, sin querer rozarse con él. El otro paga el desdén, con desdén y con odio.

La ignorancia es igual a la presunción. ¡Qué mujeres, qué hombres tan ignorantes! ¡Y hablan de todo con tonillo tan doctoral, tan solemne, tan contundente! Lo que dicen ciertos viejos o ciertas viejas no admite réplica. Meros lacayos, como el farsante y molieresco Mascarilla,[4] hácense pasar ante los incautos, ridículos aunque no preciosos, por «grandes», como se decía en tiempos de maricastaña,[5] por empingorotados señorones; y como el picaresco Mascarilla, piensan que la gente de calidad puede saber de todo, sin haber estudiado nada. Por eso opinan.

Las muchachas, enclaustradas todo el año en sus casas de Caracas, ociosas, fastidiadas, despechugadas, sudando, tienen por única distracción asomarse de tarde a las rejas de las ventanas. Lo natural sería que anhelaran solazarse aquí, dando al traste vanas presunciones. Pero tienen tan en la sangre la necedad ancestral, y tan envenenadas de estupidez fueron por el ejemplo y la educación, que se creen las más hermosas mujeres del orbe, nietas de María Santísima, superiores en alcurnia a una Rohan,[6] a una Colonna,[7] a una Medinaceli.[8] Olvidan que Boves[9] hizo fornicar a todas nuestras abuelas con sus llaneros de todos colores. Para esas infelices desmemoriadas y presuntuosas, todos los hombres tienen defectos. ¡Pobrecitas! Cuando vienen a adquirir experiencia, cuando vienen a abrir los ojos a la verdad de la vida, ya la frescura de sus abriles se ha marchitado, y condenadas al

---

[2] Cipriano Castro (1858–1924), presidente y dictador de Venezuela de 1900 a 1909.

[3] El régimen de Antonio Guzmán Blanco (1829–1899), presidente y dictador de Venezuela de 1864 a 1887.

[4] El famoso personaje de algunas obras de Molière; criado ingenioso y atrevido, centro de la intriga de «Las preciosas ridículas.»

[5] Expresión con la que se alude a tiempos muy lejanos.

[6] Mme. de Rohan (1600–1679), ilustre dama de la corte de Luis XIII, francesa, enemiga del Cardenal Richelieu.

[7] Victoria Colonna, poetisa italiana, celebrada por Miguel Ángel, que escribió varios hermosos sonetos a la muerte de su esposo, el Marqués de Pescara.

[8] Posible referencia genérica a una dama de la más alta aristocracia.

[9] Tomás Boves (m. en 1814), guerrillero español que al frente de sus feroces llaneros combatió contra los patriotas venezolanos en la guerra de la independencia.

celibato se hacen místicas. Entonces adoran a Dios, pero odian a la humanidad. Estas beatas que suspiran por el cielo, convierten el hogar de sus padres en infierno, acaso en venganza de sus padres que no supieron enderezarlas, cuando jóvenes, hacia el marido y la felicidad.

La gente de Macuto, es decir, de Caracas, piensa y opina que el colmo del honor es ser comerciante. A un pobre infeliz, vendedor de cintas, de pescado seco, de café; a un importador de trapos europeos; a todo hombre atareado, sudado, oloroso al queso que expende o al tabaco que acapara en su almacén, lo imaginan un personaje, y su importancia se mide por la de sus negocios. Generalmente los comerciantes son conservadores cuyos padres, o ellos mismos, dejaron escapar de sus ineptas manos el poder, hace cuarenta años. Aunque refugiados en el comercio, se suponen todavía los únicos con derecho a gobernar y ser árbitros de la República, y se permiten despreciar — *in pectore*[10] por supuesto — a los políticos, sin que el despreciarlos sea óbice para que los adulen y hasta exploten.

Esta gente vive una vida tirada a cordel, árida, isócrona, hipócrita, carneril, aburrida. Salirse por la palabra o por la acción del círculo de hastío que trazaron la estupidez y la pereza es salirse de su estimación o incurrir en su reproche. No hay medio. Todo el mundo debe aburrirse a compás. Si no, es un bandido.

Los jóvenes de sociedad son todavía peores que las jóvenes. Ellas, víctimas de la educación, las pobres, por su belleza — abundante hasta lo increíble en las mejores clases — y por su sexo y su mayor infortunio se hacen a la postre perdonar. Pero ellos, cínicos o hipócritas sin término medio, roídos por la sífilis, envenenados por el alcohol, mueren prematuramente o vegetan toda la vida, en ignominia y holgazanería, alimentados por el padre, por el tío rico o por la hermana casada. Tienen tanto horror al trabajo que prefieren todo, hasta la muerte, antes que trabajar. Por eso engrosan a menudo las filas revolucionarias, en las guerras civiles. Esperan ser coroneles y generales; asaltar el poder y robar bastante.

1908. París.

27 de enero. Cotejando ambas lenguas, española y francesa, comprendo, por primera vez, la superioridad de nuestra lengua castellana. Tiene más palabras, más giros, más hermosura resonante que el francés. Parece enfática porque los escritores españoles — los malos — son altisonantes y solemnes; pobre, porque España de siglo y medio a esta parte, con rarísimas excepciones, no ha producido sino por excepción grandes artistas de pluma, aunque empieza de nuevo abundantemente a producirlos. Pobres fueron los escritores, no la lengua de Quevedo y de Cervantes, de Luis de Granada y Góngora. El oro es oro lo mismo en cuarzo, lo mismo en pieza de troquel defectuoso, que en la sortija labrada por el cincel de Benvenuto.[11] ¿No resplandece el castellano moderno, no vuela con alas de mariposa en las obras maestras de Rubén Darío, de Gutiérrez Nájera, de José Martí, de Díaz Rodríguez, de Rodó, de tantos otros poetas y prosadores jóvenes de América? ¿Y en algunos españoles emparentados por la sensibilidad con éstos, como Valle Inclán? La ventaja del francés consiste en que esa lengua fué puesta sobre el yunque y cincelada por habilísimos y graciosos artistas, ya que en Francia a los Chenier han sucedido los Hugo, a los Hugo los Gautier, a los Gautier los Heredia, a los Heredia los Verlaine; y entre los prosadores lo mismo: desde Bossuet hasta Voltaire y desde Voltaire hasta Renan y Anatole France, la cadena no se interrumpe. Hispano-América no necesitó crear una lengua. Se encontró con ese regalo de España. Pero el alma hispanoamericana — que no necesitó crear una lengua —, ha infundido al idioma de nuestros padres un intrépido aliento de juventud. La lluvia de los cielos americanos, la ráfaga abrileña ha cubierto de pimpollos y de ramas florecidas el viejo tronco; y entre el follaje verde cantan, con un nuevo canto inaudito, los nuevos pájaros.

---

[10] En el pecho, para sus adentros.

[11] Benvenuto Cellini (1500–1571), célebre artista italiano del Renacimiento.

1909. Caracas

31 de abril. Un mes de vida más, un mes de juventud perdido. No he hecho nada. El ansia, la inquietud, la zozobra, la tensión de nervios, la intranquilidad de espíritu, la incertidumbre del porvenir, me tornan estéril para todo: para pensar, para escribir, para querer, para obrar, para todo. ¿Y esto es la vida? ¿Y esto es la juventud? ¡Una y otra corren, pasan en la inacción, en la esterilidad! Espero algo; ¿pero qué espero? ¿Cómo va a cambiar mi existencia, o mejor, cómo va a fijarse, por fin? Que éste es un período provisional en la vida pública de Venezuela, se me arguye. Pero, bien: nuestra juventud, nuestra existencia ¿no son también provisionales, transitorios, fugaces? ¿Cómo es posible dilapidar los mejores años y llegar al *mezzo del cammin di nostra vita*[12] haciéndonos la ilusión de estar atravesando un puente? No; no hay nada transitorio, ni provisional, ni efímero, sino nosotros mismos. ¡Que la hora es fugaz! ¿Por qué, pues, verla volar en la inacción, llenos de quimeras imaginarias e infecundas, y no ponerle nuestro mensaje en el cuello o bajo las alas a esa paloma viajera?

1911. París

25 de abril. En nuestra América necesitamos crear, en arte, el nacionalismo. Es decir, el arte propio. No lo tenemos; por el camino que vamos no lo tendremos nunca. Somos artistas y espíritus reflejos. Carecemos del pudor de imitar. Nos faltan la decisión y la desfachatez de ser nosotros mismos. Mucho se obtendría ya si lográsemos la sinceridad. Necesitamos arte, no artificio. Personalidades, no escuelas. Americanos, no europeos trasplantados.

Naturalmente, no debemos erigir murallas de China contra nada ni contra nadie. Las ideas vuelan por encima de las murallas. Tampoco imaginar que se nace por generación espontánea, ni que debemos ser extraños a las formas y novedades del arte extranjero. Conozcámoslo todo, sin ceder a nada. A nada, sino a nosotros mismos. Y si nosotros mismos sentimos la tendencia a la sumisión ¿por qué no recordar que podemos ser, espiritualmente, señores y no lacayos? Cuestión de inteligencia, de sensibilidad, de voluntad.

En cuanto a las ideas, las ideas una vez puestas en circulación pertenecen al patrimonio común de todos los hombres. Sería ridículo pretender sustraernos a la corriente universal de ideas que es, en nuestra época, la atmósfera intelectual de todo hombre moderno. Pero contentémonos con cultivar nuestro espíritu; con sembrar en él nobles simientes, provengan de donde provengan, procurando que nuestro espíritu, por una química superior parecida a la de la tierra, eche fuera sus frutos y no nos emborrachemos en el momento de crear con aguardiente ni menos con libros.

De lo contrario, nuestro pensamiento no sería nuestro. De lo contrario, nuestro arte será un arte híbrido, violento, contra natura; y no produciremos sino literatura de artificio, prosa mestiza, poesía descastada, una obra sin arraigo en el suelo de donde surja, planta exótica, pronta a morir.

Es necesario, en suma, que obedezcamos a nuestros ojos, a nuestros nervios, a nuestro cerebro, a nuestro panorama físico y a nuestro mundo moral. Es necesario que creemos el nacionalismo en literatura, el arte propio, criollo, exponente de nuestros criollos sentir y pensar.

La patria intelectual no es el terruño; pero procuremos que pueda serlo.

La principal deficiencia del Modernismo en América — de la escuela literaria conocida con ese nombre y que tantos y tan excelsos poetas ha producido — el germen ponzoñoso que iba a darle temprana muerte, ha sido el exotismo. ¡Abajo el exotismo! El enemigo es París. ¡Muera París!

1912. París.

14 de enero. Veo en París argentinos, chilenos, brasileños, colombianos, venezolanos,

---

[12] «En mitad del camino de nuestra vida», famoso verso con que comienza Dante su *Divina Commedia*.

gentes de toda América, orgullosos unos de su dinero, otros de su talento, y otros de su país. ¡Qué lástima me dan; y qué desprecio me inspiran! ¿No dejarán nunca de ser colonos?

Los pueblos americanos han podido ser, en la historia, una cosa absolutamente original. Sobre la cultura de Europa — o por lo menos sin desconocerla — han podido fundar una cultura propia, deliberadamente diferencíada. Aún sería tiempo. Pero nadie desea la originalidad, sino la imitación: continuar a Europa, simularla, similarla. El mono es animal del Nuevo Mundo. Haremos con la cultura lo que hizo con la navaja el orangután que vió afeitarse a un hombre: nos degollaremos.

Entretanto ¿a qué quedamos reducidos? Pudiendo ser cabeza de ratón, somos cola de león. Aún quedamos reducidos a menos que a cola de animal: la del pavo real hace buen papel en cualquier parte. Quedamos ya no en cola, sino en baticola de Europa. ¡Y hay americanos orgullosos del puesto que ocupan! Muy bien. Ésos están en donde merecen.

1913. París

7 de abril. Lo que más me interesa en un libro es el autor, el alma del autor. Por eso no leo libros tontos o vulgares; a la segunda página sé si debo continuarlo o no. La lectura que prefiero es la de un Diario íntimo; o de unas Memorias, sobre todo si no son políticas ni de algún militar: los soldados resultan prolijos y carecen de alma como las bestias. Después, me complacen las biografías de hombres célebres; después, las biografías de hombres corrientes, es decir, las novelas modernas; después, los estudios de crítica y, por último, las obras de psicología, de psiquiatría y aun de lo que llaman ahora los alemanes y austriacos, psico-análisis. Leo con agrado la historia: la de un Mommsen,[13] de un Taine. No me interesa la aparatosa, mentirosa,

teatral, la que pinta a las almas de etiqueta, de parada y no en la intimidad de todos los días, en la realidad, en los altibajos cotidianos de todo el mundo. Tampoco la elocuente y partiprista. Almas quiero y no literatura.

A los poemas hago puesto especial. Los poetas son para un escritor como el agua y el sol para las plantas: lo mantienen lozano. ¡Ay de aquel que no lee a los poetas! Su alma quedará pronto como un Sahara: vacío, tórrido, polvoriento, arenoso, estéril, sin una nube en el cielo, sin una vena de agua en la tierra, sin un pájaro en el aire. Morirá abrasado, seco, entre remolinos de arena, oyendo el ruido de los chacales que lo buscan.

11 de octubre. Observo que a pesar de mi egotismo recalcitrante, me preocupan el destino del hombre en general y la idea de la justicia. Como no soy filósofo sino literato, estas y otras ideas se traducen en mí, literariamente. ¿Qué es mi novela *El hombre de hierro,* bajo su máscara concreta y localista? Es la idea angustiosa de la injusticia triunfante en la tierra; de la bondad arrastrada por los suelos; una protesta contra la ironía y la crueldad de la vida.

No he dado, casi nunca, una plumada verdaderamente egoísta, a pesar de ser un pagano. Llamo egoísta a aquello en que no se trasluce una noble preocupación de orden trascendental. Léanse todos mis *Cuentos* con atención y en cada uno se encontrará, dentro de la cáscara, la almendra. Sólo en mi Diario aparezco como el animal que se contenta con vivir.

1914. Madrid

17 de octubre. Si en mi Diario no existiesen contradicciones me parecería que no trataba de mí, naturaleza contradictoria. Contradictoria fuera de ciertas normas esenciales — incluso las del honor —, a que no he faltado nunca. Además, la vida no es lógica. La lógica le parece el mayor absurdo.

(De *Camino de imperfección,* 1933).

---

[13] Theodor Mommsen (1817–1903), historiador y filólogo alemán.

El naturalismo, con su psiquiatría, sus monstruosas flores de sordidez y su extraña estética de fealdad, entraba a veces en la literatura poética del modernismo. Pero seguía su propio cauce, hacia una descripción objetiva de la realidad. Por su parte, los escritores modernistas solían bajar los ojos a las costumbres y paisajes de su región, entreteniéndose en una especie de criollismo y hasta de indianismo.

En el Perú el más vigoroso de los narradores realistas es ENRIQUE LÓPEZ ALBÚJAR (1872). Más que cuentos son los suyos apuntes de la vida serrana, con honda comprensión para el alma indígena y un espíritu de protesta y reforma contra las injusticias. Escribió varios libros de cuentos (*Cuentos andinos*, *Nuevos cuentos andinos*, etc.) y una novela (*Matalaché*).

Enrique López Albújar

EL TROMPIEZO[1]

I

A su vuelta de Tacna[2] Carmelo Maquera notó algo extraño en su mujer. La había dejado diligente y la encontraba perezosa. El huso no giraba ya entre sus manos como de costumbre y el locro[3], con el que le esperaba todas las mañanas después del trabajo, no tenía la sazón de otros días. Suspiraba mucho y, a lo mejor, se quedaba ensimismada y sin prestarle atención a lo que le decía. El esquileo lo estaba haciendo mal y lentamente, sin importarle el compromiso contraído por Carmelo de entregar la lana lo más pronto para cancelar un adelanto que se estaba envejeciendo.

¿Qué le podía pasar a la Isidora? Y no era esto solamente lo que tenía escamado al indio, sino las negativas de su mujer a juntar los pellejos a la hora de acostarse. Lo venía haciendo desde la misma noche del regreso, trancándole la puerta y negándose a abrírsela, por más que amenazaba con echarla abajo. Esto era lo más grave.

Durante los tres años de casados que llevaban, los pellejos que les servían de cama no se habían separado nunca, ni peleados ni enfermos. No; la bendición del señor Cura no había sido para dormir cada uno por su lado, sino para estar juntos, siempre juntos, especialmente en las noches, que en esto consistía el matrimonio.

¿Por qué, pues, la Isidora se negaba a recibirle? ¿Por qué prefería dejarle fuera, sufriendo las tarascadas del frío, ovillado entre la rosca pulguienta de sus perros? La cosa merecía consultarse, ir a Tarata[4] a exponérselo a quien los casó o a su padrino Callata, que tan a mano lo tenía.

¿No estaría «el gavilán» revoloteando por

---

[1] Forma rústica, de tropiezo; del verbo tropezar.
[2] Departamento del Perú y capital del mismo nombre.
[3] Guisado de carne con verduras.
[4] Provincia de Bolivia, y su capital.

encima de su choza? ¿No habría por ahí algún zorro venteándole su comida, esa que le sirvieron en la iglesia para él solito y por la cual pagara tan buenos soles? ¿No estaría comiéndosela ya?

Y como todas estas interrogaciones no le permitieran lampear[5] bien ni pastorear el ganado, una tarde, lleno de súbita cólera, sin esperar que oscureciera y que todos sus animales estuvieran juntos para acorralarlos, abandonó todo y tornó a su choza, en momentos en que su mujer moqueaba y se restregaba los ojos con el faldellín.

— ¡Estabas llorando!... ¿Qué cosa fea has visto para que se te ñublen los ojos así? ¿Se te ha muerto alguno que te duela más que yo?

— El humo de la yareta,[6] Carmelo. Humo juerte.

— Nunca vide que te hizo llorar hasta aura. Te estás volviendo delicada como las señoritas de allá bajo. ¿No será pena?

— Acaso...

— ¿Puedo yo curarla?

— ¡Nunca! No es corte de cuchillo, ni golpe de piedra ni de mano.

— ¿Qu'es, pues, entonces?

— Si yo te lo dijera, Carmelo...

— ¿Te está rondando el zorro?

— Peor que eso. Me ha salido al camino.

— ¿Y tú qué le hiciste?

— No pude hacer nada; estaba sola. Ni cómo evitar el *trompiezo*.

El indio se inmutó y arrojando violentamente al suelo el atado que tenía a la espalda, desfigurado el semblante por una mueca rabiosa, se acercó a su mujer hasta casi tocarle el rostro con el suyo y barbotó estas palabras.

— ¡Un *trompiezo*! ¿Con quién?

— Te diré.

Y la mujer, como alentada por esta amenazadora actitud de su marido, más que atemorizada por ella, comenzó a relatarle toda la historia del hecho que había venido a interpolarse en su vida y a ensombrecerla.

Fué en la chacra de «Capujo», la tarde del domingo anterior al de la vuelta de Carmelo, al oscurecer. Ella estaba haciendo una tapa[7] en la acequia para regar, cuando de pronto sintió en la espalda una sensación desagradable que la hizo volverse, y al volverse, entre los maizales, descubrió dos ojos malignos que la estaban espiando: eran los de su vecino Leoncio Quelopana. Tuvo miedo y quiso tirar la lampa y echarse a correr, pero le dió vergüenza. Aunque mujer, no estaba bien que hiciera lo que las vizcachas[8] cuando ven gente.

Sonrió para disimular y acabó preguntándole a Leoncio por su mujer. Entonces éste, saliendo del maizal y avanzando hasta el borde del surco en que ella se había replegado, sin decirle siquiera una palabra, saltó sobre ella como un puma, agarrándola de las manos. Después un forcejeo, dos o tres mordiscos para que la soltara, gritos que nadie pudo oír, porque nadie había en el contorno, y el sol, único testigo, que acabó de esconderse pronto, para no ver el abuso de ese mal hombre. Pasó, pues, lo que había de pasar. Pero no con su gusto. Podía jurarlo. Todavía se sentía rabiosa de lo que le había hecho aquella tarde el maldito Leoncio, que el diablo habría de llevárselo para castigo de su culpa.

Y concluyó en estos términos:

— Cuando me dejó quise correr adonde nuestro padrino Callata, a contarle todo, pero temí que Leoncio me atajara en el camino y quisiera repetir el *trompiezo*. No fuí, pues. Más bien me vine a la casa y tranqué bien la puerta, por si al hombre se le ocurriera venir en la noche. Ahí solita le pedí a Dios que volvieras pronto. Y el Tata[9] me ha oído, Carmelo, porque a la semanita llegaste.

El relato no podía ser más minucioso, ni la verdad más ruda y dolorosa. Así ingenuo y medio montaraz como era este aymara,[10] su credulidad no quedó satisfecha. ¿No habría alentado la Isidora, de algún modo, a Quelopana? ¿Por qué siendo ésta tan recia para el trabajo y tan fuerte con la lampa no había

---

[5] En el Perú y Chile, trabajar con la lampa (la azada).
[6] Género de plantas umbilíferas (Bol.) que sirve para hacer lumbre.
[7] Compuerta.

[8] Género de roedores del tamaño de una liebre que viven en las montañas del Perú y en las pampas de la Argentina.
[9] Papá, en este caso Dios.
[10] Tribu de indios de la región del Titicaca.

sabido defenderse? Él nunca había podido hacer lo que aquel indio salteador de mujeres. Cuantas veces lo intentara había quedado desairado y corrido.

Una cólera fría le apagó la llama que por un momento hiciera brillar en sus ojos su dignidad de hombre y de marido, y después de mirar furtivamente el desmesurado cuchillo que colgaba en la quincha[11], se resolvió a decir:

— ¿Conque el marido de mi hermana ha sido el ladrón? Peor entonces; tendré que ensuciar en él mi cuchillo dos veces; darle dos golpes en el corazón a ese traposo.[12]

— No, Carmelo, No lo vas a matar. Si lo haces me quedaré sola, abandonada y entonces vendrán otros *trompiezos*. Por eso no quería decírtelo, pero mi pecho estaba ahogándose...

— Si no lo hago, Leoncio va a creer que es por miedo. Me perderá el respeto y ya no te dejará tranquila, y yo no podré ir lejos a vender las cosechas ni la lana.

— No creas, Carmelo. Si vuelve seré yo quien le meta el cuchillo. ¿Has visto tu cuchillo que estái colgado? Sácalo y verás cómo le he puesto su filo. Pa que me acompañe cuando salga sola.

II

Después de esta confesión pareció que el indio quedaba aquietado. Pero una voz íntima le decía que si bien su mujer había hablado toda la verdad, algo le quedaba a él por hacer: cobrarse el daño o matar. De no proceder así tenía que resignarse a vivir toda la vida fingiendo ignorar lo que tal vez sabía ya todo Cairani.

¿Cómo iba a ser posible esto? Ante el *misti*[13] se puede fingir, se debe fingir, porque el fingimiento es la mejor arma del indio para luchar contra él. Es una ley de la raza. Pero ante otro indio, ante otro igual, la ficción es una cobardía inconcebible, una llaga moral pestilente que no deja respirar a quien la lleva. Y entre indios hay que cobrarse todo.

Al *misti* engañarle, robarle, mentirle, trampearle todo lo que se pueda; al indio, al hermano, no. Las deudas y los agravios hay que cobrarlos inmediatamente, de igual a igual, de hombre a hombre y sin ventajas.

¿Por qué no iba, pues, a cobrarle a Leoncio el daño que le había hecho a su honra, aprovechándose de su ausencia? El que hace un daño debe repararlo. Este principio, que es uno de los puntales del edificio ético, económico y social del ayllo[14], lo había venido oyendo repetir desde su infancia. Y el rabulismo[15] y el tinterillaje[16] se lo habían confirmado después, en las veces que había tenido que recurrir al papel sellado para defenderse de alguna usurpación.

¿No le había quitado Quelopana su honor? Pues que se lo pagara. La idea le pareció digna de una buena venganza. ¿Para qué herir al otro en el cuerpo cuando bien podía herirle en la bolsa, que era donde más podía dolerle, y sin consecuencias? Así se libraría de ir a parar él a la cárcel o de convertirse en un indio cimarrón y mostrenco.

Y la mezquina imaginación de Carmelo Maquera comenzó a exaltarse. Ya se vió ante el juez interponiendo su queja; luego, a su contrario confesando su culpa, anonadado por los juramentos y lágrimas de la Isidora. En seguida el acta, en que se hacía constar todo esto, autorizada por el juez y los testigos, y la pena remuneradora. ¡La pena! Una buena suma; algo que seguramente Leoncio no iba a poder pagar inmediatamente. Entonces sobrevendría el embargo, y el embargo tendría que recaer en la chacra,[17] en las llamas y pacos,[18] en los alfalfares, en todo lo que fuera suyo... Porque él no iba a contentarse con lo que Quelopana quisiera darle buenamente. Para eso tenía en Cairani y Tarata quien lo patrocinara y defendiera. Y si era preciso llevar su causa a Tacna, pues allá también la llevaría. Para eso Dios le había dado con qué pleitear.

Persuadido por estos pensamientos, pero, a la vez, atado por la cadena de sus tradiciones

---

[11] Pared de cañas y barro (Perú y Chile).
[12] Tramposo.
[13] El hombre blanco.
[14] (Quechua) casta, linaje, comunidad.
[15] De rábula, abogado charlatán.

[16] De tinterillo, abogado de poco valor, picapleitos.
[17] Finca rústica pequeña; huerto.
[18] Alpacas (*voz quechua:* rojizo), cuadrúpedo rumiante de la familia de las llamas.

seculares, se resolvió a tentar primero por el camino de la componenda amigable, a llevar a Quelopana ante un consejo de vecinos, que en estos casos era obligación de quien quería el
5 arreglo, convocar y oír.

Comenzó, como era de ritual, por ir primero a la casa de su padrino de matrimonio Callata, llamado a presidir ese consejo. Ahí, después de cambiar dos o tres libaciones de
10 aguardiente, llevado con ese objeto por él mismo, solemne, por no permitir el ceremonial familiaridad, Maquera repitió, sin perder letra, toda la confesión de su mujer. Hasta estuvo patético. Habría jurado que cuando la
15 Isidora le contaba todo, su cuchillo, que, naturalmente, había estado oyendo, se estremeció. Y hasta parece que le pidiera sacarlo de la vaina. Pero él prefirió dejarlo quieto hasta que su padrino resolviera lo que fuera mejor.
20 Callata se rascó la cabeza, pidió otra copa, hizo con el trago una especie de enjuague y después de echarle una mirada sibilina al techo, devolvió la buchada coruscante ruidosamente.
25 — ¡Bueno! Te he oído con interés, como nuestra costumbre manda que se oiga al ahijado que viene a contarnos su agravio y pedirnos consejo. Has hecho bien en no haberle obedecido a tu cuchillo. El agravio
30 que te ha hecho Leoncio Quelopana no es completo.

Maquera, sacudido por la palabra última, golpeó reciamente la mesa con la botella, y, lleno de asombro, interrumpió el discurso de su
35 padrino.

—Cómo, ¿todavía le falta algo?

— Sí; el agravio no ha sido completo; te lo ha hecho Quelopana solo, sin consentimiento de la Isidora. Y como ella no ha puesto nada
40 en el *trompiezo*, la ofensa no ha sido sino a medias. Si ella no lo impidió fué porque no pudo. ¿Qué puede hacer la gallina cuando el zorro la sorprende y la coge del pescuezo mientras su gallo duerme o canta en otro
45 corral? La ocasión hace al ladrón dicen los *mistis*, y me parece verdad, No olvides, ahijado Carmelo, que al dinero y la mujer hay que tenerlos siempre al cinto o encuevados, para que no venga el ladrón y se los lleve, más

que sea a la fuerza . . . ¿Por qué no te llevaste a la Isidora a Tacna?

— No tenía a quién dejar en la chacra pa que me cuidase mi alfalfita y mis llamos.

— Sí, la chacra y los llamos valen mucho; a veces más que la mujer, pero la tuya vale más que todos tus ganados. No has debido dejarla sola. Yo voy creyendo, Carmelo, que la Isidora te estorba cuando vas a Tacna. He oído decir que hay allí gallinitas para toda clase de zorros y a todo precio. ¿Será verdad?

Maquera, a pesar de la solemnidad del acto, sonrió maliciosamente.

—Tú sabes mucho, padrino Callata. Aconséjame, pues, cómo arreglaré con Leoncio, ya que ni tú ni la Isidora quieren que le cobre la deuda con mi cuchillo.

— Basta con que te pague bien tu honor. ¡Qué más! . . . ¿Le recibirías doscientos soles[19] . . . ?

—¡Poco! La Isidora no es vieja. Leoncio tiene buenos ganados. ¿Por qué no quinientos?

—¿Que estás loco, Maquera? ¿De dónde va a sacar tanto ese cazafaldas? En fin, anda a verte tú con los otros que deben asistir al arreglo esta noche y déjame a mí lo demás, que ya me encargaré yo de que Quelopana y su mujer no falten.

III

Por supuesto que nadie faltó a la cita, a pesar de lo avanzado y crudo de la noche: cuatro de la mañana. Pero había que cumplir los preceptos del ayllo. Asuntos de esta clase había que tratarlos entre las sombras de la noche, para que los que no asisten no se enteren del arreglo y el sol no se escandalice. Al sol no le gustan estas cosas. Se enoja, lo mismo que los cerros, y daña las cosechas. El arreglo debe ser, pues, antes de que se despierte y comience a desperezarse sobre el lomo de las cumbres.

Callata, revestido de importancia y seriedad, esparció una mirada en torno suyo, para cerciorarse de que todos los invitados estaban presentes. El consejo estaba completo. Allí, formando rueda, desmenuzando bostezos y

[19] Moneda peruana.

cascándose, disimuladamente, los piojos, estaban Manuel Mamani, Inocencio Cahuana, Narciso López, Tomás Condori y, naturalmente, los suegros del ofendido y éste y Quelopana, con sus respectivas costillas, la Isidora y la Carlota, hermana de Maquera. Quelopana venía a ser, pues, cuñado de Carmelo, y esto era lo que aumentaba la gravedad del caso *sujeto* a *materia,* como se dice en la jerga judicial. Ni esto había sabido tener en cuenta el ofensor.

Era lo que más había conmovido los principios morales de Callata y lo que seguramente iba a producir indignación en los asistentes. Una circunstancia agravante, que había que hacerla valer en favor del ahijado para el mejor éxito de lo que iba a proponer.

Una vez todos arrodillados y contritos y en círculo perfecto, como si estuvieran en misa, Callata, dirigiéndose a la Isidora, exclamó:

—Isidora Coahila, mujer de Carmelo Maquera, vas a hacer tu obligación.

Inmediatamente la Coahila comenzó a sacar puñaditos de coca del talego que había mantenido oculto bajo la manta y a invitarles, principiando por su padrino, a la vez que decía a cada cual:

—Perdón por el «trompiezo», que es la primera vez . . .

En seguida el testigo Cahuana, por ser el más viejo, preguntó:

—Leoncio Quelopana, ¿Cierto lo que dice la Isidora?

El interrogado, después de un largo silencio y con la cabeza inclinada, como un reo ante la guillotina, respondió:

—¡Verdad! ¡Verdad! ¡Perdónenme el «trompiezo» por primera vez!

—¿Nada más? — le increpó Callata.

— Que diga Carmelo cuánto cobra por su honor.

— Yo — dijo el aludido — llevo ya gastados más de cien soles en ir a Tarata. Mi apoderado Calisaya le gusta que paguen bien sus servicios. Que me pague Quelopana quinientos soles.

— Me parece mucho. Los títulos de mi terreno los tengo empeñados, los llamos y los pacos se me están muriendo; la cosecha no me ha dejado nada este año y la Carlota ha tenido que vender sus sortijas, sus aretas y todo el orito que tenía, pa pagarle sus derechos al cura en la fiesta de nuestro patrón. ¿De dónde voy sacar tanta plata?

Callata creyó conveniente intervenir.

—Leoncio, el que hace un daño debe pagarlo, y cuando el daño es tan grande como el que has hecho tú, no hay que apretarle mucho el ñudo a la bolsa. ¿Quién te mandó a beber agua ajena? La has ensuciado y hay que volverla limpia, como quiere su dueño.

—¿Te parece bien trescientos, tata Callata?

Callata tuvo un movimiento de sorpresa, pero tan imperceptible que sólo Carmelo, que no lo perdía de vista, lo advirtió. Ambos se miraron fijamente y se entendieron.

— ¡Está bueno! — dijo Callata en tono sentencioso. — Que vaya al instante por ellos.

— No podría, tata, porque no los tengo. Iré mañana a Tarata a buscar quién me los preste.

— No hace falta. Te los prestaré yo. Que Cahuana haga el recibo para que tú lo firmes.

Quelopana, cogido en su propia red, no tuvo más remedio que aceptar y firmar, mientras su mujer, profundamente dolida del arreglo, gemía: «¡Mucho, mucho por el *trompiezo,* mucho!», a la vez que todos, todavía arrodillados, se pedían perdón mutuamente.

Terminada la ceremonia, cada cual, después de brindar un trago con Carmelo y recibir otro puñado de coca de manos de la Maquera, quien ya en este instante sonreía y hasta se había atrevido a posar la mirada en Leoncio, se fué despidiendo, no sin decirle antes a ésta: «Tienes un buen marido, Isidora. Cuidado no más con otro *trompiezo*», y a Quelopana: «Que no se te antoje, indio *faltativo, descasador,* con trompezarte con mi mujer. Yo tengo en mi casa un buen cuchillo y una buena carabina.»

Llegado el momento de retirarse también los Maquera, Callata, dejando a un lado toda su prosopopeya, después de darle a cada uno un ceñido abrazo, exclamó, reforzando la intención con una sonrisa:

— ¡Bueno ha estado el arreglo! ¿Cuánto me va a tocar a mí?

— Tú dirás, padrino.

— ¿Te parece bien cincuenta soles?

— Tómalos, pues, y dame el resto.

Ya en pleno campo, en dirección a su

estancia, Carmelo, medio embriagado por la dicha que le producía verse con tantos billetes en la mano, cosa que no le pasaba en mucho tiempo, se sobreparó y le dijo a su mujer, un
5 poco mimoso:

— Oye, Isidora, con un *trompiezo* de éstos cada mes, acabaríamos por comprar todas las tierras de Cairani.

— Entonces no quieres que lleve ya el cuchillo cuando vaya sola a Copaja . . .

(De *Nuevos cuentos andinos*, 1937).

———————————◆———————————

ALCIDES ARGUEDAS (Bolivia; 1879–1946) se ensayó con una novela indígena — *Wata-Wara*, 1904 — y con una novela de la ciudad — *Vida criolla*, 1905 —, pero se incorporó a la serie de grandes novelistas hispanoamericanos con un solo libro: *Raza de Bronce* (1919).

La trama de esta novela se hace más firme cuando cuenta los amores de Agustín y Maruja, sus sufrimientos, los abusos que los terratenientes criollos y sus servidores mestizos hacen de los indios; y se entreteje con hilos de fuego y de sangre cuando el brutal Pantoja mata a Maruja y entonces Agustín y los suyos se vengan. En verdad no hay caracterización: la comunidad indígena es la protagonista. La primera parte comienza con andares de novela pastoril y promesas de idilio; pero pronto la novela tuerce hacia una realidad abominable, y ya la segunda parte, después de unas páginas de historia y sociología, es una indignada denuncia de la crueldad con que los «blancos» — incluyendo al cura — se ensañan con los indios. La manera sincera, moralizadora y polémica de juzgar los males de Bolivia lo llevó a escribir *Pueblo enfermo: contribución a la psicología de los pueblos hispanoamericanos* (1909). Este despiadado análisis sociológico, más los estudios de su *Historia de Bolivia* (de 1920 en adelante), revelaron un conocimiento profundo, aunque apasionado y pesimista, de la realidad de su país. El mismo conocimiento se advierte en sus narraciones, como la «Venganza aymará » que a continuación publicamos.

Alcides Arguedas

VENGANZA AYMARÁ[1]

Inclinó la cabeza, de un golpe se encajó el sombrero hasta la nuca y, a grandes zancadas, se apartó del grupo sin saludar, hosco, sombrío.

Así, siempre con la cabeza gacha como un toro bajo su yugo, llegó a su casa, que estaba en la cuesta de Coscochaca, y entrando en su habitación, adornada con estampas de color

———
[1] De la nación india aymará, de Bolivia, sur del Perú y norte de la Argentina.

que representaban los episodios de la guerra francoalemana, tumbóse en el lecho, y hundiendo el rostro en la mugrienta almohada, lloró largo rato, silenciosa, calladamente, con hipidos menudos.

Eso ya no tiene remedio posible. Las palabras de Clotilde habían sido contundentes: «Seré no más tu amiga, pero no tu mujer...» ¡Cristo! ¡Eso sí que no! Él la había conocido antes, de mocosa, cuando con los pies desnudos iban a buscar agua a la pila de Challapampa, deteniéndose en el cenizal[2] para arrojar piedras a los cerdos que hociqueaban la basura del río. Juntos aprendieron a leer en la escuela, aunque después el ningún ejercicio y los rudos afanes de la vida les hicieran olvidar lo aprendido. Y en tanto que él, Juanillo, se fuera a la herrería de su padre a tirar del fuelle y a achicharrarse las carnes con las salpicaduras de hierro candente batido en el yunque, ella se había metido a servir en la casa de un ricachón, donde conociera al Chungara, mozo del hotel unas veces, cochero otras, vago las más. Que era elegante el Chungara y tenía mejor cara que él, sí, cierto; pero ¡caramba! era un mozo no más, y él había heredado el taller de su padre, allí, en medio de la ciudad, en los bajos de la Catedral, y ya era patrono ... Todas las curiosidades salían de sus manos: herrajes, chapas, rejas de sepulcros, llaves, candados. Entre sus clientes estaba nada menos que el presidente de la República, a cuyos caballos ponía herrajes ... ¿Es que acaso con sus economías y ahorros no había comprado esta su casita de dos pisos, con jardín y corral? ¡Claro! Y si él quisiera y le apurasen aún podría comprar una finca, porque allí, donde él solito sabía, muy oculto, guardaba íntegro el legado de su madre: anillos con diamantes, orejeras guarnecidas de perlas, pendientes, cadenas, topos[3] ... ¿Fuerzas? Ya sus enemigos podían atestiguar que las tenía de sobra, acaso demasiadas, y ya una vez estuvo a punto de ir a la cárcel por haber intentado, en una jarana y por apuesta,

alzar de golpe a cinco hombres juntos: uno de ellos había rodado con las costillas hundidas. ¡Claro! No en balde se llega a los treinta años habiendo batido quince el hierro... Todo tenía el Juanillo, menos suerte para enamorarse. ¡Pucha[4] con su cara fea! Ya una vez lo barrió[5] la Supaya, mas eso no le hizo mella: la conocía fácil y tornadiza y la habría matado a puntapiés.

Otra vez, Candelaria, su novia, se casó con el rival, en tanto que él peregrinaba en romería por Copacabana. Tampoco le hizo mella: Candelaria tenía un hijo de un ricachón de la ciudad, y no debía ser bueno dar cariño a hijos que no son de propia hechura ... Es en Clota que pensaba siempre, en Clota, la china[6] que él vió crecer, desarrollarse y llegar a hembra garrida, fuerte. Tenía no sólo inclinaciones por ella, sino derecho legítimo, porque la muy bribona le había prometido casarse con él desde mocosa y antes de que conociese al Chungara, y sólo después... ¡Dios! ¡eso sí que no lo permitiría jamás; primero los degollaría a los dos y después él se mataría!... Robar, mentir, clavar una puñalada cuando se tiene cólera, romperle por detrás los pulmones a un enemigo, jurar en falso ... bueno, pase; pero no hay que jugar con el corazón, ¡con el corazón!, sólo lo que nos hace alegres, que lo feo vuelve bonito, dulce lo amargo, bueno lo malo ... El corazón es cosa de no jugar; es como las andas[7] de la Virgen de la Asunta,[8] lo sólo santo ... Además ...

Aquí se cortaron las meditaciones de Juanillo. Algo tumultuoso y extraño sintió dentro de su ser, un deseo impreciso de llorar o hacer llorar ... Se levantó de un salto del lecho, restregóse los ojos, y fijándolos en la pared donde había clavado un cuchillo mohoso, púsose a pasear la reducida estancia ... Las manos le ardían, le hormigueaban, y sentía vehementes ansias de calmarlas con el frío de un acero. Quería estrujar, hundir las uñas en la carne palpitante, matar. Su injerta

---

[2] Conjunto de arbustos.
[3] Prendedor grande, de plata u oro, con la cabeza de varias formas.
[4] Interjección que expresa disgusto o sorpresa.
[5] Lo venció, lo apartó a un lado.
[6] Mujer de origen humilde; sirvienta.
[7] Soportes sobre los que se llevan a los santos en las procesiones.
[8] Cantón del departamento de La Paz, Bolivia.

sangre de indio esclavo rebullía tumultuosa dentro de sus venas. Y la idea de la venganza, una sorda idea de hacer daño, cometer una fea acción, se le había clavado fijamente en la con-
5 ciencia.

Ella era su todo; nada conocía sino el amor ... ¡y se lo quitaban! ... ¿Por qué? ¡Nada! Porque el otro era más bonito y tenía mejor cara ... ¿Por eso sólo le daba derecho a
10 quitársela? ¡Eso sí que no! Se tiene derecho sobre lo que no se encuentra de balde; pero eso, la Clota, era de él solito; de él, que la había conocido de pequeña, criado, mimado ... ¡No, por Dios! Iría donde el Chungara, le
15 hablaría de a buenas no más para que no se enoje, le haría ceder, y si no ... ¡Cristo! ¡Correría la sangre! ... ¡La vida! ¿Para qué sin ella? Arrancó el cuchillo de la pared, embozóse su chal de vicuña al cuello y ... ¡a
20 la calle!, ¡a casa del rival!

Le encontró, a poco andar, en la puerta de una chichería[9], al pie mismo de un foco de luz eléctrica. Le llamó.

— Oí, Chungara; tengo que hablarte dos
25 palabritas.

Su voz, ruda y áspera, temblaba. Chungara se le acercó sonriendo, mas no sin cierta inquietud. ¡Vaya con la color de la cara del tipo! ¡Si parecía que tuviera tercianas!
30 — ¿Qué quieres? Habla pronto, ché; m'espera la Clota ...

— ¿La Clota? ¡Bueno! d'eso venía a'blarte. ¿La quieres endeveras?

— ¡Yaaa, el tipo, ché! ¿Acaso no sabes que
35 me caso pa la Asunta?[10]

A Juanillo le dió un vuelco el corazón. ¡Santo! ¡Y cómo apretó la empuñadura de su cuchillo, fuertemente cogido dentro del bolsillo!
40 — ¿Conque la quieres endeveras, ché? ¡Bueno! Pues yo también la quiero ... ¿Sabes?

Chungara retocedió un paso, temeroso: había visto pasar por los ojos de su rival un
45 fulgor extraño y, ¡pucha!, había que andar con cuidado con Juanillo, a quien fácilmente le subía la sangre a la cabeza. Además, francamente, él no tenía confianza en el cariño de la

Clota. La notaba esquiva, y aun desdeñosa, y no eran sus intenciones casarse con ella, solicitado como se veía por gente que valía muchísimo más que la Clota. Ni aun condescendiente era ahora con él. Antes, por lo menos, consentía en bajar a la puerta de la calle cuando todo el mundo dormía en casa de sus patrones, y conversaban largo rato hasta coger frío en los huesos; pero desde hacía algún tiempo, no sólo no acudía a ninguna cita, sino que evitaba encontrarse a solas con él y jamás le decía nada de su próximo matrimonio por el que le parecía todos los días más alejada.

— No sé; pero yo la quiero ... ¿Te recuerdas de tu madre? Pues yo la quiero más a la Clota. Por ella ya he olvidado reunirme con los compinches, y mis ayudantes me dicen que me parezco a un animal enfermo, qu'e perdío la color, que no me río y que debo tener malos pensares ... Ella es mi vida, mi corazón, mis brazos, mi todo ... ¿Sabes? El otro día la'e visto rezando ante la mamita de la Asunta, en la iglesia de Churubamba y ... ¡endeveras te juro, ché Chungara! me'a parecío más mejor, más linda qu'ella ...

— ¡No hables así, ché! — le interrumpió el Chungara, asustado por la blasfemia.

— ¡Sí, ché! — insistió Juanillo, con convicción exaltada — ¡Sí, ché; más linda y más buena! ... La quiero pa toda la vida, y ... ¡oí, Chungara!, no me la quites, porque si no ... ¡te mataría! — sollozó Juanillo, con el pecho palpitante y apretando fuertemente su arma hasta incrustarse las uñas en la palma de la nerviosa mano.

Se atemorizó el Chungara, mas no quiso que creyera que le tenía miedo. Repuso con voz insegura:

— Mátame, ché; pero yo también la quiero ...

Un estremecimiento sacudió el cuerpo de Juanillo. Y con voz humilde volvió a rogarle, cogiendo a Chungara amigablemente por el brazo:

— Mira, Chungara, q'estoy resuelto a todo. No me tientes, ché; me dolería el corazón si te hiciera algo, porque eres mi amigo. Te juro

---

[9] Tienda donde se vende chicha, bebida alcoholica.

[10] La Asunción (de la Virgen), el 15 de agosto.

(besando la cruz de la mano), te juro por la mamita de Copacabana qu'a de suceder una desgracia. Anoche he soñado con toros, ya sabes qu'eso quiere decir sangre, y esta mañana ha salido, volando, un taparacu[11], de la tienda, ya sabes que dice muerte... Déjame la Clota, Chungara, y seremos amigos más bien. Vos puedes tropezar con otra más mejor y más bonita; ya sabes que hay otras más mejores y más bonitas que la Clota; vos tienes buena cara, vistes bien, eres futre,[12] y yo sólo me ocupo de trabajar para dar de comer a mis güerfanitos[13] y no quiero más que a ella... Dámela, Chungara, y te juro que haiga o no haiga suerte en mi vida siempre te querré y te respetaré, mientras que si me la quitas, puede que todos seamos desgraciados... Mírame bien, Chungara; aquí, a la luz; estoy llorando, y ya sabes que las lágrimas de un hombre son kenchas[14] y traen desgracia... Déjame ser feliz con la Clota y oí mi consejo: no te cases con ella. Vos seguramente has de ser munícipe[15] y diputado después, y entonces puede que te dé vergüenza la Clota, qu'a servido en las casas... Además, francamente, ché Chungara; yo creo que tampoco te quiere la Clota. Así me lo'a dicho endenantes.

El Chungara se sintió herido en lo más hondo de su orgullo, y habría cedido si el otro hubiese continuado rogándole con ese tono amigable y sin hacer mención de su fracaso; pero aulló su vanidad de buen mozo acostumbrado a los triunfos mujeriles y a las galantes conquistas de gentes superiores en rango a la sirvienta. Y la idea de ver proclamada por el rival la vergüenza de un rechazo, mortificó su amor propio, y repuso con arrogancia y desplante:

— ¿No me quiere? Mientes, ché. Es a vos que no te quiere esa cochina, y si aura está hablando que no me quiere es porque yo la he despreciado. Es ropa vieja...

— ¿Endeveras dices, ché Chungara? — preguntó, temblando, Juanillo.

— Endeveras.

Juanillo levantó la mano y una centella se vió surgir de ella, rápida y fugaz.

— ¡Pues toma!...

Fué un golpe brutal, salvaje. La hoja penetró hasta el cabo en el pecho del Chungara, que al caer se asió a las ropas de Juanillo y dió con él en el suelo. Una mujer que pasaba, único testigo del golpe, dió un grito horrible. Corrieron algunos curiosos y separaron a viva fuerza a los hombres, que se revolcaban por tierra. Juanillo se puso en pie sin bufanda y sin sombrero. Chungara quiso hacer lo mismo, y sólo alcanzó a poner una rodilla en tierra y a erguirse sobre sus piernas dobladas. Y, mirando con ojos desorbitados a su agresor, pudo articular, en medio de dos borbotones de sangre negra que se le escapaban por la boca, señalando a su asesino:

— ¡Ése... ése me'a matado..., ése!

Le vino otra bocanada de sangre negra y cayó de bruces al suelo.

Juanillo quiso huir, pero media docena de brazos le detuvieron. Algunos transeúntes, viendo que el hombre que yacía en el suelo se retorcía con los hipos de la agonía, levantaron los brazos, indignados, contra Juanillo. Entonces éste, inclinando humildemente la cabeza, los ojos ahogados en terror y la voz temblona, dijo:

— ¡Sí; yo lo he matado! La Clota me'a dicho que lo mate... ¡La perra!

(De *El Comercio*, La Paz, 1930).

La historia literaria de Honduras ofrece en estos años figuras interesantes: Juan Ramón Molina, Alfonso Guillén Zelaya y Froilán Turcios (1878–1943).

---

[11] Mariposa negra.
[12] Lechuguino, petimetre, pisaverde.
[13] Huérfanos pequeños.

[14] Cosas de mal agüero.
[15] Miembro del Consejo Municipal; en su primera acepción es sólo vecino de un municipio.

Turcios comenzó, todavía adolescente, con un libro de versos y prosas: *Mariposas*. Siguió cultivando ambas formas en *Renglones* (1899), *Hojas de Otoño* (1905) y *Tierra maternal* (1911). Como poeta era elegante, recatado, sobrio, pero su labor de cuentista es la que le ha valido un lugar de privilegio en las letras centroamericanas. En *Prosas nuevas* (1914) y en los *Cuentos crueles* (recogidos en *Hojas de Otoño*) su prosa es impecable. También escribió novelas, pero su talento estaba más bien en la narración breve. De sus *Cuentos del amor y de la muerte* (1930) hemos escogido «La mejor limosna.» Es un caso de cruel eutanasia contado de una manera fría e indirecta. Turcios, que era hombre triste y pesimista, no nos da aquí una escena real, sino que lleva al extremo una idea sobre la muerte como alivio del dolor humano.

Froilán Turcios

LA MEJOR LIMOSNA

I

Horrendo espanto produjo en la región el mísero leproso. Apareció súbitamente, calcinado y carcomido, envuelto en sus harapos húmedos de sangre, con su ácido olor a podredumbre.

Rechazado a latigazos de las aldeas y viviendas campesinas; perseguido brutalmente como perro hidrófobo por jaurías de crueles muchachos, arrastrábase moribundo de hambre y de sed bajo los soles de fuego, sobre los ardientes arenales, con los podridos pies llenos de gusanos.

Así anduvo meses y meses, vil carroña humana, hartándose de estiércoles y abrevando en los fangales de los cerdos, cada día más horrible, más execrable, más ignominioso.

II

El siniestro Manco Mena, recién salido de la cárcel donde purgó su vigésimo asesinato, constituía otro motivo de terror en la comarca, azotada de pronto por furiosos temporales. Llovía sin cesar a torrentes; frenéticos huracanes barrían los platanares y las olas atlánticas reventaban sobre la playa con ásperos estruendos.

En una de aquellas pavorosas noches el temible criminal leía en su cuarto, a la luz de una lámpara, un viejo libro de trágicas aventuras, cuando sonaron en su puerta tres violentos golpes.

De un puntapié zafó la gruesa tranca, apareciendo en el umbral con el pesado revólver en la diestra. En la faja de claridad que se alargó hacia fuera vió al leproso destilando cieno, con los ojos como ascuas en las cuencas áridas, el mentón en carne viva, las manos implorantes.

—Una limosna!—gritó—. ¡Tengo hambre! ¡Me muero de hambre!

Sobrehumana piedad asaltó el corazón del bandolero.

— ¡Tengo hambre! ¡Me muero de hambre!

El Manco le tendió muerto de un tiro, exclamando:

— Ésta es la mejor limosna que puedo darte.

(De *Cuentos del amor y de la muerte*, 1930).

Prosa de ideas. El modernismo espiritualizó la prosa de ideas; y hasta puede decirse que inicia un movimiento filosófico espiritualista. En la segunda mitad del siglo XIX las ciencias naturales se habían impuesto como el modelo de todo conocimiento, pero en los últimos años hubo recias polémicas y el determinismo fue cediendo. Su base era la sistematización científica: la epistemología le arrancó esa base. Así como los libros del positivismo europeo llegaron tardíamente a América, también fue tardía la llegada de los libros europeos antipositivistas. En América lo que había dominado era más bien un positivismo en acción, difuso, surgido de las necesidades prácticas de nuestra vida social. El positivismo clásico que se conocía era el de Comte y Spencer, con algo de Stuart Mill y mucha lectura de Renan y Taine. Los intentos de una nueva gnoseología positivista en Europa aquí no tuvieron eco. Nada extraño, pues, que la primera señal de la crisis del positivismo apareciera en las letras hispanoamericanas antes que en nuestras cátedras de filosofía. La estética del modernismo implicaba un repudio a la teoría mecánica de la vida. El arte era un refugio, una fe, una liberación donde nada se repetía, donde nada era explicable con la lógica del físico. El pensador que mejor fundió la literatura del modernismo con el espiritualismo fue JOSÉ ENRIQUE RODÓ (Uruguay; 1871–1917). Su cultura de adolescencia y juventud fue la de un humanista: clásicos griegos, romanos y modernos (Platón, Marco Aurelio, Montaigne, Renan). Este humanismo le dio inquietud, afán de exaltación espiritual; de modo que al recibir las influencias de los positivistas del siglo XIX no extremó el naturalismo implícito en ellos. Comte, Spencer, Renan, Guyau fueron sus lecturas filosóficas. Pero de ellos aprovechó materiales sólo para cimentar su concepción del espíritu: el remate de su edificio tenía una bandera que flameaba a los vientos antipositivistas de Main de Biran, Renouvier, Boutroux y Bergson. Su primera obra importante fue *Ariel* (1900) Después de la guerra de 1898 entre los Estados Unidos y España tuvo Rodó recelos del imperialismo norteamericano. Preocupado por el crecimiento de los Estados Unidos a costa de la América española pero sin limitarse al tema político, Rodó escribió *Ariel*, que le valió un prestigio internacional y le dió ascendiente extraordinario en la formación moral de la juventud. Desgraciadamente algunos lectores redujeron *Ariel* a esquemas que desvirtúan su intención: Ariel *versus* Calibán simbolizaría, para esos lectores, la América hispana *versus* la América sajona, el espíritu *versus* la técnica, etc. Reducido el libro a tales equemas no parece ser una incitación al esfuerzo, antes bien, una cátedra de conformismo. Si nuestros países, atrasados, ignorantes, desnutridos, sometidos al capital extranjero, desiertos, rutinarios, tradicionalistas, anárquicos tienen a pesar de todo una espiritualidad superior a los Estados Unidos deberíamos darnos por satisfechos . . . Nada de esto es *Ariel*. Desde el punto de vista de la incitación al trabajo *Ariel* continúa la serie de otros libros solidarizados con los Estados Unidos: los de Sarmiento, por ejemplo. El tema de los Estados Unidos es sólo un accidente, una ilustración de una tesis sobre el espíritu. Tan distante de la intención de Rodó ha sido oponer las dos Américas y lanzar un manifiesto de tipo político, que *Ariel* no fue una obra antimperialista. Sólo alude al imperialismo moral no tanto ejercido por los Estados Unidos como creado por su imitación en la América española. Se le criticó precisamente haber descuidado el problema del imperialismo económico. Pero Rodó no se propuso ese problema. Lo que él quería era oponer el espíritu a la concupiscencia. Ensayo moral, idealista, que anticipa su obra maestra: *Motivos de Proteo* (escrita de 1904 a 1907; publicada en 1909). Tambien aquí Rodó se propone describir el alma en su esencial unidad y señalar los peligros de mutilarla con especializaciones excluyentes. ¿Qué intuición tenía Rodó de la conciencia? ¿Cuál era su metafísica del espíritu? Ante todo se advierte un desvío (más aún: una reacción) contra la filosofía asociacionista, atomista, mecanicista, explicativa que había dominado durante el positivismo. Rodó, con o sin influencia de Bergson, afirma la temporalidad de la vida psíquica. Participamos, dice, del proceso universal; pero, además, tenemos un tiempo propio. De esta doble temporalidad de nuestra vida arranca su ética del devenir: « Hija de la necesidad es esta transformación continua; pero servirá de marco en que se destaque la energía racional y libre.» Si no tomamos la iniciativa de nuestros propios cambios, la personalidad se nos desvanece en el mundo material. Nuestra personalidad es programática, prospectiva, teleológica. Su sentido se nos revela en la vocación. Y sigue Rodó el admirable paseo por su tema. El aspecto de los *Motivos* es fragmentario. La variedad de formas usadas — la parábola, el poema en prosa, el análisis, la especulación teórica, la anécdota — contribuye también a ese aspecto de mosaico. Hay, sin embargo, una dialéctica. La perspectiva de *Motivos de Proteo*, tan amplia, tan abierta, da unidad aun a las páginas que quedaron dispersas y fueron posteriormente recogidas (*El camino de Paros*, 1918; *Nuevos motivos de Proteo*, 1927; y *Los últimos motivos de Proteo*, 1932). Además su pensamiento iba completándose en sus ensayos sobre tema no aparentemente filosófico: por ejemplo los admirables de *El mirador de Próspero*, 1913. Era un pensador; era también un artista. Su prosa se benefició de ambos talentos. Las frases se yuxtaponen, se coordinan, se subordinan en arquitectura digna, serena, noble, esmerada. Todo es armonioso y bello. Prosa fría, sí, con la frialdad del mármol — o, mejor, con la fríaldad de las formas parnasianas —, pero perfecta. Era muy imaginativo, aunque su imaginación admitía la disciplina.

José Enrique Rodó

ARIEL

[Fragmentos]

[. . .] La juventud que vivís es una fuerza de cuya aplicación sois los obreros y un resoro de cuya inversión sois responsables. Amad ese tesoro y esa fuerza; haced que el altivo sentimiento de su posesión permanezca ardiente y eficaz en vosotros. Yo os digo con Renán.[1] «La juventud es el descubrimiento de un horizonte inmenso, que es la Vida.» El descubrimiento que revela las tierras ignoradas necesita completarse con el esfuerzo viril que las sojuzga. Y ningún otro espectáculo puede imaginarse más propio para cautivar a un tiempo el interés del pensador y el entusiasmo del artista, que el que presenta una generación humana que marcha al encuentro del futuro, vibrante con la impaciencia de la acción, alta la frente, en la sonrisa un altanero desdén del desengaño, colmada el alma por dulces y remotos mirajes que derraman en ella misteriosos estímulos, como las visiones de Cipango[2] y El Dorado en las crónicas heroicas de los conquistadores. [. . .]

La humanidad, renovando de generación en generación su activa esperanza y su ansiosa fe en un ideal, al través de la dura experiencia de los siglos, hacía pensar a Guyau[3] en la obsesión de aquella pobre enajenada cuya extraña y conmovedora locura consistía en creer llegado, constantemente, el día de sus bodas. Juguete de su ensueño, ella ceñía cada mañana a su frente pálida la corona de desposada y suspendía de su cabeza el velo nupcial. Con una dulce sonrisa, disponíase luego a recibir al prometido ilusorio, hasta que las sombras de la tarde, tras el vano esperar, traían la decepción a su alma. Entonces tomaba un melancólico tinte su locura. Pero su ingenua confianza reaparecía con la aurora siguiente; y ya sin el recuerdo del desencanto pasado, murmurando: *Es hoy cuando vendrá*, volvía a ceñirse la corona y el velo y a sonreír en espera del prometido.

Es así como, no bien la eficacia de un ideal ha muerto, la humanidad viste otra vez sus galas nupciales para esperar la realidad del ideal soñado con nueva fe, con tenaz y conmovedora locura. Provocar esa renovación, inalterable como un ritmo de la Naturaleza, es en todos los tiempos la función y la obra de la juventud. De las almas de cada primavera humana está tejido aquel tocado de novia. Cuando se trata de sofocar esta sublime terquedad de la esperanza, que brota alada del seno de la decepción, todos los pesimismos son vanos. [. . .]

Hay veces en que, por una aparente alteración del ritmo triunfal, cruzan la historia humana generaciones destinadas a personificar, desde la cuna, la vacilación y el desaliento. Pero ellas pasan — no sin haber tenido quizá su ideal como las otras, en forma negativa y con amor inconsciente —, y de nuevo se ilumina en el espíritu de la humanidad la esperanza en el Esposo anhelado, cuya imagen, dulce y radiosa como en los versos de marfil de los místicos, basta para mantener la animación y el contento de la vida, aun cuando nunca haya de encarnarse en la realidad. [. . .]

La divergencia de las vocaciones personales imprimirá diversos sentidos a vuestra activi-

---

[1] Ernest Renan (1823–1892), sabio filólogo e historiador francés, que influyó mucho en el pensamiento de esa época.

[2] Nombre antiguo del Japón.

[3] Jean Marie Guyau (1854–1888), filósofo francés.

dad, y hará predominar una disposición, una aptitud determinada, en el espíritu de cada uno de vosotros. Los unos seréis hombres de ciencia; los otros seréis hombres de arte; los otros seréis hombres de acción. — Pero por encima de los afectos que hayan de vincularos individualmente a distintas aplicaciones y distintos modos de la vida, debe velar, en lo íntimo de vuestra alma, la conciencia de la unidad fundamental de nuestra naturaleza, que exige que cada individuo humano sea, ante todo y sobre toda otra cosa, un ejemplar no mutilado de la humanidad, en el que ninguna noble facultad del espíritu quede obliterada y ningún alto interés de todos pierda su virtud comunicativa. Antes que las modificaciones de profesión y de cultura está el cumplimiento del destino común de los seres racionales. «Hay una profesión universal, que es la de *hombre*», ha dicho admirablemente Guyau. Y Renán, recordando, a propósito de las civilizaciones desequilibradas y parciales, que el fin de la criatura humana no puede ser exclusivamente saber, ni sentir, ni imaginar, sino ser real y enteramente *humana*, define el ideal de perfección a que ella debe encaminar sus energías como la posibilidad de ofrecer en un tipo individual un cuadro abreviado de la especie.

Aspirad, pues, a desarrollar en lo posible, no un solo aspecto, sino la plenitud de vuestro ser. No os encojáis de hombros delante de ninguna noble y fecunda manifestación de la naturaleza humana, a pretexto de que vuestra organización individual os liga con preferencia a manifestaciones diferentes. Sed espectadores atentos allí donde no podáis ser actores.— Cuando cierto falsísimo y vulgarizado concepto de la educación, que la imagina subordinada exclusivamente al fin utilitario, se empeña en mutilar, por medio de ese utilitarismo y de una especialización prematura, la integridad natural de los espíritus, y anhela proscribir de la enseñanza todo elemento desinteresado e ideal, no repara suficientemente en el peligro de preparar para el porvenir espíritus estrechos, que, incapaces de considerar más que el único aspecto de la realidad

con que están inmediatamente en contacto, vivirán separados por helados desiertos de los espíritus que, dentro de la misma sociedad, se hayan adherido a otras manifestaciones de la vida.

Lo necesario de la consagración particular de cada uno de nosotros a una actividad determinada, a un solo modo de cultura, no excluye, ciertamente, la tendencia a realizar, por la íntima armonía del espíritu, el destino común de los seres racionales. Esa actividad, esa cultura, serán sólo la nota fundamental de la armonía. — El verso célebre en que el esclavo de la escena antigua afirmó que, pues era hombre, no le era ajeno nada de lo humano,[4] forma parte de los gritos que, por su sentido inagotable, resonarán eternamente en la conciencia de la humanidad. Nuestra capacidad de comprender, sólo debe tener por límite la imposibilidad de comprender a los espíritus estrechos. Ser incapaz de ver de la Naturaleza más que una faz; de las ideas e intereses humanos más que uno solo, equivale a vivir envuelto en una sombra de sueño horadada por un solo rayo de luz. La intolerancia, el exclusivismo, que cuando nacen de la tiránica absorción de un alto entusiasmo, del desborde de un desinteresado propósito ideal, pueden merecer justificación, y aun simpatía, se convierten en la más abominable de las inferioridades cuando, en el círculo de la vida vulgar, manifiestan la limitación de un cerebro incapacitado para reflejar más que una parcial apariencia de las cosas. [. . .]

Yo os ruego que os defendáis, en la milicia de la vida, contra la mutilación de vuestro espíritu por la tiranía de un objetivo único e interesado. No entreguéis nunca a la utilidad o a la pasión, sino una parte de vosotros. Aun dentro de la esclavitud material, hay la posibilidad de salvar la libertad interior: la de la razón y el sentimiento. No tratéis, pues, de justificar, por la absorción del trabajo o el combate, la esclavitud de vuestro espíritu.

Encuentro el símbolo de lo que debe ser nuestra alma en un cuento que evoco de un empolvado rincón de mi conciencia. Era un rey patriarcal, en el Oriente indeterminado e

---

[4] Referencia a la obra de Terencio (194–159 a. de J. C.), *El verdugo de sí mismo.*

ingenuo donde gusta hacer nido la alegre bandada de los cuentos. Vivía su reino la candorosa infancia de las tiendas de Ismael[5] y los palacios de Pilos.[6] La tradición le llamó después, en la memoria de los hombres, el rey hospitalario. Inmensa era la piedad del rey. A desvanecerse en ella tendía, como por su propio peso, toda desventura. A su hospitalidad acudían lo mismo por blanco pan el miserable, que el alma desolada por el bálsamo de la palabra que acaricia. Su corazón reflejaba como sensible placa sonora, el ritmo de los otros. Su palacio era la casa del pueblo. Todo era libertad y animación dentro de este augusto recinto, cuya entrada nunca hubo guardas que vedasen. En los abiertos pórticos, formaban corro los pastores cuando consagraban a rústicos conciertos sus ocios; platicaban al caer la tarde los ancianos, y frescos grupos de mujeres disponían, sobre trenzados juncos, las flores y los racimos de que se componía únicamente el diezmo real. Mercaderes de Ofir,[7] buhoneros de Damasco,[8] cruzaban a toda hora las puertas anchurosas, y ostentaban en competencia, ante las miradas del rey, las telas, las joyas, los perfumes. Junto a su trono reposaban los abrumados peregrinos. Los pájaros se citaban al mediodía para recoger las migajas de su mesa; y con el alba, los niños llegaban en bandadas bulliciosas al pie del lecho en que dormía el rey de barba de plata y le anunciaban la presencia del sol. Lo mismo a los seres sin ventura que a las cosas sin alma alcanzaba su liberalidad infinita. La Naturaleza sentía también la atracción de su llamado generoso; vientos, aves y plantas parecían buscar — como en el mito de Orfeo[9] y en la leyenda de San Francisco de Asís[10] —, la amistad humana en aquel oasis de hospitalidad. Del germen caído al acaso, brotaban y florecían , en las junturas de los pavimentos y los muros, los alhelíes de la ruinas, sin que una mano cruel los arrancase ni los hollara un pie maligno. Por las francas ventanas se tendían al interior de las cámaras del rey las enredaderas osadas y curiosas. Los fatigados vientos abandonaban largamente sobre el alcázar real su carga de aromas y armonías. Empinándose desde el vecino mar, como si quisieran ceñirle en un abrazo, le salpicaban las olas con su espuma. Y una libertad paradisial, una inmensa reciprocidad de confianzas, mantenían por dondequiera la animación de una fiesta inextinguible . . .

Pero dentro, muy dentro, aislada del alcázar ruidoso por cubiertos canales, oculta a la mirada vulgar — como la «perdida iglesia» de Uhland[11] en lo esquivo del bosque —, al cabo de ignorados senderos, una misteriosa sala se extendía, en la que a nadie era lícito poner la planta, sino al mismo rey, cuya hospitalidad se trocaba en sus umbrales en la apariencia de ascético egoísmo. Espesos muros la rodeaban. Ni un eco del bullicio exterior, ni una nota escapada al concierto de la Naturaleza, ni una palabra desprendida de labios de los hombres, lograban traspasar el espesor de los sillares de pórfido y conmover una onda del aire en la prohibida estancia. Religioso silencio velaba en la castidad del aire dormido. La luz, que tamizaban esmaltadas vidrieras, llegaba lánguida, medido el paso por una inalterable igualdad, y se diluía, como copo de nieve que invade un nido tibio, en la calma de un ambiente celeste. Nunca reinó tan honda paz, ni en oceánica gruta ni en soledad nemorosa. Alguna vez — cuando la noche era diáfana y tranquila —, abriéndose a modo de dos valvas de nácar la artesonada techumbre, dejaba cernerse en su lugar la magnificencia de las sombras serenas. En el ambiente flotaba como una onda indisipable la casta esencia del nenúfar, el perfume sugeridor del adormecimiento penseroso y de la contemplación del propio ser. Graves cariátides custodiaban las puertas de marfil en la actitud del silenciario. En los testeros, esculpidas imágenes hablaban de idealidad, de ensimismamiento, de reposo . . .

---

[5] Hijo de Abrahán y de Agar, tronco de los ismaelitas o árabes. Referencia a la vida nómada.
[6] Nombre de varias ciudades de la antigua Grecia.
[7] Comarca de Oriente, acaso el Yemen, adonde mandó Salomón a buscar oro.
[8] Ciudad de Asia, antigua residencia de califas.

[9] Personaje de la mitología griega; su música era tan melodiosa que las fieras acudían a oírla, olvidando su ferocidad.
[10] Que hablaba con los animales y ellos le escuchaban.
[11] Ludwig Uhland (1787–1862), poeta lírico alemán.

Y el viejo rey aseguraba que, aun cuando a nadie fuera dado acompañarle hasta allí, su hospitalidad seguía siendo en el misterioso seguro tan generosa y grande como siempre, sólo que los que él congregaba dentro de sus muros discretos eran convidados impalpables y huéspedes sutiles. En él soñaba, en él se libertaba de la realidad, el rey legendario; en él sus miradas se volvían a lo interior y se bruñían en la meditación de sus pensamientos como las guijas lavadas por la espuma; en él se desplegaban sobre su noble frente las blancas alas de Psiquis . . .[12] Y luego, cuando la muerte vino a recordarle que él no había sido sino un huésped más en su palacio, la impenetrable estancia quedó clausurada y viuda para siempre, para siempre abismada en su reposo infinito; nadie la profanó jamás, porque nadie hubiera osado poner la planta irreverente allí donde el viejo rey quiso estar solo con sus sueños y aislado en la última Thule[13] de su alma.

Yo doy al cuento el escenario de vuestro reino interior. Abierto con una saludable liberalidad, como la casa del monarca confiado, a todas las corrientes del mundo, exista en él, al mismo tiempo, la celda escondida y misteriosa que desconozcan los huéspedes profanos y que a nadie más que a la razón serena pertenezca. Sólo cuando penetréis dentro del inviolable seguro podréis llamaros, en realidad, hombres libres. No lo son quienes, enajenando insensatamente el dominio de sí a favor de la desordenada pasión o el interés utilitario, olvidan que, según el sabio precepto de Montaigne,[14] nuestro espíritu puede ser objeto de préstamo, pero no de cesión. Pensar, soñar, admirar: he ahí los nombres de los sutiles visitantes de mi celda. Los antiguos los clasificaban dentro de su noble inteligencia del *ocio*, que ellos tenían por el más elevado empleo de una existencia verdaderamente racional, identificándolo con la libertad del pensamiento emancipado de todo innoble yugo. El ocio noble era la inversión del tiempo que oponían, como expresión de la vida superior, a la actividad económica. Vinculando exclusivamente a esa alta y aristocrática idea del reposo su concepción de la dignidad de la vida, el espíritu clásico encuentra su corrección y su complemento en nuestra moderna creencia en la dignidad del trabajo útil; y entrambas atenciones del alma pueden componer, en la existencia individual, un ritmo, sobre cuyo mantenimiento necesario nunca será inoportuno insistir. La escuela estoica, que iluminó el ocaso de la antigüedad como por un anticipado resplandor del cristianismo, nos ha legado una sensible y conmovedora imagen de la salvación de la libertad interior, aun en medio a los rigores de la servidumbre, en la hermosa figura de Cleanto,[15] de aquel Cleanto que, obligado a emplear la fuerza de sus brazos de atleta en sumergir el cubo de una fuente y mover la piedra de un molino, concedía a la meditación las treguas del quehacer miserable y trazaba, con encallecida mano, sobre las piedras del camino, las máximas oídas de labios de Zenón.[16] Toda educación racional, todo perfecto cultivo de nuestra naturaleza, tomarán por punto de partida la posibilidad de estimular en cada uno de nosotros la doble actividad que simboliza Cleanto.

Una vez más: el principio fundamental de vuestro desenvolvimiento, vuestro lema en la vida, deben ser mantener la integridad de vuestra condición humana. Ninguna función particular debe prevalecer jamás sobre esa finalidad suprema. Ninguna fuerza aislada puede satisfacer los fines racionales de la existencia individual, como no puede producir el ordenado concierto de la existencia colectiva. Así como la deformidad y el empequeñecimiento son, en el alma de los individuos, el resultado de un exclusivo objeto impuesto a la

---

[12] O Psique, joven de gran belleza, querida del Amor; personificación del alma.

[13] O Tule, nombre dado por los romanos a una isla al norte de Europa, probablemente una de las Shetland. En la literatura suele indicar el lugar más apartado del mundo, un reino fantástico alejado de todo.

[14] Michel de Montaigne (1533–1592), célebre moralista francés, autor de unos famosos *Ensayos*.

[15] Filósofo estoico del siglo III antes de J. C.

[16] Filósofo griego nacido a fines del siglo IV antes de J. C., fundador del estoicismo.

acción y un solo modo de cultura, la falsedad de lo artificial vuelve efímera la gloria de las sociedades que han sacrificado el libre desarrollo de su sensibilidad y su pensamiento, ya a la actividad mercantil, como en Fenicia; ya a la guerra, como en Esparta; ya al misticismo, como en el terror milenario; ya a la vida de sociedad y de salón, como en la Francia del siglo XVIII. Y preservándoos contra toda mutilación de vuestra naturaleza moral, aspirando a la armoniosa expansión de vuestro ser en todo noble sentido, pensad al mismo tiempo en que la más fácil y frecuente de las mutilaciones es, en el carácter actual de las sociedades humanas, la que obliga al alma a privarse de ese género de *vida interior*, donde tienen su ambiente propio todas las cosas delicadas y nobles que, a la intemperie de la realidad, quema el aliento de la pasión impura y el interés utilitario proscribe: la vida de que son parte la meditación desinteresada, la contemplación ideal, el *ocio* antiguo, la impenetrable estancia de mi cuento. [. . .]

*

Yo creo indudable que el que ha aprendido a distinguir de lo delicado lo vulgar, lo feo de lo hermoso, lleva hecha media jornada para distinguir lo malo de lo bueno. No es, por cierto, el buen gusto, como querría cierto *dilettantismo* moral, el único criterio para apreciar la legitimidad de las acciones humanas; pero menos debe considerársele, con el criterio de un estrecho ascetismo, una tentación del error y una sirte engañosa. No le señalaremos nosotros como la senda misma del bien; sí como un camino paralelo y cercano que mantiene muy aproximados a ella el paso y la mirada del viajero. A medida que la humanidad avance, se concebirá más claramente la ley moral como una estética de la conducta. Se huirá del mal y del error como de una disonancia; se buscará lo bueno como el placer de una armonía. Cuando la severidad estoica de Kant[17] inspira, simbolizando el espíritu de su ética, las austeras palabras: «Dormía, y soñé que la vida era belleza; desperté, y advertí que ella es deber», des-

conoce que, si el deber es la realidad suprema, en ella puede hallar realidad el objeto de su sueño, porque la conciencia del deber le dará, con la visión clara de lo bueno, la complacencia de lo hermoso. [. . .]

Indudablemente, ninguno más seguro entre los resultados de la estética que el que nos enseña a distinguir, en la esfera de lo relativo, lo bueno y lo verdadero de lo hermoso, y a aceptar la posibilidad de una belleza del mal y del error. Pero no se necesita desconocer esta verdad, *definitivamente* verdadera, para creer en el encadenamiento simpático de todos aquellos altos fines del alma, y considerar a cada uno de ellos como el punto de partida, no único, pero sí más seguro, de donde sea posible dirigirse al encuentro de los otros.

La idea de un superior acuerdo entre el buen gusto y el sentido moral es, pues, exacta, lo mismo en el espíritu de los individuos que en el espíritu de las sociedades. [. . .]

Con frecuencia habréis oído atribuir a dos causas fundamentales el desborde del espíritu de utilidad que da su nota a la fisonomía moral del siglo presente, con menoscabo de la consideración *estética* y desinteresada de la vida. Las revelaciones de la ciencia de la naturaleza — que, según intérpretes, ya adversos, ya favorables a ellas, convergen a destruir toda idealidad por su base— son la una; la universal difusión y el triunfo de las ideas democráticas, la otra. Yo me propongo hablaros exclusivamente de esta última causa [. . .]

*

Abandonada a sí misma — sin la constante rectificación de una activa autoridad moral que la depure y encauce su tendencia en el sentido de la dignificación de la vida —, la democracia extinguirá gradualmente toda idea de superioridad que no se traduzca en una mayor y más osada aptitud para las luchas del interés, que son entonces la forma más innoble de las brutalidades de la fuerza. La selección espiritual — el enaltecimiento de la vida por la presencia de estímulos desinteresados, el gusto, el arte, la suavidad de las costumbres, el sentimiento de admiración por todo perseverante

---

[17] Emmanuel Kant (1724–1804), filósofo alemán.

propósito ideal y de acatamiento a toda noble supremacía, serán como debilidades indefensas allí donde la igualdad social que ha destruído las jerarquías imperativas e infundadas, no las substituya con otras, que tengan en la influencia moral su único modo de dominio y su principio en una clasificación racional.

Toda igualdad de condiciones es en el orden de las sociedades, como toda homogeneidad en el de la Naturaleza, un equilibrio inestable. Desde el momento en que haya realizado la democracia su obra de negación con el allanamiento de las superioridades injustas, la igualdad conquistada no puede significar para ella sino un punto de partida. Resta la afirmación. Y lo afirmativo de la democracia y su gloria consistirán en suscitar, por eficaces estímulos, en su seno, la revelación y el dominio de las *verdaderas* superioridades humanas.

Es indudable que nuestro interés egoísta debería llevarnos, — a falta de virtud —, a ser hospitalarios. Ha tiempo que la suprema necesidad de colmar el vacío moral del desierto, hizo decir a un publicista ilustre que, en América, *gobernar es poblar*.[18] Pero esta fórmula famosa encierra una verdad contra cuya estrecha interpretación es necesario prevenirse, porque conduciría a atribuir una incondicional eficacia civilizadora al valor cuantitativo de la muchedumbre. — Gobernar es poblar, asimilando, en primer término; educando y seleccionando, después. [. . .]

La multitud, la masa anónima, no es nada por sí misma. La multitud será un instrumento de barbarie o de civilización según carezca o no del coeficiente de una alta dirección moral. Hay una verdad profunda en el fondo de la paradoja de Emerson que exige que cada país del globo sea juzgado según la minoría y no según la mayoría de sus habitantes. La civilización de un pueblo adquiere su carácter, no de las manifestaciones de su prosperidad o de su grandeza material, sino de las superiores maneras de pensar y de sentir que dentro de ellas son posibles. [. . .]

Es en la escuela, por cuyas manos procuramos que pase la dura arcilla de las muchedumbres, donde está la primera y más generosa manifestación de la equidad social, que consagra para todos la accesibilidad del saber y de los medios más eficaces de superioridad. Ella debe complementar tan noble cometido, haciendo objetos de una educación preferente y cuidadosa el sentido de orden, la idea y la voluntad de la justicia, el sentimiento de las legítimas autoridades morales.

Ninguna distinción más fácil de confundirse y anularse en el espíritu del pueblo que la que enseña que la igualdad democrática puede significar una igual *posibilidad*, pero nunca una igual *realidad*, de influencia y de prestigio, entre los miembros de una sociedad organizada. En todos ellos hay un derecho idéntico para aspirar a las superioridades morales que deben dar razón y fundamento a las superioridades efectivas; pero sólo a los que han alcanzado realmente la posesión de las primeras, debe ser concedido el premio de las últimas. El verdadero, el digno concepto de la igualdad, reposa sobre el pensamiento de que todos los seres racionales están dotados por naturaleza de facultades capaces de un desenvolvimiento noble. El deber del Estado consiste en colocar a todos los miembros de la sociedad en indistintas condiciones de tender a su perfeccionamiento. El deber del Estado consiste en predisponer los medios propios para provocar, uniformemente, la revelación de las superioridades humanas, dondequiera que existan. De tal manera, más allá de esta igualdad inicial, toda desigualdad estará justificada, porque será la sanción de las misteriosas elecciones de la Naturaleza o del esfuerzo meritorio de la voluntad. Cuando se la concibe de este modo, la igualdad democrática, lejos de oponerse a la selección de las costumbres y de las ideas, es el más eficaz instrumento de selección espiritual, es el ambiente *providencial* de la cultura. La favorecerá todo lo que favorezca al predominio de la energía inteligente. [. . .]

Racionalmente concebida, la democracia admite siempre un imprescriptible elemento aristocrático, que consiste en establecer la superioridad de los mejores, asegurándola sobre el consentimiento libre de los asociados.

---

[18] Juan Bautista Alberdi (1814–1886), estadista argentino, autor de dicha frase.

Ella consagra, como las aristocracias, la distinción de calidad; pero las resuelve a favor de las calidades realmente superiores — las de la virtud, el carácter, el espíritu —, y sin pretender inmovilizarlas en clases constituídas aparte de las otras, que mantengan a su favor el privilegio execrable de la casta, renueva sin cesar su aristocracia dirigente en las fuentes vivas del pueblo y la hace aceptar por la justicia y el amor. Reconociendo, de tal manera, en la selección y la predominancia de los mejor dotados una necesidad de todo progreso, excluye de esa ley universal de la vida, al sancionarla en el orden de la sociedad, el efecto de humillación y de dolor que es, en las concurrencias de la Naturaleza y en las de las otras organizaciones sociales, el duro lote del vencido. «La gran ley de la selección natural — ha dicho luminosamente Fouillée[19] —, continuará realizándose en el seno de las sociedades humanas, sólo que ella se realizará de más en más por vía de libertad.» El carácter odioso de las aristocracias tradicionales se originaba de que ellas eran injustas por su fundamento, y opresoras, por cuanto su autoridad era una imposición. Hoy sabemos que no existe otro límite legítimo para la igualdad humana que el que consiste en el dominio de la inteligencia y la virtud, consentido por la libertad de todos. Pero sabemos también que es necesario que este límite exista en realidad. Por otra parte, nuestra concepción cristiana de la vida nos enseña que las superioridades morales, que son un motivo de derechos, son principalmente un motivo de deberes, y que todo espíritu superior se debe a los demás en igual proporción que los excede en capacidad de realizar el bien. El antiigualitarismo de Nietzsche[20] — que tan profundo surco señala en la que podríamos llamar nuestra moderna *literatura de ideas* —, ha llevado a su poderosa reivindicación de los derechos que él considera implícitos en las superioridades humanas, un abominable, un reaccionario espíritu, puesto que, negando toda fraternidad, toda piedad, pone en el corazón del *superhombre* a quien endiosa, un

menosprecio satánico para los desheredados y los débiles; legitima en los privilegiados de la voluntad y de la fuerza el ministerio del verdugo; y con lógica resolución llega, en último término, a afirmar que «la sociedad no existe para sí, sino para sus elegidos.» No es, ciertamente, esta concepción monstruosa la que puede oponerse, como lábaro, al falso igualitarismo que aspira a la nivelación de todos por la común vulgaridad. ¡Por fortuna, mientras exista en el mundo la posibilidad de disponer dos trozos de madera en forma de cruz, es decir, siempre, la humanidad seguirá creyendo que es el amor el fundamento de todo orden estable y que la superioridad jerárquica en el orden no debe ser sino una superior capacidad de amar!

Fuente de inagotables inspiraciones morales, la ciencia nueva nos sugiere al esclarecer las leyes de la vida, cómo el principio democrático puede conciliarse, en la organización de las colectividades humanas, con una *aristarquía* de la moral y la cultura. Por una parte — como lo ha hecho notar una vez más, en su simpático libro, Henri Bérenger[21] —, las afirmaciones de la ciencia contribuyen a sancionar y fortalecer en la sociedad un espíritu de la democracia, revelando cuánto es el valor natural del esfuerzo colectivo; cuál la grandeza de la obra de los pequeños; cuán inmensa la parte de acción reservada al colaborador anónimo y obscuro en cualquiera manifestación del desenvolvimiento universal. Realza, no menos que la revelación cristiana, la dignidad de los humildes, esta nueva revelación que atribuye, en la Naturaleza, a la obra de los infinitamente pequeños, a la labor del nummulite y el briozóo en el fondo obscuro del abismo, la construcción de los cimientos geológicos; que hace surgir de la vibración de la célula informe y primitiva, todo el impulso ascendente de las formas orgánicas; que manifiesta el poderoso papel que en nuestra vida psíquica es necesario atribuir a los fenómenos más inaparentes y más vagos, aun a las fugaces percepciones de que no tenemos conciencia; y que, llegando a

---

[19] Alfred Fouillée (1838–1912), filósofo y moralista francés.
[20] Friedrich Nietzsche (1844–1900), célebre filósofo alemán.

[21] Henry Bérenger (Francia; 1867), autor de *La aristocracia intelectual.*

la sociología y a la historia, restituye al heroísmo, a menudo abnegado, de las muchedumbres, la parte que le negaba el silencio en la gloria del héroe individual, y hace patente
5 la lenta acumulación de las investigaciones que, al través de los siglos, en la sombra, en el taller, o el laboratorio de obreros olvidados, preparan los hallazgos del genio. [. . .]

Ante la posteridad, ante la historia, todo
10 gran pueblo debe aparecer como una vegetación cuyo desenvolvimiento ha tendido armoniosamente a producir un fruto en el que su savia acrisolada ofrece al porvenir la idealidad de su fragancia y la fecundidad de su simiente.
15 Sin este resultado duradero, *humano*, levantado sobre la finalidad transitoria de lo *útil*, el poder y la grandeza de los imperios no son más que una noche de sueño en la existencia de la humanidad; porque, como las visiones per-
20 sonales del sueño, no merecen contarse en el encadenamiento de los hechos que forman la trama activa de la vida.

Gran civilización, gran pueblo — en la acepción que tiene valor para la historia —, son
25 aquellos que, al desaparecer materialmente en el tiempo, dejan vibrante para siempre la melancolía surgida de su espíritu y hacen persistir en la posteridad su legado imperecedero — según dijo Carlyle[22] del alma de sus
30 «héroes» —, *como una nueva y divina porción de la suma de las cosas*. Tal, en el poema de Goethe, cuando la Elena evocada del reino de la noche vuelve a descender al Orco[23] sombrío, deja a Fausto su túnica y su velo. Estas vesti-
35 duras no son la misma deidad; pero participan, habiéndolas llevado ella consigo, de su alteza divina, y tienen la virtud de elevar a quien las posee por encima de las cosas vulgares.

Una sociedad definitivamente organizada que limite su idea de la civilización a acumular
40 abundantes elementos de prosperidad, y su idea de la justicia a distribuirlos equitativamente entre los asociados, no hará de las ciudades donde habite nada que sea distinto,

por esencia, del hormiguero o la colmena. No son bastantes, ciudades populosas, opulentas, magníficas, para probar la constancia y la intensidad de una civilización. La gran ciudad es, sin duda, un organismo necesario de la alta cultura. Es el ambiente natural de las más altas manifestaciones del espíritu. No sin razón ha dicho Quinet[24] que «el alma que acude a beber fuerzas y energías en la íntima comunicación con el linaje humano, esa alma que constituye el grande hombre, no puede formarse y dilatarse en medio de los pequeños partidos de una ciudad pequeña.» Pero así la grandeza cuantitativa de la población como la grandeza material de sus instrumentos, de sus armas, de sus habitaciones, son sólo *medios* del genio civilizador, y en ningún caso resultados en los que él pueda detenerse. De las piedras que compusieron a Cartago, no dura una partícula transfigurada en espíritu y en luz. La inmensidad de Babilonia y de Nínive no representa en la memoria de la humanidad el hueco de una mano si se la compara con el espacio que va desde la Acrópolis al Pireo,[25] Hay una perspectiva ideal en la que la ciudad no aparece grande sólo porque prometa ocupar el área inmensa que había edificada en torno a la torre de Nemrod; ni aparece fuerte sólo porque sea capaz de levantar de nuevo ante sí los muros babilónicos sobre los que era posible hacer pasar seis carros de frente; ni aparece hermosa sólo porque, como Babilonia, luzca en los paramentos de sus palacios losas de alabastro y se enguirnalde con los jardines de Semíramis.[26]

Grande es en esa perspectiva la ciudad, cuando los arrabales de su espíritu alcanzan más allá de las cumbres y los mares, y cuando, pronunciado su nombre, ha de iluminarse para la posteridad toda una jornada de la historia humana, todo un horizonte del tiempo. La ciudad es fuerte y hermosa cuando sus días son algo más que la invariable repetición de un mismo eco, reflejándose indefinidamente de

---

[22] Thomas Carlyle (1724–1804), historiador escocés, autor de *Los héroes y el culto de los héroes*.
[23] Infierno, averno; lugar donde iban las almas después de la muerte, según las creencias paganas.
[24] Edgar Quinet (1803–1875), filósofo e historiador francés.

[25] El puerto de Atenas, en Grecia.
[26] Reina legendaria de Asiria y de Babilonia a quien se atribuye la tradición de la fundación de esta última ciudad y de sus jardines colgantes.

uno en otro círculo de una eterna espiral; cuando hay algo en ella que flota por encima de la muchedumbre; cuando entre las luces que se encienden durante sus noches está la lámpara que acompaña la soledad de la vigilia inquietada por el pensamiento y en la que se incuba la idea que ha de surgir al sol del otro día convertida en el grito que congrega la fuerza que conduce las almas.

Entonces sólo, la extensión y la grandeza material de la ciudad pueden dar la medida para calcular la intensidad de su civilización. Ciudades regias, soberbias aglomeraciones de casas, son para el pensamiento un cauce más inadecuado que la absoluta soledad del desierto, cuando el pensamiento no es el señor que las domina. Leyendo el *Maud* de Ténnyson,[27] hallé una página que podría ser el símbolo de ese tormento del espíritu allí donde la sociedad humana es para él un género de soledad. Presa de angustioso delirio, el héroe del poema se sueña muerto y sepultado, a pocos pies dentro de tierra, bajo el pavimento de una calle de Londres. A pesar de la muerte, su conciencia permanece adherida a los fríos despojos de su cuerpo. El clamor confuso de la calle, propagándose en sorda vibración hasta la estrecha cavidad de la tumba, impide en ella todo sueño de paz. El peso de la multitud indiferente gravita a toda hora sobre la triste prisión de aquel espíritu, y los cascos de los caballos que pasan parecen empeñarse en estampar sobre él un sello de oprobio. Los días se suceden con lentitud inexorable. La aspiración de Maud consistiría en hundirse más dentro, mucho más dentro, de la tierra. El ruido ininteligente del tumulto sólo sirve para mantener en su conciencia desvelada el pensamiento de su cautividad.

Existen ya, en nuestra América latina, ciudades cuya grandeza material y cuya suma de civilización aparente, las acercan con acelerado paso a participar del primer rango en el mundo. Es necesario temer que el pensamiento sereno que se aproxime a golpear sobre las exterioridades fastuosas, como sobre un cerrado vaso de bronce, sienta el ruido desconsolador del vacío. Necesario es temer, por ejemplo, que ciudades cuyo nombre fué un glorioso símbolo en América; que tuvieron a Moreno,[28] a Rivadavia,[29] a Sarmiento; que llevaron la iniciativa de una inmortal Revolución; ciudades que hicieron dilatarse por toda la extensión de un continente, como en el armonioso desenvolvimiento de las ondas concéntricas que levanta el golpe de la piedra sobre el agua dormida, la gloria de sus héroes y la palabra de sus tribunos, puedan terminar en Sidón, en Tiro, en Cartago.

A vuestra generación toca impedirlo; a la juventud que se levanta, sangre y músculo y nervio del porvenir. Quiero considerarla personificada en vosotros. Os hablo ahora figurándome que sois los destinados a guiar a los demás en los combates por la causa del espíritu. La perseverancia de vuestro esfuerzo debe identificarse en vuestra intimidad con la certeza del triunfo. No desmayéis en predicar el Evangelio de la delicadeza a los escitas, el Evangelio de la inteligencia a los beocios, el Evangelio del desinterés a los fenicios.

Basta que el pensamiento insista en *ser* — en demostrar que existe, con la demostración que daba Diógenes[30] del movimiento —, para que su dilatación sea ineluctable y para que su triunfo sea seguro.

El pensamiento se conquistará, palmo a palmo, por su propia espontaneidad, todo el espacio de que necesite para afirmar y consolidar su reino, entre las demás manifestaciones de la vida. Él, en la organización individual, levanta y engrandece, con su actividad continuada, la bóveda del cráneo que le contiene. Las razas pensadoras revelan, en la capacidad creciente de sus cráneos, ese empuje del obrero interior. Él, en la organización social, sabrá también engrandecer la capacidad de su escenario, sin necesidad de que para ello

---

[27] Alfred, Lord Tennyson (1809–1892), famoso poeta inglés.

[28] Mariano Moreno (1778–1811), patriota argentino, uno de los principales caudillos de la revolución de independencia en 1810.

[29] Bernardino Rivadavia (1780–1845), politico argentino, presidente de la República en 1826.

[30] Filósofo griego (413–323 antes de J. C.). Referencia a la anécdota que se cuenta de que un día, asistiendo a una lección del escéptico Zenón, que negaba el movimiento, Diógenes se levantó y se puso a andar, para responder al sofista.

intervenga ninguna fuerza ajena a él mismo. Pero tal persuasión, que debe defenderos de un desaliento cuya única utilidad consistiría en eliminar a los mediocres y los pequeños de la lucha, debe preservaros también de las impaciencias que exigen vanamente la alteración de su ritmo imperioso.

Todo el que se consagre a propagar y defender, en la América contemporánea, un ideal desinteresado del espíritu — arte, ciencia, moral, sinceridad religiosa, política de ideas —, debe educar su voluntad en el culto perseverante del porvenir. El pasado perteneció todo entero al brazo que combate; el presente pertenece, casi por completo también, al tosco brazo que nivela y construye; el porvenir — un porvenir tanto más cercano cuanto más enérgicos sean la voluntad y el pensamiento de los que le ansían — ofrecerá, para el desenvolvimiento de superiores facultades del alma, la estabilidad, el escenario y el ambiente.

¿No la veréis vosotros, la América que nosotros soñamos; hospitalaria para las cosas del espíritu, y no tan sólo para las muchedumbres que se amparen a ella; pensadora, sin menoscabo de su aptitud para la acción; serena y firme a pesar de sus entusiasmos generosos; resplandeciente con el encanto de una seriedad temprana y suave, como la que realza la expresión de un rostro infantil cuando en él se revela, al través de la gracia intacta que

fulgura, el pensamiento inquieto que despierta? . . . Pensad en ella a lo menos; el honor de vuestra historia futura depende de que tengáis constantemente ante los ojos del alma la visión de esa América regenerada, cerniéndose de lo alto sobre las realidades del presente, como en la nave gótica el vasto rosetón que arde en luz sobre lo austero de los muros sombríos. — No seréis sus fundadores, quizá; seréis los precursores que inmediatamente la precedan. En las sanciones glorificadoras del futuro hay también palmas para el recuerdo de los precursores. Edgard Quinet, que tan profundamente ha penetrado en las armonías de la historia y la Naturaleza, observa que para preparar el advenimiento de un nuevo tipo humano, de una nueva unidad social, de una personificación nueva de la civilización, suele precederles de lejos un grupo disperso y prematuro, cuyo papel es análogo en la vida de las sociedades al de las *especies proféticas* de que a propósito de la evolución biológica habla Héer.[31] El tipo nuevo empieza por significar, apenas, diferencias individuales y aisladas; los individualismos se organizan más tarde en «variedad»; y por último, la variedad encuentra para propagarse un medio que la favorece, y entonces ella asciende quizá al rango específico: entonces — digámoslo con las palabras de Quinet — *el grupo se hace muchedumbre, y reina*.[. . .]

MOTIVOS DE PROTEO[32]

I

Reformarse es vivir. Y, desde luego, nuestra transformación personal en cierto grado, ¿no es ley constante e infalible en el tiempo? ¿Qué importa que el deseo y la voluntad queden en un punto si el tiempo pasa y nos lleva? El tiempo es el sumo innovador. Su potestad, bajo la cual cabe todo lo creado, se ejerce de manera tan segura y continua sobre las almas como sobre las cosas. Cada pensamiento de tu mente, cada movimiento de tu sensibilidad,

cada determinación de tu albedrío, y aún más: cada instante de la aparente tregua de indiferencia o de sueño, con que se interrumpe el proceso de tu actividad consciente, pero no el de aquella otra que se desenvuelve en ti sin participación de tu voluntad y sin conocimiento de ti mismo, son un impulso más en el sentido de una modificación, cuyos pasos acumulados producen esas transformaciones visibles de edad a edad, de decenio a decenio: mudas de alma, que sorprenden acaso a quien no ha tenido ante los ojos el gradual desen-

---

[31] Oswald Héer (1809–1883), naturalista suizo.

[32] Dios marino que para librarse de los que le acosaban cambiaba de forma a voluntad.

volvimiento de una vida, como sorprende al viajero que torna, tras larga ausencia, a la patria, ver las cabezas blancas de aquellos a quienes dejó en la mocedad.

Cada uno de nosotros es, sucesivamente, no *uno*, sino *muchos*. Y estas personalidades sucesivas, que emergen las unas de las otras, suelen ofrecer entre sí los más raros y asombrosos contrastes. Sainte-Beuve[33] significaba la impresión que tales metamorfosis psíquicas del tiempo producen en quien no ha sido espectador de sus fases relativas, recordando el sentimiento que experimentamos ante el retrato del Dante adolescente, pintado en Florencia: el Dante, cuya dulzura casi jovial es viva antítesis del gesto amargo y tremendo con que el Gibelino dura en el monetario de la gloria; o bien, ante el retrato del Voltaire de los cuarenta años, con su mirada de bondad y ternura, que nos revela un mundo íntimo helado luego por la malicia senil del demoledor.

¿Qué es, si bien se considera, la «Atalía», de Racine,[34] sino la tragedia de esta misma transformación fatal y lenta? Cuando la hiere el fatídico sueño, la adoradora de Baal[35] advierte que ya no están en su corazón, que el tiempo ha domado la fuerza, la soberbia, la resolución espantable, la confianza impávida, que la negaban al remordimiento y la piedad. Y para transformaciones como éstas, sin exceptuar las más profundas y esenciales, no son menester bruscas rupturas, que cause la pasión o el hado violento. Aun en la vida más monótona y remansada son posibles, porque basta para ellas una blanda pendiente. La eficiencia de las *causas actuales*, por las que el sabio[36] explicó, mostrando el poder de la acumulación de acciones insensibles, los mayores cambios del orbe, alcanza también a la historia del corazón humano. Las *causas actuales* son la clave de muchos enigmas de nuestro destino. — ¿Desde qué día preciso dejaste de creer? ¿En qué preciso día nació el amor que te inflama? — Pocas veces hay respuesta para tales preguntas. Y es que cosa ninguna pasa en vano

dentro de ti; no hay impresión que no deje en tu sensibilidad la huella de su paso; no hay imagen que no estampe una leve copia de sí en el fondo inconsciente de tus recuerdos; no hay idea ni acto que no contribuyan a determinar, aun cuando sea en proporción infinitesimal, el rumbo de tu vida, el sentido sintético de tus movimientos, la forma fisonómica de tu personalidad. El dientecillo oculto que roe en lo hondo de tu alma; la gota de agua que cae a compás en sus antros oscuros; el gusano de seda que teje allí hebras sutilísimas, no se dan tregua ni reposo; y sus operaciones concordes, a cada instante te matan, te rehacen, te destruyen, te crean . . . Muertes cuya suma es la muerte; resurrecciones cuya persistencia es la vida. — ¿Quién ha expresado esta instabilidad mejor que Séneca,[37] cuando dijo, considerando lo fugaz y precario de las cosas: «Yo mismo, en el momento de decir que todo cambia, ya he cambiado»? Perseveremos sólo en la continuidad de nuestras modificaciones; en el orden, más o menos regular, que las rige; en la fuerza que nos lleva adelante hasta arribar a la transformación más misteriosa y trascendente de todas . . . Somos la estela de la nave, cuya entidad material no permanece la misma en dos momentos sucesivos, porque sin cesar muere y renace de entre las ondas: la estela que es, no una persistente realidad, sino una forma andante, una sucesión de impulsos rítmicos, que obran sobre un objeto constantemente renovado.

VII

Rítmica y lenta evolución de ordinario; reacción esforzada, si es preciso; cambio consciente y orientado, siempre. O es perpetua renovación o es una lánguida muerte nuestra vida. Conocer lo que dentro de nosotros ha muerto y lo que es justo que muera, para desembarazar el alma de este peso inútil; sentir que el bien y la paz de que se goce después de la jornada, han de ser, con cada sol, nueva con-

---

[33] Charles-Augustin Sainte-Beuve (1804–1869), crítico francés.
[34] Obra maestra del poeta dramático francés, Jean Racine (1639–1699).
[35] Nombre de cada uno de los dioses de un grupo de

deidades semíticas considerados como protectores de la fertilidad.
[36] Probable referencia a Aristóteles.
[37] Lucio Anneo Séneca (4?–65), filósofo estoico nacido en Córdoba.

quista, nuevo premio, y no usufructo de triunfos que pasaron; no ver término infranqueable
en tanto haya acción posible, ni imposibilidad
de acción mientras la vida dura; entender que
5 toda circunstancia fatal para la subsistencia
de una forma de actividad, de dicha, de amor,
trae en sí como contrahaz y resarcimiento, la
ocasión propicia a otras formas; saber de lo
que dijo el sabio cuando afirmó que todo fué
10 hecho hermoso en su tiempo: cada oportunidad, única para su obra: cada día, interesante
en su originalidad; anticiparse al agotamiento
y el hastío, para desviar al alma del camino en
que habría de encontrarse con ellos, y si se
15 adelantan a nuestra previsión, levantarse sobre
ellos por un *invento* de la voluntad (la voluntad
es, tanto como el pensamiento, una potencia
inventora) que se proponga y fije nuevo objetivo; renovarse, transformarse, rehacerse . . .
20 ¿no es ésta toda la filosofía de la acción y de la
vida; no es ésta la vida misma, si por tal hemos
de significar, en lo humano, cosa diferente en
esencia del sonambulismo del animal y del
vegetar de la planta? . . . Y ahora he de re-
25 ferirte cómo ví jugar, no ha muchas tardes, a
un niño, y cómo de su juego ví que fluía una
enseñanza parabólica.

VIII

30 Jugaba el niño en el jardín de la casa con
una copa de cristal que, en el límpido ambiente
de la tarde, un rayo de sol tornasolaba como
un prisma. Manteniéndola, no muy firme, en
35 una mano, traía en la otra un junco con el que
golpeaba acompasadamente en la copa. Después de cada toque, inclinando la graciosa
cabeza, quedaba atento, mientras las ondas
sonoras, como nacidas de vibrante trino de
40 pájaro, se desprendían del herido cristal y
agonizaban suavemente en los aires. Prolongó
así su improvisada música hasta que, en un
arranque de volubilidad, cambió el motivo de
su juego: se inclinó a tierra, recogió en el
45 hueco de ambas manos la arena limpia del
sendero y la fué vertiendo en la copa hasta
llenarla. Terminada esta obra, alisó, por
primor, la arena desigual de los bordes. No
pasó mucho tiempo sin que quisiera volver a
50 arrancar al cristal su fresca resonancia: pero
el cristal, enmudecido, como si hubiera emi-

grado un alma de su diáfano seno, no respondía más que con un ruido de seca percusión al
golpe del junco. El artista tuvo un gesto de
enojo para el fracaso de su lira. Hubo de
verter una lágrima, mas la dejó en suspenso.
Miró, como indeciso, a su alrededor; sus ojos
húmedos se detuvieron en una flor muy blanca
y pomposa, que a la orilla de un cantero
cercano, meciéndose en la rama que más se
adelantaba, parecía rehuir la compañía de las
hojas, en espera de una mano atrevida. El
niño se dirigió, sonriendo, a la flor; pugnó por
alcanzar hasta ella; y aprisionándola, con la
complicidad del viento, que hizo abatirse por
un instante la rama, cuando la hubo hecho
suya, la colocó graciosamente en la copa de
cristal, vuelta un ufano búcaro, asegurando
el tallo endeble merced a la misma arena que
había sofocado el alma musical de la copa.
Orgulloso de su desquite, levantó cuan alto
pudo, la flor entronizada, y la paseó, como en
triunfo, por entre la muchedumbre de las
flores.

IX

¡Sabia, candorosa filosofía! — pensé. — Del
fracaso cruel no recibe desaliento que dure, ni
se obstina en volver a goce que perdió, sino que
de las mismas condiciones que determinaron
el fracaso toma la ocasión de nuevo juego, de
nueva idealidad, de nueva belleza . . . ¿No
hay aquí todo un polo de sabiduía para la
acción? ¡Ah, si en el transcurso de la vida
todos imitáramos al niño! ¡Si ante los límites
que pone sucesivamente la fatalidad a nuestros
sueños, hiciéramos todos como él! . . . El
ejemplo del niño dice que no debemos em-
peñarnos en arrancar sonidos de la copa con
que nos embelesamos un día, si la naturaleza
de las cosas quiere que enmudezca. Y dice
luego que es necesario buscar, en derredor de
donde estemos, una reparadora flor, una flor
que poner sobre la arena por quien el cristal se
tornó mudo . . . No rompamos torpemente la
copa contra las piedras del camino sólo porque
haya dejado de sonar. Tal vez la flor reparadora existe. Tal vez está allí cerca. Esto declara
la parábola del niño, y toda filosofía viril, *viril*
por el espíritu que la anima, confirmará su
enseñanza fecunda.

XXIV

Hombres hay, muchísimos hombres, inmensas multitudes de ellos, que mueren sin haber nunca conocido su ser verdadero y radical, sin saber más que de la superficie de su alma, sobre la cual su conciencia pasó moviendo apenas lo que del alma está en contacto con el aire ambiente del Mundo, como el barco pasa por la superficie de las aguas, sin penetrar más de algunos palmos bajo el haz de la onda. Ni aun cabe, en la mayor parte de los hombres, la idea de que fuera posible saber de sí mismos algo que no saben. ¡Y eso que ignoran es, acaso, la verdad que los purificaría, la fuerza que los libertaría, la riqueza que haría resplandecer su alma como el metal separado de la escoria y puesto en manos del platero!... Por ley general, un alma humana podría dar de sí más de lo que su conciencia cree y percibe, y mucho más de lo que su voluntad convierte en obra. Piensa, pues, cuántas energías sin empleo, cuántos nobles gérmenes y nunca aprovechados dones suele llevar consigo al secreto, cuyos sellos nadie profanó jamás, una vida que acaba. Dolerse de esto fuera tan justo, por lo menos, cual lo es dolerse de las fuerzas en acto, o en conciencia precursora del acto, que la muerte interrumpe y malogra. ¡Cuántos espíritus disipados en estéril vivir, o reducidos a la teatralidad de un papel que ellos ilusoriamente piensan ser cosa de su naturaleza; todo por ignorar la vía segura de la observación interior; por tener de sí una idea incompleta, cuando no absolutamente falsa, y ajustar a esos límites ficticios su pensamiento, su acción y el vuelo de sus sueños! ¡Cuán fácil es que la conciencia de nuestro ser real quede ensordecida por el ruido del Mundo, y que con ella naufrague lo más noble de nuestro destino, lo mejor que había de nosotros virtualmente! ¡Y cuánta debiera ser la desazón de aquel que toca el borde de la tumba sin saber si dentro de su alma hubo un tesoro que, por no sospecharlo o no buscarlo, ha ignorado y perdido!

XXV

Este sentimiento de la vida que se acerca a su término, sin haber llegado a convertir, una vez, en cosa que dure, fuerzas que ya no es tiempo de emplear, ¿quién lo ha expresado como Ibsen, ni dónde está como en el desenlace de *Peer Gynt*,[38] que es para mí el zarpazo maestro de aquel formidable oso blanco? — Peer Gynt ha recorrido el Mundo, llena la mente de sueños de ambición, pero falto de voluntad para dedicar a alguno de ellos las veras de su alma, y conquistar así la fuerza de personalidad que no perece. Cuando ve su cabeza blanca después de haber aventado el oro de ella en vana agitación tras de quimeras que se han deshecho como el humo, este pródigo de sí mismo quiere volver al país donde nació. — Camino de la montaña de su aldea, se arremolinan a su paso las hojas caídas de los árboles. «Somos, le dicen, las palabras que debiste pronunciar. Tu silencio tímido nos condena a morir disueltas en el surco.» Camino de la montaña de su aldea, se desata la tempestad sobre él; la voz del viento le dice: — «Soy la canción que debiste entonar en la vida y no entonaste, por más que, empinada en el fondo de tu corazón, yo esperaba una seña tuya.» Camino de la montaña, el rocío que, ya pasada la tempestad, humedece la frente del viajero le dice: — «Soy las lágrimas que debiste llorar y que nunca asomaron a tus ojos: ¡necio si creíste que por eso la felicidad sería contigo!» Camino de la montaña, dícele la hierba que va hollando su pie: — «Soy los pensamientos que debieron morar en tu cabeza; las obras que debieron tomar impulso de tu brazo; los bríos que debieron alentar tu corazón.» Y cuando piensa el triste llegar al fin de la jornada, el «Fundidor Supremo», —nombre de la justicia que preside en el Mundo a la integridad del orden moral, al modo de la Némesis antigua —, le detiene para preguntarle dónde están los frutos de su alma, porque aquellas que no rinden fruto deben ser refundidas en la inmensa hornaza

---

[38] Drama en verso de Ibsen (1828-1906), en el que se describe al héroe como típico representante de abulia y fantasmagoría.

de todas, y sobre su pasada encarnación debe asentarse el olvido, que es la eternidad de la nada.

¿No es ésta una alegoría propia para hacer paladear por vez primera lo amargo del remordimiento a muchas almas que nunca militaron bajo las banderas del Mal? ¡Peer Gynt! ¡Peer Gynt! tú eres legión de legiones.

XXVI

. . . .

. . . Pero admito que sea algo que nazca del real desenvolvimiento de tu ser, y no un carácter adventicio, lo que se refleja presentemente en tu conciencia y se manifiesta por tus sentimientos y tus actos. Aun así, nada definitivo y absoluto te será lícito afirmar de aquella realidad, que no es, en ninguno de nosotros, campo cerrado, inmóvil permanencia, sino perpetuo llegar a ser, cambio continuo, mar por donde van y vienen las olas. El saber de sí mismo no arriba a término que permita jurar: «Tal soy, tal seré siempre.» Ese saber es recompensa de una obra que se renueva cada día, como la fe que se prueba en la contradicción, como el pan que santifica el trabajo. Las tendencias que tenemos por más fundamentales y características de la personalidad de cada uno, no se presentan nunca sin alguna interrupción, languidez o divergencia; y aun su estabilidad como resumen o promedio de las manifestaciones morales, ¡cuán distante está de poder confiar siempre en lo futuro; cuán distante de la seguridad de que la pasión que hoy soberanamente nos domina, no ceda alguna vez su puesto a otra diversa o antagónica, que trastorne por natural desenvolvimiento de su influjo, todo el orden de la vida moral! Quien se propusiera obtener para su alma una unidad absolutamente previsible, sin vacilaciones, sin luchas, padecería la ilusión del cazador demente que, entrando, armado de toda suerte de armas, por tupida selva del trópico, se empeñara, con frenético delirio, en abatir cuanta viviente criatura hubiese en ella, y cien y cien veces repitiera la feral persecución, hasta que un ruido de pasos, o de alas, o un

rugido, o un gorjeo o un zumbar cenzalino, le mostrasen otras tantas veces la imposibilidad de lograr completa paz y silencio. *Bosques de espesura* llamó a los hombres el rey Don Alfonso el Sabio.[39]

Hay siempre en nuestro espíritu una parte irreductible a disciplina, sea que en él prevalezca la disciplina del bien o la del mal, y la de la acción o la de la inercia. Gérmenes y propensiones rebeldes se agitan siempre dentro de nosotros, y su ocasión natural de despertar coincide acaso con el instante en que más firmes nos hallábamos en la pasión que daba seguro impulso a nuestra vida; en la convicción o la fe que la concentraban y encauzaban; en el sosiego que nos parecía haber sellado para siempre la paz de nuestras potencias interiores.

Filosofía del espíritu humano; investigación en la historia de los hombres y los pueblos; juicio sobre un carácter, una aptitud o una moralidad; propósito de educación o de reforma, que no tomen en cuenta, para cada uno de sus fines, esta complejidad de la persona moral, no se lisonjeen con la esperanza de la verdad ni del acierto.

XXVII

. . . Pasó que, huésped en una casa de campo de Megara[40] un prófugo de Atenas, acusado de haber pretendido llevarse bajo el manto, para reliquia de Sócrates, la copa en que bebían los reos la cicuta, se retiraba a meditar, al caer las tardes, a lo esquivo de extendidos jardines, donde sombra y silencio consagraban un ambiente propicio a la abstracción. Su gesto extático algo parecia asir en su alma: dócil a la enseñanza del maestro, ejercitaba en si el desterrado la atención del conocimiento propio.

Cerca de donde él meditaba, sobre un fondo de sauces melancólicos, un esclavo, un vencido de Atenas misma o de Corinto,[41] en cuyo semblante el envilecimiento de la servidumbre no había alcanzado a desvanecer del todo un noble sello de naturaleza, se ocupaba en sacar agua de un pozo para verterla en una acequia vecina. Llegó ocasión en que se encontraron

---

[39] Rey de Castilla y León (1221–1284).
[40] Ciudad antigua de Grecia, en la que hubo una escuela filosófica fundada por Euclides, discípulo de Sócrates.
[41] Ciudad griega, situada en el istmo de ese nombre.

las miradas del huésped y el esclavo. Soplaba el viento de la Libia,[42] productor de fiebres y congojas. Abrasado por su aliento, el esclavo, después de mirar cautelosamente en derredor, interrumpió su tarea, dejó caer los brazos extenuados, y abandonando sobre el brocal de piedra, como sobre su cruz, el cuerpo flaco y desnudo: — «Compadéceme — dijo al pensador; — compadéceme, si eres capaz de lágrimas, y sabe, para compadecerme bien, que ya apenas queda en mi memoria rastro de haber vivido despierto, si no es en este mortal y lento castigo. ¡Ve cómo el surco de la cadena que suspendo abre las carnes de mis manos; ve cómo mis espaldas se encorvan! Pero lo que más exacerba mi martirio es que, cediendo a una fascinación que nace del tedio y el cansancio, no soy dueño de apartar la mirada de esta imagen de mí que me pone delante el reflejo del agua cada vez que encaramo sobre el brocal el cubo del pozo. Vivo mirándola, mirándola, más petrificado, en realidad, que aquella estatua cabizbaja de Hipnos[43] porque ella sólo a ciertas horas de sol tiene los ojos fijos en su propia sombra. De tal manera conocí mi semblente casi infantil, y veo hoy esta mascara de angustia, y veré cómo el tiempo ahonda en la máscara las huellas de su paso, y cómo se acercan y la tocan las sombras de la muerte... Sólo tú, hombre extraño, has logrado desviar algunas veces la atención de mis ojos con tu actitud y con tu ensimismamiento de esfinge. ¿Sueñas despierto? ¿Maduras algo heroico? ¿Hablas a la callada con algún dios que te posee?... ¡Oh cómo envidio tu concentración y tu quietud! ¡Dulce cosa debe ser la ociosidad que tiene espacio para el vagar del pensamiento!» — «No son éstos los tiempos de los coloquios con los dioses, ni de las heroicas empresas — dijo el meditador; — y en cuanto a los sueños deleitosos, son pájaros que no hacen nido en cumbres calvas ... Mi objeto es ver dentro de mí. Quiero formar cabal idea y juicio de éste que soy yo, de éste por quien merezco castigo o recompensa...; y en tal obra me esfuerzo y peno más que tú. Por cada imagen tuya que levantas de lo hondo del pozo, yo levanto también de las profundidades de mi alma una imagen nueva de mí mismo; una imagen contradictoria con la que la precedió, y que tiene por rasgo dominante un acto, una intención, un sentimiento, que cada día de mi vida presenta, como cifra de su historia, al traerle al espejo de la conciencia bruñido por la soledad; sin que aparezca nunca el fondo estable y seguro bajo la ondulación de estas imágenes que se suceden. He aquí que parece concretarse una de ellas en firmes y preciosos contornos; he aquí que un recuerdo súbito la hiere y, como las formas de las nubes, tiembla y se disipa. Alcanzaré al extremo de la ancianidad; no alcanzaré al principio de la ciencia que busco. Desagotarás tu pozo; no desagotaré mi alma. ¡Esta es la ociosidad del pensamiento!»... Llegó un rumor de pasos que se aproximaban; volvió el esclavo a su faena, el desterrado a lo suyo; y no se oyó más que la áspera quejumbre de la garrucha del pozo, mientras el sol de la tarde tendía las sombras alargadas del meditador y el esclavo, juntándolas en un ángulo cuyo vértice tocaba al pie de la estatua cabizbaja de Hipnos.

XXVIII

En verdad ¡cuán varios y complejos somos! ¿Nunca te ha pasado sentirte distinto de ti mismo? ¿No has tenido nunca para tu propia conciencia algo del desconocido y el extranjero? ¿Nunca un acto tuyo te ha sorprendido, después de realizado, con la contradicción de una experiencia que fiaban cien anteriores hechos de tu vida? ¿Nunca has hallado en ti cosas que no esperabas ni dejado de hallar aquellas que tenías por más firmes y seguras? Y ahondando, ahondando, con la mirada que tiene su objeto del lado de adentro de los ojos ¿nunca has entrevisto, allí donde casi toda luz interior se pierde, alguna vaga y confusa sombra, como de *otro que tú,* flotando sin sujeción al poder de tu voluntad consciente; furtiva sombra, comparable a esa que corre por el seno de las aguas tranquilas cuando la nube o el pájaro pasan sobre ellas?

¿Nunca, apurando tus recuerdos, te has dicho: si aquella extraña intención que cruzó un día por mi alma, llegó hasta el borde de mi voluntad y se detuvo, como en la liza el carro

---

[42] Gran desierto en el NE. de África.

[43] Divinidad griega, personificación del sueño.

triunfador rasaba la columna del límite sin tocarla; si aquel rasgo inconsecuente y excéntrico que una vez rompió el equilibrio de mi conducta, en el sentido del bien o en el del mal, hubieran sido, dentro del conjunto de mis actos, no pasajeras desviaciones, sino nuevos puntos de partida ¡cuán otro fuera ahora yo; cuán otras mi personalidad, mi historia, y la idea que de mí quedara!?

XLI

La vocación es la conciencia de una aptitud determinada. Quien tuviera consciente aptitud para toda actividad, no tendría, en rigor, más vocación que el que no se conoce aptitud para ninguna; no oiría voz singular que le llamase, porque podría seguir la dirección que a la ventura eligiera o que le indicase el destino, con la confianza de que allí adonde ella le llevara, allí encontraría modo de dar superior razón de sí; y esto, si bien caso estupendo y peregrino, no sale fuera de lo humano: hay espíritus en que se realiza. Cuando Carlyle escribe: «No sé de hombre verdaderamente grande que no pudiera ser toda manera de hombre», yerra en lo absoluto de la proposición, ya que el grande hombre, el *héroe*, el genio, presenta, a veces, por carácter, una determinación tan precisa y estrecha que raya en el monodeísmo del obsesionado; pero acertaría si sólo se refiriese a ciertas almas, en quienes la altura excelsa e igual se une a la extensión indefinida, y de quienes diríase que alcanzaron la omnipotencia y la omnisciencia, en los relativos límites de nuestra condición.

Puesto que hemos de hablar de vocaciones, demos paso, primero, a estas figuras múltiples de aspectos, tanto más raras cuanto más cerca de lo actual se las busque, y en ningún caso adecuadas para ser propuestas por ejemplo a quien ha de trazarse el rumbo de su actividad; pero que determinan y componen un positivo orden de espíritus, y son magnífica demostración de la suma de fuerzas y virtuali-dades que pueden agruparse en derredor del centro único de una personalidad humana. [...]

La novadora energía del Renacimiento se infunde en una personificación suprema: la personificación de Leonardo de Vinci[44]. Jamás figura más bella tuvo, por pedestal, tiempo más merecedor de sustentarla. Naturaleza y arte son los términos en que se cifra la obra de aquella grande época humana: naturaleza restituída plenamente al amor del hombre, y a su atención e interés; y arte regenerado por la belleza y la verdad. Y ambos aspectos de tal obra, deben a aquel soberano espíritu inmensa parte de sí. Con los manuscritos de Leonardo, la moderna ciencia amanece. Frente a los secretos del mundo material, él es quien reivindica y pone en valiente actividad el órgano de la *experiencia*, tentáculo gigante que ha de tremolar en la cabeza de la sabiduría, sustituyendo a las insignias de la autoridad y de la tradición. Galileo,[45] Newton,[46] Descartes,[47] están en germen y potencia en el pensamiento de Leonardo. Para él el conocer no tiene límites artificiosos, porque su intuición abarca, con mirar de águila, el espectáculo del mundo, cuan ancho y cuan hondo es. Su genio de experimentador no es óbice para que levante a grado eminente la especulación matemática, sellando la alianza entre ambos métodos, que en sucesivos siglos llevarán adelante la conquista de la Naturaleza. Como del casco de la Atenea del Partenón[48] arrancaban en doble cuadriga ocho caballos de frente, simbolizando la celeridad con que se ejecuta el pensamiento divino, así de la mente de Leonardo parten a la carrera todas las disciplinas del saber, disputándose la primacía en el descubrimiento y en la gloria. No hubo, después de Arquímedes,[49] quien, en las ciencias del cálculo, desplegara más facultad de abstraer, y en su aplicación, más potencia inventiva; ni hubo, antes de Galileo, quien con más resuelta audacia aplicase al silencio de las cosas «el hierro y el fuego» de la imagen

---

[44] El gran artista del Renacimiento italiano (1452–1519).

[45] Galileo Galilei (1564–1642), físico y astrónomo italiano.

[46] Isaac Newton (1642–1727), matemático y físico inglés.

[47] René Descartes (1596–1650), filósofo francés.

[48] Atenea, o Minerva, una de las diosas de la mitología griega de la que era santuario el Partenón, obra maestra de la arquitectura griega.

[49] (Nació 285 a. de J. C.); uno de los sabios más famosos de la antigüedad, matemático y físico.

baconiana. Inteligencia de las leyes del movimiento; observación de los cuerpos celestes; secretos del agua y de la luz; comprensión de la estructura humana: vislumbres de la geología; intimidad con las plantas: todo le fué dado. Él es el Adán de un mundo nuevo, donde la serpiente tentadora ha movido el anhelo del saber infinito; y comunicando a las revelaciones de la ciencia el sentido esencialmente moderno de la práctica y la utilidad, no se contiene en la pura investigación, sino que inquiere el modo de consagrar cada verdad descubierta a aumentar el poder o la ventura de los hombres. A manera de un joven cíclope, ebrio, con la mocedad, de los laboriosos instintos de su raza, recorre la Italia de aquel tiempo como su antro, meciendo en su cabeza cien distintos proyectos; ejecutados unos, indicados o esbozados otros, realizables y preciosos los más: canales que parten luengas tierras; forma de abrir y traspasar montañas; muros inexpugnables; inauditas máquinas de guerra; grúas y cabrestantes con que remover cuerpos de enorme pesadumbre. En medio de estos planes ciclópeos, aun tiene espacio y fuerza libre para dar suelta a la jovialidad de la invención en mil ingeniosos alardes; y así como Apolo Esminteo[50] no desdeñaba cazar a los ratones del campo con el arco insigne que causó la muerte de Pythón,[51] así Leonardo emplea los ocios de su mente en idear juguetes de mecánica, trampas para burlas, pájaros con vuelo de artificio, o aquel simbólico león que destinó a saludar la entrada a Milán del Rey de Francia, y que, deteniéndose después de avanzar algunos pasos, abría el pecho y lo mostraba henchido de lirios... Nunca un grito de orgullo ha partido de humanos labios más legitimado por las obras, que estas palabras con que el maravilloso florentino ofrecía al duque de Milán los tesoros de su genio: «*Yo soy capaz de cuanto quepa esperar de criatura mortal*» Pero si la ciencia, en Leonardo, es portentosa, y si su maestría en el complemento de la ciencia, en las artes de utilidad, fué, para su época, como don de magia, su excelsitud en el arte puro, en el arte de belleza, ¿qué término habrá que la califique?

... Quien se inclinara a otorgar el cetro de la pintura a Leonardo, hallaría quien le equiparara rivales; no quien le sobrepusiera vencedores. Poseído de un sentimiento profético de la expresión, en tiempos en que lo plástico era el triunfo a que, casi exclusivamente, aspiraba un arte arrebatado de amor por las fuerzas y armonías del cuerpo, no pinta formas sólo: pinta el sonreír y el mirar de Mona Lisa, la gradación de afectos de *La Cena*: pinta fisonomías, pinta almas. Y con ser tan grande en la hermosura que se fija en la tela, aun disputa otros lauros su genio de artista: el cincel de Miguel Ángel cabe también en su mano, y cuando le da impulso para perpetuar una figura heroica, no se detiene hasta alcanzar el tamaño gigantesco; el numen de la euritmia arquitectónica le inspira: difunde planos mil; César Borgia[52] le confía sus castillos y sus palacios; sabe tejer los aéreos velos de la música, y para que el genio inventor no le abandone ni aun en esto, imagina nuevo instrumento de tañir, lo esculpe lindamente en plata, dándole, por primor, la figura de un cráneo equino, y acompañado de él, canta canciones suyas en la corte de Luis Sforza.[53] Cuando a todo ello agregues una belleza de Absalón[54] una fuerza de toro, una agilidad de Perseo,[55] un alma generosa como la de un primitivo, refinada como la de un cortesano, habrás redondeado el más soberbio ejemplar de nobleza humana que pueda salir de manos de la Naturaleza; y al pie de él pondrás, sin miedo de que la más rigurosa semejanza te obligue a rebajarlo en un punto:—*Éste fué Leonardo de Vinci.*

(De *Motivos de Proteo*, 1909).

---

[50] Las Esmintias eran unas fiestas celebradas en Grecia en honor del dios Esminteo, identificado con Apolo o Dionisos.

[51] Pitón, la serpiente monstruosa a que dio muerte Apolo en las cercanías de Delfos, al pie del monte Parnaso.

[52] Príncipe, guerrero y político italiano (1474–1507), famoso por su ambición y su falta de escrúpulos.

[53] Príncipe italiano, protector de Leonardo de Vinci.

[54] Tercer hijo de David (II *Sam.*, caps. XIII–XVIII), que se rebeló contra su padre y murió, enredada su cabellera entre el ramaje de un árbol, y atravesado el pecho por la lanza de Joab.

[55] Héroe griego, que entre otros trabajos, cortó la cabeza a Medusa, una de las Gorgonas o monstruos infernales de la mitología.

Uruguay dio, además de Rodó, otro gran refutador de las falacias del Positivismo, éste ya filósofo de escuela: CARLOS VAZ FERREIRA (1873–1958). Vaz es una de las mentalidades más originales y analíticas de América. Ha recorrido todos los temas — la gnoseología, la lógica, la ética, la estética, la pedagogía, la política — y en cada caso supo fundir la teoría con la vida. Rigurosa indagación de las raíces de los problemas, pero tal como existen en la realidad. Su iniciación de pensador fue el Positivismo — más próximo a Stuart Mill que a Comte o a Spencer —, pero no le satisfacía el aparente rigor de los sistemas y prefirió la expresión fragmentaria, como la de su admirable *Fermentario* (1938). De este libro hemos seleccionado el fragmento que va a leerse.

Carlos Vaz Ferreira

SOBRE CONCIENCIA MORAL

Que el remordimiento no es inseparable de la inmoralidad, ni proporcional a la inmoralidad (de la persona o de sus actos), se ha observado y se ha escrito. Pero existen todavía
5 otros errores y hasta ciertas mistificaciones a propósito de la conciencia moral. Por ejemplo, creer, o hacer creer, o hacerse creer, que la tranquilidad de conciencia existe naturalmente en los buenos, que es normal en ellos, y hasta
10 que es como un criterio o medida de su superioridad moral. Aquí hay una mezcla de error y de mistificación; de esa mistificación pedagógica en que a veces es tan difícil discernir la parte de sinceridad y la parte de hipocresía
15 (más o menos inconsciente).

Poder vivir con la conciencia tranquila, lejos de constituir criterio de superioridad moral indica normalmente alguna inferioridad: ordinariamente, insensibilidad (salvo ciertos casos
20 de gran simplicidad mental; en ese caso la inferioridad sería intelectual).

Y por más de una causa. En primer lugar, la opción, tal como la presentan a nuestra actuación las circunstancias reales de la vida, es ordinariamente entre actos o reglas de conducta que contienen cada una algún mal. Sólo en excepcionales casos, de los de la vida real, se presenta la opción entre una conducta buena y una o varias conductas malas. En todo caso es muy frecuente que la opción sólo se nos presente entre actos que tienen todos algo de malo, y de los cuales, si puede decirse que uno es mejor que los otros, es sólo porque produce o contiene menor mal.

Entonces, aun en la vida del hombre más elevado y puro, hay mal realizado, daño causado, dolor producido. Y aunque lógicamente, intelectualmente, eso no debiera dar lugar al sufrimiento y menos al remordimiento, de hecho, en el hombre sensible, los produce.

Además, hay la duda moral. Aun suponiendo un hombre que hubiera resuelto todas las dificultades morales de su vida, diríamos, objetivamente bien, si su organización moral psicológica es elevada, tiene la duda: duda moral sobre el pasado, en el presente y para el futuro. Ahora bien: duda moral es sufrimiento. Y es también intranquilidad de conciencia. Y la falta de duda moral, salvo una gran simplicidad mental, no es criterio de superioridad sino de inferioridad.

La ilusión puede producirse de afuera también, como sobre ciertos tipos históricos, en los cuales, sin embargo, aun suponiendo que hayan tenido la tranquilidad de conciencia que aparentan en las biografías o que los historiadores han supuesto en ellos, encontramos todavía, y hasta en los más altos, alguna insensibilidad o alguna deficiencia. Para ir lo más arriba posible: si Marco Aurelio,[1] por ejemplo, tenía la tranquilidad de conciencia que resulta de sus *Memorias*, aun en él sentimos como una deficiencia, como una insensibilidad de alma en un hombre responsable de las persecuciones y matanzas de cristianos. (La insensibilidad a que me refiero sería doble: insensibilidad al mal realmente hecho, e insensibilidad a los escrúpulos y a la duda moral.)

Otro estado u otra actitud absurda en lo relativo a «conciencia moral» es el pretender consolar con lo de la tranquilidad de conciencia: consolar a un hombre en circunstancias particulares, o consolar en general el alma humana del mal, de la injusticia, del dolor. Un funcionario, un hombre de acción que ha realizado una obra buena y a quien se la destruyen, sufre: siente y sufre porque amaba esa obra, no por vanidad (o no tanto por vanidad), sino porque hacía bien. Entonces, pretender consolarlo con la tranquilidad de conciencia, sería tan absurdo como si a un padre que ha perdido un hijo se le pretendiera consolar recordándole que hizo todo lo posible; que llamó al médico a tiempo, prestó todos los cuidados, etc.

Es claro que más aún sufriría si no lo hubiese hecho; pero eso es lo único que tiene que ver con el dolor la «conciencia tranquila.»

Y sobre esa base se organizan ciertas mistificaciones pedagógicas, más o menos bien

intencionadas, pero de efectos en el fondo contraproducentes, aun desde el punto de vista pragmático. Es precisamente ése el aspecto antipático de cierta clase de libros que, al predicar la verdad y la justicia, aseguran la felicidad como un premio automático. (Inútil nombrar autores, que se sustituyen unos por otros; pero la tendencia es siempre la misma.) Los que pueden escribir esa clase de libros, o son insensibles o fingen: o no sienten el dolor del mal inevitable, de la injusticia inevitable, de la duda moral y del remordimiento inevitables, o son hipócritas; o escriben con palabras.

Hay, además, y sobre todo, en esos libros, como una falta de respeto al dolor, y a las víctimas de las injusticias de la naturaleza o de los hombres. Verdaderamente, si han podido ser escritos así esos libros para los cuales la tranquilidad de conciencia acompaña siempre al bien, y éste es premiado y recompensado, si han podido ser escritos (así, y no en el plano mucho más profundo en que eso vuelve a ser verdad, pero de otro modo), es porque sus autores no tienen bastante simpatía, ni bastante sentimiento del dolor humano; su estado mental prueba que no han sentido bastante, ni el dolor de los que sufren injustamente, ni el dolor de la injusticia misma y del mal. Los verdaderos libros moralizadores y buenos tienen que haber sido escritos por quien sea capaz de sentir el dolor y la injusticia y su parcial inevitabilidad.

En cuanto a esas frases como «No tener más guía, más juez que su conciencia», y, con su aprobación, vivir satisfecho y feliz, no olvidemos que la conciencia se acostumbra; y si hay un tipo de hombres temibles en la vida son los que han conseguido al mismo tiempo amaestrar su conciencia y no tener más juez que su conciencia.

(De *Fermentario*, 1938).

---

[1] (Reinó de 161 a 180). Emperador romano, famoso por su virtud y su sabiduría estoica.

José Vasconcelos (México; 1881–1959) escribió poesía, cuentos — *La cita*, 1945 — , teatro — *Prometeo vencedor*, 1920, *Los robachicos*, 1946 —, memorias — *Ulises criollo*, 1935, *La tormenta*, 1936, *El desastre*, 1938, *El proconsulado*, 1939 —. Cuentos, memorias bastarían para su fama. Sobresalió, sin embargo, como pensador, en una serie de macizos volúmenes. Acaso la gran figura filosófica que más influyó en el punto de partida de su filosofar fue Schopenhauer. Su posterior conversión al Catolicismo no cegó esa fuente, que ha seguido alimentándolo. Vasconcelos es un irracionalista. La vida humana es para él acción. También el mundo es producto de un principio activo que va logrando cambios cualitativos, desde la materia hasta el espíritu. Pero el hombre organiza su vida en una conducta ética. Sólo que esta Ética se transfigura en Estética porque, al actuar, el hombre crea emocionalmente su propia personalidad. Vasconcelos quiere poseer la realidad misma, en sus entes individuales y singulares; y su órgano de posesión es la Estética y la Mística. Su interpretación de la historia de México es abiertamente hispanófila. Como ejemplo de esta actitud — diferente de la del indianismo que defienden otros ensayistas — reproducimos parte del prólogo a su *Breve Historia de México*. Incluimos también una página de *Ulises criollo*, en la que puede advertirse su emocionada evocación de la infancia; y otra, breve e impresionante, de la Revolución, tomada de *La tormenta*.

José Vasconcelos

PRÓLOGO A LA HISTORIA DE MÉXICO

La historia de México empieza como episodio de la gran odisea del descubrimiento y ocupación del Nuevo Mundo. Antes de la llegada de los españoles, México no existía
5 como nación; una multitud de tribus separadas por ríos y montañas y por el más profundo abismo de sus trescientos dialectos, habitaba las regiones que hoy forman el territorio patrio. Los aztecas dominaban apenas una
10 zona de la meseta en constante rivalidad con los tlaxcaltecas, y al occidente los tarascos ejercitaban soberanía independiente; lo mismo por el sur los zapotecas. Ninguna idea nacional emparentaba las castas; todo lo contrario, la

más feroz enemistad alimentaba la guerra perpetua, que sólo la conquista española hizo terminar. Comenzaremos, pues, nuestra exposición, en el punto en que México surge a la vista de la humanidad civilizada. Empezaremos a verlo tal y como lo contemplaron los soldados de la conquista y según nos lo dicen en sus amenas crónicas. Por fortuna, fueron españoles los que primero llegaron a nuestro suelo, y gracias a ello es rica la historia de nuestra región del Nuevo Mundo, como no lo es la de la zona ocupada por los puritanos. Todavía, a la fecha, cuanto se escribe de historia mexicana antigua tiene que fundarse en los relatos de los capitanes y los monjes de la conquista, guerreros y civilizadores, hombres de letras a la par que hombres de espada, según la clara exigencia de la institución de la caballería. Pues, propiamente, fué la de América, el dominio del planeta, la supremacía del futuro. Imagine quien no quiera reconocerlo, qué es lo que sería nuestro continente de haberlo descubierto y conquistado los musulmanes. Las regiones interiores del Africa actual pueden darnos una idea de la miseria y de la esclavitud, la degradación en que se hallarían nuestros territorios.

Desde que aparecemos en el panorama de la historia universal, en él figuramos como una accesión a la cultura más vieja y más sabia, más ilustre de Europa: la cultura latina. Este orgullo latino pervive a la fecha en el alma de todos los que tienen conciencia y orgullo; latinos se proclaman los negros cultos de las Antillas, y latinos son por el alma, según bien dijo nuestro Altamirano,[1] los indios de México y del Perú. Latino es el mestizo desde que se formó la raza nueva y habló por boca del inca Garcilaso en el sur, de Alba Ixtlixochitl en nuestro México. Incorporados, por obra de la conquista civilizadora, el indio y el negro a la rama latina de la cultura europea, nuestro patriotismo adquiere abolengo y entronca con una tradición prolongada y provechosa. De allí que todo corazón bien puesto de esta América hispana, indio, mestizo, mulato, negro o criollo, siente las glorias de la España creadora y de Italia y Roma con predilección sobre los otros pueblos de la tierra. El mismo idioma latino es un poco nuestro desde que en el culto católico halagó nuestros oídos a partir de la infancia. Tan superior es la tradición nuestra a los peregrinos del Mayflower, como grande fué la Nueva España en comparación de las humildes colonias del Norte.

Ingresamos en las filas de la civilización bajo el estandarte de Castilla, que a su modo heredaba al romano y lo superaba por su cristiandad. Y es inútil rebatir siquiera la fábula maligna de una nacionalidad autóctona que

hubiera sido la víctima de nuestra nacionalidad mexicana, es decir, hispanoindígena. Se llegó en cierta época a tal punto de confusión, que no faltó quien pretendiese ver en México un caso parecido al del Japón, que al servirse de lo europeo, robándole la técnica, se ha mantenido autóctono, sin embargo, en el espíritu. ¿En qué espíritu nacional podríamos recaer nosotros, si prescindiésemos del sentir castellano que nos formó la Colonia? ¿Existe acaso en lo indígena, en los precortesiano, alguna unidad de doctrina, o siquiera de sentimiento capaz de construir un alma nacional? ¿En dónde está un código parecido al de los samuráis que pudiera servir de base a un resurgimiento aborigen de México o del Perú? Desde el Popol Vuh de los mayas hasta las leyendas incaicas, no hay en la América precortesiana ni personalidad homogénea ni doctrina coherente. El Popol Vuh es colección de divagaciones ineptas, remozadas un tanto por los recopiladores españoles de la conquista que mejoraban la tradición verbal incoherente, incomprensible ya para las razas degeneradas que reemplazaron a las no muy capaces que crearon los monumentos. El continente entero, según advierte genialmente Keyserling,[2] estaba dominado por las fuerzas telúricas y no había nacido nunca para el espíritu, o era ya una decadencia cuando llegaron los españoles. Los españoles advirtieron la torpeza del pensamiento aborigen y, sin embargo, lo tradujeron, lo catalogaron, lo perpetuaron en libros y crónicas, y hoy ya sólo la ignorancia puede repetir el dislate de que los conquistadores destruyeron una civilización. Desde todos los puntos de vista, y con todos sus defectos, lo que creó la Colonia fué mejor que lo que existía bajo el dominio aborigen.

Nada destruyó España porque nada existía digno de conservarse cuando ella llegó a estos territorios, a menos de que se estime sagrada toda esa mala yerba del alma que son el canibalismo de los caribes, los sacrificios humanos de los aztecas, el despotismo embrutecedor de los incas. Y no fué un azar que España dominase en América en vez de Inglaterra o de

---

[1] Ignacio Manuel Altamirano (1833–1893), el gran hombre de letras mexicano.
[2] El Conde de Keyserling (1880–1946), escritor y filósofo alemán, que se distinguió por sus estudios sobre la cultura tanto del mundo oriental como del occidental.

Francia. España tenía que dominar en el Nuevo Mundo, porque dominaba en el Viejo en la época de la colonización. Ningún otro pueblo de Europa tenía en igual grado que el español el poder de espíritu necesario para llevar adelante una empresa que no tiene paralelo en la historia entera de la humanidad; epopeya de geógrafos y de guerreros, de sabios y de colonizadores, de héroes y de santos que al ensanchar el dominio del hombre sobre el planeta, ganaban también para el espíritu las almas de los conquistados. Sólo una vez en la historia humana el espíritu ha soplado en afán de conquistas que, lejos de subyugar, libertan. La India de los Asokas[3] había visto conquistas inspiradas en el afán del proselitismo religioso; conquistas que, rebasando el esfuerzo del guerrero, se establecían en el alma de poblaciones remotas sin otra coerción que la del pensamiento egregio. Superior aun fué la obra de Castilla, y en mayor escala, tanto por las extensiones de territorios ganados para la cultura, como por el valor de la cultura que propagaba. La nobleza de Castilla, poderosa en el esfuerzo, virtuosa y clara en la acción, era la primera nobleza de Europa cuando se produjo la ocupación del Nuevo Mundo. Y fortuna fué de México el haber sido creado por la primera raza del mundo civilizado de entonces, y por instrumento del primero de los capitanes de la época, el más grande de los conquistadores de todos los tiempos, Hernando Cortés, cuya figura nos envidia el anglosajón, más aún que los territorios que su conquista nos ha legado.

Y el más grave daño moral que nos han hecho los imperialistas nuevos es el habernos habituado a ver en Cortés un extraño. ¡A pesar de que Cortés es nuestro, en grado mayor de lo que puede serlo Cuauhtémoc! La figura del conquistador cubre la patria del mexicano desde Sonora hasta Yucatán, y más allá, en los territorios perdidos por nosotros, ganados por Cortés. En cambio Cuauhtémoc, es, a lo sumo, el antepasado de los otomíes de la meseta de Anáhuac, sin ninguna relación con el resto del país.

(De *Breve Historia de México*, 1937).

EL CALOR

El verano fronterizo[4] es polvoriento y sofocante. No alivian los baños diarios, ya no en bañera como en invierno, sino al aire libre, en el patio, con la ducha de una manguera destinada al riego del jardín. Luego, al caer la tarde, por las calles recién regadas y olientes a tierra humedecida, rodaban carruajes de tiro, alquilables por hora. En alguno de ellos íbamos al otro lado, a las neverías o en excursiones más largas hasta el río de la Villita. En familia, después del remojo en las aguas cristalinas y fluentes, nos sentábamos en la grama, semienvueltos en toallas o ya vestidos para devorar una de esas enormes sandías, orgullo de la frontera. Tomábamos cada quien su rebanada, grande, encendida y jugosa. Después el corazón colorado, casi quebradizo y dulce, era repartido en trozos entre gritos pedigüeños y risas de contento.

También eran agradables las cenas improvisadas en las mesas populares de la Plaza del Comercio, vulgarmente la Plaza del Cabrito, con el guiso predilecto que allí se servía. Aparte del cordero, daban tamales delgados, rellenos de pollo o de pasas y almendras, todo con café de olla, sobre manteles de hule y luz de quinqué. La clientela heterogénea, numerosa, comprendía obreros de la maestranza[5] en overol y señoritas bien polveadas, niños con los papás y «gringos» de turismo.

---

[3] Asoka (273–232 a. de J. C.) fue un soberano indio, protector del budismo.

[4] Se refiere a la frontera entre Coahuila y Texas, y al pueblo de Piedras Negras.

[5] Talleres donde se construyen y recomponen los montajes para piezas de artillería.

Después de la cena, el fronterizo goza del fresco a la puerta de su casa. Juega la brisa con las cortinas de encaje blanco y trabajan las mecedoras, en tanto languidece la charla. Enfrente, la plaza iluminada bulle de paseantes. Una o dos veces por semana, la banda militar toca en el quiosco marchas y sones cargados con imágenes de la ciudad, sus luchas y victorias. Al cruzarse, sonríen los vecinos. Es un hermoso milagro vivir. Por delante, la senda ofrece muchos años, repletos de dones apenas concebibles. En un espacio inmaterial se palpa el futuro semejante al desarrollo de la música con alzas y bajas, dulzuras y abismos. Una borrachera de pensamientos marea la cabeza. Cada pieza de la banda es como una copa de un ajenjo vagamente adivinatorio, que sugiere vislumbre de porvenir. Y en vez de ir a mezclarme al correteo de los menores, quedábame sentado al borde de la acera: próximo a la conversación de los mayores, pero sin oírla. Me conturbaba lo mío: se me deshacía el corazón como con llanto, me pesaba sobre los hombros la tarea que sólo el transcurso de los años va haciendo factible y ligera.

Algunas noches, cuando el calor arreciaba y no había serenatas, así que las cornetas del cuartel vecino tocaban la retreta, sacábamos al patio los catres de lona. Encima una sábana y otra más para envolvernos, sobre la bata, y a estarse en cama contemplando las estrellas antes de dormir. De todos los goces del verano fronterizo ninguno es más profundo. El clima caliente y seco invita a pernoctar bajo la bóveda celeste. En aquella topografía de llanuras devastadas, el cielo es más ancho que en otros sitios de la tierra, y las constelaciones refulgen dentro de una inmensidad engalanada de bólidos. Algo semejante observó Reclus[6] en las noches de Persia, cuya magnética incitación al ensueño produjo los cuentos de las Mil y Una Noches. Palabras cargadas de esplendor y de virtud mágica que construye con la fantasía todo lo que el esfuerzo humano jamás podrá cumplir en la tierra.

En aquellos cielos nuestros, desprovistos de literatura, la mente sondea, libre de sugerencias, como si recién descubriese el Cosmos. El alma se va por los espacios y divagando capta un maná de gracia más eficaz que el de Moisés. La memoria distraída repite sin atención los nombres de la media docena de constelaciones que la abuela conocía: La Osa y el Abanico; las Siete Cabrillas y el Lucero. En la dulzura de la noche, perdida toda noción finita, el tiempo que ya no corre porque se hizo eternidad. Reclinado el rostro sobre la almohada y al cerrar los ojos para dormir, una lágrima dichosa escurre por la mejilla. Después, no se llora así. El llanto se vuelve ácido a medida que se agria el vino interior.

(De *Ulises criollo*, 1935).

LA CAÑADA DE LA MUERTE

En previsión de la jornada larga que nos esperaba, se concedió hasta las once para vivaquear. Eulalio había vuelto a su costumbre fronteriza de cargar sacos de harina para evitarse la indigestión de las tortillas de maíz. Entre las ruinas de un rancho, al abrigo de una barda, una vieja cocía en un comal[7] gruesas tortillas de harina amasada con leche. Adriana me había señalado los panes y esperaba atenta mi regreso para almorzar en compañía de mi hermano Samuel y de Manuel Rivas, unas sardinas y frijoles. Pero las tortillas se cocían una por una y unos soldados habían hecho cerco; tomaba uno la suya y se retiraba dejando el sitio a otro. Esperé mi turno, pero empezaron a atravesarse manos indisciplinadas. Por temperamento soy de carácter considerado y blando; me quitaban una tortilla y sonriendo, paciente, aguardaba a que la otra estuviese de punto. Pero Adriana tenía fijos sobre mí los ojos. Y a la segunda o tercera vez que me robaron la oportunidad,

---

[6] Elisée Reclus (1830–1905), sabio geógrafo francés.
[7] Disco de barro que se usa para cocer las tortillas y para tostar el café y el cacao en México y la América Central.

ella sonrió con malicia. Y logró encenderme. La siguiente tortilla, me dije, es mía aunque me cueste la vida disputarla. Y en verdad que ya era tiempo de hacer algo, porque los
5 soldados parecían desentenderse de mí, sin duda por el traje civil y por mi aire apacible. Así es que me abrí de piernas frente al comal y cuando se inclinó uno de tantos para tomar la tortilla que yo vigilaba, sorpresivamente le
10 dí con el codo por las costillas y lo eché a rodar. Tomé con la izquierda mi botín caliente y con la derecha desenfundé la pistola por si buscaba el otro venganza. Pero se alejó sacudiendo la ropa y Adriana recibió con agrado
15 la gruesa tortilla sabrosa que repartió en pedazos.

Se consiguieron magníficos guías y montamos para cruzar la sierra por veredas en dirección de Actopan. ¡Tomábamos, por fin,
20 el camino de la meseta después de perder unos cuantos hombres, varias jornadas y buena parte de la moral de las tropas!

El cruce de la serranía fué magnífico de panoramas mientras hubo luz. Apenas se hizo
25 noche parecía que no avanzábamos; se oía hablar de puertos y de ollas pero cada vez, cada nuevo puerto, daba acceso a otra olla en que nos hundíamos durante una o dos horas para emerger de nuevo a un panorama de
30 cumbres oscuras.

Tras de mucho sube y baja, la senda empezó a descender por la frescura de una cañada. No se veían los árboles pero escuchábamos su rumor. El paso era tan difícil, que los caballos
35 sueltos de la rienda, salvo para estirar en los tropezones, buscaban por sí solos el apoyo de cada casco en la vereda rocosa, estrechísima. Corría la voz en algunos sitios de que nos echáramos a pie, por el peligro de rodar con
40 todo y caballo. Los hombres obedecíamos, caminando a tientas, tirando de la rienda al caballo. Adriana no tuvo que apearse porque «El Indio» en todo aquel trayecto se mantuvo fiel a su fama, seguro el paso, tranquilo en la
45 marcha, infatigable. Con el fin de aliviar el tedio, alguien en nuestra vanguardia empezó a prender cerillos; luego aparecieron unas cuantas velas; entonces, envueltas en el res-

plandor, crecían las siluetas de los charros. La luz de un mísero rancho perdido en el fondo del abismo nos permitió apreciar lo escarpado del flanco en que se alargaba nuestra columna. De pronto, desgarró la noche un grito horrible.

— ¿Qué pasa?—inquirió alguien.

— Es que se ha desbarrancado una soldadera[8] — comentó tranquilamente un jinete...

Dejamos en su oscuridad la cañada y se advirtió terreno plano en el que fué posible avanzar al trote, en fila de tres o cuatro. El viento soplaba helado, cortante. Desde la mañana no habíamos vuelto a comer, y era casi media noche. Vimos luz en una casita al lado del camino. Llamamos y nos invitaron a entrar. En el único cuarto abandonado acababa de instalarse uno de los capitanes de Almanza, un excelente muchacho Villegas, con dos oficiales. Habían hecho lumbre que llenaba de humo el aire, pero lo calentaba. Sobre un banco de piedra adosado al muro interior echamos paja, improvisamos cama. En torno al fuego conversamos mientras hervía el café y se calentaba el salmón de unas latas recién abiertas. El previsor capitán contaba también con tortillas de maíz; enrollando dentro de ellas el salmón hicimos unos tacos que toda la vida he recordado como delicia de sibarita...

Mientras comíamos, alguien recordó a los que habían caído en el precipicio, horas antes: tres soldaderas que habían rodado con todo y caballo, y yo pregunté con ingenuidad:

— ¿Las habrán recogido para curarlas y estarán en alguno de los ranchos...?

Y un Coronel barbón que espiaba por allí y se había quedado para participar del café y los cigarrillos exclamó:

— ¡Válgame, Licenciado! ¿y cómo quiere que nadie haga caso de una soldadera?

Lo observamos y no había en su gesto ferocidad; al contrario, cierta expresión triste y dulce...

— No, señores, — profirió en tono de discurso... — si ustedes hubiesen visto lo que yo, entonces sabrían lo que es la revolución.

Y después de contar anécdotas macabras de

---

[8] Mujeres que iban con los soldados en la Revolución mexicana.

su División del Norte, volviéndose hacia mí, insistió.

— Si supiera, Licenciado, si supiera qué malo es el hombre... es muy malo ser hombre... ¿Cómo le haremos, Licenciado, para que esta raza se salve?

Y se mesaba los cabellos y ponía los ojos despavoridos.

(De *La tormenta*, 1936).

NOTICIA COMPLEMENTARIA

De los poetas que no entraron en nuestra antología uno de los más importantes fue el aventurero y mudable José Juan Tablada (México; 1871–1945). Inquieto por las promesas que entreveía en todos los horizontes poéticos tentó nuevas maneras y se renovó constantemente. Su ejemplo fue provechoso para los jóvenes que querían arriesgarse por nuevas sendas.

De los novelistas sería injusto no mencionar a Enrique Larreta (Argentina; 1873), autor de *La gloria de Don Ramiro* y de *Zogoibi*, de rica prosa impresionista; Mariano Azuela (México; 1873–1952), que abre con *Los de abajo* (1916) el ciclo de la novela de la Revolución Mexicana de 1910. Más tarde, con *La Luciérnaga*, renovó su técnica novelística. Otros buenos narradores: Jesús Castellanos (Cuba; 1879–1912) y Tulio Manuel Cestero (Santo Domingo; 1877–1954), realistas ambos.

En el teatro, la gran figura de este período fue la de Florencio Sánchez (Uruguay; 1875–1910). Con él triunfó el realismo en el drama hispanoamericano. Uno de sus temas fue la vida en el campo, con los conflictos entre criollos e inmigrantes europeos o entre la tradición y el progreso. Su obra maestra fue *Barranca abajo*, la tragedia más sombría de nuestro teatro.

III

1910-1925

MARCO HISTÓRICO: *La Revolución social en México abre un nuevo ciclo político en nuestra historia. En la Argentina triunfan, sobre la oligarquía, nuevas fuerzas sociales, democráticas. Efectos de la primera Guerra Mundial.*

TENDENCIAS CULTURALES: *Mitigado el afán artificioso del Modernismo, los escritores se vuelven hacia una expresión más sencilla, más humana, más americana. Por otro lado, hay un grupo que se lanza hacia las aventuras del Cubismo, el Futurismo, el Dadaísmo. Las revistas de posguerra: el «Ultraísmo» y su disolución.*

RAMÓN LÓPEZ VELARDE
RICARDO MIRÓ
JOSÉ MANUEL POVEDA
EVARISTO RIBERA CHEVREMONT
ANDRÉS ELOY BLANCO
JOSÉ EUSTASIO RIVERA
LUIS CARLOS LÓPEZ
PORFIRIO BARBA JACOB
GABRIELA MISTRAL
DELMIRA AGUSTINI
JUANA DE IBARBOUROU
BALDOMERO FERNÁNDEZ MORENO
ALFONSINA STORNI
MARIANO BRULL
CÉSAR VALLEJO
VICENTE HUIDOBRO

RAFAEL ARÉVALO MARTÍNEZ
ALFONSO HERNÁNDEZ CATÁ
RÓMULO GALLEGOS
VENTURA GARCÍA CALDERÓN
PEDRO PRADO
EDUARDO BARRIOS
RICARDO GÜIRALDES
MARTÍN LUIS GUZMÁN
CARMEN LYRA
MARIANO LATORRE
MANUEL ROJAS
PEDRO HENRÍQUEZ UREÑA
FRANCISCO ROMERO
EZEQUIEL MARTÍNEZ ESTRADA
ALFONSO REYES

Como en medio de estos años estalló la primera guerra mundial (1914–1918) se ha hablado de grupos literarios de la preguerra y de la posguerra. No exageremos, sin embargo, los efectos de la guerra europea sobre la literatura hispanoamericana. Ya antes de la guerra los gustos estaban cambiando rápidamente. Quizá sea mejor agrupar a los escritores de acuerdo a esos gustos.

Unos escritores permanecieron leales a los patrones tradicionales; otros, los aventureros, cultivaron formas idiomáticas inesperadas; y, al final de este período, apareció un grupo más juvenil que inició, desde las páginas de las revistas, un arte incoherente y juguetón.

Los mismos hombres escriben en verso y en prosa. Presentaremos primero a los que se destacaron principalmente en verso y luego a los que se destacaron principalmente en prosa.

PRINCIPALMENTE VERSO

Según dijimos, hubo un primer grupo de poetas normales, continuadores de los estilos ya establecidos; un segundo grupo, donde la poesía es anormal, esto es, al margen de las normas reconocidas; y un tercer grupo de jóvenes escandalosos. Veámoslos en este orden.

En el capítulo anterior se vio cómo los autores de la plenitud del Modernismo continuaron escribiendo hasta muy entrado el siglo XX. En riguroso turno la muerte les fue haciendo soltar la pluma. Ya en 1910 estaban, todos, consagrados y, muchos, agotados. Algunos (Darío, Nervo, González Martínez) recogían del Simbolismo un flúido hondo, fresco, sereno. Otros (Leopoldo Lugones y José M. Eguren) eran exploradores de nuevas fuentes de juventud verbal y se rejuvenecieron al rodearse de la admiración de los que comenzaban.

No todos los que entraron en la literatura en 1910 usaron la misma puerta. Habían nacido junto con los versos y prosas artísticas del primer grupo modernista, desde las primicias parnasianas de 1880 hasta las *Prosas Profanas* de Darío, en 1896. Habían crecido junto con esa literatura esteticista, hermanos de libros que se habían hecho famosos, émulos de esas famas. La batalla estética había sido ya ganada por los padres: no había por qué repetir ni excederse. Aceptaban como ordinarias normas que habían sido extraordinarias: la aristocrática función de la poesía, el saber insinuar con leve ademán, el individualizarse con estilos esmerados.

Resulta casi imposible clasificar la nueva poesía. Sin embargo, si uno atiende a los mejores poetas de esta generación, se oirán distintos acordes.

Algunos poetas no disimulan que su punto de partida ha sido el Modernismo, aunque después, se alejen hacia modos más conceptuales o formas más espontáneas (RAFAEL CARDONA, RICARDO MIRÓ, MEDARDO ÁNGEL SILVA, CLAUDIO PEÑARANDA, ELOY FARIÑA NÚÑEZ, EVARISTO RIBERA CHEVREMONT).

Otros se orientan hacia una poesía pura (JOSÉ MANUEL POVEDA).

Otros son todo ojos para el paisaje (JOSÉ EUSTASIO RIVERA).

Otros se desvían hacia un trato más directo con la vida y la naturaleza. Son sencillos, humanos, sobrios (FERNÁNDEZ MORENO, ENRIQUE BANCHS).

Otros tienen un aire de sabiduría, de haber ido lejos y estar de vuelta con muchos secretos clásicos (ALFONSO REYES).

Otros, los más efusivos, confiesan sinceramente lo que les pasa, angustias, exaltaciones (GABRIELA MISTRAL, SABAT ERCASTY, DELMIRA AGUSTINI, JUANA DE IBARBOUROU, ALFONSINA STORNI, BARBA JACOB).

Están los de sentido humorístico, como si los hijos sospecharan que había algo ridículo y cursi en la tradición familiar modernista (LUIS CARLOS LÓPEZ, JOSÉ Z. TALLET).

Los hay cerebrales, fríos, recatados o especulativos (EMILIO ORIBE, MARTÍNEZ ESTRADA).

O los de alma devota (LÓPEZ VELARDE).

Y los de emoción civil y política (ANDRÉS ELOY BLANCO).

México. El poeta que hacia 1922 atrajo la atención de quienes hasta entonces la tenían puesta en González Martínez fue RAMÓN LÓPEZ VELARDE (1888–1921). Escribió poco: los sentimentales versos de *La sangre devota* (1916), los sensuales de *Zozobra* (1919) y, póstumo, *El son del corazón* (1932), donde se recogió su poema más conocido, «La suave patria». Hay otros tomos póstumos a partir de *El Minutero* (1923). Después de la liquidación del Modernismo su obra, breve e intensa, es de las más duraderas. Mostró anhelo de renovación, pero no por la superficie sino por dentro: profundizó en lo subjetivo (su alma) y en lo objetivo (la intimidad de México). Su disposición amorosa está siempre presente. En *La sangre devota* aparecen los dos extremos del sentimiento amoroso, el puro, ideal, tendido hacia Fuensanta, y el de las tentaciones carnales, más patentes en *Zozobra*, su mejor libro. Aquí hay versos que muestran al poeta entregándose al amor; pero son más significativos los que revelan su desencanto y aun fracaso al no poder satisfacer ni el apetito de los sentidos ni la comunicación espiritual con la amada. En *El son del corazón* es más equilibrado puesto que el poeta parece hacer un balance de todo su desarrollo espiritual, pero es menos intenso. «La suave patria» nos habla de su provincia mexicana, pero el poeta no se queda allí: sin salirse de su propio jardín viaja por los jardines de otras literaturas.

Ramón López Velarde

MI PRIMA ÁGUEDA

Mi madrina invitaba a mi prima Águeda
a que pasara el día con nosotros,
y mi prima llegaba
con un contradictorio
prestigio de almidón y de temible
luto ceremonioso.

Águeda aparecía, resonante
de almidón, y sus ojos
verdes y sus mejillas rubicundas
me protegían contra el pavoroso
luto . . .

Yo era rapaz
y conocía la o por lo redondo,
y Águeda que tejía
mansa y perseverante, en el sonoro
corredor, me causaba
calofríos ignotos . . .
(Creo que hasta le debo la costumbre
heroicamente insana de hablar solo.)

A la hora de comer, en la penumbra
quieta del refectorio,
me iba embelesando un quebradizo
sonar intermitente de vajilla,
y el timbre caricioso
de la voz de mi prima.

Águeda era
(luto, pupilas verdes y mejillas
rubicundas) un cesto policromo
de manzanas y uvas
en el ébano de un armario añoso.

(De *La sangre devota*, 1916).

EL RETORNO MALÉFICO

Mejor será no regresar al pueblo,
al edén subvertido que se calla
en la mutilación de la metralla.

Hasta los fresnos mancos,
los dignatarios de cúpula oronda,
han de rodar las quejas de la torre
acribillada en los vientos de fronda.   5

Y la fusilería grabó en la cal
de todas las paredes
de la aldea espectral,
negros y aciagos mapas,
porque en ellos leyese el hijo pródigo   10
al volver a su umbral
en un anochecer de maleficio,
a la luz de petróleo de una mecha,
su esperanza deshecha.

Cuando la tosca llave enmohecida   15
tuerza la chirriante cerradura,
en la añeja clausura
del zaguán, los dos púdicos
medallones de yeso,
entornando los párpados narcóticos,
se mirarán y se dirán: «¿Qué es eso?»   20

Y yo entraré con pies advenedizos
hasta el patio agorero
en que hay un brocal ensimismado,   25
con un cubo de cuero
goteando su gota categórica
como un estribillo plañidero.

Si el sol inexorable, alegre y tónico,   30
hace hervir a las fuentes catecúmenas
en que bañábase mi sueño crónico;
si se afana la hormiga;
si en los techos resuena y se fatiga
de los buches de tórtola el reclamo   35
que entre las telarañas zumba y zumba;
mi sed de amar será como una argolla
empotrada en la losa de una tumba.

Las golondrinas nuevas, renovando
con sus noveles picos alfareros   40
los nidos tempraneros;
bajo el ópalo insigne
de los atardeceres monacales,

el lloro de recientes recentales
por la ubérrima ubre prohibida
de la vaca, rumiante y faraónica,
que al párvulo intimida;
5   campanario de timbre novedoso;
remozados altares;
el amor amoroso
de las parejas pares;
noviazgos de muchachas
10   frescas y humildes, como humildes coles,
y que la mano dan por el postigo
a la luz de dramáticos faroles;
alguna señorita
que canta en algún piano
15   alguna vieja aria;
el gendarme que pita . . .
. . . Y una íntima tristeza reaccionaria.

(De *Zozobra*, 1919).

20

LA SUAVE PATRIA

Proemio

25   Yo que sólo canté de la exquisita
partitura del íntimo decoro,
alzo hoy la voz a la mitad del foro
a la manera del tenor que imita
la gutural modulación del bajo,
30   para cortar a la epopeya un gajo.

Navegaré por las olas civiles
con remos que no pesan, porque van
como los brazos del correo Chuan[1]
35   que remaba la Mancha con fusiles.

Diré con una épica sordina:
la Patria es impecable y diamantina.

40   Suave Patria: permite que te envuelva
en la más honda música de selva
con que me modelaste por entero
al golpe cadencioso de las hachas,
entre risas y gritos de muchachas
45   y pájaros de oficio carpintero.

Primer Acto

Patria: tu superficie es el maíz,
tus minas el palacio del Rey de Oros,
y tu cielo las garzas en desliz
y el relámpago verde de los loros.

El Niño Dios te escrituró un establo
y los veneros de petróleo el diablo.

Sobre tu Capital, cada hora vuela
ojerosa y pintada, en carretela;
y en tu provincia, del reloj en vela
que rondan los palomos colipavos,
las campanadas caen como centavos.

Patria: tu mutilado territorio
se viste de percal y de abalorio.

Suave Patria: tu casa todavía
es tan grande, que el tren va por la vía
como aguinaldo de juguetería.

Y en el barullo de las estaciones,
con tu mirada de mestiza, pones
la inmensidad sobre los corazones.

¿Quién, en la noche que asusta a la rana,
no miró, antes de saber del vicio,
del brazo de su novia, la galana
pólvora de los fuegos de artificio?

Suave Patria: en tu tórrido festín
luces policromías de delfín,
y con tu pelo rubio se desposa
el alma, equilibrista chuparrosa,
y a tus dos trenzas de tabaco, sabe
ofrendar aguamiel toda mi briosa
raza de bailadores de jarabe.[2]

Tu barro suena a plata, y en tu puño
su sonora miseria es alcancía;
y por las madrugadas del terruño,
en calles como espejos, se vacía
el santo olor de la panadería

---

[1] Chouan, referencia a un personaje de la época de la Revolución francesa que aparece en una novela de Barbey d'Aurevilly, *Le Chevalier des Touches*, y que tuvo una vez que atravesar el mar desde la isla de Guernesey a la costa francesa en un bote remando con los fusiles.

[2] Baile popular del estado de Jalisco, en México.

Cuando nacemos, nos regalas notas;
después, un paraíso de compotas,
y luego te regalas toda entera,
suave Patria, alacena y pajarera.

Al triste y al feliz dices que sí,
que en tu lengua de amor prueben de ti
la picadura del ajonjolí.[3]

¡Y tu cielo nupcial, que cuando truena
de deleites frenéticos nos llena!

Trueno de nuestras nubes, que nos baña
de locura, enloquece a la montaña,
requiebra a la mujer, sana al lunático,
incorpora a los muertos, pide el Viático,[4]
y al fin derrumba las madererías
de Dios, sobre las tierras labrantías.

Trueno del temporal: oigo en tus quejas
crujir los esqueletos en parejas;
oigo lo que se fué, lo que aún no toco,
y la hora actual con su vientre de coco.
Y oigo en el brinco de tu ida y venida,
¡oh, trueno!, la ruleta de mi vida.

Intermedio

(CUAUHTEMOC.[5])

Joven abuelo: escúchame loarte,
único héroe a la altura del arte.

Anacrónicamente, absurdamente,
a tu nopal inclínase el rosal;
al idioma del blanco, tú lo imantas
y es surtidor de católica fuente
que de responsos llena el victorial
zócalo de ceniza de tus plantas.

No como a César el rubor patricio
te cubre el rostro en medio del suplicio;
tu cabeza desnuda se nos queda,
hemisféricamente, de moneda.

Moneda espiritual en que se fragua   5
todo lo que sufriste: la piragua
prisionera, el azoro de tus crías,
el sollozar de tus mitologías,
la Malinche,[6] los ídolos a nado,
y por encima, haberte desatado   10
del pecho curvo de la emperatriz
como del pecho de una codorniz.

Segundo Acto

Suave Patria: tú vales por el río
de las virtudes de tu mujerío.
Tus hijas atraviesan como hadas,   15
o destilando un invisible alcohol,
vestidas con las redes de tu sol,
cruzan como botellas alambradas.

Suave Patria: te amo no cual mito,
sino por tu verdad de pan bendito,   20
como a niña que asoma por la reja
con la blusa corrida hasta la oreja
y la falda bajada hasta el huesito.

Inaccesible al deshonor, floreces;
creeré en ti mientras una mexicana   25
en su tápalo lleve los dobleces
de la tienda, a las seis de la mañana,
y al estrenar su lujo, quede lleno
el país, del aroma del estreno.

Como la sota moza, Patria mía,   30
en piso de metal, vives al día,
de milagro, como la lotería.

Tu imagen, el Palacio Nacional,
con tu misma grandeza y con tu igual
estatura de niño y de dedal.   35

---

[3] (O sésamo) planta cuyas semillas sirven para dar gusto a ciertos dulces y al pan.
[4] El sacramento de la Eucaristía administrado a un enfermo en peligro de muerte.
[5] Último emperador azteca, sobrino de Moctezuma.
[6] Doña Marina, la intérprete y amante de Cortés.

Te dará, frente al hambre y al obús,
un higo San Felipe de Jesús.[7]

Suave Patria, vendedora de chía:[8]
quiero raptarte en la cuaresma opaca,
sobre un garañón, y con matraca,
y entre los tiros de la policía.

Tus entrañas no niegan un asilo
para el ave que el párvulo sepulta
en una caja de carretes de hilo,
y nuestra juventud, llorando, oculta
dentro de ti, el cadáver hecho poma
de aves que hablan nuestro mismo idioma.

Si me ahogo en tus julios, a mí baja
desde el vergel de tu peinado denso
frescura de rebozo y de tinaja:
y si tirito, dejas que me arrope
en tu respiración azul de incienso
y en tus carnosos labios de rompope.[9]

Por tu balcón de palmas bendecidas
el Domingo de Ramos, yo desfilo
lleno de sombra, porque tu trepidas.

Quieren morir tu ánima y tu estilo,
cual muriéndose van las cantadoras
que en las ferias, con el bravío pecho
empitonando la camisa, han hecho
la lujuria y el ritmo de las horas.

Patria, te doy de tu dicha la clave:
sé siempre igual, fiel a tu espejo diario;
cincuenta veces es igual el ave
taladrada en el hilo del rosario,
y es más feliz que tú, Patria suave.

Sé igual y fiel; pupilas de abandono;
sedienta voz, la trigarante[10] faja
en tus pechugas al vapor; y un trono
a la intemperie, cual una sonaja:
la carreta alegórica de paja.

(De *El son del corazón*, 1932).

Centroamérica. En todos los países de la América Central hubo poetas modernistas. En Nicaragua, SALOMÓN DE LA SELVA; en Guatemala, ARÉVALO MARTÍNEZ; en El Salvador, RAÚL CONTRERAS; en Costa Rica, RAFAEL CARDONA y JULIÁN MARCHENA; en Honduras, ALFONSO GUILLÉN ZELAYA. Quisiéramos, como expresión de la poesía centroamericana, elegir unos versos del panameño RICARDO MIRÓ (1883–1940).

Miró es el poeta más notable en toda la historia de la literatura de Panamá. Dirigió la revista *Nuevos ritos.* Los nuevos ritos poéticos de Miró eran los del Modernismo, a la manera de Guillermo Valencia y tambíen, en el otro extremo, de José Santos Chocano. Su sensibilidad se expresó a veces en poemas próximos a los de la vanguardia juvenil. Miró es autor de *La leyenda del Pacífico, Frisos, Preludios* y *Caminos silenciosos.*

---

[7] Misionero franciscano, uno de los mártires del Japón, crucificados en Nagasaki en 1597. La alusión es al hecho de que una higuera de la casa en que el santo vivió en México, que estaba muerta, revivió el día de su martirio.

[8] Semilla de una especie de planta cuyo mucílago, mezclado con azúcar y limón es un refresco agradable, y común en México.

[9] Bebida hecha con aguardiente, leche, azúcar y canela.

[10] Que incluye tres garantías. En México se dijo así del Plan de Iguala. Aquí la referencia es a los tres colores de la bandera mexicana.

Ricardo Miró

VERSOS AL OÍDO DE LELIA

Óyeme, corazón. En cada rama
del bosque secular se esconde un nido
o una dulce pareja que se ama.

Cada una rosa del rosal resume
un corazón, feliz o dolorido,
que de amor en la brisa se consume.

La estrella que nos manda sus reflejos
no hace más que volver con su luz pura
los besos que le envían desde lejos.

Todo tiembla de amor . . . Hasta la piedra
a veces se estremece de ternura
y se vuelve un jardín bajo la yedra.

*

No importa ser mujer o ser paloma;
ser rosa de Amatonte,[1] estrella o palma,
importa tener alma y dar esa alma
en risas, en fulgores, o en aroma.

Triunfa el Amor sobre la Muerte. Nacen
las rosas para amar, y hasta las rosas
cuando al viento, marchitas, se deshacen,
se vuelven un tropel de mariposas.

Suspiro es un anhelo que, escapado   5
del corazón, se va a volar errante
buscando una ilusión que ya ha pasado
o algún sueño de luz que está delante.

Pues bien, la brisa pasa en blandos giros,
y no puede medir tu pensamiento   10
la interminable tropa de suspiros
que viaja en cada ráfaga de viento.

Tú que tienes los ojos soñadores
como una noche tropical, asoma
tu corazón a todos los amores   15
y sé estrella, sé flor o sé paloma.

Y ya verán tus ojos asombrados
ante la tarde que en el mar expira,
cuán hermosa es la tarde, si se mira
con dos ojos que están enamorados.   20

(De *Antología poética*, 1937).

———◆———

Antillas. En Santo Domingo apenas hubo Modernismo: FABIO FIALLO,
OSVALDO BAZIL, amigos de Rubén Darío; ALTAGRACIA SAVIÑÓN.

En Cuba los poetas más estimables en la continuación y renovación del
Modernismo fueron REGINO E. BOTI, JOSÉ MANUEL POVEDA y AGUSTÍN
ACOSTA; y, después del ímpetu que estos tres nombres dieron a las letras,
aparecieron FELIPE PICHARDO MOYA, JOSÉ Z. TALLET, RUBÉN MARTÍNEZ

[1] Amatunte, antigua ciudad de Chipre, célebre por
el culto de Adonis y Venus.

Villena, Regino Pedroso y Emilia Bernal. Damos a continuación un poema de José Manuel Poveda (1888–1926) que ilustra bien la tendencia de renovación estética que aparece dentro del llamado postmodernismo, y que habrá de desarrollarse y adquirir plenitud en los poetas de vanguardia. El único libro de Poveda, *Versos precursores* (1917), es por ello mismo revelador.

José Manuel Poveda

SOL DE LOS HUMILDES

Todo el barrio pobre,
el meandro de callejas, charcas y tablados, de repente
se ha bañado en el cobre
del poniente.

Fulge como una prenda falsa el barrio bajo,
y son de óxido verde los polveros
que, al volver del trabajo,
alza el tropel de obreros.

El sol alarga este ocaso,
contento al ver las gentes, los perros y los chicos,
saludarle con cariño al paso,
y no con el desdén glacial de los suburbios ricos.

Y así el sátiro en celo
del sol, no ve pasar una chiquilla
sin que, haciendo de jovial abuelo
le abrase a besos la mejilla.

Y así a todos en el barrio deja un mimo:
a las moscas de estiércol, en la escama,
al pantano, sobre el verde limo,
a la freidora, en la sartén que se inflama,
al vertedero, en los retales inmundos;
y acaba culebreando alegre el sol
en los negros torsos de los vagabundos
que juegan al *base-ball*.

Penetra en la cantina,
buen bebedor, cuando en los vasos arde
la cerveza, y se inclina,
sobre nosotros, a beber la tarde.

Pero entonces comprende
que se ha retrasado,
y en la especie de fuga que emprende
se sube al tejado.

Un minuto, y adviene la hora de esplín,   5
la oración misteriosa y sin brillo,
y el nocturno, medroso violín
del grillo.

(De *Versos precursores*, 1917).

De Puerto Rico hemos seleccionado uno de los poetas que, a pesar de sus incursiones en la poesía de vanguardia de postguerra, cabe aquí: EVARISTO RIBERA CHEVREMONT (1896). Al regresar de España en 1924 — donde vivió cinco años — difundió la poesía de vanguardia. Lo hizo en parte porque le interesaba experimentar con las nuevas técnicas. *La copa de Hebe* (1922) fue su experimento versolibrista. Con los años, sin embargo, volvió a las formas tradicionales.

Evaristo Ribera Chevremont

EL NIÑO Y EL FAROL

I

Por el jardín, de flores
de sombra, viene el niño;
un farol muy lustroso
le relumbra en la mano.

Alumbrada, la cara
del niño resplandece;
en su pelo, los años
dulcemente sonríen.

El niño, que levanta
el farol en su mano,
va hurgando los rincones
del jardín, ya sin nadie.

Va en busca de la gracia
de alguna fantasía.   10
El jardín sigue al niño,
agitadas sus plantas.

II

El niño, a la luz densa
de su farol, descubre
unos troncos negruzcos,   15
unas blancas paredes.

En las manchas de verde
del jardín, serpentea
el camino dorado
de las viejas ficciones.   20

El camino que, en sabias
madureces de tiempo,
reaparece, cargado
de sus mágicas lenguas.

⁵ Ir por ese camino
es hallarse en la gloria
de un pretérito pródigo
de ilusivas substancias.

III

Bajándolo y subiéndolo,
¹⁰ por el jardín el niño
lleva el farol. Las flores
de sombra se desmayan.

Contra amontonamiento
de masas vegetales,
¹⁵ se ven danzar figuras
de imaginario mundo.

Un chorro de colores
cae al jardin. El niño,
potente en su misterio,
²⁰ domina esta belleza.

Más allá de las tapias
del jardín, es la noche
un tejido monstruoso
de nieblas y de astros.

IV

²⁵ Nada duerme. Las cosas
en un vasto desvelo,
quitándose la máscara,
intensamente arden.

Con el pulso ligero
³⁰ de un demonio, en las manos
prodigiosas del niño
el farol bailotea.

El jardín, deshojado
en sus flores de sombra,
³⁵ hace tierna en el polvo
la pisada del niño.

Errabundo y sonámbulo,
anda el niño. Arco iris
de leyendas y cuentos
le ilumina la frente.

V

Y ahora escucha en los árboles,
que llamean y esplenden,
un rumor conocido
de remotas palabras.

¿Quién le habla? ¿Qué genio
arrancando raíces
y agitando ramajes,
le desnuda sus voces?

Tierra y madre le tocan,
con sus dedos untados
de ternura, la sangre,
la cual vibra y se inflama.

Otra vida lo mueve;
una vida que media
entre el musgo y el aire,
entre el aire y la nube.

VI

Ni juguetes, ni juegos,
ni confites, ni pastas
valen más que este rumbo
de pintado alborozo.

El jardín, todo ojos,
se recrea en el niño,
quien, borracho de fábulas,
su gobierno establece.

Agigántase el niño;
el farol agigántase,
y ambos cubren la noche,
de un azul que es de fuego.

Arropadas de estrellas,
se prolongan las calles
donde vela el silencio
en su mística guarda.

VII

En la noche, cruzada
de humedades y olores,
los insectos se agolpan
en su fiebre de música.

Mientras roncan los hombres
con un largo ronquido;
mientras ladran los perros,
vive el niño su noche.

En las manos del niño
el farol bailotea,
derramando un torrente
que es de soles y auroras.

Nunca, nunca la muerte   5
matará al niño. ¡Nunca!
Su farol milagroso
fulgirá ya por siempre.

(De *Tonos y formas,* 1943).   10

———◆———

Venezuela. Después de los poetas próximos al Modernismo — ALFREDO ARVELO LARRIVA y JOSÉ TADEO ARREAZA CALATRAVA — surgió la «generación del año 18.» Es la más efectiva, la más resonante de la historia poética venezolana, pero no fue una generación con unidad de estilo. Se oyen en ella voces muy diferentes: FERNANDO PAZ CASTILLO, RODOLFO MOLEIRO, LUIS ENRIQUE MÁRMOL.

El más famoso fue ANDRÉS ELOY BLANCO (1897–1955), de rica madera, serio y donoso, brillante y matizado, excesivo pero íntimo, capaz de clasicismo pero romántico en sus zumos nativos y folklóricos. Su múltiple acento resonó en toda América, resonó en España. Fue el que traspasó las fronteras geográficas; con todo, él mismo fue un poeta-frontera. A sus espaldas, el Modernismo; al frente, las ganas de un cambio. Porque en Venezuela el Modernismo fue tardío y se prolongó más tiempo. Y también la batalla vanguardista iba a ser tardía.

Andrés Eloy Blanco

A FLORINDA EN INVIERNO

Al hombre mozo que te habló de amores
dijiste ayer, Florinda, que volviera,
porque en las manos te sobraban flores
para reírte de la Primavera.

Llegó el Otoño: cama y cobertores
te dió en su deshojar la enredadera
y vino el hombre que te habló de amores
y nuevamente le dijiste: — Espera.

Y ahora esperas tú, visión remota,
campiña gris, empalizada rota,
ya sin color el póstumo retoño

que te dejó la enredadera trunca,   15
porque cuando el amor viene en Otoño,
si le dejamos ir no vuelve nunca,

(De *Poda,* saldo de poemas, 1923-1928, segunda edición, 1942).

LA CITA

Pinar arriba,
pinar abajo,
la nube, el pinar, el viento,
la tarde y yo te esperamos.

5 ¡Cómo tardas!
tú siempre ofreces tempranos
y siempre pagas con tardes.
Me van a crecer los pinos
esperándote.

10 La próxima vez,
ya sé a qué atenerme:
te voy a hacer esperar
una hora, sola, sola,
para que sepas entonces
15 cuántos pinos tiene una hora.

Ya se fastidió la nube;
se está lloviendo por dentro.
Eres mala;
a una nube de agua dulce
20 volverla de agua salada.

La próxima vez,
esperaré a que llueva a chorros;
ya te contará la nube
cómo esperamos nosotros
25 y nunca sabrás si el agua que te pasó
[por los labios
te la lloraron las nubes
o te la llovieron los ojos.

Ya se va el viento, diciendo
30 malas palabras de monte;

ya verás, cuando tú esperes, esperando
[y solitaria,
te dirá el viento unas cosas que te
[pondrán colorada.

Ahora se va la tarde;
se le está poniendo oscura la pena del
[horizonte;
ya verás, cuando estés sola,
y en un adiós de la tarde te quedes
[sola en la noche.

Se va el pinar; se está yendo
revuelto el verde hasta un negro
que se hace nube y se encoge
y se agavilla y se expande,
verde, negro, verde, gris,
y no se va pino a pino,
sino que se hace una cosa
de pinos que va a dormir.

Y yo ¿qué estoy esperando?
Ya me voy, solo. Eres mala;
a una tarde, hacerla noche,
a un pinar, hacerlo nube,
a una nube de agua dulce
hacerla de agua salada.

Ya me voy. ¡Pero aquí estás!
¡La tarde está regresando!
¡mira el viento! ¡se ve el viento!
¡la nube está echando lirios!
mira el pinar, como viene,
pino a pino, pino a pino...

(De *Giraluna*, 1955).

———◆———

Colombia. Se llama «generación del Centenario» a los poetas colombianos que empezaron a publicar alrededor de 1910. Tuvieron más sentido cívico que los estetas que acompañaban a Rubén Darío, y se inspiraron en el patrimonio nacional. Sin embargo, los poetas «centenaristas» aprendieron su arte de modelos parnasianos y simbolistas y, dentro de Colombia, continuaron al modernista Valencia. Los más brillantes fueron JOSÉ EUSTASIO RIVERA, ÁNGEL MARÍA CÉSPEDES, MIGUEL RASCH ISLA y EDUARDO CASTILLO.

JOSÉ EUSTASIO RIVERA (1888–1928) fue uno de los primeros en apoyarse en el paisaje colombiano para hacer brincar allí su lirismo. Escribió sonetos admirables: *Tierra de promisión* (1921). La estructura fija del soneto se presta a que, verso tras verso, una acción se vaya desarrollando en un riguroso movimiento unitario que mantiene al lector alerta a lo que va a venir. La acción que Rivera pinta en sus sonetos es la de la naturaleza de Colombia: animales, plantas, ríos, montañas, luces del cielo... El último verso cierra esa acción y la deja perfecta, como un cuadro lleno de color. Lo que se ve en ese cuadro es una realidad virgen para la poesía: nadie, antes de Rivera, la había desarrebozado con tanta intensidad, desde un ángulo tan embellecedor. Pero la técnica literaria de pintar las cosas de la naturaleza, con tanta nitidez en el perfil, en el matiz, en el gesto, y de encuadrarlas en una forma aristocrática, es parnasiana. Las palabras elegidas por el poeta ennoblecen la sustancia bruta del paisaje y la transforman en preciosa materia. Cuando escribió su novela *La vorágine* (1924) Rivera mantuvo su alta tensión poética pero cambió de perspectiva. En vez de contemplar cuadros, se metió dentro de la naturaleza misma y sorprendió la nueva belleza del desorden y la violencia. Lirismo de pesadilla, de fiebre, de espanto. Las penosas aventuras de Arturo Cova, que huye de Bogotá con una mujer y se pierde en la selva, sacuden al lector con tanta fuerza dramática que a veces uno queda sin aliento. La compleja personalidad del protagonista-narrador — Cova —, que es poeta refinado pero de bárbaro empuje, da nervios a la naturaleza colombiana y cuando la vemos crispada, trágica, como un infierno verde, estamos viendo también el alma de Cova. En todo caso, vemos a la selva en el acto de tragarse a Cova, pero desde los ojos de Cova.

Aunque la popularidad de Rivera se debe a *La vorágine*, sus méritos son de poeta, como se podrá apreciar en los sonetos que reproducimos a continuación.

José Eustasio Rivera

TIERRA DE PROMISIÓN

Prólogo

Soy un grávido río, y a la luz meridiana
ruedo bajo los ámbitos reflejando el paisaje;
y en el hondo murmullo de mi audaz oleaje
se oye la voz solemne de la selva lejana.

Flota el sol entre el nimbo de mi espuma liviana;
y peinando en los vientos el sonoro plumaje,
en las tardes un águila triunfadora y salvaje
vuela sobre mis tumbos encendidos en grana.

5   Turbio de pesadumbre y anchuroso y profundo,
al pasar ante el monte que en las nubes descuella
con mi trueno espumante sus contornos inundo;

y después, remansado bajo plácidas frondas,
purifico mis aguas esperando una estrella
10   que vendrá de los cielos a bogar en mis ondas.

Primera parte

4

La selva de anchas cúpulas, al sinfónico giro
de los vientos, preludia sus grandiosos maitines;
y al gemir de dos ramas como finos violines
lanza la móvil fronda su profundo suspiro.

15   Mansas voces se arrullan en oculto retiro;
los cañales conciertan moribundos flautines,
y al mecerse del cámbulo[1] florecido en carmines
entra por las marañas una luz de zafiro.

Curvada en el espasmo musical, la palmera
20   vibra sus abanicos en el aura ligera;
mas de pronto un gran trémolo de orquestados concentos

rompe las vainilleras . . . ; y con grave arrogancia,
el follaje, embriagado con su propia fragancia,
como un león, revuelve la melena en los vientos.

9

25   Cantadora sencilla de una gran pesadumbre,
entre ocultos follajes, la paloma torcaz
acongoja las selvas con su blanca quejumbre,
picoteando arrayanas[2] y pepitas de agraz.[3]

Arrurrúuuu . . . canta viendo la primera vislumbre;
30   y después, por las tardes, al reflejo fugaz,
en la copa del guáimaro[4] que domina la cumbre
ve llenarse las lomas de silencio y de paz.

---

[1] Bucare o búcare, árbol americano que sirve para proteger contra el sol los plantíos de cacao y de café.
[2] Arrayán, el mirto.
[3] Semillas de marojo, planta parecida al muérdago.
[4] Árbol alto y frondoso de la región del Caribe.

Entreabiertas las alas que la luz tornasola,
se entristece, la pobre, de encontrarse tan sola;
y esponjando el plumaje como leve capuz,

al impulso materno de sus tiernas entrañas,
amorosa se pone a arrullar las montañas . . .   5
y se duermen los montes . . . ¡Y se apaga la luz!

Tercera parte

3

Atropellados, por la pampa suelta,
los raudos potros en febril disputa,
hacen silbar sobre la sorda ruta
los huracanes en su crin revuelta.   10

Atrás dejando la llanura envuelta
en polvo, alargan la cerviz enjuta,
y en su carrera retumbante y bruta
cimbran los pindos[5] y la palma esbelta.

Ya cuando cruzan al austral peñasco,   15
vibra el relincho por las altas rocas;
entonces paran el triunfante casco,

resoplan, roncos, ante el sol violento,
y alzando en grupo las cabezas locas
oyen llegar al retrasado viento.   20

21

Sintiendo que en mi espíritu doliente
la ternura romántica germina,
voy a besar la estrella vespertina
sobre el agua ilusoria de la fuente.

Mas cuando hacia el fulgor cerulescente   25
mi labio melancólico se inclina,
oigo como una voz ultradivina
del alguien que me celara en el ambiente.

Y al pensar que tu espíritu me asiste,
torno los ojos a la pampa triste;   30
¡nadie! . . . sólo el crepúsculo de rosa.

Mas, ¡ay!, que entre la tímida vislumbre,
inclinada hacia mí, con pesadumbre,
suspira una palmera temblorosa.

(De *Tierra de Promisión*, 1921).

---

[5] Árboles de espeso y hermoso follaje.

En la poesía colombiana de estos años aparece también un poeta no modernista — LUIS CARLOS LÓPEZ (1883–1950) — de versos elementales, esquemáticos. Escribió *De mi villorrio* (1908), *Los hongos de la Riba* (1909), *Por el atajo* (1928). López es a veces burdo en sus burlas a tipos y costumbres de la vida provincial, pero capaz de fina ironía y aun de hacer sonreír, líricamente, a un sentimiento que se avergüenza y esconde la cara.

Luis Carlos López

CROMO

En el recogimiento campesino,
que viola el sollozar de las campanas,
giran, como sin ganas,
las enormes antenas de un molino.

5   Amanece. Por el confín cetrino
atisba el sol de invierno. Se oye un trino
que semeja peinar ternuras canas,
y se escucha el dialecto de las ranas ...

  La campiña, de un pálido aceituna,
10 tiene hipocondria, una
dulce hipocondria que parece mía.

  Y el viejo Osiris[1] sobre el lienzo plomo
saca el paisaje lentamente, como
quien va sacando una calcomanía ...

15   (De *De mi villorrio*, 1908).

A MI CIUDAD NATIVA

> «Ciudad triste, ayer
> reina de la mar ...»
>
> *J. M. de Heredia.*[2]

  Noble rincón de mis abuelos: nada
como evocar, cruzando callejuelas,
los tiempos de la cruz y de la espada,
del ahumado candil y las pajuelas ...

  Pues ya pasó, ciudad amurallada,
tu edad de folletín ... Las carabelas
se fueron para siempre de tu rada ...
— ¡Ya no viene el aceite en botijuelas! ...

  Fuiste heroica en los años coloniales,
cuando tus hijos, águilas caudales,
no eran una caterva de vencejos.

  Mas hoy, con tu tristeza y desaliño,
bien puedes inspirar ese cariño
que uno le tiene a sus zapatos viejos ...

---

[1] Dios del bien en la mitología egipcia. Aquí está tomado como sinónimo del Sol.
[2] Versión castellana del primer verso de «A une ville morte», poema de José María de Heredia (1842–1905), dedicado a Cartagena de Indias, en *Les Trophées*.

A Miguel Ángel Osorio, conocido por su seudónimo PORFIRIO BARBA JACOB (Colombia; 1880–1942) suele considerársele como astro en la constelación de estos años. No obstante, Barba Jacob, todo lo inquieto, vehemente, desesperado que se quiera, no logró dar salida poética a ese mundo interior que le ahogaba el corazón. En «Canción ligera» se quejó de que las cosas estuvieran allí, frente a los ojos, y, sin embargo, uno no pudiera darles voz: «y nosotros, los míseros poetas, / temblando ante los vértigos del mar, / vemos la inesperada maravilla / y tan sólo podemos suspirar.» Y era verdad. Barba Jacob está todo dolorido de grandes interrogaciones, dudas, desánimos, rebeldías, deseos, lascivias, inmoralidades; pero se queda enfermo, en la oscuridad de su cueva, y más que cantos le oímos quejidos. Su lirismo es tan denso que a veces se oscurece, como en «Acuarimántima». Sus mejores cantos son los de extravío y de soledad. La leyenda de su vida no nos interesa (aunque contribuyó a su fama), pero la leyenda de su poesía debe revisarse críticamente. Exageraba sus desgarramientos y, en su voluntad de escándalo, llegaba a simulaciones artísticas pero no poéticas. En sus momentos de sinceridad, por otra parte, no siempre vio claro en su propia hondura. Con todo, Barba Jacob es un nudo en el mismo hilo de la poesía colombiana donde antes vimos a Silva y a Valencia. No fue tan delicado y profundo como Silva ni tan artista como Valencia, pero sus temas eran románticos como en el primero y sus formas de corte modernista, como en el segundo.

Porfirio Barba Jacob

CANCIÓN DE LA VIDA PROFUNDA

> El hombre es una cosa vana,
> variable y ondeante . . .
>
> *Montaigne.*

Hay días en que somos tan móviles, tan móviles,
como las leves briznas al viento y al azar.
Tal vez bajo otro cielo la gloria nos sonríe.
La vida es clara, undívaga y abierta como el mar. 5

Y hay días en que somos tan fértiles, tan fértiles,
como en abril el campo, que tiembla de pasión:
bajo el influjo próvido de espirituales lluvias,
el alma está brotando florestas de ilusión. 10

Y hay días en que somos tan plácidos, tan plácidos . . .
— ¡niñez en el crepúsculo! ¡lagunas de zafir! —
que un verso, un trino, un monte, un pájaro que cruza,
y hasta las propias penas nos hacen sonreír.

Y hay días en que somos tan sórdidos, tan sórdidos,
como la entraña oscura de oscuro pedernal:
la noche nos sorprende con sus profundas lámparas,
en rútiles monedas tasando el Bien y el Mal.

Y hay días en que somos tan lúbricos, tan lúbricos,
que nos depara en vano su carne la mujer:
tras de ceñir un talle y acariciar un seno,
la redondez de un fruto nos vuelve a estremecer.

Y hay días en que somos tan lúgubres, tan lúgubres,
como en las noches lúgubres el canto del pinar.
El alma gime entonces bajo el dolor del mundo,
y acaso ni Dios mismo nos pueda consolar.

Mas hay también, ¡oh Tierra!, un día . . . un día . . . un día
en que levamos anclas para jamás volver . . .
Un día en que discurren vientos ineluctables.
¡Un día en que ya nadie nos puede retener!

La Habana, 1914.

ELEGÍA DE SEPTIEMBRE

Cordero tranquilo, cordero que paces
tu grama, y ajustas tu ser a la eterna armonía:
hundiendo en el lodo las plantas fugaces
huí de mis campos feraces
un día.

Ruiseñor de la selva encantada
que preludias el oro abrileño:
a pesar de la fúnebre Muerte y la sombra y la nada,
yo tuve un ensueño.

Sendero que vas del alcor campesino
a perderte en la azul lontananza:
los dioses me han hecho un regalo divino:
la ardiente esperanza.

Espiga que mecen los vientos, espiga
que conjuntas el trigo dorado:
al influjo de soplos violentos,
en las noches de amor he temblado.

Montaña que el sol transfigura,
Tabor[1] al febril mediodía,
silente deidad en la noche estelífera y pura:
¡nadie supo en la tierra sombría
mi dolor, mi temblor, mi pavura!   5

Y vosotros, rosal florecido,
lebreles sin amo, luceros, corpúsculos,
escuchadme esta cosa tremenda: ¡HE VIVIDO!
He vivido con alma, con sangre, con nervios, con músculos,
y voy al olvido . . .   10

La Habana, 1915.

FUTURO

Decid cuando yo muera . . . (¡y el día esté lejano!):
Soberbio y desdeñoso, pródigo y turbulento,
en el vital deliquio por siempre insaciado,
era una llama al viento . . .

Vagó, sensual y triste, por islas de su América;   15
en un pinar de Honduras vigorizó su aliento;
la tierra mexicana le dió su rebeldía,
su libertad, sus ímpetus . . . Y era una llama al viento.

De simas no sondadas subía a las estrellas:
un gran dolor incógnito vibraba por su acento;   20
fué sabio en sus abismos — y humilde, humilde, humilde — ,
porque no es nada una llamita al viento . . .

Y supo cosas lúgubres, tan hondas y letales,
que nunca humana lira jamás esclareció,
y nadie ha comprendido su trémulo lamento . . .   25
Era una llama al viento y el viento la apagó.

Guatemala, julio 29 de 1923

(De *Antorchas contra el viento*, 1944).

———◆———

Chile. Este país no había dado nada importante en poesía, pero de allí salió el primer Premio Nobel de Literatura (1945) en nuestra América: GABRIELA MISTRAL (1889–1957). Por su poesía, áspera, desaliñada, Gabriela Mistral no parece pariente de los virtuosos del modernismo; sin embargo, sus metáforas tienen esa costumbre de la familia simbolista que consiste en saltar al abismo con una antorcha en la mano y en iluminar en la caída las

---

[1] El monte en que se transfiguró Jesús, según los Evangelios.

anfractuosidades de la vida interior. Aunque diferente a los modernistas, Gabriela Mistral aprendió de ellos. De todos modos, escribió para quienes habían leído a los modernistas. Su gran tema es el amor; y todas sus poesías variaciones a ese tema. Poesía amorosa, amatoria, pero no erótica. El primer grupo de esas variaciones se refiere a un triste episodio en la vida de Gabriela: su amor a un hombre que se suicidó por honor. Ella tenía diecisiete años cuando lo conoció. Estas poesías se recogieron en las secciones «Dolor» y «Naturaleza» de *Desolación*, su primer libro (edición príncipe, 1922, la segunda, de 1923, y la tercera, de 1926, fueron aumentadas; la mejor edición, hasta ahora, es la de Aguilar, 1958). Nadie ha expresado con más fuerza lírica el despertar del amor, el sentirse arrebatada por la presencia del hombre y el no tener palabras para decirlo; el pudor de saberse mirada por él y la vergüenza de mirarse a sí misma y verse pobre en la desnudez; la dulce calentura del cuerpo; el miedo de no merecer el amado, el sobresalto de perderlo, los celos, la humillación, el desconsuelo; y después, cuando él se ha pegado un tiro en la sien, el consagrarle la propia vida, el rogar a Dios por la salvación del alma suicida y la congoja de querer saber qué hay más allá de la muerte y por qué tinieblas anda su muerto; la soledad, la espera inútil en los sitios que antes recorrieron juntos, y, sin embargo, la obsesión de estar acompañada por su visita sobrenatural; el remordimiento de estar viva todavía, la llaga del recuerdo; el sello de la virginidad y el ansia maternal; y el tiempo que pasa y la propia carne que se va muriendo bajo el polvo de los huesos del muerto, y de pronto comprobar que ya no se puede recordar ni siquiera el rostro desaparecido; y la pobreza definitiva después de esa pérdida ... Al llegar a los treinta años de edad — «ya en la mitad de mis días» — Gabriela Mistral continuó con otras variaciones al amor universal, amor a Dios, a la naturaleza, a la madre, a las buenas causas del mundo, a los humildes, perseguidos, dolientes y olvidados; y, sobre todo, a los niños, para quienes escribió rondas, canciones, cuentos. Así Gabriela Mistral, después de su depuración en el dolor, se eleva hacia un cándido, puro y transparente amor al prójimo. Ella sigue desolada, pero ahora canta su ternura. (*Ternura* 1924, es el título de un libro de poemas, en su mayoría desgajados de *Desolación*. Pero ese gajo ha crecido con brotes nuevos en la segunda edición de 1945). Otro de sus libros — el segundo libro original, *Tala*, 1938 — continúa el tema de *Desolación* pero aquí la visión de Gabriela, sobre todo la visión de la naturaleza, es más abstracta. En las poesías de su tercer y último libro, *Lagar* (1954), en su mayoría con ritmos de canción, se estiliza aún más el amor a la tierra y sus hombres. El vigor de Gabriela Mistral — vigor de poeta más que de poetisa — no se debe a las cosas que canta. No. Millares de poetas débiles han elegido temas fuertes. El vigor está en que ella levanta la realidad, se la derrama en las entrañas, la convierte en sangre y luego entona su noble y generoso canto de amor. Ha escrito también poemas en prosa, ensayos y cartas.

Gabriela Mistral

RUTH

1

Ruth moabita a espigar va a las eras,
aunque no tiene ni un campo mezquino.
Piensa que es Dios dueño de las praderas
y que ella espiga en un predio divino.

El sol caldeo su espalda acuchilla,
baña terrible su dorso inclinado;
arde de fiebre su leve mejilla,
y la fatiga le rinde el costado.

Booz se ha sentado en la parva abundosa.
El trigal es una onda infinita,
desde la sierra hasta donde él reposa,

que la abundancia ha cegado el camino . . .
Y en la onda de oro la Ruth moabita
viene, espigando, a encontrar su destino.

2

Booz miró a Ruth, y a los recolectores
dijo: «Dejad que recoja confiada . . . »
Y sonrieron los espigadores,
viendo del viejo la absorta mirada . . .

Eran sus barbas dos sendas de flores,
su ojo dulzura, reposo el semblante;
su voz pasaba de alcor en alcores,
pero podía dormir a un infante . . .

Ruth lo miró de la planta a la frente,
y fué sus ojos saciados bajando,
como el que bebe en inmensa corriente . . .

Al regresar a la aldea, los mozos
que ella encontró la miraron temblando.
Pero en su sueño Booz fué su esposo . . .

3

Y aquella noche el patriarca en la era
viendo los astros que laten de anhelo,
recordó aquello que a Abraham prometiera
Jehová: más hijos que estrellas dió al cielo.

Y suspiró por su lecho baldío,
rezó llorando, e hizo sitio en la almohada
para la que, como baja el rocío,
hacia él vendría en la noche callada.

Ruth vió en los astros los ojos con llanto   5
de Booz llamándola y estremecida,
dejó su lecho, y se fué por el campo . . .

Dormía el justo, hecho paz y belleza.
Ruth, más callada que espiga vencida,
puso en el pecho de Booz su cabeza.   10

MIENTRAS BAJA LA NIEVE

Ha bajado la nieve, divina criatura,
   el valle a conocer.
Ha bajado la nieve, esposa de la estrella.
   ¡Mirémosla caer!

¡Dulce! Llega sin ruido, como los suaves seres   15
   que recelan dañar.
Así baja la luna y así bajan los sueños.
   ¡Mirémosla bajar!

¡Pura! Mira tu valle como lo está bordando
   de su ligero azahar.   20
Tiene unos dulces dedos tan leves y sutiles
   que rozan sin rozar.

¡Bella! ¿No te parece que sea el don magnifico
   de un alto Donador?
Detrás de las estrellas su ancho peplo de seda   25
   desgaja sin rumor.

Déjala que en tu frente te diluya su pluma
   y te prenda su flor.
¡Quién sabe si no trae un mensaje a los hombres
   de parte del Señor!   30

LA MARGARITA

El cielo de Diciembre es puro
y la fuente mana divina,
y la hierba llamó temblando
a hacer la ronda en la colina.

Las madres miran desde el valle,
y sobre la alta hierba fina,
ven una inmensa margarita,
que es nuestra ronda en la colina.

Ven una blanca margarita
que se levanta y que se inclina,
que se desata y que se anuda,
y que es la ronda en la colina.

En este día abrió una rosa
y perfumó la clavelina,
nació en el valle un corderillo
e hicimos ronda en la colina . . .

(«Rondas de niños»).

LOS SONETOS DE LA MUERTE

1

Del nicho helado en que los hombres te pusieron,
te bajaré a la tierra humilde y soleada.
Que he de dormirme en ella los hombres no supieron,
y que hemos de soñar sobre la misma almohada.

Te acostaré en la tierra soleada, con una
dulcedumbre de madre para el hijo dormido,
y la tierra ha de hacerse suavidades de cuna
al recibir tu cuerpo de niño dolorido.

Luego iré espolvoreando tierra y polvo de rosas,
y en la azulada y leve polvareda de luna,
los despojos livianos irán quedando presos.

Me alejaré cantando mis venganzas hermosas,
¡porque a ese hondor recóndito la mano de ninguna
bajará a disputarme tu puñado de huesos!

2

Este largo cansancio se hará mayor un día,
y el alma dirá al cuerpo que no quiere seguir
arrastrando su masa por la rosada vía,
por donde van los hombres, contentos de vivir.

Sentirás que a tu lado cavan briosamente,
que otra domida llega a la quieta ciudad.
Esperaré que me hayan cubierto totalmente . . .
¡y después hablaremos por una eternidad!

Sólo entonces sabrás el porqué, no madura
para las hondas huesas tu carne todavía,
tuviste que bajar, sin fatiga, a dormir.

Se hará luz en la zona de los sinos, oscura;
sabrás que en nuestra alianza signo de astros había
y, roto el pacto enorme, tenías que morir . . .

3

Malas manos tomaron tu vida, desde el día
en que, a una señal de astros, dejara su plantel   5
nevado de azucenas. En gozo florecía.
Malas manos entraron trágicamente en él . . .

Y yo dije al Señor: «Por las sendas mortales
le llevan. ¡Sombra amada que no saben guiar!
Arráncalo, Señor, a esas manos fatales   10
o le hundes en el largo sueño que sabes dar!

«¡No le puedo gritar, no le puedo seguir!
Su barca empuja un negro viento de tempestad.
Retórnalo a mis brazos o le siegas en flor.»

Se detuvo la barca rosa de su vivir . . .   15
¿Que no sé del amor, que no tuve piedad?
¡Tú, que vas a juzgarme, lo comprendes, Señor!

(De *Desolación*, 1922).

YO NO TENGO SOLEDAD

Es la noche desamparo
de las sierras hasta el mar.
Pero yo, la que te mece,
¡yo no tengo soledad!

Es el cielo desamparo
pues la luna cae al mar.
Pero yo, la que te estrecha,
¡yo no tengo soledad!

Es el mundo desamparo.
Toda carne triste va.
Pero yo, la que te oprime
¡yo no tengo soledad!

MECIENDO

El mar sus millares de olas
mece divino.
Oyendo a los mares amantes
mezo a mi niño.

El viento errabundo en la noche
mece los trigos.
Oyendo a los vientos amantes   20
mezo a mi niño.

Dios Padre sus miles de mundos
mece sin ruido.
Sintiendo su mano en la sombra   25
mezo a mi niño.

HALLAZGO

                                                                        30
Me encontré este niño
cuando al campo iba:
dormido lo he hallado
sobre unas gavillas . . .

O tal vez ha sido   35
cruzando la viña:
al buscar un pámpano
toqué su mejilla . . .

Y por eso temo
al quedar dormida,
se evapore como
rocío en las viñas . . .

(De *Ternura*, 1924).

LA FLOR DEL AIRE

Yo la encontré por mi destino,
de pie a mitad de la pradera,
gobernadora del que pase,
del que le hable y que la vea.

Y ella me dijo: — «Sube al monte,
yo nunca dejo la pradera,
y me cortas las flores blancas
como nieves, duras y eternas.»

Me subí a la ácida montaña,
busqué las flores donde albean,
entre las rocas existiendo
medio-dormidas y despiertas.

Cuando bajé, con carga mía,
la hallé a mitad de la pradera,
y la fuí cubriendo frenética,
y le dí un río de azucenas.

Y sin mirarse la blancura,
ella me dijo: — «Tú acarrea
ahora sólo flores rojas.
Yo no puedo pasar la pradera.»

Trepé las peñas con el venado,
y busqué flores de demencia,
las que rojean y parecen
que de rojez vivan y mueran.

Cuando bajé se las fuí dando
con un temblor feliz de ofrenda,
y ella se puso como el agua
que en ciervo herido se ensangrienta.

Pero mirándome sonámbula,
me dijo: — «Sube y acarrea
las amarillas, las amarillas.
Yo nunca dejo la pradera.»

Subí derecha a la montaña
y me busqué las flores densas,
color de sol y de azafranes,
recién nacidas y ya eternas.

Al encontrarla, como siempre,
a la mitad de la pradera,
yo fuí cubriéndola, cubriéndola,
y la dejé como las eras.

Y todavía, loca de oro,
me dijo: — «Súbete, mi sierva,
y cortarás las sin color,
ni azafranadas ni bermejas;

las que yo amo por recuerdo
de la Leonora y la Ligeia,[1]
color del Sueño y de los sueños.
— Yo soy mujer de la pradera.»

Subí a la montaña profunda,
ahora negra como Medea,[2]
sin tajada de resplandores,
como una gruta vaga y cierta.

Ellas no estaban en las ramas,
ellas no abrían en las piedras
y las corté del aire dulce,
tijereteándolo ligera.

Me las corté como quien fuese
la cortadora que está ciega.
Corté de un aire y de otro aire,
tomando el aire por mi selva . . .

Cuando bajé de la montaña
y fuí buscándome a la reina,
ahora ella caminaba,
ya no era blanca ni violenta.

---

[1] Figuras femeninas que aparecen en la obra de
Edgar Allan Poe.

[2] El trágico personaje de Eurípides.

Ella se iba, la sonámbula,
abandonando la pradera,
y yo siguiéndola y siguiéndola
por el pastal y la alameda,

cargada así de tantas flores,
con espaldas y mano aéreas,
siempre cortándolas del aire
y con los aires como siega . . .

Ella delante va sin cara;
ella delante va sin huella,
y yo siguiéndola, siguiéndola,
entre los gajos de la niebla,

con estas flores sin color,
ni blanquecinas ni bermejas,
hasta mi entrega sobre el límite,
hasta que el Tiempo se disuelva . . .

«La Aventura», quise llamarla, mi aventura
con la poesía . . . (nota de G. M. en «Tala»).

SOL DEL TRÓPICO

Sol de los Incas, sol de los Mayas,
maduro sol americano,
sol en que mayas y quichés
reconocieron y adoraron,
y del que quechuas y aimaráes
como el ámbar fueron quemados;
faisán rojo cuando levantas
y cuando medias, faisán blanco,
sol pintador y tatuador
de casta de hombre y de leopardo.
Sol de montañas y de valles,
de los abismos y los llanos,
Rafael de las marchas nuestras,
lebrel de oro de nuestros pasos,
por toda tierra y todo mar
santo y seña de mis hermanos.
Si nos perdemos que nos busquen
en unos limos abrasados,
donde existe el árbol del pan
y padece el árbol del bálsamo.

Sol del Cuzo, blanco en la puna,
sol de México, canto dorado,
canto rodado sobre el Mayab,[3]
maíz de fuego no comulgado,
por el que gimen las gargantas   5
levantadas a tu viático;
corriendo vas por los azules
estrictos o jesucristianos,
ciervo blanco o enrojecido,
siempre herido, nunca cazado . . .   10

Sol de los Andes, cifra nuestra,
veedor de hombres americanos,
pastor ardiendo de grey ardiendo
y tierra ardiendo en su milagro,
que ni se funde ni los funde,   15
que ni devora ni es devorado;
quetzal de fuego emblanquecido
que cría y nutre pueblos mágicos;
llama pasmado en rutas blancas
guiando llamas alucinados . . .   20

Raíz del cielo, curador
de los indios alanceados;
brazo santo cuando los salvas,
cuando los matas, amor santo.
Quetzalcóatl, padre de oficios   25
de la casta de ojo almendrado,
moledor de añiles y cañas
y tejedor de algodón cándido.
Los telares indios enhebras
con colibríes alocados   30
y das las grecas pintureadas
al mujerío de Tacámbaro.[4]
¡Pájaro Roc,[5] plumón que empolla
dos orientes desenfrenados!

Llegas piadoso y absoluto   35
según los dioses no llegaron,
bandadas de tórtolas blancas,
maná que baja sin doblarnos.
No sabemos qué es lo que hicimos
para vivir transfigurados.   40
En especies solares nuestros
Viracochas[6] se confesaron,
y sus cuerpos los recogimos
en sacramento calcinado.

---

[3] Nombre indígena de Yucatán.
[4] Distrito del Estado de Michoacán, en México.
[5] Rock o Ruc, ave fabulosa de enorme tamaño que caza elefantes para alimentar a sus polluelos.

[6] Divinidad de los antiguos peruanos, considerada como causa primera o creadora del mundo.

A tu llama fié a los míos,
en parva de ascuas acostados;
con un tendal de salamandras
duermen y sueñan sus cuerpos santos.
5 O caminan contra el crepúsculo,
encendidos como retamos,
azafranes contra el poniente,
medio Adanes, medio topacios . . .

Desnuda mírame y reconóceme,
10 si no me viste en cuarenta años,
con la Pirámide[7] de tu nombre,
con la pitahaya y con el mango,
con los flamencos de la aurora
y los lagartos tornasolados.

15 ¡Como el maguey, como la yuca,
como el cántaro del peruano,
como la jícara de Uruapán,[8]
como la quena de mil años,
a ti me vuelvo, a ti me entrego,
20 en ti me abro, en ti me baño!
Tómame como los tomaste,
el poro al poro, el gajo al gajo,
y ponme entre ellos a vivir,
pasmada dentro de tu pasmo.

25 Pisé los cuarzos extranjeros,
comí sus frutos mercenarios;
en mesa dura y vaso sordo
bebí hidromieles que eran lánguidos;
recé oraciones mortecinas
30 y me canté los himnos bárbaros,
y dormí donde son dragones
rotos y muertos los Zodíacos.

Te devuelvo por mis mayores
formas y bulto en que me alzaron.
35 Riégame con tu rojo riego
y ponme a hervir dentro tu caldo.
Emblanquéceme u oscuréceme
en tus lejías y tus cáusticos.
Quémame tú los torpes miedos,
40 sécame lodos, avienta engaños;
tuéstame hablas, árdeme ojos,

sollama boca, resuello y canto,
límpiame oídos, lávame vistas,
purifica manos y tactos!

Hazme las sangres, y las leches,
y los tuétanos, y los llantos.
Mis sudores y mis heridas
sécame en lomos y en costados,
y otra vez íntegra incorpórame
a los coros que te danzaron,
los coros mágicos, mecidos
sobre Palenque[9] y Tihuanaco.[10]

Gentes quechuas y gentes mayas
te juramos lo que jurábamos.
De ti rodamos hacia el Tiempo
y subiremos a tu regazo;
de ti caímos en grumos de oro,
en vellón de oro desgajado,
y a ti entraremos rectamente
según dijeron Incas Magos.

¡Como racimos de lagar
volveremos los que bajamos,
como el cardumen de oro sube
a flor de mar arrebatado
y van las grandes anacondas
subiendo al silbo del llamado!

(De *Tala,* 1938).

LA OTRA

Una en mí maté:
yo no la amaba.

Era la flor llameando
del cactus de montaña;
era aridez y fuego;
nunca se refrescaba.

Piedra y cielo tenía
a pies y a espaldas
y no bajaba nunca
a buscar «ojos de agua».

---

[7] Referencia a la Pirámide del Sol en Teotihuacán,
México.
[8] Distrito del Estado de Michoacán, en México.

[9] Departamento del Estado de Chiapas, en México,
famoso por sus ruinas de la civilización maya.
[10] O Tiaguanaco, ciudad del antiguo Perú, a la orilla
del lago Titicaca, famosa también por sus ruinas.

Donde hacía su siesta
las hierbas se enroscaban
de aliento de su boca
y brasa de su cara.

En rápidas resinas
se endurecía su habla,
por no caer en linda
presa soltada.

Doblarse no sabía
la planta de montaña,
y al costado de ella,
yo me doblaba . . .

La dejé que muriese,
robándole mi entraña.
Se acabó como el águila
que no es alimentada.

Sosegó el aletazo,
se dobló, lacia,
y me cayó en la mano
su pavesa acabada . . .

Por ella todavía
me gimen sus hermanas,
y las gredas de fuego
al pasar me desgarran.

Cruzando yo les digo:
— Buscad por las quebradas
y haced con las arcillas
otra águila abrasada.

Si no podéis, entonces
¡ay! olvidadla.
Yo la maté. Vosotras
también matadla!

LA DESVELADA

— En cuanto engruesa la noche
y lo erguido se recuesta,
y se endereza lo rendido,
le oigo subir las escaleras.
Nada importa que no le oigan
y solamente yo lo sienta.

¡A qué había de escucharlo
el desvelo de otra sierva!

En un aliento mío sube
y yo padezco hasta que llega   5
— cascada loca que su destino
una vez baja y otras repecha
y loco espino calenturiento
castañeteando contra mi puerta —.

No me alzo, no abro los ojos,   10
y sigo su forma entera.
Un instante, como precitos,
bajo la noche tenemos tregua;
pero le oigo bajar de nuevo
como en una marea eterna.   15

Él va y viene toda la noche
dádiva absurda, dada y devuelta,
medusa en olas levantada
que ya se va, que ya se acerca.
Desde mi lecho yo lo ayudo   20
con el aliento que me queda,
por que no busque tanteando
y se haga daño en las tinieblas.

Los peldaños de sordo leño
como cristales me resuenan.   25
Yo sé en cuáles se descansa,
y se interroga, y se contesta.
Oigo donde los leños fieles,
igual que mi alma, se le quejan,
y sé el paso maduro y último   30
que iba a llegar y nunca llega . . .

Mi casa padece su cuerpo
como llama que la retuesta.
Siento el calor que da su cara
— ladrillo ardiendo — sobre mi puerta.   35
Pruebo una dicha que no sabía:
sufro de viva, muero de alerta,
¡y en este trance de agonía
se van mis fuerzas con sus fuerzas!

Al otro día repaso en vano   40
con mis mejillas y mi lengua,
rastreando la empañadura
en el espejo de la escalera.
Y unas horas sosiega mi alma
hasta que cae la noche ciega.   45

El vagabundo que lo cruza
como fábula me lo cuenta.
Apenas él lleva su carne,
apenas es de tanto que era,
5   y la mirada de sus ojos
una vez hiela y otras quema.

No le interrogue quien lo cruce;
sólo le digan que no vuelva,

que no repeche su memoria,
para que él duerma y que yo duerma.
Mate el nombre que como viento
en sus rutas turbillonea
¡y no vea la puerta mía,
recta y roja como una hoguera!

(De *Lagar*, 1954).

———————◆———————

Uruguay. En Uruguay hay que detenerse en Delmira Agustini (1886–1914). La vida de una mujer de sexo encendido, siempre anhelante de abrazos de hombre, no tendría importancia espiritual si se quedara en eso y sólo nos dijera, espontáneamente, lo que le pasa a su organismo. Pero ella trascendió su erotismo, y el deleite del cuerpo se convirtó en deleite estético. La belleza de sus deseos adquirió valor independiente, se hizo arte, con las palpitaciones de la vida biológica, sí, pero espiritualizadas en imágenes portentosas. Ninguna mujer se había atrevido, hasta entonces, a las confesiones de «Visión», «Otra estirpe», «El arroyo», y todos, en fin, los poemas de sus libros, desde *El libro blanco* (1907) hasta el póstumo *Los astros del abismo*. Pero esas confesiones valen, no por sus anécdotas vitales, sino por sus visiones transvitales, en las que la voluptuosidad se sublima en poesía. Su osadía imaginativa es más asombrosa que su impudor. Y, viéndolo bien, ¿no tenía su impudor mucho de fantástico? Ella conocía el deseo: apenas su satisfacción carnal.

Delmira Agustini

LO INEFABLE

Yo muero extrañamente... No me mata la Vida,
10   no me mata la Muerte, no me mata el Amor;
muero de un pensamiento mudo como una herida...
¿No habéis sentido nunca el extraño dolor

de un pensamiento inmenso que se arraiga en la vida
devorando alma y carne, y no alcanza a dar flor?
15   ¿Nunca llevasteis dentro una estrella dormida
que os abrasaba enteros y no daba un fulgor?...

¡Cumbre de los Martirios!... ¡Llevar eternamente,
desgarradora y árida, la trágica simiente
clavada en las entrañas como un diente feroz!

Pero arrancarla un día en una flor que abriera
milagrosa, inviolable... ¡Ah, más grande no fuera   5
tener entre las manos la cabeza de Dios!

LAS ALAS

Yo tenía...
            ¡dos alas!...
Dos alas,
que del Azur vivían como dos siderales   10
raíces...
Dos alas,
con todos los milagros de la vida, la Muerte
y la ilusión. Dos alas,
fulmíneas   15
como el velamen de una estrella en fuga;
dos alas,
como dos firmamentos
con tormentos, con calmas y con astros...
¿Te acuerdas de la gloria de mis alas?...   20

El áureo campaneo
del ritmo; el inefable
matiz atesorando
el Iris todo, mas un Iris nuevo
ofuscante y divino,   25
que adorarán las plenas pupilas del Futuro
(¡las pupilas maduras a toda luz!)... el vuelo.

El vuelo ardiente, devorante y único,
que largo tiempo atormentó los cielos,
despertó soles, bólidos, tormentas,   30
abrillantó los rayos y los astros;
y la amplitud: tenían
calor y sombra para todo el Mundo,
y hasta incubar un *más allá* pudieron.

Un día, raramente   35
desmayada a la tierra,
yo me adormí en las felpas profundas de este bosque.
¡Soñé divinas cosas!...
Una sonrisa tuya me despertó, paréceme...
¡Y no siento mis alas!...   40
¿Mis alas?...

— Yo las ví deshacerse entre mis brazos...
¡Era como un deshielo!
                              (*Cantos de la mañana*, 1910).

MIS AMORES

Hoy han vuelto.
Por todos los senderos de la noche han venido
a llorar en mi lecho.
¡Fueron tantos, son tantos!
Yo no sé cuáles viven, yo no sé cuál ha muerto.
Me lloraré a mí misma para llorarlos todos:
la noche bebe el llanto como un pañuelo negro.

Hay cabezas doradas al sol, como maduras . . .
Hay cabezas tocadas de sombra y de misterio,
cabezas coronadas de una espina invisible,
cabezas que sonrosa la rosa del ensueño,
cabezas que se doblan a cojines de abismo,
cabezas que quisieran descansar en el cielo,
algunas que no alcanzan a oler a primavera,
y muchas que trascienden a flores del invierno.

Todas esas cabezas me duelen como llagas . . .
Me duelen como muertos . . .
¡Ah! . . . y los ojos . . . los ojos me duelen más; ¡son dobles! . . .
Indefinidos, verdes, grises, azules, negros,
abrasan si fulguran;
son caricia, dolor, constelación, infierno.
Sobre toda su luz, sobre todas sus llamas,
se iluminó mi alma y se templó mi cuerpo.
Ellos me dieron sed de todas esas bocas . . .
De todas esas bocas que florecen mi lecho:
vasos rojos o pálidos de miel o de amargura,
con lises de armonía o rosas de silencio,
de todos esos vasos donde bebí la vida,
de todos esos vasos donde la muerte bebo . . .
El jardín de sus bocas venenoso, embriagante,
en donde respiraba sus almas y sus cuerpos,
humedecido en lágrimas
ha cercado mi lecho . . .

Y las manos, las manos colmadas de destinos
secretos y alhajadas de anillos de misterio . . .
Hay manos que nacieron con guantes de caricia,
manos que están colmadas de la flor del deseo,
manos en que se siente un puñal nunca visto,
manos en que se ve un intangible cetro;
pálidas o morenas, voluptuosas o fuertes,
en todas, todas ellas pude engarzar un sueño.

Con tristeza de almas,
se doblegan los cuerpos,
sin velos, santamente
vestidos de deseo.
Imanes de mis brazos, panales de mi entraña,   5
como a invisible abismo se inclinan a mi lecho . . .

¡Ah, entre todas las manos yo he buscado tus manos,
tu boca entre las bocas, tu cuerpo entre los cuerpos,
de todas las cabezas yo quiero tu cabeza,
de todos esos ojos, tus ojos solos quiero.   10
Tú eres el más triste, por ser el más querido,
tú has llegado el primero por venir de más lejos . . .

Ah, la cabeza oscura que no he tocado nunca
y las pupilas claras que miré tanto tiempo!
Las ojeras que ahondamos la tarde y yo inconscientes,   15
la palidez extraña que doblé sin saberlo,
ven a mí: mente a mente;
ven a mí: cuerpo a cuerpo.

Tú me dirás qué has hecho de mi primer suspiro,
tú me dirás qué has hecho del sueño de aquel beso . . .   20
Me dirás si lloraste cuando te dejé solo . . .
¡Y me dirás si has muerto!
Si has muerto,
mi pena enlutará la alcoba lentamente,
y estrecharé tu sombra hasta apagar mi cuerpo.   25
Y en el silencio ahondado de tiniebla,
y en la tiniebla ahondada de silencio,
nos velará llorando, llorando hasta morirse,
nuestro hijo: el recuerdo.

(*El rosario de Eros,* 1924, de *Poesías completas,* 1944).

Otra uruguaya: JUANA DE IBARBOUROU (1895). Por la pureza de su canto fue consagrada «Juana de América». A quienes hablan de ella se les suben a la boca las palabras fruta, flor, mies, gacela, alondra . . . Es decir, imágenes de lo vegetal y lo animal en el goce de existir. De estas metáforas han salido otras. Por ejemplo: que su obra poética pasa por los ciclos orgánicos de nacimiento, juventud, madurez y vejez. A veces se los compara a las cuatro estaciones del año o a las cuatro horas del día. Y se dice que *Las lenguas de diamante* (1919) fue la iniciación de la vida en una mañana de primavera; *Raíz salvaje* (1920) la juventud en un mediodía estival; *La rosa de los vientos* (1930) la madurez en un atardecer de otoño; y *Perdida* (1950), la vejez en una noche invernal. Metáforas. Porque el autocontemplarse no es ni vegetal ni animal sino humano, y toda la poesía de Juana de Ibarbourou es un obstinado narcisismo. Narciso-mujer con las delicias de la coquetería y la femenina turbación ante el espejo del tiempo donde nos vemos afear y morir. Joven, mimosa, incitante, sentía en la carne el poder de su hermosura. Se sabía admirada y deseada por el hombre; y se describía a sí misma para ese hombre, desnuda, encendida y apremiada por la certidumbre de que ese supremo momento de belleza no se habría de repetir. Teme más envejecer que morir; pues al fin y al cabo la muerte puede fijarla en el último gesto estético. En el soneto «Rebelde» ve su desnudo triunfal. La alborozada coquetería de *Las lenguas de diamante*, su mejor libro, insiste en *Raíz salvaje* pero contenida por la preocupación de encontrar un nuevo quehacer. En *La rosa de los vientos* los versos ya no son fáciles, sencillos, claros, amables, musicales, sino que, soplados por las corrientes de vanguardia, se rompen en ritmos irregulares, se oscurecen con misterios y las imágenes aspiran a un superrealismo. Y aquel narcisismo jubiloso de antes se entristece y amarga. Se siente menos, se piensa más. En *Perdida,* Juana de Ibarbourou sigue ante el espejo y hace sus cuentas, melancólica. «Tiempo» se llama, significativamente, su poema inicial.

Juana de Ibarbourou

REBELDE

Caronte:[1] yo seré un escándalo en tu barca.
Mientras las otras sombras recen, giman, o lloren,
y bajo tus miradas de siniestro patriarca
las tímidas y tristes, en bajo acento, oren,

5   yo iré como una alondra cantando por el río
y llevaré a tu barca mi perfume salvaje,
e irradiaré en las ondas del arroyo sombrío
como una azul linterna que alumbrará en el viaje.

Por más que tú no quieras, por más guiños siniestros
10 que me hagan tus dos ojos, en el terror maestros,
Caronte, yo en tu barca seré como un escándalo.

Y extenuada de sombra, de valor y de frío,
cuando quieras dejarme a la orilla del río
me bajarán tus brazos cual conquista de vándalo.

---

[1] Barquero de los infiernos, que pasaba en su barca,
por la laguna Estigia, las almas de los muertos.

LA PEQUEÑA LLAMA

Yo siento por la luz un amor de salvaje.
Cada pequeña llama me encanta y sobrecoge.
¿No será cada lumbre un cáliz que recoge
el calor de las almas que pasan en su viaje?

Hay unas pequeñitas, azules, temblorosas,   5
lo mismo que las almas taciturnas y buenas.
Hay otras casi blancas: fulgores de azucenas.
Hay otras casi rojas: espíritus de rosas.

Yo respeto y adoro la luz como si fuera
una cosa que vive, que siente, que medita,   10
un ser que nos contempla transformado en hoguera.

Así, cuando yo muera he de ser a tu lado
una pequeña llama de dulzura infinita
para tus largas noches de amante desolado.

(De *Las lenguas de diamante*, 1919).

ESTÍO

Cantar del agua del río.
Cantar continuo y sonoro,
arriba bosque sombrío
y abajo arenas de oro.

Cantar . . .
de alondra escondida
en el oscuro pinar.

Cantar . . .
del viento en las ramas
floridas del retamar.

Cantar . . .   15
de abejas ante el repleto
tesoro del colmenar.

Cantar . . .
de la joven tahonera
que al río viene a lavar.   20

Y cantar, cantar, cantar
de mi alma embriagada y loca
bajo la lumbre solar.

(De *Raíz salvaje*, 1922).

DÍA DE FELICIDAD SIN CAUSA

En la piragua roja del mediodía
he arribado a las islas de la Alegría sin Causa.   25
El pan tiene un sabor de pitangas[2] y han mezclado miel
a la frescura desconocida del agua.

---

[2] En la región del Río de la Plata, fruto comestible,
semejante a una guinda negra, y árbol que lo
produce.

Luego ¡oh sol!, remero indio,
me llevarás por los ríos en declive de la tarde
hasta la costa donde la noche
abre el ramaje de sus sauces finos.

Traspasa una de tus flechas en mi puño.
Yo la llevaré en alto como un brazalete flamígero
cuando veloz atraviese los bosques nocturnos.

En mi corazón se hará clarín de bronce resonante
un grito de triunfo y de plenitud.
Y llegaré a las colinas de la mañana nueva
con la sensación maravillada de haber dormido
apoyando la cabeza en las rodillas de la luz.

(De *La rosa de los vientos,* 1930).

TIEMPO

Me enfrento a ti, oh vida sin espigas,
desde la casa de mi soledad.
Detrás de mí anclado está aquel tiempo
en que tuve pasión y libertad,
garganta libre al amoroso grito,
y casta desnudez, y claridad.

Era una flor, oh vida, y en mí estaba
arrulladora, la eternidad.

Sombras ahora, sombras sobre el tallo,
y no sentir ya nada más
en la cegada clave de los pétalos
aquel ardor de alba, miel y sal.

Criatura perdida
en la maleza de la antigua mies.
Inútil es buscar lo que fué un día
lava de oro y furia de clavel.
En el nuevo nacer, frente inclinada;
sumiso, el que era antes ágil pie;
ya el pecho con escudo; ya pequeña
la custodiada sombra del laurel.

¿Quién viene ahora entre la espesa escarcha?
Duele la fría rosa de la faz
y ya no tienen los secretos ciervos,
para su dura sed, el manantial.

Ángel del aire que has velado el rostro:
crece tu niebla sobre mi pleamar.

(De *Perdida,* 1950).

Argentina. Un gran poeta se reveló después de Leopoldo Lugones: BALDO-
MERO FERNÁNDEZ MORENO (1886–1950). Cantó sin interrupciónes, desde su
primer libro *Las iniciales del misal* (1915) hasta *Penumbra: El libro de
Marcela* (1951). Cantó también sin desfallecimientos. No conocemos otro
caso, en su época, de vocación poética tan fervorosa y de invención poética
tan lograda. Iba por la vida enamorado de las cosas más humildes; y las
salvaba para la poesía con sólo mirarlas. Quienes creyeron que su poesía
era trivial porque triviales eran sus temas — de la ciudad de Buenos Aires, de
los pueblos de provincia, del campo, del hogar, de sus trabajos y ocios, de
su tranquila intimidad — no supieron comprender la hondura de su imaginación. Sus versos son aparentemente elementales, pero siempre complejos.
Sencillos pero no prosaicos. Fernández Moreno fue el poeta que se hinca en
el lugar donde vive y abre los ojos a su alrededor, leal a lo que él es como
hombre y a lo que las cosas son cuando se las ve esencialmente. No había
para él objetos más poéticos que otros: todo, lo más vulgar, lo más insignificante, lo más pequeño y transitorio, era poetizable. Como buen impresionista fue un fragmentario. Pero leyendo sus libros uno admira la unidad de
su arrobamiento ante el mundo.

Baldomero Fernández Moreno

HABLA LA MADRE CASTELLANA

Estos hijos — dice ella,
la madre dulce y santa —,
estos hijitos tan desobedientes
que a lo mejor contestan una mala
　　　　　　　palabra . . . —

En el regazo tiene
un montón de tiernísimas chauchas[1]
que va quebrando lentamente
y echando en una cacerola con agua.

— ¡Cómo os acordaréis
cuando yo esté enterrada! —
Tenemos en los ojos
y la ocultamos, una lágrima.

Silencio.   5
Al quebrarse las chauchas
hacen entre sus dedos
una detonación menudita y simpática.

(1915)

---

[1] Vainilla tierna; habichuelas verdes.

INVITACIÓN AL HOGAR

Estoy solo en mi casa,
ya lo sabes, y triste como siempre.
5 Me canso de leer y de escribir
y necesito verte.
Ayer pasaste con tus hermanitas
por mi puerta, tú seria, ellas alegres.
Irías a comprar alguna cosa . . .
10 Ganas tenía yo de detenerte,
tomarte despacito de la mano
y decirte después, muy suavemente:
La noche está muy fría,
corre un viento inclemente . . .
15 Sube las escaleras de mi casa
y quédate conmigo para siempre. —

Y quédate conmigo, simplemente,
compañeros, desde hoy, en la jornada.
20 Tendremos un hogar, dulce y sereno,
con flores en el patio y las ventanas,
bien cerrado al tumulto de la calle
para que no interrumpa nuestras almas . . .
Tendrás un cuarto para tus labores,
25 ¡oh, la tijera y el dedal de plata!
Tendré un cuartito para mi costumbre
inofensiva de hilvanar palabras . . .
Y así, al atardecer, cuando te encuentre,
sobre un bordado, la cabeza baja,
30 me llegaré hasta ti sin que lo adviertas,
me sentaré a tus plantas,
te leeré mis versos, bien seguro
de arrancarte una lágrima,
y tal vez acaricien mis cabellos
35 tus bondadosas manecitas blancas.

En tanto pone el sol sus luces últimas
en tu tijera y tu dedal de plata.

(1916)

POETA

40 Un hombre que camina por el campo,
y ve extendido entre dos troncos verdes
un hilillo de araña blanquecino
balanceándose un poco al aire leve.

Y levanta el bastón para romperlo,
y ya lo va a romper, y se detiene.

(1933)

DIME, AMOR . . .

— Dime, amor, ¿qué es lo que ves
más alto que las veredas?[2]
— Primero veo las torres,
en las torres las veletas,
después un piso de aire,
luego luceros y estrellas,
y más allá todavía
en una atmósfera perla,
alguna chispa de oro
y alguna plumita suelta.
— ¡Ay, amor, no subas tanto,
baja otra vez a la tierra!
Dime, amor, ¿qué es lo que ves
por debajo de las hierbas?
— Un tirabuzón de nácar,
una raíz que penetra
esquivando los gusanos,
los topos, las comadrejas,
atravesando la arcilla
y perforando la piedra
hasta un corazón de fuego
sonrosado que no quema.
— ¡Ay amor, no bajes tanto,
sube otra vez a la tierra!

(1936)

(De *Antología*, 1915–1950, Sexta edición, 1954).

AIRE AFORÍSTICO

A la madrugada los cajones de basura están
llenos de fantasmas doblados y marchitos.

A las sirenas se les ha deslizado hacia abajo
el traje de baile.

Ante la poesía, tanto da temblar como comprender.

---

[2] En Arg., acera.

A veces parece que las nubes saben con toda exactitud a dónde quieren ir.

Aquel reloj no daba las horas: se las arrancaba con un quejido.

Cada vez que el escritor se enoja con su mujer se pone a arreglar la biblioteca.

Colón se equivocó al calcular la cintura de la tierra. La creyó la de una doncella.

«Cortesía, tenerla con quien la tenga», decía Calderón de la Barca. Y con quien no la tenga, don Pedro, y con quien no la tenga.

Cuando una tripulación pone en alto los remos, éstos se acuerdan de que han sido árboles.

El arpa es un telar, el telar de la música.

El asno será muy asno, pero sus orejas son dos alas de golondrina.

El circo parece enorme, vacío, hasta que aparece el elefante.

El mejor pisapapeles es una manzana.

El pavo real está pensando, con la cola recogida: ¿la abro, no la abro?

El poeta sabe siempre qué hora es.

Entre lunitas, decía la niña, por decir entre paréntesis.

Habría que irse de la ciudad y no volver hasta que estuviera completamente terminada.

La mariposa es un librito que se ha quedado reducido a las tapas.

La sombra excava a nuestros pies el contorno de la propia sepultura.

Las noticias que se desmienten son siempre las interesantes.

Morir es esperar a los demás.

Muchos poetas aspiramos a la serenidad, es decir, a un poco de dinero.

Ya iba a estrellarse la golondrina contra el muro, cuando éste improvisó un agujerito, por el que se perdió.

(De *La mariposa y la viga*, 1955).

———————◆———————

ALFONSINA STORNI (Argentina; 1892–1938). Con el rescoldo de su resentimiento contra el varón encendió su poesía, pero también la dañó dejándole elementos de impureza estética. Ella lo explicó así: «Soy superior al término medio de los hombres que me rodean, y físicamente, como mujer, soy su esclava, su molde, su arcilla. No puedo amarlo libremente: hay demasiado orgullo en mí para someterme. Me faltan medios físicos para someterlo. El dolor de mi drama es en mí superior al deseo de cantar . . . » Se sentía mujer humillada, vencida, torturada; y, no obstante, con una pagana necesidad de amor. Amor al hombre y al mismo tiempo desilusión y aun asco. Nota original, pues, en la poesía femenina. Libros de esta primera manera: de *El dulce daño* (1918) a *Ocre* (1925). Al final, en esta lucha contra el varón, Alfonsina Storni triunfa; pero a costa de su sensibilidad. Abandonó su erotismo en *El mundo de siete pozos* (1934). Que la vida no merece ser vivida, parece decirnos. Había tenido fáciles éxitos literarios (porque había gentes que simpatizaban con sus luchas humanas). Pero ella, tan valiente en su vida de mujer libre, también fué valiente en su literatura: renunció a aquellos éxitos, renunció a sus admiradores y comenzó una poesía de nuevo tipo, torturada, intelectual, de ritmos duros, que la alejaron de su viejo público y no le ganaron un público nuevo. Ahora, en símbolos, con claves oscuras, estilizó experiencias no apasionadas: *Mascarilla y trébol* (1938). Se sabía gastada. Escribió un soneto — «Voy a dormir» — y se fue al mar, a suicidarse.

Alfonsina Storni

PESO ANCESTRAL

Tú me dijiste: no lloró mi padre;
tú me dijiste: no lloró mi abuelo;
no han llorado los hombres de mi raza,
eran de acero.

5 Así diciendo te brotó una lágrima
y me cayó en la boca . . .; más veneno
yo no he bebido nunca en otro vaso
así pequeño.

Débil mujer, pobre mujer que entiende,
10 dolor de siglos conocí al beberlo.
Oh, el alma mía soportar no puede
todo su peso.

HOMBRE PEQUEÑITO . . .

Hombre pequeñito, hombre pequeñito,
suelta a tu canario que quiere volar . . .
15 yo soy el canario, hombre pequeñito,
déjame saltar.

Estuve en tu jaula, hombre pequeñito,
hombre pequeñito que jaula me das.
Digo pequeñito porque no me entiendes,
20 ni me entenderás.

Tampoco te entiendo, pero mientras tanto
ábreme la jaula, que quiero escapar;
hombre pequeñito, te amé media hora,
no me pidas más.

(De *Irremediablemente*, 1919).

LA CARICIA PERDIDA

Se me va de los dedos la caricia sin causa,
se me va de los dedos . . . En el viento, al rodar,
la caricia que vaga sin destino ni objeto,
la caricia perdida, ¿quién la recogerá?

Pude amar esta noche con piedad infinita,
pude amar al primero que acertara a llegar.
Nadie llega. Están solos los floridos senderos.
La caricia perdida, rodará . . ., rodará . . .

Si en el viento te llaman esta noche, viajero,
si estremece las ramas un dulce suspirar,
si te oprime los dedos una mano pequeña
que te toma y te deja, que te logra y se va.

Si no ves esa mano, ni la boca que besa,
si es el aire quien teje la ilusión de llamar,
oh, viajero, que tienes como el cielo los ojos,
en el viento fundida, ¿me reconocerás?

(De *Languidez*, 1920).

UNA VOZ

Voz escuchada a mis espaldas,
en algún viaje a las afueras,
mientras caía de mis faldas
el libro, ¿de quién eras?

Sonabas cálida y segura
como de alguno que domina
del hombre oscuro el alma oscura,
la clara carne femenina...

No me dí vuelta a ver el hombre
en el deseo que me fuera
un rostro anónimo, y pudiera
su voz ser música sin nombre.

¡Oh simpatía de la vida!
¡Oh comunión que me ha valido,
por el encanto de un sonido
ser, sin quererlo, poseída!

(De *Ocre*, 1925).

VOY A DORMIR

Dientes de flores, cofia de rocío,
manos de hierbas, tú, nodriza fina,
tenme prestas las sábanas terrosas
y el edredón de musgos escardados.

Voy a dormir, nodriza mía, acuéstame.   5
Ponme una lámpara a la cabecera;
una constelación, la que te guste;
todas son buenas, bájala un poquito.

Déjame sola: oyes romper los brotes...
te acuna un pie celeste desde arriba   10
y un pájaro te traza unos compases

para que olvides... Gracias.. Ah, un
                              encargo:
si él llama nuevamente por teléfono
le dices que no insista, que he salido.   15

(24 de octubre de 1938).

———————◆———————

Pasemos ahora al segundo grupo de poetas que mencionamos al principio: el de los aventureros, los raros, los extravagantes. Fueron más audaces, respondieron mejor al cambio de estéticas en todas las artes de Europa y, al juntarse con los jóvenes nacidos ya en el siglo XX, crearon lo que se ha llamado «literatura de posguerra» y también «literatura de vanguardia.»

La incubación de esta literatura fue más larga de lo que se supone. Y el efecto de la guerra sobre ella mucho menos decisivo de lo que se supone. La guerra fue una concomitancia, no una causa. Desde mucho antes de la guerra la literatura — y todas las artes — venían haciéndose cada vez más insolentes. No porque la pintura pueda explicar la literatura, sino porque es más fácil y rápido ver los cambios de estilo sobre las paredes de un museo que desentrañarlos de los estantes de una biblioteca, invitamos al lector a que recuerde lo que ocurrió en las artes plásticas desde 1900. «Fauvisme», «expresionismo» «cubismo», «futurismo» italiano, «orfismo» francés, «irradiantismo» ruso, «dadaísmo», «superrealismo», etc. Piénsese en la prodigiosa inquietud de Picasso, que llena toda esta historia de «ismos» pictóricos, y se tendrá un idea de lo que estaba pasando en las conciencias europeas aun antes de la primera guerra mundial. Desde el simbolismo los escritores se habían convencido de que la literatura era una revolución permanente. Se pidieron, pues, nuevos procesos revolucionarios. Por lo pronto, la liquidación del simbolismo. Tomaron de los simbolistas los preciosos collares de metáforas para romperles el hilo de sentido: que cada metáfora ruede por su lado, como una perla suelta. No sólo acabaron de liberar el llamado «verso libre» de los simbolistas, sino que llevaron el irracionalismo simbolista a su última consecuencia: negaron el principio lógico de identidad, negaron la categoría de causalidad, negaron las formas *a priori* del espacio y el tiempo. Antes de 1914 había, pues, una literatura disgregadora: en España el «greguerismo» de Ramón Gómez de la Serna. Pero la guerra mundial, de 1914 a 1918, exacerbó a todos. La inestabilidad de la civilización, el poder de la violencia política, el desprecio al hombre, el sentimiento del absurdo de la existencia y aun del mundo, el desengaño ante las pretensiones de seriedad del arte pasado produjeron una erupción de expresiones incoherentes. Los «ismos» de la historia de la pintura tenían su equivalente en literatura: expresionismo, cubismo, futurismo y, en los años de la guerra, dadaísmo, onomatopeya de la incoherencia. Tristan Tzara, Paul Eluard, André Breton, Louis Aragon, Paul Morand, Blaise Cendrars, Drieu La Rochelle, Valéry Larbaud, Max Jacob fueron más conocidos en Hispanoamérica que los escritores afines de otras literaturas. Los dadaístas descubrieron que el subconsciente era una fuente de placer estético: si la incoherencia verbal ilumina abismos del alma, decían, ¿para qué buscar la belleza? Mejor, dejar en libertad las fuerzas oscuras y espontáneas. Querían tocar las fuentes mismas de la creación artística, de ahí su atención al arte de pueblos primitivos. Al plantearse este problema los dadaístas prepararon la poesía «surrealista», poesía dictada por el subconsciente: André Breton, Philippe Soupault, Aragon. Disminuye la voluntad artística y aumenta el placer estético de la sorpresa ante los ensueños y los automatismos psíquicos. Muchos dadaístas fueron tragados por este no-arte. Los que sobrevivieron aprovecharon los descubrimientos oscuros a fin de construir obras lo bastante claras para significar algo: Cocteau, Morand, Salmon. El movimiento superrealista fue mas ordenado y fértil que el dadaísta, pero ambos coincidían en su antimaterialismo, en su aspiración a una realidad más absoluta que la percibida normalmente, en el rechazo de la inteligencia lógica, en el ansia de evasión, viaje, aventura, ensueño.

En Hispanoamérica esta literatura influyó en algunos de los escritores que vimos en el primer grupo. Ahora vamos a apartar a unos pocos de los más renovadores, que fueron el colombiano León de Greiff, el cubano Mariano Brull, los argentinos Oliverio Girondo y Ricardo Güiraldes, el chileno Vicente Huidobro, el uruguayo Julio J. Casal, el dominicano Domingo Moreno Jiménez y los peruanos César Vallejo, Juan Parra del Riego y Alberto Hidalgo.

En Cuba MARIANO BRULL (1891–1956) comenzó con un sereno lirismo, en *La casa del silencio* (1916). Atraído por ideales de poesía pura — librar al verso de todo lo que puede decirse en prosa, según la definición de Valéry — Brull se puso a la vanguardia con *Poemas en menguante* (1928). Eran los años en que los nuevos poetas, reunidos para celebrar el tercer centenario de Góngora, descubrieron que el gongorismo era un presente, no un pasado, y que a la luz de esa alta luna se podía escribir mejor que nunca una poesía de puras imágenes y de bellos temas. Después Brull publicó *Canto redondo* (1934), *Solo de rosa* (1941), *Tiempo en pena* (1950). No hay «evolución» en su obra, sin embargo: es monotonal (y aun monótona). Brull ayuda a que cada cosa — la rosa, el mar, la piedra, los ojos del niño — dé a luz una metáfora. Metáforas bellas, pero que dejan en ruinas las entrañas del mundo, de donde han salido. Un juego se consintió Brull: el de la libre invención de sonidos, como habían hecho los dadaístas. Castigo a ese creer que en poesía se puede hacer de todo con tal de no parecerse a los padres es que la ternura, imaginación, gracia y serenidad de Brull se recuerdan menos que la pura delicia auditiva de poemas como «Verdehalago.» De uno de sus juegos — «Filiflama alabe cundre / ala olalúnea alífera / alveolea jitanjáfora / liris salumba salífera» — sacó Alfonso Reyes la palabra «jitanjáfora» y la hizo famosa como referencia a esas sonoras hermanas de la metáfora que irrumpieron en la poesía deliberadamente infantil.

Mariano Brull

VERDEHALAGO

Por el verde, verde
verdería de verde mar
Rr con Rr.

Viernes, vírgula, virgen,
enano verde,
verdularia, cantárida
Rr con Rr.

Verdor y verdín
verdumbre y verdura.
Verde, doble verde
de col y lechuga.

Rr con Rr
en mi verde limón
pájara verde.

Por el verde, verde
verdehalago húmedo   5
extiéndome. — Extiéndete.

Vengo de Mundodolido
y en Verdehalago me estoy.

                                        10

(De *Poemas en menguante*, 1928).

EPITAFIO A LA ROSA

Rompo una rosa y no te encuentro.
Al viento, así, columnas deshojadas,
palacio de la rosa en ruinas.
Ahora — rosa imposible — empiezas:
por agujas de aire entretejida
al mar de la delicia intacta,
donde todas las rosas
— antes que rosa —
belleza son sin cárcel de belleza.

(De *Canto redondo*, 1934).

EL NIÑO Y LA LUNA

La luna y el niño juegan
un juego que nadie ve;
se ven sin mirarse, hablan
lengua de pura mudez.

¿Qué se dicen, qué se callan,
quién cuenta, una, dos y tres,
y quién, tres, y dos y uno
y vuelve a empezar después?
¿Quién se quedó en el espejo,
luna, para todo ver?
Está el niño alegre y solo:
la luna tiende a sus pies
nieve de la madrugada,
azul del amanecer;
en las dos caras del mundo
— la que oye y la que ve —
se parte en dos el silencio,
la luz se vuelve al revés,
y sin manos, van las manos
a buscar quién sabe qué,
y en el minuto de nadie
pasa lo que nunca fué . . .

El niño está solo y juega
un juego que nadie ve.

(De *Rien que* . . ., 1954).

CÉSAR VALLEJO (Perú; 1892–1938) partió en su primer viaje poético — *Los heraldos negros*, 1918 — de la estética modernista de Rubén Darío, Herrera y Reissig y el Lugones de *Lunario sentimental*. Después se alejó del cosmopolitismo hacia lo nacional, regional, popular e indigenista. La sangre parnasiana y simbolista circula por las arterias de los versos mezclada con la de un realismo peruano. Los temas son el amor, erótico u hogareño, la vida cotidiana en su tierra de cholos; y el humor es de tristeza, desilusión, amargura y sufrimiento. El hombre sufre, fatalmente, golpes inmerecidos: «Hay golpes en la vida, tan fuertes . . . Yo no sé / Golpes, como del odio de Dios.» Ha nacido sin quererlo; y mientras llegue la muerte, llora, y se compadece de los prójimos también dolientes, y cuando no cae sobre él un golpe se siente culpable porque sabe que lo ha recibido otro desventurado. Este impulso de solidaridad humana lo llevará más tarde a la rebelión política. Entretanto, el próximo libro es de pura rebelión poética: *Trilce* (1922). Fue un estallido. Volaron a pedazos las tradiciones literarias, y el poeta avanzó en busca de su libertad. Versos libres, para comenzar; pero libres no sólo en sus metros y ritmos, sino libertados de la sintaxis y de la lógica. ¿Cubismo? ¿Ultraísmo? Vallejo, que ya tiene treinta años, coincide, en efecto, con algunos rasgos de la vanguardia adolescente que surgió al terminar la primera guerra mundial. Nos referiremos más adelante a esa vanguardia. Pero la poesía de Vallejo no está deshumanizada. Su emoción, sus sombras subconscientes, sus experiencias de pobreza, orfandad y sufrimiento en la cárcel, su protesta ante la injusticia, su sentimiento de piadosa fraternidad con todos los oprimidos, se levantan entre las grietas de la versificación. Después de *Trilce* Vallejo se expatrió (no volverá al Perú nunca más) y se apartó de la poesía: escribió cuentos, novelas, dramas y mucho periodismo. Vivió en Francia, España, Rusia y otros países. Era ya comunista, e hizo literatura de propaganda marxista y revolucionaria. La guerra civil española de 1936 le arrancó sus *Poemas humanos,* que se publicaron póstumamente en 1939. La antigua piedad por los desdichados ahora se hace acción; la antigua desolación, combate esperanzado. Y el poeta, al cantar la beligerancia de las masas y la propia, llega, desnudo, libre, a lo más profundo de sí, que es su emoción incoherente.

César Vallejo

LOS HERALDOS NEGROS

Hay golpes en la vida, tan fuertes . . . ¡Yo no sé!
Golpes como del odio de Dios; como si ante ellos,
la resaca de todo lo sufrido
se empozara en el alma . . . ¡Yo no sé!

Son pocos; pero son . . . Abren zanjas oscuras   5
en el rostro más fiero y en el lomo más fuerte.
Serán tal vez los potros de bárbaros atilas;
o los heraldos negros que nos manda la Muerte.

Son las caídas hondas de los Cristos del alma,
de alguna fe adorable que el Destino blasfema.   10
Esos golpes sangrientos son las crepitaciones
de algún pan que en la puerta del horno se nos quema.

Y el hombre . . . ¡Pobre . . . pobre! Vuelve los ojos como
cuando por sobre el hombro nos llama una palmada;
vuelve los ojos locos, y todo lo vivido   15
se empoza, como un charco de culpa, en la mirada.

Hay golpes en la vida tan fuertes . . . ¡Yo no sé!

HECES

Esta tarde llueve como nunca; y no
tengo ganas de vivir, corazón.

Esta tarde es dulce. ¿Por qué no ha de ser?
Viste gracia y pena; viste de mujer.

5   Esta tarde en Lima llueve. Y yo recuerdo
las cavernas crueles de mi ingratitud;
mi bloque de hielo sobre su amapola,
más fuerte que su «¡No seas así!»

Mis violentas flores negras; y la bárbara
10 y enorme pedrada; y el trecho glacial.
Y pondrá el silencio de su dignidad
con óleos quemantes el punto final.

Por eso esta tarde, como nunca, voy
con este buho, con este corazón.

15   Y otras pasan; y viéndome tan triste,
toman un poquito de ti
en la abrupta arruga de mi hondo dolor.

Esta tarde llueve, llueve mucho. ¡Y no
tengo ganas de vivir, corazón!

(De *Los heraldos negros,* 1918).

XV

En el rincón aquel, donde dormimos juntos
20 tantas noches, ahora me he sentado
a caminar. La cuja[1] de los novios difuntos
fué sacada, o tal vez qué habrá pasado.

Has venido temprano a otros asuntos
25 y ya no estás. Es el rincón
donde a tu lado, leí una noche,
entre tus tiernos puntos,
un cuento de Daudet. Es el rincón
amado. No lo equivoques.

30   Me he puesto a recordar los días
de veranos idos, tu entrar y salir,
poca y harta y pálida por los cuartos.

---

[1] Armadura de la cama.

Esta noche pluviosa,
ya lejos de ambos dos, salto de pronto . . .
Son dos puertas abriéndose cerrándose,
dos puertas que al viento van y vienen
sombra   a   sombra.   5

LXI

Esta noche desciendo del caballo,
ante la puerta de la casa, donde
me despedí con el cantar del gallo.
Está cerrada y nadie responde.

El poyo en que mamá alumbró   10
al hermano mayor, para que ensille
lomos que había yo montado en pelo,
por rúas y por cercas, niño aldeano;
el poyo en que dejé que se amarille al sol
mi dolorida infancia . . . ¿Y este duelo   15
que enmarca la portada?

Dios en la paz foránea,
estornuda, cual llamando también, el bruto;
husmea, golpeando el empedrado. Luego duda
relincha,   20
orejea a viva oreja.

Ha de velar papá rezando, y quizás
pensará se me hizo tarde.
Las hermanas, canturreando sus ilusiones
sencillas, bullosas,   25
en la labor para la fiesta que se acerca,
y ya no falta casi nada.
Espero, espero, el corazón
un huevo en su momento, que se obstruye.
Numerosa familia que dejamos   30
no ha mucho, hoy nadie en vela, y ni a una cera
puso en el ara para que volviéramos.

Llamo de nuevo, y nada.
Callamos y nos ponemos a sollozar, y el animal
relincha, relincha más todavía.   35

Todos están durmiendo para siempre,
y tan de lo más bien, que por fin
mi caballo acaba fatigado por cabecear
a su vez, y entre sueños, a cada venia, dice
que está bien, que todo está muy bien.   40

(De *Trilce*, 1922).

Hoy me gusta la vida un poco menos,
pero siempre me gusta vivir: ya lo decía.
Casi toqué la parte de mi todo y me contuve
con un tiro en la lengua detrás de mi palabra.

5   Hoy me palpo el mentón en retirada
y en estos momentáneos pantalones yo me digo:
Tanta vida y jamás!
Tantos años y siempre mis semanas! . . .
Mis padres enterrados con su piedra
10 y su triste estirón que no ha acabado;
de cuerpo entero hermanos, mis hermanos,
y, en fin, mi ser parado y en chaleco.

Me gusta la vida enormemente
pero, desde luego,
15 con mi muerte querida y mi café
y viendo los castaños frondosos de París
y diciendo:
Es un ojo éste, aquél; una frente ésta, aquélla . . . Y repitiendo:
Tanta vida y jamás me falta la tonada!
20 Tantos años y siempre, siempre, siempre!

Dije chaleco, dije
todo, parte, ansia, dije casi, por no llorar.
Que es verdad que sufrí en aquel hospital que queda al lado
y está bien y está mal haber mirado
25 de abajo para arriba mi organismo.

Me gustará vivir siempre, así fuese de barriga,
porque, como iba diciendo y lo repito,
tanta vida y jamás! Y tantos años
y siempre, mucho siempre, siempre, siempre!

———————

30 Y si después de tantas palabras,
no sobrevive la palabra!
Si después de las alas de los pájaros,
no sobrevive el pájaro parado!
Más valdría, en verdad,
35 que se lo coman todo y acabemos!

Haber nacido para vivir de nuestra muerte!
Levantarse del cielo hacia la tierra
por sus propios desastres
y espiar el momento de apagar con su sombra su tiniebla!
40 Más valdría, francamente,
que se lo coman todo y qué más da . . .!

Y si después de tanta historia, sucumbimos,
no ya de eternidad,
sino de esas cosas sencillas, como estar
en la casa o ponerse a cavilar.
Y si luego encontramos,   5
de buenas a primeras, que vivimos,
a juzgar por la altura de los astros,
por el peine y las manchas del pañuelo!
Más valdría, en verdad,
que se lo coman todo, desde luego!   10

Se dirá que tenemos
en uno de los ojos mucha pena
y también en el otro, mucha pena
y en los dos, cuando miran, mucha pena . . .
Entonces . . . ! Claro . . . ! Entonces . . . ! ni palabra!   15

(De *Poemas humanos*, 1923–1938).

PEQUEÑO RESPONSO A UN HÉROE DE LA REPÚBLICA

Un libro quedó al borde de su cintura muerta,
un libro retoñaba de su cadáver muerto.
Se llevaron al héroe,
y corpórea y aciaga entró su boca en nuestro aliento;
sudamos todos, el ombligo a cuestas;
caminantes las lunas nos seguían;   20
también sudaba de tristeza el muerto.

Y un libro, en la batalla de Toledo,
un libro, atrás un libro, arriba un libro, retoñaba del cadáver.

Poesía del pómulo morado, entre el decirlo
y el callarlo,   25
poesía en la carta moral que acompañara
a su corazón.
Quedose el libro y nada más, que no hay
insectos en la tumba,
y quedó al borde de su manga el aire remojándose   30
y haciéndose gaseoso, infinito.

Todos sudamos, el ombligo a cuestas,
también sudaba de tristeza el muerto
y un libro, yo lo ví sentidamente,
un libro, atrás un libro, arriba un libro   35
retoñó del cadáver exabrupto.

10 de septiembre 1937

(De *España, aparta de mí este cáliz* . . .,
en *Poesías completas*, [1918–1938], 1949).

VICENTE HUIDOBRO (Chile; 1893–1948) ha reclamado para sí el honor no sólo de iniciar el «creacionismo» y de llevarlo a España, sino también el de haberlo inventado en Hispanoamérica antes que Pierre Réverdy en París. No todos le conceden tal honor. Comoquiera que sea, fue uno de los primeros poetas de nuestra lengua que procedieron como si no existiera el modernismo y saltaron a una literatura de vanguardia que quería estar más allá de todos los «ismos». (Claro, lo que hicieron fue agregar a esa confusión de «ismos» uno nuevo: el «ultraísmo.») Dejando de lado los poemas que escribió en francés, la gruesa de cohetes de Huidobro empezó a estallar con *Poemas árticos* y *Ecuatorial* (1918); y el gran estrépito ocurrió con *Altazor*. ¿Debemos creer al poeta cuando nos dice que escribió los poemas de este libro en 1919?: lo cierto es que la edición es de 1931. Huidobro llamó «creacionismo» a su programa poetico; y lo explicó en *El espejo de agua* (1916), *Horizon carré* (1917), *Manifestes* (1925), *Vientos contrarios* (1926) y en otras partes. Algunas de sus fórmulas: «Hacer un poema como la naturaleza hace un árbol»; «El Poeta es un pequeño Dios»; «Os diré lo que entiendo por un poema creado. Es un poema en el que cada parte constitutiva y todo el conjunto presentan un hecho nuevo, independiente del mundo externo, desligado de toda otra realidad que él mismo . . .; este poema es algo que no puede existir en otra parte que en la cabeza del poeta . . .», etc. Es decir, que el poeta debía crear, inventar hechos nuevos. ¿Cómo? Despojando a las cosas de su ser real y fundándolas con otro ser, en medio de la imaginación. En el fondo fue una forma de metaforizar. Suprimía la comparación, el enlace lógico de la fantasía con la realidad y establecía como verdadero el hecho de que «pasan lentamente / las ciudades cautivas / cosidas una a una por hilos telefónicos.» Al mundo que nuestra inteligencia acepta y ordena, Huidobro oponía un mundo inventado. Es lo que siempre han hecho los poetas, pero Huidobro asombró con sus enumeraciones caóticas, sus neologismos, sus imágenes disparatadas, sus versos libres tipografiados caprichosamente, su culto a las letras sueltas sin significado (un verso: «ai a i ai a i i i i o ia»), sus balbuceos dadaístas, sus superrealistas automatismos subconscientes, sus burlas a la literatura. Escribió también novelas y piezas teatrales.

Vicente Huidobro

ARTE POÉTICA

Que el verso sea como una llave
que abra mil puertas.
Una hoja cae; algo pasa volando;
cuanto miren los ojos creado sea,
y el alma del oyente quede temblando.

Inventa mundos nuevos y cuida tu palabra;
el adjetivo, cuando no da vida, mata.

Estamos en el ciclo de los nervios.
El músculo cuelga,
como recuerdo, en los museos;
mas no por eso tenemos menos fuerza:
El vigor verdadero
reside en la cabeza.

Por qué cantáis la rosa, ¡oh poetas!
hacedla florecer en el poema.

Sólo para nosotros
viven todas las cosas bajo el sol.

El poeta es un pequeño Dios.

(De *El espejo de agua*, 1916–1918).

MARINO

Aquel pájaro que vuela por primera vez
se aleja del nido mirando hacia atrás
                                          5

Con el dedo en los labios
        os he llamado

    Yo inventé juegos de agua
en la cima de los árboles
                                            10

    Te hice la más bella de la mujeres
tan bella que enrojecías en las tardes
        La luna se aleja de nosotros
        y arroja una corona sobre el
                polo
                                      15

Hice correr ríos
        que nunca han existido

De un grito elevé una montaña
y en torno bailamos una nueva danza
        Corté todas las rosas   20
        de las nubes del Este

Y enseñé a cantar un pájaro de nieve
Marchemos sobre los meses desatados
Soy el viejo marino   25
        que cose los horizontes cortados

(De *Poemas Árticos*, 1918).

ALTAZOR

(*fragmento*)

Basta señora arpa de las bellas imágenes
de los furtivos como iluminados
                                      30
otra cosa otra cosa buscamos
sabemos posar un beso como una mirada
plantar miradas como árboles
enjaular árboles como pájaros
regar pájaros como heliotropos   35
tocar un heliotropo como una música

vaciar una música como un saco
degollar un saco como un pingüino
cultivar pingüinos como viñedos
ordeñar un viñedo como una vaca
desarbolar vacas como veleros
peinar un velero como un cometa
desembarcar cometas como turistas
embrujar turistas como serpientes
cosechar serpientes como almendras
desnudar una almendra como un atleta
leñar atletas como cipreses
iluminar cipreses como faroles
anidar faroles como alondras
exhalar alondras como suspiros
bordar suspiros como sedas
derramar sedas como ríos
tremolar un río como una bandera
desplumar una bandera como un gallo
apagar un gallo como un incendio
bogar en incendios como en mares
segar mares como trigales
repicar trigales como campanas
desangrar campanas como corderos
dibujar corderos como sonrisas
embotellar sonrisas como licores
engastar licores como alhajas
electrizar alhajas como crepúsculos
tripular crepúsculos como navíos
descalzar un navío como un rey
colgar reyes como auroras
crucificar auroras como profetas
etc. etc. etc.

    Basta señor violín hundido en una ola ola
cotidiana ola de religión miseria
de sueño en sueño posesión de pedrerías

    Después del corazón comiendo rosas
y de las noches del rubí perfecto
el nuevo atleta salta sobre la pista mágica
jugando con magnéticas palabras
caldeadas como la tierra cuando va a salir un volcán
lanzando sortilegios de sus frases pájaro [. . .]

    Rosa al revés rosa otra vez y rosa y rosa
aunque no quiera el carcelero
río revuelto para la pesca milagrosa

    Noche préstame tu mujer con pantorrillas de florero de amapolas jóvenes
mojadas de color como el asno pequeño desgraciado
la novia sin flores ni globos de pájaros [. . .]

No hay tiempo que perder
todo esto es triste como el niño que está quedándose huérfano
o como la letra que cae al medio del ojo
o como la muerte del perro de un ciego
o como el río que se estira en su lecho de agonizante   5
todo esto es hermoso como mirar el amor de los gorriones
tres horas después del atentado celeste
o como oír dos pájaros anónimos que cantan a la misma azucena
o como la cabeza de la serpiente donde sueña el opio
o como el rubí nacido de los deseos de una mujer   10
o como el mar que no se sabe si ríe o llora
y como los colores que caen del cerebro de las mariposas
y como la mina de oro de las abejas
las abejas satélites del nardo como las gaviotas del barco
las abejas que llevan la semilla en su interior   15
y van más perfumadas que pañuelos de narices
aunque no son pájaros
pues no dejan sus iniciales en el cielo
en la lejanía del cielo besada por lo ojos
y al terminar su viaje vomitan el horizonte   20
y las golondrinas el verano

No hay tiempo que perder
ya viene la golondrina monotémpora
trae un acento antípoda de lejanías que se acercan
viene gondoleando la golondrina   25

Al horitaña del montazonte
la violondrina y el goloncelo
descolgada esta mañana de la lunala
se acerca a todo galope
ya viene la golondrina   30
ya viene la golonfina
ya viene la golontrina
ya viene la goloncima
viene la golonchina
viene la golonclima   35
ya viene la golonrima
ya viene la golonrisa
la golonniña
la golongira
la golonbrisa   40
la golonchilla
ya viene la golondía
y la noche encoge sus uñas como leopardo
ya viene la golontrina
que tiene un nido en cada uno de los dos calores   45
como yo lo tengo en los cuatro horizontes
viene la golonrisa
y las olas se levantan en la punta de los pies
viene la golonniña

y siente un vahído la cabeza de la montaña
viene la golongira
y el viento se hace parábola de sílfides en orgía
se llenan de notas los hilos telefónicos
se duerme el ocaso con la cabeza escondida
y el árbol con el pulso afiebrado

Pero el cielo prefiere al rodoñol
su niño querido el rorreñol
su flor de alegría el romiñol
su piel de lágrima el rofañol
su garganta nocturna el rosolñol
el rolañol
el rosiñol

*

No hay tiempo que perder
los icebergs que flotan en los ojos de los muertos
conocen su camino
ciego sería el que llorara
las tinieblas del féretro sin límites
las esperanzas abolidas
los tormentos cambiados en inscripción de cementerio
aquí yace Carlota ojos marítimos
se le rompió un satélite
aquí yace Matías en su corazón dos escualos se batían
aquí yace Marcelo mar y cielo en el mismo violoncelo
aquí yace Susana cansada de pelear contra el olvido
aquí yace Teresa ésa es la tierra que araron sus ojos hoy
ocupada por su cuerpo
aquí yace Angélica anclada en el puerto de sus brazos
aquí yace Rosario río de rosas hasta el infinito
aquí yace Raimundo raíces del mundo son sus venas
aquí yace Clarisa clara risa enclaustrada en la luz
aquí yace Alejandro antro alejado ala adentro
aquí yace Gabriela rotos los diques sube en las savias hasta
el sueño esperando la resurrección
aquí yace Altazor azor fulminado por la altura
aquí yace Vicente antipoeta y mago

Ciego sería el que llorara
ciego como el cometa que va con su bastón
y su neblina de ánimas que lo siguen
obediente al instinto de sus sentidos
sin hacer caso de los meteoros que apedrean desde lejos
y viven en colonias según la temporada
el meteoro insolente que cruza por el cielo

el meteplata el metecobre
el metepiedras en el infinito
meteópalos en la mirada
cuidado aviador con las estrellas
cuidado con la aurora   5
que el aeronauta no sea el auricida
nunca un cielo tuvo tantos caminos como éste
ni fué tan peligroso
la estrella errante me trae el saludo de un amigo muerto hace diez años
darse prisa darse prisa   10
los planetas maduran en el planetal
mis ojos han visto la raíz de los pájaros
el más allá de los nenúfares
y el ante acá de las mariposas
¿Oyes el ruido que hacen las mandolinas al morir?   15
estoy perdido
no hay más que capitular
ante la guerra sin cuartel
y la emboscada nocturna de estos astros

    La eternidad quiere vencer   20
y por lo tanto no hay tiempo que perder
entonces
        Ah entonces
más allá del último horizonte
se verá lo que hay que ver [. . .]   25

                          (De *Altazor*, 1919, publicado en 1931).

INFANCIA DE LA MUERTE

    Señora Tempestad he ahí vuestro demonio
él corre como un caballo
canta como el árbol donde maduran las aldeas
buenos días   buenas tardes
él delira vestido como un príncipe   30

    Cuidado con los pájaros que se anclan
cuidado con el imán del más allá que atrae nuestros pies
el mar nade de su propio discurso
cortad las alas al velero orgulloso
que muere porque la luna silba hacia las grandes lontananzas   35
y que hace al pasar un ruido más dulce que la arena muriente
él se mira desde el fondo de su edad
peina su larga cabellera como las serpientes del milagro
mira su pecho donde aun queda un sueño caliente de cuando era tierra
piensa en su mañana de esqueleto sin ojos   40
y tiembla como un vuelo de palomas

El horizonte esperado llegará esta noche
podemos ya agitar nuestros pañuelos
vestir nuestras estatuas de ojos tan tiernos
he ahí   he ahí
5 Colgad de las nubes los más hermosos cortinajes
he ahí   he ahí
la noche viene con todas sus ovejas
nos ha visto de lejos las lineas de la mano
se ha sentado y se mira en el arroyo
10 come nueces de angustia y habla al oído del viento

He ahí   he ahí
la luna silba el barco se detiene
la arena sigue su destino

(De *El ciudadano del olvido*, 1924–1934, publicado en 1941).

EL CREACIONISMO

El creacionismo no es una escuela que yo
15 haya querido imponer; el creacionismo es una
teoría estética general que comencé a elaborar
hacia 1912 y cuyos primeros tanteos y primeros
pasos podrán encontrarse en mis libros y
artículos mucho antes de mi primer viaje a
20 París.

En el número 5 de la revista chilena «Musa
Joven», escribí:

«El reinado de la literatura ha terminado.
El siglo veinte verá nacer el reino de la poesía
25 en el verdadero sentido de la palabra, o sea de
creación, como la llamaron los griegos,
aunque ellos no llegaron jamás a realizar su
definición.»

Más tarde, hacia 1913 o 1914, repetí más o
30 menos lo mismo en una entrevista aparecida en
la revista «Ideales» que encabezó mis poemas.
También en mi libro «Pasando y Pasando»,
aparecido en diciembre de 1913, decía, en la
página 270, que lo único que debía interesar a
35 los poetas es «el acto de creación», y a cada
instante me refería a este acto de creación,
contra los comentarios y contra la poesía
hecha *alrededor de*. La cosa creada contra la
cosa cantada.

40 En mi poema «Adán», que yo escribí
durante las vacaciones de 1914 y que fué

publicado en 1916, se podrán encontrar estas
frases de Emerson en el prefacio a propósito
de la constitución del poema:

«Un pensamiento tan vivo que, semejante
al espíritu de una planta o de un animal, tiene
una arquitectura propia, embellece la naturaleza con una cosa nueva.»

Pero donde la teoría fué plenamente
expuesta fué en el Ateneo de Buenos Aires, en
una conferencia que dicté en junio de 1916.
Allí fué donde me bautizaron con el nombre
de «creacionista» por haber dicho en mi
conferencia que la primera condición de un
poeta era crear, la segunda crear y la tercera
crear.

Recuerdo que el profesor argentino José
Ingenieros,[1] que asistió, me decía, en una
comida a la que me invitó con algunos amigos
después de la conferencia:

«Su sueño de una poesía inventada en todas
sus piezas por los poetas me parece irrealizable,
aunque usted la haya expuesto de una manera
tan clara y aun científica.»

Corresponde más o menos a lo que han
expresado otros filósofos en Alemania y
demás países en donde he explicado mi
teoría: «Es bello, pero irrealizable.»

¿Y por qué ha de ser irrealizable?

---

[1] (1877–1925), filósofo y ensayista.

Respondo aquí con las mismas palabras con que terminé mi conferencia en el grupo de Estudios Filosóficos y Científicos del doctor Allendy, en Paris, en enero de 1922:

«Si el hombre ha sometido los tres reinos de la naturaleza, el mineral, el vegetal y el animal, ¿por qué razón le sería imposible agregar a los reinos del mundo, su propio reino, el reino de sus creaciones?»

Ya ha inventado, por lo demás, toda una fauna nueva que anda, vuela, nada, que llena la tierra, los aires y los mares con sus galopes desenfrenados, sus gritos y gemidos.

Lo que ha sido realizado en la mecánica también lo ha sido en la poesía. Os diré lo que entiendo por poema creado. Es un poema en el que cada parte constitutiva y todo el conjunto presentan un hecho nuevo, independiente del mundo externo, desligado de toda otra realidad que él mismo, pues toma lugar en el mundo como un fenómeno particular aparte y diferente de los otros fenómenos.

Este poema es algo que no puede existir en otra parte que en la cabeza del poeta; no es bello porque recuerde algo, no es bello porque evoque cosas que se han visto y que eran bellas, ni porque describa cosas bellas que tenemos la posibilidad de ver. Es bello en sí y no admite términos de comparación. No puede concebirse en otra parte que en el libro.

No tiene nada semejante a él en el mundo externo, hace real lo que no existe, es decir, se hace él mismo realidad. Crea lo maravilloso y le confiere una vida propia. Crea situaciones extraordinarias que nunca podrán existir en la realidad, y, a causa de esto, ellas deben existir en el poema, a fin de que existan en alguna parte.

Cuando yo escribo: «El pájaro anidado en el arco iris», os presento un fenómeno nuevo, una cosa que nunca habéis visto, que no veréis jamás y que, sin embargo, os gustaría ver.

Un poeta debe decir esas cosas que sin él jamás serían dichas.

Los poemas creados adquieren proporciones cosmogónicas; os proporcionan a cada momento el verdadero sublime, ese sublime del que los textos nos han presentado ejemplos tan poco convincentes. Y no es el sublime provocativo y grandioso, es un sublime sin pretensión, sin terror, sin querer abrumar o aplastar al lector; es un sublime de bolsillo.

El poema creacionista se compone de imágenes creadas, de situaciones creadas, de conceptos creados; no escatima ningún elemento de la poesía tradicional, sólo que, aquí, esos elementos son todos inventados sin ninguna preocupación por lo real o por la verdad anterior al acto de realización.

Así, cuando yo escribo: «El océano se deshace — Agitado por el viento de los pescadores que silban», presento una descripción creada; cuando digo: «Los lingotes de la tempestad», presentó una imagen pura creada, y cuando digo: «Ella era tan bella que no podía hablar», o bien: «La noche con sombrero», os presento un concepto creado. [. . .]

(De *Manifestes*, Paris, 1925).

El tercer grupo fue el de los jóvenes — tenían menos de veinte años al terminar la guerra — que escandalizaron con un culto desaforado de la metáfora. Fué un movimiento simultáneo en Hispanoamérica y en España. Se le ha llamado «Ultraísmo», palabra que aludía al deseo de ir más allá de lo experimentado hasta entonces. Este movimiento se manifestó más en revistas que en libros, y los años de mayor exceso fueron los de 1919 a 1922. Después, los poetas que allí habían dado los primeros pasos — como Jorge Luis Borges — se orientaron hacia una obra más seria, personal y valiosa. Por eso nos encontraremos con ellos en el próximo capítulo. Entretanto, pasemos a los prosistas.

PRINCIPALMENTE PROSA

El verso, la prosa son como dos pisos de la misma casa: los escritores que la habitan suelen subir y bajar las escaleras y tan pronto escriben un poema como una novela. No se extrañe el lector de que el nombre de un poeta figure aquí en una nómina de prosistas o viceversa. Pasemos, pues, a los prosistas, donde seguiremos encontrando poetas. Porque en esta generación, hija de la estética modernista, hubo deslumbrantes prosistas (Alfonso Reyes). Se siguieron escribiendo novelas y cuentos con los ideales de prosa lírica de la época de Darío (Pedro Prado). Y aun en las narraciones realistas quedó el recuerdo de la gran fiesta de prosa artística que había desfilado, con luces de bengala, bandas de música y gallardetes de colores, por las calles del 1900, enseñando a todos a escribir con decoro estético y técnicas impresionistas (Gallegos, Rivera, Güiraldes, Guzmán, Barrios). Pero, por supuesto, el realismo y el naturalismo continuaron su viejo rumbo, cada vez más seguros, más dueños de sí, más decididos a contar acciones que interesen a todo el mundo (Gálvez, Lynch, Azuela). También en el teatro el realismo de Florencio Sánchez fue enriquecido con nuevos aportes (Ernesto Herrera). La prosa ensayística de pensadores y humanistas fue importante (Pedro Henríquez Ureña, Martínez Estrada, Vasconcelos, Reyes).

A los escritores que, primordialmente, son prosistas, los distribuiremos según dos géneros: ficción y ensayo.

FICCIÓN

RAFAEL ARÉVALO MARTÍNEZ (Guatemala; 1884), también poeta, también novelista. Que la sencillez de algunas de sus poesías no nos distraiga: Arévalo Martínez no es poeta de alma sencilla, sino contorsionada en recovecos nerviosos y enfermizos. Más que en sus versos — *Las rosas de Engaddí*, 1927 — se reveló en sus cuentos y novelas. Sobre todo en *El hombre que parecía un caballo* (1915), que fue el cuento más original de su generación. Se dice que ese egoísta, fuerte, arrogante, blasfemo y amoral hombre equino fue la caricatura del poeta Barba Jacob. Pero una caricatura vale en relación a un modelo; y el cuento que comentamos, en cambio, vale en sí, como visión delirante. Tiene una atmósfera de pesadilla, de poesía, que la conocimos en Jean Lorrain y hoy la reconocemos en Franz Kafka. Escribió otros cuentos psicozoológicos, v. gr., *El trovador colombiano* (1914), cuyo personaje es un hombre-perro, manso, humilde, leal. Muchos años después Arévalo Martínez nos contó que una amiga espiritista recogió en uno de sus viajes al trasmundo dos relatos escritos por un testigo de acontecimientos que «se remontan a épocas pretéritas, hace milenios, cuando en la tierra existía un continente único, Atlán, que precedió a la Lemuria y a la Atlántida»: las dos utopías, *El mundo de los maharachías* (1938) y *Viaje a Ipanda* (1939), están entrelazadas.

En el cuento «La mentira» que hemos seleccionado, Arévalo Martínez muestra un sentimiento religioso que después de muchas dudas (véase su autobiografía intelectual *Concepción del Cosmos*) acaba por triunfar en la definitiva crisis íntima de 1954, cuando volvió a la fe católica.

Rafael Arévalo Martínez

LA MENTIRA

Andrés únicamente poseía, en el pueblecito de San José Riera, una pequeña casa compuesta de tres habitaciones y un sitio no más grande que las tres juntas, y en que habitaba con su mujer y tres hijos. El propietario de la gran casa vecina fué a visitarlo para proponerle que le vendiese su posesión, no lo encontró y le pidió a su mujer que le trasmitiese la oferta.

Al volver de su trabajo encontró a toda la familia engolosinada por la venta. Él pensó inmediatamente que su posición, ya precaria, empeoraría considerablemente si le faltaba un edificio propio en qué cobijar a su mujer y sus hijos: el dinero, rápidamente gastado, no los aliviaría mucho tiempo; y se negó rotundamente.

A los seis meses de haber recibido la negativa, el vecino aumentó la cantidad ofrecida. Andrés tornó a negarse. En sucesivos períodos fué aumentando la suma, hasta duplicarse la inicial, y siempre persistió el rechazo.

Consuelo — Consuelito — se llamaba la hija menor y preferida de Andrés, y una noche en que la tenía sobre sus rodillas, le rogó que accediese a vender la casa; parecía repetir argumentos de su madre: Podían alquilar otra casa por una pequeña cantidad; con el precio de la venta ella y sus hermanos recibirían educación conveniente; hacía meses que ni ella ni su mamá compraban nuevos trajes y los que vestían ya estaban deslucidos ... En aquella plática, agotados los argumentos racionales — pues la cuestión se había discutido ya varias veces con los miembros de su hogar, sobre todo con su mujer — Andrés mintió por primera vez en su vida, no sin antes recomendar a su hija que le guardase el secreto.

— No — le dijo — ; no puedo venderla porque, ¿sabes?, esta casa encierra un tesoro.

Consuelito abrió desmesuradamente los 5 grandes ojos.

Y el padre, arrepentido en el acto de su mentira, no insistió en ella, temeroso de que Consuelito, a pesar de sus cortos años, se burlase de él; pero a los pocos días se convenció de que dudaba; y algunas semanas 10 después, supo, con mezcla de pena y alivio — pues no había insistido en que la casa se vendiese — que Consuelito creía en el tesoro escondido. Y tuvo una vaga esperanza de que, 15 como se lo había suplicado con encarecimiento, le guardase el secreto de la falsa riqueza.

La chica fué, en lo sucesivo, su aliada en cierta medida. Cuando la madre o los herma- 20 nos traían a cuento la penuria que los agobiaba, ella encontraba manera de guiñar un ojo de modo que sólo su padre la viera, en una especie de complicidad. Y cada vez que estaban a solas, inquiría noticias sobre los 25 bienes escondidos.

— ¿Papá, por qué no los sacas, y nos remediamos, ya que nuestra posición es tan apurada? — le repitió en una ocasión.

Rápidamente el padre cohonestó su primer 30 engaño con otro: — Porque he ofrecido no hacerlo hasta después de la muerte del que me confió el secreto del tesoro enterrado.

— ¿Faltará mucho?

— Es una persona ya muy entrada en años. 35

Entró a la cocina de la casa, días después,

y Consuelito le hizo observar, maliciosa, que una parte de la pared sonaba a hueco. No le dió importancia a las palabras de la muchacha. Media semana más tarde, se sorprendió al pasar frente al poyo viendo un gran agujero, recién abierto, que explicaba aquel sonido, pues correspondía, a un horno para cocer pan, clausurado. Después tuvo que hacer llegar a un albañil para reparar el desperfecto y, aunque no le costó una gran suma, en el estado de su haber le dolió la erogación: era una mala consecuencia de su error.

No mucho tiempo más tarde encontró a Consuelo en el patiecillo, frente a un hoyo, a cuyo borde había un rosal que dizque le había regalado una amiga para que lo trasplantase. El agujero no correspondía, por su magnitud, a las pequeñas raíces, y no tuvo que meditar para comprender el significado de aquella desproporción. La fogosa imaginación de la muchacha seguía bordando el tema del tesoro escondido, y quien sabe cuántos agujeros más lo esperaban en un futuro cercano.

Entonces llamó a la perforadora a su cuarto y, a solas con ella le explicó:

— Sabes dónde está el tesoro: aquí, precisamente bajo mis pies . . .

Y al decir esto se hallaba sentado en la única silla cómoda de la casa, cabe lo que llamaban su escritorio, aunque no era más que una mesa pequeña, colocada frente al lecho conyugal; y pretendía con el embuste complementario, impedir que la chica siguiese abriendo hoyos a diestra y siniestra, pues le sería difícil abrirlos en su propia alcoba.

La chica en el acto le dijo, con gran sorpresa de los dos:

— Mira, papá, cómo todavía se ve el sitio en que cavaron para enterrar el tesoro; fíjate: los ladrillos aquí son de distinto color que el resto.

De conformidad con la petición de la niña Andrés volvió los ojos hacia los ladrillos que estaban bajo sus pies, y vió con susto que en realidad parecía como si sobre ellos hubiese estado mucho tiempo una alfombra o petate, que al ser quitado, los diferenciaba de los otros, pues a causa semejante atribuyó el diferente matiz, aunque no se acordaba de que nunca hubiese habido sobre ellos tales objetos.

Llegó con el mes de diciembre, para la familia de Andrés, la época de la visita anual a Santa Cecilia, poblado vecino donde radicaba un tío del protagonista, con bastante caudal. Aquella visita propiciaba al anciano señor y era imprescindible como un rito. La esposa le anunció, con unos días de anticipación, que aquel año ella no concurría a la celebración del cumpleaños del pariente, porque se sentía algo indispuesta y tenía mucho que hacer. Andrés tuvo que resignarse y cuando llegó la hora de partir supo que sólo Consuelo y el hermano menor lo acompañarían.

— Me quedo con Ramón — el primogénito — para que me acompañe, dijo la esposa.

El resto de la familia partió para la otra pequeña población.

Al regresar, tres días más tarde, Andrés, a pesar de haber hecho girar la llave de la puerta de calle no pudo abrirla: estaba cerrada además con un pasador interno. Aquello era desusado, y tocó, con un principio de inquietud, aumentada con los sordos pero para él inequívocos ruidos de un azadón o pico dando contra la tierra. Después de alguna espera, alargada por la zozobra, al fin acudió a la llamada su esposa:

— ¿Quién es? — preguntó tras la puerta, antes de abrir.

— Soy yo, tu marido — respondió el esposo, ofendido.

La puerta se abrió, y en vez de la amante acogida que esperaba, se encontró con el rostro de su mujer tan huraño e inquieto como estaba ya algunos días antes de partir.

Correspondió a su saludo fríamente y como ausente, y se apresuró a regresar a la alcoba, donde se reanudaron los sonidos de azadonazos o picazos. Andrés y sus hijos la siguieron. Al entrar un espectáculo que ya preveían todos, pero que no por eso dejó de producirles asombro, los esperaba.

En el extremo de la habitación, ahora vacía de muebles, donde antes se encontraba su escritorio, se abría una excavación, de varios pies de profundidad, y en su fondo, un chico, su propio hijo Ramón, seguía cavando febrilmente.

— ¿Quién te autorizó para hacer esto? — preguntó colérico a su esposa.

— ¡Calzonazos! — respondió ésta: nos

malalimentas, nos tienes en la penuria, guardando avaramente un tesoro escondido, y todavía lo preguntas . . .

No pudo contestar nada. Detuvieron las palabras en su boca la consideración de que todo era el producto de su mentira, y la pena por el desengaño que pronto afligiría a los suyos; pero él no podía detener aquel trabajo inútil y nocivo, pues eso sería acusarse a sí mismo de farsante y perder el respeto de los que amaba. Había que soportar las consecuencias de sus actos y dejar hacer, hasta que se agotaran.

Interrumpió sus reflexiones temerosas una exclamación que tenía de pasmo y de triunfo a la vez, y que a pesar de su fuerza parecía ahogada en el instante de ser emitida. Y Ramón, alzando la mano sobre sí y dando vivas muestras de agitación les mostró un fragmento de loza que a pesar de la tierra adherida mostraba una superficie verdosa.

—¡El tesoro! ¡El tesoro! — murmuraba sordamente. Y era, de verdad, un tesoro el que pronto acabó de desenterrar el muchacho, encerrado en botijas de barro cocido, que contenían monedas europeas de oro y plata y alhajas en gran número.

*
* *

Varios días de febril actuación se sucedieron para Andrés. Durante ellos pudo, no sin grandes esfuerzos, obtener que sus familiares guardaran secreto el hallazgo, hasta que éste pudo ser convertido sin gran menoscabo, en valores de uso corriente, a la fecha. Y durante un breve intervalo de descanso, pues la riqueza iba a esclavizarlo mucho más de lo que lo había esclavizado la pobreza hasta entonces, pudo al fin entregarse a las reflexiones que desde el encuentro del tesoro embargaban su ánimo, hasta el punto de hacerlo insensible al bienestar material y a la abundancia.

¿Por qué había acontecido aquel suceso inverosímil, más que cualquier cuento de hadas, de que se hiciese verdad su mentira?

Y lentamente, como la pepita descarnada del fruto de una verdad interior, fué apareciendo en su ánimo otra realización mística, muy parecida al hallazgo del tesoro material, pues era un tesoro espiritual que daba a aquél el valor de un símbolo.

Algo, o alguien — acaso el mismo ser oculto que lo había obligado a mentir a Consuelito — le decía ahora que todas esas creencias infantiles, que después había juzgado mentira vana, creada para adormecer a los hombres y permitirles subsistir, eran también una maravillosa y deslumbradora verdad; que era verdad el reino de Dios, el tesoro del evangelio oculto en un campo y por el que se podía dar cualquier otra posesión; que en realidad éramos hijos del Padre Celestial y herederos de su gloria, beatitud y poder. Que aquella mentira de toda su vida, la que la llenaba por completo, no era el anestésico de la filosofía, hecho a la medida de los hombres para salvarlos del suicidio, sino sencilla y evangélica verdad, tan cierta como es cierto que cada día aparece el sol en el horizonte.

(De *El hombre que parecía un caballo y otros cuentos*, 1951).

————◆————

Nadie negará un lugar en nuestra historia, nada más porque parte de su carrera fue en España, a ALFONSO HERNÁNDEZ CATÁ (España-Cuba; 1885–1940). Es un cuentista consciente de la alta dignidad formal de su género, con riqueza de observación para el detalle exterior o para los pliegues psicológicos, con un sentido del «pathos» que lo lleva hacia el melodrama, pero lo bastante sobrio para detenerse a tiempo y quedarse en el buen lado de la frontera, en el lado trágico. En su primer libro, *Cuentos pasionales,* recordaba a Maupassant. Obras de madurez fueron *Los siete pecados, Piedras preciosas, Manicomio.* Domina una prosa viva, sensual, jugosa, cálida, opulenta, noble.

Escribe bien; es decir, sabe cómo repujar y recamar una frase para que no se confunda con otras. Conoce los secretos del oficio de cuentista, como se ve en estos cuentos de antología: «El testigo», «La culpable», «La perla», «Los chinos», «La galleguita», «Noventa días», etc.

Hemos seleccionado «Noventa días» por el hábil tratamiento artístico de un tema de crónica policial. Se trata de un crimen pasional, pero la luz de la ironía comunica gracia aun a la truculencia de la escena final. Repárese en la alusión a un «detective» en la primera línea, que nos da la clave de la composición del cuento: Hernández Catá ha personificado la Primavera y la hace culpable del trágico amor de José y Lucy.

Alfonso Hernández Catá

NOVENTA DÍAS

Si alguien hubiese encargado a un detective la misión de seguirla, de seguro podría probarse hoy que durante aquellos meses en que cayeron hojas, ulularon cierzos y la nieve
5 amortajó muchos días la ciudad, la Primavera había andado en malos pasos, sabe Dios dónde.

Por lo pronto llegó tarde, burlándose del calendario y faltando a todos sus deberes de
10 suavidad, cual si viniese ebria. No hubo sitio, no hubo vida, que no sintieran su influjo violento. Ayer mismo era invierno duro, y hoy, de súbito, pareció volcarse sobre la población el oro de uno de esos vinos que son
15 sol para la vista y fuego para las entrañas. Aire, cielo, plantas, seres vivos, trocaron la sonrisa convaleciente de otros años por un rictus audaz en el que pupilas y bocas tenían luces de reto. Y a media mañana empezaron
20 a aparecer en la calles mujeres con los bustos envueltos en telas claras, que amenazaban o prometían abrirse a impulsos de eclosiones internas.

¡Ah, los malos modos que la Primavera fué
25 a adquirir al otro lado del planeta no se habían

visto hasta entonces entre nosotros! Si la estadística de aquellos tres meses se hubiese hecho, hasta los números más rígidos habríanse estremecido al testificar tanto desafuero. Ni un solo observatorio anunció la furia germinativa y el aire impúdico que empezaron a hinchar venas, tallos y almas. Un poeta presintió la virulencia de la epidemia sensual y previno contra ella; mas como lo hizo en verso nadie le hizo caso. Y las autoridades, tan extremosas otras veces, ninguna medida tomaron contra la Primavera.

Yo creo haber sido uno de los que mejor la resistió, y al anotar hoy lo sucedido en mi casa, doy la escala para medir la cuantía de sus maleficios en otras muchas partes. No me preguntéis cómo llegué a saber lo que voy a contar. Si dudáis de mí, recordad algunos estragos de esa Primavera facinerosa o echad a broma mi relato. No me enfadaré. Acaso las historias locas no deban tener lectores serios.

Aquella mañana el portero abrió la puerta antes de la hora, y los lecheros trajeron sus botellitas tambaleándose dentro de los armazones de alambre, cual si vinieran llenas de alcohol. Los dos matusalenes[1] de la casa, el

---

[1] De Matusalén, el patriarca hebreo que vivió según la Biblia 969 años. Dícese para designar algo muy viejo.

tronco del castaño erguido ya casi como un poste en el patiezuelo, y el prestamista del segundo piso, experimentaron raros fenómenos: al primero le salió entre las negras y petrificadas arrugas de la corteza un grano verde, y el segundo, sin espiar previamente por la mirilla con sus ojos turbios de sospechas, corrió los pestillos de un golpe, abrió la puerta a la cieguecita vendedora de periódicos — que sonreía también extrañamente, ¡como si viera! — y le dió la vuelta de una moneda de plata, de regalo. El enfermo del cuarto centro[2] arrojó al suelo las medicinas amontonadas en la mesa de noche, abrió la ventana, se sentó en el lecho, y se puso a respirar despacio cual si quisiera aprender otra vez a vivir. El financiero del piso principal se encogió de hombros al leer las cotizaciones de bolsa, y estuvo canturreando en el baño mientras el agua de la ducha, irisándose en un rayo de luz, semejaba una fiesta. El gato de la rentista vió cruzar a lo lejos, en el pasillo, a un ratoncito, y en vez de saltar sobre él siguió desperezándose. Las dos viejas del piso tercero, beatas de Corazón de Jesús bajo el dintel, y de pechos desecados por la soltería y el egoísmo, hallaron de súbito que el San Luis Gonzaga desfalleciente entre lamparillas de aceite y flores de trapo, se «daba un aire» con cierto joven conocido veinte años atrás en una partida campestre. Y . . .

Pero lo más extraordinario le ocurrió al inquilino del piso abohardillado y a la sobrina de la costurera del sótano.

El vecino que vivía bajo las tejas era un hombre de ciencia, hecho a meditaciones, a cálculos, a teoremas de riguroso razonamiento, rico en escolios y corolarios hijos de un severo ingenio desnudo de sonrisa. La vecina que vivía bajo tierra con su tía la costurera, era casi una obra de arte; y fuera de la innata experiencia de seducción que toda mujer recoge, herencia social de su sexo, en el primer borde de la pubertad, no tenía otra sabiduría que la de realzar el brillo de sus ojos, aumentar la sedosidad de su piel y reírse con una risa explosiva, luminosa, blanquirroja, hecha toda de esmalte y fruta, que en vez de bajar del cerebro le subía de las entrañas.

Vivían en el mismo edificio y no se conocían. Tal vez se cruzaron en el invierno, envueltos en ropas y pensamientos oscuros; pero los seres no se conocen siempre la primera vez que se encuentran. Ella era rubia, él moreno. Ella tenía la gracia dispersa y como en peligro de algo que se derrama, él llevaba en la frente y en la boca la cifra centrípeta de la concentración. Ella tenía veintitrés años, él cuarenta y cinco. (Entre los dos, menos que la menor de las viejas a quien la Primavera estaba dando la broma cruel de consubstancializar a San Luis Gonzaga con un galán remoto.) Ella se llamaba Lucía, él José. A ella los íntimos le decían Lucy; él, siempre solo en sus estudios, sin cariño, jamás tuvo a nadie que le dijera Pepe.

Y aquella mañana, cuando él acababa de bajar la escalera después de una meditación antimatemática, la mala hechicera que había venido prostituída de sabe Dios dónde a meterse entre el Invierno y el Estío, no contenta con el hálito que arrancaba de la tierra y con la tibieza que ponía en la luz, empleó un soplo de brisa traviesa para encadenarlos. A Lucía se le voló el pañuelo, José corrió tras él, y a cosa de cuarenta pasos lo recobró, y esperó para restituírselo a que ella, toda turgencias y sonrisas, se acercara.

— Le he hecho correr a usted. Dispense. Gracias.

— De nada . . . De nada, sí. Me alegro. Le juro que me alegro.

En esas frases vulgares quedó hecho todo. Inverosímil, ¿verdad? Pues fué así. Quienes recuerden otros procedimientos de aquella Primavera no se sorprenderán. Además, el Destino, cuando quiere manifestarse dramáticamente, no necesita de frases largas ni escogidas.

La meditación que había precedido aquel descenso y aquella carrera de José obedeció a la sensación de agotamiento y de esterilidad mental sentida casi todo el Invierno. ¿Exceso de faena? No. Otras veces había laborado con intensidad mayor. Sus trabajos sobre la teoría de los quanta, sus comentarios a la teoría de los números y sus intentos de demostración del teorema de Fermat[3] atestiguaban por igual

---

[2] Piso cuarto, habitación central.

[3] Pedro de Fermat (1601-1665), matemático francés.

de la fertilidad de su mente y de su ahínco. Y ahora, sin saber por qué, las fuentes de su cerebro mostrábanse exhaustas, laxo su tesón. En vano noche tras noche, bajo el sosiego recogedor de la pantalla, llamó a dos deidades propicias: el razonamiento y la fantasía. No, no podía ni subir peldaño a peldaño las escalas del raciocinio, ni saltar en el trampolín de las intuiciones. Se sentía enjuto, ácimo. Sin duda los surcos de su materia gris necesitaban abono. Y entonces recordó que hacía muchos años, al salir de la escuela, un compañero tuvo una pasión amorosa a favor de la cual su talento, hasta entonces dormido, adquirió alas y brújula.

El recuerdo, saltándole de improviso, a impulso avieso de la Primavera, desde el fondo obscuro de la memoria a la superficie, adquirió categoría de revelación: Sí, su vida era monstruosa, urgía poner en torno al pabilo de su entendimiento cera virgen para que la llama fuese más alta y duradera. ¿Cómo no lo comprendió antes? ¡Ah, a veces mirando un rayo de sol donde viajan fúlgidas constelaciones de polvo, puede aprenderse más que en un libro de Gauss[4] o de Rieman![5] Leverrier[6], por ejemplo, ¿no concibió la idea de la transformación de la materia viendo coagularse la sangre en los bordes de la herida de un marinero, en mares del trópico? Pues él, toda proporción guardada, había hallado la clave de su decaimiento por vía de ocio contemplativo también. Y ahora la sabría aprovechar.

Así, lo mismo que quien se decide a tomar un tónico, José decidió enamorarse. Apenas si tenía clara idea de que enamorarse es, las más de las veces, obstinarse en sumar números heterogéneos, empecinarse en vivir en otro ser, agotarse en el esfuerzo de pastorear dos almas y dos cuerpos casi nunca nacidos bajo el signo de Géminis,[7] dar sentido a todos los gestos e intenciones, martirizarse en juegos de angustia, llamar placer a ciertos sufrimientos y tatuar invisiblemente en la piel de una mujer todo el sistema planetario... Había leído algo de esto en algunos libros que hasta entonces creyó baladíes, y quién sabe sin el influjo de aquel

día saturado de quiméricas insolvencias no habría tenido la idea de enamorarse. Al fracasarle sus procedimientos habituales de lógica, se echó en brazos de lo maravilloso. Y una vez traspuesto su umbral, siguió sin titubeos ni dilaciones, a pasos rectos, cual si continuara moviéndose en el camino seguro de la ciencia.

Si había de enamorarse, si le hacía falta enamorarse, ¿para qué perder tiempo en búsquedas? Ya tenía allí, en la misma puerta de su casa, a una mujer; y joven, y bella, y radiante, y llena de hechizos. Su voz, al hablarse por segunda vez, tenía debajo de todas las inflexiones la autoridad de una secreta decisión.

—¿A dónde va usted, señorita? La voy a acompañar.

—¿Aunque vaya muy lejos, muy lejos?

—Tengo todo el día para ir a su lado, y quizás más. Meses, años... la vida entera si nos llegamos a entender.

—Pues vamos a empezar y veremos. Me gustan los hombres decididos.

—Y a mí las mujeres que no se asustan.

Miles de veces, millones de veces, comenzaron amores de un modo semejante; mas no bajo el signo de una primavera tan malvada. Media hora después ya José estaba enamorado con su ser íntegro e iba, por lo tanto, serio; mientras que Lucy seguía atrayendo a lo largo de la caminata miradas y deseos con su risa.

Esta fué la oposición de que se sirvió la fatalidad para cimentar el drama: Un rostro serio, un alma seria, frente a un rostro de continuo roto en gestos reidores por un alma frívola. Lucy encarnaba todas las transacciones de la relatividad y José la ansiedad rígida de lo absoluto. Sus almas quizás tuvieron en este primer choque un sobresalto de aviso y debieron separarse en seguida; pero la Primavera no los dejó seguir las buenas sendas opuestas, y un poco después José había pasado ya un brazo por el asa fragante de otro de Lucy. Este paseo fué la única suavidad que les otorgó el amor, las únicas sonrisas no contaminadas de rictus. En el doble proceso erótico que consiste primero en querer dar todo lo de sí al otro y luego en pretender

---

[4] Carlos Federico Gauss (1777–1855), astrónomo y matemático alemán.
[5] Bernard Riemann (1826–1866), matemático aleman.
[6] Juan José Leverrier (1811–1887), astrónomo francés.
[7] Los gemelos, el tercer signo del Zodíaco.

rescatarlo, la segunda fase comenzó casi antes de empezar el tercer beso.

Y en el breve episodio que la muerte selló con su frío troquel, infinitamente más fuerte que los que la vida marca a fuego, ambos procedieron de buena fe en cada disparidad, en cada riña, en cada desengaño, en cada violencia. Lucy no podía comprender que amar fuera respirar con un solo pulmón, borrar el mundo y hacerse beso y caricia para ser transformada exclusivamente en teoremas. Su concepto legendario de la fidelidad convencíala de que éste no está en falla en tanto el sexo y sus centinelas materiales más avanzados —las manos y la boca— no se han juntado al enemigo. En el fondo de su cabecita maravillosa de microcéfala creía que la mujer sólo tiene un modo específico de ser mala; y «más honrada que ella no la había». Él, en cambio, desde la primera hora se sintió inseguro, excitado en lugar de sosegado. ¡Qué diferente aquel hervor de dudas, aquel temor de todos los hombres que miraban a Lucy, del fluir cantarino y útil que soñó adquirir enamorándose! Problemas intrincadísimos, ecuaciones de muchas incógnitas habíanse clarificado cien veces ante la lente de su razón, y ahora éste, sobre el que ponía no sólo su entendimiento sino su instinto, sus sueños, sus fuerzas más obscuras, junto a las más claras, enfrentábasele irresoluble, irónico y cruel en su sencillez.

«Es buena, me quiere, nada concreto puedo reprocharle: pero, si me quiere y es buena, ¿por qué su alma se va con los automóviles que pasan? ¿Por qué se da al puñado de flores que huele, al canto estúpido que raya el silencio? ¿Por qué se me merma, se me despedaza, se me pulveriza en todo, y por qué sonríe de ese modo cuando yo estoy serio, casi con gana de apretar los labios hasta sacarme sangre?». Y al mismo tiempo que José se hacía estas preguntas, Lucy pensaba vagamente: «Lo quiero, claro: si no lo quisiera no lo aguantaría. Pero, ¿por qué no toma otra profesión menos aburrida y, sobre todo, por qué ha de empeñarse en que querer 'con todas las potencias', según dice, ha de ser como estar de luto?»

Fuera del círculo inalienable o ígneo que rodea cada amor, cualquiera habría podido responder a estas interrogaciones. Ellos no.

Para ellos dos verdades y las soluciones simples eran puertas herméticas contra cuyos cerrojos debían estrellarse, presos para siempre. Si la primera vez que sintieron palpitar los gérmenes de la desavenencia se hubieran dicho adiós . . . ¡Qué difícil ciencia la de decir adiós bien a tiempo, con sencillez!

En vez de hacerlo, José fué al Juzgado a pedir sus papeles, a una joyería a comprar una pulsera y dos anillos, y a la parroquia del barrio a averiguar cuánto costaría recamar de luces y de flores el altar mayor, y echar sobre Lucy y sobre él, entre latines, esa marcha nupcial con que el alma semita de Mendelssohn, vengativa e irónica, hace ir rítmicamente parejas y parejas hacia el más quebradizo de los sacramentos católicos. Dos meses después eran ya marido y mujer y vivían en un ático donde sol, luna, aire y luz entraban con libertad maravillosa, y en el cual no había otras sombras que las que empezaron a producir sus almas.

«Iremos lejos si usted quiere», le había dicho él el primer día y fueron, sin duda en un sentido, ya que el matrimonio es una de las más lejanas metas a donde hombre y mujer pueden llegar juntos. Mas, sin embargo, no fueron tanto: hasta el límite de la Primavera nada más.

Cuando las sombras de sus almas empezaron a trascender, amigos oficiosos trataron de inmiscuirse y fué preciso que oyeran de uno y otro acibaradas confidencias tras de las cuales cabeceaban gravemente y murmuraban convencidos, lo mismo cuando hablaba él que ella:

— No cabe duda que tienes razón. De todos modos . . .

De todos modos el conflicto, de la mano aviesa de la Primavera, apenas salido de su principio desbocóse hacia su final.

No hay dramas más temibles en las relaciones humanas que aquellos en que los dos antagonistas tienen razón. Y en las relaciones de amor, sobre todo, donde los *por qué no* y los *por qué sí* imperan con tiranía omnímoda, tener razón es siempre haber dejado de tener pasión y ternura, soldaduras únicas capaces de unir los más lejanos polos. Llenos, saturados de razones, Lucy y José empezaron a vivir ese lado opuesto del amor que confina con el odio y que complace su ira con frases acerbas y con pensamientos de exterminio. A la hora de los besos y de los abrazos, los labios daban sus últimas dulzuras y los brazos no llegaban a adquirir presión hostil. Entonces ambos, sin confesarlo en alta voz, se reprochaban su intransigencia y se prometían enmendarse. Mas al impurificarse la atmósfera pasional lograda sólo a merced de las emanaciones físicas de sus cuerpos, las almas recobraban su elasticidad dura, y entonces bajo los labios los dientes brillaban con ímpetus de desgarrar, y refluía en los puños agarrotados la tensión de todos los músculos. «Por sus manías yo no voy a dejar de vivir. Tengo la consciencia tranquila y no le falto», refunfuñaba ella. Y él se decía torvo: «Por adorar a esa mocosa que cree que el mundo acaba y empieza en su palmito, no voy a estarme riendo siempre como un payaso y a abandonar los estudios de toda mi vida».

Un hijo, la esperanza de un hijo habría tal vez fertilizado, en ambos, zonas desde donde se proyectaran hasta las partes áridas de sus seres sombras balsámicas El amor no cuajó, y la violencia precipitó y envenenó su curso.

En otra estación cualquiera ella habría podido hallar un derivativo en amistades, y él aprovechar la sequedad de sus especulaciones para distraerse; pero en primavera, sobre todo en aquella terrible primavera, no. A ella la obligaba a reír, a moverse, a esponjarse con voluptuosidad y a él a recordar sensualmente sus curvas, aun cuando fueran ángulos rectos sobre los que estuviera especulando; y en los cálculos algebraicos, por juego maligno lo forzaba a trastocar las letras para formar con ellas su nombre: A más B, elevado a m, partido por pi, eran siempre Lucy, Lucy, Lucy . . . Así transcurrió mayo.

Una tarde un poco más tibia que las otras, el subconsciente les avisó la proximidad del desenlace y los dos quisieron detenerse en el borde del precipicio. Al llegar Lucy de la calle, José no le preguntó de dónde venía; dejó sus cálculos, sacó del fondo de su ser una sonrisa afable, cándida, no usada desde hacía ya mucho, y se puso a hablarle de futilezas y a proponerle salir aquella noche a dar un paseo. Ella, sorprendida, casi conmovida, le respondió que era mejor que se quedaran y que él trabajase mientras ella tejía a su lado.

—¿De verdad que no quieres salir?

—¿De veras que no prefieres quedarte con tus papelotes?

Y de súbito una duda mutua se puso entre ellos y crispó las dos sonrisas y heló las dos bondades. «No quiere salir porque llega ya cansada de donde viene», le sugirió a él. «Se ha fatigado con el trabajo de toda la tarde y ahora quiere venderme la lisonja de que lo deja para salir conmigo», le sugirió a ella. Aquella noche ni siquiera el amor físico los pudo juntar. Y hasta muy tarde, despiertos y hostiles, temiendo que un roce o una palabra imprudente hiciera estallar la electricidad acumulada en ellos, no consiguieron dormir.

Pasaron varios días más, inexorables. El 18 de junio, José no trabajó en toda la mañana ni a mediodía tampoco, y Lucy ni se asomó al balcón siquiera. ¿Para qué? Ya toda su vida y toda su muerte estaba en ellos nada más, y el influjo de la primavera que hasta en aquel su penúltimo encierro delataba su presencia en un ramo de geranios violento y en otro de taimados jazmines, cuyo perfume ponía en la habitación algo que en un jardín habría sido delicia y allí era ponzoña.

A eso de las cuatro de la tarde — según la apreciación del médico forense — José, asustado quizás de oír la hélice de sus pensamientos atornillarse en el vacío, dirigió su diestra a un estante de libros, y no sé si por deliberación de la voluntad o por una de esas casualidades en que el Destino muestra la obscura rectitud de sus designios, cogió el volumen que apareció luego abierto sobre la mesa: el *Otelo* de Shakespeare.

Puesto que allí estaba casi toda la raíz de su drama, de él había de tomar la norma técnica, debió decirse con esa lógica compatible a veces con las máximas exaltaciones de la locura. Entró Lucy, y quizás cambiaron entre ellos palabras de inmensa fatiga o de cólera inmensa. Y después las manos de José se agarrotaron en torno al cuello, hasta que la cabeza se mustió para siempre. Luego, de un tajo único, con la navajilla de afilar lápices, se seccionó las dos carótidas. La fuerza hubo de ser tal para obtener tan tremendo resultado con arma tan mínima, que, cuando descubrieron los cadáveres, en los dedos de la homicida diestra azuleaban aún las equimosis de la presión.

Cayeron casi juntos, y la sangre de José corrió hacia el cuerpo de Lucy y empapó sus vestidos, de modo que, al entrar, era preciso fijarse bien para saber a cuál de los dos pertenecía.

Yo ví los dos cuerpos sobre el mármol del Depósito Judicial. Los tapaba una sola tela encerada, sobre la cual, los dos rostros, levemente inclinados en dirección opuesta como si hasta en aquel instante quisieran rehuir la comunicación, ofrecían una diafanidad de cera y una expresión tan sosegada que parecía que de un instante a otro fueran a sonreír. Y pensé que las dos almas, ya desencarnadas y libres de todo influjo sensual, eran las que, unidas por primera vez por completo, imponían a las caras tan suave paz y aquella esperanza de sonrisa.

El entierro fué la tarde siguiente 20 de junio; lo recuerdo. Conservo además el papelito del almanaque. Con unos pocos deudos seguí por entre las calles agobiadas de sopor los dos carros fúnebres. En la puerta estaba el portero caduco. En el patiezuelo el árbol que ya era casi mástil sin savia. En los balcones las dos viejas a quien San Luis Gonzaga enloquecía, el avaro de los ojos turbios, el enfermo incurable... Y todos se inclinaron hacia la Muerte, para agradecerle quizás el haberlos olvidado, mientras que ellos dos, Lucía y José, poco antes saturados de vida, iban rígidos, fríos, inertes...

En una avenida ancha, durante breve rato, los negros carruajes marcharon a la par, anticipando a los dos ataúdes el momento de juntarse dentro de la fosa, bajo las paletadas de tierra. Como no conocía a ninguno de los acompañantes, a nadie dí la mano al despedirse el duelo, y me quedé largo rato en el cementerio, leyendo lápidas. A la hora del crepúsculo, volví a hallarme sin saber por qué sobre la tumba recién cerrada, y siguiendo el hilo de un pensamiento obsesivo, cerré los puños y, amenazadoramente, los tremolé hacia el lugar en donde el día dejaba sobre unas montañas sus llamas últimas.

Lo raro de mi ademán atrajo a un sepulturero, que me preguntó:

— ¿Le pasa algo?

— No, nada.

— Entonces, ¿a quién amenaza usted?

Pensé decirle que a la Primavera que pretendía incendiar con la última hora de su último día la sierra casta; pero no me atreví. Ante mi evasivo encogimiento de hombros el hombre añadió:

— Bueno, vamos andando hacia la salida: es hora de cerrar. Y aquí, por la noche, nadie se queda por su gusto.

Lo seguí, aceptando por cosa natural que en el postrer episodio del drama cuya decisión había sido pautada en el *Otelo*, interviniera un enterrador que parecía provenir del *Hamlet*. Al otro día mi ciudad recobró su ritmo de cordura. Ya era verano.

(De *Sus mejores cuentos,* Santiago de Chile, 1936).

La educación de RÓMULO GALLEGOS (Venezuela; 1884-1969) en la literatura modernista y, por otro lado, su percepción de la ruda realidad venezolana, aparecen contrastadas, tanto en los temas de sus novelas — pugna entre civilización y barbarie en villorrios, llanos, selvas, cafetales, río y lago —, como en la doble embestida de su estilo: el impresionismo artístico y el realismo descriptivo. Ya había publicado los cuentos de *Los aventureros* (1913) y las novelas *El último Solar* (1920) y *La trepadora* (1925) cuando Gallegos se consagró con *Doña Bárbara* (1929) como uno de los pocos novelistas nuestros que satisfacían la expectativa de un público internacional. *Doña Bárbara* funciona con los resortes tradicionales de la novela del siglo XIX. Sobre un fondo de naturaleza implacable la acción destaca, romántica-

mente, casi melodramáticamente, el esfuerzo heroico. Los símbolos —
exagerados hasta por el nombre de los personajes: la barbarie de Doña
Bárbara; la santa luz, el santo ardor del civilizador Santos Luzardo, etc. —
son demasiado evidentes. La composición con simetrías y antítesis (que a
veces tienden a la alegoría) suele llevar de lo artístico a lo intelectual: la yegua
y Marisela son amansadas en procesos paralelos y simultáneos; el hombre
civilizado tiene toda la destreza del bárbaro; la «bella durmiente» es salvaje
y hermosa al mismo tiempo; el idilio en contrapunto de voces; Doña Bárbara
agoniza entre el bien y el mal; la carga de brujerías, agorerías y maldiciones
acaba por ceder a un desenlace feliz . . . Las escenas son violentas y deliberadamente efectistas. El autor cambia de actitudes — lírica, costumbrista,
psicológica, sociológica — a lo largo del relato y desde cada perspectiva logra
páginas admirables. ¿Quién ha descrito mejor que Gallegos el paisaje de la
llanura, una doma, la junta de ganado? La fuerza poética de la prosa de *Doña
Bárbara* se intensificó en *Cantaclaro* (1934). Su estructura novelística es
inferior, pero allí vive uno de los pocos caracteres que convencen en toda
nuestra literatura: Cantaclaro, el trovador de los llanos venezolanos. En
Canaima (1935) el arte del prosista y del narrador alcanzaron un alto punto de
equilibrio. El escenario es la Guayana; el protagonista es el demonio mismo
de la naturaleza, Canaima, frenético y maligno principio del mal, devastador
de hombres. En la urdimbre novelesca los personajes se entrelazan con la
gran persona de la selva, contrastando así este escenario con el de los llanos
de *Doña Bárbara*. En sus últimas novelas — *Pobre negro,* 1937. y *Sobre la
misma tierra* — Gallegos enriquece su galería de cuadros regionales: la
primera, con sus problemas sociales no resueltos, en Barlovento; la segunda,
con unos indios infelices y trashumantes en las márgenes de Coquivacoa. En
El forastero (cuyos borradores son anteriores a *Doña Bárbara*, pero que se
publicó mucho después) el tema político es el dominante. A diferencia de las
otras novelas de Gallegos, aquí la naturaleza aparece disminuída en su
acción sobre los personajes. Su última novela ya no transcurre en Venezuela
sino en Cuba: *La brizna de paja en el viento.*

Rómulo Gallegos

EL PIANO VIEJO

Eran cinco hermanos: Luisiana, Carlos, Ramón, Ester, María. La vida los fué dispersando, llevándoselos por distintos caminos, alejándolos, maleándolos. Primero, Ester casada con un hombre rico y fastuoso; María después, unida a un joven de nombre sin brillo y de fama sin limpieza; en seguida Carlos, el aventurero, acometedor de toda suerte de locas empresas; finalmente Ramón el misántropo que desde niño revelara su insana pasión por el dinero y su áspero amor a la soledad; todos se fueron con una diversa fortuna hacia un destino diferente.

Sólo permaneció en la casa paterna Luisiana, la hermana mayor, cuidando al padre que languidecía paralítico lamentándose de aquellos hijos en cuyos corazones no viera jamás ni un impulso bueno ni un sentimiento generoso. Y cuando el viejo moría, de su boca recogió Luisiana el consejo suplicante de conservar la casa de la familia dispersa, siempre abierta para todos, para lo cual se la adjudicaba en su testamento, junto con el resto de su fortuna, a título de dote.

Luisiana cumplió la promesa hecha al padre, y en la casa de todos, donde vivía sola, conservó a cada uno su habitación, tal como la había dejado, manteniendo siempre el agua fresca en la jarra de los aguamaniles, como si de un momento a otros sus hermanos vinieran a lavarse las manos, y en la mesa común, siempre aderezados los puestos de todos.

Tú serás la paz y la concordia, le había dicho el viejo, previendo el porvenir, y desde entonces ella sintió sobre su vida el dulce peso de una noble predestinación.

Menuda, feúcha, insignificante, era una de esas personas de quienes nadie se explica por qué ni para qué viven. Ella misma estaba acostumbrada a juzgarse como usurpadora de la vida, parecía hacer todo lo posible para pasar inadvertida; huía de la luz, refugiándose en la penumbra de su alcoba, austera como una celda, hablaba muy paso, como si temiera fatigar el aire con la carga de su voz desapacible y respiraba furtivamente el poquito de aliento que cabía en su pecho hundido, seco y duro como un yermo.

Desde pequeñita tuvo este humildoso concepto de sí misma: mientras sus hermanos jugaban al pleno sol de los patios o corrían por la casa alborotando y atropellando con todo, porque tomaban la vida como cosa propia, con esa confianza que da el sentimiento de ser fuertes, ella, refugiada en un rincón, ahogaba el dulce deseo de llorar, único de su niñez enfermiza, como si tampoco se creyera con derecho a este disfrute inofensivo y simple. Crecieron, sus hermanas se volvieron mujeres,

y fueron celebradas y cortejadas, y amaron y tuvieron hijos; a ella, siempre preterida — que hasta su padre se olvidara de contarla entre sus hijos —, nadie le dijo nunca una palabra amable ni quiso saber cómo eran las ilusiones ⁵ de su corazón. Se daba por sabido que no las poseía. Y fué así como adquirió el hábito de la renunciación sin dolor y sin virtud.

Ahora en la soledad de la casa, seguía discurriendo la vida simple de Luisiana, como ¹⁰ agua sin rumor hacia un remanso subterráneo; pero ahora la confortaba un íntimo contentamiento: ¡Tú serás la paz!... Y estas palabras, las únicas lisonjeras que jamás escuchó, le habían revelado de pronto aquella razón de ¹⁵ ser de su existencia, que, ni ella misma, ni nadie, encontrara nunca.

Ahora quería vivir, ya no pensaba que la luz del día se desdeñase de su insignificancia, y todas las mañanas, al correr las habitaciones ²⁰ desiertas, sacudiendo el polvo de los muebles, aclarando los espejos empañados y remudando el agua fresca en las jarras, y cada vez que aderezaba en la mesa los puestos de sus hermanos ausentes, convencida de que esta ²⁵ práctica mantenía y anudaba invisibles lazos entre las almas discordes de ellos, reconocía que estaba cumpliendo con un noble destino de amor, silencioso pero eficaz, y en místicos transportes, sin sombra de vanagloria, sentía ³⁰ que su humildad había sido buena y que su simpleza era ya santa.

Terminados sus quehaceres y anegada el alma en la dulce fruición de encontrarse buena, se entregaba a sus cadenetas; y a veces turbada ³⁵ por aquel silencio de la casa y por aquel claro sol de las mañanas que se rompía en los patios, se hilaba por las rendijas y se esparcía sin brillo por todas partes arrebañando la penumbra de los rincones; mareada por aquella paz que le ⁴⁰ producía suavísimos arrobos, se sentaba al piano, un viejo piano donde su madre hiciera sus primeras escalas y cuyas voces desafinadas tenían para ella el encanto de todo lo que fuera como ella, humilde y desprovisto de ⁴⁵ atractivos.

Tocaba a la sordina unos aires sencillos que fueron dulces. Muchas teclas no sonaban ya; una, rompiendo las armonías, daba su nota a destiempo, cuando la mano dejaba de hacer ⁵⁰ presión sobre ella; o no sonaba, quedándose hundida largo rato. Esta tecla hacía sonreír a Luisiana. Decía:

—Se parece a mí. No servimos sino para romper las armonías.

Precisamente por esto la quería, la amaba, como hubiera amado a un hijo suyo, y cuando, al cabo de un rato, después que había dejado de tocar, aquella tecla, subiendo inopinadamente, daba su nota en el silencio de la sala, Luisiana sonreía y se decía a sí misma:

—¡Oigan a Luisiana! Ahora es cuando viene a sonar.

Una mañana Luisiana se quedó muerta sobre el piano, oprimiendo aquella tecla. Fué una muerte dulce que llegó furtiva y acariciadora, como la amante que se acerca al amado distraído y suavemente le cubre los ojos para que adivine quién es.

Vinieron sus hermanos; la amortajaron; la llevaron a enterrar. Ester y María la lloraron un poco; Carlos y Ramón corrieron la casa, registraron gavetas, revolviendo papeles. En la tarde se reunieron en la sala a tratar sobre la partición de los bienes de la muerta.

La vida y la contraria fortuna habían resentido el lazo fraternal y cada alma alimentaba o un secreto rencor o una envidia secreta. Carlos, el aventurero, había sido desgraciado: fracasó en una empresa quimérica, arrastrando en su bancarrota dinero del marido de Ester, el cual no se lo perdonó y quiso infamarlo, acusándolo de quiebra fraudulenta; María no le perdonaba a Ester que fuera rica y no partiera con ella su boato y la estimación social que disfrutaba: Ester se desdeñaba de aceptarla en su círculo, por la oscuridad del nombre que había adoptado; y todos despreciaban a Ramón que había adquirido fama de usurero y los avergonzaba con su sordidez.

Todas estas malas pasiones se habían mantenido hasta entonces agazapadas, sordas y latentes pero secretas; había algo que les impedía estallar una dulce violencia, que acallaba el rencor y desamargaba la envidia: Luisiana. Ella intercedió por Carlos y porque ella lo exigía, el marido de Ester no le lanzó a la vergüenza y a la ruina; ella intercedió siempre para que Ester invitase a María a sus fiestas; ella pidió al hermano avaro dinero para el hermano pobre, y a todos amor para el avaro; pero siempre de tal modo que el favorecido nunca supo que era a ella a quien le debía agradecer y hasta el mismo que otorgaba se quedaba convencido y complacido de su propia generosidad.

Ahora, reunidos para partirse los despojos de la muerta, cada uno comprendía que se había roto definitivamente el vínculo que hasta allí los uniera y que iban a decirse unos a otros la última palabra; y en la espectativa de la discordia tanto tiempo latente, que por fin iba a estallar, enmudecieron con ese recogimiento instintivo de los momentos en que se va a echar la suerte, y al mismo tiempo la idea de la hermana pasó por todos los pensamientos, como una última tentativa conciliadora, a cumplir el encargo paterno: ¡Tu serás la paz y la concordia!

Entonces comprendieron a aquella hermana simple que había vivido como un ser insignificante e inútil y que sin embargo cumplía un noble destino de amor y de bondad, y fué así como vinieron a explicarse por qué ellos, inconscientemente, le habían profesado aquel respeto que los obligaba a esconder en su presencia las malas pasiones.

En un instante de honda vida interior, temerosos de lo que iba a suceder, sintieron que se les estremeció el fondo incontaminado del alma, y a un mismo tiempo se vieron las caras, asustándose de encontrarse solos.

Pero fué necesario hablar y la palabra «dinero» violó el recogimiento de las almas. Rebulleron en sus asientos, como si se apercibieran para la defensa, y cada cual comenzó a exponer la opinión que debía prevalecer sobre el modo de efectuar el reparto de los bienes de la hermana y a disputarse la mejor porción.

La disputa fué creciendo, convirtiéndose en querella, rayando en pelea y a poco se cruzaron los reproches, las invectivas, las injurias brutales, hasta que por fin los hombres, ciegos de ira y de codicia, saltaron de sus asientos, con el arma en la mano, desafiándose a muerte.

Las mujeres intercedían suplicantes, sin lograr aplacarlos, y entonces, en un súbito receso del clamor de aquellas voces descompuestas, todos oyeron indistintamente el sonido de una nota que salía del piano cerrado.

Volvieron a verse las caras y, sobrecogidos del temor a lo misterioso, guardaron las armas, así como antes escondían las torpes pasiones en presencia de Luisiana: todos sintieron que ella había vuelto, anunciándose con aquel suave sonido, dulce aunque destemplado, como su alma simple pero buena.

Era la nota de Luisiana, sobre cuya tecla se había quedado apoyado su dedo inerte, y que de pronto sonaba, como siempre a destiempo.

Y Ester dijo, con las mismas palabras que tanto le oyera a la hermana, cuando en el silencio de la sala gemía aquella nota solitaria: 5

—¡Oigan a Luisiana!

(De *La rebelión y otros cuentos*, 1946).

Artista de la prosa es VENTURA GARCÍA CALDERÓN (Perú 1887-1960), quien cumplió un buen servicio diplomático: mostrar a los europeos que nos creen pintorescos y nos piden sólo regionalismo, por mediocre y ramplón que sea, una excelentemente escrita literatura regional. *La venganza del cóndor* (1924) son cuentos peruanos de violencia, muerte, horror, superstición y pasiones desenfrenadas. La buena prosa pone toda esa realidad — cruda en otros narradores — como en un vidrio de colores, brillante y frío. Esa mente de civilizado parisién contando episodios bárbaros o describiendo paisajes espeluznantes sonríe a veces con refinada y casi imperceptible ironía, como en «Historias de caníbales.» Las almas pesadas, que necesitan de explicaciones, tesis, declamaciones, creyeron que García Calderón no había visto su tierra: sí la vio — y comprendió sus problemas — pero con mesura artística.

Ventura García Calderón

HISTORIAS DE CANÍBALES

—Cuando yo refería eso en Europa — nos dijo Víctor Landa —, las gentes se reían en mis barbas con una perfecta incredulidad. ¡Sin embargo, ello es tan simple!... Y es que se tienen ideas preconcebidas acerca de la civilización y la barbarie, como si en un tugurio de Londres no pudiésemos hallar salvajes auténticos... He frecuentado mucho a Lucien Vignon; Vignon —¿no le conocen?—, el explorador que ha publicado tantos libros excelentes y de quien no se ha vuelto a hablar más después de la guerra. Pues bien; yo puedo contarles su aventura entre los indios witotos de mi tierra. Le conocí en la Legación del Perú en París. Era un francés nervioso, muy simpático, de perilla afilada, con ojos azules, límpidos; un «colonial» que había 10 recorrido todas las selvas del mundo. ¡Cuando al francés, tan casero, le da por dar la vuelta al Atlas!... Amigo de Gauguin, Vignon fué el primero que exploró algunas islas oceánicas y el misterioso reino del Tibet. Un día se 15 marchó al Perú, pero no quiso quedarse en Lima, por supuesto, sino se encaminó a la floresta virgen. El viaje a Iquitos, el vasto puerto del Amazonas, no era a la sazón una sinecura; por lo menos un mes, utilizando todos los medios de locomoción, en primer lugar el tren, que rampando montañas atraviesa infinitos picos nevados y está suspendido sobre abismos de torrentes. Después, a lomos de mula, a pie o en litera de hojas, entre la vegetación monstruosa de un Canaán venenoso, donde comienza la gran región de las lluvias torrenciales . . .

De allí los vertiginosos afluentes — los rápidos, como dicen en mi tierra — parten a alimentar el más amplio río del universo. Entonces es necesario dejarse atar en una como plataforma de madera, la *balsa* del país, que se desliza a ras del agua, con evidente peligro de no poder contar después la aventura si el río está revuelto. Tan a prisa como una buena flecha india, medio empapado por los remolinos que hacen virar la balsa, podéis enviar un adiós cordial a vuestros parientes, cerrando bien los ojos, pues esa caída a través de las estrellas os puede dar el vértigo. Sin duda al explorador Lucien Vignon no le pareció demasiado rudo tal deporte; apenas había llegado a Iquitos cuando quiso partir a la selva incógnita, muy lejos, más lejos que la «Montaña de Sal», en donde todas las tribus del Amazonas acuden a matarse buscando el precioso condimento.

Ya es suficiente Iquitos para el aficionado a exotismos: las boas, que os acarician las manos como gatos domésticos; las víboras pequeñas, que a veces halláis en vuestro lecho — ¡y no hablo en sentido figurado! — ; los *outlaws* de veinte pueblos, escapados de la Cayena, los *outlaws* que el domingo, por simple diversión, porque el cielo está azul, se persiguen riendo a través de las lianas de la floresta. Sólo que han bebido y llevan encima los mejores revólveres de Europa . . .

Al gobernador de Loreto le fué muy simpático en seguida este francés enérgico y burlón, que no hallaba el país tan salvaje como podía suponerse. ¡Diantre! ¡Si venía en busca de sensaciones fuertes, que fuera a tierra de caníbales! No le chocaba esta afición de explorador; él había sentido, como tantos otros, la atracción funesta de la selva. Pocos días antes se había visto a míster Roberts, el inglés más correcto del mundo, el director de la «Iquitos Rubber Company», perderse en el Alto Paraná, vestido de salvaje *campa*, con plumas en la cabeza y el cuerpo desnudo embadurnado de colores chillones. «¡Lo que me molesta un poco — confesaba a sus amigos antes de abandonar la vida civilizada — es la fama de la Gran Bretaña!» Acaso pudiera decirse que este inglés era un excéntrico: pero ¿y el sobrino de Garibaldi, Juan Cancio Garibaldi, que ha llegado a ser jefe de tribu y coronel de Lima, y sus dos hijas casadas con salvajes? . . . En fin, éstas son historias íntimas que la discreción nos veda comentar.

Puesto que Lucien Vignon era tan intrépido, podía partir al encuentro de los antropófagos, los más feroces indios de Loreto. El gobernador le prestó algunos indios civilizados y un *lenguaraz* (hablador o intérprete), que conocía una veintena de lenguas locales, por lo menos. Y helos allí durante un mes extraviados en el infierno magnífico, devorando monos y tortugas gigantes, resguardándose de los tigres y de los naturales, peores que los tigres; sus flechas, largas como lanzas, caen rectas del cielo y clavan a un hombre para siempre. Un día que los exploradores habían descubierto en un calvero una tribu pequeña, a la que persiguieron a tiros, los salvajes lograron escaparse, salvo una pobre vieja y su acompañante, una hermosa muchacha que mordió en el brazo a sus raptores. Fué necesario atarla como a una bestia, y Lucien Vignon la llevó en una hamaca peruana que la rodeaba como una malla. «Una sirenita», decía Vignon más tarde, riendo. De regreso a Iquitos, la vieja, mal repuesta de sus emociones, sentíase moribunda y parecía rogar a su nieta que la otorgase un servicio, un gran servicio. El lenguaraz se había enterado de que era una hechicera temible, la hechicera de la tribu, como bien lo indicaban los ojos disecados que llevaba en forma de collar. Murió al día siguiente, maldiciendo con magnificencia, profiriendo alaridos, con los brazos en alto y la boca espumante.

Cuando la vieja supo por el intérprete que la enterrarían después de su muerte, se echó a llorar desgarradoramente, invocando a todos sus dioses. No, no, ella quería que después de muerta se la comiera su nieta. Esta es la parte de mi relato más difícil de explicar en Europa, en donde se atribuye siempre a los caníbales hábitos de vil glotonería. Los hay que son materialistas y sólo piensan en el «trozo selecto»; pero os aseguro que los indios de mi tierra son espiritualistas a menudo. Aquella vieja hechicera procedía, en suma, como una dama católica que desea morir según sus ritos. Ella estaba segura de que la energía de la raza se conserva comiéndose los muertos y sólo así se transmiten las virtudes a través de los siglos. Pongamos que era una reaccionaria; pero admitamos, por Dios, que la idea de ser enterrada le parecía repugnante... Lucien Vignon no quiso permitir a la nieta que cumpliera con el deber filial de los *witotos*. La pequeña se mantuvo inconsolable durante ocho días, y sólo se calmó al convencerla de que la prohibición no había sido castigo.

Extraordinariamente vivaz era la indiecita. Orgullosa, como todas las de su raza, estaba decidida a no extrañarse de nada. Ante el primer espejo que hubo visto en su vida, se volvió con prudencia para contemplar la persona colocada detrás de la luna, y permaneció turbada un instante. Pero en el cinematógrafo — en Iquitos lo hay también — ni siquiera vaciló, como si no fuera aquello novedad. Muy de prisa aprendió algunas palabras en español, tres sobre todo que pronunciaba bien: *sucios, embusteros* y *ladrones*, las cuales resumían para ella la civilización. En realidad había pasado su juventud bañándose desnuda durante el santo día en las riberas; decía siempre la verdad, y el robo no existe en las costumbres de los salvajes de mi tierra. Lucien Vignon se divertía con la moza como con un animalito familiar. De tal modo se divirtió que seis meses después, ataviándola con un vestido blanco y un ramo de azahar, se casaba con ella en la iglesia de Iquitos. La ciudad había acudido a verles en son de burla; pero a fe mía que tenía una soberbia presencia esta pequeña endiablada, que había aprendido perfectamente — merced a las lecciones de un fraile misionero de Ocopa — a arrodillarse, a juntar las manos y a rogar al Dios exótico.

En fin, el explorador regresó a Europa, con su singular madama Vignon, y yo los ví en Paris sin asombro. Ante los extraños, ella permanecía silenciosa y crispada; pero en familia, y en su torpe lenguaje, alternando el francés con el español, decía cosas perfectamente cuerdas. La menuda antropófaga leía ya novelas y relatos de viaje. Un día me indicó sobre un mapa el lugar exacto de la selva donde la había hallado su marido...

*
* *

Lucien Vignon quiso regresar al Perú a completar sus trabajos, enfermo acaso del mal de la floresta, que nadie puede curar y que da accesos, como el paludismo. Por prudencia dejó a su mujer en Francia. Meses más tarde nuestra Legación recibía un telegrama de Lima: «Lucien Vignon desaparecido en los alrededores de Iquitos.» En seguida supusimos que se había convertido en jefe de tribu, como el director de la Compañía inglesa de caucho, o el sobrino de Garibaldi... Pero no, era algo más grave aún: se lo había comido la tribu de su mujer.

Evidentemente, cuando yo explicaba esto en París, las mujeres hermosas me interrumpían siempre: «Sí, comido por su suegra.» Y era una carcajada general. ¡Estos franceses son incorregibles! Os aseguro que hablo en serio y refiero el epílogo tal como me lo contaron amigos de Loreto:

Los salvajes se visitan fácilmente en la floresta, y la historia de la menuda civilizada los había enfurecido. Apenas Lucien Vignon estuvo de regreso en Iquitos, meditaron matarle; qué digo, en cuanto pasó por Manaos, en el Brasil, la «Montaña» entera sabía por el telégrafo de los indios — un tronco vacío capaz de lanzar a muchas leguas a la redonda, con sonoridades de cañón, sonidos telegráficos — que el explorador llegaba al país. Bien pronto supieron atraerle. ¡Cuán simpáticos y lisonjeros son los indios cuando quieren serlo! El explorador no desconfiaba, porque le prometieron las mariposas de fuego más hermosas. Un día entero en la floresta, su guía, comprado con algunas libras de pólvora, se avino a extraviarle para que pudieran cogerle vivo en las trampas altas de los tigres: una especie de nido de hojarascas podridas, sólidamente rodeado de bejucos.

El jefe fué quien lo comió primero, en el transcurso de una fiesta suntuosa, una extraña y sin duda irónica ceremonia en una calva de la floresta. Se encontraron allí después los Evangelios abiertos y dos cirios regados de sangre, bajo las flechas en cruz. Antiguos alumnos de los Padres, escapados un día de Ocopa, habían dispuesto la fiesta para probar a estos civilizados que conocen bien sus libros de hechicerías y sus dioses ridículos. Descartad, os lo ruego, toda idea de glotonería, pues mis indios, lo repito, son idealistas. Comiéndose al francés que había devorado el cadáver de la vieja hechicera — de ello estaban persuadidos — la tribu recuperaba sus perdidas fuerzas espirituales y sus amados secretos de magia, adquiriendo además las potencias diabólicas de estos hombres de cabellos dorados y de ojos azules que manejan tan bien las armas de fuego. Todo quedaba en paz y la tribu de los conservadores no cabía en sí de gozo.

Pero ¿ Madama Vignon?, se me preguntará. También volvió poco después, con sus vestidos de París, que lleva todavía en el fondo de la floresta virgen, no pudiendo habituarse a permanecer desnuda. Los indios de su tribu la desdeñan porque es una civilizada; es decir, que ha aprendido a mentir, que roba los maridos a las demás mujeres y que se niega a bañarse de la mañana a la noche, como sus compañeras, en los sagrados ríos de mi tierra . . .

(De *La venganza del cóndor,* 1924).

PEDRO PRADO (Chile; 1886–1952) fue primero poeta en verso, pero la prosa poemática fue su más ancho y largo cauce. Versos: *Flores de cardo* (1908). En 1949 se publicó una *Antología* (« Las estancias del amor ») y *Viejos poemas inéditos.* La poesía de Prado no denuncia esfuerzos de renovación formal. Prefiere técnicas tradicionales, el soneto. En lenguaje fiel a la gramática común pone en tensión al lector pero no lo lleva a mundos inexplorados. En «Las estancias del amor» el motivo dominante es el amoroso. El poeta ha recogido poesías de diferentes libros con los que, en los últimos años, inició una nueva fase: *Camino de las horas* (1934), *Otoño en las dunas* (1940), *Esta bella ciudad envenenada* (1945), *No más que una rosa* (1946). Prado es un espíritu reflexivo, meditabundo, con preocupaciones — y lecturas — filosóficas. Poetizó una filosofía de la vida en parábolas — *La casa abandonada,* 1912 — y aun en poemas en prosa — *Los pájaros errantes* — . El pensamiento adelgazado en tenues símbolos imbuye sus páginas líricas más puras. Su primera novela — *La reina de Rapa Nui,* 1914 — es una fantasía algo libresca, imaginada en una isla perdida. Siguió *Alsino* (1920), una de las mejores novelas poemáticas de nuestra literatura. Alsino es un chilenito que quiere volar. Cae de un árbol al suelo y queda corcovado. La corcova echa alas. Y Alsino vuela, embriagado de aire, de árboles, de pájaros, de libertad, dicha y canciones. *Un juez rural* (1924) relata desde abajo la vida popular de un barrio pobre, pero sus estampas no son realistas: el autor ha bajado al ras del suelo pero sus ojos traen de las alturas un ideal modo de mirar. Después de *Karez-I-Roshan* — mistificación literaria que hizo pasar como de un poeta persa algunos poemas en prosa de Prado — , publicó *Androvar* (1925), «tragedia en prosa» con una metafísica de la personalidad.

Pedro Prado

LA CASA ABANDONADA

Alta va la luna y las nubes volando en torno. De vez en vez cae una nube como una mariposa en las llamas de la luna y hay una pasajera oscuridad. Luego, el cuerpo consumido de la mariposa rueda por los rincones oscuros de la noche.

Viento del otoño alegre, ensaya un silbido agudo. Los árboles le hacen reverencias. Afanosas las arañas, zurcen los vidrios rotos de la casa abandonada, y continuos calofríos estremecen los yerbajos del patio.

— Mala la noche — dicen los grillos que cruzan por entre los escombros.

— Mala la noche — repiten los pájaros, que no pueden conciliar el sueño con el loco vaivén de las ramas.

— ¿Volverá? — preguntan los medrosos caracoles.

Bajo el bosque de ortiga y malvaloca, cruzan las ratas por veredillas que penetran a los cuartos vacíos. Los pisos de madera se pudren y se deshacen. Las paredes desconchadas, con grandes agujeros, evitan las revueltas inútiles.

Las cabezotas de los cardos que se yerguen al frente de las puertas, vaciaron sus enjambres en las piezas solitarias.

Cuando penetra una racha, bailan las plumillas la danza del viento.

Y la rata blanca, que anida en un escondrijo, se desespera con la fuga de los vilanos, porque son el abrigo de sus ratoncillos.

— ¿A dónde vais — chilla — locos, más que locos?

— No lo sabemos, señora. Preguntádselo al viento.

— ¿Os dejáis arrastrar por ese vagabundo?

— Hemos sido hechos para él. El polvo y las hojas y las aspas de los molinos están encargados de hacer visibles a las ráfagas que soplan vecinas a la tierra. Las nubes y los vilanos denunciamos a los vientos altos, que sólo en nosotros los perciben los ojos.

— Extraña ocupación.

— ¿Pequeña os parece? Hay muchos que sólo viven para indicar el paso de las cosas invisibles.

*

EL ESPEJO

Cada vez que me observaba en un espejo recibía una impresión extraña.

— Ahí te tienes, me decía.

— Pero ¿acaso soy tan sencillo como todo eso? me preguntaba.

Aquella imágen opaca, impenetrable, parecía tan ajena a mí mismo, como si fuese la figura de otro.

Por fin, una noche descubrí el verdadero espejo.

Sobre el jardín envuelto en sombras, bajaba el pálido fulgor de las estrellas.

En los cristales de la ventana veía reflejada la luz de la lámpara y mi actitud pensativa. Pero a través de mi imagen pude observar la arena de los senderos, los macizos de rosas que florecían en mitad de mi pecho, las estrellas lejanas que brillaban en mi cabeza.

Pensé haber encontrado un buen espejo.

Aquella mi sombra, atravesada por franjas de arena, por rosales florecidos, por astros distantes, hablaba, con extraordinaria claridad, del origen de nuestro cuerpo y de las tendencias que llenan el espíritu humano.

*

LA FISONOMÍA DE LAS COSAS

Un estudiante recorría un pueblo desconocido y reparó en que las casas, con los huecos de las puertas y de las ventanas, alcanzaban cierta semejanza con la fisonomía de los hombres. Una pequeña, con los postigos entornados, a la sombra de los árboles, parecía la faz lánguida de una mujer triste; otra ultrajada por el tiempo, le infundió repulsión por su mirar torvo y cínico. Había ventanas desvencijadas que sonreían; zaguanes oscuros, como bocas sin dientes; casitas iguales dispuestas en dos hileras, que se contemplaban como los colegiales cuando no comprenden lo que se les pregunta.

Preocupado con estas apariciones extravagantes, el joven viajero, entrada la noche, regresó a la posada. Después de comer, y una vez metido en su cuarto, se sentó en una ancha y baja silla de brazos que le hizo sonreír, pues le recordó a cierta mujer gorda y pequeña de su pueblo.

Por la ventana se veía la noche clara. Un lejano escuadrón de nubes le entretuvo como un juego de charadas: un león furioso, caballos desbocados, una virgen desmayada y un gigantesco oso blanco que amenazaba tragárselo todo.

—Vamos, se dijo el estudiante; ahora comprendo a los poetas: son los hombres que perciben las semejanzas.

Ya fatigado, se metió en el lecho y trató de atrapar el sueño, leyendo alguno de los dos libros que había traído consigo. Uno era un tratado de moral y otro de filosofía. Lleno de la nerviosidad que le produjera la fisonomía de las cosas, creyó ver que en el libro sobre moral los sentimientos humanos se aplicaban a las fuerzas desconocidas. Había bondad humana, alegría humana, recompensas y castigos humanos distribuídos por todas partes. El universo estaba lleno de nuestros sentimientos.

Su curiosidad más y más excitada, le hizo continuar con el libro de filosofía. En un comienzo no encontró nada de particular; pero luego sospechó que, de vez en cuando, los filósofos veían, en vez del mundo, a sus propias ideas, ni más ni menos que él veía fisonomías humanas en las fachadas de las casas.

Entonces, el estudiante escribió en su libreta de apuntes este pensamiento, que no comprendieron sus amigos:

«Los ojos de los hombres tiñen de hombre a las cosas que observan; los sentimientos de los hombres visten de sentimientos humanos a lo que es indiferente; las ideas de los hombres reducen el mundo a una cosa que se parece al hombre.»

*

LOS PESCADORES

Antes de salir el sol, fuí hacia el sitio elegido por los pescadores para echar la red. El aire era frío y limpio. El mar parecía estar lleno de aguas nuevas. Al beber el soplo de eternidad del aire y del mar, me sentí alegre y liviano como si yo también fuese ajeno a lo pasajero de la vida.

Un grupo de pescadores sacaba la red. Tres de un extremo, tres del otro, trepaban el blando declive de la playa.

Asomaron al ras de las aguas grandes peces que, en furiosas contorsiones, trataban de escapar. Corrieron apresurados los pescadores y les lanzaron lejos del alcance de las olas. Uno, dos, tres . . . contaban. Nueve docenas. ¡Fué una buena cosecha!

Atraído por la curiosidad, llegó otro grupo de pescadores. Los que venían en el bote echaron a su vez la red. Remaron, describieron una gran curva para desembarcar un poco más lejos. Tres de un extremo, tres del otro, la recogieron, enseguida, lentamente. Apareció, por fin, un pequeño montón brillante. Contaron a su vez: uno, dos, . . . cinco. Y sonaron cinco golpes sordos al caer los peces contra la arena. Entre los otros pescadores, entre los afortunados, había un anciano. Me acerqué a él y le dije:

— Buena suerte tienen ustedes, abuelo.

El viejo pescador me miró en silencio.

— Aquí, una gran pesca; allí, un resultado miserable — agregué.

— Los pescadores — me respondió — no tienen suerte. Los jóvenes, cuando principian a echar la red, creen en la buena o en la mala fortuna. Creen en ella, porque la han tentado un corto número de veces.

Hoy hemos tenido, es verdad, una buena pesca. Los vecinos la tuvieron mala. Mañana y todo el mes y todo el año, puede suceder igual cosa; pero ya llegarán los días de las buenas pescas para ellos y de las males para nosotros. Llegarán antes de un año, antes de un mes; acaso mañana mismo. ¿Cuántas veces en la vida alcanza el pescador a echar la red? No lo sé. Pero todos los viejos sabemos que, al fin de ella, cada uno habrá sacado del mar tantos peces como su vecino. Usted es joven; sólo los jóvenes creen en la buena o en la mala suerte de los pescadores.

(De *La casa abandonada*. Parábolas y pequeños ensayos, 1919).

———◆———

EDUARDO BARRIOS (Chile; 1884-1963), es un novelista que está más interesado en los personajes que en las cosas; y, más que en las aventuras de los personajes, en sus almas. Ya en *El niño que enloqueció de amor* (1915) mostró su capacidad de análisis psicológico: es el diario de un hipersensitivo niño de diez años que, enamorado de una mujer, sufre, se enferma y termina por volverse loco. Más penetrante fue *Un perdido* (1917), donde novela la historia del desdichado Lucho, que de fracaso en fracaso va cayendo en la miseria y el vicio. En *El hermano asno* (1922) otra vez se ve, tenso, al autor de casos psicológicos raros; el de Fray Rufino en un convento franciscano. Tantas pruebas de amor y de abnegación da, que las gentes empiezan a venerarlo como a un santo. Molesta a Fray Rufino que se le atribuya santidad; cree no merecerla; duda de si no habrá en el fondo de sí un sentimiento de vanidad; y para humillarse y castigarse asalta a una muchacha, como si fuera a violarla. Quiere ser «el hermano asno», que así llama al cuerpo y a sus bajezas. En dos décadas Barrios no produjo gran cosa, hasta que en *Tamarugal* (1944) continuó su descripción de la vida chilena, en los desolados campos de nitrato del norte. *Gran señor y rajadiablos* (1948) cuenta la vida de un rico hacendado chileno («gran señor», en el sentido feudal), audaz, alocado, tunante y simpático («rajadiablos»). Aunque los episodios transcurren a fines del siglo pasado y tienen sus ribetes de historia y aun de política, el mayor logro está en la psicología del «héroe» Valverde. Tanto hemos usado a propósito de Barrios el concepto «psicológico» que conviene advertir que sus novelas, más que psicológicas, son subjetivas. Lo cierto es que Barrios usa convenciones narrativas no siempre verosímiles y a veces increíbles desde un punto de vista rigurosamente psicológico. El subjetivismo de Barrios en la creación de caracteres se da junto con su impresionismo en la creación de frases. Su última novela — *Los hombres del hombre*, 1950 — imagina la tortura interior de un marido que duda de su paternidad.

Eduardo Barrios

COMO HERMANOS

Eran las nueve de la noche.

Un húmedo color de agua y vinagre aromático refrescaba la armósfera tibia. El cuarto, a causa de los preparativos de Laura para el teatro, estaba más iluminado que de costumbre. La lámpara desprendía por sus cuatro bombillas un torrente de luz; sobre las paredes tapizadas en blanco, destacaban con firmeza los retorcidos contornos del amueblado Luis XV y los mil cuadritos y monerías que son frívolo y amable adorno en el dormitorio de una soltera.

Encima de la colcha rosa del lecho, un traje pintaba entre gasas un brochazo de azul pizarra; y al lado, Margarita, sentada en una butaca, esperaba que su amiga terminara su tocado. Entreteníase examinando un delicado abanico veneciano del siglo XVIII, con esa minuciosidad que exige el tiempo a quien ha de soportar una larga espera.

—¡Qué preciosidad! ¡Qué primor de abanico!—eclamó de repente, entusiasmada—. ¡Y qué perfección en las pinturas!

—Sí, es una obra de arte—repuso Laura, sin volverse y mientras hundía, para esponjar el peinado, los dedos largos y pálidos en su grávida cabellera negra de criolla.

Luego añadió:

—No te lo ofrezco porque es de mamá; pero . . .

Margarita no la dejó concluir:

—¡Qué ocurrencia, niña!—dijo—. Aunque fuese tuyo . . .

Cambiaron dos o tres frases más, de pura cortesía, y el silencio sólo fué entonces interrumpido por el sonido seco de los utensilios que Laura manejaba sobre el mármol del tocador, a medida que daba realce a sus encantos. Con un poco de carmín reforzó el garabatito de su boca, tornándolo ardiente y provocativo; luego limpióse los polvos de las pestañas, y los ojos resurgieron en su fulgor sombrío, mareantes y profundos como dos simas cuya oscuridad exigía admirar la tez pálida, de esa blancura desfalleciente y mate que da la vida entre tapices y cortinas.

De pronto llamaron a la puerta.

—¿Quién?

—Yo, señorita. Una carta para usted—respondió la criada desde afuera.

—Margarita, hazme el favor; recíbela tú, que yo no estoy visible.

La amiga se levantó entonces y fué a recibir la carta.

—Es de Valparaíso—dijo, volviendo con ella.

—A ver . . . La letra es de Constancia Cabero . . . Déjala sobre la cómoda, para saborearla con calma cuando esté vestida.

—Constancia Cabero . . . —repitió Margarita, como escudriñando en su memoria—. ¡Ah! ¿Es aquella amiga que tenías cuando te conocí? ¿Aquella que se paseaba contigo y ese joven alto en la Plaza?

—La misma. Una de las amigas que más quiero, una alhaja.

—Muy linda.

—Y de tanto corazón como hermosura.

—La verdad es que era preciosa—confirmó la otra con entusiasmo—. Y óyeme una cosa: cuando las veía yo a ustedes dos juntas con aquel joven, no acerté a explicarme nunca de cuál estaba él enamorado.

—Como que nosotras mismas no lo sabíamos. A las dos nos cortejaba. ¡Figúrate! . . . ¡Ay! No sé . . . Si no peleamos, fué por el cariño realmente grande, entrañable, que nos teníamos. Cuando me acuerdo . . .

—¡Cómo! . . . ¿De manera que a las dos . . . ?

—A las dos.

— ¡Qué divertido! Cuéntame, cuéntame eso . . .

Sin interrumpir el pulido de las uñas, cedió Laura a la curiosidad de Margarita, y empezó a hilvanar recuerdos y acoplar detalles.

Evocó en primer término a Carlos Romero, que así se llamaba el galán. No era posible hallar tipo más seductor: alto, esbelto, de facciones correctísimas, elegante y distinguido; tanto, que ambas sentíanse igualmente atraídas por sus ojazos castaños y dormidos, de largas pestañas que dábanle una expresión acariciadora, avasallante, al mirar. Fino y oportuno en su atenciones, descubría al hombre avezado en las costumbres sociales. Como decía Laura, tenía un refinamiento natural de expresión, una confianza de sí mismo, un no sé qué de exquisito en sus galanteos, que les ocasionaba subidísimo, incomparable deleite y hacía titubear en ellas la educación, el recato y . . . casi el pudor. No ignoraban que era algo tunante, trasnochador y hasta que trataba ciertas amigas poco escrupulosas, y, no obstante, esto le rodeaba de un aura seductora que las envolvía y las fascinaba. Aquella vida adornada por aventuras, amoríos ilícitos y fiestas galantes producía en ellas, como en la mayoría de las muchachas solteras del «gran mundo», un encanto misterioso a la vez que mortificante. Cuando, en las noches, separabanse de él y pensaban en los goces que otras más libres que ellas le proporcionarían, quedábanse largo rato tristes y aun pesarosas de no haberle permitido, siquiera tal cual vez, alguna pequeña libertad de ésas que el estricto recato llega a vedar con exceso a las señoritas...

Tras de estos silencios meditabundos, solían buscarse, presas de invencible necesidad de expansión.

— A mí — decía entonces Laura, en un arranque de intimidad —, me entran unos deseos de ser libre, de acompañarlo a todas partes . . .

Constancia callaba unos momentos, y al fin añadía:

— Se me figura que esas mujeres deben ser muy interesantes, muy zalameras en su trato, en su . . . ¡quién sabe en qué! . . . para que trastornen de ese modo a los hombres. Créeme, a ratos, pensando en ellas, me siento muy insignificante, sin atractivos poderosos, demasiado severa, desabrida, fúnebre en mi conducta y . . . llego a renegar de . . . No, no. ¡Por Dios! ¡Lo que iba a decir! . . .

— No, no lo digas. No hay necesidad de que me lo digas. Otro tanto me pasa a mí. Y son los celos, niña, los celos, que la hacen a una disparatar.

— En mí no son los celos; es rabia, mira, una rabia atroz. Yo, a esas mujeres, las pulverizaría.

— ¿Por qué existirán? Debían prohibirse.

— Así es.

Siempre concluían de semejante manera estas confidencias; pero se repetían casi a diario. Los corazones de las dos muchachas se exaltaban, desfallecían, alternativamente sensatos y enloquecidos.

Cuando Laura, entre acomodos al corsé y retoques al peinado, hubo expuesto a Margarita, con cierto dejo nostálgico, aquellos amores, la curiosa amiga arguyó aún:

— Por lo visto, estaban ustedes muy enamoradas. Y, realmente, se me hace incomprensible que no hayan peleado nunca.

— ¡Ah! — dijo Laura con vehemencia —. Eso hubiera sido imposible entre nosotras, que nos queríamos tanto, que nos queríamos ya como dos hermanas.

— Pero también las hermanas pelean en tales casos.

— Pues nosotras, no. Por el contrario, habíamos convenido que cada una, por su parte, hiciera cuanto estuviese a su alcance para decidir a Carlos Romero en su favor, naturalmente que siempre que para soliviantarlo en sus inclinaciones, no usara de medios indignos.

— ¡Ah!

— Ya ves. Con este convenio no cabían disgustos. Además, te repito, nuestra amistad fué siempre demasiado firme para que un advenedizo la desbaratara.

Y Laura continuó así, recorriendo la gama de los elogios para ponderar aquella inquebrantable unión. ¿Reñir ellas, pues? No, ni pensar se podía en semejante absurdo.

— Aunque me lo hubiera ganado ella — concluyó —, mi cariño habría sido el mismo, como es hoy.

— Y al fin, ¿en qué pararon los amores? —

preguntó intrigada Margarita, mientras pasaba a Laura el vestido, recogido como aro, por encima de la cabeza.

— ¡Pse!... en que nadie triunfó. Carlos fué llamado a Valparaíso por su padre, para hacerse cargo de sus negocios, y tuvo que abandonar a Santiago sin decidirse por ninguna de las dos.

— ¡Qué tontas! Lo más discreto hubiera sido que una de las dos renunciase.

— ¡Qué quieres!... No se pudo. Varias veces lo pensamos. Una vez llegamos a sortearnos: pero en seguida anulamos el juego, alegando trampas y jugarretas; aunque me parece que la verdadera causa era que ninguna podía sufrir indiferente el sacrificio de la otra. Nos queríamos tanto...

Pronto Laura terminó de vestirse y, cogiendo la carta, se acercó a la lámpara, a fin de leer mejor.

Su silueta robusta irradiaba en la luz, que se escurría por el descote fresco, afelpado y con marfileños reflejos. El vestido insinuaba las caderas de morena fogosa y caía en levísimos pliegues.

Con la esquelita entre los dedos, leía Laura en silencio, descubriendo a ratos, con una sonrisa, la línea brillante de los dientes. A su lado, Margarita, con mirada interrogadora, esperaba impaciente alguna noticia; sus ojos seguían el zig-zag que describían los de Laura sobre el papel. Aquel semblante de rubia vivaracha era un espejo de los gestos de su amiga; en él se repetían, con el poder del contagio, las muecas y las sonrisas.

De pronto, la sonrisa de Laura dejó de ser la flama producida por el goce de las nuevas agradables; trocóse primero en indecisa, luego en amarga, después en irónica, indefinible, mientras las pupilas ávidas se dilataban para releer un trozo de la carta. Por último, los brazos se descolgaron, a lo largo de los flancos. Laura quedó abismada. Su respiración se había hecho fatigosa, su pecho se agitaba en reprimidas ondulaciones, cual si en su interior una tempestad de ira despertase. La cólera llevó de repente una oleada oscura a los ojos, que chispearon. Los labios se entreabrieron como para decir algo... Pero la muchacha vaciló, cohibida, unos instantes.

Al fin, no pudo reprimirse. Su ira estalló, desbordante, incontenible ya.

— ¡Falsa, infame, ruin! — dijo, mordiendo las palabras —. No merecía mi cariño. ¡Desleal mezquina, miserable!

— ¿Qué te pasa? ¿Qué hay? — preguntó alarmada Margarita.

— ¡Qué desengaños causan las amigas, hija! Imagínate que...

No prosiguió. La razón se sobreponía a la cólera. Limitóse a pronunciar, con tono desdeñoso y lágrimas en los ojos, estas palabras:

— Nada; falsías, que es mejor olvidar.

Estrujó la carta, la arrojó a un rincón y, sacudiendo altanera la cabeza para despejar de un rizo la frente, salió diciendo:

— Voy a ver si mamá está lista.

Margarita, alelada, no podía explicarse tan repentino cambio. ¿Por qué Laura, después de ponderar tanto las buenas cualidades de su amiga, de su *hermana*, como la había llamado, la insultaba ahora?

La curiosidad invencible de las mujeres la indujo a faltar a la buena educación.

Temblorosa, mirando a todos lados, recogió la bolita de papel, la estiró y leyó en uno de sus párrafos:

«Te llamará mucho la atención que nada te haya dicho hasta ahora de mis famosos *flirts*. Pues bien, Laura, se acabaron las tonterías. Esto y de novia. Y ¿a que no adivinas con quién?... Con Carlos Romero. Ya estoy pedida y el primero de septiembre es el día convenido para el matrimonio. Todo ha sido muy rápido...»

RICARDO GÜIRALDES (Argentina; 1886–1927) mostró en 1915, con los versos de *El cencerro de cristal,* sus credenciales de lector de poesía francesa y de poeta atrevido: como lector prefirió a los simbolistas y, sobre todo, a

Jules Laforgue; como poeta tentó mucho, acertó a veces y consiguió anticipos de lo que luego se ha de llamar «creacionismo» y «ultraísmo». Los *Cuentos de muerte y de sangre,* también de 1915, eran en realidad «anécdotas oídas y escritas por cariño a las cosas nuestras». Esos *Cuentos* no estaban bien construídos. Pero el «cariño a las cosas nuestras», al campo argentino y sus paisanos que allí se indicaba iba a inspirarle obras mejores. *Raucho* (1917), en cuyo protagonista vemos la misma formación de Güiraldes, hastiado de Buenos Aires, hastiado aun de París con simpatías al campo, y *Rosaura* (1922), historia sentimental sencilla, melancólica de unos amores pueblerinos, fueron ya novelitas interesantes. Especialmente la segunda, donde la unidad constructiva y la unidad emocional son mucho más visibles que en todas sus obras restantes. Muy visible, también, la influencia de Laforgue en el lenguaje poético, metafórico, impresionista, irónico en la expresión de la ternura. Güiraldes apreciaba el poema en prosa y con prosa poemática publicó, en 1923, su libro más característico: *Xaimaca,* Característico de su doble y armónica aptitud de lírico y narrador. La novela *Xaimaca* — viaje de Buenos Aires a Jamaica, con una aventura de amor — fue olvidada por el éxito de *Don Segundo Sombra* (1926). Ésta es la novela de unos cinco años de aprendizaje gaucho en la vida de un huérfano. Don Segundo Sombra, su «padrino», es para él la encarnación de las virtudes del «resero» argentino. Un símbolo, un mito. El estilo es el de las memorias. Amalgamó la lengua tal como nace de la boca de los criollos y tal como se atavía en la boca de un criollista educado en las modas europeas del impresionismo, el expresionismo y el ultraísmo. Porque a pesar de sus diálogos realistas, de su folklore, de sus metáforas campesinas, de su dialecto rioplatense de peones y de dueños de estancia *Don Segundo Sombra* es novela artística.

Ricardo Güiraldes

TRENZADOR[1]

Núñez trenzó, como hizo música Bach; pintura, Goya; versos, el Dante.

Su organización de genio le encauzó en senda fija, y vivió con la única preocupación de su arte.

Sufrió la eterna tragedia del grande. Engendró y parió en el dolor según la orden divina. Dejó a sus discípulos, con el ejemplo, mil modos de realizarse, y se fué atesorando un secreto que sus más instruídos profetas no han sabido aclarar.

Fueron para el comienzo los botones

---

[1] Hombre experto en hacer *trenzas* con lonjas de cuero.

tiocos[2] del viejo Nicasio, que escupía los tientos[3] hasta hacerlos escurridizos. Luego, otras: las enseñanzas de saber más complejo.

Núñez miraba, sin una pregunta, asimilando con facilidad voraz los diferentes modos, mientras la Babel del innovador trepaba sobre sí misma, independientemente de lo enseñable.

Una vez adquirida la técnica necesaria, quiso hacer materia de su sueño. Para eso se encerró en los momentos ociosos y en el secreto del cuarto, mientras los otros sesteaban comenzó un trabajo complicado de trenzas y botones que vencía con simplicidad.

Era un bozal[4] a su manera, dificultoso en su diafanidad de ñandutí.[5] A los motivos habituales de decoración uniría inspiraciones personales de árboles y animales varios.

Iba despacio, debido al tiempo que requería la preparación de los tientos, finos como cerda; a la escasez de los ratos libres; a las puyas de los compañeros, que trataba de eludir como espuela enconosa, llevadera a malos desenlaces.

¿Qué haría Núñez tan a menudo encerrado en su cuarto?

Esa curiosidad del peonaje llegó al patrón que quiso saber.

Entró de sorpresa, encontrando a Núñez tan absorbido en un entrevero[6] de lonjas, que pudo retirarse sin ser sentido.

Al concluir la siesta, mandóle llamar, encargándole irónicamente compusiera unas riendas en las cuales tenía que echar cuatro botones[7] sobre el modelo inimitable de un trenzador muerto.

Al día siguiente estaba la orden cumplida. La obra antigua parecía de aprendiz.

Fué un advenimiento.

Así como un pedazo de grasa se extiende sobre la sartén caldeada, corrió la fama de Núñez.

Los encargos se amontonaron. El hombre tuvo que dejar su trabajo para atender pedidos.

Todos sus días, a partir de entonces, fueron atosigados de trabajo, no teniendo un momento para mirar hacia atrás y arrepentirse o alegrarse del cambio impuesto.

Meses más tarde, para responder a las exigencias de su clientela, mudóse al pueblo donde mantuvo una casa suficiente a sus necesidades de obrero.

Perfeccionábase, malgrado lo cual una sombra de tristeza parecía empañar su gloria.

Nunca fué nadie más admirado.

Decíanlo capaz de trenzarse un poncho tan fino, tan flexible y sobado como la más preciada vicuña. Remataba botones con perfección que hacía temer brujería; injería costuras invisibles. Le nombraban como rebenquero.

La maceta de sobar era parte de su puño; el cuchillo, prolongación de sus dedos hábiles. Entre el filo y el pulgar salían los tientos, que se enrulaban al separarse de la lonja.

Aleznas de diferentes tamaños y formas asentaban sus cabos en el hueco de la mano, como en nicho habitual.

Humedecía los tientos, haciéndolos patinar entre sus labios; después corríalos contra el lomo del cuchillo hasta dejarlos dúctiles e inquebrables.

Corre también que poseyó una curiosa yegua tobiana.[8] Cada año le daba un potrillo obscuro y otro palomo. Núñez los degollaba a los tres meses para lonjearlos, combinando luego, blancos y negros, en sabias e inconcluíbles variaciones, nunca repetidas.

Durante cuarenta años puso el suficiente talento para cumplir lo acordado con el cliente.

Hizo plata, mucha plata; lo mimaron los ricachos del partido, pero hubo siempre una cerrazón en su mirada.

Viejo ya, la vista le flaqueaba a ratos, y no alcanzó a trabajar más de cuatro horas al día. Cuando insistía sobre el cansancio, las trenzas salían desparejas.

---

[2] Insignificante, sin gracia, humilde.

[3] Tiras de cuero, por lo general sin curtir, que sirven para trenzas, amarras, botones, etc.

[4] Lazo que se echa al hocico de la caballería, con el mismo cabestro que tiene amarrado al cuello.

[5] En Argentina y Paraguay, encaje hecho a mano, muy fino, que imita el tejido de la telaraña.

[6] Confusión, desorden, mezcla de personas, animales o cosas. El verbo «entreverar» significa confundir.

[7] Hilos trenzados en forma de nudos.

[8] Yegua de cierta casta, que tiene manchas muy extendidas y notables en el cuerpo.

Entonces fué cuando Núñez dejó el oficio. El pobre casi decrépito, pudo al fin disponer libremente de su vida.

No quería para nada tocar una lonja y evitaba las conversaciones sobre su oficio, hasta que, de pronto, pareció recaer en niñez.

Le tomó ese mal un día que, por acomodar un ropero, dió con el bozal que empezara en sus mocedades. El viejo, desde ese momento, perdió la cabeza; abrazó las guascas enmohecidas y, olvidando su promesa de no trenzar más, recomenzó la obra abandonada cincuenta años antes, sin dejarla un minuto, en detrimento de sus ojos gastados y de su cuerpo, cuya postura encorvada le acalambraba.

Cada vez más doblado, en la atención fatal de aquel trabajo, murió don Cristanto Núñez.

Cuando lo encontraron duro y amontonado sobre sí mismo, como peludo, fué imposible arrancarle el bozal que atenazaba contra el pecho con garras de hueso. Con él tuvieron que acostarlo en el lecho de muerte.

Los amigos, la familia, los admiradores, cayeron al velorio y se comentó aquella actitud desesperada con que oprimía el trabajo inconcluso.

Alguien, asegurando que era su mejor obra, propuso cortarle al viejo los dedos para no enterrarle con aquella maravilla.

Todos le miraron con enojo: «Cortar los dedos a Núñez, los divinos dedos de Núñez».

Un recuerdo curioso e indescifrable queda del gesto de zozobra con que el viejo oprimía lo que fué su primera y última obra. ¿Era por no dejar algo que consideraba malo?

¿Era por cariño?

¿O simplemente por un pudor de artista, que entierra con él la más personal de sus creaciones?

(De *Cuentos de muerte y de sangre*, 1915).

———————◆———————

Sea que reaccionaran contra el modernismo, que lo ignoraran o que, respetándolo, no lo sintieran como viable para lo que tenían que decir, lo cierto es que hubo una familia de narradores de insobornables almas realistas. Unos observaron la vida en las ciudades pero en su mayoría trabajaron con materiales regionales y costumbristas. Y los más de ellos se beneficiaron con el interés que el lector tenía en esos temas: el lector solía ilusionarse. El desaliño literario le hacía creer que el autor era sincero; la morosa descripción de costumbres le hacía creer que lo que el autor decía tenía el valor de la realidad; palabras indígenas usadas profusamente le hacían creer que lo indio estaba bien visto. Al estudiar la novela y el cuento el crítico, acometido por un súbito mareo — son centenares de autores, millares de títulos —, busca un apoyo, donde sujetarse y no caer. Uno de esos apoyos podría ser el ordenamiento temático: relatos de la ciudad, del campo, de la selva, de la montaña, de las costas; o del trabajo en la mina, en el obraje, en el trapiche; o del indio, del mestizo, del negro, del criollo, del gringo; o de la historia, la etnografía, la sociología, la política, el anti-imperialismo, la psicología, etc. Recordemos que lo que vale en literatura no son los temas, sino el uso que los novelistas hacen de ellos.

La Revolución de 1910 en México — una de las pocas revoluciones hispanoamericanas que realmente cambiaron la estructura económica y social — suscitó todo un ciclo narrativo. Abrió el ciclo MARIANO AZUELA (1873-1952), con *Los de abajo* (1916), novela donde cuenta los episodios que van desde el asesinato de Madero hasta la derrota de los partidarios de

Pancho Villa en la batalla de Celaya. De Azuela en adelante la literatura de la revolución mexicana ha crecido hasta formar un cuerpo imponente: JOSÉ RUBÉN ROMERO, FERNANDO ROBLES, JORGE FERRETIS, RAFAEL F. MUÑOZ, JOSÉ MANCISIDOR, GREGORIO LÓPEZ Y FUENTES, FRANCISCO ROJAS GONZÁLEZ, MAURICIO MAGDALENO son sólo unos pocos nombres. Hemos escogido, para representar esta literatura de tema revolucionario, a uno de los más brillantes: MARTÍN LUIS GUZMÁN (1887).

Ha publicado la biografía de *Mina el mozo, héroe de Navarra* (1932) y las imaginarias *Memorias de Pancho Villa,* iniciadas en 1938. Para entonces ya era famoso por *El Águila y la Serpiente* (1928) y *La sombra del caudillo* (1930). *El Águila y la Serpiente* no es novela sino un racimo de relatos, todos ellos brotados de las experiencias revolucionarias del autor. La prosa es vigorosa, y resiste con vigor las tentaciones, tan peligrosas, de ese tipo de literatura próxima a la crónica política. Vigor estilístico, pues, que es el único que cuenta en una historia de la literatura. El impresionismo, notable sobre todo en su técnica pictórica, no estorba la rapidez de la acción. Guzmán levanta su tema con los músculos de un estilo bien entrenado. *La sombra del caudillo* aventaja a este libro por lo pronto en su mayor ambición literaria, en su organización como obra de arte. Pero, puesto que es una novela, y no un ensamble de crónicas — como *El Águila y la Serpiente* — uno exige más. Y a causa de esa exigencia artística — exigencia que suele quedar insatisfecha —, por momentos el gusto del lector vacila y no sabe cuál de los dos libros mide mejor el real talento del autor. En *La sombra del caudillo* el torbellino de la acción arrebata la prosa y acaba por hundirla en una crónica de infamias, traiciones, ignominias, crímenes, abusos, vicios que transcurren por lo menos después de 1923 (se habla de la muerte de Pancho Villa) en la ciudad de México y sus alrededores. La revolución mexicana aparece aquí en plena farsa electoral. Su último libro, *Muertes históricas,* 1958, son biografías parciales de Porfirio Díaz y Venustiano Carranza.

Martín Luis Guzmán

PANCHO VILLA EN LA CRUZ[1]

No se dispersaba aún la Convención, cuando ya la guerra había vuelto a encenderse. Es decir, que los intereses conciliadores fracasaban en el orden práctico antes que en el teórico. Y fracasaban, en fin de cuentas, porque eso era lo que en su mayor parte

---

[1] A fines de 1914 quedó Pancho Villa al frente de las tropas de la revolución mexicana que habían prometido reconocer la autoridad de la Convención, el congreso de caudillos revolucionarios reunido en Aguas Calientes en octubre de ese año.

querían unos y otros. Si había ejércitos y se tenían a la mano, ¿cómo resistir la urgencia de ponerlos a pelear?

Maclovio Herrera, en Chihuahua, fué de los primeros en lanzarse de nuevo al campo, desconociendo la autoridad de Villa.

— Orejón jijo de tal — decía de él el jefe de la División del Norte—. Pero ¡si yo lo he hecho! ¡Si es mi hijo en las armas! ¿Cómo se atreve a abandonarme así este sordo traidor e ingrato?

Y fué tanta su ira, que a los pocos días de rebelarse Herrera ya estaban acosándolo las tropas que Villa mandaba a que lo atacasen.

Los encuentros eran encarnizados, terribles: de villistas contra villistas, de huracán contra huracán. Quien no mataba, moría.

*

Una de aquellas mañanas fuimos Llorente[2] y yo a visitar al guerrillero, y lo encontramos tan sombrío que de sólo mirarlo sentimos pánico. A mí el fulgor de sus ojos me reveló de pronto que los hombres no pertenecemos a una especie única, sino a muchas, y que de especie a especie hay, en el género humano, distancias infranqueables, mundos irreductibles a común término, capaces de producir, si desde uno de ellos se penetra dentro del que se le opone, el vértigo de *lo otro.* Fugaz como estremecimiento reflejo pasó esa mañana por mi espíritu, frente a frente de Villa, el marco del terror y del horror.

A nuestro «buenos días, general,» respondió él con tono lúgubre:

— Buenos no, amiguitos, porque están sobrando muchos sombreros.

Yo no entendí bien el sentido de la frase ni creo que Llorente tampoco. Pero mientras éste guardaba el silencio de la verdadera sabiduría, yo, con inoportunidad estúpida, casi incitadora del crimen, dije:

— ¿Están sobrando qué, general?

Él dió un paso hacia mí y me respondió con la lentitud contenida de quien domina apenas su rabia:

— Sobrando muchos sombreros, señor licen-

ciado. ¿De cuándo acá no entiende usté el lenguaje de los hombres? ¿O es que no sabe que por culpa del Orejón (¡jijo de tal, donde yo lo agarre!...) mis muchachitos están matándose unos a otros? ¿Comprende ahora por qué sobran muchos sombreros? ¿Hablo claro?

Yo me callé en seco.

Villa se paseaba en el saloncito del vagón al ritmo interior de su ira. Cada tres pasos murmuraba entre dientes:

— Sordo jijo de tal... Sordo jijo de tal...

Varias veces nos miramos Llorente y yo, y luego, sin saber qué hacer ni qué decir, nos sentamos — nos sentamos cerca uno del otro. Afuera brillaba la mañana, sólo interrumpida en su perfecta unidad por los lejanos ruidos y voces del campamento. En el coche, aparte el tremar del alma de Villa, no se oía sino el tic-tiqui del telégrafo.

Inclinado sobre su mesa, frente por frente de nosotros, el telegrafista trabajaba, preciso en sus movimientos, inexpresivo de rostro como la forma de sus aparatos.

Así pasaron varios minutos. Al fin de éstos el telegrafista, ocupado antes en transmitir, dijo, volviéndose a su jefe:

— Parece que ya está aquí, mi general.

Y tomó el lápiz que tenía detrás de la oreja y se puso a escribir pausadamente.

Entonces Villa se acercó a la mesita de los aparatos, con aire a un tiempo agitado y glacial, impaciente y tranquilo, vengativo y desdeñoso.

Interpuesto entre el telegrafista y nosotros, yo lo veía de perfil, medio inclinado el busto hacia adelante. Le sobresalían de un lado, en la mancha oscura que hacía su silueta contra la luz de las ventanillas, las curvas enérgicas de la quijada y del brazo doblado sobre el pecho, y del lado de acá, al pie del ángulo poderoso que le bajaba desde el hombro, el trazo, corvo y dinámico, de la culata de la pistola. Esa mañana no traía sombrero de ala ancha, sino salacot gris, de verdes reverberaciones en los bordes. Prenda semejante, inexplicable siempre en su cabeza, me pareció entonces más absurda que nunca. Cosa extraña: en lugar de quitarle

---

[2] Enrique C. Llorente, que, como el autor, sirvió en la revolución junto a Villa. Desempeñó varios puestos diplomáticos y consulares.

volumen, parecía dárselo. Visto de cerca y contra la claridad del día, su estatura aumentaba enormemente; su cuerpo cerraba el paso a toda luz.

El telegrafista desprendió del bloque color de rosa la hoja en que había estado escribiendo y entregó a Villa el mensaje. Él lo tomó, pero devolviéndolo al punto, dijo:

—Léamelo usté, amigo; pero léamelo bien, porque ora sí creo que la cosa va de veras.

Temblaban en su voz dejos de sombría emoción, dejos tan hondos y terminantemente amenazadores que pasaron luego a reflejarse en la voz del telegrafista. Éste, separando con cuidado las palabras, escandiendo las sílabas, leyó al principio con voz queda:

«Hónrome en comunicar a usted . . .»

Y después fué elevando el tono conforme progresaba la lectura.

El mensaje, lacónico y sangriento, era el parte de la derrota que acababan de infligir a Maclovio Herrera las tropas que se le habían enfrentado.

Al oírlo Villa, su rostro pareció, por un instante, pasar de la sombra a la luz. Pero acto seguido, al escuchar las frases finales, le llamearon otra vez los ojos y se le encendió la frente en el fuego de su cólera máxima, de su ira arrolladora, descompuesta. Y era que el jefe de la columna, tras de enumerar su bajas en muertos y heridos, terminaba pidiendo instrucciones sobre lo que debía hacer con ciento sesenta soldados de Herrera que se le habían entregado «rindiendo las armas».

—¡Que ¿qué hace con ellos?! — vociferaba Villa —. ¡Pues ¿qué ha de hacer sino fusilarlos?! ¡Vaya una pregunta! ¡Que se me afigura que todos se me están maleando, hasta los mejores, hasta los más leales y seguros! Y si no, ¿pa qué quiero yo estos generales que hacen boruca hasta con los traidores que caen en sus manos?

Todo lo cual decía sin dejar de ver al pobre telegrafista, a través de cuyas pupilas, y luego por los alambres del telégrafo, Villa sentía quizá que su enojo llegaba al propio campo de batalla donde los suyos yacían yertos.

Volviéndose hacia nosotros, continuó:

—¿Qué les parece a ustedes, señores licenciados? ¡Preguntarme a mí lo que hace con los prisioneros!

Pero Llorente y yo, mirándolo apenas, desviamos de él los ojos y los pusimos, sin chistar, en la vaguedad del infinito.

Aquello era lo de menos para Villa. Tornando al telegrafista le ordenó por último:

—Ándele, amigo. Dígale pronto a ese tal por cual que no me ande gastando de oquis los telégrafos; que fusile a los ciento sesenta prisioneros inmediatamente, y que si dentro de una hora no me avisa que la orden está cumplida, voy allá yo mismo y lo fusilo para que aprenda a manejarse. ¿Me ha entendido bien?

—Sí, mi general.

Y el telegrafista se puso a escribir el mensaje para trasmitirlo. Villa lo interrumpió a la primera palabra:

—¿Qué hace, pues, que no me obedece?

—Estoy redactando el mensaje, mi general.

—¡Qué redactando ni qué redactando! Usté nomás comunique lo que yo le digo y sanseacabó. El tiempo no se hizo para perderlo en papeles.

Entonces el telegrafista colocó la mano derecha sobre el aparato trasmisor; empujó con el dedo meñique la palanca anexa, y se puso a llamar:

«Tic-tic, tiqui; tic-tic, tiqui . . .»

Entre un rimero de papeles y el brazo de Villa veía yo los nudillos superiores de la mano del telegrafista, pálidos y vibrantes bajo la contracción de los tendones al producir los suenecitos homicidas. Villa no apartaba los ojos del movimiento que estaba trasmitiendo sus órdenes doscientas leguas al norte, ni nosotros tampoco. Yo, no sé por qué necesidad — estúpida como las de los sueños —, trataba de adivinar el momento preciso en que las vibraciones de los dedos deletrearan las palabras «fusile usted inmediatamente.» Fué aquélla, durante cinco minutos, una terrible obsesión que barrió de mi conciencia toda otra realidad inmediata, toda otra noción de ser.

*

Cuando el telegrafista hubo acabado la trasmisión del mensaje, Villa, ya más tranquilo, se fué a sentar en el sillón próximo al escritorio.

Allí se mantuvo quieto por breve rato. Luego se echó el salacot hacia atrás. Luego hundió los dedos de la mano derecha entre los bermejos rizos de la frente y se rascó el cráneo, como con ansia de querer matar una comezón interna, cerebral — comezón del alma. Después volvió a quedarse quieto. Inmóviles nosotros, callados, lo veíamos.

Pasaron acaso diez minutos.

Súbitamente se volvió Villa hacia mí y me dijo:

— ¿Y a usté qué le parece todo esto, amigo?

Dominado por el temor, dije vacilante:

— ¿A mí, general?

— Sí, amiguito, a usté.

Entonces, acorralado, pero resuelto a usar el lenguaje de los hombres, respondí ambiguo:

— Pues que van a sobrar muchos sombreros, general.

— ¡Bah! ¡A quién se lo dice! Pero no es eso lo que le pregunto, sino las consecuencias. ¿Cree usté que esté bien, o mal esto de la fusilada?

Llorente, más intrépido, se me adelantó:

— A mí, general — dijo —, si he de serle franco, no me parece bien la orden.

Yo cerré los ojos. Estaba seguro de que Villa, levantándose del asiento, o sin levantarse siquiera, iba a sacar la pistola para castigar tamaña reprobación de su conducta en algo que le llegaba tanto al alma. Pero pasaron varios segundos, y al cabo de ellos sólo oí que Villa, desde su sitio, preguntaba con voz cuya calma se oponía extrañamente a la tempestad de poco antes:

— A ver, a ver: dígame por qué no le parece bien mi orden.

Llorente estaba pálido hasta confundírsele la piel con la albura del cuello. Eso no obstante respondió con firmeza:

— Porque el parte dice, general, que los ciento sesenta hombres se rindieron.

— Sí. ¿Y qué?

— Qué cogidos así, no se les debe matar.

— Y ¿por qué?

— Por eso mismo, general: porque se han rendido.

— ¡Ah, qué amigo éste! ¡Pos sí que me cae en gracia! ¿Dónde le enseñaron esas cosas?

La vergüenza de mi silencio me abrumaba. No pude más. Intervine:

— Yo — dije — creo lo mismo, general. Me parece que Llorente tiene razón.

Villa nos abarcó a los dos en una sola mirada.

— Y ¿por qué le parece eso, amigo?

— Ya lo explicó Llorente: porque los hombres se rindieron.

— Y vuelvo a decirle: ¿eso qué?

El qué lo pronunciaba con acento de interrogación absoluta. Esta última vez, al decirlo, reveló ya cierta inquietud que le hizo abrir más los ojos para envolvernos mejor en su mirada desprovista de fijeza. De fuera a dentro sentía yo el peso de la mirada fría y cruel, y de dentro a fuera, el impulso inexplicable donde se clavaban, como acicates, las visiones de remotos fusilamientos, en masa. Era urgente dar con una formula certera e inteligible. Intentándolo, expliqué:

— El que se rinde, general, perdona por ese hecho la vida de otro, o de otros, puesto que renuncia a morir matando. Y siendo así, el que acepta la rendición queda obligado a no condenar a muerte.

Villa se detuvo entonces a contemplarme de hito en hito: el iris de sus ojos dejó de recorrer la órbita de los párpados. Luego se puso en pie de un salto y le dijo al telegrafista, gritando casi:

— Oiga, amigo; llame otra vez, llame otra vez...

El telegrafista obedeció:

«Tic-tic, tiqui; tic-tic tiqui...»

Pasaron unos cuantos segundos. Villa, sin esperar, interrogó impaciente:

— ¿Le contestan?

— Estoy llamando, mi general.

Llorente y yo tampoco logramos ya contenernos y nos acercamos también a la mesa de los aparatos.

Volvió Villa a preguntar:

— ¿Le contestan?

— Todavía no, mi general.

— Llame más fuerte.

No podía el telegrafista llamar más fuerte ni más suave; pero se notó, en la contracción de los dedos, que procuraba hacer más fina, más clara, más exacta la fisonomía de las letras. Hubo un breve silencio, y a poco brotó de sobre la mesa, seco y lejanísimo, el tiquitiqui del aparato receptor.

— Ya están respondiendo — dijo el telegrafista.

— Bueno, amigo, bueno. Trasmita, pues, sin perder tiempo, lo que voy a decirle. Fíjese bien: «Suspenda fusilamiento prisioneros hasta nueva orden. El general Francisco Villa . . .»

«Tic, tiqui; tic, tiqui . . .»

5 — ¿Ya?

«Tic-tiqui, tiqui-tic . . .»

— . . . Ya, mi general.

— Ahora diga al telegrafista de allá que estoy aquí junto al aparato esperando la 10 respuesta, y que lo hago responsable de la menor tardanza.

«Tiqui, tiqui, tic-tic, tiqui-tic, tic . . .»

— ¿Ya?

— . . . Ya, mi general.

15 El aparato receptor sonó:

«Tic, tiqui-tiqui, tic, tiqui . . .»

— . . . ¿Qué dice?

— . . . Que va él mismo a entregar el telegrama y a traer la respuesta . . .

20 Los tres quedamos en pie junto a la mesa del telégrafo: Villa extrañamente inquieto; Llorente y yo dominados, enervados por la ansiedad.

Pasaron diez minutos.

25 «Tic-tiqui, tic, tiqui-tic . . .»

— ¿Ya le responde?

— No es él, mi general. Llama otra oficina . . .

Villa sacó el reloj y preguntó:

— ¿Cuánto tiempo hace que telegrafiamos 30 la primera orden?

— Unos veinticinco minutos, mi general.

Volviéndose entonces hacia mí, me dijo Villa, no sé por qué a mí precisamente.

— ¿Llegará a tiempo la contraorden? 35 ¿Usted qué cree?

— Espero que sí, general.

«Tic-tiqui-tic, tic . . .»

— ¿Le responden, amigo?

— No, mi general, es otro.

40 Iba acentuándose por momentos, en la voz de Villa, una vibración que hasta entonces nunca le había oído: armónicos, velados por la emoción, más hondos cada vez que él preguntaba si los tiqui-tiquis eran respuesta a la contraorden. Tenía fijos los ojos en la barrita del aparato receptor, y, en cuanto éste iniciaba el menor movimiento, decía, como si obrara sobre él la electricidad de los alambres:

— ¿Es él?

— No, mi general: habla otro.

Veinte minutos habían pasado desde el envío de la contraorden cuando el telegrafista contestó al fin:

— Ahora están llamando —. Y cogió el lápiz.

«Tic, tic, tiqui . . .»

Villa se inclinó más sobre la mesa. Llorente, al contrario, pareció erguirse. Yo fui a situarme junto al telegrafista para ir leyendo para mí lo que éste escribía.

«Tiqui-tic-tiqui, tiqui-tiqui . . .»

A la tercera línea, Villa no pudo dominar su impaciencia y me preguntó:

— ¿Llegó a tiempo la contraorden?

Yo, sin apartar los ojos de lo que el telegrafista escribía, hice con la cabeza señales de que sí, lo cual confirmé en seguida de palabra.

Villa sacó su pañuelo y se lo pasó por la frente para enjugarse el sudor.

*

Esa tarde comimos con él; pero durante todo el tiempo que pasamos juntos no volvió a hablarse del suceso de la mañana. Sólo al despedirnos, ya bien entrada la noche, Villa nos dijo, sin entrar en explicaciones:

— Y muchas gracias, amigos, muchas gracias por lo del telegrama, por lo de los prisioneros . . .

Cuando, muy tardíamente, Costa Rica empezó a producir literatura, a fines del siglo XIX y a principios del XX, el estilo y el género predominantes fueron los de la narración realista. MANUEL GONZÁLEZ ZELEDÓN (1864–1936), más conocido con el seudónimo «Magón», JENARO CARDONA (1863–1930), RICARDO FERNÁNDEZ GUARDIA (1867–1950) y JOAQUÍN GARCÍA MONGE

(1881–1958) describieron las costumbres y el habla del pueblo más humilde de Costa Rica. Pero quien se distinguió más por la observación directa de la realidad local y por el aprovechamiento del folklore fue MARÍA ISABEL CARVAJAL (1888–1949), que firmaba sus libros con el nombre de CARMEN LYRA. Fué maestra de escuela y militante en movimientos políticos en favor de las clases populares. Con amor a los niños y al pueblo escribió sus libros: *Las fantasías de Juan Silvestre* y *En una silla de ruedas,* ambos de 1918, y *Los cuentos de mi Tía Panchita,* de 1920. Este último es el libro que más fama le ha dado. Es una colección de cuentos tradicionales, tomados de fuentes escritas y orales y vertidos en la lengua popular costarricense.

Con la fórmula típica del cuento oral, «Uvieta» adapta un tema sobrenatural a la naturaleza centroamericana. Las «tres divinas personas, Jesús, María y José» aparecen descritas con color local, y tanto la situación como el diálogo se desarrollan con la gracia, la ternura y la ingenuidad de la imaginación popular.

Carmen Lyra

UVIETA

Pues señor, había una vez un viejito muy pobre que vivía solo íngrimo[1] en su casita y se llamaba Uvieta. Un día le entró el repente de irse a rodar tierras, y diciendo y haciendo, se fué a la panadería y compró en pan el único diez[2] que le bailaba en la bolsa. Entonces daban tamaños bollos a tres por diez y de un pan que no era una coyunda[3] como el de ahora, que hasta le duelen a uno las quijadas cuando lo come, sino tostadito por fuera y esponjado por dentro.

Volvió a su casa y se puso a acomodar sus tarantines,[4] cuando tun, tun, la puerta. Fué a ver quién era y se encontró con un viejito tembleque[5] y vuelto una calamidad. El viejito le pidió una limosna y él le dió uno de sus bollos.

Se fué a acomodar los otros dos bollos en sus alforjitas, cuando otra vez, tun, tun, la puerta. Abrió y era una viejita toda tolenca[6] y con cara de estar en ayunas. Le pidió una limosna y él le dió otro bollo.

Dió una vuelta por la casa, se echó las alforjas al hombro y ya iba para afuera, cuando otra vez, tun, tun, la puerta.

Esta vez era un chiquito, con la cara chorreada,[7] sucio y con el vestido hecho tasajos, y flaco como una lombriz. No le quedó más remedio que darle el último bollo.

—¡Qué caray! A nadie le falta Dios.

Y ya sin bastimento, cogió el camino y se fué a rodar tierras.

Allá al mucho andar encontró una quebrada. El pobre Uvieta tenía una hambre que se

---

[1] Solitario, aislado.
[2] Moneda de diez centavos.
[3] En Costa Rica, lazo de cuero.
[4] Trastos, cosas viejas.

[5] En Centro América, temblón, trémulo.
[6] Decrépita.
[7] Manchada.

la mandaba Dios Padre, pero como no llevaba qué comer, se fué a la quebrada a engañar a la tripa echándole agua. En eso se le apareció el viejito que le fué a pedir limosna y le dijo:

5 — Uvieta, que manda decir Nuestro Señor, que qué querés; que le pidas cuánto se te antoje. El está muy agradecido con vos porque nos socorriste; porque mirá, Uvieta, los que fuimos a pedirte limosna éramos las Tres 10 divinas Personas: Jesús, María y José. Yo soy José. ¡Con que decí vos! ¡Cómo estarán por allá con Uvieta! Si se pasan con que Uvieta arriba, Uvieta abajo, Uvieta por aquí y Uvieta por allá.

15 Uvieta se puso a pensar qué cosa pediría y al fin dijo: — Pues andá decile que me mande un saco donde vayan a parar las cosas que yo deseo.

San José salió como un cachinflín[8] para el 20 Cielo y a poco estuvo de vuelta con el saco.

Uvieta se lo echó al hombro. En esto iba pasando una mujer con una batea llena de quesadillas[9] en la cabeza.

Uvieta dijo: — Vengan esas quesadillas a mi 25 saco.

Y las quesadillas vinieron a parar al saco de Uvieta, quien se sentó junto a la cerca y se las zampó en un momento y todavía se quedó buscando.

30 Volvió a coger el camino y allá al mucho andar, se encontró con la viejita que le había pedido limosna. La viejita le dijo: — Uvieta, que manda decir Nuestro Señor, mi Hijo, que si se te ofrece algo, se lo pidás.

35 Uvieta no era nada ambicioso y contestó: — No, Mariquita, dígale que mucha gracias, con el saco tengo. Panza llena, corazón contento. ¿Qué más quiero?

La Virgen se puso a suplicarle: — ¡Jesús, 40 Uvieta, no seas malagradecido! No me despreciés a mí. ¡Ajá, a José, a José sí pudiste pedirle, y a mí que me muerda un burro!

Entonces a Uvieta le pareció muy feo despreciar a Nuestra Señora y le dijo: — Pues 45 bueno: como yo me llamo Uvieta, que me

siembre allá en casa un palito de uvas y que quien se suba a él no se pueda bajar sin mi permiso.

La Virgen le contestó que ya lo podía dar por hecho y se despidió de Uvieta.

Éste siguió su camino y encontró otra quebrada. Le dieron ganas de beber agua y se acercó. En la corriente vió pasar muchos pecesitos muy gordos. Como tenía hambre dijo: — Vengan estos peces ya compuesticos en salsa a mi saco. Y de veras el saco se llenó de pescados compuestos en una salsa tan rica, que era cosa de reventar comiéndolos.

Después siguió su camino y le salió un viejito que le dijo: — Uvieta, que manda a decir Nuestro Señor que si se te ofrece algo. Él no viene en persona porque no es conveniente, vos ves... ¡Al fin Él es Quien es! ¡Qué parecía que Él tuviera que repicar y andar la procesión!

— Yo no quiero nada — respondió Uvieta.

— ¡No seas sapance[10], hombre! Pedí, que en la Gloria andan con vos ten que ten. No te andés con que te da pena y pedí lo que se te antoje, que bien lo merecés.

— ¡Ay, qué santico este más pelotero! — [11] pensó Uvieta, y quería seguir su camino, pero el otro detrás con su necedad y por quitarse aquel sinapismo de encima, le dijo Uvieta: — Bueno es el culantro[12] pero no tanto. ¡Ave María! ¡Tantas aquellas por unos bollos de pan! Bueno, pues decile a Nuestro Señor que lo que deseo es que me deje morirme a la hora que a mí me dé la gana.

Pero no siguió adelante, porque quiso ir a ver si de veras le habían sembrado el palito de uva, y se devolvió.

Anda y anda hasta que llegó, y no era mentira: allí en el solarcito[13] estaba el palo de uva que daba gusto. Al verlo, Uvieta se puso que no cabía en los calzones de la contentera.

Buenos, pasaron los días y Uvieta vuelto turumba[14] con su palo de uvas. Y nadie le cachaba.[15] Ya todo el mundo sabía que el que

---

[8] Cohete, buscapiés.
[9] Pan de maíz, relleno de queso y azúcar.
[10] En Centro América, silvestre, con referencia al granado.
[11] Halagador, o discutidor.

[12] Planta de simiente aromática y estomacal.
[13] Huertecito.
[14] Tarumba, atolondrado, loco.
[15] Hurtaba.

se encaramaba en el palo de uva, no podía bajar sin permiso de Uvieta.

Un día pensó Nuestro Señor: — ¡Qué engreidito que está Uvieta con su palo de uva! Pues después de un gustazo, un trancazo. — Y Tatica Dios llamó a la Muerte y le dijo: Andá jálamele el mecate[16] a aquel cristiano, que ya no se acuerda de que hay Dios en los Cielos por estar pensando en su palo de uvas.

Y la Muerte, que es muy sácalas[17] con Tatica Dios, bajó en una estampida. Llegó donde Uvieta y tocó la puerta. Salió el otro y se va encontrando con mi señora. Pero no se dió por medio menos y como si la viera todos los días, le dijo:

— ¡Adiós trabajos! ¿Y eso que anda haciendo, comadrita?

— Pues que me manda Nuestro Señor por vos.

— ¿Idiay,[18] pues no quedamos en que yo me iría para el otro lado cuando a mí me diera la gana?

— No sé, no sé, — contestó la Muerte. — Donde manda capitán no manda marinero.

— ¡Ay! Como no se le vaya a volver la venada careta[19] a Nuestro Señor — pensó Uvieta.

— Bueno, comadrita, pase adelante y se sienta mientras voy a doblar los petates.[20]

La Muerte entró y Uvieta la sentó de modo que viera para el palo de uva que estaba que se venía abajo de uvas. — ¡Aviaos que no le fueran a dar ganas de probarlas! La Muerte al verlo no pudo menos que decir: — ¡Qué hermosura, Uvieta!

Y el confisgao[21] de Uvieta que se hacía el que se estaba doblando los petates, le respondió: — ¿Por qué no se sube, comadrita, y come hasta que no le quepan?

La otra no se hizo del rogar y se encaramó.

Verla arriba Uvieta y comenzar a carcajearse como un descosido, fué uno.

— Lo que el sapo quería, comadrita, — le gritó. — A ver si se apea de allí hasta que a mí me dé mi regalada gana.

La Muerte quería bajar, pero no podía, y allí se estuvo y fueron pasando los años y nadie se moría. Ya la gente no cabía en la tierra, y los viejos caducando andaban dundos[22] por todas partes, y Nuestro Señor como agua para Uvieta, y recados van y recados vienen: hoy mandaba al gigantón de San Cristóbal, mañana a San Luis rey, pasado mañana a San Miguel Arcángel con así espada: — Que Uvieta, que manda a decir Nuestro Señor que dejés apearse a la Muerte del palo de uva, que si no vas a ver la que te va a pesar.

Y otro día: — Uvieta, que dice Nuestro Señor que por vidita tuya, dejés apearse a la Muerte del palo de uva.

Y otro día: — Uvieta, que dice Nuestro Señor que no te vas a quedar riendo, que vas a ver. — Pero a él por un oído le entraba y por otro le salía. Y Uvieta decía: — ¡Ah sí, por sapo que la dejo apearse!

Por fin Tatica Dios le mandó a decir que dejara bajar la Muerte y que le prometía que a él no se lo llevaría.

Entonces Uvieta dejó bajar a la Muerte, quien subió escupida a ponerse a las órdenes de Dios.

Pero nuestro Señor no había quedado nada cómodo con Uvieta y mandó al diablo por él.

Llegó el Diablo y tocó la puerta: — Upe, Uvieta.

Él preguntó de adentro: — ¿Quién es?

Y el otro por broma le contestó: — La vieja Inés con las patas al revés.

Pero a Uvieta le sonó muy feo aquella voz: era como si hablaran entre un barril y al mismo tiempo reventaran triquitraques. Se asomó por el hueco de la cerradura y al ver al diablo se quedó chiquitico.

— ¡Ni por la jurisca! ¡Si es el Malo! ¡Seguro que lo mandan por mí, por lo que le hice a la Muerte, ni más ni menos! ¿Ahora qué hago?

Pero en esto se le ocurrió una idea y corrió a su baúl, sacó su saco, abrió la puerta y sin dejar chistar al otro, dijo: — ¡Al saco el diablo!

Y cuando el pisuicas[23] se percató, estaba entre el saco de Uvieta.

---

[16] Tirar de la cuerda, llevar, arrastrar.
[17] En Centro América, adulador.
[18] Interjección.
[19] No vaya a desdecirse, a cambiar de idea.
[20] Esterilla de palma; en sentido figurado, ropa de cama.
[21] Bribón, picaro, travieso.
[22] Tontos, bobos.
[23] Nombre popular que se da al diablo.

— ¡Ahora sí, tío Coles — le gritó Uvieta — vas a ver la que vas a sacar por andar de cucharilla![24]

El demonio se puso a meterle una larga y otra corta, pero Uvieta le dijo: — ¡Ah sí! ¡Que te la crea pizote![25] — Y cogió un palo y le arrió sin misericordia, hasta que lo hizo polvo.

A los gritos tuvo que mandar Nuestro Señor a ver qué pasaba. Cuando lo supo, prometió a Uvieta que si dejaba de pegar al diablo, a él nada le pasaría. Uvieta dejó de dar y Nuestro Señor se vió a palitos para volver a hacer al diablo de aquel montón de polvo.

Y el Patas salió que se quebraba hasta el infierno.

Ya Nuestro Señor estaba a jarros con Uvieta y mandó otra vez a la Muerte: — que no se anduviera con contumerías,[26] ni se dejara meter conversona.[27] — Agarralo ojalá dormido, y me lo traes. Mirá que si otra vez te dejás engañar, quedás en los petates conmigo.

A la Muerte le entró vergüencilla y siguiendo los consejos de Nuestro Amo, bajó de noche y cuando Uvieta estaba bien privado, lo cogió de las mechas, arrió con él para el otro mundo y lo dejó en la puerta de la Gloria para que allí hicieran con él lo que les diera la gana.

Cuando San Pedro abrió la puerta por la mañana, se va encontrando con mi señor de clucas[28] cerca de la puerta y como con abejón en el buche.

San Pedro le preguntó quién era, y al oír que Uvieta, le hizo la cruz. Si no hubiera estado en aquel sagrado lugar, le hubiera dicho: ¡Te me vas de aquí, puñetero! — Pero como estaba, y además él es un santo muy comedido, le dijo: — ¡Te me vas de aquí, que bastante le has regado la bilis a Nuestro Señor!

— ¿Y para dónde cojo?

— ¿Para dónde? Pues para el infierno, pero es ya, con el ya.

Uvieta cogió el camino del infierno. El diablo se estaba paseando por el corredor. Ver a Uvieta y salir despavorido para adentro, fué uno. Además atrancó bien la puerta y llamó a todos los diablos para que trajeran cuanto chunche[29] encontraran y lo pusieran contra la puerta, porque allí estaba Uvieta el hombre que lo había hecho polvo.

Uvieta llegó y llamó como antes usaban llamar las gentes cuando llegaban a una casa: — ¡Ave María Purísima! ¡Ave María Purísima! — Por supuesto que al oír esto, los demonios se pusieron como si les mentaran la mama.

Y allí estuvo el otro como tres días, dándole a la puerta y — ¡Ave María Purísima! ¡Ave María Purísima!

Como no le abrían, se devolvió. Cuando iba pasando frente a la puerta del Cielo, le dijo San Pedro: — ¿Idiay, Uvieta, todavía andás pajareando?

— ¿Idiay, qué quiere que haga? Allí estoy hace tres días dándole a aquella puerta y no me abren.

— ¿Y eso qué será? ¿Cómo llamás vos?

— ¿Yo? Pues: ¡Ave María Purísima! ¡Ave María Purísima!

La Virgen estaba en el patio dando de comer a unas gallinitas que le habían regalado, con el pico y las patitas de oro y que ponían huevos de oro. Cuando oyó decir: ¡Ave María Purísima! ¡Ave María Purísima! se asomó creyendo que la llamaban.

Al ver a Uvieta se puso muy contenta.

— ¿Qué hace Dios de esa vida, Uvieta? Entre para dentro.

San Pedro no se atrevió a contradecir a María Santísima y Uvieta se metió muy orondo a la Gloria y yo me meto por un huequito y me salgo por otro para que ustedes me cuenten otro.

(De *Cuentos de mi tía Panchita*, 1936).

---

[24] Meterse en negocios ajenos.
[25] Uno de los nombres del coatí.
[26] Miramientos.

[27] Convencer con palabras; conversación.
[28] Cuclillas.
[29] Artefacto.

Las novelas y cuentos chilenos que, con modalidad realista, describieron la vida del campo, fueron los más abundantes, y hasta se ha hablado de una «escuela regionalista». MARIANO LATORRE (1886–1955) sería el maestro de esa escuela. Los otros dos grandes narradores que deben mencionarse en unión de Latorre son Rafael Maluenda y Fernando Santiván.

Latorre observa, enumera, documenta; pocas veces hace nacer en su literatura caracteres que tengan vitalidad de verdaderos hombres. Aunque ha escrito buenas novelas, como *Zurzulita*, idilio campesino que pinta el huaso de las cordilleras de la costa, sus colecciones de cuentos son más estimables. Es como si, en su larga serie de volúmenes, Latorre quisiera, infatigablemente, agotar la descripción del suelo de Chile, palmo a palmo.

El cuento que va a leerse — «La Desconocida» — es una trenza bien tejida de los tres tonos literarios característicos de Latorre: romanticismo, realismo y naturalismo. Romántico es el ambiente de misterio, aventura, amor y aun poesía; realista es la descripción de una escena de la vida campesina en un rincón chileno; naturalistas son los detalles de pobreza y sordidez más la fuerza animal de esa pareja que se ama en la oscuridad, sin verse las caras.

Mariano Latorre

LA DESCONOCIDA

El montañés, un hombrón tallado a filo de hacha en viejas maderas indígenas, desenreda la coyunta[1] de su carreta serrana sin responder a la pregunta que acaba de dirigirle el joven, de pie cerca de él. Es un muchacho flaco, mal vestido; sus ojos grises, inquietos y húmedos, siguen los movimientos del labriego que asegura ahora el yugo al asta de los bueyes. En su figura flaca hay algo de gastado; sus dedos sucios se retuercen como si repentinamente cobrasen una vida independiente de la voluntad. Teme, de seguro, que el carretero se marche sin responder a su pregunta, a la cual se aferra en ese momento todo su ser; por eso, cuando éste deja avanzar los bueyes algunos metros para cerciorarse de la seguridad de las amarras, el joven camina en la misma dirección creyendo que la carreta va a marcharse. Entonces repite su demanda con voz temblorosa:

— ¿Qué me dice, señor? ¿Me lleva hasta Recinto? Se lo pido por lo que más quiera, señor . . .

Esta vez el hombre levanta su cabezota áspera que rayan hondas arrugas como una vieja corteza de coigüe.[2] Responde, con cierto despego burlón:

---

[1] Coyunda, correa fuerte o soga de cáñamo, con que se uncen los bueyes al yugo.

[2] En Chile y Argentina, árbol de mucha elevación y de madera semejante al roble.

— Es muy chicaza la carreta, iñor.[3] Contimás[4] que los bueyes no han comío en este pelaero.

En el triste cansancio de sus ojos lagrimean la impotencia y el miedo; sus manos pasan sin conciencia, histéricas, por sus ojos que la emoción congestiona. Se acerca aún más al labriego, y sin darse cuenta de la comicidad de su actitud, lo va siguiendo en todas sus evoluciones alrededor de los bueyes. Su voz es de un apremio humilde y pedigüeño de mendigo:

— Señor, no puedo darle más de diez pesos. Tengo sólo quince en el bolsillo. Los cinco, los dejo para tomar el tren en Recinto ... Lo he perdido todo ... No tengo más ...

El carretero señala el cuadrilátero minúsculo de su carreta de toscas ruedas de un tablón, la sólida carreta tradicional, dominadora de las tierras altas. La armazón de colihue[5] que se le ha improvisado para el viaje, la cubren viejas colchas y mantas desteñidas; por la culata[6] se asoma el borde de un colchón.

— ¿No ve qu'es chicaza? Y va también la señora ... Ud. no cabe ...

El joven mira hacia el semicírculo obscuro donde nada se ve.

El razonamiento del carretero parece convencerle. Su mano temblona roza la frente perlada de sudor. Con voz débil hace la última tentativa:

— Puedo ir con Ud. adelante.

El carretero (se cree absolutamente dueño del momento) sonríe compasivo:

— En el pértigo apenas me afirmo yo ...

Y generoso, añade un consejo como una limosna:

— Mañana se va la carreta de Don Bustamante, pa las Veguillas. Es más grande que ésta ...

El joven contesta, vencido ya:

— Gracias, muchas gracias.

Hay en esta frase cortés un dejo de amargura, la resignación ante lo que no tiene remedio. El dorso de su mano derecha tiembla sobre su barbilla, en el ademán de ocultar una mueca de desesperación. Sin embargo, no se mueve. De espaldas al labriego, parece mirar hacia el volcán cuya pirámide obscura domina las cumbres, recortada con vigoroso relieve en la limpidez del cielo estival y el copo rosado, vaporoso, que expulsa el cráter en ese instante con un redoble lejano que se funde de pronto en el próximo murmullo del río, como el final de un prodigioso crescendo.

Una voz de mujer, de masculina aspereza, ordena desde adentro:

— Cachi, dile al caballero que puede ir en la carreta.

Y humildemente, el labriego repite la orden de la viajera:

— Se puede ir en la carreta, dice la señora.

El rostro del joven se ilumina. Se quita el sombrero sucio, con ademán respetuoso, aunque la dama de la carreta no sale de su covacha de mantas y colchas.

— Señora, Dios se lo pagará. No sabe cuánto se lo agradezco.

— De nada —se le contesta ásperamente—. Puede subir.

— No, señora, después de la cuesta ... Puedo ir a pie un poco para que los bueyes descansen.

Y se sorprende del propio tono dulzón de su frase, en la que hay una humildad agradecida de paria.

Y nada más. El rostro de su bienhechora no se descubre. Apenas si logra ver la suela de un zapato puntiagudo que se recoge a un movimiento de acomodo en el interior del toldo; un viejo zapato de campo, de gruesa caña, que denuncia un grueso tobillo de aldeana.

Arranca luego la carreta con gran crujir de maderas cargadas, al grito del carretero que, con la picana enarbolada sobre su cabeza, azuza a la yunta:

— ¡Regalón! ¡Afeitado!

Y el joven tras ella. Por un momento tiene la idea de volver al rinconcito sucio donde ha vivido durante un mes. Allí hay un par de zapatos viejos, una gastada escobilla de dientes y un resto de jabón; pero no lo hace. Siente asco por aquel barracón de tablas donde se

---

[3] *Señor.*
[4] Cuanto más.

[5] Gramínea muy ramosa. Con sus tallos se hacen muebles, cercas, etc.
[6] Parte de atrás de la carretera.

amontonaban en la noche hasta diez personas. No quiere ver de nuevo la nariz roja de Romualdo Soto, el brisquero, envuelto en pañuelos sanguinolentos que ocultan incurables lacras. Es repulsivo el mundo maleante con el que convivió en el campamento de carcomidos tablones, llenos de bichos, que el concesionario fabricó a la diabla en una arruga de la quebrada en declive para no quitar la vista a los blancos chalés[7] de las Termas. Allá, sin embargo, hormigueaba otra muchedumbre, impulsada por las mismas pasiones, carcomida por el mismo vicio. Entre los hampones que, junto a un candil humoso barajaban sus naipes y estos aristócratas que circundaban las mesas de juego, no había más diferencia que la cualidad del billete que absorbe la ruleta o la propina que mantiene doblado en forma degradante el espinazo de los mozos.

La tarde de febrero envuelve en su quietud rosada la muralla sinuosa de los cerros, de crispadas aristas y profundas torrenteras. En todo el áspero riscal domina el gris lustroso de la escoria, la opacidad porosa de las lavas solidificadas.

La carreta ha entrado al trumao[8] rojo del camino que partió en un hondo desfiladero el enorme cerro gredoso. El joven hunde sus pies con placer voluptuoso, ya olvidado de todo, en la blandura de la tierra. Siéntese más liviano, más puro, desprendido de sus ideas de antes. No lleva en su bolsillo sino quince pesos, pero el problema fundamental está resuelto. Ya puede llegar a Chillán, donde tiene amigos que han de ayudarlo.

Mira con cariño la pequeña carreta de los cerros, envuelta en una nube de polvo que el sol incendia de rojo. El tranquilo paso de los bueyes devoradores de leguas, va dejando su pezuña bifurcada entre las huellas paralelas de las ruedas. Le es agradable hasta el grito del carretero que parece ensañado con uno de los bueyecitos, ¡Afeitao! ¡Afeitao! Su espíritu mantiene un diálogo juguetón consigo mismo:

—¿Por qué se llamará así el bueyecito mulato, desteñido como una vieja chaqueta de labriego?

Y se alegra al encontrar la razón del originalísimo mote campesino: Es porque las manchas blancas que tiene el buey en las quijadas semejan mejillas llenas de lavaza.[9]

Un cuarto de hora más tarde el rincón de montaña, con su edificación improvisada, las blancas casuchas de los baños, sobre las vertientes termales, y el chorro sucio del arroyo, se ocultaron tras los perfiles disparejos del antiguo nivel del cerro; pero ahora destacábase sola, en el ángulo inmenso de una garganta, la mole del volcán, semejante a una titánica pila de pedruscos brillantes, en cuya cúspide se abre al espacio la humeante boca del cráter.

Avanzaba la tarde. Su rosa vivo palidecía poco a poco, visible sobre todo en el penacho del volcán, que cada cierto tiempo aumentaba su volumen seguido del estruendo de marejada que repercutía en el valle, con lejano misterio. Las rudas cresterías y los ventisqueros relucientes como viejos esmaltes, suavizábanse en el aire liviano y líquido.

La luna, semejante a un globo de cristal esmerilado, dibujaba su contorno por encima de las cumbres.

La carreta penetraba a un bosque de coigües de aventajados follajes y torcidos troncos. Algún mástil desarraigado por las avalanchas descansaba sobre la horquilla de otro árbol en su abandono de muerte. Había en el viejo coigüedal un anquilosamiento doloroso, la trágica huella de los cataclismos primitivos: en el fondo, el volcán, con el rosicler de su humareda y su rumor de resaca era como un toqui[10] que tiene a su tribu amedrentada con la tiranía de su poder.

La carreta bajaba ahora la última espiral de la cuesta. Se detuvo antes de entrar en la espesura de la selva, al nivel del cajón. Los follajes de coigües y raulíes[11] ocultaban las cumbres; sobre la cima del bosque flotaba un vaho rojizo; el murmullo del río alejábase hacia el otro extremo del vallecito, al flanco de las sierras calvas.

El montañés reajustó las coyundas y enderezó, sobre las astas de los bueyes, las cogo-

---

[7] Chalets, casas de recreo.
[8] En Chile, tierra arenisca de rocas volcánicas.
[9] Agua sucia, en que se lava algo.

[10] Cacique, en araucano.
[11] Árboles de Chile.

teras de lingue;[12] lo invitó, en seguida, a subir a la carreta.

Indeciso, se acercó el viajero a la culata:

— ¿Señora, si Ud. lo permite?

Del interior salió un murmullo inarticulado que debió ser de aquiescencia. Poniéndose de rodillas sobre el borde, y con toda clase de precauciones para no desprender la manta, se introdujo en el agujero. Debió tenderse a lo largo y estirarse con cuidado para no molestar a su compañera. No había holgura posible bajo la armazón de colihues porque la mujer que iba a su lado era maciza y ocupaba gran parte del espacio; por fortuna, un blando colchón de campo cubría la cama de la carreta y su cabeza descansó en una almohada común como en un lecho matrimonial; sin embargo, semejante a una esposa herida, la mujer le había vuelto la espalda y no veía sino la curva obscura de sus caderas y el ángulo de su hombro. El carretero cerró el semicírculo de la entrada, amarrando una caja entre la culata y las barandillas; no sin cierta angustia, comprendió que la noche entera debía pasarla en aquella caja rodante, de duros palos chilenos que, dando tumbos, avanzaba en el corazón de la sierra. Sólo un borde había quedado descubierto, en el que azuleaba el cielo de verano y donde la punta de una rama se agitó un segundo. Un zorzal, sobre su cabeza, lanzó dos notas dulces y llenas como dos granos de boldo.[13] Empezó luego a adormecerse. Sus recuerdos no se precisaban claramente. Dentro de la pequeña carreta era ahora un mundo nuevo e inmediato el que atraía todo su interés. Esta mujer misteriosa que se apelotonaba junto a las varillas de colihue del toldo; y que había tenido para él, sin explicárselo, un rasgo de generosidad poco común entre los labriegos; los golpes sordos y netos de las pesadas ruedas en los pedruscos y el vacío contra choque correspondiente en los hoyos del camino; el olor a ramas de bosque de la chaqueta del carretero, encaramado sobre el pértigo, a dos centímetros de su cabeza; y cuya voz interrumpía el silencio del crepúsculo a cada instante:

— ¡Afeitado, uaaa!

Era un grito primitivo que el joven se entre-tenía en interpretar; dirigíase al animal como a un camarada al que se le ha enseñado con paciencia un oficio; y que, por una negligencia imperdonable, se olvida del precepto más elemental del tiro de carreta: hacer la misma fuerza del compañero; por eso, en ese grito, había, al par que molestia, reconvención; y el bueyecito lo entendía seguramente, pues, a cada voz, las correas del yugo crujían sobre su poderosa frente cuadrada.

Dentro, el calor era asfixiante; persistía en la hondonada guardado entre los altos cerros; la franja de cielo que la manta mal prendida dejaba ver, empezó poco a poco a descolorarse y se hizo obscura. A veces la pupila de oro de una estrella daba la impresión de husmear al interior.

El vientecillo que nace de los ventisqueros y que refresca la tierra y los bosques, empezaba sus pláticas susurrantes. El globo cristalino de la luna, llenábase ahora de una luz dorada y espesa que destilaba sobre el bosque el misterio de su plácida nevada. La vida de la selva despertábase ante esta claridad, semejante a un alba prematura: el huac-huac de un zorro cazador resonó una vez entre las masas de sombra de los matorrales.

El joven ha cerrado los ojos. La penumbra del toldo lo invita a eso; pero un odio acre fermenta en él contra esa mujer que dormita a su lado y cuya fuerte respiración, para su irritabilidad, es de una ordinariez incalificable. ¿Quién será esa huasa?[14] ¿Una enferma contagiosa que se oculta para no avergonzarse? ¿Por qué no le dirige la palabra?

Es quizás una aldeana que no se baña sino por medicina; una de esas reumáticas que todos los años emigran a las termas desde los rincones del valle como a la fiesta de San Sebastián, en busca de milagroso alivio para esos males desconocidos y trágicos que suelen brotar en la soledad de la campiña o una pequeña terrateniente, de ésas que viven en caserones con corredores, en las tristes plazas lugareñas, esclavas de un abolengo heredado de mejores tiempos. ¿Lo despreciaría quizá, por su aspecto mendicante o por el tono de súplica de su demanda?

---

[12] Árbol de gran altura, cuya madera se emplea en la construcción.

[13] Arbusto de fruto comestible.

[14] Campesina, trabajadora del campo, en Chile.

A un tumbo de la carreta estas ideas se funden y desaparecen como sorprendidas; pero el cerebro retorna a su sorda labor subconsciente; surgen con relieve vivísimo, las horas angustiosas de la tentación, junto a la ruleta que rodeaba constantemente una muchedumbre desconocida, cuyos ojos inmovilizados por extraño magnetismo, seguían con avidez el girar vertiginoso de las ruedecillas o los montoncitos multicolores de las fichas, sobre los barnizados tableros. Su traslado al barracón de Romualdo Soto cuando los últimos billetes fueron barridos por la pala del croupier,[15] y durante este minuto de angustia, en que la realidad se esfuma, las ruedecillas implacables vuelven a correr locamente sobre sus ejes de acero; más tarde, su humillación ante los carpeteros que se llevaron el resto de su capital. El despertar repentino de su conciencia como si volviera de una pesadilla; y el asco inmenso a sus zapatos entreabiertos, a su camisa inmunda y a sus uñas crecidas como las de un enfermo.

Ante el recuerdo de esas escenas en que estuvo a punto de naufragar, un sudor frío cosquillea su piel; y su corazón palpita con bruscas sacudidas; luego sus recuerdos se borran; un sopor inmenso lo adormece, pero la conciencia vigila aún y recoge retazos de sensaciones confusas: el áspero traqueteo de la carreta en los hoyos del camino; el ruido agudo, crispante, de los bueyes que vuelven a masticar las reservas de sus estómagos; a veces, el trueno sordo del volcán. De pronto, se despertó por completo. No sentía ruido alguno; envolvíalo una dulce inmovilidad. La carreta se había detenido.

Impensadamente advirtió la presencia de la mujer que iba a su lado La incomodidad de una fuerza contraria que se incubaba en la sombra. La sintió removerse intranquila. Los estremecimientos de su cuerpo eran tan visibles que en el fondo de su ser oyó también esa voz ancestral que se despierta y ruge siempre que un hombre y una mujer están cerca el uno del otro; luego, cierto olor de piel limpia que trasuda; y esto lo exasperó hasta lo indecible; por lo demás, en los movimientos involuntarios del sueño, la mujer se había acercado mucho a su lado y una parte de sus muslos y de su espalda se adherían a sus rodillas y a su costado.

Le hizo sonreír una observación que se formuló en su interior:

— ¡Qué mal dormir tiene la huasa esta!

Y se sorprendió, al notar que parecía otra persona completamente distinta a él la que había articulado estas palabras que sonaron como dichas en alta voz.

Con grandes precauciones, ya completamente despabilado, para no despertar a la desconocida, alzó la manta que le interceptaba el campo y el airecillo del bosque, que atisbaba esa ínfima abertura para colarse con sus frescos olores, calmó el ardor de sus mejillas.

Fué sólo un segundo; luego volvió al silencio y al calor de su rincón.

— ¿Qué hay, Cachi?

— Na, que se cortó un corrión del yugo. Ya está . . .

La carreta siguió de nuevo su marcha. El carretero, enteramente despierto, balbuceaba con voz gangosa tonadas de risible monotonía. La noche tibia, dulcificada por balsámica suavidad, encendió quizá en su alma de esclavo una chispa de poesía. Poco a poco el canto se fué precisando; y el joven entendió jirones de estrofas, versos ingenuos que añoraban tiempos mejores. Los buenos tiempos patriarcales en que el carretero, sobre la cama de su tosco vehículo, azuzaba a la yunta, dominador de los solitarios caminos y de los perdidos senderos del bosque.

Ahora oía claro y distinto el comienzo del cantar:

Un hacendado tenía
bueyes de muchos colores

Los versos restantes perdíanse en notas gangosas e inseguras:

Y como en un j . . . flores
en ellos se . . . cía.

Algo imprevisto hizo que el joven no oyese más la voz desentonada del conductor. El cuerpo de la mujer que dormitaba a su lado iba

---

[15] Hombre encargado de la ruleta en los casinos de juego.

acercándose paulatinamente al suyo. No era, no, ahora se daba cuenta exacta de ello, la presión sin malicia de un cuerpo acostumbrado a un espacio amplio y que en la inconsciencia del sueño se olvida que una persona duerme a su lado. Su corazón le indicaba, con precipitados latidos, que en aquella muda maniobra de la desconocida había algo más; luego sintió cerca un aliento cálido, abrasador; y unos labios que buscaban los suyos con esa ceguedad que sólo la muerte o la vida da a los movimientos de los hombres.

Y en aquella carreta que rodaba con su pesadez de reptil por la montaña, el mundo se detuvo un minuto en su eterno rodar por los espacios, sobre los labios de dos seres desconocidos hasta entonces.

El carretero, en su pértigo, bajo la luna, mascullaba aún sus versos añorantes:

Y como en un jardín de flores
En ellos se complacía.

*
* *

El joven sintióse repentinamente aliviado. Fué como si su angustia se fundiese en la onda cálida de la sangre que volvía a estremecer sus venas con el rítmico compás de la salud. Silboteaba en voz baja algún aire que aparecía sin saber por qué en ese momento. Trató en seguida de entablar conversación con la mujer que tan inesperadamente se le había revelado; ensayó reconstruir sus facciones, el timbre masculino de su voz o su figura como si la tuviese de pie delante de él; y de los detalles que había podido coger o imaginarse, no sacaba nada concreto. Desprovista de sus atributos materiales tenía algo de general, de abstracto, que no lograba localizar. A veces, era el recuerdo de alguna mujer conocida anteriormente; otras, el de un retrato entrevisto en una vitrina de fotografías o en revistas. Procuraba recordar el sabor de aquellos besos frenéticos que, como una lluvia de fuego, habían caído sobre su boca; y sólo podía asegurar que era una mujer corpulenta, de

carnes duras y de piel áspera, de formas abultadas y una cabellera espesa que supuso obscura, con ligero olor a humedad; luego recordó el zapato sucio que vió aquella tarde al salir de las termas; y sonrió: eran ahora imágenes de vida ordinaria, de campesinas envaradas en sus vestidos de percal y de mechas indómitas las que aparecían en su memoria. Sonrió con benevolencia; y se adormeció, sin recuerdos, sin angustia, en un sueño animal con esta pregunta en el umbral de la subconsciencia:

— ¿Quién será esta mujer?

*
* *

Un rudo sacudón lo hizo despertar con sobresalto. El carretero había metido su mano por entre las colchas y removía a su huésped sin consideraciones.

— ¡Eh! ¿Qué hay?

— Arriba, patrón, ya estamos en Recinto.

Las preguntas se cruzaron desde el interior del carruaje al aire libre; las del carretero venían impregnadas del aire puro y gris del alba. Se deslizó por el colchón hacia afuera precavidamente para no despertar a su compañera. Una curiosa timidez lo cohibía. Se habría puesto a temblar si la mujer le hubiese dirigido la palabra o se hubiese mostrado súbitamente. Había como una vergüenza vaga por haber representado la parte femenina en la aventura; sin embargo, la inmovilidad indiferente de la desconocida volvía a producirle la misma irritación despechada que en la tarde. Sentíase herido en su amor propio de hombre, casi vejado en su orgullo varonil. Las preguntas despectivas del día anterior desfilaron otra vez por su cerebro. Decidió terminar.

Empezaba a amanecer. En unos coigües cercanos, adormitadas a la orilla de la carretera, unas diucas[16] rasgaban las gasas del alba con sus píos cortos y agrestes. Le habló al carretero con voz ronca:

— Aquí están los diez pesos.

El hombre iba a alargar la mano en la actitud respetuosa con que los huasos reciben

---

[16] Pajarillos cantores de Chile, algo mayores que un jilguero.

siempre el dinero; pero la voz de la mujer que pronunció un ¡no! imperativo desde la carreta, cortó en seco su ademán.

El joven se encogió de hombros.

— Mejor — masculló.

A un grito del carretero, los bueyes dieron un vigoroso tirón; y la carreta patinó silenciosamente sobre la tierra rojiza y esponjosa del camino.

El joven no se movió de en medio de la carretera, fijos los ojos en la carreta montañesa, pobre y sin gracia como un rancho, pero donde había vivido un minuto de su vida. Perdíase ya su silueta en la penumbra del amanecer. Volvía a lo desconocido de donde salió el día anterior y se llevaba consigo un secreto. En su memoria sólo quedaba el fuego de una boca ávida sobre sus labios y la punta deforme de un zapato de aldeana.

Esperó aún que una mano surgiera de entre los colihues, en un romántico gesto de adiós; pero en la manta desfrisada[17] que, a guisa de cortina cubría la entrada de la carreta, no se notó movimiento alguno.

El pequeño campamento de Recinto se dibujó en la hondonada, entre los árboles. En el alba blanca, clarineó un gallo. Una oleada de aire acercó repentinamente el murmullo del río.

El joven caminó hacia la estación.

(De *Catorce cuentos chilenos,* selección de Luis Enrique Delano, 1932).

————◆————

MANUEL ROJAS (1896), aunque nació en Argentina, fue a Chile cuando todavía era adolescente y allí se hizo escritor. En esa época dominaba el costumbrismo de la generación de Santiván, pero Rojas se apartó del costumbrismo. Para él la misión del cuento o de la novela no era aplastar con el paisaje a hombres insignificantes, sino, al contrario, destacar lo que el hombre siente, piensa y es. La naturaleza entra en sus relatos solamente cuando está en relación viva con los personajes. Sin embargo, Rojas no se ha propuesto la creación de caracteres bien individualizados. Prefiere presentar a los hombres en grupo o en sus aspectos más comunes. Ha recibido la influencia de Hemingway y Faulkner; y, de los hispanoamericanos, el narrador que más admira es Horacio Quiroga. Hábil narrador en todos los escenarios — mar, campo, ciudad —, ha creado todo un pueblo de personajes en sus innumerables cuentos, coleccionados en varios libros que van de *Hombres del sur* (1927) a *El bonete maulino* (1943), y en varias novelas, desde *Lanchas en la bahía* (1932) hasta *Hijo de ladrón* (1951), considerada esta última como una de las mejores de toda América. *Hijo de ladrón* — en tono de memorias — es la primera novela de una trilogía.

De su colección de cuentos *El delincuente* reproducimos el texto que va a leerse.

---

[17] En Chile, *frisa* es el pelo de algunas telas, como la felpa. Aquí puede ser *sin frisar,* es decir, sin flecos.

Manuel Rojas

UN MENDIGO

Fué un día de invierno, alumbrado por un sol transparente y seco, color tafetán, cuando Lucas Ramírez, después de franquear la puerta del hospital, se encontró en la calle.

Parpadeó, deslumbrado por la luz fuerte y libre que resplandecía en las paredes blanqueadas; luego, inmóvil en la orilla de la acera, reflexionó. No lo hizo mucho rato; ya en el último mes de su estada en el establecimiento había pensado bastante sobre el momento de su salida y sabía que su vida, al abandonar el hospital, estaría amarrada a dos hilos: la punta de uno de ellos remataba en el hospicio; la del otro en esa gran institución ambulante y pública que se llama mendicidad.

Pero nunca había imaginado la diferencia que había y hay entre el hecho de decir: «Cuando yo salga del hospital . . .» y el de encontrarse fuera realmente.

La calle, cuyo aspecto y movimiento casi tenía olvidados después de sus varios meses de enfermedad, desfilaba ante él caminando hacia los campos. Le pareció de pronto, vista desde su ángulo de inválido, una desolada e inmensa planicie, batida por un viento helado, cruzada de profundas quebradas y penosas pendientes, en la cual aquel cuyos pies no se asentaban bien en tierra, vacilaba, se perdía, caía y no se levantaba. La vida y el mundo estaban al final de esa imagen.

¡Ah, si él hubiera tenido en ese momento sus piernas, sus elásticas y firmes piernas de antes, con qué placer habría echado a andar, el alto pecho levantado, con la agilidad y decisión con que los hombres vigorosos caminan en las mañanas de invierno!

Miró hacia ambos lados de la calle, como eligiendo rumbo, aunque para él eran iguales todos, el del norte o el del sur, hacia levante o hacia poniente; para donde fuera y por mucho que caminara, aquellos dos hilos lo seguirían, sin soltarlo, desovillándose, alargándose mientras él marchaba y recogiéndose cuando retrocediera, tirando ambos de él hacia sus puntos de término.

Solamente un acontecimiento imprevisto, absurdo, podría cortar aquellas amarras invisibles.

En busca de él se decidió a marchar.

Eligió para irse la acera contraria a aquella en que se encontraba y que aparecía enlucida por una atmósfera brillante, dentro de la cual las personas se movían como envueltas en una gelatina dorada.

Antes de atravesar la calle miró hacia arriba y hacia abajo; no venía ningún vehículo. Avanzó un pie, luego otro y caminó, caminó con aquel andar que la enfermedad le había dado, horrible andar de muñeco que ha perdido su aserrín y que hacía volver la cabeza a los transeúntes.

Cuando avanzaba la pierna derecha, el hombro del mismo lado descendía hacia la cintura, mientras el pie izquierdo, rezagado, esperaba el tirón que le haría emparejarse al otro; después, el hombro derecho surgía, recobrando el cuerpo su posición de firme y reuniendo fuerzas para el otro paso. El bastón, torcido y lleno de nudos, marcaba con isócronos golpes los movimientos de aquella máquina, a la que la enfermedad había roto un resorte esencial.

Caminó así entre la multitud que llenaba las aceras. Parecía un extraviado, un hombre que ha perdido la orientación y la memoria y que marcha sin saber por dónde, procurando recordar la calle y el sitio en que está su casa, su hogar. Iba hacia todos lados y hacia ninguno.

Estaba solo. De sus años de infancia pasados en la capital, no tenía sino vagos recuerdos de personas y familias, todas ellas sin posición económica sólida y con las cuales no le ligaba sino esa amistad ocasional de la vecindad, que desaparece con una ausencia prolongada. Su familia, escasa y pobre, era del norte y residía allá.

Se detenía en las esquinas y miraba: hacia allá iba una calle, hacia acá otra, por allí una, por allí otra, y contemplábalas huir vertiginosamente, sin saber cuál era la suya, sin poder elegir una, pues todas eran iguales y ninguna le recordaba algo que lo llamara.

Así transcurrió la mañana y vino la tarde. Grandes nubes pardas y blancas, que el viento, desorientado como Lucas Ramírez, tan pronto había estado empujando hacia un lado como hacia otro, se reunieron por fin, cubriendo el trozo de cielo que correspondía a la ciudad y dando a la atmósfera un tono amarillo helado.

Descendió después el viento y sopló a lo largo de las calles. La gente marchó más de prisa. Los cafés, los bares y las confiterías arrojaban hacia las aceras su vaho oloroso y tibio, absorbiendo con él a los que marchaban distraídos.

Lucas Ramírez, golpeando con su bastón lamentable las baldosas húmedas, caminaba desesperanzado, casi abandonado, sintiendo que el hilo del hospicio se ponía cada vez más tenso.

Cayó la tarde, reemplazándola el crepúsculo, un crepúsculo breve y frío, salpicado por las luces que se encendían y se llamaban entre sí a través de los alambres y los cables.

Las vidrieras se llenaron de luz y los automóviles abrieron sus ojos deslumbrantes, agujereando las masas de sombra que caían del cielo.

El viento afinó su soplo, helándolo más, y empujó a los transeúntes, hacia el refugio de los hogares.

Se apagó el crepúsculo y las calles fueron perdiendo su animación comercial. Los españoles y los ingleses cerraron sus negocios y sólo de trecho en trecho algunas vitrinas arrojaban sus cuadrados luminosos sobre las aceras. Los ciegos, después de haber estado todo el día tocando sus instrumentos y exponiendo sus ojos como naturalezas muertas, regresaron a sus covachas, hablando de cosas que no habían visto.

De pronto, Lucas Ramírez se detuvo sorprendido. Un recuerdo, uno, había brotado en su mente, y era precisamente el que necesitaba. Desde que salió del hospital había buscado en su cerebro algo, una idea, un recuerdo, un recurso, una salida, sin encontrar nada, y he aquí que repentinamente surgía, como un hongo después de la lluvia, solitario e imprevisto, este recuerdo.

Meses atrás, un día de visita en el hospital, estando él acostado, pasó ante su cama un hombre cuyo rostro le pareció conocido, aunque olvidado. En la soledad en que se encontraba, un amigo o un conocido constituían un acontecimiento y lo miró sonriendo, invitándolo con la risa a detenerse y hablar. Se detuvo el que pasaba, mirándolo entre serio y sonriente, convencido al mismo tiempo que dudoso, hasta que se reconocieron.

— ¡Lucas Ramírez!

— ¡Esteban!

Era un antiguo amigo suyo, condiscípulo, a quien no veía desde mucho tiempo, desde antes de dejar la capital e irse con su padre a las tierras del norte, de donde él regresara, después de varios años, solo y enfermo.

Conversaron solamente breves instantes, pues el que pasaba iba a visitar a un amigo enfermo en una sala vecina. Se fué, prometiéndole volver a verlo y dejándole su dirección, por si alguna vez quería visitarlo, cuando se mejorara. No volvió más. Pero eso no importaba ahora, pues tenía su dirección, es decir, creía tenerla. Registró sus bolsillos y hurgó en su cartera, buscando la tarjeta en que estaba anotada la dirección de la casa en que vivía su amigo; no encontró nada. Acudió entonces a su memoria y no le fué difícil acordarse del nombre de la calle. Sí, quedaba cerca de donde se encontraba ahora, Pero, ¿y el número? El número... Era 64 o 164, no estaba bien seguro, pero era una cifra de dos números o de tres y terminaba en 64; tal vez en la primera o segunda cuadra... Pero de todos modos le sería fácil dar con él, pues además de los datos que recordaba, en la puerta de la casa en que vivía debía haber una plancha que indicara el nombre y la profesión de su amigo. Era dentista.

Echó a andar y parecióle que lo hacía con más soltura. ¡Había encontrado un amigo y seguramente él le proporcionaría lo que necesitaba y que tan poco era: un plato de sopa y un rincón! Sonreía alegremente y hasta le daban ganas de gritar para expresar su regocijo.

Llegó pronto a la calle buscada, desembocando en ella a la altura de la segunda cuadra. Habría podido empezar desde allí la búsqueda, pero no quiso; quería sentir la voluptuosidad de principiar desde la primera casa, paso a paso, número por número, saboreando su placer lentamente, hasta encontrar el número. Fué hasta donde empezaba la calle y parándose en la acera de los números pares comenzó a buscar, despacio, así como sin ganas, como quien tiene la firme seguridad de que lo que desea vendrá cuando él quiera.

Anduvo baldosa por baldosa, mirando los números de las casas y leyendo las planchas que relucían aquí y allá al costado de las puertas. No encontró el número 64. Llegó hasta el 80 y, creyendo no haber mirado bien, volvió sobre sus pasos y empezó a buscar de nuevo, esta vez con atención, asustado, como aquel a quien han dado a guardar una suma exacta de dinero y que a la hora de devolverla se encuentra con que le faltan cien pesos y vuelve a contarla nerviosamente. Cincuenta, cincuenta y dos, cincuenta y ocho, sesenta y ocho . . . Nada.

Se detuvo, contrariado. Estaba seguro de que no era un número impar, sino par, como 64. Sin embargo, miró hacia la otra acera; altas obscuras, severas las fachadas, cerradas las puertas, en ninguna de ellas se divisaba el reflejo bronceado de una plancha.

Se desanimó algo, pero en seguida se sobrepuso, pensando en que tal vez estaba equivocado y que la cifra sería de tres números, terminada en 64. Atravesó la bocacalle y empezó de nuevo la búsqueda, ya anhelante, mirando los números con mirada fija e inquisitiva.

En esa cuadra el número 164 caía en un almacén de pianos.

Esto lo desconcertó casi por completo y lo hizo dudar de su buena memoria. ¿Sería 64 el número? De eso estaba seguro. Hay veces en que al querer recordar un número o un nombre, recordamos uno y ese uno nos parece el auténtico y hasta creemos que es imposible que sea otro, y cuando la verdad nos viene a demostrar que estábamos equivocados, protestamos y afirmamos que el número o el nombre han sido cambiados y que el verdadero, el que se trataba de recordar, era el que nosotros decíamos.

Pero si ése era el número, ¿cómo no lo encontraba donde debía estar? ¿O no sería ésa la calle? Bien pudiera ser que se hubiera equivocado en la calle y no en el número. Pero equivocarse en la calle era perderlo todo: cincuenta calles corrían paralelas a aquélla en que se encontraba y cada una de ellas, igual que ésta, podía ser la que necesitaba. En recorrerlas todas, con su paso tardo y torpe, demoraría unos ocho días.

Esto acabó con su entusiasmo y su ánimo; sin embargo, se resistió a renunciar. Seguiría buscando. Ya que forzosamente tenía que caminar aprovecharía su marcha para seguir sus investigaciones.

*
* *

Pero estaba cansado en extremo y su pobre cuerpo no correspondía a su resolución. Se había fatigado antes que él y negábase a avanzar; parecía que los hilos invisibles lo envolvían como en una red de araña cazadora, impidiéndole moverse con soltura.

Anduvo aún dos cuadras más. El número y la casa deseada no aparecieron. Se detuvo en una esquina, mirando hacia lo lejos, dejando correr su nublada pupila por la alta hilera de focos que parpadeaban en la noche. Sentía ganas de llorar, de dejarse caer al suelo, irreflexivamente, abandonándose.

Cerca de donde estaba había un restaurant con dos focos a la puerta y una gran vitrina iluminada, a través de la cual se veía, en medio de un resplandor rojizo, cómo los pollos se doraban a fuego lento, ensartados en un asador que giraba, chorreando gruesas gotas de dorada grasa.

Se abrió la puerta y un caballero alto, gordo, enfundado en grueso sobretodo, salió; se detuvo en la puerta mirando al cielo, subióse el cuello del sobretodo y echó a andar. En este momento lo vió Lucas Ramírez; no lo había visto salir del restaurant sino que se dió vuelta al sentir pasos en la acera. Se le ocurrió una idea. Preguntar a ese señor que venía tan de prisa, por lo que él buscaba. El transitar por ahí indicaba que vivía en la misma calle o en las inmediaciones y bien pudiera ser que conociera a su amigo.

Con un gesto sencillo, con el gesto que cualquiera hace al detener a una persona y preguntarle algo, lo detuvo. El caballero se paró en seco y le miró de arriba a abajo con mirada interrogadora, y lo vió tan miserable, tan vacilante, tan deshecho, que cuando Lucas Ramírez empezó a decirle:

—Señor, yo quisiera . . .

Sin dejarlo concluir la frase, contestóle:

—¡Cómo no, amigo! . . .

Desabrochóse el sobretodo, por la abertura metió la mano en dirección al bolsillo derecha del chaleco, recogió todas las monedas que en él tenía y en la mano que Lucas Ramírez había extendido y abierto para detenerlo, las dejó caer voluptuosamente, diciendo:

—Tome, compañero.

Y se fué, abrochándose rápidamente el sobretodo.

Lucas Ramírez se quedó como si hubiera recibido una bofetada sin motivo alguno y estuvo un momento sin saber qué hacer, qué pensar ni qué decir. Después le dió rabia y volvióse como para llamar al caballero y devolverle sus monedas, pero el otro iba ya a media cuadra de distancia y si él lo hubiera llamado aquél no habría vuelto sino la cabeza, pensando:

—¡Qué mendigo fastidioso! Le he dado todo el sencillo que llevaba y todavía me llama . . .

No podía correr detrás de él; si hubiera podido hacerlo, lo habría hecho, seguramente. Pensó entonces en tirar las monedas, pero con gran sorpresa de él mismo, aunque hizo el ademán de arrojarlas, la mano en que las tenía no se abrió para soltarlas. Aquello estaba fuera de su voluntad.

Se quedó allí parado y de pronto empezó a llorar suavemente, con pequeños gemidos, así como lloran esos perrillos, a altas horas de la noche, delante de una puerta que han cerrado sin acordarse de que ellos están afuera.

Se abrió nuevamente la puerta del restaurant y dos jóvenes salieron a la calle, hablando fuerte y riendo, tomando la misma dirección que tomara el que había salido antes. Cuando llegaron junto a él lo sintieron llorar y se detuvieron. La risa se les heló en la boca, como quemada por el aire frío. Se miraron, sin atreverse a hablarlo. El no los había sentido y sólo se vino a dar cuenta de su presencia cuando la mano de uno de ellos buscó la suya cariñosamente. Y como era la derecha la buscada y en ella tenía las monedas que le había dado el señor gordo, inconscientemente, sin darse cuenta de lo que hacía, dió media vuelta y presentó la mano izquierda . . . La dádiva fué más subida que la anterior y él debió dar las gracias, pero no supo hacerlo, no se le ocurrió. Y es que no se consideraba aún un mendigo; creía que lo que le pasaba era un accidente, una cosa pasajera.

Pero cuando cambió a la mano izquierda las monedas que tenía en la derecha y viendo que ya abultaban las metió al bolsillo, y cuando puso el oído alerta para escuchar los pasos de los que salían del restaurant, y a uno que le dió varias monedas le dijo: «Muchas gracias, señor . . . Dios se lo pague . . .», se tranquilizó tanto como si hubiera encontrado a su amigo, convencido ya de la ruta que debía seguir y sintiendo que uno de los hilos que lo sujetaban se cortaba vibrando en la noche.

*

* *

A la otra noche y a las siguientes, las personas que comieron en ese restaurant encontraron a la salida a un hombre contrahecho, miserable, que les quería preguntar por algo que nunca supieron lo que era, pues jamás lo dejaron terminar su pregunta. Aquel hombre ejercía una atracción irresistible sobre el dinero sencillo que llevaban encima.

Lucas Ramírez, que se había dado cuenta de esto, y de que la gente es generosa cuando hace frío y ha comido bien, pensaba que era necesario aprovechar bien el invierno.

El ensayo. A lo largo de este capítulo nos hemos ocupado ya de escritores que, de paso, dieron al ensayo categoría literaria. Predominantemente ensayistas son los que ahora vamos a ver. El positivismo mexicano tuvo sólida consistencia doctrinaria y prevaleció desde 1860 hasta principios del siglo XX, que es cuando el Ateneo de la Juventud se abandera con William James, Boutroux, Bergson y le declara la guerra. En ese Ateneo se oían las voces de José Vasconcelos, Antonio Caso (1883–1946) y Pedro Henríquez Ureña.

PEDRO HENRÍQUEZ UREÑA (Santo Domingo; 1884 – 1946) comenzó como crítico — *Ensayos críticos*, 1905, *Horas de estudio*, 1910 —, y ése es el sello más visible de su obra, tan medulosa en la investigación filológica, en la historia literaria, en la disquisición y en la síntesis de cuestiones generales, en antologías y bibliografías. Pero era también un escritor de imaginación y sensibilidad: versos de sabor modernista, prosas poemáticas, descripción de viajes, *El nacimiento de Dionisos* (1906), «ensayo de tragedia a la manera antigua», hermosos cuentos... No escribió en esta vena lo bastante para incorporarse a una historia puramente literaria. Sin embargo, su sentido de la forma artística se estampó en todo lo que escribió, aun en sus trabajos de rigor técnico. Tenía una prosa magistral en su economía, precisión y arquitectura. Fué un humanista formado en todas las literaturas, en todas las filosofías; y en su curiosidad por lo humano no descuidó ni siquiera las ciencias. Su obra escrita, con ser importante, apenas refleja el valor de su talento. Dio lo mejor a los amigos, en la conversación, en la enseñanza. Donde viviera, allí creó ambientes, familias intelectuales, discípulos.

Pedro Henríquez Ureña

LA AMÉRICA ESPAÑOLA Y SU ORIGINALIDAD

Al hablar de la participación de la América española en la cultura intelectual del Occidente es necesario partir de hechos geográficos, sociales y políticos.

5 Desde luego la situación geográfica: la América española está a gran distancia de Europa: a distancia mayor sólo se hallan, dentro de la civilización occidental, los dominios ingleses de Australia y Nueva Zelandia.

Las naciones de nuestra América, aun las superiores en población y territorio, no alcanzan todavía importancia política y económica suficiente para que el mundo se pregunte cuál es el espíritu que las anima, cuál es su personalidad real. Si a Europa le interesaron los Estados Unidos desde su origen como fenómeno político singular, como ensayo de democracia moderna, no le interesó su vida intelectual hasta mediados del siglo XIX; es entonces cuando Baudelaire descubre a Poe.[1]

Finalmente, mientras los Estados Unidos fundaron su civilización sobre bases de población europea, porque allí no hubo mezcla con la indígena, ni tenía importancia numérica dominante la de origen africano, en la América española la población indígena ha sido siempre muy numerosa, la más numerosa durante tres siglos; sólo en el siglo XIX comienza el predominio cuantitativo de la población de origen europeo.[2] Ninguna inferioridad del indígena ha sido estorbo a la difusión de la cultura de tipo occidental; sólo con grave ignorancia histórica se pretendería desdeñar al indio, creador de grandes civilizaciones, en nombre de la teoría de las diferencias de capacidad entre las razas humanas, teoría que por su falta de fundamento científico podríamos dejar desvanecerse como pueril supervivencia de las vanidades de tribu si no hubiera que combatirla como maligno pretexto de dominación. Baste recordar cómo Spengler, en 1930 tardío defensor de la derrotada mística de las razas, en 1918 contaba entre las grandes culturas de la historia, junto a la europea clásica y la europea moderna, junto a la china y la egipcia, la indígena de México y el Perú. No hay incapacidad; pero la conquista decapitó la cultura del indio, destruyendo sus formas superiores (ni siquiera se conservó el arte de leer y escribir los jeroglíficos aztecas), respetando sólo las formas populares y familiares. Como la población indígena, numerosa y diseminada en exceso, sólo en mínima porción pudo quedar integramente incorporada a la civilización de tipo europeo, nada llenó para el indio el lugar que ocupaban aquellas formas superiores de su cultura autóctona.[3]

El indígena que conserva su cultura arcaica produce extraordinaria variedad de cosas; en piedra, en barro, en madera, en frutos, en fibras, en lanas, en plumas. Y no sólo produce: crea. En los mercados humildes de México, de Guatemala, del Ecuador, del Perú, de Bolivia, pueden adquirirse a bajo precio obras maestras, equilibradas en su estructura, infalibles en la calidad y armonía de los colores. La creación indígena popular nace perfecta, porque brota del suelo fértil de la tradición y recibe aire vivificador del estímulo y la comprensión de todos, como en la Grecia antigua o en la Europa medieval.

En la zona de cultura europea de la América española falta riqueza de suelo y ambiente como la que nutre las creaciones arcaicas del indígena. Nuestra América se expresará plenamente en formas modernas cuando haya entre nosotros densidad de cultura moderna. Y cuando hayamos acertado a conservar la memoria de los esfuerzos del pasado, dándole solidez de tradición.[4]

---

[1] En Inglaterra se leía a escritores de los Estados Unidos desde antes; la comunidad del idioma lo explica, como explica que en España se hayan conocido unos cuantos escritores de nuestra América. Pero ningún escritor norteamericano ejerció influencia sobre los ingleses hasta que Henry James se trasladó a vivir entre ellos; fuera de las vagas conexiones entre Poe y los prerrafaelistas, hasta el siglo XX no se encontrará en Inglaterra influjo de escritores norteamericanos residentes en los Estados Unidos. (*Nota del autor*).

[2] Consúltese el estudio de Ángel Rosenblat *El desarrollo de la población indígena de América*, publicado en la revista «Tierra Firme», de Madrid, 1935, y reimpreso en volúmen. (*Nota del autor*).

[3] Hay ejemplares eminentes, sin embargo, de indios puros con educación hispánica; así en México, Fernando de Alva Ixtlilxóchitl, «el Tito Livio del Anáhuac»; Miguel Cabrera, el gran pintor del siglo XVIII; Benito Juárez, el austero defensor de las instituciones democráticas; Ignacio Manuel Altamirano, novelista, poeta, maestro de generaciones. Los tipos étnicamente mezclados si forman parte, desde el principio, de los núcleos de cultura europea. Están representados en nuestra vida literaria y artística, sin interrupciones, desde el Inca Garcilaso en el siglo XVI, hasta Rubén Darío, en nuestra época. (*Nota del autor*).

[4] De hombres y mujeres de América trasplantados a Europa son ejemplos la Condesa de Merlin, la escritora cubana que presidió uno de los «salones célebres» de Paris; Flora Tristán, la revolucionaria peruana; Théodore Chassériau, el pintor, nacido en Santo Domingo bajo el gobierno de España; José María de Heredia; Jules Laforgue; el Conde de Lautrémont; William Henry Hudson; Teresa Carreño; Reynaldo Hahn; Jules Supervielle.

Caso aparte, los trasplantados a España; como entre España y la población hispanizada de América sólo hay diferencias de matiz, el americano en España es muchas veces plenamente americano y plenamente español, sin conflicto interno ni externo. Así fueron Juan Ruiz de Alarcón, Pablo de Olavide, Manuel Eduardo de Gorostiza, Gertrudis Gómez de Avellaneda, Rafael María Baralt, Francisco A. de Icaza. (*Nota del autor*).

Venciendo la pobreza de los apoyos que da el medio, dominando el desaliento de la soledad, creándose ocios fugaces de contemplación dentro de nuestra vida de cargas y azares, nuestro esfuerzo ha alcanzado expresión en obras significativas: cuando se las conozca universalmente, porque haya ascendido la función de la América española en el mundo, se las contará como obras esenciales.

Ante todo, el maravilloso florecimiento de las artes plásticas en la época colonial, y particularmente de la arquitectura, que después de iniciarse en construcciones de tipo ojival bajo la dirección de maestros europeos adoptó sucesivamente todas las formas modernas y desarrolló caracteres propios, hasta culminar en grandes obras de estilo barroco. De las ocho obras maestras de la arquitectura barroca en el mundo, dice Sacheverell Sitwell el poeta arquitecto, cuatro están en México: el Sagrario Metropolitano, el templo conventual de Tepozotlán, la iglesia parroquial de Tasco, Santa Rosa de Querétaro. El barroco de América difiere del barroco de España en su sentido de la estructura, cuyas líneas fundamentales persisten dominadoras bajo la profusión ornamental: compárese el Sagrario de México con el Transparente de la Catedral de Toledo. Y el barroco de América no se limitó a su propio territorio nativo: en el siglo XVIII refluyó sobre España.

Ahora encontramos otro movimiento artístico que se desborda de nuestros límites territoriales: la restauración de la pintura mural, con los mexicanos Rivera y Orozco, acompañada de extensa producción de pintura al óleo, en que participan de modo sorprendente los niños. La fe religiosa dió aliento de vida perdurable a las artes coloniales: la fe en el bien social se lo da a este arte nuevo de México. Entretanto, la abundancia de pintura y escultura en el Río de la Plata está anunciando la madurez que ha de seguir a la inquietud; se definen personalidades y — signo interesante — entre las mujeres tanto como entre los hombres.

En la música y la danza se conoce el hecho, pero no su historia. América recibe los cantares y los bailes de España, pero los transforma, los convierte en cosa nueva, en cosa suya. ¿Cuándo? ¿Cómo? Se perdieron los eslabones. Sólo sabemos que desde fines del siglo XVI, como ahora en el XX, iban danzas de América a España: el cachupino, la gayumba, el retambo, el zambapalo, el zarandillo, la chacona, que se alza en forma clásica en Bach y en Rameau. Así modernamente, la habanera en Bizet, en Gade, en Ravel.

En las letras, desde el siglo XVI hay una corriente de creación auténtica dentro de la producción copiosa: en el Inca Garcilaso, gran pintor de la tierra del Perú y de su civilización, que los escépticos creyeron invención novelesca, narrador gravemente patético de la conquista y de las discordias entre los conquistadores, en Juan Ruiz de Alarcón, el eticista del teatro español, disidente fundador de la comedia moral en medio del lozano mundo de pura poesía dramática de Lope de Vega y Tirso de Molina (Francia lo conoce bien a través de Corneille); en Bernardo de Valbuena, poeta de luz y de pompa, que a los tipos de literatura barroca de nuestro idioma añade uno nuevo y deslumbrante, el barroco de América,[5] Sor Juana Inés de la Cruz, alma indomable, insaciable en el saber y en la virtud activa, cuya calidad extraña se nos revela en unos cuantos rasgos de poesía y en su carta autobiográfica.

Todavía procede de los tiempos coloniales, inaugurando los nuevos, Andrés Bello, espíritu filosófico que renovó cuanto tocó, desde la gramática del idioma, en él por primera vez autónoma, hasta la historia de la epopeya y el romance en Castilla, donde dejó «aquella marca de genio que hasta en los trabajos de erudición cabe», según opinión de Menéndez Pelayo, y a la vez poeta que inicia, con nuestro Heredia hispánico, la conquista de nuestro paisaje.[6]

Después, a lo largo de los últimos cien años, altas figuras sobre la pirámide de una multitud

---

[5] Valbuena no nació en América, como se ha creído, pero vino en la infancia. (*Nota del autor*).

[6] Estos apuntes sólo se refieren a artes y letras, pero el nombre de Bello evoca el de dos filólogos excepcionales: Rufino José Cuervo, maestro único en el dominio sobre la historia de nuestro léxico; y Manuel Orozco y Berra, que desde 1857 clasificó las lenguas indígenas de México, cuando todavía pocos investigadores se aventuraban a seguir los pasos de Bopp. (*Nota del autor*).

de escritores, Sarmiento, Montalvo, Hostos, Martí, Rodó, Darío.

Desde el momento de la independencia política, la América española aspira a la independencia espiritual, enuncia y repite el programa de generación en generación, desde Bello hasta la vanguardia de hoy. La larga época romántica, opulenta de esperanzas, realizó pocas: quedan el «*Facundo*», honda visión de nuestro drama político, los «*Recuerdos de provincia*», reconstrucción del pasado que se desvanece, los «*Viajes*» de Sarmiento, genial en todo, la poesía de asuntos criollos, desde los cuadros geórgicos de Gutiérrez González hasta las gestas ásperamente vigorosas de «*Martín Fierro*», las miniaturas coloniales de Ricardo Palma; páginas magní-ficas de Montalvo, de Hostos, de Varona, de Sierra, donde se pelea el duelo entre el pensamiento y la vida de América. La época de Martí y de Darío es rica en perfecciones, señaladamente en poesía, con Gutiérrez Nájera, Díaz Mirón, Othón, Nervo, Urbina, Casal, Silva, Deligne, Valencia, Chocano, Jaimes Freyre, Magallanes Moure, Lugones, Herrera y Reissig.

La época nueva, el momento presente, se carga de interrogaciones sociales, se arroja al mar de todos nuestros problemas.

(Comunicación a la Séptima Conversación de la Organización de Cooperación Intelectual de la Sociedad de las Naciones que se realizó en Buenos Aires en 1936. De *Europa-América Latina*, Buenos Aires, 1937).

El interés por la filosofía se generalizó en Hispanoamérica gracias al Positivismo, movimiento importado de Europa pero bien asentado en las necesidades sociales de nuestros países. El Positivismo hizo respetar las ciencias, desligó la psicología de la metafísica, promovió la sociología, dio solidez experimental a los estudios, sistematizó las observaciones, aplaudió el razonamiento claro, afirmó una moral autónoma, practicó el liberalismo . . . Poco a poco surgieron en el campo de la filosofía reacciones espiritualistas contra el Positivismo: ALEJANDRO KORN, JOSÉ ENRIQUE RODÓ, ANTONIO CASO, JOSÉ VASCONCELOS. La figura de más talla, en la filosofía latino-americana anti-positivista, es la de FRANCISCO ROMERO (Argentina; 1891–1962). Su formación es rigurosamente alemana, con claras influencias de Max Scheler. La máxima preocupación de Romero es el problema de la vida espiritual como sumo grado de trascendencia hacia la verdad y el valor. Su antropología filosófica — *Teoría del hombre*, 1952 — es original. La elegancia de su prosa, que lo coloca en la línea de filósofos con buen estilo, como José Ortega y Gasset, prueba su educación literaria. Ha escrito, en efecto, ensayos literarios. Su admiración por Antonio Machado le ha inspirado las páginas que van a leerse. Machado había inventado un profesor apócrifo, Juan de Mairena. Ahora se verá con cuánta gracia Romero hace hablar a su modo a ese Juan de Mairena creado por Antonio Machado: «apócrifo del apócrifo.»

Francisco Romero

APÓCRIFO DEL APÓCRIFO
SOBRE METODOLOGÍA DE LA METAFÍSICA

En su *Metodología de la metafísica,* una de
sus obras más importantes, que quedó sin
escribir, pensaba desarrollar Juan de Mairena
sus conocidas ideas sobre la copla como forma
5 por excelencia para las últimas cuestiones de la
filosofía.

El tema fué también el de uno de sus cursos
libres en la Universidad Central, el de 1934.
Consta que durante este curso faltó a todas las
10 clases. Pero una tarde, después de la hora, se
encontró con tres amigos que lo habían
esperado inútilmente en la Facultad, y
reunidos en un café conversaron de algunos
sucesos de la actualidad. De paso habló uno
15 de ellos del gran interés que despertaba el
curso, estimulado sin duda porque la curiosidad se mantenía como cuando fué anunciado.
Todos convinieron en que era uno de los
cursos más notables del año, y que la misma
20 ausencia del profesor contribuía a su fecundidad, porque las mentes juveniles trabajaban
por su cuenta sin que las coartara la palabra
magistral, dogmática siempre, aunque fuese
con el mínimo de dogmatismo que acostum-
25 braba Mairena.

Acaso la cálida adhesión que percibía en sus
amigos llevó al maestro a referirse a algunos
extremos de su curso, recomendándoles el
secreto más absoluto.

30 —Insisto—explicó, entre otras cosas—en
que la copla, el cantar popular de cuatro
versos, es para la metafísica la expresión
natural y necesaria. Las teorías científicas
recogen y sistematizan hechos externos,
35 verdades que nos son heterogéneas, y que por
lo mismo hay que perseguir, almacenar,
disponer en buen orden, recapitular en fórmulas complejas. Es obvio que todo esto requiere
elaboraciones largas y exposiciones detalladas.
La metafísica es género de saber muy diferente.
Nuestra noción de lo que atañe al ser, o la
hallamos en nosotros, o será inútil que la
busquemos; porque todo supuesto ser que
descubramos fuera de nosotros mismos será
en realidad un aparecer, no un ser verdadero.
Pero este ser que hemos de encontrar en
nosotros se nos dará por revelación, no por
meticulosa averiguación. La indagación consciente y «metódica» (metódica en sentido
habitual) supone la superposición sucesiva de
las categorías del conocer, y por lo mismo la
desfiguración, la falsificación del ser. Contra
este método, legítimo en cualquier otro tipo de
conocimiento, el método metafísico es, tiene
que ser ante todo la prevención contra aquel
método, la garantía de que ninguna función
categorial ha de funcionar. Tiene que ser, en
suma, un método antimetódico, una inmuni-
zación contra la metodología. Por eso la copla,
simple y directa, se adapta tan maravillosa-
mente para lo metafísico. Enuncia en manera
elemental, pero incisiva. Parece rozar, pero
penetra. Se sirve de la imagen, que es capaz de
proporcionar todo lo indispensable para que
se realice la propia experiencia fundamental,
sin imposición externa, sin prescribir un
camino que puede no coincidir con el que debe
seguir cada uno para llegar en sí a la presencia
del ser. Con frecuencia, la copla se desenvuelve
en varios planos, se entiende de varios modos,
unos propios y otros figurados, y la misma
verdad se expone en ella simultáneamente de
modos diversos, lo que es inevitable a menudo
para estas cuestiones. Un amigo mío alemán,
adscripto al Instituto de Psicología de la
Universidad de Würzburg, investigó durante

un decenio la duración de la atención eficaz para proposiciones concernientes a las distintas especies de conocimientos, y pudo comprobar, siguiendo una sugestión mía,[1] que la atención plena para una enunciación metafísica no dura más allá de quince segundos; tuvo que interrumpir hace poco sus interesantes experiencias, porque el director del Instituto, aduciendo que el tema no era apropiado para estos tiempos, le aconsejó que eligiera para doctorarse una averiguación más en consonancia con las tendencias de la época; por ejemplo, la de cuántos disparos del cañón de 101 podía soportar el sirviente número 3 de la pieza antes de quedar imbécil, investigación sumamente engorrosa porque había que establecer el grado de imbecilidad previa de cada sujeto. Aunque mi amigo, ansioso de doctorarse, y acaso también deseoso de no ir a un campo de concentración, se atuvo a la indicación de su director, que era al mismo tiempo «Leiter» del *movimientonacional-socialistaexperimentalpsicologico*, los resultados que ya había obtenido me confirmaron en que la copla, también desde el punto de vista de la psicología experimental, es el único vehículo adecuado para las verdades metafísicas. Desgraciadamente, no pude comprobar por mí mismo los resultados de mi amigo. El mecanismo de relojería del aparato existente en el laboratorio de la Universidad Central, inactivo durante años, atrasaba, y en lugar de los quince segundos obtenidos por mi colega alemán, registraba para la misma experiencia tres horas con treinta y cinco minutos.

Como el curso va apenas promediado,[2] no quiero utilizar un ejemplo difícil. Examinemos éste, que es relativamente sencillo:

Conoceré que eres hombre
si te veo apetecer
todas las mujeres, todas . . .
y además, una mujer.

La copla va cargada aquí de una síntesis de intenciones; las desarrollaré brevemente para mostrárselas a ustedes. Pero entiendan que su función metafísica sólo la ejerce como copla, como un dardo lírico-metafísico que se clava y hiere. Explicada, es saber común; la disección muestra su mecanismo, o, mejor, su organismo, pone a luz sus órganos, pero suprime su vida, le resta toda eficacia metafísica. Apenas se analiza, la copla como tal ha muerto. Q. E. P. D.[3]

La palabra «hombre» se refiere a la doble índole humana, material y espiritual, empírica e ideal; vuelta por un costado hacia lo sensible y lo perecedero, y por otro hacia el valor y la intemporalidad. «Conoceré que eres hombre» equivale a: «Conoceré que en ti alienta esta duplicidad dramática y deliciosa, este conflicto de una tierra que aspira a ser cielo, conflicto que es también goce doble: de lo terreno y de lo celeste; conflicto que da dinamismo a la vida y posibilita la historia. El animal y el ángel son seres estáticos, residentes en la tierra o en el cielo. El hombre no «reside»; pasa, va, hace. Conoceré que eres este extraño caminante . . .» Los dos versos siguientes: «Si te veo apetecer — todas las mujeres, todas . . .», se refieren al sector empírico sensible, sin el cual no hay humanidad, sino espiritualidad desmayada, desvaída; no tampoco espiritualidad robusta y plena, porque la verdadera espiritualidad para el hombre no es posesión apacible, sino aspiración, conquista. Para una enérgica espiritualidad se requiere una índole enérgica, y ésta contiene por lo mismo una robusta sensualidad (de «sensus», en sentido amplio). El abandono sin desgarramiento del plano sensible acusa una naturaleza endeble, gelatinosa: recuerdo que algún contemporáneo llamó a Shelley algo así como «una mezcla de ángel y de babosa». No opino ahora sobre Shelley; me limito a recoger el testimonio. En esos versos hay un sentido propio y uno figurado. El figurado personifica en «todas las mujeres» la diversidad corpórea, el mundo infinito de las formas sensibles, a las que tiende y debe tender nuestro ser sensible; el sentido directo se refiere a las mujeres mismas, que en signi-

---

[1] Juan de Mairena, que era muy modesto, enrojeció ligeramente al decir esto. (*Nota del autor*).

[2] Las clases anunciadas y "faltadas" hasta esa fecha eran unas diez o doce. (*Nota del autor*).

[3] Letras iniciales de «que en paz descanse».

ficación primaria son para nosotros las cosas por excelencia, la vía que se nos ofrece para una íntima comunión con la materialidad cósmica. Y en seguida vemos otra duplicación del sentido: por una parte, la aspiración material-empírica del goce, por otra la aspiración material-metafísica de la identificación con la realidad corpórea, cósmica. El último verso apunta a la alta meta espiritual: «Y, además, una mujer»: esto es, la única, que deja en sombra y aniquila a todas las otras; el fondo metafísico, no por la via corporal, sino por una fusión de lo corporal y lo anímico en la que lo corporal se transfigura al fuego de lo espiritual y el eros se torna eticidad pura. Evito desarrollar este último motivo, que me llevaría muy lejos.

Pero a la copla dicha, pronuncíada, le falta algo. He de revelaros ahora que mis meditaciones recientes me han persuadido de que la copla metafísica debe ser recitada (no cantada, quede esto claro) con acompañamiento de guitarra. No hay instrumento que no cubra la voz y el sentido, salvo la guitarra. La guitarra es el único instrumento que verdaderamente da acompañamiento. Y lo proporciona en forma estupenda. Hace leves unas palabras, las inmaterializa; da densidad a otras. A unas las levanta; a otras las deja caer en profundidad. Unas las corta nítidas, como con un cuchillo; otras las prolonga en ecos que se van desflecando. Y hasta, en ocasiones, agrega por su cuenta una especie de comentario, que ni agrega ni quita al concepto, pero que lo aclara por especificación, esto es, mediante la justa «ubicación». Recuérdese la imperfección del lenguaje escrito, por el cual nos llega ahora en su mayor parte el saber, que padece de inexpresividad por no poseer sino un tono, o, mejor dicho, por carecer de toda tonalidad: para salvar esta gravísima deficiencia alguna vez se ha propuesto algo así como una notación musical para la palabra escrita, capaz de reproducir, aunque sea parcialmente, la entonación de la palabra oral: clave grave, clave irónica, clave patética, etc., etc. La palabra hablada u oral posee múltiples entonaciones, sin duda, y habrá que volver sobre este tema de su reproducción en la escritura; pero la misma palabra hablada es pobre en expresividad. Schopenhauer dió al problema que esto plantea una solución extremista, al sentar que la música es la expresión directa de lo metafísico; pero no hay saber sino mediante el concepto. La solución justa es la mía. Desde que planeé el curso actual doy vueltas al propósito de hacer participar en las clases a cierto guitarrista amigo que siente muy bien estas cosas.

Así dijo, más o menos, Juan de Mairena, y quedó un rato en silencio. Comprendieron los amigos que el asunto se prolongaba largamente en sus meditaciones. Y comprendieron también por qué no se resolvía a dar las clases, aunque algunos adujeron una razón más sencilla y terminante de sus ausencias: que Juan de Mairena, según datos fehacientes, había fallecido en Casariego de Tapia en 1909, veinticinco años antes, por lo tanto, de la fecha del curso.

(En *Buenos Aires literaria,* Enero de 1953, núm. 4).

Argentina dio, en este período, ensayistas notables, como el ya mencionado Francisco Romero, y Victoria Ocampo. El más admirado por las nuevas generaciones es EZEQUIEL MARTÍNEZ ESTRADA (1895–1965). Ha escrito narraciones y piezas teatrales, pero su prestigio descansa más bien en su obra de poeta y de ensayista. Sus libros de poesía — desde *Oro y piedra*, 1918, hasta *Humoresca* y *Títeres de pies ligeros,* ambos de 1929 — son de lo mejor que dio América en esos años. Acaso, después de Lugones, sea Martínez Estrada el más complejo poeta argentino. Poesía de sombrío humor pero capaz de humorismo, muy imaginativa pero con rigor filosófico. El reconocimiento público a su talento vino tarde, cuando ya había abandonado la poesía y sólo escribía ensayos. Su reputación es, pues, de ensayista, aunque su talento sea de poeta. En 1933 publicó *Radiografía de la Pampa*, interpretación de la realidad argentina tan profunda como la de *Facundo,* pero sin el optimismo de Sarmiento. Con una prosa magníficamente barroca, llena de metáforas e ingeniosidades que mantienen al lector en constante sobresalto, Martínez Estrada trazó el cuadro de las miserias del país. No hay nada en la Argentina que se salve. El pormenor y la rápida reflexión filosófica que le sigue como una sombra dan al libro una calidad poética extraordinaria. Libro de humor trágico, taciturno, severo, sin perdón. Ensayos desconectados entre sí, pero ligados por el tema único de la «microscopia de Buenos Aires», son los de *La cabeza de Goliat* (1940).

Ezequiel Martínez Estrada

LOS PUEBLOS

En viaje de un pueblo a otro, no hay nada en medio. A los lados del camino, osamentas pulimentadas, de huesos limpios y blancos. Es el esqueleto del cuadrúpedo —sobre el quetas posa el pájaro— semejante a una jaula vacía. Sólo para el caballo que se encabrita y quiere disparar espantado, expresa algo el esqueleto que se conserva intacto como si durmiera libre, al fin, de la vida.

El camino no interesa como camino: es espacio a recorrer y se trata de llegar lo antes posible. La soledad, para que sea normalmente compatible con la vida del hombre, tiene que estar llena de substancia humana. Llegar es el placer, y no andar; esta vez la posada es mejor que el camino, y lo anuncia a lo hondo del que marcha, la quietud de la pampa, el vuelo efímero y desolador del pájaro, la carroña supina.

La diferencia que hay entre el viajero y el viaje es infinita. Es muy difícil obtener cohesión en un país en que la población se parece mucho a pájaros asentados después de desbandarse. Porque dos terceras partes de la población está en las ciudades y la que resta en la campaña permanece confinada y sin contacto. El punto inmediato es la ciudad lejana. Se sale de un pueblo y se entra a otro borrando tras los pasos lo que se deja detrás. Se marcha sin recuerdos y es más fácil seguir 5 adelante que regresar. El viajero nunca vuelve la mirada, si no es de temor, y lo que le atrae es algo que está más adelante del horizonte: el punto de llegada. Lo que recuerda: el punto de partida. Todo hombre de llanura es oriundo 10 de otro lugar.

Tras mucho andar, el pueblo que primero se encuentra parece el último, como si después de ése no hubiera otro más. Nos invade un sentimiento de pena, y la alegría de la llegada 15 se defrauda en un abatimiento de aldea chata, incolora, hecha a imagen y semejanza del campo. Las calles son anchas y de tierra, los frentes de las casas de ladrillo sin revocar, con terrenos baldíos entre unas viviendas y otras, 20 separándolas. El crecimiento de esos pueblos es horizontal: un derrame por sus flancos. También hay ranchos de adobe o de chapa. Ese pueblo está envuelto por el campo; en la lucha que ha entablado contra la soledad, el 25 vencido es él: está sitiado por el campo, enquistado y reducido a un curioso caso de mimetismo.

El campo entra por las calles y por los terrenos con los yuyos. Los yuyos son los heraldos con que el campo anuncia su lenta, infatigable invasión. Hay que estar cortándolos siempre y siempre crecen, hasta que por cualquier evento pueden invadir las habitaciones, que suelen ser de piso de tierra, o echar su ramita entre los ladrillos. El campo llega hasta el patio y el patio entra hasta la cama.

No es tanto que las casas sean pequeñas cuanto que parecen chatas por la inmensidad de la perspectiva. Su pequeñez es una ilusión de óptica; es la pampa que las achica. El transeúnte en las calles parece más pequeño de lo común, porque se lo relaciona con las cosas, que están relacionadas con la pampa.

Esos pueblos parecen aerolitos, pedazos de astros habitados caídos en el campo. Al llegar se diría que entramos otra vez al pueblo que hemos dejado, y que el viaje fué una ilusión. Cuando preguntamos por el nombre del pueblo nos sonríen, porque el interlocutor cree que ése es «el pueblo», las casas, en medio de un lugar que no tiene nombre. No hay diferencia entre el pueblo y el campo: el pueblo depende de él y eso es todo. Esta ahí, pero pudo estar más a la derecha o más a la izquierda, o no estar.

La noche es la hora adecuada de esos pueblos silenciosos, entredormidos, quietos, saturados de lujuria, codicia y rencor. Las luces de las casas y de los lejanos ranchos, brillan como estrellas, a distancias telescópicas. Más lejanos que esas luces, se oyen silbidos de animales inexistentes y misteriosos; sonidos finos y sutiles que embebe el tímpano como una droga soporífera. La llanura que de día pareció no existir, recobra de noche una vida lejana, atenuada, persuasiva. Se puebla y se enriquece y cuesta trabajo no creer en las almas en pena. Esas voces hipnóticas son las voces de la sombra y el sueño que invitan a dormir y a morir. Son los equivalentes de los crujidos nocturnos de los muebles, con que nos ponemos en contacto con fuerzas desconocidas del mundo; pero mucho más delicadas, infinitamente más penetrantes y que apenas

dan miedo. Deleita escucharlas sin que se quiebren en el oído, recogiéndolas con toda la pureza con que las emite la soledad, que mediante ellas adquiere su sentido perfecto.

Ese miedo de la noche, queda pegado a las casas al amanecer. Lo que tienen de tristes y hostiles se comprende recordando que el día es un paréntesis de la noche, el descanso de la fecunda noche.

La casa del interior es plana, chata, terrosa y parece disimularse contra el suelo. Es una casa sin adornos exteriores ni interiores, la vivienda simple y esquemática. Nuestros pueblos son aplanados y extensos, es decir que ocupan más extensión de la debida según el número de habitantes y de edificios; y que tienen, como consecuencia, menos altura de la lógica. Un pueblo — cualquiera, de cualquier paraje — parece dislocado por terrenos que se desplazaran en un movimiento centrífugo. Están desmoronados; no tienen intimidad, quieren desbandarse. Las casas han ido construyéndose con ese espacio neutro que en toda propiedad se establece física o psicológicamente en los lindes. Esas familias parecen tener secretos pudores que las aíslan: temor de culpas, de desliçes, de enfermedades contagiosas.

A las afueras están los ranchos, que son casas más pobres y aun más aisladas. Las mujeres y los chicos casi nunca llegan hasta el poblado. Vegetan más lejos, y tardan un rato antes de salir cuando el viajero se detiene en sulky frente a la tranquera. Salen los chicos y los perros. Las personas mayores espían primero, y se arreglan un poco. Cuando el viajero parte, vuelven a entrar al rancho. Las mujeres no miran al pueblo; no les importa. Esos ranchos están a mitad de camino entre el pueblo y el cementerio, cualquiera sea la orientación y la distancia. Los muchachos a veces ignoran el nombre de la estación o el del río próximo, aunque conozcan la dirección del camino como un nombre. El nombre de los pueblos que no se ven y hacia los cuales lleva el camino, es un nombre abstracto para ellos. Esas gentes de los ranchos no han podido siquiera llegar hasta el pueblo o han sido ya rechazadas por él. Otras han penetrado con sus ranchos, y son esas casas de material o de cinc que vemos a lo largo de las calles. Tienen la misma distribución de habitaciones, la misma sombría soledad dentro. Son células de un claustro destrozado, disperso, donde se engendran los hijos, donde se reside, se envejece y se muere.

Poco a poco se pierde el hábito de hacer visitas y las amistades jamás llegan a ser profundas. Hay fiestas que congregan a muchas familias, pero en esas fiestas cada familia parece conservar el mismo lugar que su casa en relación con el pueblo. La fiesta es el mismo pueblo que se reúne, el pueblo reducido a las personas, con las mismas distancias y baldíos alrededor. Si se baila, las parejas no hablan, atentas al compás. Y, sin embargo, algo se comunican, porque el amor no tiene otras oportunidades. Las mujeres ocupan un sector, en sillas alineadas; los hombres se agrupan aparte, beben y dicen picardías. La orquesta de violín, flauta y guitarra hace que los hombres vayan hacia las mujeres, y hombres y mujeres están juntos mientras lo quiere la música. Inmediatamente después de cesar, cada cual ocupa de nuevo su sitio; ellas a un lado y ellos a otro. Las pobres mujeres están acostumbradas a contentarse con muy poco y a ser resignadas. De ese contacto fugaz, superficial, corporal, nace a veces el amor fecundo en hijos. El noviazgo se inicia así, de manera que nadie lo advertiría, y es curioso cómo ellas pueden adivinar en esos hombres que se avergüenzan de la mujer, que se las desea.

(De *Radiografía de la Pampa*, 1939).

———◆———

Uno de los más brillantes escritores de Hispanoamérica es ALFONSO REYES (México; 1889–1959). Como el azogue, se nos escapa entre los dedos. Se nos escapó del verso a la prosa; y dentro de la prosa se nos escapó de la narración. Al fin lo arrinconamos aquí, y con él cerramos este capítulo. Las páginas que hemos elegido lo presentan como poeta, narrador y ensayista.

Al igual que Prado, Güiraldes y Rivera, desbordó del verso a la prosa. Reyes es insigne tanto en el verso como en la prosa; sólo que no sería lícito partir su obra para estudiarla separadamente pues, como en ningún otro escritor, sus versos y sus prosas forman cristalina unidad. Gracias a la publicación de la monumental *Obras completas de Alfonso Reyes*, emprendida por el Fondo de Cultura Económica de México, es ahora evidente para todos, no sólo para la minoría que antes solía disfrutarlo en ediciones limitadas y de difícil acceso, que estamos frente a uno de los mayores escritores de la lengua. En Alfonso Reyes se integran, en haz de graciosa y leve luz, las virtudes de la inteligencia, la fantasía, y la sensibilidad que, en otros escritores, se dan por separado. Es erudito en el campo filológico y chispeante en la ocurrencia divertida; escribe poemas y penetrantes glosas críticas; su prosa es atisbona y su verso va y viene del laboratorio donde maceraba los suyos Góngora a la llanura clara por donde transita el pueblo. Reyes, con ser uno de nuestros escritores más exquisitos, más originales, más sorprendentes, fundó su obra en la salud humana. Es un escritor clásico por la integridad de su vocación, por su serena fe en la inteligencia, en la caridad, en los valores eternos del alma. La pluralidad de vocaciones de Reyes — hombre del Renacimiento — no se mide tan sólo por el vasto repertorio de sus motivos, sino también por la riqueza estilística de cada giro. La inquietud de Reyes comunica a su estilo una marcha zigzagueante, saltarina, traviesa y sensual. Sus ensayos son siempre líricos, aun los de tema lógico o didáctico, pues la dirección con que ataca su objeto es personal, no pública. Sus cuentos renuncian a tramas complicadas para dejar en libertad el buen humor; y cuando tienen trama — como «La cena», que aquí reproducimos — sus hilos se entretejen misteriosamente con una realidad lírica, absurda o sobrenatural. «La cena», de 1912, comienza y termina con las nueve campanadas de un reloj público: en ese instante el protagonista Alfonso pasa por una experiencia extraña como un sueño: dentro de un sueño, extraña como un vago recuerdo o como un viaje en el tiempo, pero de la que sale trayendo del trasmundo cosas reales: sobre su cabeza, las hojas del jardín misterioso; en el ojal, una flor que él no cortó.

Alfonso Reyes

LA TONADA DE LA SIERVA ENEMIGA

Cancioncita sorda, triste,
desafinada canción;
canción trinada en sordina
y a hurtos de la labor,
5 a espaldas de la señora,
a paciencia del señor;
cancioncita sorda, triste,
canción de esclava, canción
de esclava niña que siente
10 que el recuerdo le es traidor;
canción de limar cadenas
debajo de su rumor;
canción de los desahogos
ahogados en temor;
15 canción de esclava que sabe
a fruto de prohibición:
—toda te me representas
en dos ojos y una voz.

20 Entre dientes, mal se oyen
palabras de rebelión:
«¡Guerra a la ventura ajena,
guerra al ajeno dolor!
Bárreles la casa, viento,
25 que no he de barrerla yo.

Hílales el copo, araña,
que no he de hilarlo yo.
San Telmo encienda las velas,
San Pascual cuide el fogón.
Que hoy me ha pinchado la aguja
y el huso se me rompió.
Y es tanta la tiranía
de esta disimulación,
que aunque de raros anhelos
se me hincha el corazón,
tengo miradas de reto
y voz de resignación.»

Fieros tenía los ojos
y ronca y mansa la voz;
finas imaginaciones,
y plebeyo corazón.
Su madre, como sencilla,
no la supo casar, no.
Testigo de ajenas vidas,
el ánimo le es traidor.
Cancioncita sorda, triste,
canción de esclava, canción:
— toda te me representas
en dos ojos y una voz.

FANTASIA DEL VIAJE

Yo de la tierra huí de mis mayores
(¡ay casa mía grande, casa única!)
Cardos traje prendidos en la túnica
al entrar en el valle de las flores.

Llegué hasta el mar: ¡Qué música del
[puerto!
¡Qué feria de colores!
No lo creerán: ¡si me juzgaron muerto!
¡Ay, mi ciudad, mi campo aquel sin flores!

He visto el mar: ¡Qué asombro de los
[barcos!
¡Qué pasmo de las caras tan cobrizas!
Los ojos, viendo el mar, se tornan zarcos,
y la luz misma se desgarra en trizas.

¿Y el marinero aquel, hijo de Europa
(¡Ay ubres de la Loba, ay ubres!),
que ostentaba, acodándose en la popa,
los brazos recamados de mayúsculas azules?

Yo iré por mis natales caseríos
como una fatalidad:
¡Ay montañas, árboles, hombres míos:
he visto el mar!

Lo grabaría yo sobre la seca
madera de mis árboles nativos;
lo gritaría en la casona hueca
para oír resonar sus ecos vivos:
— ¡He visto el mar!

Lo diría en la polvorosa calle
de mis aldehuelas, de aquellos pueblos
cálidos, donde el aire del ventalle
se lleva las palabras en sus vuelos.

¿Quién lo creería de los viejecitos
que cuentan nuestros años con los dedos?
Hablan: el aire de los abanicos
se lleva las palabras en sus vuelos.

Ninguno ha visto el mar. — Palmas.
[Un río
sesgo y apenas rumoroso corre.
Viven urracas negras en la torre,
oros vestida con el sol de estío.   5

Polvo en la villa, polvo en las afueras;
hornazas de metal, bocas de fragua.
Y, por invierno, un vaho en las vidrieras
que se va deshaciendo en gotas de agua.   10

GAVIOTAS

«— Pero si quieres volar
— me decían las gaviotas —
¿qué tanto puedes pesar?
Te llevamos entre todas.»   15

Yo me quité la camisa
como el que quiere nadar.
(Me sonaba en los oídos:

«¿Qué tanto puedes pesar?»   20
expresión muy dialectal).

Unas muchachas desnudas
jugaban entre las olas,
y aun creí que me decían: 25
«Te llevamos entre todas.»

Al tenderme boca arriba,
como al que van a enterrar,
el cielo se me echó encima   30
con toda su inmensidad.

O yo resbalé hacia el aire
o el mundo se nos cayó,
pero que algo se movía
nadie me lo quita, no.   35

¡Eppur si muove![1] — exclamé
fingiendo serenidad.
Me decían las gaviotas:
«— ¡Pero si quieres volar!»

---

[1] «Sin embargo se mueve», palabras italianas atri-
buídas a Galileo, obligado a retractarse por haber
proclamado después de Copérnico que la tierra
giraba sobre sí misma, contrariamente a la letra de
las Escrituras.

Allá abajo, los amigos
se empezaron a juntar:
¡mi ropa estaba en la arena,
y yo no estaba en el mar!

5 Yo les gritaba su nombre
para más tranquilidad:
¿quién había de escucharme,
si hoy nadie sabe escuchar?

Ellos alzaban los brazos,
10 ellas hacían igual.
Comprendí que estaba muerto
cuando los oí llorar.

SAUDADE

15 [*Romances del Río de Enero*]

¿Qué procuras, jardinero,
si cada plantel deshaces
y sólo siembras y arrancas
20 arbustos de voluntades?

¡Qué solo vas por la vida,
amigo de cien ciudades!
En todas criabas amores,
25 pero todas las dejaste.

Hasta el Cerro de la Silla,
al pie de la Sierra Madre,[2]
corre el hilo de tu cuna
30 como un invisible estambre.

Se enreda entre las memorias
de los años que pasaste,
la ciudad de los palacios
que tiene un cielo tan grande.

35 Si allá junto a Guadarrama[3]
dejó tu amistad señales,
junto a Santa Genoveva[4]
hay los recuerdos que sabes.

Fulva la onda del Plata[5]
— de arcilla y no de cristales —
propia urna de tus lágrimas,
tenga piedad de tus males.

Tenga cuita el Corovado,[6]
donde hoy tu bandera plantes,
de tus talones heridos,
de tus manos implorantes.

Dicen que en la mar del trópico
anda una errabunda nave;
dicen que el sol la enamora,
dicen que la ayuda el aire.

Dicen que el grano de arena
se pierde entre sus iguales,
y se confunden las caras
de las hojas de los árboles. —

Aquí se ha perdido un hombre:
dígalo quien lo encontrare.
Entre los hombres bogaba,
ya no lo distingue nadie.

— Ironía del recuerdo
que entra por donde sale:
¡lloraba sus horas muertas
y las tenía cabales!

LA SEÑAL FUNESTA

I

Si te dicen que voy envejeciendo
porque me da fatiga la lectura
o me cansa la pluma, o tengo hartura
de las filosofías que no entiendo;

si otro juzga que cobro el dividendo
del tesoro invertido, y asegura
que vivo de mi propia sinecura
y sólo de mis hábitos dependo,

---

[2] Nombre de la doble cordillera que recorre a México del SE. al NE.
[3] Sierra entre Madrid y Segovia.
[4] Iglesia de Paris.
[5] Referencia al Río de la Plata, Buenos Aires.
[6] Cerro en Río de Janeiro.

cítalos a la nueva primavera
que ha de traer retoños, de manera
que a los frutos de ayer pongan olvido;

pero si sabes que cerré los ojos
al desafío de unos labios rojos,
entonces puedes darme por perdido.

II

Sin olvidar un punto la paciencia
y la resignación del hortelano,
a cada hora doy la diligencia
que pide mi comercio cotidiano.

Como nunca sentí la diferencia
de lo que pierdo ni de lo que gano,
siembro sin flojedad ni vehemencia
en el surco trazado por mi mano.

Mientras llega la hora señalada,   5
el brote guardo, cuido del injerto,
el tallo alzo de la flor amada,

arranco la cizaña de mi huerto,
y cuando suelte el puño del azada
sin preguntarlo me daréis por muerto.   10

(De *Obra poética*, 1952).

JACOB O IDEA DE LA POESÍA

> Y quedó Jacob solo; y luchó con él
> un varón hasta que el alba subía . . . «Has
> peleado con Dios y con los hombres, y has
> vencido.»
> *Génesis, XXXII*, 24–28.

Hoy en día, vamos cabalgando una crisis que, sumariamente, se ha dado en calificar de lucha por la libertad artística. Por cuanto atañe a la poesía, de un lado campean los partidarios de la tradición prosódica, como dice Claudel:[7] metros, estrofas, combinaciones simétricas, rimas perfectas e imperfectas y hasta el académico verso blanco que la rutina venía arrastrando a modo de tronco flamante. De otro lado las mil escuelas y los puñados de franco-tiradores. Éstos van desde el rigor espiritual más extremo, aunque no aparente en trabas formales, hasta la más desaseada negligencia. Y aun hay malos instantes en que la obra poética pretende arrogarse las funciones de la escritura mediumnímica o sonambúlica; en que el poema usurpa la categoría de documento psicoanalítico o confesión abierta sobre el chorro, a grifo suelto, de las asociaciones verbales, para uso de los curanderos del Subconsciente. Lo cual equivale a tomar el rábano por las hojas, o a plantar flores para obtener criaderos de lodo, puesto que el sentido del arte es el contrario, y va de la subconciencia a la conciencia.

Algo de confusión se desliza siempre en estas querellas. Las íes andan sin sus puntos correspondientes, que tanto las agracian.

Prescindir de la tradición prosódica es, artísticamente, tan legítimo como obligarse a ella. El arte opera siempre como un juego que se da a sí mismo sus leyes, se pone sus obstáculos, para después irlos venciendo. El candor imagina que, por prescindir de las formas prosódicas, hay ya derecho a prescindir de toda norma. Y al contrario: la provocación de estrofa y rima ayudan al poeta como las andaderas al niño y el soltar las andaderas significa haber alcanzado el paso adulto, seguro y exacto en su equilibrio; haber conquistado otra ley: la más imperiosa, la más difícil, ya que no se ve ni se palpa. El que abandona la tradición prosódica, la cual

---

[7] Paul Claudel (1868–1955) literato francés, poeta, dramaturgo.

muchas veces hasta consiente ciertas libertades en cuanto a la estricta línea espiritual del poema, contrae compromisos todavía más severos y camina como por una vereda de aire abierta entre abismos. Va por la cuerda y sin balancín. A sus pies no hay red que lo recoja.

Para que se vea con cuánta finura hay que hilar en esta materia, voy a contar una conversación que hace muchos años escuché en Madrid, sin atribuirle por lo demás mayor trascendencia que la de un mero epigrama literario, ni a sus interlocutores mayor intención que la de una charla sin compromisos:

Gabriel Alomar,[8] en un rapto de impaciencia contra el exceso de preocupaciones formales, comenzó a decir:

— El terceto, cuya única justificación es Dante . . .

Y Eugenio d'Ors[9] vino a atajarle suavemente:

— Al contrario, querido Alomar: Dante, cuya justificación es el terceto . . .

En fin, que es legítimo emanciparse de cuanto procedimiento se ha convertido ya en rutina y, en vez de provocar por parte del artista una reacción fecunda, sólo es peso muerto y carga inútil, sin más justificación para seguir existiendo que el haber existido antes. Pero que esto en nada afecta a la idea de la libertad, porque el verdadero artista es el que se esclaviza a las más fuertes disciplinas, para dominarlas e ir sacando de la necesidad virtud. «Hacer de tripas corazón» parece que sólo significa hacer un magno esfuerzo para afrontar con valor algún peligro; pero también significa y describe exactamente la situación del poeta, cuya función consiste en transformar en nueva y positiva pulsación cuanto le ha sido dado en especie de constreñimiento y estorbo.

El artista llega a la libertad ciertamente; produce libertad (o mejor, liberación) como término de su obra, pero no opera en la libertad; hace corazón con las tripas: es un valiente. Y como en la Edad Media llamaban «cortesía» al gay saber, aquí podemos travesear con otra frase hecha, y declarar una vez más que, también para el caso del poeta, «lo cortés no quita lo valiente». El ser poeta exige coraje para entrar por laberintos y matar monstruos. Y mucho más coraje para salir cantando por mitad de la calle sin dar explicaciones, en épocas como la nuestra en que la invasora preocupación política — muy justa en sí misma — hace que la palabra «libertad» sólo se entienda en un sentido muy limitado y muy poco libre. Soy un esclavo de mis propias cadenas — dice el poeta, mientras canta haciéndolas sonar. Ahora que, en cuanto es animal político, muy bien puede ser que, al mismo tiempo traiga su puñal de Harmodio[10] envuelto en flores: lo cortés no quita lo valiente.

Lo que al poeta importa es evitar que el espíritu ceda a su declinación natural, a su pureza cósmica, la cual pronto lo llevaría a las vaguedades más nauseabundas y al vacío más insípido. El arte poético no es un juego de espuela y freno parecido a la equitación; sino que es un jugar todavía más sutil porque es un jugar con fuego. Y el fuego entregado a sí mismo, ya se sabe, sólo consume. En cambio, el fuego con espuela y freno es motor de civilizaciones. De igual modo, dicen los biólogos, las hormonas retardatarias — los frenos — determinan la homificación del hombre, impidiendo que su cráneo se desboque hasta desarrollarse en el hocico animal. Al poeta no puede serle por eso indiferente el elemento formal: en la religión, el rito; en la idea, la palabra; en el arte, la línea; en el alma, el cuerpo. Y los ortodoxos que tiemblan ante esta última proposición — en el alma, el cuerpo — tranquilícense recordando el dogma, muy olvidado, de la resurrección, noción que confiesa la necesidad de una reincorporación de las almas para poder decidir sobre sus destinos ulteriores. El poeta no debe confiarse demasiado en la poesía como estado de alma, y en cambio debe insistir mucho en la poesía como efecto de palabras. La primera se le da de presente: «los dioses se lo otorgan de balde», dice Valéry.[11] Lo segundo tiene que sacarlo de sí mismo. Hasta los perros sienten

---

[8] (1873–1941), ensayista y profesor español.
[9] (1882–1954), ensayista español.
[10] Ateniense que conspiró con su amigo Aristogitón contra los hijos de Pisístrato, Hiparco e Hipías (514 a. de J. C.)
[11] Paul Valéry, (1871–1945), prosista y poeta francés.

la necesidad de aullar a la luna llena, y eso no es poesía. En cambio, Verlaine,[12] hablando de los poetas, confiesa: «Nous . . . qui faisons des vers émus très froidement».[13] Al pintor que quería hacer versos en sus ratos de ocio, porque ideas no le faltaban, Mallarmé[14] solía reprenderle: «Pero los versos, oh Degas,[15] no se hacen con ideas sino con palabras». El poeta debe hacer de sus palabras «cuerpos gloriosos». Toda imprecisión es un estado de ánimo anterior a la poética, lo mismo que a la matemática. Porque al fin vamos creyendo que el espíritu de finura y el espíritu de geometría se comunican por mil vasos subterráneos, lo que no soñaba la filosofía del grande Pascal.[16]

Me diréis que el poeta, a veces y aun las más de las veces, lo que necesita y lo que quiere es expresar emociones imprecisas. Como que la poesía misma nace del afán de sugerir lo que no tiene nombre hecho, puesto que el lenguaje es ante todo un producto de nuestras necesidades prácticas. Convenido; pero aun entonces, y entonces más que nunca, el poeta debe ser preciso en las expresiones de lo impreciso. Nada se puede dejar a la casualidad. El arte es una continua victoria de la conciencia sobre el caos de las realidades exteriores. Lucha con lo inefable: «combate de Jacob con el ángel», lo hemos llamado.

[1933]

(De *La Experiencia literaria*, 1942).

LA CENA

La cena, que recrea y enamora.
San Juan de la Cruz.

Tuve que correr a través de calles desconocidas. El término de mi marcha parecía correr delante de mis pasos, y la hora de la cita palpitaba ya en los relojes públicos. Las calles estaban solas. Serpientes de focos eléctricos bailaban delante de mis ojos. A cada instante surgían glorietas circulares, sembrados arriates, cuya verdura, a la luz artificial de la noche, cobraba una elegancia irreal. Creo haber visto multitud de torres — no sé si en las casas, si en las glorietas — que ostentaban a los cuatro vientos, por una iluminación interior, cuatro redondas esferas de reloj.

Yo corría, azuzado por un sentimiento supersticioso de la hora. Si las nueve campanadas, me dije, me sorprenden sin tener la mano sobre la aldaba de la puerta, algo funesto acontecerá. Y corría frenéticamente, mientras recordaba haber corrido a igual hora por aquel sitio y con un anhelo semejante. ¿Cuándo?

Al fin los deleites de aquella falsa recordación me absorbieron de manera que volví a mi paso normal sin darme cuenta. De cuando en cuando, desde las intermitencias de mi meditación, veía que me hallaba en otro sitio, y que se desarrollaban ante mí nuevas perspectivas de focos, de placetas sembradas, de relojes iluminados. . . . No sé cuánto tiempo transcurrió, en tanto que yo dormía en el mareo de mi respiración agitada.

De pronto, nueve campanadas sonoras resbalaron con metálico frío sobre mi epidermis. Mis ojos, en la última esperanza, cayeron sobre la puerta más cercana: aquél era el término.

Entonces, para disponer mi ánimo, retrocedí hacia los motivos de mi presencia en aquel lugar. Por la mañana, el correo me había llevado una esquela breve y sugestiva. En el ángulo del papel se leían, manuscritas,

---

[12] Paul Verlaine (1844–1896), poeta francés, jefe de la escuela simbolista.
[13] Nosotros, que hacemos versos emocionados muy fríamente . . .
[14] Stéphane Mallarmé (1842–1898), poeta francés, uno de los iniciadores del simbolismo.
[15] Edgar Degas (1834–1917), famoso pintor francés.
[16] Blaise Pascal (1623–1662), matemático, físico y filósofo francés.

las señas de una casa. La fecha era del día anterior. La carta decía solamente:

«Doña Magdalena y su hija Amalia esperan a usted a cenar mañana, a las nueve de la noche. ¡Ah, si no faltara!...»

Ni una letra más.

Yo siempre consiento en las experiencias de lo imprevisto. El caso, además, ofrecía singular atractivo: el tono, familiar y respetuoso a la vez, con que el anónimo designaba a aquellas señoras desconocidas; la ponderación: «¡Ah, si no faltara!...», tan vaga y tan sentimental, que parecía suspendida sobre un abismo de confesiones, todo contribuyó a decidirme. Y acudí, con el ansia de una emoción informulable. Cuando, a veces, en mis pesadillas, evoco aquella noche fantástica (cuya fantasía está hecha de cosas cotidianas y cuyo equívoco misterio crece sobre la humilde raíz de lo posible), paréceme jadear a través de avenidas de relojes y torreones, solemnes como esfinges en la calzada de algún templo egipcio.

La puerta se abrió. Yo estaba vuelto a la calle y ví, de súbito, caer sobre el suelo un cuadro de luz que arrojaba, junto a mi sombra, la sombra de una mujer desconocida.

Volvíme: con la luz por la espalda y sobre mis ojos deslumbrados, aquella mujer no era para mí más que una silueta, donde mi imaginación pudo pintar varios ensayos de fisonomía, sin que ninguno correspondiera al contorno, en tanto que balbuceaba yo algunos saludos y explicaciones.

—Pase usted, Alfonso.

Y pasé, asombrado de oírme llamar como en mi casa. Fué una decepción el vestíbulo. Sobre las palabras románticas de la esquela (a mí, al menos, me parecian románticas), había yo fundado la esperanza de encontrarme con una antigua casa, llena de tapices, de viejos retratos y de grandes sillones; una antigua casa sin estilo, pero llena de respetabilidad. A cambio de esto, me encontré con un vestíbulo diminuto y con una escalerilla frágil, sin elegancia; lo cual más bien prometía dimensiones modernas y estrechas en el resto de la casa. El piso era de madera encerada; los raros muebles tenían aquel lujo frío de las cosas de Nueva York, y en el muro, tapizado de verde claro, gesticulaban, como imperdonable signo de trivialidad, dos o tres máscaras

japonesas. Hasta llegué a dudar.... Pero alcé la vista y quedé tranquilo: ante mí, vestida de negro, esbelta, digna, la mujer que acudió a introducirme me señalaba la puerta del salón. Su silueta se había colorado ya de facciones; su cara me habría resultado insignificante, a no ser por una expresión marcada de piedad; sus cabellos castaños, algo flojos en el peinado, acabaron de precipitar una extraña convicción en mi mente: todo aquel ser me pareció plegarse y formarse a las sugestiones de un nombre.

—¿Amalia? —pregunté.

—Sí. —Y me pareció que yo mismo me contestaba.

El salón, como lo había imaginado, era pequeño. Mas el decorado, respondiendo a mis anhelos, chocaba notoriamente con el del vestíbulo. Allí estaban los tapices y las grandes sillas respetables, la piel de oso al suelo, el espejo, la chimenea, los jarrones; el piano de candeleros lleno de fotografías y estatuillas — el piano en que nadie toca —, y, junto al estrado principal, el caballete con un retrato amplificado y manifiestamente alterado: el de un señor de barba partida y boca grosera.

Doña Magdalena, que ya me esperaba instalada en un sillón rojo, vestía también de negro y llevaba al pecho una de aquellas joyas gruesísimas de nuestros padres: una bola de vidrio con un retrato interior, ceñida por un anillo de oro. El misterio del parecido familiar se apoderó de mí. Mis ojos iban, inconscientemente, de doña Magdalena a Amalia, y del retrato a Amalia. Doña Magdalena, que lo notó, ayudó mis investigaciones con alguna exégesis oportuna.

Lo más adecuado hubiera sido sentirme incómodo, manifestarme sorprendido, provocar una explicación. Pero doña Magdalena y su hija Amalia me hipnotizaron, desde los primeros instantes, con sus miradas paralelas. Doña Magdalena era una mujer de sesenta años; así es que consintió en dejar a su hija los cuidados de la iniciación. Amalia charlaba; doña Magdalena me miraba; yo estaba entregado a mi ventura.

A la madre tocó — es de rigor — recordarnos que era ya tiempo de cenar. En el comedor la charla se hizo más general y corriente. Yo acabé por convencerme de que aquellas señoras no habían querido más que convidarme a cenar, y a la segunda copa de Chablis[17] me sentí sumido en un perfecto egoísmo del cuerpo lleno de generosidades espirituales. Charlé, reí y desarrollé todo mi ingenio, tratando interiormente de disimularme la irregularidad de mi situación. Hasta aquel instante las señoras habían procurado parecerme simpáticas; desde entonces sentí que había comenzado yo mismo a serles agradable.

El aire piadoso de la cara de Amalia se propagaba, por momentos, a la cara de la madre. La satisfacción, enteramente fisiológica, del rostro de doña Magdalena descendía, a veces, al de su hija. Parecía que estos dos motivos flotasen en el ambiente, volando de una cara a la otra.

Nunca sospeché los agrados de aquella conversación. Aunque ella sugería, vagamente, no sé qué evocaciones de Sudermann,[18] con frecuentes rondas al difícil campo de las responsabilidades domésticas y — como era natural en mujeres de espíritu fuerte — súbitos relámpagos ibsenianos,[19] yo me sentía tan a mi gusto como en casa de alguna tía viuda y junto a alguna prima, amiga de la infancia, que ha comenzado a ser solterona.

Al principio, la conversación giró toda sobre cuestiones comerciales, económicas, en que las dos mujeres parecían complacerse. No hay asunto mejor que éste cuando se nos invita a la mesa en alguna casa donde no somos de confianza.

Después, las cosas siguieron de otro modo. Todas las frases comenzaron a volar como en redor de alguna lejana petición. Todas tendían a un término que yo mismo no sospechaba. En el rostro de Amalia apareció, al fin, una sonrisa aguda, inquietante. Comenzó visiblemente a combatir contra alguna interna tentación. Su boca palpitaba, a veces, con el ansia de las palabras, y acababa siempre por suspirar. Sus ojos se dilataban de pronto, fijándose con tal expresión de espanto o abandono en la pared que quedaba a mis espaldas, que más de una vez, asombrado, volví el rostro yo mismo. Pero Amalia no parecía consciente del daño

que me ocasionaba. Continuaba con sus sonrisas, sus asombros, y sus suspiros, en tanto que yo me estremecía cada vez que sus ojos miraban por sobre mi cabeza.

Al fin, se entabló, entre Amalia y doña Magdalena, un verdadero coloquio de suspiros. Yo estaba ya desazonado. Hacia el centro de la mesa, y, por cierto, tan baja que era una constante incomodidad, colgaba la lámpara de dos luces. Y sobre los muros se proyectaban las sombras desteñidas de las dos mujeres, en tal forma que no era posible fijar la correspondencia de las sombras con las personas. Me invadió una intensa depresión, y un principio de aburrimiento se fué apoderando de mí. De lo que vino a sacarme esta invitación insospechada:

— Vamos al jardín.

Esta nueva perspectiva me hizo recobrar mis espíritus. Condujéronme a través de un cuarto cuyo aseo y sobriedad hacía pensar en los hospitales. En la oscuridad de la noche pude adivinar un jardincillo breve y artificial, como el de un camposanto.

Nos sentamos bajo el emparrado. Las señoras comenzaron a decirme los nombres de las flores que yo no veía, dándose el cruel deleite de interrogarme después sobre sus recientes enseñanzas. Mi imaginación, destemplada por una experiencia tan larga de excentricidades, no hallaba reposo. Apenas me dejaba escuchar y casi no me permitía contestar. Las señoras sonreían ya (yo lo adivinaba) con pleno conocimiento de mi estado. Comencé a confundir sus palabras con mi fantasía. Sus explicaciones botánicas, hoy que las recuerdo, me parecen monstruosas como un delirio: creo haberles oído hablar de flores que muerden y de flores que besan; de tallos que se arrancan a su raíz y os trepan, como serpientes, hasta el cuello.

La oscuridad, el cansancio, la cena, el Chablis, la conversación misteriosa sobre flores que yo no veía (y aun creo que no las había en aquel raquítico jardín), todo me fué convidando al sueño; y me quedé dormido sobre el banco, bajo el emparrado.

---

[17] Famosos vinos blancos de Borgoña.
[18] Hermann Sudermann (1857–1928), dramaturgo alemán.

[19] Relativo a Enrique Ibsen (1828–1906), dramaturgo noruego.

*
* *

— ¡Pobre capitán! — oí decir cuando abrí los ojos —. Lleno de ilusiones marchó a Europa. Para él se apagó la luz.

En mi alrededor reinaba la misma oscuridad. Un vientecillo tibio hacía vibrar el emparrado. Doña Magdalena y Amalia conversaban junto a mí, resignadas a tolerar mi mutismo. Me pareció que habían trocado los asientos durante mi breve sueño; eso me pareció. . . .

— Era capitán de Artillería — me dijo Amalia —; joven y apuesto si los hay.

Su voz temblaba.

Y en aquel punto sucedió algo que en otras circunstancias me habría parecido natural, pero que entonces me sobresaltó y trajo a mis labios mi corazón. Las señoras, hasta entonces, sólo me habían sido perceptibles por el rumor de su charla y de su presencia. En aquel instante alguien abrió una ventana en la casa, y la luz vino a caer, inesperada, sobre los rostros de las mujeres. Y — ¡oh cielos! — los ví iluminarse de pronto, autonómicos, suspensos en el aire — perdidas las ropas negras en la oscuridad del jardín — y con la expresión de piedad grabada hasta la dureza en los rasgos. Eran como las caras iluminadas en los cuadros de Echave el Viejo,[20] astros enormes y fantásticos.

Salté sobre mis pies sin poder dominarme ya.

— Espere usted — gritó entonces doña Magdalena —; aún falta lo más terrible.

Y luego, dirigiéndose a Amalia:

— Hija mía, continúa; este caballero no puede dejarnos ahora y marcharse sin oírlo todo.

— Y bien — dijo Amalia —: el capitán se fué a Europa. Pasó de noche por París, por la mucha urgencia de llegar a Berlín. Pero todo su anhelo era conocer a París. En Alemania tenía que hacer no sé qué estudios en cierta fábrica de cañones . . . Al día siguiente de llegado, perdió la vista en la explosión de una caldera.

Yo estaba loco. Quise preguntar; ¿qué preguntaría? Quise hablar; ¿qué diría? ¿Qué

había sucedido junto a mí? ¿Para qué me habían convidado?

La ventana volvió a cerrarse, y los rostros de las mujeres volvieron a desaparecer. La voz de la hija resonó:

— ¡Ay! Entonces, y sólo entonces, fué llevado a París. A París, ¡que había sido todo su anhelo! Figúrese usted que pasó bajo el Arco de la Estrella: pasó ciego bajo el Arco de la Estrella, adivinándolo todo a su alrededor . . . Pero usted le hablará de París, ¿verdad? Le hablará del París que él no pudo ver. ¡Le hará tanto bien! («¡Ah, si no faltara!» . . . «¡Le hará tanto bien!»)

Y entonces me arrastraron a la sala, llevándome por los brazos como a un inválido. A mis pies se habían enredado las guías vegetales del jardín; había hojas sobre mi cabeza.

— Hélo aquí — me dijeron mostrándome un retrato. Era un militar. Llevaba un casco guerrero, una capa blanca, y los galones plateados en las mangas y en las presillas como tres toques de clarín. Sus hermosos ojos, bajo las alas perfectas de las cejas, tenían un imperio singular. Miré a las señoras: las dos sonreían como en el desahogo de la misión cumplida. Contemplé de nuevo el retrato; me ví yo mismo en el espejo; verifiqué la semejanza: yo era como una caricatura de aquel retrato. El retrato tenía una dedicatoria y una firma. La letra era la misma de la esquela anónima recibida por la mañana.

El retrato había caído de mis manos, y las dos señoras me miraban con una cómica piedad. Algo sonó en mis oídos como una araña de cristal que se estrellara contra el suelo.

Y corrí, a través de calles desconocidas. Bailaban los focos delante de mis ojos. Los relojes de los torreones me espiaban, congestionados de luz . . . ¡Oh, cielos! Cuando alcancé, jadeante, la tabla familiar de mi puerta, nueve sonoras campanadas estremecían la noche.

Sobre mi cabeza había hojas; en mi ojal, una florecilla modesta que yo no corté.

(1912).

(De *El Plano oblicuo*, 1920).

---

[20] Baltasar de Echave Orio (¿1548–1620?), famoso pintor de la Nueva España.

NOTICIA COMPLEMENTARIA

No caben en esta antología obras de teatro. Reparemos, sin embargo, que en estos años surgen comediógrafos y dramaturgos de nota, como los argentinos SAMUEL EICHELBAUM (1894) y CONRADO NALÉ ROXLO (1889).

Otras figuras destacables: el uruguayo ERNESTO HERRERA (1886–1917), el chileno ARMANDO MOOCK (1894–1943) y el cubano JOSÉ ANTONIO RAMOS (1885–1946).

IV

DESDE *1925* HASTA HOY

MARCO HISTÓRICO: Para mejor comprender la literatura contemporánea conviene subdividir este largo período por lo menos en tres generaciones.

1. 1925-1940. Consecuencias políticas y económicas de la primera Guerra Mundial: por un lado una mayor participación de las masas en el poder político, con propagandas comunistas y conspiraciones fascistas; y, por otro, «gobiernos fuertes» que defienden las oligarquías, sobre todo durante la crisis financiera que comienza en 1929. También afectan la vida hispanoamericana la caída de la República Española, los triunfos del fascismo internacional y el estallido de la segunda Guerra Mundial.

2. 1940-1955. La segunda Guerra Mundial termina con el triunfo de los países liberales, pero en Hispanoamérica continúan algunas dictaduras totalitarias. La «guerra fría» entre los Estados Unidos y Rusia obliga a nuevos alineamientos políticos. En general, tanto bajo las dictaduras como bajo los regímenes democráticos — que se alternan en sucesivas revoluciones — el fenómeno nuevo parece ser una evolución hacia las economías planificadas.

3. 1955-1970. Las masas populares buscan el poder político, más interesadas en una inmediata distribución de la riqueza económica que en ideologías revolucionarias. En todo caso es la ideología del «tercer mundo», que cree que para salvarse del dominio de las grandes potencias la America Latina debe hacer causa común con la insurrección mundial de los pueblos subdesarrollados. Las clases gobernantes (aun las antes conservadoras) procuran ponerse a tono con las reclamaciones populares.

TENDENCIAS CULTURALES:

1. 1925-1940. Después de la primera Guerra Mundial aparecen «literaturas de vanguardia», con una «nueva sensibilidad». Agotado el Modernismo, surge la voluntad de romper con las normas literarias del pasado. El Ultraísmo, y su disolución. Poesía Pura y Superrealismo.

2. 1940-1955. Del Superrealismo al Existencialismo y al Neo-naturalismo. Literaturas comprometidas y literaturas gratuitas, con predominio de estilos existencialistas y neo-naturalistas por un lado, de estilos de inspiración clásica y poética por otro.

3. 1955-1970. En los escritores jóvenes — sean violentos o serenos, nihilistas o afirmativos, cínicos o candorosos — se advierten tres posiciones:

la nostalgia de un pasado rico en formas, el experimento con nuevas técnicas y el desaliño repentista. Hay una mayor conciencia de la creciente atención que el resto del mundo está prestando a la producción hispanoamericana: premios nacionales e internacionales, traducciones, éxitos de crítica, etc. Por sentirse escritores profesionales ambicionan convertirse en «best sellers». Su literatura refleja — a veces irónicamente — las características de la nueva sociedad de masas.

Carlos Pellicer	Jorge Luis Borges
José Gorostiza	Jaime Torres Bodet
Xavier Villaurrutia	Miguel Ángel Asturias
Octavio Paz	Alejo Carpentier
Claudia Lars	Lino Novás Calvo
José Coronel Urtecho	Juan Bosch
Nicolás Guillén	Gabriel García Márquez
Luis Palés Matos	José de la Cuadra
Manuel del Cabral	Enrique Amorim
Jacinto Fombona Pachano	Eduardo Mallea
Jorge Rojas	Julio Cortázar
Jorge Carrera Andrade	Mariano Picón-Salas
Emilio Adolfo Westphalen	Arturo Uslar Pietri
Pablo Neruda	Jorge Mañach
Herib Campos Cervera	Germán Arciniegas

Andrés Iduarte

1925–1240. En el capítulo anterior se vio cómo algunos herederos del Modernismo, agotada la herencia, se pusieron a labrar nueva fortuna. Los que nacieron en el 1900, ya sin esa herencia, se dedicaron a la nueva industria: la de la metáfora a toda ultranza, la de la metáfora ultraista. La consigna, juvenil y liberadora, fue la palabra «Ultra», que manifestaba el deseo de rebasar las letras. Se decía que el ultraísmo estaba «más allá de todos los ‹ismos›»: es decir, que era un «ismo» para salir de los otros «ismos». Los «ismos» que aparecieron — creacionismo, vanguardismo, cubismo, dadaismo, simplismo, postumismo, superrealismo, estridentismo, avancismo, etc. — fueron sucursales de la gran planta industrial con sede en Europa. Pero esta vez los hispanoamericanos nacidos de 1900 en adelante produjeron casi simultáneamente con los europeos. Nunca habían estado tan cerca de sincronizar los relojes con los de Europa. Es difícil estudiar esos «ismos» porque, al principio, se propusieron no existir como literatura. Debe estudiárselos en dos pasos. El primero es el de las revistas; el segundo es el de los libros. El primer paso fue escandaloso. En las revistas se dieron todos los excesos, disparates, locuras, chacotas y nihilismos. La poesía no podía andar así. Tuvo que aceptar la coherencia. Después de todo un poema, por irracional que sea, debe ofrecer un mínimo de sentido para que pueda ser comprensible. Algunos poetas, obstinados en sus desatinos, desaparecieron o se convirtieron en sombras. Otros se salvaron con el libro, buscando una justa conciliación entre la fantasía y la lógica. Son los que estudiaremos en este capítulo. No se crea que el ultraismo da la clave de estos años. Hubo excelentes poetas que crecieron como si el ultraismo no existiera. Los prosistas complicaron aun más el panorama porque en cuentos y novelas se dieron estilos con lindos afeites, estilos a la pata la llana y — como máxima novedad — estilos «feistas», es decir, de deliberada poetización de lo feo.

1940-1955. La segunda Guerra Mundial tuvo sobre los escritores de esta generación un efecto contrario al que la primera Guerra Mundial había tenido sobre los ultraístas. Estos habían aparecido con gestos de acróbatas y payasos. Se burlaban de la literatura. La querían deshumanizar. Cultivaban lo absurdo. Despojaban el verso de toda regularidad. Después se arrepintieron y trataron de justificar su nihilismo. Descubrieron que en el fondo de su desafío a todas las convenciones literarias había un sentimiento patético: nada menos que el descontento del mundo. Los jóvenes nacidos después de 1915 no conocieron esa primera etapa de frivolidad: aparecieron con patetismo. Aun tomaron a la tremenda las contorsiones acrobáticas y clownescas de sus hermanos mayores. La poesía, por oscura que fuera, aspiró a dar un mensaje. Antes la poesía había sido absurda; ahora, sin dejar de ser absurda, tiene un propósito: demostrar que la existencia misma es absurda. Un acento sarcástico, a veces trágico, se oyó en la nueva literatura. El superrealismo, al que los ultraistas llegaron sólo después de ponerse graves, fue el punto de partida de esta nueva generación. Es que los rescoldos del superrealismo acababan de reanimarse y de echar nuevas llamas en Francia y en todos los países. Pero ese superrealismo se combinó en los jóvenes con filosofías existencialistas. Heidegger, Sartre y otros tiñeron el pensamiento juvenil. El estilo quería expresar «la verdad del Ser». Además, hubo estilizaciones de lo popular. Entre el personalismo y el popularismo surgieron tendencias neo-románticas, neo-naturalistas. Se hizo «literatura gratuita» y «literatura comprometida», con espiritualismos y materialismos, con bellezas y fealdades, con angustias desesperanzadas e iracundias revolucionarias... Años babélicos. Además, la mayor densidad demográfica de la república de las letras — nunca tantas personas han escrito tanto como ahora en nuestra América — dio representación a todos los gustos. Sin perspectiva histórica, ya no se sabe qué es lo que vale más. La cultura del mundo ha sido re-estructurada con violentos cambios en los prestigios nacionales, con simultaneidad de varios centros creadores de valores reñidos entre sí. Las técnicas de información ofrecen cada día un completo panorama universal. La literatura ya no vive de París, de Berlin, de Londres, de Madrid, de Moscú o de Roma: es planetaria. El resultado es que en el menor círculo literario se da un microcosmos donde hay de todo. Ni siquiera es posible excluir la literatura «mal escrita» porque escribir mal — el feismo, el «qué me importa», la cháchara y el chorro abierto por donde sale aun la inmundicia — viene a dar expresión al alma desesperada de nuestra época. En las tres direcciones de la literatura contemporánea—una literatura comprometida con realidades no literarias, una literatura regulada por leyes puramente literarias y una anti-literatura — se dan todas las posturas estilísticas.

1955-1970. Los que nacieron alrededor de 1930 se sintieron, no más solos — puesto que siempre el escritor ha estado solo —, sino más incomunicados que nunca. Es un nuevo tipo de soledad, desamparada pero anhelosa de comunión, aunque sea en la orgía. Soledad inconforme. Se reacciona contra las instituciones establecidas y se busca contactos con escondrijos de vida antes despreciados por las élites, o en formas de militancia social, a favor del orden o del desorden. Ante un mundo absurdo, la respuesta es la arbitrariedad; no hay sueños dorados sobre el futuro, y se escribe, no para la posteridad, sino para el presente. Hay de todo. También lucidez, cultura, fe en las buenas normas, sentido estético, seriedad en el trabajo individual. Pero lo que más llama la atención — no necesariamente lo más valioso ni lo más representativo ni lo más permanente — es la disolución de la personalidad en movimientos de masas. La filosofía existencialista, con su acento en la persona, cede ante una filosofía de la estructura que pone el acento en el fondo común de la naturaleza humana. Con ideas tomadas de la lingüística, la antropología, el psicoanálisis, el marxismo, irracionalismos de origen oriental y teorías nacionalistas, los escritores someten el pasado literario a una despiadada revisión crítica. Rechazan mucha poesía, excelente pero, según ellos, desvitalizada, elegiaca o excesivamente virtuosa en el juego de las palabras. El verso pierde así su poder. La novela, en cambio, ha adquirido un gran prestigio. Con menos inhibiciones que nunca, los jóvenes se han convencido de que todo se puede hacer y decir. Los temas de la novela se han desplazado del campo a la ciudad y, dentro de la ciudad, de los ideales liberales de la burguesía a un culto a la violencia, el sexo, el vicio y el escándalo. Junto con esta insurrección moral se da la ruptura de los marcos tradicionales de la novela. No son los primeros en experimentar con las técnicas del fluir psíquico, con la interrupción de la secuencia narrativa, con los cambios de perspectivas, con el entrecruzamiento de planos temporales y espaciales, con el «realismo mágico» o con una lengua popular y una composición distorsionada, pero sí son los primeros que, en Hispanoamérica, con estos experimentos alcazan reputaciones internacionales.

PRINCIPALMENTE VERSO

México. En México los «ismos» de la posguerra prendieron como en todo el resto de América. Y hasta dieron un retoño, el «estridentismo»: MANUEL MAPLES ARCE (1898), ARQUELES VELA (1899), GERMÁN LIST ARZUBIDE (1898), LUIS QUINTANILLA (1900), SALVADOR GALLARDO. Fue una aventura pasajera que dejó por lo menos su propia crónica: *El movimiento estridentista* (1926) de List Arzubide, *El café de nadie* (1926) de Arqueles Vela, y revistas, manifiestos, antologías. Despreciaban la «conciencia burguesa» y en su desprecio negaron la razón y aun la literatura. En su posición negativa se parecían al dadaísmo de Tristan Tzara; y la aparente vitalidad de sus imágenes tenía mucho de mecanismo, como que su paisaje era el de los aparatos, máquinas, fábricas e invenciones industriales. De más vitalidad, en la intención y en el fruto, fueron los amigos que acabaron por agruparse en la revista *Contemporáneos* (1928–1931): CARLOS PELLICER, JOSÉ GOROSTIZA, XAVIER VILLAURRUTIA (los tres más importantes), BERNARDO ORTIZ DE MONTELLANO, ENRIQUE GONZÁLEZ ROJO, JAIME TORRES BODET, GILBERTO OWEN, SALVADOR NOVO, OCTAVIO G. BARREDA. Tenían mayor decoro artístico, más seguro instinto para apreciar los valores de la literatura europea y elegir los modelos. Más interesante que estudiar el movimiento de conjunto es señalar algunas trayectorias individuales, de las más brillantes en toda la literatura continental de este período.

El poeta que en valía vino después de López Velarde fue CARLOS PELLICER (1899). A pesar de que por la edad pertenecen a grupos diferentes, ambos hicieron conocer sus poesías sueltas por los mismos años. Los libros que Pellicer más estima, sin embargo, son los últimos: *Hora de Junio* (1937), *Recinto* (1941), *Subordinaciones* (1948), *Práctica de vuelo* (1956). Al leer a Pellicer uno tiene la impresión de que se estuviera esforzando en limitarse; su buena salud, su resonante voz, su sensibilidad, su tropicalismo suntuoso, su interés en el mundo y en los hombres se someten a un esforzado adelgazamiento. El poeta pone a dieta su lirismo porque admira la silueta deshumanizada — imposible para él — de otros de su generación (en «Deseos» suplica al trópico: «Déjame un solo instante / dejar de ser grito y color»). Describe con tal objetividad su percepción del paisaje que a veces parece que fueran descripciones fieles, no a sí mismo, sino a algo exterior a él. Goza ante la naturaleza como un ebrio agradecido, con buen humor. Alegría de estar vivo, alegría de vivir; y por encima de este amor a la luz y al aire que lo envuelven en el mundo natural, amor al cielo sobrenatural. La fe religiosa es otra de sus fuentes de alegría. En los sonetos religiosos de *Práctica de vuelo* la religión no es un mero tema, sino un batir de alas y un itinerario celeste, aunque muy pocas veces los ojos del poeta parecen enceguecerse en el éxtasis. Más que una unión mística con Dios, esta poesía nos da las imágenes del amor a Dios. Los ojos, no encandilados en el arrobo, sino abiertos y perceptivos, ven en la vida los rosados y los celestes de un Fra Angélico o las sombras de los tenebristas barrocos. La intensidad de la fe no lleva, pues, al silencio, como en los místicos, sino a la elocuencia: una elocuencia de lírico, sin conceptos, sin escolástica, pero activa en el deseo de gracia. Cada imagen es concreta y sorprendente, como detalles de una cartografía del alma.

Carlos Pellicer

ESTUDIO

El corazón nutrido de luceros
ha de escuchar un día
el signo musical y el ritmo eternos.

Y el ojo que endulzó lágrima pura
ha de mirar un día
el agua danzarina de la gracia desnuda.

Sobre el labio de orilla bulliciosa
ha de caer un día
la voz de una palabra portentosa.

El sinfónico oído de colores
ha de escuchar un día
la melodía de otros horizontes.

La mano que tocó todas las cosas
ha de tocar un día
proporciones sutiles, sombras de alas gozosas.

Y el brillo de la angustia sobre el alma
ha de tornarse un día
en mirada divina y en gozo sin palabras.

A LA POESÍA

Sabor de octubre en tus hombros,
de abril da tu mano olor.
Reflejo de cien espejos
tu cuerpo.
Noche en las flautas de mi voz.

Tus pasos fueron caminos
de música. La danzó
la espiral envuelta en hojas
de horas.
Desnuda liberación.

La cifra de tu estatura,
la de la ola que alzó
tu peso de tiempo intacto.
Mi brazo
sutilmente la ciñó.

En medio de las espigas
y a tu mirada estival,
afilé la hoz que alía
al día
la cosecha sideral.   5

Trigo esbelto a fondo azul
cae el brillo de la hoz.
Grano de oro a fondo negro
aviento
con un cósmico temblor.   10

Sembrar en el campo aéreo,
crecer alto a flor sutil.
Sudó la tierra y el paso
a ocaso
del rojo cedía al gris.   15

Niveló su ancha caricia
la mano sobre el trigal.
Todas e idénticas: una!
Desnuda   20
la voz libre dió a cantar.

Sabor de octubre en tus hombros,
de abril tu mano da olor.
Espejo de cien espejos   25
tu cuerpo,
anochecerá en tu voz.

(De *Camino*, 1929).
                                                   30

DOS SONETOS

Cuando a tu mesa voy y de rodillas
recibo el mismo pan que Tú partiste   35
tan luminosamente, un algo triste
suena en mi corazón mientras Tú brillas.

Y me doy a pensar en las orillas
del lago y en las cosas que dijiste . . .   40
¡Cómo el alma es tan dura que resiste
tu invitación al mar que andando humillas!

Y me retiro de tu mesa ciego
de verme junto a Ti. Raro sosiego
con la inquietud de regresar rodea

5   la gran ruina de sombras en que vivo.
¿Por qué estoy miserable y fugitivo
y una piedra al rodar me pisotea?

* * *

10 Y salgo a caminar entre dos cielos
y ya al anochecer vuelvo a mis ruinas.
Últimas nubes, ángelas divinas,
se bañan en desnudos arroyuelos.

La oscura sangre siente los flagelos
de un murciélago en ráfaga de espinas,
y aun en las limpias aguas campesinas
se pudren luminosos terciopelos.

La poderosa soledad se alegra
de ver las luces que su noche integra.
¡Un cielo enorme que alojarla puede!

Y un goce primitivo, una alegría
de Paraíso abierto se sucede.
Algo de Dios al mundo escalofría.

(De *Práctica de vuelo*, 1956).

JOSÉ GOROSTIZA (México; 1901) se exige tanto a sí mismo que apenas ha publicado dos libros: *Canciones para cantar en las barcas* (1925) y *Muerte sin fin* (1939). Pero su obra poética, a pesar de ser tan escasa, es suficiente para asegurarle un lugar de distinción en la poesía contemporánea. En sus versos claros y de esquemas rítmicos populares hay tal hondura y complejidad líricas que el lector, al tropezar más tarde con las dificultades de la mitad oscura de su poesía, sigue adelante, confiado en que no lo están engañando con falsas complicaciones — según era costumbre en los ultraístas — y en que, al cabo, llegará a una zona del espíritu, sutil y auténtica.

Poesía (1964) recogió los dos libros anteriores y además — en una sección intermedia titulada «Del poema frustrado» — las composiciones que habían quedado dispersas. Reproducimos el «Preludio» y el «Epodo» de esta sección «Del poema frustrado». Constituyen una introducción a *Muerte sin fin*. Para Gorostiza la poesía se configura verbalmente en imágenes tan transparentes que, a su través, reconocemos los temas esenciales: el amor, la vida, la muerte, Dios. Lo que se va a leer es una reflexión del poeta sobre el proceso mismo de su creación.

José Gorostiza

QUIÉN ME COMPRA UNA NARANJA

¿Quién me compra una naranja
para mi consolación?
Una naranja madura
en forma de corazón.

La sal del mar en los labios
¡ay de mí!
la sal del mar en las venas
y en los labios recogí.

Nadie me diera los suyos
para besar.
La blanda espiga de un beso
yo no la puedo segar.

Nadie pidiera mi sangre
para beber.
Yo mismo no sé si corre
o si deja de correr.

Como se pierden las barcas
¡ay de mí!
como se pierden las nubes
y las barcas, me perdí.

Y pues nadie me lo pide,
ya no tengo corazón.
¿Quién me compra una naranja
para mi consolación?

DIBUJOS SOBRE UN PUERTO

1. *El alba*

El paisaje marino
en pesados colores se dibuja.
Duermen las cosas. Al salir, el alba
parece sobre el mar una burbuja.
Y la vida es apenas
un milagroso reposar de barcas
en la blanda quietud de las arenas.

2. *La tarde*

Ruedan las olas frágiles
de los atardeceres
como limpias canciones de mujeres.

3. *Nocturno*

El silencio por nadie se quebranta, 5
y nadie lo deplora.
Sólo se canta
a la puesta del sol, desde la aurora. 10
Mas la luna, con ser
de luz a nuestro simple parecer,
nos parece sonora
cuando derraman sus manos ligeras
las ágiles sombras de las palmeras. 15

4. *Elegía*

A veces me dan ganas de llorar.
pero las suple el mar.

5. *Cantarcillo*

Salen las barcas al amanecer. 20
No se dejan amar
pues suelen no volver 25
o sólo regresan a descansar.

6. *El faro*

Rubio pastor de barcas pescadoras.

7. *Oración*

La barca morena de un pescador
cansada de bogar 30
sobre la playa se puso a rezar:
¡Hazme, Señor,
un puerto en las orillas de este mar!

(De *Canciones para cantar en las barcas*, 1925). 35

338

PRELUDIO

ESA PALABRA que jamás asoma
a tu idioma cantado de preguntas,
5   esa, desfalleciente,
que se hiela en el aire de tu voz,
sí, como una respiración de flautas
contra un aire de vidrio evaporada,
¡mírala, ay, tócala!
10 ¡mírala ahora!
en esta exangüe bruma de magnolias,
en esta nimia floración de vaho
que — ensombrecido en luz el ojo agónico
y a funestos pestillos
15 anclado el tenue ruido de las alas —
guarda un ángel de sueño en la ventana.

¡Qué muros de cristal, amor, qué muros!
Ay ¿para qué silencios de agua?

20 Esa palabra, sí, esa palabra
que se coagula en la garganta
como un grito de ámbar,
¡mírala, ay, tócala!
¡mírala ahora!

25 Mira que, noche a noche, decantada
en el filtro de un áspero silencio,
quedóse a tanto enmudecer desnuda,
hiriente e inequívoca
— así en la entraña de un reloj la muerte,
30 así la claridad en una cifra —
para gestar este lenguaje nuestro
inaudible,
que se abre al tacto insomne
en la arena, en el pájaro, en la nube,
35 cuando negro de oráculos retruena
el panorama de la profecía.

¿Quién, si ella no,
pudo fraguar este universo insigne
que nace como un héroe en tu boca?
40 ¡Mírala, ay, tócala,
mírala ahora,
incendiada en un eco de nenúfares!
¿No aquí su angustia asume la inocencia
de una hueca retórica de lianas?
45 Aquí, entre líquenes de orfebrería
que arrancan de minúsculos canales

¿no echó a tañer al aire
sus cándidas mariposas de escarcha?

Qué, en lugar de esa fe que la consume
hasta la transparencia del destino
¿no aquí — escapada al dardo
tenaz de la estatura —
se remonta insensata una palmera
para estallar en su ficción de cielo,
maestra en fuegos no,
mas en puros deleites de artificio?

Esa palabra, sí, esa palabra,
esa, desfalleciente,
que se ahoga en el humo de una sombra,
esa que gira — como un soplo — cauta
sobre bisagras de secreta lama,
esa en que el aura de la voz se astilla,
desalentada,
como si rebotara
en una bella úlcera de plata,
esa que baña sus vocales ácidas
en la espuma de las palomas sacrificadas,
esa que se congela hasta la fiebre
cuando no, ensimismada, se calcina
en la brusca intemperie de una lágrima,
¡mírala, ay, tócala!
¡mírala ahora!
¡mírala, ausente toda de palabra,
sin voz, sin eco, sin idioma, exacta,
mírala cómo traza
en muros de cristal amores de agua!

EPODO[1]

Esa palabra que jamás asoma
a tu idioma cantado de preguntas,
esa, desfalleciente,
que se hiela en el aire de tu voz,
sí, como una respiración de flautas
contra un aire de vidrio evaporada,
¡mírala, ay, tócala!
¡mírala ahora!
¡mírala, ausente toda palabra,
sin voz, sin eco, sin idioma, exacta,
mírala cómo traza
en muros de cristal amores de agua!

(De «Del Poema Frustrado,» en *Poesía*, 1964).

---

[1] En la poesía griega, tercera parte del canto lírico, compuesto de estrofa, antístrofa y epodo.

En versos, teatro, ensayos, XAVIER VILLAURRUTIA (Mexico; 1903–1950) avanzó con gesto insinuante. Su literatura podría estar escrita por uno de esos sedientos seres de su «Nocturno de los Ángeles» que «han bajado a la tierra / por invisibles escalas.» Villaurrutia apartó la metáfora gastada, pero sin el «clownismo» de otros: sus invenciones tienen seriedad clásica. Comenzó con juegos de poesía. El juego de palabras se convirtió en juego de inteligencia; a tal punto que, en su mejor época, la inteligencia observa, elige y ordena las emociones que han de entrar en su poesía. En sus últimos años, sin embargo, las emociones no obedecieron más la brida y sencillamente se desbocaron. Este poeta, tan calculador y frío cuando se trataba de componer sus ideas y sus estrofas, estaba agitado por la presencia de la muerte. *Nostalgia de la muerte* (1939–1946) — significativo título — fue quizá su mejor libro. En su teatro no hay pasión sino emoción; y la emoción, vista por ese lado en que limita con la inteligencia.

Xavier Villaurrutia

NOCTURNO ETERNO

Cuando los hombres alzan los hombros y
[pasan
o cuando dejan caer sus nombres
hasta que la sombra se asombra

cuando un polvo más fino aún que el humo
se adhiere a los cristales de la voz
y a la piel de los rostros y las cosas

cuando los ojos cierran sus ventanas
al rayo del sol pródigo y prefieren
la ceguera al perdón y el silencio al sollozo

cuando la vida o lo que así llamamos
[inútilmente
y que no llega sino con un nombre innombrable
se desnuda para saltar al lecho
y ahogarse en el alcohol o quemarse en la nieve

cuando la ví cuando la vid cuando la vida
quiere entregarse cobardemente y a oscuras
sin decirnos siquiera el precio de su nombre

cuando en la soledad de un cielo muerto   5
brillan unas estrellas olvidadas
y es tan grande el silencio del silencio
que de pronto quisiéramos que hablara

o cuando de una boca que no existe   10
sale un grito inaudito
que nos echa a la cara su luz viva
y se apaga y nos deja una ciega sordera

o cuando todo ha muerto
tan dura y lentamente que da miedo   15
alzar la voz y preguntar «quién vive»

dudo si responder
a la muda pregunta con un grito
por temor de saber que ya no existo

porque acaso la voz tampoco vive
5 sino como un recuerdo en la garganta
y no es la noche sino la ceguera
lo que llena de sombra nuestros ojos

y porque acaso el grito es la presencia
de una palabra antigua
opaca y muda que de pronto grita

porque vida silencio piel y boca
y soledad recuerdo cielo y humo
nada son sino sombras de palabras
que nos salen al paso de la noche

(De *Nocturnos*, 1933).

Después de la generación de *Contemporáneos* — de la que hemos presentado a tres poetas mayores: Pellicer, Gorostiza y Villaurrutia — vino la generación de *Taller* (1938–1941), en la que se destacó OCTAVIO PAZ (México; 1914).

Se inició, adolescente, con *Luna silvestre* (1933), y maduró de pronto durante la guerra civil en España, con *¡No pasarán!* (1936). Los libros que siguieron son definitivos, desde *Raíz del hombre* (1937), hasta *La estación violenta* (1958). La imaginación de Paz — y no todo es imaginación: hay una inteligencia ejercitada en pensar temas metafísicos — tiene una profunda seriedad. Siente que su existencia emerge del Ser; pero del Ser no puede saber nada. Es el anverso, el cero. Su existencia es la única parte iluminada del Ser. Entre el Ser y la Existencia, un inmenso espejo, última pared de la conciencia, donde tropezamos y nos desesperamos. Pero esta desesperada soledad de nuestra existencia es puro Tiempo; y a los instantes de nuestra existencia podemos objetivarlos y eternizarlos en Poesía. El mismo Paz ha revelado el secreto de su obra: un afán de resolver tesis y antítesis en una síntesis que restablezca la perdida unidad del hombre. Entre la soledad y la comunión, Paz canta líricamente a su instante personal, pero se preocupa por lo social, es introvertido y extrovertido, desesperado y esperanzado, con blasfemos impulsos de destrucción y fe salvadora. Su voluntad de trascender hacia otras vidas suele asumir intensidades eróticas. Ha pasado por las experiencias intelectuales de nuestro tiempo: el marxismo, el superrealismo, el descubrimiento de Oriente. Pero su pensamiento busca nuevos caminos. Este pensamiento se despliega en penetrantes ensayos: por ejemplo, *El laberinto de la Soledad* (1947) y *El arco y la lira* (1956). El último camino por el que ha tomado es el del «estructuralismo», que él entiende como una configuración de palabras en dispersión: véase su teoría en *Los signos en rotación*, 1965, y su práctica en *Blanco*, 1967.

Octavio Paz

LA POESÍA

¿Por qué tocas mi pecho nuevamente?
Llegas, silenciosa, secreta, armada,
tal los guerreros a una ciudad dormida;
quemas mi lengua con tus labios, pulpo,
y despiertas los furores, los goces,
y esta angustia sin fin
que enciende lo que toca
y engendra en cada cosa
una avidez sombría.

El mundo cede y se desploma
como metal al fuego.
Entre mis ruinas me levanto
y quedo frente a ti,
solo, desnudo, despojado,
sobre la roca inmensa del silencio,
como un solitario combatiente
contra invisibles huestes.

Verdad abrasadora,
¿a qué me empujas?
No quiero tu verdad,
tu insensata pregunta.
¿A qué esta lucha estéril?
No es el hombre criatura capaz de contenerte,
avidez que sólo en la sed se sacia,
llama que todos los labios consume,
espíritu que no vive en ninguna forma,
mas hace arder todas las formas
con un secreto fuego indestructible.

Pero insistes, lágrima escarnecida,
y alzas en mí tu imperio desolado.

Subes desde lo más hondo de mí,
desde el centro innombrable de mi ser,
ejército, marea.
Creces, tu sed me ahoga,
expulsando, tiránica,
aquello que no cede
a tu espada frenética.

Ya sólo tú me habitas,
tú, sin nombre, furiosa substancia,
avidez subterránea, delirante.

Golpean mi pecho tus fantasmas,   5
despiertas a mi tacto,
hielas mi frente
y haces proféticos mis ojos.
Percibo el mundo y te toco,
substancia intocable,   10
unidad de mi alma y de mi cuerpo,
y contemplo el combate que combato
y mis bodas de tierra.

Nublan mis ojos imágenes opuestas,   15
y a las mismas imágenes
otras, más profundas, las niegan,
tal un ardiente balbuceo,
aguas que anega un agua más oculta y densa.

La oscura ola   20
que nos arranca de la primer ceguera,
nace del mismo mar oscuro
en que nace, sombría,
la ola que nos lleva a la tierra:
sus aguas se confunden   25
y en su tiniebla
quietud y movimiento son lo mismo.

Insiste, vencedora,
porque tan sólo existo porque existes,   30
y mi boca y mi lengua se formaron
para decir tan sólo tu existencia
y tus secretas sílabas, palabra
impalpable y despótica,
substancia de mi alma.   35

Eres tan sólo un sueño,
pero en ti sueña el mundo
y su mudez habla con tus palabras.
Rozo al tocar tu pecho   40
la eléctrica frontera de la vida,
la tiniebla de sangre

donde pacta la boca cruel y enamorada,
ávida aún de destruir lo que ama
y revivir lo que destruye,
con el mundo, impasible
5 y siempre idéntico a sí mismo,
porque no se detiene en ninguna forma,
ni se demora sobre lo que engendra.

Llévame, solitaria,
llévame entre los sueños,
llévame, madre mía,
despiértame del todo,
hazme soñar tu sueño,
unta mis ojos con tu aceite,
para que al conocerte, me conozca.

(De *A la orilla del mundo*, México, 1942).

TODOS SANTOS, DÍA DE MUERTOS[1]

[FRAGMENTO]

[. . .] La indiferencia del mexicano ante la muerte se nutre de su indiferencia ante la vida.
10 El mexicano no solamente postula la intrascendencia del morir, sino la del vivir. Nuestras canciones, refranes, fiestas y reflexiones populares manifiestan de una manera inequívoca que la muerte no nos asusta porque «la vida
15 nos ha curado de espantos». Morir es natural y hasta deseable; cuanto más pronto, mejor. Nuestra indiferencia ante la muerte es la otra cara de nuestra indiferencia ante la vida. Matamos porque la vida, la nuestra y la ajena,
20 carece de valor. Y es natural que así ocurra: vida y muerte son inseparables y cada vez que la primera pierde significación, la segunda se vuelve intrascendente. La muerte mexicana es el espejo de la vida de los mexicanos. Ante
25 ambas el mexicano se cierra, las ignora.

El desprecio a la muerte no está reñido con el culto que le profesemos. Ella está presente en nuestras fiestas, en nuestros juegos, en nuestros amores y en nuestros pensamientos.
30 Morir y matar son ideas que pocas veces nos abandonan. La muerte nos seduce. La fascinación que ejerce sobre nosotros quizá brote de nuestro hermetismo y de la furia con que lo rompemos. La presión de nuestra vitalidad,
35 constreñida a expresarse en formas que la traicionan, explica el carácter mortal, agresivo o suicida, de nuestras explosiones. Cuando

estallamos, además, tocamos el punto más alto de la tensión, rozamos el vértice vibrante de la vida. Y allí, en la altura de ese frenesí, sentimos el vértigo: la muerte nos atrae.

Por otra parte, la muerte nos venga de la vida, la desnuda de todas sus vanidades y pretensiones y la convierte en lo que es: unos huesos mondos y una mueca espantable. En un mundo cerrado y sin salida, en donde todo es muerte, lo único valioso es la muerte. Pero afirmamos algo negativo. Calaveras de azúcar o de papel de china, esqueletos coloridos de fuegos de artificio, nuestras representaciones populares son siempre burla de la vida, afirmación de la nadería e insignificancia de la humana existencia. Adornamos nuestras casas con cráneos, comemos el día de los Difuntos panes que fingen huesos y nos divierten canciones y chascarrillos en los que ríe la muerte pelona, pero toda esa fanfarrona familiaridad no nos dispensa de la pregunta que todos nos hacemos; ¿qué es la muerte? No hemos inventado una nueva respuesta. Y cada vez que nos la preguntamos, nos encogemos de hombros: ¿qué me importa la muerte, si no me importa la vida?

El mexicano, obstinadamente cerrado ante el mundo y sus semejantes, ¿se abre ante la muerte? La adula, la festeja, la cultiva, se abraza a ella, definitivamente y para siempre,

---

[1] « Todos Santos, Día de Muertos »: los días 1 y 2 de noviembre de cada año.

pero no se entrega. Todo está lejos del mexicano, todo le es extraño y, en primer término, la muerte, la extraña por excelencia. El mexicano no se entrega a la muerte, porque la entrega entraña sacrificio. Y el sacrificio, a su vez, exige que alguien dé y alguien reciba. Esto es, que alguien se abra y se encare a una realidad que lo trasciende. En un mundo intrascendente, cerrado sobre sí mismo, la muerte mexicana no da ni recibe; se consume en sí misma y a sí misma se satisface. Así pues, nuestras relaciones con la muerte son íntimas — más íntimas, acaso, que las de cualquier otro pueblo — pero desnudas de significación y desprovista de erotismo. La muerte mexicana es estéril, no engendra como la de aztecas y cristianos.

Nada más opuesto a esta actitud que la de europeos y norteamericanos. Leyes, costumbres, moral pública y privada, tienden a preservar la vida humana. Esta proteccion no impide que aparezcan cada vez con más frecuencia ingeniosos y refinados asesinos, eficaces productores del crimen perfecto y en serie. La reiterada irrupción de criminales profesionales, que maduran y calculan sus asesinatos con una precisión inaccesible a cualquier mexicano; el placer con que relatan sus experiencias, sus goces y sus procedimientos; la fascinación con que el público y los periódicos recogen sus confesiones; y, finalmente, la reconocida ineficacia de los sistemas de represión con que se pretende evitar nuevos crímenes, muestra que el respeto a la vida humana que tanto enorgullece a la civilización occidental es una noción incompleta o hipócrita.

El culto a la vida, si de verdad es profundo y total, es también culto a la muerte. Ambas son inseparables. Una civilización que niega a la muerte, acaba por negar a la vida. La perfección de los criminales modernos no es nada más una consecuencia del progreso de la técnica moderna y de la boga de las novelas policíacas, sino del desprecio a la vida inexorablemente implícito en todo voluntario escamoteo de la muerte. Y podría agregarse que la perfección de la técnica moderna y la popularidad de la «murder story» no son sino frutos (como los campos de concentración y el empleo de sistemas de exterminación colectiva) de una concepción optimista y unilateral de la existencia. Es inútil incluir a la muerte de nuestras representaciones, de nuestras palabras, de nuestras ideas, porque ella acabará por suprimirnos a todos y en primer término a los que viven ignorándola o fingiendo que la ignoran.

Cuando el mexicano mata — por venganza, placer o capricho — mata a una persona, un semejante. Los criminales y estadistas modernos no matan: suprimen. Experimentan con seres que han perdido ya su calidad humana. En los campos de concentración primero se degrada al hombre; una vez convertido en un objeto, se le extermina en masa. El criminal típico de la gran ciudad — más allá de los móviles concretos que lo impulsan — realiza en pequeña escala lo que el caudillo moderno hace en grande. También a su modo experimenta: envenena, disgrega cadáveres con ácidos, incinera despojos, convierte en objeto a su víctima. La antigua relación entre víctima y victimario, que es lo único que humaniza al crimen, lo único que lo hace imaginable, ha desaparecido. Como en las novelas de Sade, no hay ya sino verdugos y objetos, instrumentos de placer y destrucción. Y la inexistencia de la víctima hace más intolerable y total la infinita soledad del victimario. Para nosotros el crimen es todavía una relación — y en ese sentido posee el mismo significado liberador que la Fiesta o la confesión —. De ahí su dramatismo, su poesía y — ¿por qué no decirlo? — su grandeza. Gracias al crimen, accedemos a una efímera trascendencia.

EN los primeros versos de la Octava Elegía de Duino, Rilke[2] expresa que la criatura — el ser en su inocencia animal — contempla lo Abierto, al contrario de nosotros, que jamás vemos hacia adelante, hacia lo absoluto. El miedo nos hace volver el rostro, darle la espalda a la muerte. Y al negarnos a contemplarla, nos cerramos fatalmente a la vida, que es una totalidad que la lleva en sí. Lo Abierto es el mundo en donde los contrarios se recon-

---

[2] Reiner María Rilke (1875–1926) escribió estas famosas Elegías en el castillo de Duino, a orillas del Adriatico, en España y en Paris, y las concluyó en la torre de Muzot, en Suiza.

cilian y la luz y la sombra se funden. Esta concepción tiende a devolver a la muerte su sentido original, que nuestra época le ha arrebatado: muerte y vida son contrarios que se complementan. Ambas son mitades de una esfera que nosotros, sujetos a tiempo y espacio, no podemos sino entrever. En el mundo prenatal, muerte y vida se confunden; en el nuestro, se oponen; en el más allá, vuelven a reunirse, pero ya no en la ceguera animal, anterior al pecado y a la conciencia, sino como inocencia reconquistada. El hombre puede trascender la oposición temporal que las escinde — y que no reside en ellas, sino en su conciencia — y percibirlas como una unidad superior. Este conocimiento no se opera sino a través de un desprendimiento; la criatura debe renunciar a su vida temporal y a la nostalgia del limbo, del mundo animal. Debe abrirse a la muerte si quiere abrirse a la vida; entonces «será como los ángeles».

Así, frente a la muerte hay dos actitudes: una, hacia adelante, que la concibe como creación; otra, de regreso, que se expresa como fascinación ante la nada o como nostalgia del limbo. Ningún poeta mexicano o hispanoamericano, con la excepcion, acaso, de César Vallejo, se aproxima a la primera de estas dos concepciones. La ausencia de una mística — única capaz de alimentar expresiones poéticas como las que nos propone Rilke — nos advierte hasta qué punto la cultura moderna de México es insensible a la religión. En cambio, dos poetas mexicanos, José Gorostiza y Xavier Villaurrutia, encarnan a la segunda de estas dos direcciones. Si para Gorostiza la vida es «una muerte sin fin»,[3] un continuo despeñarse en la nada, para Villaurrutia la vida no es más que «nostalgia de la muerte».[4]

La afortunada imagen que da título al libro de Villaurrutia, Nostalgia de la Muerte, es algo más que un acierto verbal. Con él, su autor quiere señalarnos la significación última de su poesía. La muerte como nostalgia y no como fruto o fin de la vida, equivale a afirmar que no venimos de la vida, sino de la muerte.

Lo antiguo y original, la entraña materna, es la huesa y no la matriz. Esta aseveración corre el riesgo de parecer una vana paradoja o la reiteración de un viejo lugar común: todos somos polvo y vamos al polvo. Creo, pues, que el poeta desea encontrar en la muerte (que es, en efecto, nuestro origen) una revelación que la vida temporal no le ha dado: la de la verdadera vida. Al morir «la aguja del instantero — recorrerá su cuadrante — todo cabrá en un instante — y será posible acaso — vivir, aun después de muerto». Regresar a la muerte original será volver a la vida de antes de la vida, a la vida de antes de la muerte: al limbo, a la entraña materna.

«Muerte sin Fin,» el poema de José Gorostiza, es quizá el más alto testimonio que poseemos los hispanoamericanos de una conciencia verdaderamente moderna, inclinada sobre sí misma, presa de sí, de su propia claridad cegadora. El poeta, al mismo tiempo lúcido y exasperado, desea arrancar su máscara a la existencia, para contemplarla en su desnudez. El diálogo entre el mundo y el hombre, viejo como la poesía y el amor, se transforma en el del agua y el vaso que la ciñe, el del pensamiento y la forma en que se vierte y a la que acaba por corroer. Preso en las apariencias — árboles y pensamientos, piedras y emociones, días y noches, crepúsculos, no son sino metáforas, cintas de colores — el poeta advierte que el soplo que hincha la substancia, la modela y la erige Forma, es la misma que la carcome y arruga y destrona. En este drama sin personajes, pues todos son nada más reflejos, disfraces de un suicida que dialoga consigo mismo en un lenguaje de espejos y ecos, tampoco la inteligencia es otra cosa que reflejo, forma, y la más pura, de la muerte, de una muerte enamorada de sí misma. Todo se despeña en su propia claridad, todo se anega en su fulgor, todo se dirige hacia esa muerte transparente: la vida no es sino una metáfora, una invención con que la muerte — ¡también ella! — quiere engañarse. El poema es el tenso desarrollo del viejo tema de Narciso[5] — al que, por otra parte, no se

---

[3] Ver pág. 337 de esta antología.
[4] Ver pág. 340 de esta antología.
[5] Narciso: en la mitología griega, el joven que se enamoró de sí mismo mirándose en las aguas de una fuente, en el fondo de la cual se precipitó. Fue convertido en la flor que lleva su nombre.

alude una sola vez en el texto —. Y no solamente la conciencia se contempla a sí misma en sus aguas transparentes y vacías, espejo y ojo al mismo tiempo, como en el poema de Valéry[6]: la nada, que se miente forma y vida, respiración y pecho, que se finge corrupción y muerte, termina por desnudarse y, ya vacía, se inclina sobre sí misma: se enamora de sí, cae en sí, incansable muerte sin fin.

En suma, si en la Fiesta, la borrachera o la confidencia nos abrimos, lo hacemos con tal violencia que nos desgarramos y herimos. Y ante la muerte, como ante la vida, nos alzamos de hombros y le oponemos un silencio o una sonrisa desdeñosa. La Fiesta y el crimen pasional o gratuito, revelan que el equilibrio de que hacemos gala sólo es una máscara, siempre en peligro de ser desgarrada por una súbita explosión de nuestra intimidad.

Todas estas actitudes indican que el mexicano siente, en sí mismo y en la carne del país, la presencia de una mancha, no por difusa menos viva, original e imborrable. Todos nuestros gestos tienden a ocultar esa llaga, siempre fresca, siempre lista a encenderse y arder bajo el sol de la mirada ajena.

Ahora bien, todo desprendimiento provoca una herida. A reserva de indagar cómo y en qué momento se produjo ese desprendimiento, debo apuntar que cualquier ruptura (con nosotros mismos o con lo que nos rodea, con el pasado o con el presente), engendra un sentimiento de soledad. En los casos extremos

— separación de los padres, de la Matriz o de la tierra natal, muerte de los dioses o conciencia aguda de sí — la soledad se identifica con la orfandad. Y ambos se manifiestan generalmente como conciencia del pecado. Las penalidades y vergüenza que inflige el estado de separación pueden ser consideradas, gracias a la introducción de las nociones de expiación y redención, como sacrificios necesarios, prendas o promesas de una futura comunión que pondrá fin al exilio. La culpa puede desaparecer, la herida cicatrizar, el exilio resolverse en comunión. La soledad adquiere así un carácter purgativo, purificador. El solitario o aislado trasciende su soledad, la vive como una prueba y como una promesa de comunión.

El mexicano, según se ha visto en las descripciones anteriores, no trasciende su soledad. Al contrario, se encierra en ella. Habitamos nuestra soledad como Filoctetes[7] su isla, no esperando, sino temiendo volver al mundo. No soportamos la presencia de nuestros compañeros. Encerrados en nosotros mismos, cuando no desgarrados y enajenados, apuramos una soledad sin referencias a un más allá redentor o a un más acá creador. Oscilamos entre la entrega y la reserva, entre el grito y el silencio, entre la fiesta y el velorio, sin entregarnos jamás. Nuestra impasibilidad recubre la vida con la máscara de la muerte; nuestro grito desgarra esa máscara y sube al cielo hasta distenderse, romperse y caer como derrota y silencio. Por ambos caminos el mexicano se cierra al mundo: a la vida y a la muerte.

(De *El Laberinto de la soledad*, 1947).

———◆———

Centroamérica. De los poetas centroamericanos hemos escogido dos: Claudia Lars y José Coronel Urtecho.

Claudia Lars (seudónimo de Carmen Brannon; El Salvador; 1899) se inició con los poemas de *Estrellas en el pozo* (1934), a los que siguieron otros libros.

---

[6] Paul Valéry (1871-1945), el poeta francés. Paz se refiere al poema de este autor, titulado «Narcisse».
[7] Guerrero griego que en el sitio de Troya se hirió con una flecha envenenada, regalo de Hércules, y fue confinado a la isla de Lemnos a causa del mal olor de su herida, donde estuvo diez años.

Se advirtió por un tiempo la influencia de García Lorca — por ejemplo, en los *Romances de Norte y Sur,* 1946 — pero desde *Donde llegan los pasos* (1953) su originalidad canta con voz propia: la inteligencia, con insinuaciones, afina la puntería, y la metáfora da en el blanco lírico.

Claudia Lars

ÁRBOL

El árbol yergue, en el silencio,
sueño de lo profundo,
5 y toca, al fin, las orlas blancas
de las nubes de junio.

El árbol copia los colores
de las luces del mundo,
10 y los repite y los regala
en hojas y capullos.

El árbol mece — niño eterno —
sus fragantes columpios,
15 y ensaya voces y silbidos
en perfecto conjunto.

Viste su fuerza con la suave
pelusilla del musgo.
Guarda la música a sordina
20 de los nidos ocultos.

Alza corolas mañaneras
en la rama de orgullo.
Filtra en el gajo las virtudes
de savias y de zumos.

25 Rompe la niebla del invierno
con sus dedos agudos.
Detiene el soplo azul del aire
y lo vuelve más puro.

Comba el follaje rumoroso
30 — alero de refugio —
y abre sus puertas al viajero
en sol y plenilunio.

Prende en sus grietas el zumbido
de los panales rubios.
Deja que roben su riqueza
los insectos obscuros.

Señala el sitio que no encuentran
pájaros vagabundos.
Sostiene el ansia de la brizna
en el vuelo confuso.

Clavado allí — ¡recta alegría,
canción de lo profundo! —
anuda el sueño de infinito
a la entraña del mundo.

(De *La casa de vidrio,* 1942).

NIÑO DE AYER

Eras niño de niebla,
casi en la nada;
nombre de mi sonrisa,
detrás del alma.

Y era un barco dichoso
de tanto viaje,
y un ángel marinero
bajo mi sangre.

Subías como el lirio,
como las algas;
en tu peso crecía
la madrugada.

Y alzando el aire joven
sus ademanes,
ya marcaba tu fuerza
de vivos mástiles.

¡Prado de nieve limpia!
¡Bosque de llamas!
Y tú, semilla dulce,
bien enterrada.

Escondido en mi pulso,
sin entregarte;
pulsando los temores
de mi quién sabe.

Buscabas en mi pecho
bulto y palabra;
entre mis muertos ibas
buscando cara.

Salías de la torre
de las edades
y en las lunas futuras
dabas señales.

No creas que te cuento
cosas de fábula:
para que me comprendas
coge esta lágrima.

(De *Escuela de pájaros*, 1955).

Nicaragua es la patria de Rubén Darío. Después de 1927, sin embargo, apareció en Nicaragua un grupo juvenil que ya no sentía reverencia por Rubén Darío. «Nuestro amado enemigo», lo llamaban. Presidió el grupo JOSÉ CORONEL URTECHO (1906), y lo acompañaron en sus campañas de vanguardia PABLO ANTONIO CUADRA y JOAQUÍN PASOS.

Coronel Urtecho es uno de los temperamentos poéticos más versátiles de Hispanoamérica. Bien informado de las últimas tendencias en todas las literaturas, y decidido a escandalizar los gustos consagrados, comenzó saludando burlonamente a Rubén Darío:

> *En fin, Rubén,*
> *paisano inevitable, te saludo*
> *con mi bombín*
> *que se comieron los ratones en*
> *1920 y cin-*
> *co. Amén.*

La poesía de Coronel Urtecho es desconcertante por su incesante renovación y cambio de direcciones. Lo único permanente es su fe católica: en lo demás es un experimentador de todas las formas y modalidades. Cultivó el folklore y adoptó ritmos y asuntos de canciones y cuentos tradicionales. En el poema que va a leerse, basado en un cuento infantil, el Tío Coyote es un animal que roba frutos de los huertos. Cuando le dicen que la luna, reflejada en el agua, es un queso, va a comerla y se ahoga. Sobre este bastidor folklórico Coronel Urtecho borda una figura cómicolírica: Tío Coyote será un ilusiodnao, como Don Quijote, como el poeta chino Li-Tai-Po.

José Coronel Urtecho

PEQUEÑA ODA A TÍO COYOTE

¡Salud a tío Coyote,
el animal Quijote!

Porque era inofensivo, lejos de la manada,
5 perro de soledad, fiel al secreto
inquieto
de su vida engañada,
sufrió el palo, la burla y la patada.

Fué el más humilde peregrino
10 en los caminos de los cuentos de camino.

Como amaba las frutas sazonas,
las sandías, los melones, las anonas,
no conoció huerta con puerta,
15 infranqueable alacena,
ni propiedad ajena,
y husmeando el buen olor de las cocinas
cayó en la trampa que le tendieron las vecinas
de todas las aldeas mezquinas

y se quedó enredado en las consejas
urdidas por las viejas
campesinas.

Y así lo engendró la leyenda
como el Quijote de la Merienda.

Pero su historia es dulce y meritoria.

Y el animal diente-quebrado,
culo-quemado,
se ahogó en la laguna
buscando el queso de la luna.

¡Y allí comienza su gloria
donde su pena termina!

También así murió
Li-Tai-Po,
poeta de la China.

(En *Nueva poesía nicaragüense*, 1949).

Antillas. En las Antillas lo más diferente fue la poesía negra, mulata. El folklore es riquísimo en viejos ritmos y temas afroantillanos, pero sólo de 1925 en adelante todo eso adquirió valiosa significación estética. El estímulo vino de Europa. Las investigaciones afrológicas de Leo Frobenius; la negrofilia de Paris en la pintura de los «fauves», expresionistas y dadaístas, en la literatura, en el ballet; algunos ejemplos de arte negrista en los Estados Unidos; el uso de lo gitano, lo afro, lo folklórico, que en España hicieron García Lorca y otros, indican que el tema negro era una moda en los años del ultraísmo. La realidad racial y culturalmente negra de las Antillas favoreció la moda. Más aún: en las Antillas fue menos una moda que un autodescubrimiento. Pero que el estímulo viniera de la literatura europea explica la sorprendente calidad poética de NICOLÁS GUILLÉN, PALÉS MATOS, RAMÓN GUIRAO, EMILIO BALLAGAS, para sólo mencionar los maestros de una escuela cada vez más concurrida. A pesar de su atención a los pobres y humillados, a pesar de su afanosa acogida al folklore, a pesar de sus temas de la vida cotidiana y elemental, del ritmo de canto popular y de sus mensajes políticos, NICOLÁS GUILLÉN (Cuba; 1902) es poeta aristocrático por la fina postura de perfil con que su lirismo corta el aire. Poeta mulato porque voluntariamente dio expresión al modo de ser de los negros cubanos, de los que se sentía hermano; pero su imaginación tiene todos los brillantes colores del mejor lenguaje poético de su generación. Sus « jitanjáforas » suenan a voces negras: son, sin embargo, de la familia dadaísta. En 1948 ofreció *El son entero,* donde puede verse, en su gran conjunto, la obra de un extraordinario poeta que ya desde su primer libro *Motivos de son* (1930) se reveló como vocero de su raza, y en broma o en serio en sus demás libros, *Sóngoro consongo* (1931), *West Indies Ltd.* (1934), *España* (1937), *Cantos para soldados y sones para turistas* (1937) ha logrado dar expresión a sus preocupaciones sociales, raciales, humanas. La intensidad de algunos poemas folklóricos de Guillén, como el titulado «Sensemayá», que incluimos en esta selección, se hace aún más evidente en otros posteriores, («Rosa tú, melancólica . .») en los que el poeta llega a un noble acento depurado.

Nicolás Guillén

BÚCATE PLATA

Búcate plata,
búcate plata,
porque no doy un paso má:
etoy a arró con galleta
na má.

Yo bien sé cómo etá to,
pero viejo, hay que comer:
búcate plata,
búcate plata,
porque me voy a correr.

Depué dirán que soy mala,
y no me querrán tratar,
pero amor con hambre, viejo,
¡qué va!
Con tanto zapato nuevo,
¡qué va!
Con tanto reló, compadre,
¡qué va!
Con tanto lujo, mi negro,
¡qué va!

(De *Motivos de son,* 1930).

SENSEMAYÁ

(*Canto para matar a una culebra*)

¡Mayombe-bombe-mayombé!
¡Mayombe-bombe-mayombé!
¡Mayombe-bombe-mayombé!　　　5

La culebra tiene los ojos de vidrio;
la culebra viene, y se enreda en un palo;
con sus ojos de vidrio en un palo,
con sus ojos de vidrio.
La culebra camina sin patas;　　　10
la culebra se esconde en la yerba;
caminando se esconde en la yerba,
caminando sin patas!

¡Mayombe-bombe-mayombé!　　　15
¡Mayombe-bombe-mayombé!
¡Mayombe-bombe-mayombé!

Tú le das con el hacha, y se muere:
¡dale ya!　　　20
¡No le des con el pie, que te muerde,
no le des con el pie, que se va!

Sensemayá, la culebra,
sensemayá.
Sensemayá, con sus ojos,
sensemayá.
5 Sensemayá con su lengua,
sensemayá.
Sensemayá con su boca,
sensemayá!

10 La culebra muerta no puede comer;
la culebra muerta no puede silbar;
no puede caminar,
no puede correr!
La culebra muerta no puede mirar;
15 la culebra muerta no puede beber,
no puede respirar,
no puede morder!

¡Mayombe-bombe-mayombé!
20 *Sensemayá, la culebra . . .*
¡Mayombe-bombe-mayombé!
Sensemayá, no se mueve . . .
¡Mayombe-bombe-mayombé!
Sensemayá, la culebra . . .
25 ¡Mayombe-bombe-mayombé!
¡Sensemayá, se murió!

EL ABUELO
30

Esta mujer angélica de ojos septentrionales,
que vive atenta al ritmo de su sangre europea,
ignora que en lo hondo de ese ritmo golpea
un negro el parche duro de roncos atabales.
35

Bajo la línea escueta de su nariz aguda,
la boca, en fino trazo, traza una raya breve;
y no hay cuervo que manche la geografía de
                                              nieve
40 de su carne, que fulge temblorosa y desnuda.

¡Ah, mi señora! Mírate las venas misteriosas;
boga en el agua viva que allá dentro te fluye,
y ve pasando lirios, nelumbios, lotos, rosas;
45

que ya verás, inquieta, junto a la fresca orilla
la dulce sombra oscura del abuelo que huye,
el que rizó por siempre tu cabeza amarilla.

(De *Sóngoro cosongo,* La Habana, 1931).

IBA YO POR UN CAMINO . . .

Iba yo por un camino
cuando con la Muerte dí.
— ¡Amigo — gritó la Muerte,
pero no le respondí,
pero no le respondí;
miré no más a la Muerte,
pero no le respondí.

Llevaba yo un lirio blanco
cuando con la Muerte dí;
me pidió el lirio la Muerte,
pero no le respondí,
pero no le respondí;
miré no más a la Muerte,
pero no le respondí.

Ay Muerte,
si otra vez volviera a verte,
iba a platicar contigo
como un amigo;
mi lirio sobre tu pecho,
como un amigo;
mi beso sobre tu mano,
como un amigo;
yo, detenido y sonriente,
como un amigo.

ROSA TÚ, MELANCÓLICA . . .

El alma vuela y vuela
buscándote a lo lejos,
Rosa tú, melancólica
rosa de mi recuerdo.
Cuando la madrugada
va el campo humedeciendo,
y el día es como un niño
que despierta en el cielo,
Rosa tú, melancólica,
ojos de sombra llenos,
desde mi estrecha sábana
toco tu firme cuerpo.
Cuando ya el alto sol
ardió con su alto fuego,
cuando la tarde cae
del ocaso deshecho,

yo en mi lejana mesa
tu oscuro pan contemplo.
Y en la noche cargada
de ardoroso silencio,
Rosa tú, melancólica,
rosa de mi recuerdo,
dorada, viva y húmeda,
bajando vas del techo,

tomas mi mano fría
y te me quedas viendo.
Cierro entonces los ojos,
pero siempre te veo,
clavada allí, clavando
tu mirada en mi pecho,
larga mirada fija,
como un puñal de sueño.

5

(De *El son entero*, 1947).

LUIS PALÉS MATOS (Puerto Rico; 1898–1959) es uno de los poetas más originales de esta época. Comenzó escribiendo poesías modernistas — *Azaleas, 1915* —, pero buscó su propio camino y, desde 1926, empezó a publicar con modalidades que lo pusieron inmediatamente en la vanguardia de la literatura hispanoamericana. Eran poesías de tema negro, anteriores o, en todo caso, independientes de las que florecían en Cuba. Su primer libro de poesía negroide fue *Tuntún de pasa y grifería* (1937) y bastó para su consagración definitiva. En su gran orquesta se oye un contracanto irónico; porque Palés Matos no es negro, sino blanco, y se sonríe ante los contrastes de ambas culturas, en ninguna de las cuales cree. En esta nota de ironía, escepticismo y refinada melancolía de hombre culto se diferencia, precisamente, de otros cultores del mismo género de poesía. No copia una realidad popular tal como existe en tal o cual país, sino que interpreta lo negro desde su posición de poeta imaginativo, con todo el artificio de un lejano discípulo de los barrocos. Los poemas que se inspiran en el negro de las Antillas, aunque son los que le han valido más fama, constituyen sólo un aspecto de su obra total. La lectura de su libro *Poesía, 1915–1956* — publicado en 1957 — muestra al lector un Palés Matos completo que no se queda en la superficie del tema negro, sino que se hunde en una poesía más esencial, profunda, compleja y perdurable. Entonces se comprende que aquellos poemas negros (v. gr. «Danza negra») son meros episodios en la expresión de un triste vistazo a la vida elemental y a la dispersión en la nada (v. gr. «El llamado»).

Luis Palés Matos

DANZA NEGRA

Calabó y bambú.
Bambú y calabó.
5 El Gran Cocoroco dice: tu-cu-tú.
La Gran Cocoroca dice: to-co-tó.
Es el sol de hierro que arde en Tombuctú.[1]
Es la danza negra de Fernando Póo.[2]
El cerdo en el fango gruñe: pru-pru-prú.
10 El sapo en la charca sueña: cro-cro-cró.
Calabó y bambú.
Bambú y calabó.

Rompen los junjunes en furiosa ú.
Los gongos[3] trepidan con profunda ó.
15 Es la raza negra que ondulando va
en el ritmo gordo del mariyandá.
Llegan los botucos[4] a la fiesta ya.
Danza que te danza la negra se da.

20 Calabó y bambú.
Bambú y calabó.
El Gran Cocoroco dice: tu-cu-tú.
La Gran Cocoroca dice: to-co-tó.

25 Pasan tierras rojas, islas de betún:
Haití, Martinica, Congo, Camerún;[5]
las papiamentosas[6] antillas del ron
y las patualesas[7] islas del volcán,
que en el grave son
30 del canto se dan.

Calabó y bambú.
Bambú y calabó.
Es el sol de hierro que arde en Tombuctú.
35 Es la danza negra de Fernando Póo.

El alma africana que vibrando está
en el ritmo gordo del mariyandá.

Calabó y bambú.
Bambú y calabó.
El Gran Cocoroco dice: tu-cu-tú.
La Gran Cocoroca dice: to-co-tó.

(De *Tuntún de pasa y grifería. Poemas afroantillanos*, 1937. Publicada por primera vez en 1926).

EL LLAMADO

Me llaman desde allá . . .
larga voz de hoja seca,
mano fugaz de nube
que en el aire de otoño se dispersa.
Por arriba el llamado
tira de mí con tenue hilo de estrella,
abajo, el agua en tránsito,
con sollozo de espuma entre la niebla.
Ha tiempo oigo las voces
y descubro las señas.

Hoy recuerdo: es un día venturoso
de cielo despejado y clara tierra;
golondrinas erráticas
el calmo azul puntean.
Estoy frente a la mar y en lontananza
se va perdiendo el ala de una vela;
va yéndose, esfumándose,
y yo también me voy borrando en ella.
Y cuando al fin retorno
por un leve resquicio de conciencia
¡cuán lejos ya me encuentro de mí mismo!
¡qué mundo tan extraño me rodea!

---

[1] Ciudad del Sahara meridional, en la colonia del Sudán francés.
[2] Isla en la costa occidental de África, en el golfo de Guinea, perteneciente a España.
[3] Junjunes, gongos, instrumentos musicales de percusión.
[4] Jefes indígenas de cada uno de los pueblos en que viven agrupados los naturales de Fernando Póo.

[5] Congo, Camerún, regiones del África.
[6] Referencia a *papiamento*, habla criolla de las Antillas holandesas.
[7] Referencia a *patois* (patuá), que se habla en las Antillas francesas.
    Las demás palabras que aparecen en «Danza negra» son voces onomatopéyicas.

Ahora, dormida junto a mí, reposa
mi amor sobre la hierba.
El seno palpitante
sube y baja tranquilo en la marea
del ímpetu calmado que diluye
espectrales añiles en su ojera.
Miro esa dulce fábrica rendida,
cuerpo de trampa y presa
cuyo ritmo esencial como jugando
manufactura la caricia aérea,
el arrullo narcótico y el beso
— víspera ardiente de gozosa queja —
y me digo: Ya todo ha terminado . . .
Mas de pronto, despierta,
y allá en el negro hondón de sus pupilas
que son un despedirse y una ausencia,
algo me invita a su remota margen
y dulcemente, sin querer, me lleva.

Me llaman desde allá . . .
Mi nave aparejada está dispuesta.
A su redor, en grumos de silencio,
sordamente coagula la tiniebla.

Un mar hueco, sin peces,
agua vacía y negra
sin vena de fulgor que la penetre
ni pisada de brisa que la mueva.
Fondo inmóvil de sombra,   5
límite gris de piedra . . .
¡Oh soledad, que a fuerza de andar sola
se siente de sí misma compañera!

        *   10

Emisario solícito que vienes
con oculto mensaje hasta mi puerta,
sé lo que te propones
y no me engaña tu misión secreta;   15
me llaman desde allá,
pero el amor dormido aquí en la hierba
es bello todavía
y un júbilo de sol baña la tierra.
¡Déjeme tu implacable poderío   20
una hora, un minuto más con ella!

(De *Poesía* [1915–1956], 1957).

MANUEL DEL CABRAL (Santo Domingo; 1907) ha viajado por toda América y publicado sus libros en diferentes países. Su presencia es, pues, continental. Canta, sin embargo, con inconfundible voz antillana: *Trópico negro* (1942), *Sangre mayor* (1945), *De este lado del mar* (1948), *Los huéspedes secretos* (1951). Uno de sus libros más famosos es *Compadre Mon* (1943), poema épico-lírico en el que crea el mito de un héroe popular. Sus dos antologías — *Antología tierra*, 1949, y *Antología clave,* 1957 — revelan una vasta gama de temas y tonos.

Manuel del Cabral ha cultivado también la prosa poética: *Chinchina busca el tiempo* (1945) y *30 parábolas* (1956).

Manuel del Cabral

HUÉSPED EN TRANCE

Todo aquí tiene su sitio. Pero las cosas, cuando yo las toco,
¿se parecen a ellas?
Yo vengo ahora de un móvil pero fijo
territorio sin fecha. Puede el árbol nombrarme,
darme estatura el viento. Puedo decir también
que todas las cosas me esperaban.
Mi trato es el del río con el del día que lo besa.
Un pájaro que vuela comprende mi llegada.
El barquero
que espera los viajeros para llenarles los ojos
de otra ribera sabe perfectamente
por qué he venido desde remotas tinieblas
a esperar a los hombres.

Quizá junto a los ojos que se van hacia dentro
para mirar las cosas de los ciegos; quizá junto al latido
del material que tiembla y habla sólo temblando;
quizá junto a la herida que se llena de hormigas
como si con la muerte fabricaran la vida;
quizá junto al soldado que se va por el agua
que no tiene regreso y abrió la puñalada; quizá junto al soldado
que en vez de ver su herida se pone a ver la noche con estrellas,
como si por las altas rendijas de los astros
ve que hay algo más grande que está herido, y sonríe.
La muerte, su muerte, levanta la mañana.

(De *Antología clave,* 1957).

MON DICE COSAS

1

El juez, mientras descansa,
limpia sus anteojos.
¿Y para qué los limpia,
si el sucio está en el ojo?

2

La del río, qué blanda,
pero qué dura es ésta:
la que cae de los párpados
es un agua que piensa.

Enséñame, viejo puente,
a dejar pasar el río.

3

Sólo el silencio es amigo,
pero también
no es amigo . . . si lo mudo
se oye bien . . .

¿Quién mide el aire y lo pone
cuadrado como pared?
¿Quién lo pone tan pequeño
que cabe en el puño . . .
quién?

355

El mapa se está llenando
de dientes como el menú.
Pero no importa:
el horno de mi guitarra
da caliente pan azul.

4

En una esquina está el aire
de rodillas . . .
Dos sables analfabetos
lo vigilan.

Pero yo sé que es el pueblo
mi voz desarrodillada.
Pone a hablar muertos sin cruces
mi guitarra.

Pedro se llaman los huesos
de aquel que cruz no le hicieron.
Pero ya toda la tierra
se llama Pedro.

Aquí está el aire en su sitio
y está entero . . .
Aquí . . .
Madera de carne alta,
tierra suelta:
mi guitarra.

5

Hoy está el pueblo en mi cuerpo.
¿A quién viene a ver usted?
Usted no ve que esta herida
es como un ojo de juez . . .

6

¿Quién ha matado este hombre
que su voz no está enterrada?

Hay muertos que van subiendo
cuanto más su ataúd baja . . .
    Este sudor . . . ¿por quién muere?
¿por qué cosa muere un pobre?
    ¿Quién ha matado estas manos?   5
¡No cabe en la muerte un hombre!
    Hay muertos que van subiendo
cuanto más su ataúd baja . . .
    ¿Quién acostó su estatura
que su voz está parada?   10
    Hay muertos como raíces
que hundidas . . . dan fruto al ala.
    ¿Quién ha matado estas manos,
este sudor, esta cara?
    Hay muertos que van subiendo   15
cuanto más su ataúd baja . . . [. . .]

(De *Cuatro grandes poetas de América*, 1959).

ESPEJO   20

    Ensuciaban el aire profundo del espejo
las cosas familiares de mi cuerpo;
pensamientos mohosos de mi cuchillo inédito
mi poco de esqueleto cuando río,
arrugas de mi ropa que suben a mi cara;   25
buzos en una gota de mis párpados.
Luego,
me fui quitando cáscaras,
y el espejo a ponerse ya más limpio.
Al fin quedé desnudo,   30
y fui al cristal para mirarme puro,
pero no pude verme . . .
Entonces di la vuelta,
quise ver las espaldas del espejo,
y me encontré conmigo.   35
Quise vestirme pero fue imposible,
no podía vestir la transparencia.

(De *Los anti-tiempo*, 1967).

Venezuela en estos años, junto con la importante producción de sus novelistas y ensayistas según veremos más adelante, ofrece también un notable grupo de poetas, algunos de ellos pertenecientes al llamado grupo

«Viernes», fundado en 1936, como son Pablo Rojas Guardia, Manuel F. Rugeles, José Ramón Heredia, Otto de Sola. Uno de ellos, Jacinto Fombona Pachano (1901–1951) publicó su primer libro importante, *Virajes,* en 1932, notable por su frescura y lirismo y por su tono francamente criollista. Años después, y durante su estancia en Washington como miembro del servicio diplomático de su país, compuso su obra de mayor aliento, *Las torres desprevenidas* (1940) en la que refleja las inquietudes y problemas de una humanidad atormentada por la guerra que no se sufre directamente, pero que se siente alrededor. El poema que incluimos es característico de esa actitud.

Jacinto Fombona Pachano

MUERTE EN EL AIRE

Quiero un poema, quiero
una canción polaca,
5 un valse de París, pero las bombas,
las tenemos en casa.

Sí,
las tenemos en casa.
10 Apagad ese radio
para que pueda ser feliz América,
cortad el ala a esos aviones,
que ya hasta el rascacielo se siente roto y lívido,
que el miedo ya les amputó los ojos
15 a los pobres negros del Sur.

Ay, la Marina y el Ejército.
Qué hacía la langosta con estos verdes campos,
con tanto pensamiento
20 como nos vino por el mar . . .

Ay, la Marina y el Ejército.
La mandíbula y la tenaza.
Silenciad ese aire
25 de los vientres hendidos,
de las piernas cortadas,
de los rostros sin piel.
Quemad esa película
donde se mata a un mismo niño
30 más de un millón de veces.

Me está doliendo el mundo en el bolsillo,
en el limón para la cena,
en el dije del brazalete.
No hay salvación, no hay puesto para todos.

Busco un tango argentino,
un joropo de Venezuela,
un jazz de Norteamérica,
pero las bombas.

Un poniente de siglos se abrió las venas.
Y el aire está, señores,
en toda latitud lloviendo sangre.

Apagad ese radio
donde agonizan las colmenas
porque ha llegado el reino de las plagas,
donde se oyen caer heridas,
cazadas en su fuga, las campanas.

No quiero respirar brazos de nadie,
ojos saltados de palomas,
corazones aullantes de mujeres,
dedos, uñas, cabellos de los niños.

Quiero puro este aire,
aire libre de América,
para escribir la nueva ley.

Pero,
me despiertan las bombas.

(De *Las torres desprevenidas*, 1940).

En *Colombia,* al grupo de «Los Nuevos» sucedió el de los «piedracelistas», así llamados por sus cuadernillos de poesía «Piedra y cielo». Que tomaran el título de ese libro de poesía de Juan Ramón Jiménez fue ya una definición. Sin embargo, no hay sólo juanrramonismo, sino también nerudismo; y, sobre todo, hubo acentos singulares. Promotor de «Piedra y cielo» fue EDUARDO CARRANZA. El grupo estaba formado, además, por ARTURO RAMÍREZ, DARÍO SAMPER, TOMÁS VARGAS OSORIO, GERARDO VALENCIA, CARLOS MARTÍN y otros. Todos estos piedracelistas hacían poesía un poco como intelectuales: es decir, informándose inteligentemente sobre la poesía que hacían otros (los españoles Juan Ramón Jiménez, Salinas, Diego, Alberti, García Lorca y los americanos Huidobro y Neruda). Impusieron así había sido de sutilezas verbales y experiencias estéticas que hasta entonces un arte resistido por el público. Su función renovadora fue, pues, importante.

Como muestra del grupo piedracelista hemos seleccionado poesías de uno de los poetas de obra más duradera: JORGE ROJAS (1911). Su primer libro reveló, ya en el título, su adhesión a Juan Ramón Jiménez: *La forma de la huída.* Después fue sutilizando aun más su encanto verbal en *La ciudad sumergida* y *Rosa de agua* (1941).

Jorge Rojas

EN TIEMPOS DE CRISTAL

En tiempos de cristal que no te lleven,
serás como escultura de la fuga
— río sólo de orillas —.
Tendrás vuelo absoluto que no avanza:
ruta, partida y meta, confundidas,
serás omnipresente a las distancias.
Precederás al tiempo.
Donde vives,
llegarán las ofrendas de los días
con instantes marchitos,
— que eres playa eterna donde muere
el último oleaje del minuto
en las delgadas aguas de las horas —.

Serás como un escollo en los linderos
de lo creado y lo eterno.
Lo más alto y más puro y luminoso
del mundo de mentira
— este de abajo   5
que en su eclipse de vida
sólo calca el sendero de tu esencia,
donde termina todo en tu principio,
se detendrá siquiera sin rozarte.
Sólo por ti o por mí, al borde mismo   10
de ti se abren los cielos.
Y en músicas de ti,
tú misma de ángel,
en presentes de siempre como espejos
será verdad la salvación del alma.   15

(De *La forma de su huída,* 1939).

SUBMAR

¿Será como el dolor ante los ojos
de enorme el mar? ¿Me quedaré suspenso
ante el rumor de sus profundas aguas
y extenderé en sus playas mi silencio?

5   ¿Cómo serán los puertos? ¿Habrá velas
ensayando verónicas al viento,
redes al sol, y mudas agonías
de pescados sin mar en los anzuelos?

¿Tendrán los besos yodo y el abrazo
será también enredador y lento
como trampa de lianas en lo oscuro
de algún oscuro cabaret del puerto?

¿Habrá un enorme medio-sol al fondo
y gaviotas de espuma?, o el recuerdo
que tengo de las cosas nunca vistas
¿será mejor que el mar y que los puertos?

(De *Soledades*, 1948).

———————◆———————

En *Ecuador* se oye la voz de JORGE CARRERA ANDRADE (1902). Nacido lejos
de las rutas importantes del mundo, Carrera Andrade dejó su rincón y
recorrió el mundo entero: escribió la poesía del viaje y, claro, la poesía del
regreso a su tierra. Educado en un pueblo campesino y primitivo, buscó
libros difíciles y se disciplinó con la literatura francesa: Hugo, Baudelaire,
Francis Jammes, Jules Renard. Románticos, simbolistas fueron sus maestros.
No cedió al superrealismo de Breton o Eluard. Le interesaba la realidad
inmediata, la de la conciencia y la de las cosas. Y, en efecto, su poesía es
clara. Experimenta, cambia, se remoza, pero el hombre permanece claramente
sentimental y así se lo ve en las distintas etapas recogidas en *Edades poéticas*,
antología de 1922 a 1956, de donde se tomaron los poemas siguientes.

Jorge Carrera Andrade

EDICIÓN DE LA TARDE

La tarde lanza su primera edición de golondrinas
10   anunciando la nueva política del tiempo,
la escasez de las espigas de la luz,
los navíos que salen a flote en el astillero del cielo,
el almacén de sombras del poniente,
los motines y desórdenes del viento,
15   el cambio de domicilio de los pájaros,
la hora de apertura de los luceros.

La súbita defunción de las cosas
en la marea de la noche ahogadas,
los débiles gritos de auxilio de los astros
desde su prisión de infinito y de distancia,
la marcha incesante de los ejércitos del sueño   5
contra la insurrección de los fantasmas
y, al filo de las bayonetas de la luz, el orden nuevo
implantado en el mundo por el alba.

DICTADO POR EL AGUA

I

Aire de soledad, dios transparente
que en secreto edificas tu morada
¿en pilares de vidrio de qué flores?
¿sobre la galería luminada
de qué río, qué fuente?
Tu santuario es la gruta de colores.
Lengua de resplandores
hablas, dios escondido,
al ojo y al oído.
Sólo en la planta, el agua, el polvo asomas
con tu vestido de alas de palomas
despertando el frescor y el movimiento.
En tu caballo azul van los aromas,
soledad convertida en elemento.

II

Fortuna de cristal, cielo en monedas,
agua, con tu memoria de la altura,
por los bosques y prados
viajas con tus alforjas de frescura
que guardan por igual las arboledas
y las hierbas, las nubes y ganados.
Con tus pasos mojados
y tu piel de inocencia
señalas tu presencia
hecha toda de lágrimas iguales,
agua de soledades celestiales.
Tus peces son tus ángeles menores
que custodian tesoros eternales
en tus frías bodegas interiores.

III

Doncel de soledad, oh lirio armado
por azules espadas defendido,
gran señor con tu vara de fragancia,
a los cuentos del aire das oído.
A tu fiesta de nieve convidado
el insecto aturdido de distancia
licor de cielo escancia,

maestro de embriagueces
solitarias a veces.   10
Mayúscula inicial de la blancura:
de retazos de nube y agua pura
está urdido tu cándido atavío
donde esplenden, nacidos de la altura,
huevecillos celestes del rocío.   15

IV

Sueñas, magnolia casta, en ser paloma
o nubecilla enana, suspendida
sobre las hojas, luna fragmentada.   20
Solitaria inocencia recogida
en un nimbo de aroma.
Santa de la blancura inmaculada.
Soledad congelada
hasta ser alabastro   25
tumbal, lámpara o astro.
Tu oronda frente que la luz ampara
es del calor del mundo la alquitara
donde esencia secreta extrae el cielo.
En nido de hojas que el verdor prepara   30
esperas resignada el don del vuelo.

V

Flor de amor, flor de ángel, flor de abeja,
cuerpecillos medrosos, virginales
con pies de sombra, amortajados vivos,
ángeles en pañales.   35
El rostro de la dalia tras su reja,
los nardos que arden en su albura, altivos,
los jacintos cautivos
en su torre delgada
de aromas fabricada,   40
girasoles, del oro buscadores:
lenguas de soledad, todas las flores
niegan o asienten según habla el viento
y en la alquimia fugaz de los olores
preparan su fragante acabamiento.   45

VI

¡De murallas que viste el agua pura
y de cúpula de aves coronado
5 mundo de alas, prisión de transparencia
donde vivo encerrado!
Quiere entrar la verdura
por la ventana a pasos de paciencia,

y anuncias tu presencia
con tu cesta de frutas, lejanía.
Mas, cumplo cada día,
Capitán del color, antiguo amigo
de la tierra, mi límpido castigo.
Soy a la vez cautivo y carcelero
de esta celda de cal que anda conmigo,
de la que, oh muerte, guardas el llavero.

(De *Edades poéticas*, 1958).

———————◆———————

En el Perú, despues de la gran figura de César Vallejo, aparecieron varias tendencias juveniles: poetas puros (CARLOS OQUENDO DE AMAT, MARTÍN ADÁN, XAVIER ABRIL, ENRIQUE PEÑA BARRENECHEA), poetas peruanistas, con el tema de la reivindicación del indio (ALEJANDRO PERALTA, LUIS FABIO XAMMAR), poetas políticos (MAGDA PORTAL).

Uno de los nombres más notables, en el superrealismo peruano, es EMILIO ADOLFO WESTPHALEN (1911), autor de *Las ínsulas extrañas* (1933) y *Abolición de la muerte* (1935). Sus poemas rompen la estructura tradicional del verso y aun la estructura gramatical. Es como un polvo de palabras arrastrado por un oscuro soplo de emoción. El poeta, preocupado por el tiempo, la existencia, la muerte y el más allá, se expresa dejando en libertad las imágenes que le vienen, espontáneamente. En su primer libro la técnica superrealista es la del automatismo de la subconsciencia. En el segundo libro, sin abandonar el superrealismo, Westphalen ordena el flujo psíquico con más claridad.

Emilio Adolfo Westphalen

HE DEJADO DESCANSAR

He dejado descansar tristemente mi cabeza
10 en esta sombra que cae del ruido de tus pasos
vuelta a la otra margen
grandiosa como la noche para negarte

he dejado mis albas y los árboles arraigados a mi garganta
he dejado hasta la estrella que corría entre mis huesos
he abandonado mi cuerpo
como el náufrago abandona las barcas
o como la memoria al bajar la marea
algunos ojos extraños sobre las playas
he abandonado mi cuerpo
como un guante para dejar la mano libre
si hay que estrechar la gozosa púrpura de una estrella
no me oyes más leve que las hojas
porque me he librado de todas las ramas
y ni el aire me encadena
ni las aguas pueden contra mi sino
no me oyes venir más fuerte que la noche
y las puertas que se resisten a mi soplo
y las ciudades que callan para que no las aperciba
y el bosque que se abre como una mañana
que quiere estrechar el mundo entre sus brazos
bella ave que has de caer en el paraíso
ya los telones han caído sobre tu huída
ya mis brazos han cerrado las murallas
y las ramas inclinado para cerrarte el paso
corza frágil teme la tierra
teme el ruido de tus pasos sobre mi pecho
ya los cercos están enlazados
ya tu frente ha de caer bajo el pecho de mi ansia
ya tus ojos han de cerrarse sobre los míos
y tu dulzura brotarte como cuernos nuevos
y tu bondad extenderse como la sombra que me rodea
mi cabeza ha dejado rodar
mi corazón ha dejado caer
ya nada me queda para estar más seguro de alcanzarte
porque llevas prisa y tiemblas como la noche
la otra margen acaso no he de alcanzar
ya que no tengo manos que se cojan
de lo que está acordado para el perecimiento
ni pies que pesen sobre tanto olvido
de huesos muertos y flores muertas
la otra margen acaso no he de alcanzar
si ya hemos leído la última hoja
y la música ha empezado a trenzar la luz en que has de caer
y los ríos te cierran el camino
y las flores te llaman con mi voz
rosa grande ya es hora de detenerte
el estío suena como un deshielo por los corazones
y las alboradas tiemblan como los árboles al despertarse
las salidas están guardadas
rosa grande ¿no has de caer?

(De *Abolición de la muerte*, 1935).

———◆———

Chile. Pablo Neruda, cuyo verdadero nombre es Neftalí Ricardo Reyes (1904), ha marcado los pasos de su poesía. El primero es el de *La canción de la fiesta* (1921) y *Crepusculario* (1923). El segundo es el de *Veinte poemas de amor y una canción desesperada* (1924) y *Tentativa del hombre infinito* (1925). El tercero es el de *El hondero entusiasta* (1933), su *Residencia en la tierra* (t. I, poesías de 1925 a 1931; t. II, poesías de 1931 a 1935). El cuarto es el de la *Tercera Residencia* (1947) y el *Canto general* (1950). El quinto paso es el de las *Odas elementales* (1954), seguidas por *Las uvas y el viento, Nuevas odas elementales, Tercer libro de las Odas, Estravagario, Navegaciones y regresos, Memorial de Isla Negra* y otros más. Intentemos una caracterización. 1) El tono es todavía modernista. Lenguaje convencional, formas tradicionales. En *Crepusculario* se asoma el Neruda original, pero todavía canta afinando la voz a otras voces del coro literario que prefiere; en «Final» confiesa que «se mezclaron voces ajenas a las mías». 2) Los *Veinte poemas* continúan en muchos modos a *Crepusculario*. Versos más regulares, sencillos, contemplativos; imágenes no en erupción sino enlazadas en estructuras de sentido lógico; el ímpetu, contenido por el respeto al gusto literario tradicional. Es el primer libro personal de Neruda: menos literatura, más sinceridad en sus confidencias de enamorado. *Tentativa del hombre infinito* acusa voluntad de romper con el pasado. Verso, sintaxis, ortografía libres; comienza el caos de las palabras. 3) Ahora estamos frente al Neruda cabal. Nos mete en su volcán imaginativo. Poesía oscura porque el poeta no acaba de configurar sus intuiciones. Embriones, larvas, chispazos, gérmenes, conatos, amagos de expresión poética. En *Residencia* se enfrenta a su existencia y deja que su emoción quede hermética. No objetiva, no exterioriza sus sentimientos en una estructura comprensible para todos. Su tono se corre de la tristeza a la angustia; y su angustia arranca de una visión desolada del mundo y de la vida: muerte, derrumbe, fracaso, caos, sinsentido, ceniza, pulverización, ruina incesante, disgregación infinita. Como superrealista Neruda quería atrapar la vida profunda, mostrar su fluidez espontánea, sacar a luz los movimientos irreprimidos del subconsciente. El acto de poetizar le daba más placer que el contemplar un poema logrado. Leer a Neruda es deslizarse dentro del proceso creador de un poeta. 4) El espectáculo de la muerte y la injusticia en el aplastamiento militar de la república española despertó la conciencia política de Neruda: con *España en el corazón* (1937) comenzó a oírse su voz, cada vez menos hermética, cada vez más didáctica. De la *Tercera Residencia* al *Canto general* aumenta en la poesía de Neruda el espacio de la oratoria y disminuye la carga de imágenes líricas. Porque el poeta se exalta políticamente su verso se tranquiliza metafóricamente. Hay menos sorpresas porque ahora las metáforas surgen hiladas por conceptos y sentimientos universales. Neruda se convierte en militante comunista. Sin embargo, en «Alturas de Machu Picchu», en «Canto general de Chile», se ve cómo el poderoso poeta que es Neruda, aun sacrificando su lirismo a la política, logra intensos poemas. 5) A partir de *Odas elementales* y *Nuevas odas elementales* el rechazo de Neruda a su propio pasado es definitivo. Su angustiosa visión de un mundo hundido en arenas movedizas, su trágica soledad, su altivo superrealismo quedan atrás: ahora el poeta quiere llegar, sencillamente, a los hombres sencillos.

Pablo Neruda

POEMA 20

Puedo escribir los versos más tristes esta noche.

Escribir, por ejemplo: «La noche está estrellada,
y tiritan, azules, los astros, a lo lejos.»

El viento de la noche gira en el cielo y canta.

Puedo escribir los versos más tristes esta noche.   5
Yo la quise, y a veces ella también me quiso.

En las noches como ésta la tuve entre mis brazos.
La besé tantas veces bajo el cielo infinito.

Ella me quiso, a veces yo también la quería.
¡Cómo no haber amado sus grandes ojos fijos!   10

Puedo escribir los versos más tristes esta noche.
Pensar que no la tengo. Sentir que la he perdido.

Oír la noche inmensa, más inmensa sin ella.
Y el verso cae al alma como al pasto el rocío.

¡Qué importa que mi amor no pudiera guardarla!   15
La noche está estrellada y ella no está conmigo.

Eso es todo. A los lejos alguien canta. A lo lejos.
Mi alma no se contenta con haberla perdido.

Como para acercarla mi mirada la busca.
Mi corazón la busca, y ella no está conmigo.   20

La misma noche que hace blanquear los mismos árboles.
Nosotros, los de entonces, ya no somos los mismos.

Ya no la quiero, es cierto, pero cuánto la quise.
Mi voz buscaba al viento para tocar su oído.

De otro. Será de otro. Como antes de mis besos.
Su voz, su cuerpo claro. Sus ojos infinitos.

Ya no la quiero, es cierto, pero tal vez la quiero.
Es tan corto el amor, y es tan largo el olvido.

Porque en noches como ésta la tuve entre mis brazos,
mi alma no se contenta con haberla perdido.

Aunque éste sea el último dolor que ella me causa,
y éstos sean los últimos versos que yo le escribo.

(De *Veinte poemas de amor y una canción desesperada*, 1924).

TENTATIVA DEL HOMBRE INFINITO

(*Fragmento*)

No sé hacer el canto de los días
sin querer suelto el canto la alabanza de las noches
pasó el viento latigándome la espalda alegre saliendo de su huevo
descienden las estrellas a beber al océano
tuercen sus velas verdes grandes buques de brasa
para qué decir eso tan pequeño que escondes canta pequeño
los planetas dan vuelta como husos entusiastas giran
el corazón del mundo se repliega y estira
con voluntad de columna y fría furia de plumas
oh los silencios campesinos claveteados de estrellas
recuerdo los ojos caían en ese pozo inverso
hacia donde ascendía la soledad de todo los ruidos espantados
el descuido de las bestias durmiendo sus duros lirios
preñé entonces la altura de mariposas negras mariposa medusa
aparecían estrépitos humedad nieblas
y vuelto a la pared escribí
oh noche huracán muerto resbala tu oscura lava
mis alegrías muerden tus tintas
mi alegre canto de hombre chupa tus duras mamas
mi corazón de hombre se trepa por tus alambres
exasperado contento mi corazón que danza
danza en los vientos que limpian tu color
bailador asombrado en las grandes mareas que hacen surgir el alba.

(De *Tentativa del hombre infinito*, 1926).

Alguien vendría, sopla con furia,
que suene como sirena de barco roto,
como lamento,
como un relincho en medio de la espuma y la sangre,
como un agua feroz mordiéndose y sonando.⁵

En la estación marina
su caracol de sombra circula como un grito,
los pájaros del mar lo desestiman y huyen,
sus listas de sonido, sus lúgubres barrotes
se levantan a orillas del océano solo.¹⁰

(De *Residencia en la tierra*, 2, [1931–1935]).

BARCAROLA

Si solamente me tocaras el corazón,
si solamente pusieras tu boca en mi corazón,
tu fina boca, tus dientes,
si pusieras tu lengua como una flecha roja
allí donde mi corazón polvoriento golpea,¹⁵
si soplaras en mi corazón, cerca del mar, llorando,
sonaría con un ruido oscuro; con sonido de ruedas de tren con sueño,
como aguas vacilantes,
como el otoño en hojas,
como sangre,²⁰
con un ruido de llamas húmedas quemando el cielo,
sonando como sueños o ramas o lluvias,
o bocinas de puerto triste;
si tú soplaras en mi corazón, cerca del mar,
como un fantasma blanco,²⁵
al borde de la espuma,
en mitad del viento,
como un fantasma desencadenado, a la orilla del mar, llorando.
Como ausencia extendida, como campana súbita,
el mar reparte el sonido del corazón,³⁰
lloviendo, atardeciendo, en una costa sola,
la noche cae sin duda,
y su lúgubre azul de estandarte en naufragio
se puebla de planetas de plata enronquecida.

Y suena el corazón como un caracol agrio,³⁵
llama, oh mar, oh lamento, oh derretido espanto
esparcido en desgracias y olas desvencijadas:
de lo sonoro el mar acusa
sus sombras recostadas, sus amapolas verdes.

Si existieras de pronto, en una costa lúgubre,
rodeada por el día muerto,
frente a una nueva noche,
llena de olas,
y soplaras en mi corazón de miedo frío,
soplaras en su movimiento de paloma con llamas,
sonarían sus negras sílabas de sangre,
crecerían sus incesantes aguas rojas,
y sonaría, sonaría a sombras,
sonaría como la muerte,
llamaría como un tubo lleno de viento o llanto
o una botella echando espanto a borbotones.

Así es, y los relámpagos cubrirían tus trenzas
y la lluvia entraría por tus ojos abiertos
a preparar el llanto que sordamente encierras,
y las alas negras del mar girarían en torno
de ti, con grandes garras, y graznidos, y vuelos.

¿Quieres ser fantasma que sople, solitario,
cerca del mar su estéril, triste instrumento?
Si solamente llamaras,
su prolongado son, su maléfico pito,
su orden de olas heridas,
alguien vendría acaso,
alguien vendría,
desde las cimas de las islas, desde el fondo rojo
del mar,
alguien vendría, alguien vendría.

ALTURAS DE MACHU PICCHU[1]

(*Fragmento*)

VI

Entonces en la escala de la tierra he subido
entre la atroz maraña de las selvas perdidas
hasta ti, Machu Picchu.

Alta ciudad de piedras escalares,
por fin morada del que lo terrestre
no escondió en las dormidas vestiduras.
En ti, como dos líneas paralelas,
la cuna del relámpago y del hombre
se mecían en un viento de espinas.

Madre de piedra, espuma de los cóndores.

---

[1] Ciudad-fortaleza de los antiguos incas en el Perú,
situada en una roca entre dos montañas de la cordillera andina.

Alto arrecife de la aurora humana.

Pala perdida en la primera arena.

Ésta fué la morada, éste es el sitio:
aquí los anchos granos del maíz ascendieron
y bajaron de nuevo como granizo rojo.   5

Aquí la hebra dorada salió de la vicuña
a vestir los amores, los túmulos, las madres,
el rey, las oraciones, los guerreros.

Aquí los pies del hombre descansaron de noche
junto a los pies del águila, en las altas guaridas   10
carniceras, y en la aurora
pisaron con los pies del trueno la niebla enrarecida,
y tocaron las tierras y las piedras
hasta reconocerlas en la noche o la muerte.

Miro las vestiduras y las manos,   15
el vestigio del agua en la oquedad sonora,
la pared suavizada por el tacto de un rostro
que miró con mis ojos las lámparas terrestres,
que aceitó con mis manos las desaparecidas
maderas: porque todo, ropaje, piel, vasijas,   20
palabras, vino, panes,
se fué, cayó, a la tierra.

Y el aire entró con dedos
de azahar sobre todos los dormidos;
mil años de aire, meses, semanas de aire,   25
de viento azul, de cordillera férrea,
que fueron como suaves huracanes de pasos
lustrando el solitario recinto de la piedra.

(De *Canto general,* 1950).

ODA AL DICCIONARIO

Lomo de buey, pesado
cargador, sistemático
libro espeso:
de joven
te ignoré, me vistió
la suficiencia
y me creí repleto,
y orondo como un

melancólico sapo
dictaminé: «Recibo   30
las palabras
directamente
del Sinaí[2] bramante.
Reduciré
las formas a la alquimia.   35
Soy mago.»

---

[2] Montaña en la peninsula del mismo nombre en la
Arabia, donde, según la Biblia, Moisés recibió de
Dios la Tablas de la Ley.

El gran mago callaba.

El Diccionario,
viejo y pesado, con su chaquetón
5 de pellejo gastado,
se quedó silencioso
sin mostrar sus probetas.

Pero un día,
10 después de haberlo usado
y desusado,
después
de declararlo
inútil y anacrónico camello,
15 cuando por largos meses, sin protesta,
me sirvió de sillón
y de almohada,
se rebeló y plantándose
en mi puerta
20 creció, movió sus hojas
y sus nidos,
movió la elevación de su follaje:
árbol
era,
25 natural,
generoso
manzano, manzanar o *manzanero,*
y las palabras
brillaban en su copa inagotable,
30 opacas o sonoras,
fecundas en la fronda del lenguaje,
cargadas de verdad y de sonido.

Aparto una
35 sola de
sus
páginas:
Caporal,
Capuchón
40 qué maravilla
pronunciar estas sílabas
con aire,
y más abajo
Cápsula
45 hueca, esperando aceite o ambrosía,
y junto a ellas
Captura Capucete Capuchina
Caprario Captatorio
palabras
que se deslizan como suaves uvas
50 o que a la luz estallan

como gérmenes ciegos que esperaron
en las bodegas del vocabulario
y viven otra vez y dan la vida:
una vez más el corazón las quema.

Diccionario, no eres
tumba, sepulcro, féretro,
túmulo, mausoleo,
sino preservación,
fuego escondido,
plantación de rubíes,
perpetuidad viviente
de la esencia,
granero del idioma.
Y es hermoso
recoger en tus filas
la palabra
de estirpe,
la severa
y olvidada
sentencia,
hija de España,
endurecida
como reja de arado,
fija en su límite
de anticuada herramienta,
preservada
con su hermosura exacta
y su dureza de medalla.
O la otra palabra
que allí vimos perdida
entre renglones
y que de pronto
se hizo sabrosa y lisa en nuestra boca.

Diccionario, una mano
de tus mil manos, una
de tus mil esmeraldas,
una
sola
gota
de tus vertientes virginales,
un grano
de
tus
magnánimos graneros
en el momento
justo
a mis labios conduce,
al hilo de mi pluma,
a mi tintero.

De tu espesa y sonora
profundidad de selva,
dame,
cuando lo necesite,
un solo trino, el lujo
de una abeja,
un fragmento caído
de tu antigua madera perfumada
por una eternidad de jazmineros,
una
sílaba,
un temblor, un sonido,
una semilla:
de tierra soy y con palabras canto.

(De *Nuevas odas elementales,* 1955).

ODA A UNAS FLORES
AMARILLAS

Contra el azul moviendo sus azules,
el mar, y contra el cielo,
unas flores amarillas.

Octubre llega.

Y aunque sea
tan importante el mar desarrollando
su mito, su misión, su levadura,
estalla
sobre la arena el oro
de una sola
planta amarilla
y se amarran
tus ojos
a la tierra,
huyen del magno mar y sus latidos.

Polvo somos, seremos.

Ni aire, ni fuego, ni agua
sino
tierra,

sólo tierra
seremos
y tal vez
unas flores amarillas.

(De *Libro tercero de las odas,* 1957).

LAS VIEJAS DEL OCÉANO

Al grave mar vienen las viejas
con anudados pañolones,
con frágiles pies quebradizos.

Se sientan solas en la orilla
sin cambiar de ojos ni de manos,
sin cambiar de nube o silencio.

El mar obsceno rompe y rasga,
desciende montes de trompetas,
sacude sus barbas de toro.

Las suaves señoras sentadas
como en un barco transparente
miran las olas terroristas.

¿Dónde irán y dónde estuvieron?
Vienen de todos los rincones,
vienen de nuestra propia vida.

Ahora tienen el océano,
el frío y ardiente vacío,
la soledad llena de llamas.

Vienen de todos los pasados,
de casas que fueron fragantes,
de crepúsculos quemados.

Miran y no miran el mar,
con el bastón escriben signos,
y borra el mar su caligrafía.

Las viejas se van levantando
con sus frágiles pies de pájaro,
mientras las olas desbocadas
viajan desnudas en el viento.

(De *Estravagario,* 1958).

En Paraguay Herib Campos Cervera (1908–1953) dejó un solo libro: *Ceniza redimida* (1950). Llegó tarde, y por eso algunas de sus imágenes superrealistas no alcanzaron a sorprender a lectores no paraguayos; pero, dentro del Paraguay, Campos Cervera inicia un movimiento que será continuado por Augusto Roa Bastos, Elvio Romero y otros. Es poeta sin alegrías. Estremecido por presentimientos de muerte y herido por los dolores del mundo, Campos Cervera vaciló entre una poesía de íntimo valor confesional y otra al servicio social. Escribió desterrado de su patria, desgarrado de sus amigos; y sus mejores composiciones no fueron las que se inspiraron en episodios de la guerra, la política, el trabajo, la vida colectiva o en temas eróticos, sino la que expresó líricamente su nostalgia («Un puñado de tierra») y su recuerdo de un amigo perdido («Pequeña letanía en voz baja»).

Herib Campos Cervera

UN PUÑADO DE TIERRA

I

Un puñado de tierra
de tu profunda latitud;
de tu nivel de soledad perenne;
de tu frente de greda
5   cargada de sollozos germinales.

Un puñado de tierra,
con el cariño simple de sus sales
y su desamparada dulzura de raíces.

Un puñado de tierra que lleve entre sus labios
10 la sonrisa y la sangre de tus muertos.

Un puñado de tierra
para arrimar a su encendido número
todo el frío que viene del tiempo de morir.

Y algún resto de sombra de tu lenta arboleda
15 para que me custodie los párpados de sueño.

Quise de Ti tu noche de azahares;
quise tu meridiano caliente y forestal;
quise los alimentos minerales que pueblan
los duros litorales de tu cuerpo enterrado,
20 y quise la madera de tu pecho.

Eso quise de Ti.
— Patria de mi alegría y de mi duelo;
eso quise de Ti.

II

Ahora estoy de nuevo desnudo.
Desnudo y desolado   5
sobre un acantilado de recuerdos;
perdido entre recodos de tinieblas.
Desnudo y desolado;
lejos del firme símbolo de tu sangre.
Lejos.   10

No tengo ya el remoto jazmín de tus estrellas,
ni el asedio nocturno de tus selvas.
Nada: ni tus días de guitarra y cuchillos,
ni la desmemoriada claridad de tu cielo.

Solo como una piedra o como un grito   15
te nombro y, cuando busco
volver a la estatura de tu nombre,
sé que la Piedra es piedra y que el Agua del río
huye de tu abrumada cintura y que los pájaros
usan el alto amparo del árbol humillado   20
como un derrumbadero de su canto y sus alas.

III

Pero así, caminando, bajo nubes distintas;
sobre los fabricados perfiles de otros pueblos,
de golpe, te recobro.

Por entre soledades invencibles,   25
o por ciegos caminos de música y trigales,
descubro que te extiendes largamente a mi lado,
con tu martirizada corona y con tu limpio
recuerdo de guaranias y naranjos.

Estás en mí: caminas con mis pasos,   30
hablas por mi garganta; te yergues en mi cal
y mueres, cuando muero, cada noche.

Estás en mí con todas tus banderas;
con tus honestas manos labradoras
y tu pequeña luna irremediable.   35

Inevitablemente
— con la puntual constancia de las constelaciones —
vienen a mí, presentes y telúricas:
tu cabellera torrencial de lluvias:
tu nostalgia marítima y tu inmensa   40
pesadumbre de llanuras sedientas.

Me habitas y te habito:
sumergido en tus llagas,
yo vigilo tu frente que muriendo, amanece.

Estoy en paz contigo;
5 ni los cuervos ni el odio
me pueden cercenar de tu cintura:
yo sé que estoy llevando tu Raíz y tu Suma
sobre la cordillera de mis hombros.

Y eso tengo de Ti.
10 Un puñado de tierra:
eso quise de ti.

PEQUEÑA LETANÍA EN VOZ BAJA

Elegiré una Piedra.
Y un Árbol.
Y una Nube.
15 Y gritaré tu nombre
hasta que el aire ciego que te lleva
me escuche.
(En voz baja.)

Golpearé la pequeña ventana del rocío;
20 extenderé un cordaje de cáñamo y resinas;
levantaré tu lino marinero
hasta el Viento Primero de tu Signo,
para que el Mar te nombre.
(En voz baja.)

25 Te lloran: cuatro pájaros;
un agobio de niños y de títeres;
los jazmines nocturnos de un patio paraguayo.
Y una guitarra coplera.
(En voz baja.)

30 Te llaman:
todo lo que es humilde bajo el cielo;
la inocencia de un pedazo de pan;
el puñado de sal que se derrama
sobre el mantel de un pobre;
35 la mirada sumisa de un caballo,
y un perro abandonado.
Y una carta.
(En voz baja.)

Yo también te he llamado,
en mi noche de altura y de azahares.
(En voz baja.)

Sólo tu soledad de ahora y siempre
te llamará, en la noche y en el día.
En voz alta.

ENVIO

Hermano:
te buscaré detrás de las esquinas.
Y no estarás.

Te buscaré en la nube de los pájaros.
Y no estarás.

Te buscaré en la mano de un mendigo.
Y no estarás.

Te buscaré también
en la Inicial Dorada de un Libro de Oraciones.
Y no estarás.

Te buscaré en la noche de los gnomos.
Y no estarás.

Te buscaré en el aire de una caja de músicas.
Y no estarás.

(Te buscaré en los ojos de los Niños.
Y allí estarás).

(De *Ceniza redimida*, 1950).

Argentina. RICARDO MOLINARI (Argentina, 1898) apareció con el grupo ultraista cerca de Borges, pero sus raíces penetraban la tierra con más avidez. Evitó con austeridad los fáciles regionalismos. Su lengua mostró siempre una buena educación en clásicos españoles y en simbolistas europeos. Lo nacional asciende a su poesía y para acoger sus esencias la lengua se le afina tanto que suele quedar hermética. Elabora su expresión con extremo cuidado. A veces desborda en odas de versos libres, a veces se arquitectura en el soneto, a veces cultiva los versos de arte menor. La economía verbal suele hacerlo monótono. La insistencia en ciertas imágenes suele darles rigidez de símbolos. Pero la serie de libros que inició con *El Imaginero* (1927) y con los recogidos en *Mundos de la madrugada* (1943) y que después culminó con los que van de *El huésped y la melancolía* (1949) a *Una sombra antigua canta* (1966) es poesía de admirables intensidades. Intensidad de sus odas con temas de amor y de muerte; intensidad de sus escarceos por la orilla de la metafísica.

Ricardo Molinari

ODA A LA SANGRE

A Alberto Morera

Esta noche en que el corazón me hincha la boca duramente,
sin pudor, sin nadie, quisiera ver mi sangre corriendo por la tierra:
golpeando su cuerpo de flor,
— de soledad perdida e inaguantable —
para quejarme angustiosamente   5
y poder llorar la huída de otros días,
el color áspero de mis viejas venas.
Si pudiera verla sin agonía
quemar el aire desventurado, impenetrable,
que mueve las tormentas secas de mi garganta   10
y aprieta mi piel dulce, incomparable;
no, ¡las mareas, las hierbas antiguas,
toda mi vida de eco desatendido!

Quisiera conocerla espléndida, saliendo para vivir fuera de mí,
igual que un río partido por el viento,   15
como por una voluntad que sólo el alma reconoce.

Dentro de mí nadie la esperó. Hacia qué tienda o calor ajeno saldrá alguna vez
a mirar deshabitada su memoria sin paraíso,
su luz interminable, suficiente.
Quisiera estar desnudo, solo, alegre,
para quitarme la sombra de la muerte
como una enorme y desdichada nube destruída.

Si un día no fuéramos extraños, defendidos,
que oyéramos gemir las hierbas igual que un sediento hábito peregrino,
limpios del humor sucio, corruptivo,
me cortaría las venas de amor
para que se escuchase su retumbar;
para vestir mi cuerpo solitario
de un larguísimo fuego delicioso.

Pero no ha de llegar nunca ese tiempo mágico,
como no llega la felicidad
donde no vive el olvido, una voz muerta,
apagada voluntariamente.
Ni mar ni cielo ni flor ni mujer: nada;
nadie la ha visto llevar su rosa vulnerable,
su desierto extraviado entre inútiles bocas.

¡Qué duro silencio la cubre!
Ya no sé dónde llega o la distrae la vida
o desea dejarla
desprendida.
Dónde se angosta su piel imposible,
su lento signo enigmático: llama de esencia sin despedida.

A través de la carne va llorando,
metida en su foso sin cielo,
en su noche despreciada,
con su lengua eterna, contenida.
Qué gran tristeza la vuelve a la vida sin cansancio;
al reposo, cerrada.

¡La muerte inmensa vela su sueño sin alborada!

Nadie sabe nada, nunca. Nada.
Todo es eso. ¡Ansiedad vuelta hacia dentro,
sorda, detestable; alejada!

Majestuosa en su mundo obscuro, volverá a su raíz
indefinible, penetrante, sola.

Tal vez un río, una boca inolvidable,
no la recuerden.

(De *Un día, el tiempo, las nubes*, 1964).

EN EL OTOÑO LLUVIOSO

Llueve sobre la hoja
verde, jugosa,
sin tiempo ni memoria.
Llueve desde todo
el sueño,
y se moja el árbol
y el centro angustioso
de mi corazón.

Hay algunas ramas
amarillas
sobre el empapado césped,
brillantes
y perdidas como un pájaro
lejos de su bandada.
La lluvia las lava
y resplandecen
con una luz suave
y distraída.

Estoy mirando llover
y el frío humedece,
mi rostro,
igual que una hoja
que descanse indemne   5
sobre otra, despegada.

Se cierne el agua,
y cantan los pájaros,
pero sigue helándose el campo,   10
tercamente,
como una idea sin fin,
de hastío.

¡Y el otoño ya va tirando   15
sus nubes
por la llanura!

(De *Un día, el tiempo, las nubes*, 1964).

En la literatura argentina de estos años el primer nombre, por su calidad, por su influencia, debe ser el de JORGE LUIS BORGES (1899). Había vivido en Suiza (y también en España) en los años de la guerra: regresó a Buenos Aires en 1921. Su cultura literaria era asombrosa. Más asombrosa aún su lucidez. Con los años esa cultura, esa lucidez se han enriquecido tanto que a veces, más que asombrarnos, nos perturban como el espectáculo de una locura nueva. Comenzó con dos ritos: el responso al «rubendarismo», el bautismo al «ultraísmo». Cuando más maduro decidió enterrar también al ultraísmo no quiso recurrir a ningún otro rito: simplemente lo dejó caer en un hoyo, lo cubrió con la mejor literatura de que fue capaz — y fue el más capaz de toda esta generación — y allí cultivó su huerto de extraños frutos. Cuando en 1932 habló de «el ultraísta muerto cuyo fantasma sigue habitándome» ya no supimos cuándo se le había muerto. Sí, sabemos que se arrepintió de haber elaborado «áridos poemas de la secta, de la equivocación ultraísta». «Reducción de la lírica a su elemento primordial: la metáfora» había sido su primera fórmula. Afortunadamente no la obedeció en sus poemarios *Fervor de Buenos Aires* (1923), *Luna de enfrente* (1925), *Cuaderno San Martín* (1929), recogidos junto con «otras composiciones» en su volumen *Poemas* (1954) y en *Obra poética* (la séptima edición de 1967). Metáforas, sí, y cada una con «su visión inédita de algún fragmento de la vida», para decirlo con palabras del Borges ultraísta. Pero estas metáforas no fueron ni primordiales ni reducidoras de su lirismo. Hay algo más que meras metáforas en su canto ante la íntima belleza que descubría en la vida argentina, en las casas, patios y calles de Buenos Aires, en los lances de la historia, en las caminatas por el suburbio, en la pampa entrevista por la ciudad, en un almacén sonrosado o en un zaguán. La imaginación de Borges vive cada impresión de sus sentidos hasta prolongarla en tramas fabulosas y alegóricas. Su inteligencia va y viene sin perderse por los laberintos de la sofística. La cultura de Borges, alimentada con lo que reconoce como valioso en todos los pueblos y épocas, hace más notable el criollismo de su poesía. Sin embargo, aun sus poesías de tema humildemente criollo están armadas por dentro con esquemas intelectuales de la filosofía universal. Lo dijo en *El fervor de Buenos Aires:* su lírica estaba «hecha de aventuras espirituales». En «El truco» (de ese poemario) está, por ejemplo, la idea, tan favorita de Borges, de que los hombres son un solo hombre. En Borges la metafísica y la lírica son una misma cosa. Sus ensayos, ricos en inquisiciones — *Inquisiciones, Otras inquisiciones* — y, sobre todo, sus cuentos, le aseguran el más alto lugar en la literatura contemporánea: *Historia universal de la infamia* (1935), *Ficciones* (1944), *El Aleph* (1949). (La edición de sus «obras completas» agrega cuentos nuevos.) Quien se lo propusiera podría señalar la constelación de narradores a que pertenece Borges. Ideas, situaciones, desenlaces, arte de engañar al lector, sí, todo tiene un aire de familia: Chesterton, Kafka y diez más. Pero Borges, en esa constelación, es estrella de primera magnitud. Ha escrito por lo menos dos o tres cuentos que no tienen parangón en nuestra literatura: «Tlön, Uqbar, Orbis Tertius», «Funes el memorioso», «Las ruinas circulares». Su pasión por el juego nos poetiza problemas de crítica, de lógica, de gnoseología y metafísica. Por ejemplo, en «Las ruinas circulares» Borges lleva a sus últimas consecuencias la hipótesis del idealismo (Berkeley *et al*), según la cual la conciencia es la que crea la realidad. Aquí un hombre, con la materia de sus sueños, inventa a otro hombre, para descubrir al final que él, a su vez, tampoco es real: una conciencia más poderosa lo está soñando. El universo es un laberinto multiplicándose en el infinito, y los hombres andamos perdidos complicando el caos con nuestros propios laberintos mentales.

Jorge Luis Borges

UN PATIO

Con la tarde
se cansaron los dos o tres colores del patio.
La gran franqueza de la luna llena
ya no entusiasma su habitual firmamento.

Patio, cielo encauzado.
El patio es el declive
por el cual se derrama el cielo en la casa.
Serena
la eternidad espera en la encrucijada de estrellas.   5
Lindo es vivir en la amistad oscura
de un zaguán, de una parra y de un aljibe.

(De *Fervor de Buenos Aires*, 1923 en *Obra poética*, 1967).

AMOROSA ANTICIPACIÓN

Ni la intimidad de tu frente clara como un fiesta
ni la privanza de tu cuerpo, aún misterioso y tácito y de niña,
ni la sucesión de tu vida situándose en palabras o acallamiento   10
serán favor tan misterioso
como mirar tu sueño implicado
en la vigilia de mis brazos.
Virgen milagrosamente otra vez por la virtud absolutoria del sueño,
quieta y resplandeciente como una dicha en la selección del recuerdo,   15
me darás esa orilla de tu vida que tú misma no tienes.
Arrojado a quietud,
divisaré esa playa última de tu ser
y te veré por primera vez quizá,
como Dios ha de verte,   20
desbaratada la ficción del Tiempo,
sin el amor, sin mí.

(De *Luna de enfrente*, 1925 en *Obra poética*, 1967).

LA RECOLETA[1]

Aquí es pundonorosa la muerte,
aquí es la recatada muerte porteña,
la consanguínea de la duradera luz venturosa   25
del atrio del Socorro[2]
y de la ceniza minuciosa de los braseros
y del fino dulce de leche de los cumpleaños
y de las hondas dinastías de patios.
Se acuerdan bien con ella   30
esas viejas dulzuras y también los viejos rigores.

---

[1] Cementerio del Norte, en Buenos Aires.   [2] La iglesia del Socorro.

Tu frente es el pórtico valeroso
y la generosidad de ciego del árbol
y la dicción de pájaros que aluden, sin saberla, a la muerte
y el redoble, endiosador de pechos, de los tambores
5 en los entierros militares;
tu espalda, los tácitos conventillos³ del norte
y el paredón de las ejecuciones rosistas.⁴

Crece en disolución bajo los sufragios de mármol
la nación irrepresentable de muertos
10 que se deshumanizaron en tu niebla
desde que María de los Dolores Maciel, niña del Uruguay
— simiente de tu jardín para el cielo —
se durmió, tan poca cosa, en tu descampado.

Pero yo quiero demorarme en el pensamiento
15 de las livianas flores que son tu comentario piadoso
— suelo amarillo bajo las acacias de tu costado,
flores izadas a conmemoración en tus mausoleos —
y en el porqué de tu vivir gracioso y dormido
junto a las terribles reliquias de los que amamos.

20 Dije el problema y diré también su palabra:
Siempre las flores vigilaron la muerte,
porque siempre los hombres incomprensiblemente supimos
que su existir dormido y gracioso
es el que mejor puede acompañar a los que murieron
25 sin ofenderlos con soberbia de vida,
sin ser más vida que ellos.

(De *Muertes de Buenos Aires,* en *Obra poética,* 1967).

AJEDREZ

I

En su grave rincón, los jugadores
Rigen las lentas piezas. El tablero
30 Los demora hasta el alba en su severo
Ámbito en que se odian dos colores.

Adentro irradian mágicos rigores
Las formas: torre homérica, ligero
35 Caballo, armada reina, rey postrero,
Oblicuo alfil y peones agresores.

Cuando los jugadores se hayan ido,
Cuando el tiempo los haya consumido,
40 Ciertamente no habrá cesado el rito.

En el oriente se encendió esta guerra
Cuyo anfiteatro es hoy toda la tierra.
Como el otro, este juego es infinito.

II

Tenue rey, sesgo alfil, encarnizada
Reina, torre directa y peón ladino
Sobre lo negro y blanco del camino
Buscan y libran su batalla armada.

No saben que la mano señalada
Del jugador gobierna su destino,
No saben que un rigor adamantino
Sujeta su albedrío y su jornada.

---

³ Casas de vecindad.

⁴ Ejecuciones en tiempo del tirano Rosas (1829–1852).

También el jugador es prisionero
(La sentencia es de Omar)[5] de otro tablero
De negras noches y de blancos días.

Dios mueve al jugador, y éste, la pieza.
¿Qué dios detrás de Dios la trama empieza
De polvo y tiempo y sueño y agonías?

(De *Obra poética*, 1967).

LAS RUINAS CIRCULARES

And if he left off dreaming about
you . . .

Through the Looking-Glass, IV[6]

Nadie lo vió desembarcar en la unánime noche, nadie vió la canoa de bambú sumiéndose en el fango sagrado, pero a los pocos días nadie ignoraba que el hombre taciturno venía del Sur y que su patria era una de las infinitas aldeas que están aguas arriba, en el flanco violento de la montaña, donde el idioma zend[7] no está contaminado de griego y donde es infrecuente la lepra. Lo cierto es que el hombre gris besó el fango, repechó la ribera sin apartar (probablemente sin sentir) las cortaderas que le dilaceraban las carnes y se arrastró, mareado y ensangrentado, hasta el recinto circular que corona un tigre o caballo de piedra, que tuvo alguna vez el color del fuego y ahora el de la ceniza. Ese redondel es un templo que devoraron los incendios antiguos, que la selva palúdica ha profanado y cuyo dios no recibe honor de los hombres. El forastero se tendió bajo el pedestal. Lo despertó el sol alto. Comprobó sin asombro que las heridas habían cicatrizado; cerró los ojos pálidos y durmió, no por flaqueza de la carne sino por determinación de la voluntad. Sabía que ese templo era el lugar que requería su invencible propósito; sabía que los árboles incesantes no habían logrado estrangular, río abajo, las ruinas de otro templo propicio, también de dioses incendiados y muertos; sabía que su inmediata obligación era el sueño. Hacia la medianoche lo despertó el grito inconsolable de un pájaro. Rastros de pies descalzos, unos higos y un cántaro le advirtieron que los hombres de la región habían espiado con respeto su sueño y solicitaban su amparo o temían su magia. Sintió el frío del miedo y buscó en la muralla dilapidada un nicho sepulcral y se tapó con hojas desconocidas.

El propósito que lo guiaba no era imposible, aunque sí sobrenatural. Quería soñar un hombre: quería soñarlo con integridad minuciosa e imponerlo a la realidad. Ese proyecto mágico había agotado el espacio de su alma; si alguien le hubiera preguntado su propio nombre o cualquier rasgo de su vida anterior, no habría acertado a responder. Le convenía el templo inhabitado y despedazado, porque era un mínimo de mundo visible; la cercanía de los labradores también, porque éstos se encargaban de subvenir a sus necesidades frugales. El arroz y las frutas de su tributo eran pábulo suficiente para su cuerpo, consagrado a la única tarea de dormir y soñar.

Al principio, los sueños eran caóticos; poco después fueron de naturaleza dialéctica. El forastero se soñaba en el centro de un anfiteatro circular que era de algún modo el templo incendiado: nubes de alumnos taciturnos fatigaban las gradas; las caras de los últimos pendían a muchos siglos de distancia y a una altura estelar, pero eran del todo precisas. El hombre les dictaba lecciones de anatomía, de cosmografía, de magia: los rostros escuchaban con ansiedad y procuraban responder con entendimiento, como si adivinaran la importancia de aquel examen, que redimiría a uno de ellos de su condición de vana apariencia y lo interpolaría en el mundo real. El hombre, en el sueño y en la vigilia,

---

[5] Omar Kheyyam, el poeta persa del s. XIII.

[6] *A través del espejo*, la obra de Lewis Carroll (1832–1898), autor de *Alicia en el país de las Maravillas*.

[7] Zendo, idioma usado antiguamente en ciertas provincias de Persia.

consideraba las respuestas de sus fantasmas, no se dejaba embaucar por los impostores, adivinaba en ciertas perplejidades una inteligencia creciente. Buscaba un alma que mereciera participar en el universo.

A las nueve o diez noches comprendió con alguna amargura que nada podía esperar de aquellos alumnos que aceptaban con pasividad su doctrina y sí aquellos que arriesgaban, a veces, una contradicción razonable. Los primeros, aunque dignos de amor y de buen afecto, no podían ascender a individuos; los últimos preexistían un poco más. Una tarde (ahora también las tardes eran tributarias del sueño, ahora no velaba sino un par de horas en el amanecer) licenció para siempre el vasto colegio ilusorio y se quedó con su solo alumno. Era un muchacho taciturno, cetrino, díscolo a veces, de rasgos afilados que repetían los de su soñador. No lo desconcertó por mucho tiempo la brusca eliminación de sus condiscípulos; su progreso, al cabo de unas pocas lecciones particulares, pudo maravillar al maestro. Sin embargo, la catástrofe sobrevino. El hombre, un día, emergió del sueño como de un desierto viscoso, miró la vana luz de la tarde que al pronto confundió con la aurora y comprendió que no había soñado. Toda esa noche y todo el día, la intolerable lucidez del insomnio se abatió contra él. Quiso explorar la selva, extenuarse; apenas alcanzó entre la cicuta unas rachas de sueño débil, veteadas fugazmente de visiones de tipo rudimental: inservibles. Quiso congregar el colegio y apenas hubo articulado unas breves palabras de exhortación, éste se deformó, se borró. En la casi perpetua vigilia, lágrimas de ira le quemaban los viejos ojos.

Comprendió que el empeño de modelar la materia incoherente y vertiginosa de que se componen los sueños es el más arduo que puede acometer un varón, aunque penetre todos los enigmas del orden superior y del inferior: mucho más arduo que tejer una cuerda de arena o que amonedar el viento sin cara. Comprendió que un fracaso inicial era inevitable. Juró olvidar la enorme alucinación que lo había desviado al principio y buscó otro método de trabajo. Antes de ejercitarlo, dedicó un mes a la reposición de las fuerzas que había malgastado el delirio. Abandonó toda premeditación de soñar y casi acto continuo logró dormir un trecho razonable del día. Las raras veces que soñó durante ese período, no reparó en los sueños. Para reanudar la tarea, esperó que el disco de la luna fuera perfecto. Luego, en la tarde, se purificó en las aguas del río, adoró los dioses planetarios, pronunció las sílabas lícitas de un nombre poderoso y durmió. Casi inmediatamente, soñó con un corazón que latía.

Lo soñó activo, caluroso, secreto, del grandor de un puño cerrado, color granate en la penumbra de un cuerpo humano aun sin cara ni sexo; con minucioso amor lo soñó, durante catorce lúcidas noches. Cada noche lo percibía con mayor evidencia. No lo tocaba; se limitaba a atestiguarlo, a observarlo, tal vez a corregirlo con la mirada. Lo percibía, lo vivía, desde muchas distancias y muchos ángulos. La noche catorcena rozó la arteria pulmonar con el índice y luego todo el corazón, desde afuera y adentro. El examen lo satisfizo. Deliberadamente no soñó durante una noche: luego retomó el corazón, invocó el nombre de un planeta y emprendió la visión de otro de los órganos principales. Antes de un año llegó al esqueleto, a los párpados. El pelo innumerable fué tal vez la tarea más difícil. Soñó un hombre íntegro, un mancebo, pero éste no se incorporaba ni hablaba ni podía abrir los ojos. Noche tras noche, el hombre lo soñaba dormido.

En las cosmogonías gnósticas,[8] los demiurgos[9] amasan un rojo Adán que no logra ponerse de pie; tan inhábil y rudo y elemental como ese Adán de polvo era el Adán de sueño que las noches del mago habían fabricado. Una tarde, el hombre casi destruyó toda su obra, pero se arrepintió. (Más le hubiera valido destruirla). Agotados los votos a los númenes de la tierra y del río, se arrojó a los

---

[8] El gnosticismo es un sistema filosófico, cuyos partidarios pretendian poseer un conocimiento completo y trascendental de la naturaleza y atributos de Dios.

[9] Según los gnósticos, alma universal, principio activo del mundo, mediador ante lo infinito y lo finito.

pies de la efigie que tal vez era un tigre y tal vez un potro, e imploró su desconocido socorro. Ese crepúsculo, soñó con la estatua. La soñó viva, trémula: no era un atroz bastardo de tigre y potro, sino a la vez esas dos criaturas vehementes y también un toro, una rosa, una tempestad. Ese múltiple dios le reveló que su nombre terrenal era Fuego, que en ese templo circular (y en otros iguales) le habían rendido sacrificios y culto y que mágicamente animaría al fantasma soñado, de suerte que todas las criaturas, excepto el Fuego mismo y el soñador, lo pensaran un hombre de carne y hueso. Le ordenó que una vez instruído en los ritos, lo enviara al otro templo despedazado cuyas pirámides persisten aguas abajo, para que alguna voz lo glorificara en aquel edificio desierto. En el sueño del hombre que soñaba, el soñado se despertó.

El mago ejecutó esas órdenes. Consagró un plazo (que finalmente abarcó dos años) a descubrirle los arcanos del universo y del culto del fuego. Íntimamente, le dolía apartarse de él. Con el pretexto de la necesidad pedagógica, dilataba cada día las horas dedicadas al sueño. También rehizo el hombro derecho, acaso deficiente. A veces, lo inquietaba una impresión de que ya todo eso había acontecido ... En general, sus días eran felices; al cerrar los ojos pensaba: *Ahora estaré con mi hijo.* O, más raramente: *El hijo que he engendrado me espera y no existirá si no voy.*

Gradualmente, lo fué acostumbrando a la realidad. Una vez le ordenó que embanderara una cumbre lejana. Al otro día, flameaba la bandera en la cumbre. Ensayó otros experimentos análogos, cada vez más audaces. Comprendió con cierta amargura que su hijo estaba listo para nacer — y tal vez impaciente. Esa noche lo besó por primera vez y lo envió al otro templo cuyos despojos blanquean río abajo, a muchas leguas de inextricable selva y de ciénaga. Antes (para que no supiera nunca que era un fantasma, para que se creyera un hombre como los otros) le infundió el olvido total de sus años de aprendizaje.

Su victoria y su paz quedaron empañadas de hastío. En los crepúsculos de la tarde y del alba, se prosternaba ante la figura de piedra, tal vez imaginando que su hijo irreal ejecutaba idénticos ritos, en otras ruinas circulares, aguas abajo; de noche no soñaba, o soñaba como lo hacen los demás hombres. Percibía con cierta palidez los sonidos y formas del universo: el hijo ausente se nutría de esas disminuciones de su alma. El propósito de su vida estaba colmado; el hombre persistió en una suerte de éxtasis. Al cabo de un tiempo que ciertos narradores de su historia prefieren computar en años y otros en lustros, lo despertaron dos remeros a medianoche: no pudo ver sus caras, pero le hablaron de un hombre mágico en un templo del Norte, capaz de hollar el fuego y de no quemarse. El mago recordó bruscamente las palabras del dios. Recordó que de todas las criaturas que componen el orbe, el fuego era la única que sabía que su hijo era un fantasma. Ese recuerdo, apaciguador al principio, acabó por atormentarlo. Temió que su hijo meditara en ese privilegio anormal y descubriera de algún modo su condición de mero simulacro. No ser un hombre, ser la proyección del sueño de otro hombre (qué humillación incomparable, qué vértigo). A todo padre le interesan los hijos que ha procreado (que ha permitido) en una mera confusión o felicidad; es natural que el mago temiera por el porvenir de aquel hijo, pensado entraña por entraña y rasgo por rasgo, en mil y una noches secretas.

El término de sus cavilaciones fué brusco, pero lo prometieron algunos signos. Primero (al cabo de una larga sequía) una remota nube en un cerro, liviana como un pájaro; luego, hacia el Sur, el cielo que tenía el color rosado de la encía de los leopardos; luego las humaredas que herrumbraron el metal de las noches; después la fuga pánica de las bestias. Porque se repitió lo acontecido hace muchos siglos. Las ruinas del santuario del dios del fuego fueron destruídas por el fuego. En un alba sin pájaros el mago vió cernirse contra los muros el incendio concéntrico. Por un instante, pensó refugiarse en las aguas, pero luego comprendió que la muerte venía a coronar su vejez y a absolverlo de sus trabajos. Caminó contra los jirones de fuego. Estos no mordieron su carne, éstos lo acariciaron y lo inundaron sin calor y sin combustión. Con alivio, con humillación, con terror, comprendió que él también era una apariencia, que otro estaba soñándolo.

(De *Ficciones*, 1956).

BORGES Y YO

Al otro, a Borges, es a quien le ocurren las cosas. Yo camino por Buenos Aires y me demoro, acaso ya mecánicamente, para mirar el arco de un zaguán y la puerta cancel; de Borges tengo noticias por el correo y veo su nombre en una terna de profesores o en un diccionario biográfico. Me gustan los relojes de arena, los mapas, la tipografía del siglo XVIII, las etimologías, el sabor del café y la prosa de Stevenson; el otro comparte esas preferencias, pero de un modo vanidoso que las convierte en atributos de un actor. Sería exagerado afirmar que nuestra relación es hostil; yo vivo, yo me dejo vivir, para que Borges pueda tramar su literatura y esa literatura me justifica. Nada me cuesta confesar que ha logrado ciertas páginas válidas, pero esas páginas no me pueden salvar, quizá porque lo bueno ya no es de nadie, ni siquiera del otro, sino del lenguaje o la tradición. Por lo demás yo estoy destinado a perderme, definitivamente, y sólo algún instante de mí podrá sobrevivir en el otro. Poco a poco voy cediéndole todo, aunque me consta su perversa costumbre de falsear y magnificar. Spinoza entendió que todas las cosas quieren perseverar en su ser; la piedra eternamente quiere ser piedra y el tigre un tigre. Yo he de quedar en Borges, no en mí (si es que alguien soy), pero me reconozco menos en sus libros que en muchos otros o que en el laborioso rasgueo de una guitarra. Hace años yo traté de librarme de él y pasé de las mitologías del arrabal a los juegos con el tiempo y con lo infinito, pero esos juegos son de Borges ahora y tendré que idear otras cosas. Así mi vida es una fuga y todo lo pierdo y todo es del olvido, o del otro.

No sé cuál de los dos escribe esta página.

(De *Antología personal*, 1961).

PRINCIPALMENTE PROSA

Nuestro propósito en las primeras páginas de este capítulo fue compendiar la producción en verso. Claro que tuvimos que dar relación de las obras en prosa que también escribieron los poetas mentados. De aquí en adelante nos proponemos compendiar la producción en prosa y, naturalmente, tendremos que dar relación de los versos escritos por cuentistas, novelistas y comediógrafos. Muchas novelas salieron tranquilamente, con factura ochocentista; y si la modificaban era con gentileza tal que la modificación pasaba inadvertida. El realismo francés y el realismo ruso retenían todavía su clientela. Pero más o menos hacia 1930 empezaron a tener efectos sobre Hispanoamérica los cambios de la novelística europea. Francia siguió siendo el centro exportador del nuevo arte de novelar, de Rusia la figura que siguió creciendo era la de Dostoievsky, pero ahora se agregan Alemania e Inglaterra (los Estados Unidos — Faulkner, Hemingway — influirán unos pocos años más tarde; Italia, después de la segunda guerra mundial; España — Benjamín Jarnés y sus coetáneos — no ofrecía nada que pudiera influir). La novela francesa parecía una brújula borracha. Proust, Gide, Mauriac, Duhamel, Romains, Thérive, Giraudoux, Cocteau, Green, Jaloux, Fournier, Martin du Gard, Montherlant invitaban a la aventura señalando simultáneamente a todos los puntos de un horizonte circular . . . Alemania había sido, de 1910 a 1920, el laboratorio de la novela expresionista. En vez del impresionismo, que había querido anotar los golpes de la realidad exterior sobre los sentidos del escritor, ahora se fomentó la energía creadora del escritor, que hacía retroceder la naturaleza a golpes de imaginación, inteligencia, voluntad, emociones e instintos. Y ese escritor se rebelaba contra la sociedad de su tiempo, la juzgaba, la condenaba y ponía en crisis las tradiciones, no sólo las viejas, como las religiosas, sino también las recientes, como la del liberalismo del siglo XIX. El radicalismo ni era sólo político ni se quedaba en la desintegración social: se ahondaba en ideas sobre el destino del hombre, su culpa y su redención, su trágica condición, sus fracasos y renovadas embestidas. Se parecía al naturalismo en la brutalidad y arrojo con que se ponía en contacto con las cosas más torvas, pero lo que primaba era la simbolización de la naturaleza, no su fotografía. En los años treinta y tantos se leían en Hispanoamérica relatos de Franz Werfel, Arnold Zweig, Leonhard Frank, Franz Kafka (y se veían en el teatro obras de Franz Wedekind, Ernst Toller, Georg Kaiser). Hemos citado autores de lengua alemana porque de Alemania partió el Expresionismo; pero ya dijimos que esa convulsión artística era universal, y a América llegó de todas partes. La novela inglesa empezó en algunos círculos de lectores a sustituir la francesa: D. H. Lawrence con su instintivo desafío a la civilización; Aldous Huxley el superintelectual; la evanescente y monologante Virginia Woolf con sus morosos desplazamientos en el tiempo; y sobre todo James Joyce, el más revolucionario en la técnica de la novela, con su Dublín interiorizado en puro flujo psíquico. Los hispanoamericanos de estos años, pues, escribieron novelas cuando el consenso general era que la novela se había deshecho. Se había roto su arquitectura. Los planos se derrumbaban. No había orden en los episodios. No había identidad en los personajes. No había a veces nada que contar. La preocupación por el tiempo convertía el espacio en que transcurría la novela en una pura metáfora; o hacía renunciar a la cronología de los hechos para presentar simultáneamente vidas distintas o momentos distintos de la misma vida. El punto de vista era móvil, imprevisible, microscópico y telescópico, localizado y ubicuo. La lengua se hacía imperial, y ni un vocablo, ni el más soez, ni el más culto, ni el más neologístico, le fue ajeno. En Hispanoamérica ningún novelista presentó un cuadro completo de estos experimentos técnicos, pero en muchos se reconocen experimentos sueltos: Yáñez, Labrador Ruiz, Novás Calvo, Torres Bodet, Marechal, Mallea, Uslar Pietri, Carpentier . . .

JAIME TORRES BODET (México; 1902) entró en la literatura con un libro de versos: *Fervor,* 1918, prologado por González Martínez. Sus gustos eran todavía convencionales, respetuosos del simbolismo francés y del modernismo hispánico. Poco a poco, en diálogo con los «contemporáneos», y hojeando la *Revista de Occidente* y *La Nouvelle Revue Française,* fue entendiendo la algarabía de su tiempo: Gide, Proust, Joyce, Antonio Machado, Dostoiewsky, Cocteau, Juan Ramón Jiménez, Giraudoux, Ortega y Gasset, Morand, Soupault, Girard, Lacretelle, Jouhandeau, Jarnés ... De 1922 a 1925 había publicado siete volúmenes de versos: de ellos seleccionó los mejores en *Poesías* (1926). De pronto, sin abandonar el verso, se entusiasmó por la prosa. Escribió ensayos (*Contemporáneos*, 1928), pero a sus pasajes de empeño los encontramos en forma de narración: *Margarita de Niebla* (1927), en la que un mínimo de argumento sostenía juegos de sensibilidad y fantasía entre dos muchachas y un joven profesor, que es quien cuenta; *Proserpina rescatada* (1931), también «arte deshumanizado», donde los personajes andan como bengalas y arden en frases chisporroteantes; y *Nacimiento de Venus y otros relatos* (entre 1928 y 1931, pero publicados en 1941), cuyas primeras páginas — sobre la náufraga Lidia — tienen la fría y bella luz de una vidriera en una elegante tienda, en la avenida más lujosa de la ciudad. Después Torres Bodet ha viajado por todo el mundo, con importantes cargos oficiales y ha seguido escribiendo libros de versos (*Sin tregua,* 1957), de ensayos (*Tres inventores de realidad,* 1955), de memorias (*Tiempo de arena,* 1955). Pero sus mejores momentos fueron aquellos humorísticamente frívolos, irónicamente líricos, referidos a estados muy agudos del espíritu. Era una literatura de tono menor, más europea que mexicana, sin contaminaciones de la política o la moral. La escena del naufragio de Lidia, en el cuento que va a leerse, está inmovilizada: no es acción humana lo que ha de encontrarse, sino un despliegue, en abanico, de frases muy cultas e imaginativas que hay que saber gustar, una por una.

Jaime Torres Bodet

NACIMIENTO DE VENUS

> En el torbellino de las acciones, en el oleaje de la
> vida, ondulo subiendo y bajando, me agito de un
> lado para otro. Nacimiento y muerte, océanos.
> Actividad cambiante, vida: así trabajo yo tejiendo,
> sobre el telar del tiempo, el ropaje de mis dioses.
> Goethe, *Fausto*.

I

Una ola tiránica, civilizadora, elocuente. Otra ola concisa, psicológica, cerebral.

Una ola del Mediterráneo, pesada como una túnica; teatral y sonante como un coturno.

Una ola con coraza, para llevar a Cartago la noticia de una derrota de Aníbal o devolver a Corinto el recuerdo de una crueldad de Nerón. Sin miedo y sin largueza. Avara y valiente. Supersticiosa e incrédula. Una ola para guerreros, para latifundistas... Un pedazo de espuma absolutamente romano.

Pero, en seguida, ese rizo de agua de ritmo claro y alegre. Esa ola desnuda, que acompasó con los remos el canto de Salamina.[1] La que no se olvidó de incrustar en la playa, sobre la arena, a la hora justa, esa guija inocente, lisa y redonda, en que se pulía la tartamudez de Demóstenes.[2] Sin sangre, sin lágrimas, sin epítetos... Esa ola griega.

¿Paralelo de historia antigua? ¿Tema para el examen de algún bachillerato brillante? Sin metáforas, de una extremidad a otra de la antítesis, la cabellera rubia de Lidia se despeinaba. Un poco, aquí, sobre la ola de Grecia. Otro poco, allí, sobre la ola de Roma. De sus guedejas pendían, no sin desorden, como de la red en que tiembla una pesca magnífica, la media luna de la frente perfecta, las oblicuas almendras de los ojos cerrados, el dulce balbuceo de una boca todavía implorante, el hoyuelo de la barba sin mácula, y, con los pechos desnudos, los hombros, los brazos, el vientre: toda la nieve indispensable para el naufragio de una mujer.

Porque aquella estatua había sido narcotizada para el naufragio por los doctores de una clínica milagrosa. Se advertía, desde luego, el millón de litros de espuma que debieron usar para cerrarle los párpados, para descubrirle el pecho, para interrumpirle la blanda respiración ... ¿El grito de qué marinos frente a la muerte había quedado ululando en esas orejas? El Mediterráneo se aproximó a escuchar aquella alarma del hombre con el mismo recelo, con la misma devota actitud con que oyen los niños, en las volutas de las caracolas, el gemido de las mareas encarceladas. Asombrado a su vez de la angustia en que podía sumergir a los seres, el mar histórico no sabía de qué ola valerse para llevar a la orilla ese cuerpo desnudo. Todas las que, de pronto, le subían a la cabeza se hallaban contaminadas por cierta gloria, por cierta hazaña, por cierta inútil, amarga, pero ya inevitable, celebridad. Dorada, fresca, alazana con riendas de música, esta misma había conducido a Teseo hasta el Minotauro.[3] No le servía. Aquélla, en la adolescencia, se había dejado violar por la galera de Marco Antonio.[4] ¿Cómo cargarla, ahora, con un fardo tan leve?

¡Infelicidad de llamarse Neptuno! Toda una bella guirnalda de rosas latinas se le enredaba aún a los brazos. Sólo que, con los siglos, las que fueron flores fragantes habían tenido que endurecerse, que reducirse: resultaban simples gotas de púrpura, sobre una lisa rama de coral.

Olas azotadas por Jerjes,[5] acariciadas por Calipso,[6] tejidas o destejidas por Penélope,[7] ninguna convenía al tamaño y a la blancura reales de Lidia. Demasiados héroes, demasiadas diosas, demasiados poetas las habitaban. Por más que pretendiese ahondar en sí mismo, el Mediterráneo no conseguía sino promover esa ola conocida, verdadera joya de cultura, que lame en las alegorías marinas de los museos la firma de Rubens, el sol de Tiziano, el nombre del Veronés. ¿A cuál no le sobraba un endecasílabo, una proa, un tridente, la servidumbre y el símbolo de una divinidad? Bellini había ya uncido a aquélla para la estela de su «Venecia, Emperadora del Mundo». A ésta, Horacio la había hecho caber, con cólera y perlas, en la breve copa metálica de una Oda. Otras, menos augustas, se conformaban con haber ofrecido un modelo a los cinceles de Canova, un matiz a la paleta del Greco, una

---

[1] Isla de Grecia, célebre por la victoria de Temístocles contra los persas en 480 antes de J. C.

[2] Demóstenes, el famoso orador griego, se curó de su tartamudez declamando largos trozos con la boca llena de piedrecillas, frente al mar.

[3] Teseo, rey de Atenas, entró en el laberinto de Creta y guiado por el hilo de Ariadna, mató al Minotauro, monstruo que se alimentaba de carne humana.

[4] El sobrino de César, que con Octavio y Lépido, formó el segundo triunvirato, tuvo amores con Cleopatra, reina de Egipto, y fue vencido por Octavio en el año 31. Vivió de 83 a 30 antes de J.C.

[5] Rey de Persia de 485 a 465 antes de J. C., vencido en Salamina por Temístocles.

[6] Ninfa, reina de la isla de Ogigia en el mar Jonio, que acogió a Ulises naufragado y le retuvo varios años en su isla.

[7] Mujer de Ulises que durante la ausencia de su esposo rechazó a todos sus pretendientes bajo el ardid de que elegiría a uno cuando hubiera acabado un lienzo que estaba bordando; pero deshacía por la noche el trabajo del día, para no tener que ser infiel a aquél.

inspiración melancólica a los lápices castos de Lamartine.

Por eso, entre dos civilizaciones, el cuerpo entero de Lidia oscilaba, como un pelele. Los pies sobre Atenas. La cabeza hacia Roma. Una gaviota sin patria, sin religión, sin enigmas — una gaviota que no tenía, en las alas, una sola pluma de mármol — vino a posarse sobre su pecho. Llevaba en cada pata una estrella. Le sorprendió, de improviso, el latido de una sangre invisible. Era el cuerpo de Lidia . . .

La escultura no estaba muerta. Orgullosa de perder un cadáver — de ganar una virgen —, la gaviota abrió alegremente las alas. Se echó otra vez a volar.

II

El viejo azul rumoroso llevaba con infinitas precauciones a Lidia, como si la creyera en verdad una barca de lujo. Súbitamente, los líquidos brazos que la enlazaran se hicieron sólidos. Cada poro del agua se convirtó en grano de arena. Cada burbuja en concha. La gran frescura del mar la abandonó por completo. De su hermoso viaje de náufraga no le quedaban, de pronto, sino esa sandalia de espuma en el pie derecho y, en los hombros, esa blanda fatiga, ese tierno deseo: el deseo y la fatiga que dejan, en el cuerpo de ciertas mujeres, los sueños demasiado profundos.

Abrió los ojos. ¡Con qué millones de manos la estaba palpando la Tierra! Ni un árbol, ni un pájaro, ni un candelabro de límpidos lirios había olvidado la cita. ¿Qué playa era esa, profusa, que por todas partes la reclamaba? Sí, no podía negarlo: era el aire. Un abanico de plumas imponderables le repartió la luz, las sombras, sobre los valles y las colinas del cuerpo. ¿De qué país venía ese temblor luminoso? Lidia lo ignoraba, recién nacida de dieciocho años esbeltos; dueña de esa dentadura jovial de treinta y seis iguales diamantes; propietaria de dos manos de alabastro, de veinte garras de ónix, de un par de pies felices y distintos: el izquierdo, un poco menos rojo en la planta; el derecho, con una sandalia de espuma anudada al talón.

Como después de una guerra — como bajo una ducha —, lo primero que hizo fué su inventario. Estaba completa. Rápidamente, se acarició las rodillas, los brazos, la nuca, la cabellera. Llegada a tal extremo de sí misma, se interrumpió. En efecto, por grande y frutada que una náufraga se imagine, la cabellera es siempre el punto de la mujer en que principia la música. Cabellos. Ondas. Celajes . . . Temerosa de volver a perderse por aquel lado, Lidia dejó de pulsarse los rizos. Más que la contemplación de su cuerpo, aquel horror a salir de sí misma la traicionaba. ¡Qué delicia, volver a sentirse los límites! Cuando creía ya ser de goma, de agua, de algo tan flexible, elástico y vagabundo como el pensamiento, la tierra la insertaba de nuevo en un marco preciso, indudable, susceptible de comprobación.

Debían ser, apenas, las once de las mañana. El hundimiento del *Urania* había ocurrido a las seis. Su aventura con el mar duró sólo cinco horas. De ellas, no recordaba sino los primeros minutos: el rostro colérico del capitán Reynolds, inmovilizado por la tormenta como por un ataque de apoplejía; la voz de aquella intérprete — mistress Maidens — que afirmaba a todos, en cuatro idiomas distintos, la misma violenta y monótona incapacidad de morir.

III

Ordenes. Gritos. Sollozos. Imprecaciones. Blasfemias.

Lo último que había oído sonar de humano en aquel tumulto no era la campana de a bordo llamando a rebato, frente al océano, para sofocar el incendio; ni el gemido de la sirena en la bruma; ni el compacto chasquido de la ola sobre las escotillas; ni siquiera ese altavoz anacrónico de la radio que, en plena tormenta, se había puesto a transmitir un minué.

El último en apagarse de todos los ruidos de aquella noche, en los oídos de Lidia, fué el tic-tac de su reloj de pulsera, corazón del tiempo tranquilo, extraviado en la alarma de todas las cosas, en el prólogo de todas las violencias; breve disco de plata en cuya órbita las horas bien alineadas — como las categorías sociales representadas en los escaños de un Parlamento monárquico, frente al golpe de Estado que va a proclamar la

República —, no se enlazaban sino al recuerdo de una dicha burguesa, al servicio de una costumbre, al compromiso y al ocio de una comodidad. ¿Qué sabían ellas, en su gloria perenne de cifras, del escandaloso accidente de cóleras que vendría a desquiciar el futuro? Acostumbradas a acompañar a Lidia en los juegos, en los olvidos y en las ausencias de una joven millonaria. ¿cómo podían prever aquel desenlace? Estaban, sin embargo, allí, signos aparentemente inmóviles — las cuatro, las cinco, las siete, las once, las doce —, ordenadas sobre la esfera del reloj, como los violines, las arpas, las flautas de una orquesta todavía sin músicos. A través de aquellos instrumentos de Conservatorio, puntuales y modestos, no se habían expresado hasta entonces sino el caudal de una sinfonía aristocrática, la intención de un concierto doméstico. ¡Qué otros se anunciaban en la voluntad y en el ritmo, los nuevos compases! Lidia se hacía cargo del sentido implacable de aquella transposición. Y, como el director de orquesta que, antes de atacar la obertura magnífica de la *Heroica*, refuerza el flanco de los trombones y de los címbalos, trataba ella de conceder a los números de aquellas «seis menos cuarto» todos los ecos posibles, todas las resonancias, todas las armas de música indispensables a matizar, en su compleja armonía, la majestad del peligro.

¡Las seis menos cuarto! ¿Por qué razón los más grandes acontecimientos nos asaltan, siempre, a la hora en que nos encontramos menos dispuestos para vencerlos? ¡Si, al menos, el *Urania* hubiera podido prolongar su agonía de máquina delirante hasta las nueve menos veinticinco, hasta las doce en punto o hasta las tres y media de la tarde! Porque las nueve menos veinticinco, las doce en punto y las tres y media de la tarde eran horas grabadas ya por la angustia para la fantasía de Lidia, pues a las tres y media de una tarde de junio había visto morir a su madre en un Sanatorio de Yaling, y a las nueve menos veinticinco de una mañana de agosto le había sido entregado, en Stanford, su diploma de *Master of Arts*. Todo cuanto le aconteciese en lo sucesivo a aquellas horas — el matrimonio, la muerte — le parecería natural y justificado. Es cierto que, a las doce

en punto, nada grave le había aún ocurrido. Mas, al criterio de sus sentidos particularmente astronómicos, las doce en punto resultaban, en realidad, el centro palpable del tiempo, la almendra del día, el rincón de los meses, las horas y los minutos en que todo cambio de régimen puede mostrarse: lo mismo para los planetas que para los hombres. Revoluciones, eclipses, enfermedades, naufragios ¿cómo cerrar a lo imprevisto esas puertas tan fáciles de las doce? Lidia se había educado en la idea de no temer sino al fruto de aquellas horas solemnes, marcadas de antemano por el destino. Pero, burlando todas sus confianzas, allí estaba de nuevo la angustia. ¡Y cómo llamaba a su alma, en la hora menos temida! A las seis menos cuarto.

Las agujas de su pequeño cronómetro se lo indicaban, con un ángulo recto, sobre la esfera. Quince minutos. Noventa grados. Matemáticos trozos de un arco ideal en que todas las zozobras eran posibles y en que aquélla — la de la muerte — no parecía ya ni más cuantiosa ni más modesta que otras; igual en su pequeñez o en su enormidad relativas a otro punto cualquiera del círculo: imperceptible salto de aguja sobre la trayectoria del tiempo . . .

IV

¡Qué abismos, qué omisiones inexplicables contiene la pedagogía! Se nos enseña a ser justos, benévolos, corteses, a no confundir las Cruzadas con las Guerras Púnicas, a no comer el pescado con el tenedor de las carnes, a extraer la raíz cuadrada de un número primo, a medir el paralaje de un astro, a leer en latín a Virgilio, en italiano a Leopardi, a Pascal en francés. Pero ¿quién se interesa por enseñarnos el gesto y el ademán elegantes que pudieran hacernos felices en el instante de un naufragio?

Viendo en torno suyo la agitación de esos seres que bajaban y subían las escaleras, abrían y cerraban los camarotes, lloraban y reían sin pausa, Lidia reflexionó en la necesidad de establecer una cátedra nueva en los Institutos. ¿Cómo llamarla? Los profesores, en ella, no estarían obligados sino a proporcionar a los alumnos ciertas reglas precisas para morir con donaire. El título de un ensayo de Montaigne vino a encantarle el oído: filosofar, aprender a morir ... ¡Cuánto estoicismo cabe, a veces, en la ironía de un epicúreo! Si hubiera tenido a mano algún cuaderno de notas, habría apuntado allí mismo esa idea. Pero la lucidez de su entendimiento no se lograba imponer todavía en sus músculos. Mientras ya la razón la instalaba en el ambiente de las abstracciones escépticas, a un paso nada más del inmoralismo, el temor de morir le ataba a los pies y a las manos menudos grilletes irónicos: los mismos que la muerte ataría a los pies y a las manos de la más ignorante de las sirvientas.

Un talonario de cheques. Un broche de rubíes. Un espejo. ¿De qué habrían de servirle esas baratijas fuera de los límites de la propia existencia? El martillo más duro — el crisol más ardiente — no podrían extraer un solo glóbulo rojo, una sola gota de sangre humana, de la sangre inhumana de los rubíes. En cuanto al espejo, ¿cómo recobrar en él todos los perdidos rasgos del rostro, una vez que el agua del océano lo oxidase en los ojos, en los dientes, en los cabellos, en todas las huellas miserables del animal?

Sin embargo, impelida por la fiebre de resumirse — de llevarse a sí propia, completa, en distintos objetos —, Lidia comenzó a acomodar en la maletilla las cosas más dispares. El peine de carey que le había regalado el médico de a bordo. El frasco de perfume adquirido a una vendedora morisca en el «Palacio africano» de una Exposición Internacional. Ese libro de horas, porque no era religiosa y le encantaban los relieves sensuales de las iniciales miniadas. Aquel collar de ámbar, porque Gerardo le había dicho que le sentaba bien a los nervios, como si cada una de sus cuentas, efectivamente, fuese una cápsula de bromuro. El calzador, porque no llevaría zapatillas. Aquel vestido de baile porque, como no le oprimía los senos, le permitiría nadar con mayor libertad. Destino de las enciclopedias: cuando lo tuvo todo reunido, la maletilla le pareció inutilizable. La escondió bajo la litera. Una vez más se cumplía esa ley por cuyos preceptos las camas constituyen, en todas partes, el cementerio de las pasiones, el relicario de las culturas.

Un golpe inmenso. Un disparo en las sienes. Un crujido de toda la cala estallante. Aquello, seguramente, era el naufragio. Juntó las manos. Cerró la boca. Apretó con heroísmo las piernas. Donde otras mujeres no hubiesen podido evitar una postura declamatoria, una confidencia de miedo o un esguince de danza, Lidia elegía con primor aquel continente exiguo, sin soluciones de continuidad entre músculo y músculo, compacto el cuerpo y difícil a la inmersión como el granito coherente de una escultura. *Je hais le mouvement qui déplace les lignes*,[8] repitió varias veces, en voz baja, con arrebato en que el clasicismo resultaba casi romántico. Todo para ella se convertía, frente a la muerte, en cuestión de elegancia. Morir. ¿Quién no lo hará, por lo menos, una vez en la vida? Pero el problema no reside en morir. Lo esencial está en pasar con fluidez de una realidad a otra.

Sentada en el sillón de su camarote cerrado, Lidia dejaba que la muerte llamase a la puerta suavemente, sin irritarse, con la pasividad respetuosa de una doncella.

V

Naufragar, en otros tiempos, debió ser oficio para inocentes. Lidia no lo poseía.

Durante los primeros minutos, una fuerza desconcertante, inicua, una atracción espesa del mar la había llamado hacia el fondo. Oscura solicitud de todas las células, abdicación de los músculos, tranquilo otoño del cuerpo lacio que se deshoja. En los oídos, silbante, una orquesta de agua. Un acuario en los ojos. En los tobillos unidos, el peso de una cascada invisible, de una cadena de bronce. Al postrer eslabón, el mundo. Pequeño y rápido, como una burbuja. Pesado y rápido, como una bala.

Pero el mar no quiso vencerla. Acostumbrado a las diosas, le inspiraban miedo las vírgenes. De joven, es cierto, las había

---

[8] «Detesto el movimiento que desplaza las líneas», verso de un poema de Charles Baudelaire, «La Beauté», incluido en «*Les fleurs du mal*» (1857).

perseguido con astucias, con fiebre, con sensual optimismo de fauno. Ahora, cuando — por circunstancias incomprensibles — alguna llegaba a perderse en sus ondas, prefería respetarla, devolverla a la orilla.

El primer pensamiento de Lidia, frente al espectáculo de sus sentidos recuperados, fué de extrañeza. Alguien, a partir de esa hora — dios o elemento —, podría con justicia enorgullecerse de desdeñarla. Cerró los ojos. El mar le había adelgazado los párpados. La luz penetró hasta su alma, como una espina, atravesando pantallas de niebla.

Tenía frío, hambre, pereza, deseo de variar posturas. Se llevó la mano derecha a las sienes. Apoyó la izquierda en las rodillas. ¿Sería aquélla la posición que un pintor del Renacimiento hubiese elegido para Afrodita en el cuadro de su nacimiento?[9] No lo creía. Faltaban los tritones. Por primera vez no imitaba su movimiento el modelo de alguna estatua, de alguna tela famosa. Por primera vez, desde una fecha que no sabía precisarse, su cuerpo advertía en sí mismo una vida profunda, espontánea, capaz de expresarse a sí propia en formas originales.

¿Qué hacer, entonces, con ese mundo de poesía que se entregaba tan dulcemente a su antojo? ¿Cómo distribuir esos árboles, ese sol, esos trinos, esa naturaleza magnánima que se erigía por todas partes reina? Las nubes, las selvas, los pájaros, todo cuanto encierra una voz, un color o un volumen, le pertenecía.

Con sólo abrir la mano podía inventar una forma. Con sólo aquietar el oído, cerrar los ojos, podía prolongar una música. El perfume del lirio, la canción de los vientos, el oro aterciopelado y caliente del litoral, eran suyos. Suya esa gaviota, que ni siquiera veía, pero del reposo de cuyas alas inmóviles conservaba aún, en el cuello, un lunado reflejo de nácar. Suyos los caminos ruidosos que llevan a las grandes ciudades. Y los senderos que buscan a tientas, entre bosques, la huella de los pequeños poblados. Y las veredas, acaso todavía más lentas, más íntimas, que no conducen ya a ninguna parte. Suya la aldea de rojos techos, en que no existe sino una vaca y la joyería de cristales crueles en que viven, con vida inimitable, cien mil linajes distintos de perlas o de topacios. El canto del grillo en la madrugada. La bocina del automóvil que transporta un millón de claveles a la perfumería. Y la monotonía de los trigos. Y el grito de la amapola que nace sin saber cómo, en el campo, del fondo de una vieja lata de sardinas abandonada. Suyo. Suya. Suyos.

Cobrada así de golpe, la vida resultaba demasiado opulenta. ¿Qué hacer con tantos tesoros? ¿En qué labor invertirlos? Sí, lo reconocía: nacer es una dicha menos completa aún que salvarse; pero mucho menos incómoda . . .

Lebrel enjuto, dócil, de fina lengua doméstica, el sueño de la tierra reconocida comenzaba a lamerle las manos.

(De *Nacimiento de Venus y otros relatos,* 1941).

———◆———

Centroamérica. Poeta y novelista es MIGUEL ÁNGEL ASTURIAS (Guatemala; 1899) que en 1968 recibió el Premio Nobel. Publicó su propia antología *Poesía. Sien de alondra* (1949). Allí se ven sus cambios estéticos: poesías bucólicas, aldeanas, de emoción viajera, de retorno a lo vernáculo, populares. Pero sus novelas le han dado más fama. *El señor Presidente* (1941) describe la vida enferma — moralmente enferma — de un país hispanoamericano. No lo menciona, y el lector no tiene derecho a suponer que es Guatemala puesto que toda nuestra América sufre de las mismas lacras. Novela amarguísima,

---

[9] El «Nacimiento de Venus» de Botticelli (1447–1510).

no sólo porque el autor la escribe con amargura, sino también porque el lector la lee amargado por ese espantoso cuadro de miserias. La novela, sin embargo, no es realista, sino esperpéntica, para usar una palabra que aplicaríamos también al *Tirano Banderas* de Valle Inclán. Asturias describe por acumulación de rasgos, metáforas. Como Quevedo, no desdeña ningún lado de la lengua. Se complace en multiplicar palabras. A veces, recursos deliberadamente feos. *Hombres de maíz* (1949) son relatos de los que se puede extraer un tema social: la lucha entre los indios guatemaltecos, que siembran el maíz sólo para alimento, y los criollos que lo siembran para negocio, empobreciendo las tierras con su codicia. En la trilogía de sus últimas novelas hay un predominio de lo sociológico sobre lo novelesco puro: *Viento fuerte* (1950), *El Papa Verde* (1954) y *Los ojos de los enterrados* (1960). Novela de franca intención política es *Week-end en Guatemala* (1957). A pesar de su acento de protesta contra la injusticia, Asturias envuelve siempre sus narraciones con un hálito de poesía. El vigor de su imaginación, la audacia con que complica la estructura interior del relato, el lirismo violento o enternecido con que evoca las tierras de América han asegurado a Asturias una posición de privilegio en las letras hispanoamericanas.

Las páginas de Asturias que reproducimos a continuación pertenecen a la primera etapa de su carrera literaria, cuando en París, bajo la dirección de Georges Raynaud — el traductor del *Popol Vuh* —, se especializaba en estudios antropológicos sobre la civilización de los Mayas. Elaborando con imágenes propias esa mágica visión de la realidad, publicó en 1930 las *Leyendas de Guatemala*.

Miguel Ángel Asturias

LEYENDA DE LA TATUANA[1]

Ronda por casa Mata la Tatuana . . .

El Maestro Almendro tiene la barba rosada, fué uno de los sacerdotes que los hombres blancos tocaron creyéndolos de oro, tanta riqueza vestían, y sabe el secreto de las plantas que lo curan todo, el vocabulario de la obsidiana — piedra que habla — y leer los jeroglíficos de las constelaciones.

Es el árbol que amaneció un día en el bosque donde está plantado, sin que ninguno lo sembrara, como si lo hubieran llevado los

[1] O, como debe haber sido primitivamente, de la Tatuada, por tratarse de un tatuaje que tiene la virtud mágica de hacer invisible a la persona, y, por tanto, de ayudar a los presos a evadirse de las más guardadas cárceles. En el fondo, creo que se trata de la repetición de la leyenda de Chimalmat, la diosa que en la mitología quiché se torna invisible por encantamiento.

fantasmas. El árbol que anda[2] . . . El árbol que cuenta los años de cuatrocientos días por las lunas que ha visto, que ha visto muchas lunas, como todos los árboles, y que vino ya viejo del Lugar de la Abundancia.[3]

Al llenar la luna del Buho-Pescador (nombre de uno de los veinte meses del año de cuatrocientos días), el Maestro Almendro repartió el alma entre los caminos. Cuatro eran los caminos y se marcharon por opuestas direcciones hacia las cuatro extremidades del cielo. La negra extremidad: Noche sortílega. La verde extremidad: Tormenta primaveral. La roja extremidad: Guacamayo o éxtasis de trópico. La blanca extremidad: Promesa de tierras nuevas. Cuatro eran los caminos.

— ¡Caminín! ¡Caminito! . . . — dijo al Camino Blanco una paloma blanca, pero el Caminito Blanco no la oyó. Quería que le diera el alma del Maestro, que cura de sueños. Las palomas y los niños padecen de ese mal.

— ¡Caminín! ¡Caminito! . . . — dijo al Camino Rojo un corazón rojo; pero el Camino Rojo no lo oyó. Quería distraerlo para que olvidara el alma del Maestro. Los corazones, como los ladrones, no devuelven las cosas olvidadas.

— ¡Caminín! ¡Caminito! . . . — dijo al Camino Verde un emparrado verde, pero el Camino Verde no lo oyó. Quería que con el alma del Maestro le desquitase algo de su deuda de hojas y de sombra.

¿Cuántas lunas pasaron andando los caminos?

¿Cuántas lunas pasaron andando los caminos?

El más veloz, el Camino Negro,[4] camino al que ninguno habló en el camino, se detuvo en la ciudad, atravesó la plaza y en el barrio de los mercaderes, por un ratito de descanso, dió el alma del Maestro al Mercader de Joyas sin precio.

Era la hora de los gatos blancos. Iban de un lado a otro. ¡Admiración de los rosales! Las nubes parecían ropas en los tenderos del cielo. 5

Al saber el Maestro lo que el Camino Negro había hecho, tomó naturaleza humana nuevamente, desnudándose de la forma vegetal en un riachuelo que nacía bajo la luna, ruboroso como una flor de almendro, y encaminóse a la 10 ciudad.

Llegó al valle después de una jornada, en el primer dibujo de la tarde, a la hora en que volvían los rebaños, conversando a los pastores, que contestaban monosilábicamente a sus 15 preguntas, extrañados, como ante una aparición, de su túnica verde y su barba rosada.

En la ciudad se dirigió a Poniente. Hombres y mujeres rodeaban las pilas públicas. El agua sonaba a besos al ir llenando los cántaros. Y 20 guiado por las sombras, en el barrio de los mercaderes encontró la parte de su alma vendida por el Camino Negro al Mercader de Joyas sin precio. La guardaba en el fondo de una caja de cristal con cerradores de oro. 25

Sin perder tiempo se acercó al Mercader, que en un rincón fumaba, a ofrecerle por ella cien arrobas de perlas.

El Mercader sonrió de la locura del Maestro. ¿Cien arrobas de perlas? ¡No, sus joyas no 30 tenían precio!

El Maestro aumentó la oferta. Los mercaderes se niegan hasta llenar su tanto. Le daría esmeraldas, grandes como maíces, de cien en cien almudes, hasta formar un lago de esmeral- 35 das.

El Mercader sonrió de la locura del Maestro. ¿Un lago de esmeraldas? ¡No, sus joyas no tenían precio!

Le daría amuletos, ojos de namik[5] para 40

---

[2] En el Popol Vuh (biblia quiché) se habla de árboles que crecen («y crecen de tal modo que no se puede descender de ellos, algunos hasta transportan así al cielo a quienes llegaron a su cima»). El maestro Almendro es un «árbol que anda», y la recta interpretación de esta manera de hablar puede ser de un movimiento hacia el cielo, hacia las nubes. Un árbol anda creciendo y engrosando,

[3] Uno de los sitios edénicos de la América media, por otro nombre conocido con el de Tulan o Tul-lan.

[4] Antes de llegar a Xibalbá, lugar de la desaparición, del desvanecimiento, de la muerte, se cruzaban cuatro caminos, a saber: el camino rojo, el camino verde, el camino blanco y el camino negro, que, efectivamente, de los cuatro, era el de Xibalbá el que halagaba el orgullo de los viajeros para atraérselos, diciéndoles que era el camino del rey, que era el camino del jefe.

[5] Venado.

llamar el agua, plumas contra la tempestad, mariguana para su tabaco . . .

El Mercader se negó.

¡Le daría piedras preciosas para construir, a medio lago de esmeraldas, un palacio de cuento!

El Mercader se negó. Sus joyas no tenían precio, y, además ¿a qué seguir hablando? —, ese pedacito de alma lo quería para cambiarlo, en un mercado de esclavas, por la esclava más bella.

Y todo fué inútil, inútil que el Maestro ofreciera y dijera, tanto como lo dijo, su deseo de recobrar el alma. Los mercaderes no tienen corazón.

Una hebra de humo de tabaco separaba la realidad del sueño, los gatos negros de los gatos blancos y al Mercader del extraño comprador, que al salir sacudió sus sandalias en el quicio de la puerta. El polvo tiene maldición.

Después de un año de cuatrocientos días — sigue la leyenda — cruzaba los caminos de la cordillera el Mercader. Volvía de países lejanos, acompañado de la esclava comprada con el alma del Maestro, del pájaro flor, cuyo pico trocaba en jacintos las gotitas de miel, y de un séquito de treinta servidores montados.

— ¡No sabes — decía el Mercader a la esclava, arrendando su caballería — cómo vas a vivir en la ciudad! ¡Tu casa será un palacio y a tus órdenes estarán todos mis criados, yo el último, si así lo mandas tú!

— Allá — continuaba con la cara a mitad bañada por el sol — todo será tuyo. ¡Eres una joya, y yo soy el Mercader de Joyas sin precio! ¡Vales un pedacito de alma que no cambié por un lago de esmeraldas! . . . En una hamaca juntos veremos caer el sol y levantarse el día, sin hacer nada, oyendo los cuentos de una vieja mañosa que sabe mi destino. Mi destino, dice, está en los dedos de una mano gigante, y sabrá el tuyo, si así lo pides tú.

La esclava se volvía al paisaje de colores diluídos en azules que la distancia iba diluyendo a la vez. Los árboles tejían a los lados del camino una caprichosa decoración de güipil.[6] Las aves daban la impresión de volar dormidas, sin alas, en la tranquilidad del cielo, y en el silencio de granito, el jadeo de las bestias, cuesta arriba, cobraba acento humano.

La esclava iba desnuda. Sobre sus senos, hasta sus piernas, rodaba su cabellera negra envuelta en un solo manojo, como una serpiente. El Mercader iba vestido de oro, abrigadas las espaldas con una manta de lana de chivo. Palúdico y enamorado, al frío de su enfermedad se unía el temblor de su corazón. Y los treinta servidores montados llegaban a la retina como las figuras de un sueño.

Repentinamente, aislados goterones rociaron el camino, percibiéndose muy lejos, en los abajaderos, el grito de los pastores que recogían los ganados, temerosos de la tempestad. Las cabalgaduras apuraron el paso para ganar un refugio, pero no tuvieron tiempo: tras los goterones, el viento azotó las nubes, violentando selvas hasta llegar al valle, que a la carrera se echaba encima las mantas mojadas de la bruma, y los primeros relámpagos iluminaron el paisaje, como los fogonazos de un fotógrafo loco que tomase instantáneas de tormenta.

Entre las caballerías que huían como asombros, rotas las riendas, ágiles las piernas, grifa la crin al viento y las orejas vueltas hacia atrás, un tropezón del caballo hizo rodar al Mercader al pie de un árbol, que, fulminado por el rayo en ese instante, le tomó con las raíces como una mano que recoge una piedra, y le arrojó al abismo.

En tanto, el Maestro Almendro, que se había quedado en la ciudad perdido, deambulaba como loco por las calles, asustando a los niños, recogiendo basuras y dirigiéndose de palabra a los asnos, a los bueyes y a los perros sin dueño, que para él formaban con el hombre la colección de bestias de mirada triste.

— ¿Cuántas lunas pasaron andando los caminos? . . . — preguntaba de puerta en puerta a las gentes, que cerraban sin responderle, extrañadas, como ante una aparición, de su túnica verde y su barba rosada.

Y pasado mucho tiempo, interrogando a todos, se detuvo a la puerta del Mercader de

---

[6] Camisa sin mangas de las indias. Es una prenda femenina de mucho colorido. Sobre la tela tosca, el bordado en sedas de matices vivos, estiliza los motivos primitivos ornamentales más graciosos: pájaros, venados, conejos, etc. (Güipil o huipil, indistintamente). (*Notas del autor.*)

Joyas sin precio a preguntar a la esclava, única sobreviviente de aquella tempestad.

— ¿Cuántas lunas pasaron andando los caminos?...

El sol, que iba sacando la cabeza de la camisa blanca del día, borraba en la puerta, claveteada de oro y plata, la espalda del Maestro y la cara morena de la que era un pedacito de su alma, joya que no compró con un lago de esmeraldas.

— ¿Cuántas lunas pasaron andando los caminos?...

Entre los labios de la esclava se acurrucó la respuesta y endureció como sus dientes. El Maestro callaba con insistencia de piedra misteriosa. Llenaba la luna del Buho-Pescador. En silencio se lavaron la cara con los ojos, al mismo tiempo, como dos amantes que han estado ausentes y se encuentran de pronto.

La escena fué turbada por ruidos insolentes. Venían a prenderles en nombre de Dios y el Rey, por brujo a él y por endemoniada a ella. Entre cruces y espadas bajaron a la cárcel, el Maestro con la barba rosada y la túnica verde, y la esclava luciendo las carnes que de tan firmes parecían de oro.

Siete meses después se les condenó a morir quemados en la Plaza Mayor. La víspera de la ejecución, el Maestro acercóse a la esclava y con la uña le tatuó un barquito en el brazo, diciéndola:

— Por virtud de este tatuaje, Tatuana, vas a huir siempre que te halles en peligro, como vas a huir hoy. Mi voluntad es que seas libre como mi pensamiento; traza este barquito en el muro, en el suelo, en el aire, donde quieras, cierra los ojos, entra en él y vete...

¡Vete, pues mi pensamiento es más fuerte que ídolo de barro amasado con cebollín![7]

¡Pues mi pensamiento es más dulce que la miel de las abejas que liban la flor del suquinay![8]

Sin perder un segundo la Tatuana hizo lo que el Maestro dijo: trazó el barquito, cerró los ojos y entrando en él — el barquito se puso en movimiento, escapó de la prisión y de la muerte.

Y a la mañana siguiente, la mañana de la ejecución, los alguaciles encontraron en la cárcel un árbol seco que tenía entre las ramas dos o tres florecitas de almendro, rosadas todavía.

(De *Leyendas de Guatemala*, 1948).

———◆———

LINO NOVÁS CALVO (España-Cuba; 1905) no parece agregar galas imaginativas a la realidad, sino, al contrario, se diría que la reduce a esquemas elementales. Pero no se podría llamarlo realista porque el lento desplazamiento de sus figuras, el poder sugeridor de gestos, palabras y aun silencios, la descomposición del relato en planos sobresaltan al lector y lo obligan a intervenir imaginativamente en lo que lee. Ha escrito *Pedro Blanco, el negrero* (1933), *La luna nona y otros cuentos* (1942), *No sé quién soy* (1945), *Cayo Canas* (1946), *En los traspatios* (1946). «Tengo a Faulkner en la sangre», ha dicho. Es un testigo hundido en las sinrazones de la vida y de la sociedad. No explica lo que ocurre en sus relatos: como si fuera el ojo de una cámara cinematográfica, se limita a sugerir atmósferas y estados de ánimo haciendo desfilar las imágenes. Y el movimiento aparentemente lento de estas imágenes da al lector la ilusión de estar presenciando, no la acción de seres humanos, sino la acción del tiempo mismo.

---

[7] Hierba parecida a la lechuga, aunque cardosa y llena de espinas, que exprimida se utilizaba el jugo para amasar un barro durable....

[8] Bulbostylis cavanillensi. En la *Recordación Florida* de Fuentes y Guzmán se lee que las abejas que liban las flores de esta planta dan una miel dulcísima.

Lino Novás Calvo

A ESE LUGAR DONDE ME LLAMAN

Todo empezó — así lo recuerdo — a fines de septiembre. Era mi santo y cumpleaños, y mi madre me hizo una nueva camisa. Mientras la hacía empezó a toser y ponerse pálida. Se le agrandaron los ojos, se puso de pie y marchó, con las manos abiertas sobre el pecho, hacia la otra pieza.

No vino el médico. Cuando parecía más grave con las fiebres altas (y grandes variaciones) vino a vernos mi tía Sol. Traía alguna noticia. Miró, con expresión secreta, a mi madre desde la puerta. Mi madre se incorporó en la cama, la observó, y su rostro empezó a llorar en silencio.

Tía Sol salió en seguida y, en su ausencia, mi madre se levantó, se puso el mejor vestido, se compuso el pelo, se aplicó los afeites. Pero al atardecer regresó tía Sol y yo vi cómo aquel resplandor súbito del rostro de mi madre se apagaba. Hablaron un momento en voz baja. Tía Sol venía abatida; bajó los párpados y se fué diciendo:

— Quizá se hayan equivocado en la fecha. Pudiera venir en otro barco . . .

Se volvió lentamente hacia la puerta. Mi madre estaba de pie, en el centro, con las manos abiertas sobre el pecho. Dijo con voz tomada:

— ¡Gracias, Sol, de todos modos!

Ése fué el principio. Por varios meses, había de ir observando yo, sin comprender, estos cambios. O bien los comprendía sin explicármelos. Sabía que *alguien* debía venir, cada mes, en un barco; pero no venía. En tanto mi madre se enfermaba, curaba (al parecer) de pronto, se acercaba otra fecha (y otra esperanza) y, cuando volvía, decepcionada, tía Sol, mi madre volvía a enfermarse.

Pero ella no decía nunca que estuviera enferma; sólo cansada, a veces. Nunca dejaba su costura. Dijo un día, cuando Sol se había ido:

— Todo fué el diablo. ¡Qué le vamos a hacer!

Ahora la veo pálida, delgada, más alta que la puertecita del fondo del cuarto. Me la imagino yéndose, inclinada; entrando por la puertecita, como por la de un panteón, en el otro cuarto. Los dos vivíamos entonces solos, en el Cerro. Ella me dijo:

— Voy a traer una inquilina aquí para la sala. Otra costurera. Nos sobra espacio, y yo trabajaré en el cuarto.

Este cuarto daba al placel. Era allí donde jugaba yo con otros niños. La mujer que vino a ocupar la sala era una negra gruesa y maciza de piel muy tersa. Mi madre cerró la puerta intermedia y los dos salíamos por el placel a otra calle.

— Nos sobra la sala — repitió mi madre —. Y esa calle de alante está llena de baches y charcos cuando llueve. Por detrás se ve el campo. Se ve poner el sol en el campo.

No parecía hablar conmigo. Había trasladado aquí (al cuarto y el cuartito de desahogo y ducha) la máquina de coser y las telas. No venían ya las marchantas. Ella salía a veces temprano a entregar y recoger costura. Ésta no era mucha. Ahora trabajaba lentamente. Yo la veía a veces, por la ventana, desde el placel, parar la máquina, quedarse, sentada, tiesa (de espalda a la ventana) mirando a la pared. Y cuando volvía a dar al pedal todavía su busto seguía erguido, como presa de un dolor que lo paralizaba.

— Voy a mandarte unas semanas con tu tía Sol — me dijo un día —. O quizás con tu tío Martín. Tengo que ir ahí, a un pueblo de campo, a hacer unos trabajos. Puede que tarde algunas semanas.

Nunca había ido al campo. Nunca la recordaba yo sino, un poco, allá en España, y luego viniendo en el barco, y al fin aquí, en el Cerro, en esta accesoria. Yo le dije:

— ¿Y mis otros tíos?

Paró la máquina, bajó vista, murmuró:

— Ellos no son malos. Andan por ahí. Pero ellos creen que yo soy la mala. ¡Ha sido el diablo!

Martín vino esa noche. Había venido otras veces, de pasada. Hablaba poco. Era un hombre enteco, prietuzco, triste, picado de viruelas. Llevaba siempre un cinto ancho, y en él, limas, tenazas, martillos... Le dijo a mi madre al despedirse:

— Tú mira a ver. Si quieres mándame el niño.

Ella se apresuró a explicar (para mí, pero hablando con su hermano):

— Yo vuelvo pronto, ¿sabes? Unos trabajos que tengo que hacer ahí, a Artemisa... Pero quizás sea mejor que el niño vaya con su tía Sol. Allí hay campo y flores...

Martín nos miró a los dos con expresión recogida. Paseó, como extrañado, la vista por la pieza.

— Como quieras. Pero ya tú sabes.

Se fué lentamente, algo encorvado, por el placel. Ella apagó la luz y se dejó caer en el balance, llevándome a la vez hasta el borde de la cama.

— Tus tíos son buenos — me dijo —. Puede que yo haya sido la mala. Pero no he querido deberles favores, a ellos ni a nadie. Te he traído para acá para que no crecieras viendo al «Adán». Él es el malo. ¡Que Dios lo perdone! ¡Que Dios nos perdone a todos! ¡Ha sido el diablo!

Yo no entendí del todo. Otras veces le había oído hablar del «Adán», y sabía que ése (nunca lo había visto) era mi padre. Mi madre añadió:

— Él es tu padre; pero recuerda, si lo ves algún día, que ni siquiera te ha reconocido. Además tú no te pareces a él. Tú eres un Román.

Calló y la sentí llorar por dentro. Luego alzó fuerte e irritadamente la voz:

— ¡Acuéstate! No sé por qué te estoy hablando de esto!

Al día siguiente se hallaba de nuevo envuelta en aquel porte seco, digno, reservado y altivo que hoy, recordándolo, se me figura extraño en una aldeana. Pero nada en ella indicaba la aldeana y, además, vivía en una tensión que no le permitía a uno pensar en lo que era, sino en lo que sentía. Los mismos vecinos se extrañaban. Ella le dijo un día a la negra:

— A ustedes les extraña que yo sepa hablar y vista de limpio. ¡Para ustedes debiera estar trabajando de criada!

La negra abrió mucho los ojos, se encogió de hombros, y empezó a rezongar. Mi madre dijo luego, sosegada, a una clienta:

— Comprendo que a veces me irrito. Yo era muy joven y me ocurrió *aquello*. Y no había nadie allí para defenderme. Todos mis hermanos estaban en Cuba.

Estaba de pie, y vestida, antes del amanecer. Lucía bella, pero espectral, en su vestido claro y largo, sus ojos verdes y fijos, las trenzas negras como un halo en la cabeza. Me parecía muy alta — más que Martín y más que la negra — quizás porque se iba afinando para morir.

— ¡Criada de servir! — reiteró otro día —. Ninguno de los míos ha sido jamás criado. ¡No quiera Dios que lo sea!

Mi tío Martín volvió al día siguiente por la noche. Mi madre parecía animada. Por Romalia, una vecina, Sol le había enviado un recado esa mañana. Otra vez estaba al llegar un barco.

— He aplazado el viaje a Artemisa — le dijo a mi tío —. Hoy es sábado. Quiero pasar aquí el domingo, y quizás me quede una semana más. Por otro lado, el niño irá con Sol. Allí tiene más espacio. No quiero dejarlo encerrado en un cuartucho como el tuyo, como una tumba...

Los dos callaron. Martín bajó los párpados y salió doblegado. Al salir me miró con tristeza, pero no la miró a ella. ¡No la volvió a ver viva!

Por la mañana, Sabina, la negra, llamó tímidamente a la puerta del tabique.

— Teresa, Teresa, ¿tú estás bien?

Yo había dormido como drogado. Quizás lo estuviera. Al acostarme, me había dado un cocimiento de hojas. A veces, en sueño, me parecía oírla toser, pero no estaba seguro. Mi sueño era pesado. A veces también tenía sueños y creía oír lamentos, pero no podía saber si eran reales o imaginarios. Mi madre, por la mañana, estaba de pie, peinada, con una amplia, fina y limpia y almidonada bata floreada. Abrió un poco la puertecita y miró muy dignamente a la negra:

— Sí, gracias Sabina. Estoy bien. Solamente que tuve una pesadilla —. Y repitió:

— ¡Gracias, Sabina!

Nunca le había oído decir que estuviera enferma. Nunca había venido el médico. A veces se ausentaba una mañana o una tarde enteras. Ultimamente — me decía — cosía también *en* la calle: no solamente *para* la calle.

— He dejado el viaje al campo para otra semana. Tengo que terminar aquí unos vestidos.

Hablaba sin mirarme y se movía con cuidado como si temiera que algo fuera a rompérsele. Se sentó a la máquina y empezó a orillar una tela. A ratos paraba, miraba fijamente al campo por la puerta. Una vez me sorprendió observándola, y me dijo muy severa:

— Anda, toma tu leche y vete a jugar. Luego tienes que ir *con* la maestra.

Yo no iba a la escuela. El aula estaba lejos; la maestra vivía enfrente y me daba clases después del almuerzo y la comida.

— ¡Y ten cuidado! — añadió mi madre —. No te vayan a dar otra pedrada.

Yo salí al placer, pero no a jugar. Me tumbé entre la hierba y empecé a olfatear, como los perros. Mi olfato era excepcionalmente agudo y algunos vecinos lo sabían, y se extrañaban. Un día dije que un cuarto olía a cadáver y, tres días después, se murió allí una anciana. Mi madre lo sabía.

Cuando regresé, a mediodía, Sabina estaba con ella. Estaban examinando y clasificando piezas de costura. Con ellas estaba Romalia. Ésta era una mujer flaca y cetrina y sin dientes, con un pequeño vientre redondo delante. Mi madre le dijo, dándole un paquete:

— Lleva esto a mi hermana Sol. Dile que venga por aquí mañana.

Se volvió para explicar a Sabina:

— Mi media hermana. Hermanos, no tengo más que uno: Antón, que trabaja con ella en el jardín. Pero medios hermanos tengo varios regados por ahí: Martín, allá abajo, en una saquería; Javier, rodando en su carro de mulas; y Sol, en Jesús del Monte . . . ¡Romanes por todas partes!

Trató de sonreír, pero ya su sonrisa no era más que una mueca. Estaba horriblemente pálida y los afeites que se había puesto hacían resaltar aún más su lividez. Pero se esforzaba por parecer firme y erguida. Dijo viéndome a la puerta:

— Y éste. Éste también se llama Román. No tiene otro apellido . . . ¡Ni falta que le hace!

Y añadió para sí en un tono profundo y rencoroso:

— ¡Semejante renacuajo!

Las otras — Sabina, Romalia — la escuchaban calladas, quietas, fingiéndose impasibles. Pero sus ojos iban de ella a mí. Mi madre repitió:

— Eso era su padre: ¡un renacuajo! Yo no sé cómo . . . ¡Pero que Dios me perdone!

Bajó la vista, cruzando las manos sobre el pecho.

— ¡Y que Dios lo perdone también a él!

Su voz se había ido suavizando; ella misma se encorvó un poco. Se dió cuenta, se irguió de nuevo, dijo con voz forzada y casi imperiosa:

— Anda, Romalia. Lleva eso. Dile a Sol que venga mañana. Quizás salgo un día de éstos para el campo . . .

Romalia retrocedió poco a poco, mirándonos, extrañada. Salió por el cuarto de Sabina. Ésta se quedó sentada en el taburete, cerca de la máquina inclinándose a un lado y a otro para mirarnos. Mi madre me dijo luego:

— He pensado que quizás me quede algún tiempo en Artemisa. Me ofrecen mejor trabajo. En tanto ¿con quién quieres quedarte? ¿Con tu tía Sol o con tu tío Martín? Sol tiene campo, flores . . .

Estaba anocheciendo. Fué hasta la puerta y miró, callada, largo tiempo, al campo. Al volverse me pareció que tenía los ojos húmedos, pero no me dejó mirarlos. Se fué al fondo y se puso a servir la comida de cantina. Empezó a canturrear.

Al otro día por la mañana vino tía Sol. No era en nada parecida a mi madre. Era mayor, algo rubia, ancha y rústica. También su voz era tosca y quebrada. Miraba a mi madre con la misma expresión de extrañeza y compasión que las vecinas.

— Voy a esperar una semana más — dijo mi madre —. Hoy estamos a veinte. El veintisiete llega el *Alfonso XII*, ¿verdad?

Me vió y cambió de tema:

— Si demoro por allá, ya tú sabes. Lo mandas a la escuela. Tendrá que estudiar. Nunca le gustará mucho doblar el lomo.

Luego se le escapó esta confidencia:

— Hoy me siento bien. Realmente, me siento mucho mejor. ¿Crees tú que en el *Alfonso?* . . .

Por primera vez me di (aunque aun vagamente) cuenta de la razón de sus variaciones, del abatimiento a la exaltación. Otra vez el barco estaba en camino. Sol le dijo:

— Tú, del niño, no tengas cuidado. Nosotros sabremos cuidarlo.

— Y quizá no tengan que hacerlo — dijo mi madre, sonrojada, olvidándose de mi presencia —. Se lo he pedido mucho a Dios estos días.

Pero un pensamiento ensombreció su semblante:

— Bien es verdad que quizás yo no me lo merezca. Algunos dicen que soy mala . . .

Trató de rehacerse. Se contrajo, se puso de pie, con una mueca. Todos los días cambiaba de vestido, y éste llevaba el más lindo. Pero se estaba haciendo otro, y había comprado un frasco de perfume. Este perfume avivó en mi nariz cierto hálito todavía muy sutil, pero extraño, que empezaba a percibir en la casa. Me dije entonces, con la mente: Está decayendo; desde hace meses se viene gastando rápidamente; ahora está animada, parece más joven, pero vuelve a apagarse fácilmente; se enciende y se apaga; ya no tiene músculos: sólo piel, huesos y tendones.

Sol se fué como de mala gana:

— Tú di la verdad . . . ¿cómo te sientes? ¿No quieres que me lo lleve todavía?

Mi madre habló un poco como en delirio. No miraba a la gente y, a veces, sus palabras parecían dirigidas a alguien ausente.

— Lo que yo le estaba diciendo a Sabina — dijo —. En el mundo hay personas malas. Te atropellan, te vejan, te humillan. Y no hay quien les pida cuentas. ¿Dónde está la justicia?

Se sacudió la cabeza, se llevó las manos a las sienes y exclamó por lo bajo:

— ¡Que Dios me perdone!

Después de un silencio concluyó:

— No. No te lo lleves todavía. Vamos a esperar una semana. Quiero que me hagas ese favor una vez más. Que vayas al muelle . . .

Sol se fué moviendo su cabeza pequeña sobre su cuello corto. La vi apretar los puños y le oí decir, como para sí, cuando salía:

— ¡Pobre hermana! ¡Tantas desgracias, no se las tenía merecidas!

Mi madre no la siguió. No pudo oírla. Estaba de espalda a la puerta de cara a la del tabique. Al otro lado la máquina de Sabina había dejado de zumbar. Dijo mi madre sin volverse:

— Coge ese paquete que está en la silla. Es el vestido de la del once. Llévaselo.

Salí, pero me quedé por la parte de afuera, escuchando. Entonces sentí entrar a Sabina.

— Hoy se te ha visto mucho mejor — dijo la negra —. Pero, en tu lugar, yo no esperaría más para ir al hospital. Allí estarás mejor atendida.

Hubo un silencio y mi madre repuso:

— Quiero estirar el tiempo lo posible. Quiero ver al niño. Pero no quiero que él me vea fea y descompuesta. Quiero que me recuerde como yo soy, . . . como yo era. Cuando vuelva estaré remozada. Estaré hecha otra moza — hizo una pausa —. Pero todavía no es seguro que me vaya. Todavía puede ocurrir algo, tú sabes . . .

Al regreso la encontré encorvada, agarrada con las manos al borde de la mesa. Luego se metió detrás de la cortina y por largo rato la sentí respirar trabajosamente. Pero el día siguiente amaneció repuesta y con el vestido nuevo que se había hecho. Tía Sol vino pronto muy animada y hablaron en voz baja. Luego Sol salió muy apurada y mi madre quedó como expectante. Le había vuelto el brillo a los ojos y se movía con una soltura que no le había visto en muchos meses. Se duchó, se volvió a poner el vestido nuevo, se aplicó los afeites. Después se sentó otra vez a la máquina y empezó a canturrear.

En toda la tarde no volvió a hablar de mi vuelta al reparto. Sabina entreabrió la puerta y la observó con asombro. Dijo mi madre:

— Entra, Sabina, entra. Tú sabes, me siento muy bien. Y creo que vamos a tener visita.

No explicó más nada. Yo entraba y salía y, durante varias horas, mi madre pareció no darse cuenta de mi presencia. Le dijo a Sabina:

— Tú sabes, Sabina, nadie puede ser juez de nadie. Cada uno tiene su alma y a veces no es lo que otros piensan. Si tenemos visita, vamos a invitarte a la fiesta. Porque vamos a dar una fiestecita. ¡Sabina, tú eres buena amiga!

Entonces vi que lloraba, pero era de alegría. La negra miraba a un lado y a otro como si temiera ver fantasmas.

— Lo que te digo — dijo mi madre —. Mi hermana Sol tuvo noticias de que cierto *personaje* viene en el *Alfonso XII*. Y si eso es cierto . . .

En ese momento miró hacia la puerta, se contuvo, cambió para un tono más bajo y receloso:

— No quiero ser soberbia. Soy como los chinos. Esperemos. ¿Sabes tú cómo se llama este niño? *Román* es su segundo apellido. Pero debe tener otro. Todas las personas tienen dos apellidos. ¿Por qué había de ser él menos que otras personas? Su otro apellido es Pérez. Mi hermana dice que viene cierto personaje en el *Alfonso*. Y si viene, yo sé por qué. ¡Tú verás, Sabina, tú verás, cómo todo se arregla todavía!

Yo estaba aplanado en el suelo, detrás de la cortina, olfateando. Ella no parecía sentir mi presencia.

—¡Tú verás, Sabina, tú verás! — dijo mi madre.

La negra cerró lentamente la puerta, como se hace con los enfermos, pero atemorizada. Yo di la vuelta a la cuadra, entré por la calle y me asomé a la puerta de Sabina. Ésta estaba recogiendo la costura, y diciendo, sola: — Un personaje . . . cierto personaje . . . ¡La pobre! ¡Delira!

Me vió y calló. Yo seguí corriendo. Algo (quizás aquel olor nuevo) me agitaba. Al volver al cuarto mi madre había encendido todas las luces. Me mandó ducharme y me puso el mejor traje. Explicó tan sólo:

— Ponte eso, siquiera hoy, que es domingo. Estás creciendo. ¿Para cuándo guardas la ropa? Además, quizás tengamos visita. ¡Ya verás, ya verás!

Estaba alborozada. Se había ido entonando más y más hasta que parecía francamente exaltada. Luego, de pronto, se quedó como paralizada. No ocurrió nada. No vino nadie. Se oía volar una mosca. Pero algún mensaje llegó a su alma, y cuando, horas después, volvió tía Sol, con la noticia (o la ausencia de noticias) estaba como endurecida para recibirla. Dijo mi tía:

— ¡Es inútil, Teresa! Las cosas son como son. ¡No vale hacerse ilusiones! Debe de haber sido un error. No viene para acá. ¡Se ha ido a Buenos Aires!

Mi madre estaba de pie y la miró impasible. En las últimas horas, su rostro, antes encendido, se había ido consumiendo, hasta un grado espectral. No era ya un rostro; era una máscara. Pero su voz todavía pronunció con firmeza:

— ¡Está bien, hermana! Ahora, llévate el niño. ¡Creo que voy a ir a ese lugar donde me llaman!

Por el momento (y por algún tiempo más) esa imagen de mi madre persistió en mi mente. Pero luego se fué disipando y, en su lugar, reapareció aquella otra que ella había querido dejarme cuando dijo:

— No quiero que me recuerde fea y descompuesta. Quiero que me recuerde como yo soy . . . como yo era.

(Publicada en *Orígenes,* La Habana, núm. 27, 1951).

━━━━━◆━━━━━

ALEJO CARPENTIER (Cuba; 1904) es uno de los más importantes novelistas de su generación. Viajó mucho, no sólo por la geografía (Europa, sobre todo), sino también por la cultura (música, folk-lore, literatura) y, dentro de las letras, por el verso y por la prosa. Su reputación se estableció definitivamente con *Los pasos perdidos* (1935), novela excepcional por el contraste entre la vida en las ciudades modernas y la vida selvática, las descripciones líricas del paisaje americano, de tremenda fuerza imaginativa, y, sobre todo, por el viaje regresivo a través del Tiempo. Las frases brillan con frecuencia inusitada; pero no es sólo la fraseología ingeniosa sino especialmente la visión de la cultura, de la historia y de «lo maravilloso» en la realidad americana lo que da fuerza artística a las obras de Carpentier. *El siglo de las luces* (1962) es una novela histórica: presenta la Revolución Francesa vista desde las islas del Caribe. Que Carpentier es mejor novelista que cuentista resulta evidente en *Guerra del Tiempo* (1958): allí la novela breve «El acoso» es excelente como experimento con nuevas técnicas; los otros tres relatos, en cambio, son menos interesantes. Limitados por el espacio, reproduciremos, sin embargo, uno de estos relatos: «Viaje a la semilla». Es la descripción de cómo una vida remonta el curso del tiempo «en viaje a la semilla» (un viejo se hace niño, entra en la placenta y, con un mundo a cuestas, desaparece en el trasmundo . . .).

Alejo Carpentier

VIAJE A LA SEMILLA

I

—¿Qué quieres viejo? . . .

Varias veces cayó la pregunta de lo alto de los andamios. Pero el viejo no respondía. Andaba de un lugar a otro, fisgoneando, sacándose de la garganta un largo monólogo de frases incomprensibles. Ya habían descendido las tejas, cubriendo los canteros muertos con su mosaico de barro cocido. Arriba, los picos desprendían piedras de mampostería, haciéndolas rodar por canales de madera, con gran revuelo de cales y de yesos. Y por las almenas sucesivas que iban desdentando las murallas aparecían — despojados de su secreto — cielos rasos ovales o cuadrados, cornisas, guirnaldas, dentículos, astrágalos, y papeles encolados que colgaban de los testeros como viejas pieles de serpiente en muda. Presenciando la demolición, una Ceres[1] con la nariz rota y el peplo desvaido, veteado de negro el tocado de mieses, se erguía en el traspatio, sobre fuente de mascarones borrosos. Visitados por el sol en horas de sombra, los peces grises del estanque bostezaban en agua musgosa y tibia, mirando con el ojo redondo aquellos obreros, negros sobre claro de cielo, que iban rebajando la altura secular de la casa. El viejo se había sentado, con el cayado apuntalándole la barba, al pie de la estatua. Miraba el subir y bajar de cubos en que viajaban restos apreciables. Oíanse, en sordina, los rumores de la calle mientras arriba, las poleas concertaban, sobre ritmos de

---

[1] Diosa latina de la agricultura.

hierro con piedra, sus gorjeos de aves desagradables y pechugonas.

Dieron las cinco. Las cornisas y entablamentos se despoblaron. Sólo quedaron escaleras de mano, preparando el asalto del día siguiente. El aire se hizo más fresco, aligerado de sudores, blasfemias, chirridos de cuerdas, ejes que pedían alcuzas y palmadas en torsos pringosos. Para la casa mondada el crepúsculo llegaba más pronto. Se vestía de sombras en horas en que su ya caída balaustrada superior solía regalar a las fachadas algún relumbre de sol. La Ceres apretaba los labios. Por primera vez las habitaciones dormirían sin persianas, abiertas sobre paisaje de escombros.

Contrariando sus apetencias, varios capiteles yacían entre las hierbas. Las hojas de acanto descubrían su condición vegetal. Una enredadera aventuró sus tentáculos hacia la voluta jónica, atraída por un aire de familia. Cuando cayó la noche, la casa estaba más cerca de la tierra. Un marco de puerta se erguía aún, en lo alto, con tablas de sombra suspendidas de sus bisagras desorientadas.

II

Entonces el negro viejo, que no se había movido, hizo gestos extraños, volteando su cayado sobre un cementerio de baldosas.

Los cuadrados de mármol, blancos y negros, volaron a los pisos, vistiendo la tierra. Las piedras, con saltos certeros, fueron a cerrar los boquetes de las murallas. Hojas de nogal claveteadas se encajaron en sus marcos, mientras los tornillos de las charnelas volvían a hundirse en sus hoyos, con rápida rotación. En los canteros muertos, levantadas por el esfuerzo de las flores, las tejas juntaron sus fragmentos, alzando sonoro torbellino de barro, para caer en lluvia sobre la armadura del techo. La casa creció, traída nuevamente a sus proporciones habituales, pudorosa y vestida. La Ceres fué menos gris. Hubo más peces en la fuente. Y el murmullo del agua llamó begonias olvidadas.

El viejo introdujo una llave en la cerradura de la puerta principal, y comenzó a abrir ventanas. Sus tacones sonaban a hueco. Cuando encendió los velones, un estremecimiento amarillo corrió por el óleo de los retratos de familia, y gentes vestidas de negro murmuraron en todas las galerías, al compás de cucharas movidas en jícaras de chocolate.

Don Marcial, Marqués de Capellanías, yacía en su lecho de muerte, el pecho acorazado de medallas, escoltado por cuatro cirios con largas barbas de cera derretida.

III

Los cirios crecieron lentamente, perdiendo sudores. Cuando recobraron su tamaño, los apagó la monja apartando una lumbre. Las mechas blanquearon, arrojando el pabilo. La casa se vació de visitantes y los carruajes partieron en la noche. Don Marcial pulsó un teclado invisible y abrió los ojos.

Confusas y revueltas, las vigas del techo se iban colocando en su lugar. Los pomos de medicinas, las borlas de damasco, el escapulario de la cabecera, los daguerrotipos, las palmas de la reja, salieron de sus nieblas. Cuando el médico movió la cabeza con desconsuelo profesional, el enfermo se sintió mejor. Durmió algunas horas y despertó bajo la mirada negra y cejuda del Padre Anastasio. De franca, detallada, poblada de pecados, la confesión se hizo reticente, penosa, llena de escondrijos. ¿Y qué derecho tenía, en el fondo, aquel carmelita, a entrometerse en su vida? Don Marcial se encontró, de pronto, tirado en medio del aposento. Aligerado de un peso en las sienes, se levantó con sorprendente celeridad. La mujer desnuda que se desperezaba sobre el brocado del lecho buscó enaguas y corpiños, llevándose, poco después, sus rumores de seda estrujada y su perfume. Abajo, en el coche cerrado, cubriendo tachuelas del asiento, había un sobre con monedas de oro.

Don Marcial no se sentía bien. Al arreglarse la corbata frente a la luna de la consola se vió congestionado. Bajó al despacho donde lo esperaban hombres de justicia, abogados y escribientes, para disponer la venta pública de la casa. Todo había sido inútil. Sus pertenencias se irían a manos del mejor postor, al compás de martillo golpeando una tabla. Saludó y le dejaron solo. Pensaba en los misterios de la letra escrita, en esas hebras negras que se enlazan y desenlazan sobre anchas hojas filigranadas de balanzas, enlazando y desenlazando compromisos, juramentos, alianzas, testimonios, declaraciones, apellidos, títulos, fechas, tierras, árboles y piedras; maraña de hilos, sacada del tintero, en que se enredaban las piernas del hombre, vedándole caminos desestimados por la Ley; cordón al cuello, que apretaba su sordina al percibir el sonido temible de las palabras en libertad. Su firma lo había traicionado, yendo a complicarse en nudo y enredos de legajos. Atado por ella, el hombre de carne se hacía hombre de papel.

Era el amanecer. El reloj del comedor acababa de dar las seis de la tarde.

IV

Transcurrieron meses de luto, ensombrecidos por un remordimiento cada vez mayor. Al principio, la idea de traer una mujer a aquel aposento se le hacía casi razonable. Pero, poco a poco, las apetencias de un cuerpo nuevo fueron desplazadas por escrúpulos crecientes, que llegaron al flagelo. Cierta noche, Don Marcial se ensangrentó las carnes con una correa, sintiendo luego un deseo mayor, pero de corta duración. Fué entonces cuando la Marquesa volvió, una tarde, de su paseo a las orillas del Almendares[2]. Los caballos de la calesa no traían en las crines más humedad que la del propio sudor. Pero, durante todo el resto del día, dispararon coces a las tablas de la cuadra, irritados, al parecer, por la inmovilidad de nubes bajas.

Al crepúsculo, una tinaja llena de agua se rompió en el baño de la Marquesa. Luego, las lluvias de mayo rebosaron el estanque. Y aquella negra vieja, con tacha de cimarrona y palomas debajo de la cama, que andaba por el patio murmurando: «Desconfía de los ríos, niña; desconfía de lo verde que corre!» No había día en que el agua no revelara su presencia. Pero esa presencia acabó por no ser más que una jícara derramada sobre vestido traído de París, al regreso del baile aniversario dado por el Capitán General de la Colonia.

Reaparecieron muchos parientes. Volvieron muchos amigos. Ya brillaban, muy claras, las arañas del gran salón. Las grietas de la fachada se iban cerrando. El piano regresó al clavicordio. Las palmas perdían anillos. Las enredaderas soltaban la primera cornisa. Blanquearon las ojeras de la Ceres y los capiteles parecieron recién tallados. Más fogoso, Marcial solía pasarse tardes enteras abrazando a la Marquesa. Borrábanse patas de gallina, ceños y papadas, y las carnes tornaban a su dureza. Un día, un olor de pintura fresca llenó la casa.

V

Los rubores eran sinceros. Cada noche se abrían un poco más las hojas de los biombos, las faldas caían en rincones menos alumbrados y eran nuevas barreras de encajes. Al fin la marquesa sopló las lámparas. Sólo él habló en la obscuridad.

Partieron para el ingenio, en gran tren de calesas — relumbrante de grupas alazanas, bocados de plata y charoles al sol. Pero, a la sombra de las flores de Pascua que enrojecían el soportal interior de la vivienda, advirtieron que se conocían apenas. Marcial autorizó danzas y tambores de Nación, para distraerse un poco en aquellos días olientes a perfumes de Colonia, baños de benjuí, cabelleras esparcidas y sábanas sacadas de armarios que, al abrirse, dejaban caer sobre las losas un mazo de vetiver. El vaho del guarapo giraba en la brisa con el toque de oración. Volando bajo, las auras anunciaban lluvias reticentes, cuyas primeras gotas, anchas y sonoras, eran sorbidas por tejas tan secas que tenían diapasón de cobre. Después de un amanecer alargado por un abrazo deslucido, aliviados de desconciertos y cerrada la herida, ambos regresaron a la ciudad. La marquesa trocó su vestido de viaje por traje de novia, y, como era costumbre, los esposos fueron a la iglesia para recobrar su libertad. Se devolvieron presentes a parientes y amigos, y, con revuelo de bronces y alardes de jaeces, cada cual tomó la calle de su morada. Marcial siguió visitando a María de las Mercedes por algún tiempo, hasta el día en que los anillos fueron llevados al taller del

---

[2] Río de Cuba que pasa por la Habana.

orfebre para ser desgrabados. Comenzaba, para Marcial, una vida nueva. En la casa de altas rejas, la Ceres fué sustituída por una Venus italiana, y los mascarones de la fuente adelantaron casi imperceptiblemente el relieve al ver todavía encendidas, pintada ya el alba, las luces de los velones.

VI

Una noche, después de mucho beber y marearse con tufos de tabaco frío, dejados por sus amigos, Marcial tuvo la sensación extraña de que los relojes de la casa daban las cinco, luego las cuatro y media, luego las cuatro, luego las tres y media... Era como la percepción remota de otras posibilidades. Como cuando se piensa, en enervamiento de vigilia, que puede andarse sobre el cielo raso con el piso por cielo raso, entre muebles firmemente asentados entre las vigas del techo. Fué una impresión fugaz, que no dejó la menor huella en su espíritu, poco llevado, ahora, a la meditación.

Y hubo un gran sarao, en el salón de música, el día en que alcanzó la minoría de edad. Estaba alegre, al pensar que su firma había dejado de tener un valor legal, y que los registros y escribanías, con sus polillas, se borraban de su mundo. Llegaba al punto en que los tribunales dejan de ser temibles para quienes tienen una carne desestimada por los códigos. Luego de achisparse con vinos generosos, los jóvenes descolgaron de la pared una guitarra incrustada de nácar, un salterio y un serpentón. Alguien dio cuerda al reloj que tocaba la Tirolesa de las Vacas y la Balada de los Lagos de Escocia. Otro embocó un cuerno de caza que dormía, enroscado en su cobre, sobre los fieltros encarnados de la vitrina, al lado de la flauta traversera traída de Aranjuez. Marcial, que estaba requebrando atrevidamente a la de Campoflorido, se sumó al guirigay, buscando en el teclado, sobre bajos falsos, la melodía del Trípili-Trápala. Y subieron todos al desván, de pronto, recordando que allá, bajo vigas que iban recobrando el repello, se guardaban los trajes y libreas de la Casa de Capellanías. En entrepaños escarchados de alcanfor descansaban los vestidos de corte, un espadín

de Embajador, varias guerreras emplastronadas, el manto de un Príncipe de la Iglesia, y largas casacas, con botones de damasco y difuminos de humedad en los pliegues. Matizáronse las penumbras con cintas de amaranto, miriñaques amarillos, túnicas marchitas y flores de terciopelo. Un traje de chispero con redecilla de borlas, nacido en una mascarada de carnaval, levantó aplausos. La de Campoflorido redondeó los hombros empolvados bajo un rebozo de color de carne criolla, que sirviera a cierta abuela, en noche de grandes decisiones familiares, para avivar los amansados fuegos de un rico Síndico de Clarisas.

Disfrazados regresaron los jóvenes al salón de música. Tocado con un tricornio de regidor, Marcial pegó tres bastonazos en el piso, y se dio comienzo a la danza de la valse, que las madres hallaban terriblemente impropio de señoritas, con eso de dejarse enlazar por la cintura, recibiendo manos de hombre sobre las ballenas del corset que todas se había hecho según el reciente patrón de "El Jardín de las Modas". Las puertas se obscurecieron de fámulas, cuadrerizos, sirvientes, que venían de sus lejanas dependencias y de los entresuelos sofocantes, para admirarse ante fiesta de tanto alboroto. Luego, se jugó a la gallina ciega y al escondite. Marcial, oculto con la de Campoflorido detrás de un biombo chino, le estampó un beso en la nuca, recibiendo en respuesta un pañuelo perfumado, cuyos encajes de Bruselas guardaban suaves tibiezas de escote. Y cuando las muchachas se alejaron en las luces del crepúsculo, hacia las atalayas y torreones que se pintaban en grisnegro sobre el mar, los mozos fueron a la Casa de Baile, donde tan sabrosamente se contoneaban las mulatas de grandes ajorcas, sin perder nunca — así fuera de movida una guaracha — sus zapatillas de alto tacón. Y como se estaba en carnavales, los del Cabildo Arará Tres Ojos levantaban un trueno de tambores tras de la pared medianera, en un patio sembrado de granados. Subidos en mesas y taburetes, Marcial y sus amigos alabaron el garbo de una negra de pasas entrecanas, que volvía a ser hermosa, casi deseable, cuando miraba por sobre el hombro, bailando con altivo mohín de reto.

VII

Las visitas de Don Abundio, notario y albacea de la familia, eran más frecuentes. Se sentaba gravemente a la cabecera de la cama de Marcial, dejando caer al suelo su bastón de ácana para despertarlo antes de tiempo. Al abrirse, los ojos tropezaban con una levita de alpaca, cubierta de caspa, cuyas mangas lustrosas recogían títulos y rentas. Al fin solo quedó una pensión razonable, calculada para poner coto a toda locura. Fué entonces cuando Marcial quiso ingresar en el Real Seminario de San Carlos.

Después de mediocres exámenes, frecuentó los claustros, comprendiendo cada vez menos las explicaciones de los dómines. El mundo de las ideas se iba despoblando. Lo que había sido, al principio, una ecuménica asamblea de peplos, jubones, golas y pelucas, controversistas y ergotantes, cobraba la inmovilidad de un museo de cera. Marcial se contentaba ahora con una exposición escolástica de los sistemas, aceptando por bueno lo que se dijera en cualquier texto. «León», «Avestruz», «Ballena», «Jaguar», léase sobre los grabados en cobre de la Historia Natural. Del mismo modo, «Aristóteles», «Santo Tomás», «Bacon», «Descartes», encabezaban páginas negras, en que se catalogaban aburridamente las interpretaciones del universo, al margen de una capitular espesa. Poco a poco, Marcial dejó de estudiarlas, encontrándose librado de un gran peso. Su mente se hizo alegre y ligera, admitiendo tan sólo un concepto instintivo de las cosas. ¿Para qué pensar en el prisma, cuando la luz clara de invierno daba mayores detalles a las fortalezas del puerto? Una manzana que cae del árbol sólo es incitación para los dientes. Un pie en una bañadera no pasa de ser un pie en una bañadera. El día que abandonó el Seminario, olvidó los libros. El gnomon recobró su categoría de duende; el espectro fué sinónimo de fantasma; el octandro era bicho acorazado, con púas en el lomo.

Varias veces, andando pronto, inquieto el corazón, había ido a visitar a las mujeres que cuchicheaban, detrás de puertas azules, al pie de las murallas. El recuerdo de la que llevaba zapatillas bordadas y hojas de albahaca en la oreja lo perseguía, en tardes de calor, como un dolor de muelas. Pero, un día, la cólera y las amenazas de un confesor le hicieron llorar de espanto. Cayó por última vez en las sábanas del infierno, renunciando para siempre a sus rodeos por calles poco concurridas, a sus cobardías de última hora que le hacían regresar con rabia a su casa, luego de dejar a sus espaldas cierta acera rajada—señal, cuando andaba con la vista baja, de la media vuelta que debía darse para hollar el umbral de los perfumes.

Ahora vivía su crisis mística, poblada de detentes, corderos pascuales, palomas de porcelana, Vírgenes de manto azul celeste, estrellas de papel dorado, Reyes Magos, ángeles con alas de cisne, el Asno, el Buey, y un terrible San Dionisio que se le aparecía en sueños, con un gran vacío entre los hombros y el andar vacilante de quien busca un objeto perdido. Tropezaba con la cama y Marcial despertaba sobresaltado, echando mano al rosario de cuentas sordas. Las mechas, en sus pocillos de aceite, daban luz triste a imágenes que recobraban su color primero.

VIII

Los muebles crecían. Se hacía más difícil sostener los antebrazos sobre el borde de la mesa del comedor. Los armarios de cornisas labradas ensanchaban el frontis. Alargando el torso, los moros de la escalera acercaban sus antorchas a los balaustres del rellano. Las butacas eran más hondas y los sillones de mecedora tenían tendencia a irse para atrás. No había ya que doblar las piernas al recostarse en el fondo de la bañadera con anillas de mármol.

Una mañana en que leía un libro licencioso, Marcial tuvo ganas, súbitamente, de jugar con los soldados de plomo que dormían en sus cajas de madera. Volvió a ocultar el tomo bajo la jofaina del lavabo, y abrió una gaveta sellada por las telarañas. La mesa de estudio era demasiado exigua para dar cabida a tanta gente. Por ello, Marcial se sentó en el piso. Dispuso los granaderos por filas de ocho. Luego, los oficiales a caballo, rodeando al abanderado. Detrás, los artilleros, con sus cañones, escobillones y botafuegos. Cerrando la marcha, pífanos y timbales, con escolta de redoblantes. Los morteros estaban dotados de un resorte que permitía lanzar bolas de vidrio a más de un metro de distancia.

—¡Pum!... ¡Pum!... ¡Pum!...

Caían caballos, caían abanderados, caían tambores. Hubo de ser llamado tres veces por el negro Eligio, para decidirse a lavarse las manos y bajar al comedor.

Desde ese día, Marcial conservó el hábito de sentarse en el enlosado. Cuando percibió las ventajas de esa costumbre, se sorprendió por no haberlo pensado antes. Afectas al terciopelo de los cojines, las personas mayores sudan demasiado. Algunas huelen a notario — como Don Abundio — por no conocer, con el cuerpo echado, la frialdad del mármol en todo tiempo. Sólo desde el suelo pueden abarcarse totalmente los ángulos y perspectivas de una habitación. Hay bellezas de la madera, misteriosos caminos de insectos, rincones de sombra, que se ignoran a altura de hombre. Cuando llovía, Marcial se ocultaba debajo del clavicordio. Cada trueno hacía temblar la caja de resonancia, poniendo todas las notas a cantar. Del cielo caían los rayos para construir aquella bóveda de calderones — órgano, pinar al viento, mandolina de grillos.

IX

Aquella mañana lo encerraron en su cuarto. Oyó murmullos en toda la casa y el almuerzo que le sirvieron fué demasiado suculento para un día de semana. Había seis pasteles de la confitería de la Alameda — cuando sólo dos podían comerse, los domingos, después de misa. Se entretuvo mirando estampas de viaje, hasta que el abejeo creciente, entrando por debajo de las puertas, lo hizo mirar entre persianas. Llegaban hombres vestidos de negro, portando una caja con agarraderas de bronce. Tuvo ganas de llorar, pero en ese momento apareció el calesero Melchor, luciendo sonrisa de dientes en lo alto de sus botas sonoras. Comenzaron a jugar al ajedrez. Melchor era caballo. El, era Rey. Tomando las losas del piso por tablero, podía avanzar de una en una, mientras Melchor debía saltar una de frente y dos de lado, o viceversa. El juego

se prolongó hasta más allá del crepúsculo, cuando pasaron los Bomberos del Comercio.

Al levantarse, fué a besar la mano de su padre que yacía en su cama de enfermo. El Marqués se sentía mejor, y habló a su hijo con el empaque y los ejemplos usuales. Los «Sí, padre» y los «No, padre», se encajaban entre cuenta y cuenta del rosario de preguntas, como las respuestas del ayudante en una misa. Marcial respetaba al Marqués, pero era por razones que nadie hubiera acertado a suponer. Lo respetaba porque era de elevada estatura y salía, en noches de baile, con el pecho rutilante de condecoraciones; porque le envidiaba el sable y los entorchados de oficial de milicias; porque, en Pascuas, había comido un pavo entero, relleno de almendras y pasas, ganando una apuesta; porque, cierta vez, sin duda con el ánimo de azotarla, agarró a una de las mulatas que barrían la rotonda, llevándola en brazos a su habitación. Marcial, oculto detrás de una cortina, la vió salir poco después, llorosa y desabrochada, alegrándose del castigo, pues era la que siempre vaciaba las fuentes de compota devueltas a la alacena.

El padre era un ser terrible y magnánimo al que debía amarse después de Dios. Para Marcial era más Dios que Dios, porque sus dones eran cotidianos y tangibles. Pero prefería el Dios del cielo, porque fastidiaba menos.

X

Cuando los muebles crecieron un poco más y Marcial supo como nadie lo que había debajo de las camas, armarios y vargueños, ocultó a todos un gran secreto: la vida no tenía encanto fuera de la presencia del calesero Melchor. Ni Dios, ni su padre, ni el obispo dorado de las procesiones del Corpus, eran tan importantes como Melchor.

Melchor venía de muy lejos. Era nieto de príncipes vencidos. En su reino había elefantes, hipopótamos, tigres y jirafas. Ahí los hombres no trabajaban, como Don Abundio, en habitaciones obscuras, llenas de legajos. Vivían de ser más astutos que los animales. Uno de ellos sacó el gran cocodrilo del lago azul, ensartándolo con una pica oculta en los cuerpos apretados de doce ocas asadas.

Melchor sabía canciones fáciles de aprender, porque las palabras no tenían significado y se repetían mucho. Robaba dulces en las cocinas; se escapaba, de noche, por la puerta de los cuadrerizos, y, cierta vez, había apedreado a los de la guardia civil, desapareciendo luego en las sombras de la calle de la Amargura.

En días de lluvia, sus botas se ponían a secar junto al fogón de la cocina. Marcial hubiese querido tener pies que llenaran tales botas. La derecha se llamaba *Calambín*. La izquierda, *Calambán*. Aquel hombre que dominaba los caballos cerreros con solo encajarles dos dedos en los belfos; aquel señor de terciopelos y espuelas, que lucía chisteras tan altas, sabía también lo fresco que era un suelo de mármol en verano, y ocultaba debajo de los muebles una fruta o un pastel arrebatados a las bandejas destinadas al Gran Salón. Marcial y Melchor tenían en común un depósito secreto de grajeas y almendras, que llamaban el «Urí, urí, urá», con entendidas carcajadas. Ambos habían explorado la casa de arriba abajo, siendo los únicos en saber que existía un pequeño sótano lleno de frascos holandeses, debajo de las cuadras, y que en desván inútil, encima de los cuartos de criadas, doce mariposas polvorientas acababan de perder las alas en caja de cristales rotos.

XI

Cuando Marcial adquirió el hábito de romper cosas, olvidó a Melchor para acercarse a los perros. Había varios en la casa. El atigrado grande; el podenco que arrastraba las tetas; el galgo, demasiado viejo para jugar; el lanudo que los demás perseguían en épocas determinadas, y que las camareras tenían que encerrar. Marcial prefería a Canelo porque sacaba zapatos de las habitaciones y desenterraba los rosales del patio. Siempre negro de carbón o cubierto de tierra roja, devoraba la comida de los demás, chillaba sin motivo, y ocultaba huesos robados al pie de la fuente. De vez en cuando, también, vaciaba un huevo acabado de poner, arrojando la gallina al aire con brusco palancazo del hocico. Todos daban de patadas al Canelo. Pero Marcial se enfermaba cuando se lo llevaban. Y el perro volvía triunfante, moviendo la cola, después de haber sido abandonado más allá de la Casa de Beneficencia, recobrando un puesto que los demás, con sus habilidades en la caza o desvelos en la guardia, nunca ocuparían.

Canelo y Marcial orinaban juntos. A veces escogían la alfombra persa del salón, para dibujar en su lana formas de nubes pardas que se ensanchaban lentamente. Eso costaba castigo de cintarazos. Pero los cintarazos no dolían tanto como creían las personas mayores. Resultaban, en cambio, pretexto admirable para armar concertantes de aullidos, y provocar la compasión de los vecinos. Cuando la bizca del tejadillo calificaba a su padre de «bárbaro», Marcial miraba a Canelo, riendo con los ojos. Lloraban un poco más, para ganarse un bizcocho, y todo quedaba olvidado. Ambos comían tierra, se revolcaban al sol, bebían en la fuente de los peces, buscaban sombra y perfume al pie de las albahacas. En horas de calor, los canteros húmedos se llenaban de gente. Ahí estaba la gansa gris, con bolsa colgante entre las patas zambas; el gallo viejo del culo pelado; la lagartija que decía «urí, ura», sacándose del cuello una corbata rosada; el triste jubo, nacido en ciudad sin hembras; el ratón que tapiaba su agujero con una semilla de carey. Un día, señalaron el perro a Marcial.

— ¡Guau, guau! — dijo.

Hablaba su propio idioma. Había logrado la suprema libertad. Ya quería alcanzar, con sus manos, objetos que estaban fuera del alcance de sus manos.

XII

Hambre, sed, calor, dolor, frío. Apenas Marcial redujo su percepción a la de estas realidades esenciales, renunció a la luz que ya le era accesoria. Ignoraba su nombre. Retirado el bautismo, con su sal desagradable, no quiso ya el olfato, ni el oído, ni siquiera la vista. Sus manos rozaban formas placenteras. Era un ser totalmente sensible y táctil. El universo le entraba por todos los poros. Entonces cerró los ojos que sólo divisaban gigantes nebulosos y penetró en un cuerpo caliente, húmedo, lleno de tinieblas, que moría. El cuerpo, al sentirlo arrebozado con su propia sustancia, resbaló hacia la vida.

Pero ahora el tiempo corrió más pronto, adelgazando sus últimas horas. Los minutos sonaban a glissando de naipes bajo pulgar de jugador.

Las aves volvieron al huevo en torbellino de plumas. Los peces cuajaron la hueva, dejando nevada de escamas en el fondo del estanque. Las palmas doblaron las pencas, desapareciendo en la tierra como abanicos cerrados. Los tallos sorbían sus hojas y el suelo tiraba de todo lo que le perteneciera. El trueno retumbaba en los corredores. Crecían pelos en la gamuza de los guantes. Las mantas de lana se destejían, redondeando el vellón de carneros distantes. Los armarios, los vargueños, las camas, los crucifijos, las mesas, las persianas, salieron volando en la noche, buscando sus antiguas raíces al pie de las selvas. Todo lo que tuviera clavos se desmoronaba. Un bergantín, anclado no se sabía dónde, llevó presurosamente a Italia los mármoles del piso y de la fuente. Las panoplias, los herrajes, las llaves, las cazuelas de cobre, los bocados de las cuadras, se derretían, engrosando un río de metal que galerías sin techo canalizaban hacia la tierra. Todo se metamorfoseaba, regresando a la condición primera. El barro volvió al barro, dejando un yermo en lugar de la casa.

XIII

Cuando los obreros vinieron con el día para proseguir la demolición, encontraron el trabajo acabado. Alguien se había llevado la estatua de Ceres, vendida la víspera a un anticuario. Después de quejarse al Sindicato, los hombres fueron a sentarse en los bancos de un parque municipal. Uno recordó entonces la historia, muy difuminada, de una Marquesa de Capellanías, ahogada, en tarde de mayo, entre las malangas del Almendares. Pero nadie prestaba atención al relato, porque el sol viajaba de oriente a occidente, y las horas que crecen a la derecha de los relojes deben alargarse por la pereza, ya que son las que más seguramente llevan a la muerte.

(De *Guerra del Tiempo*, 1958).

Juan Bosch nació en Santo Domingo en 1909 y desde 1937 se estableció en Cuba en donde vivió varios años. Después ha residido en Chile y en Venezuela. Ha escrito novela (*La mañosa*, 1936), pero sus mayores méritos son de cuentista: *Camino real* (1933), *Indios* (1935), *Dos pesos de agua* (1941), *Ocho cuentos* (1947) y *La muchacha de La Guaira* (1955). Narra con preferencia la vida sencilla del campesino antillano. Recoge con veracidad el lenguaje popular, pero interpreta sus temas con la ternura y el humor irónico de un observador que se ha puesto a distancia de la realidad para poder verla con ojos de artista. En el cuento que reproducimos, «La bella alma de Don Damián», Bosch sale del realismo y, con ironía, cultiva la nota fantástica. El alma de Damián se desprende del cuerpo, asiste a las mentiras de sus familiares, se mira en el espejo — fea, como un monstruo con tentáculos — y vuelve a meterse en el cuerpo, sabiendo ahora qué es lo que piensan los demás.

Juan Bosch

LA BELLA ALMA DE DON DAMIÁN

Don Damián entró en la inconsciencia rápidamente, a compás que la fiebre iba subiendo por encima de treinta y nueve grados. Su alma se sentía muy incómoda, casi a punto de calcinarse, razón por la cual comenzó a irse recogiendo en el corazón. El alma tenía infinita cantidad de tentáculos, como un pulpo de innúmeros pies, cada uno metido en una vena y algunos sumamente delgados metidos en vasos. Poco a poco fué retirando esos pies, y a medida que eso iba haciendo Don Damián perdía calor y empalidecía. Se le enfriaron primero las manos, luego las piernas y los brazos; la cara comenzó a ponerse atrozmente pálida, cosa que observaron las personas que rodeaban el lujoso lecho. La propia enfermera se asustó y dijo que era tiempo de llamar al médico. El alma oyó esas palabras y pensó: «Hay que apresurarse, o viene ese señor y me obliga a quedarme aquí hasta que me queme la fiebre.»

Empezaba a clarear. Por los cristales de las ventanas entraba una luz lívida, que anunciaba el próximo nacimiento del día. Asomándose a la boca de Don Damián — que se conservaba semiabierta para dar paso a un poco de aire — el alma notó la claridad y se dijo que si no actuaba pronto no podría hacerlo más tarde, debido a que la gente la vería salir y le impediría abandonar el cuerpo de su dueño. El alma de Don Damián era ignorante en ciertas cosas; por ejemplo, no sabía que una vez libre resultaba totalmente invisible.

Hubo un prolongado revuelo de faldas alrededor de la soberbia cama donde yacía el enfermo, y se dijeron frases atropelladas que el alma no atinó a oír, ocupada como estaba en escapar de su prisión. La enfermera entró con una jeringa hipodérmica en la mano.

— ¡Ay, Dios mío, Dios mío, que no sea tarde! — clamó la voz de la vieja criada.

Pero era tarde. A un mismo tiempo la aguja penetraba en un antebrazo de Don Damián y el alma sacaba de la boca del moribundo sus últimos tentáculos. El alma pensó que la inyección había sido un gasto inutil. En un instante se oyeron gritos diversos y pasos apresurados, y mientras alguien — de seguro la criada, porque era imposible que se tratara de la suegra o de la mujer de Don Damián — se tiraba aullando sobre el lecho, el alma se lanzaba al espació, directamente hacia la lujosa lámpara de cristal de Bohemia que pendía del centro del techo. Allí se agarró con suprema fuerza y miró hacia abajo: Don Damián era ya un despojo amarillo, de facciones casi transparentes y duras como el cristal; los huesos del rostro parecían haberle crecido y la piel tenía un brillo repelente. Junto a él se movían la suegra, la señora y la enfermera; con la cabeza hundida en el lecho sollozaba la anciana criada. El alma sabía a ciencia cierta lo que estaba sintiendo y pensando cada una, pero no quiso perder tiempo en observarlas. La luz crecía muy de prisa y ella temía ser vista allí donde se hallaba, trepada en la lámpara, agarrándose con indescriptible miedo. De pronto vió a la suegra de Don Damián tomar a su hija de un brazo y llevarla al pasillo; allí le habló, con acento muy bajo. Y he aquí las palabras que oyó el alma:

— No vayas a comportarte ahora como una desvergonzada. Tienes que demostrar dolor.

— Cuando llegue gente, mamá — susurró la hija.

— No, desde ahora. Acuérdate que la enfermera puede contar luego.

En el acto la flamante viuda corrió hacia la cama como una loca diciendo:

— ¡Damián, Damián mío; ay mi Damián! ¿Cómo podré yo vivir sin ti, Damián de mi vida?

Otra alma con menos mundo se hubiera asombrado, pero la de Don Damián, trepada en su lámpara, admiró la buena ejecución del papel. El propio Don Damián procedía así en ciertas ocasiones, sobre todo cuando le tocaba actuar en lo que él llamaba «la defensa de mis intereses». La mujer estaba ahora «defendiendo sus intereses». Era bastante joven y agraciada; en cambio Don Damián pasaba de los sesenta. Ella tenía novio cuando él la conoció, y el alma había sufrido ratos muy desagradables a causa de los celos de su ex dueño. El alma recordaba cierta escena, hacía por cierto pocos meses, en la que la mujer dijo:

— ¡No puedes prohibirme que le hable! ¡Tú sabes que me casé contigo por tu dinero!

A lo que Don Damián había contestado que con ese dinero él había comprado el derecho a no ser puesto en ridículo. La escena fué muy desagradable, con intervención de la suegra y amenazas de divorcio. En suma, un mal momento, empeorado por la circunstancia de que la discusión fué cortada en seco debido a la llegada de unos muy distinguidos visitantes a quienes marido y mujer atendieron con encantadoras sonrisas y maneras tan finas que sólo ella, el alma de Don Damián, apreciaba en todo su real valor.

Estaba el alma allá arriba, en la lámpara, recordando tales cosas, cuando llegó a toda prisa un sacerdote. Nadie sabía por qué se presentaba tan a tiempo, puesto que todavía no acababa de salir el sol del todo y el sacerdote había sido visita durante la noche.

— Vine porque tenía el presentimiento; vine porque temía que Don Damián diera su alma sin confesar — trató de explicar.

A lo que la suegra del difunto, llena de desconfianza, preguntó:

— ¿Pero no confesó anoche, padre?

Aludía a que durante cerca de una hora el ministro del Señor había estado encerrado a solas con Don Damián, y todos creían que el enfermo había confesado. Pero no había sucedido eso. Trepada en su lámpara, el alma sabía que no; y sabía también por qué había llegado el cura. Aquella larga entrevista solitaria había tenido un tema más bien árido; pues el sacerdote proponía a Don Damián que testara dejando una importante suma para el nuevo templo que se construía en la ciudad, y Don Damián quería dejar más dinero del que se le solicitaba, pero destinado a un hospital. No se entendieron, y al llegar a su casa el padre notó que no llevaba consigo su reloj. Era prodigioso lo que le sucedía al alma, una vez libre, eso de poder saber cosas que no habían ocurrido en su presencia, así como. adivinar lo que la gente pensaba e iba a hacer El alma sabía que el cura se había dicho: «Recuerdo haber sacado el reloj en casa de Don Damián para ver qué hora era; seguramente lo he dejado allá.» De manera que esa visita a hora tan extraordinaria nada tenía que ver con el reino de Dios.

— No, no confesó — explicó el sacerdote mirando fijamente a la suegra de Don Damián —. No llegó a confesar anoche, y quedamos en que vendría hoy a primer hora para confesar y tal vez comulgar. He llegado tarde, y es gran lástima — dijo mientras movía el rostro hacia los rincones y las doradas mesillas, sin duda con la esperanza de ver el reloj en una de ellas.

La vieja criada, que tenía más de cuarenta años atendiendo a Don Damián, levantó la cabeza y mostró dos ojos enrojecidos por el llanto.

— Después de todo no le hacía falta — aseguró —, y que Dios me perdone. No necesitaba confesar porque tenía una bella alma, una alma muy bella tenía Don Damián.

¡Diablos, eso sí era interesante! Jamás había pensado el alma de Don Damián que fuera bella. Su amo hacía ciertas cosas raras, y como era un hermoso ejemplar de hombre rico y vestía a la perfección y manejaba con notable oportunidad su libreta de banco, el alma no había tenido tiempo de pensar en algunos aspectos que podían relacionarse con su propia belleza o con su posible fealdad. Por ejemplo, recordaba que su amo le ordenaba sentirse bien cuando tras laboriosas entrevistas con el abogado Don Damián hallaba la manera de quedarse con la casa de algún deudor — y a menudo ese deudor no tenía dónde ir a vivir despues — o cuando a fuerza de piedras preciosas y de ayuda en metálico — para estudios, o para la salud de la madre enferma — una linda joven de los barrios obreros accedía a visitar cierto lujoso departamento que tenía Don Damián. ¿Pero era ella bella o era fea?

Desde que logró desasirse de las venas de su amo hasta que fué objeto de esa alusión por parte de la criada, había pasado, según cálculo del alma, muy corto tiempo; y probablemente era mucho menos todavía de lo que ella pensaba. Todo sucedió muy de prisa y además de manera muy confusa. Ella sintió que se cocinaba dentro del cuerpo del enfermo y comprendió que la fiebre seguiría subiendo. Antes de retirarse, mucho más allá de la medianoche, el médico lo había anunciado. Había dicho:

— Puede ser que la fiebre suba al amanecer; en ese caso hay que tener cuidado. Si ocurre algo llámenme.

¿Iba ella a permitir que se le horneara? Se hallaba con lo que podría denominarse su centro vital muy cerca de los intestinos de Don Damián, y esos intestinos despedían fuego. Perecería como los animales horneados, lo cual no era de su agrado. Pero en realidad, ¿cuánto tiempo había transcurrido desde que dejó el cuerpo de Don Damián? Muy poco, puesto que todavía no se sentía libre del calor a pesar del ligero fresco que el día naciente esparcía y lanzaba sobre los cristales de Bohemia de que se hallaba sujeta. Pensaba que no había sido violento el cambio de clima entre las entrañas de su ex dueño y la cristalería de la lámpara, gracias a lo cual no se había resfriado. Pero con o sin cambio violento, ¿qué había de las palabras de la criada? «Bella», había dicho la anciana servidora. La vieja sirvienta era una mujer veraz, que quería a su amo porque lo quería, no por su distinguida estampa ni porque él le hiciera regalos. Al alma no le pareció tan sincero lo que oyó a continuación:

— ¡Claro que era una bella alma la suya! — corroboraba el cura.

— Bella era poco, señor — aseguró la suegra.

El alma se volvió a mirarla y vió cómo, mientras hablaba, la señora se dirigía a su hija con los ojos. En tales ojos había a la vez una orden y una imprecación. Parecían decir: «Rompe a llorar ahora mismo, idiota, no vaya a ser que el señor cura se dé cuenta de que te ha alegrado la muerte de este miserable.» La

hija comprendió en el acto el mudo y colérico lenguaje, pues a seguidas prorrumpió en dolorosas lamentaciones:

— ¡Jamás, jamás hubo alma más bella que la suya! ¡Ay, Damián mío, Damián mío, luz de mi vida!

El alma no pudo más; estaba sacudida por la curiosidad y por el asco; quería asegurarse sin perder un segundo de que era bella y quería alejarse de un lugar donde cada quien trataba de engañar a los demás. Curiosa y asqueada, pues, se lanzó desde la lámpara en dirección hacia el baño, cuyas paredes estaban cubiertas por grandes espejos. Calculó bien la distancia para caer sobre la alfombra, a fin de no hacer ruido. Además de ignorar que la gente no podía verla, el alma ignoraba que ella no tenía peso. Sintió gran alivio cuando advirtió que pasaba inadvertida, y corrió, desalada, a colocarse frente a los espejos.

¿Pero qué estaba sucediendo, gran Dios? En primer lugar, ella se había acostumbrado durante más de sesenta años a mirar a través de los ojos de Don Damián; y esos ojos estaban altos, a casi un metro y setenta centímetros sobre el suelo; estaba acostumbrada, además, al rostro vivaz de su amo, a sus ojos claros, a su pelo brillante de tonos grises, a la arrogancia con que alzaba el pecho y levantaba la cabeza, a las costosas telas con que se vestía. Y lo que veía ahora ante sí no era nada de eso, sino una extraña figura de acaso un pie de altura, blanduzca, parda, sin contornos definidos. En primer lugar, no se parecía a nada conocido. Pues lo que debían ser dos pies y dos piernas, según fué siempre cuando se hallaba en el cuerpo de Don Damián, era un monstruoso y, sin embargo, pequeño racimo de tentáculos, como los de pulpo, pero sin regularidad, unos más cortos que otros, unos más delgados que los demás, y todos ellos como hechos de humo sucio, de un indescriptible lodo impalpable, como si fueran transparentes y no lo fueran, sin fuerza, rastreros, que se doblaban con repugnante fealdad. El alma de Don Damián se sintió perdida. Sin embargo sacó coraje para mirar más hacia arriba. No tenía cintura. En realidad, no tenía cuerpo ni cuello ni nada, sino que de donde se reunían los tentáculos salía por un lado una especie de oreja caída, algo así como una corteza rugosa y purulenta, y del otro un montón de pelos sin color, ásperos, unos retorcidos, otros derechos. Pero no era eso lo peor, y ni siquiera la extraña luz grisácea y amarillenta que la envolvía, sino que su boca era un agujero informe, a la vez como de ratón y de hoyo irregular en una fruta podrida, algo horrible, nauseabundo, verdaderamente asqueroso, ¡y en el fondo de ese hoyo brillaba un ojo, su único ojo, con reflejos oscuros y expresión de terror y perfidia! ¿Cómo explicarse que todavía siguieran esas mujeres y el cura asegurando allí, en la habitación de al lado, junto al lecho donde yacía Don Damián, que la suya había sido una alma bella?

— ¿Salir, salir a la calle yo así, con este aspecto, para que me vea la gente? — se preguntaba en lo que ella creía toda su voz, ignorante aún de que era invisible e inaudible, perdida en un negro túnel de confusión.

¿Qué haría, qué destino tomaría? Sonó el timbre. A seguidas la enfermera dijo:

— Es el médico, señora. Voy a abrirle.

A tales palabras la esposa de Don Damián comenzó a aullar de nuevo, invocando a su muerto marido y quejándose de la soledad en que la dejaba.

Paralizada ante su propia imagen el alma comprendió que estaba perdida. Se había acostumbrado a su refugio, al alto cuerpo de Don Damián; se había acostumbrado incluso al insufrible olor de sus intestinos, al ardor de su estómago, a las molestias de sus resfriados. Entonces oyó el saludo del médico y la voz de la suegra, que declamaba:

— ¡Ay, doctor, qué desgracia, doctor, qué desgracia!

— Cálmese, señora, cálmese — respondía el médico.

El alma se asomó a la habitación del difunto. Allí, alrededor de la cama, se amontonaban las mujeres; de pie en el extremo opuesto a la cabecera, con un libro abierto, el cura comenzaba a rezar. El alma midió la distancia y saltó. Saltó con facilidad que ella misma no creía, como si hubiera sido de aire o un extraño animal capaz de moverse sin hacer ruido y sin ser visto. Don Damián conservaba todavía la boca ligeramente abierta. La boca estaba como hielo, pero no importaba.

Por ella entró raudamente el alma y a seguidas se coló laringe abajo y comenzó a meter sus tentáculos en el cuerpo, atravesando las paredes interiores sin dificultad alguna. Estaba acomodándose cuando oyó hablar al médico.

— Un momento, señora, por favor — dijo.

El alma podía ver al doctor, aunque de manera muy imprecisa. El médico se acercó al cuerpo de Don Damián, le tomó una muñeca, pareció azorarse, pegó el rostro al pecho y lo dejó descansar ahí un momento. Después, despaciosamente, abrió su maletín y sacó un estetoscopio: con todo cuidado se lo colocó en ambas orejas y luego pegó el extremo suelto sobre el lugar donde debía estar el corazón. Volvió a poner expresión azorada; removió el maletín y extrajo de él una jeringa hipodérmica. Con aspecto de prestidigitador que prepara un número sensacional, dijo a la enfermera que llenara la jeringa mientras él iba amarrando un pequeño tubo de goma sobre el codo de Don Damián. Al parecer, tantos preparativos alarmaron a la vieja criada.

— ¿Pero para qué va a hacerle eso, si ya está muerto el pobre? — preguntó.

El médico la miró de hito en hito con aire de gran señor; y he aquí lo que dijo, si bien no para que le oyera ella, sino para que le oyeran sobre todo la esposa y la suegra de Don Damián:

— Señora, la ciencia es la ciencia, y mi deber es hacer cuanto esté a mi alcance para volver a la vida a Don Damián. Almas tan bellas como la suya no se ven a diario, y no es posible dejarle morir sin probar hasta la última posibilidad.

Este breve discurso, dicho con noble calma, alarmó a la esposa. Fué fácil notar en sus ojos un brillo duro, y en su voz cierto extraño temblor.

— ¿Pero no está muerto? — preguntó.

El alma estaba ya metida del todo y sólo tres tentáculos buscaban todavía, al tacto, las antiguas venas en que habían estado años y años. La atención que ponía en situar esos tentáculos donde debían estar no le impidió, sin embargo, advertir el acento de intriga con que la mujer hizo la pregunta.

El médico no respondió. Tomó el antebrazo de Don Damián y comenzó a pasar una mano por él. A ese tiempo el alma iba sintiendo que el calor de la vida iba rodeándola, penetrándola, llenando las viejas arterias que ella había abandonado para no calcinarse. Entonces, casi simultáneamente con el nacimiento de ese calor, el médico metió la aguja en la vena del brazo, soltó el ligamento de encima del codo y comenzó a empujar el émbolo de la jeringuilla Poco a poco, en diminutas oleadas, el calor de la vida fué ascendiendo a la piel de Don Damián.

— ¡Milagro, Señor, milagro! — barbotó el cura.

Súbitamente, presenciando aquella resurrección, el sacerdote palideció y dió rienda suelta a su imaginación. La contribución para el templo estaba segura, ¿pues cómo podría Don Damián negarle su ayuda una vez que él le refiriera, en los días de convalecencia, cómo le había visto volver a la vida segundos después de haber rogado pidiendo por ese milagro? «El Señor atendió a mis ruegos y lo sacó de la tumba, Don Damián,» diría él.

Súbitamente también la esposa sintió que su cerebro quedaba en blanco. Miraba con ansiedad el rostro de su marido y se volvía hacia la madre. Una y otra se hallaban desconcertadas, mudas, casi aterradas.

Pero el médico sonreía. Se hallaba muy satisfecho, aunque trataba de no dejarlo ver.

— ¡Ay, si se ha salvado, gracias a Dios y a usted! — gritó de pronto la criada, cargada de lágrimas de emoción, tomando las manos del médico —. ¡Se ha salvado, está resucitando! ¡Ay, Don Damián no va a tener con qué pagarle, señor! — aseguraba.

Y cabalmente, en eso estaba pensando el médico, en que Don Damián tenía de sobra con qué pagarle. Pero dijo otra cosa. Dijo:

— Aunque no tuviera con qué pagarme lo hubiera hecho, porque era mi deber salvar para la sociedad un alma tan bella como la suya.

Estaba contestándole a la criada, pero en realidad hablaba para que le oyeran los demás; sobre todo, para que le repitieran esas palabras al enfermo, unos días mas tarde, cuando estuviera en condiciones de firmar.

Cansada de oír tantas mentiras el alma de Don Damián resolvió dormir. Un segundo después Don Damián se quejó, aunque muy débilmente, y movió la cabeza en la almohada.

— Ahora dormirá varias horas — explicó el médico — y nadie debe molestarlo.

Diciendo lo cual dió el ejemplo, y salió de la habitación en puntillas.

(De *La muchacha de La Guaira*, 1955).

GABRIEL GARCÍA MÁRQUEZ (Colombia, 1928) es una de las revelaciones de los últimos años. Pertenece al ciclo de los narradores que están experimentando con temas, tonos y técnicas — Rulfo, Cortázar, Fuentes, Vargas Llosa, etc. — pero él se destaca porque sus experimentos no le impiden comunicarse llanamente con el lector. Sabe contar. En sus narraciones la percepción de la realidad americana y el sentido de lo maravilloso se integran en un estilo que podría caracterizarse como «realismo mágico»; su mejor obra, hasta ahora, es la novela *Cien años de soledad*, 1967.

Gabriel García Márquez

UN HOMBRE MUY VIEJO CON UNAS ALAS ENORMES

Al tercer día de lluvia habían matado tantos cangrejos dentro de la casa, que Pelayo tuvo que atravesar su patio anegado para tirarlos al mar, pues el niño recién nacido había pasado
5 la noche con calenturas y se pensaba que era a causa de la pestilencia. El mundo estaba triste desde el martes. El cielo y el mar eran una misma cosa de ceniza, y las arenas de la playa que en las noches de marzo fulguraban
10 como polvo de lumbre, se habían convertido en un caldo de lodo y mariscos podridos. La luz era tan mansa al mediodía, que cuando Pelayo regresaba a la casa después de haber tirado los cangrejos, le costó trabajo ver qué
15 era lo que se movía y se quejaba en el fondo del patio. Tuvo que acercarse mucho para descubrir que era un hombre viejo, muy viejo, que estaba tumbado boca abajo en el lodazal, y que a pesar de sus grandes esfuerzos no
20 podía levantarse, porque se lo impedían sus enormes alas.

Asustado por aquella pesadilla, Pelayo corrió en busca de Elisenda, su mujer, que estaba poniéndole compresas al niño enfermo,
25 y la llevó hasta el fondo del patio. Ambos observaron el cuerpo caído con un callado estupor. Estaba vestido como un pordiosero. Le quedaban apenas unas hilachas descoloridas en el cráneo pelado y muy pocos dientes
30 en la boca, y su lastimosa condición de bisabuelo ensopado lo había desprovisto de toda grandeza. Sus alas de gallinazo grande, sucias y medio desplumadas, estaban encalladas para siempre en el lodazal. Tanto lo observaron, y
35 con tanta atención, que Pelayo y Elisenda se sobrepusieron muy pronto del asombro y acabaron por encontrarlo familiar. Entonces se atrevieron a hablarle, y él les contestó en un dialecto incomprensible pero con una buena

voz de navegante. Fue así como pasaron por alto el inconveniente de las alas, y concluyeron con muy buen juicio que era un náufrago solitario de alguna nave extranjera abatida por el temporal. Sin embargo, llamaron para que lo viera a una vecina que sabía todas las cosas de la vida y de la muerte, y a ella le bastó con una mirada para sacarlos del error.

— Es un ángel — les dijo —. Seguro que venía por el niño, pero el pobre está tan viejo que lo ha tumbado la lluvia.

Al día siguiente todo el mundo sabía que en casa de Pelayo tenían cautivo un ángel de carne y hueso. Contra el criterio de la vecina sabia, para quien los ángeles de estos tiempos eran sobrevivientes fugitivos de una conspiración celestial, no habían tenido corazón para matarlo a palos. Pelayo estuvo vigilándolo toda la tarde desde la cocina, armado con su garrote de alguacil, y antes de acostarse lo sacó a rastras del lodazal y lo encerró con las gallinas en el gallinero alambrado. A media noche, cuando terminó la lluvia, Pelayo y Elisenda seguian matando cangrejos. Poco después el niño despertó sin fiebre y con deseos de comer. Entonces se sintieron magnánimos y decidieron poner al ángel en una balsa con agua dulce y provisiones para tres días, y abandonarlo a su suerte en altamar. Pero cuando salieron al patio con las primeras luces, encontraron a todo el vecindario frente al gallinero, retozando con el ángel sin la menor devoción y echándole cosas de comer por los huecos de las alambradas, como si no fuera una criatura sobrenatural sino un animal de circo.

El padre Gonzaga llegó antes de las siete alarmado por la desproporción de la noticia. A esa hora ya habían acudido curiosos menos frívolos que los del amanecer, y habían hecho toda clase de conjeturas sobre el porvenir del cautivo. Los más simples pensaban que sería nombrado alcalde del mundo. Otros, de espíritu más áspero, suponían que sería ascendido a general de cinco estrellas para que ganara todas las guerras. Algunos visionarios recomendaban que fuera conservado como semental para implantar en la tierra una estirpe de hombres alados y sabios que se hicieran cargo del universo. Pero el Padre Gonzaga, antes de ser cura, había sido un leñador macizo. Asomado a las alambradas repasó en un instante su catecismo, y todavía pidió que le abrieran la puerta para examinar de cerca a aquel varón de lástima que más bien parecía una enorme gallina decrépita entre las gallinas absortas. Estaba echado en un rincón, secándose al sol las alas extendidas, entre las cáscaras de frutas y las sobras del desayuno que le habían tirado los madrugadores. Ajeno a las impertinencias del mundo, apenas si levantó sus ojos de anticuario y murmuró algo en su dialecto cuando el padre Gonzaga entró en el gallinero y le dio los buenos días en latín. El párroco tuvo la primera sospecha de una impostura al comprobar que no entendía la lengua de Dios ni sabía saludar a sus ministros. Luego observó que visto de cerca resultaba demasiado humano: tenía un insoportable olor de intemperie, el revés de las alas sembrado de algas parasitarias y las plumas mayores maltratadas por vientos terrestres, y nada en su naturaleza miserable estaba de acuerdo con la egregia dignidad de los ángeles. Entonces abandonó el gallinero, y con un breve sermón previno a los curiosos contra los riesgos de la ingenuidad. Les recordó que el demonio tenía la mala costumbre de recurrir a artificios de carnaval para confundir a los incautos. Argumentó que si las alas no eran el elemento esencial para determinar las diferencias entre un gavilán y un aeroplano, mucho menos podían serlo para reconocer a los ángeles. Sin embargo, prometió escribir una carta a su obispo, para que este escribiera otra a su primado y para que este escribiera otra al Sumo Pontífice, de modo que el veredicto final viniera de los tribunales más altos.

Su prudencia cayó en corazones estériles.

La noticia del ángel cautivo se divulgó con tanta rapidez, que al cabo de pocas horas había en el patio un alboroto de mercado, y tuvieron que llevar la tropa con bayonetas para espantar el tumulto que ya estaba a punto de tumbar la casa. Elisenda, con el espinazo torcido de tanto barrer basuras de feria, tuvo entonces la buena idea de tapiar el patio y cobrar cinco centavos por la entrada para ver al ángel.

Vinieron curiosos desde muy lejos. Vino una feria ambulante con un acróbata volador, que pasó zumbando varias veces por encima de la muchedumbre, pero nadie le hizo caso porque sus alas no eran de ángel sino de murciélago sideral. Vinieron en busca de salud los enfermos más desdichados de la tierra: una pobre mujer que desde niña estaba contando los latidos de su corazón y ya no le alcanzaban los números, un portugués que no podía dormir porque lo atormentaba el ruido de las estrellas, un sonámbulo que se levantaba de noche a deshacer las cosas que había hecho despierto, y muchos otros de menor gravedad. En medio de aquel desorden de naufragio que hacía temblar la tierra, Pelayo y Elisenda estaban felices de cansancio, porque en menos de una semana atiborraron de plata los dormitorios, y todavía la fila de peregrinos que esperaban turno para entrar llegaba hasta el otro lado del horizonte.

El ángel era el único que no participaba de su propio acontecimiento. El tiempo se le iba en buscar acomodo en su nido prestado, aturdido por el calor de infierno de las lámparas de aceite y las velas de sacrificio que le arrimaban a las alambradas. Al principio trataron de que comiera cristales de alcanfor, que de acuerdo con la sabiduría de la vecina sabia era el alimento específico de los ángeles. Pero él los despreciaba, como despreció sin probarlos los apetitosos almuerzos que le llevaban los penitentes, y nunca se supo si fue por ángel o por viejo que terminó comiendo nada más que papillas de berenjena. Su única virtud sobrenatural parecía ser la paciencia. Sobre todo en los primeros tiempos, cuando lo picoteaban las gallinas en busca de los parásitos estelares que proliferaban en sus alas, y los inválidos le arrancaban plumas para tocarse con ellas sus defectos, y los menos piadosos le tiraban piedras tratando de que se levantara para verlo de cuerpo entero. La única vez que consiguieron alterarlo fue cuando le abrasaron el costado con un hierro de marcar novillos, porque llevaba tantas horas de estar inmóvil que lo creyeron muerto. Despertó sobresaltado, despotricando en lengua hermética y con los ojos anegados de lágrimas, y dio un par de aletazos que provocaron un remolino de estiércol de gallinero y polvo lunar, y un ventarrón de pánico que no parecía de este mundo. Aunque muchos creyeron que su reacción no había sido de cólera sino de dolor, desde entonces se cuidaron de no molestarlo, porque la mayoría entendió que su pasividad no era la de un serafín en uso de buen retiro sino la de un cataclismo en reposo.

El padre Gonzaga se enfrentó a la frivolidad de la muchedumbre con fórmulas de inspiración doméstica, mientras le llegaba un juicio terminante sobre la naturaleza del cautivo. Pero el correo de Roma había perdido la noción de la urgencia. El tiempo se perdía en establecer si el convicto tenía ombligo, si su dialecto tenía algo que ver con el arameo, si podía caber muchas veces en la punta de un alfiler, o si no sería simplemente un noruego con alas. Aquellas cartas de parsimonia habrían ido y venido hasta el fin de los siglos, si un acontecimiento providencial no hubiera puesto término a las tribulaciones del párroco.

Sucedió que por esos días, entre muchas otras atracciones de feria, llevaron al pueblo el espectáculo errante de la mujer que se había convertido en araña por desobedecer a sus padres. La entrada para verla no sólo costaba menos que la entrada para ver al ángel, sino que daban permiso para hacerle toda clase de preguntas sobre su penosa condición, y para examinarla al derecho y al revés, de modo que nadie pusiera en duda la verdad del horror. Era una tarántula espantosa del tamaño de un carnero y con la cabeza de una doncella triste. Pero lo más desgarrador no era su aspecto de disparate, sino la sincera aflicción con que contaba los pormenores de su desgracia. Siendo casi una niña se había escapado de la casa de sus padres para ir a un baile, y cuando regresaba por el bosque después de haber bailado sin permiso durante toda la noche, un trueno pavoroso abrió el cielo en dos mitades, y por aquella grieta salió el relámpago de azufre que la convirtió en araña. Su único alimento eran las bolitas de carne molida que las almas caritativas quisieran echarle en la boca. Semejante espectáculo, cargado de tanta verdad humana y de tan temible escarmiento, tenía que derrotar sin proponérselo al de un ángel despectivo que apenas si se dignaba mirar a los mortales. Además, los escasos milagros que se atribuían al ángel revelaban un cierto desorden mental, como el del ciego que no recobró la visión pero le salieron tres dientes nuevos, y el del paralítico que no pudo andar pero estuvo a punto de ganarse la lotería, y el del leproso a quien le nacieron girasoles en las heridas. Aquellos milagros de consolación que más bien parecían entretenimientos de burla, habían quebrantado ya la reputación del ángel, cuando la mujer convertida en araña terminó de aniquilarla. Fue así como el padre Gonzaga se curó para siempre del insomnio, y el patio de Pelayo volvió a quedar tan solitario como en los tiempos en que llovió tres días y los cangrejos caminaban por los dormitorios.

Los dueños de casa no tuvieron nada que lamentar. Con el dinero recaudado construyeron una mansión de dos plantas, con balcones y jardines, y con sardineles muy altos para que no se metieran los cangrejos del invierno, y con barras de hierro en las ventanas para que no se metieran los ángeles. Pelayo estableció además un criadero de conejos muy cerca del pueblo, y renunció para siempre a su mal empleo de alguacil, y Elisenda se compró unas zapatillas satinadas de tacones altos y muchos vestidos de seda tornasol, de los que usaban las señoras más codiciadas en los domingos de aquellos tiempos. El gallinero fue lo único que no mereció atención. Si alguna vez lo lavaron con creolina y quemaron lágrimas de mirra en su interior, no fue por hacerle honor al ángel, sino por conjurar la pestilencia de muladar que ya andaba como un fantasma por toda la casa. Al principio, cuando el niño aprendió a caminar, se cuidaron de que no estuviera muy cerca del gallinero. Pero luego se fueron olvidando del temor y acostumbrándose a la peste, y antes de que el niño mudara los dientes se había metido a jugar dentro del gallinero, cuyas alambradas podridas se caían a pedazos. El ángel no fue menos displicente con el niño que con el resto de los mortales, pero soportaba las infamias más ingeniosas con una mansedumbre de perro sin ilusiones, y esto le permitió a Elisenda dedicar más tiempo a los oficios de la casa. Ambos contrajeron la varicela al mismo tiempo. El médico que atendió al niño no resistió a la tentación de auscultar al ángel, y le encontró tantos soplos en el corazón y tantos ruidos en los riñones, que no le pareció posible que estuviera vivo. Lo que más le asombró, sin embargo, fue la lógica de sus alas. Resultaban tan naturales en aquel organismo completamente humano, que no podía entenderse por qué no las tenían también los otros hombres.

Cuando el niño fue a la escuela, hacía mucho tiempo que la casa nueva se había vuelto vieja. El sol y la lluvia desbarataron el gallinero. El ángel liberado andaba arrastrándose por todas partes como un animal moribundo. Destruyó los sembrados de hortalizas. Lo sacaban a escobazos de un dormitorio, y un momento después lo encontraban en la cocina. Parecía estar en tantos lugares al mismo tiempo, que llegaron a pensar que se desdoblaba, que se repetía a sí mismo por toda la casa, y la exasperada Elisenda gritaba fuera de quicio que era una desgracia vivir en aquel infierno lleno de ángeles. En el último invierno envejeció de un modo inconcebible. Apenas si podía moverse, y sus ojos de anticuario se le habían nublado hasta el punto de que tropezaba con los horcones, y ya no le quedaban sino las cánulas peladas de las últimas plumas. Pelayo lo envolvió en una manta y le hizo la caridad de llevarlo a dormir en el cobertizo, y sólo entonces advirtieron que pasaba las noches con calentura, quejándose con los quejidos sin gracia de los noruegos viejos. Fue esa una de las pocas veces en que se alarmaron, porque pensaban que se iba a morir, y ni siquiera la vecina sabía había podido decirles qué se hacía con los ángeles muertos.

Sin embargo, no sólo sobrevivió a su peor invierno, sino que empezó a restablecerse con los primeros soles. Se quedó inmóvil varios días en el rincón más apartado del patio, y era que los vidrios de sus ojos volvían a ser diáfanos en diciembre, y que sus alas estaban echando plumas grandes y duras, plumas de pájaro viejo, que más bien parecían hechas para la muerte que para el vuelo. A veces, cuando nadie lo oía, cantaba canciones de navegantes bajo las estrellas.

Una mañana, Elisenda estaba cortando rebanadas de cebollas para el almuerzo, y creyó que un viento de altamar había hecho saltar los cerrojos de los balcones y se había metido en la casa. Entonces se asomó a la ventana del patio, y sorprendió al ángel en las primeras tentativas del vuelo. Eran tan torpes, que echó a perder las hortalizas como si hubiera llevado en las uñas una reja de arado, y estuvo a punto de desbaratar el cobertizo con aquellos aletazos indignos que resbalaban en la luz. Pero logró ganar altura. Elisenda exhaló un suspiro de descanso, por ella y por él, cuando lo vio pasar por encima de las últimas casas, sustentándose de cualquier modo con un azaroso aleteo de buitre senil. Siguió viéndolo hasta cuando acabó de cortar la cebolla, y siguió viéndolo hasta cuando ya no era posible que lo pudiera ver, porque entonces ya no era un estorbo en su vida, sino un punto imaginario en el horizonte del mar.

1968, Barcelona.

(Publicado en «Casa de las Américas,» La Habana, VIII, 48 (mayo — junio de 1968).

En *Ecuador* el género narrativo fue cultivado casi exclusivamente por escritores realistas y naturalistas que en su mayoría eran militantes del socialismo. Escribían para denunciar las condiciones de vida del pueblo y protestar contra las injusticias del sistema social. Lenguaje crudo, exageración de lo sombrío y lo sórdido, valentía en la exhibición de vergüenzas nacionales, sinceridad en el propósito combativo dan a esta literatura más valor moral que artístico. De la realidad del Ecuador apartaban ciertos temas que consideraban burgueses, elegían otros que consideraban vigorosos y componían novelas y cuentos con indios sufrientes, con latifundios abominables, con miserables peones de la costa o de la sierra, con ciudades sucias, con bestias dañinas, endemias y desastres: DEMETRIO AGUILERA MALTA, JORGE ICAZA, ALFREDO PAREJA DÍEZ-CANSECO, ADALBERTO ORTIZ, etc.

El mejor cuentista de este grupo, por la calidad de su prosa y por la fina observación de la realidad, es JOSÉ DE LA CUADRA (1904–1941): *El amor que dormía* (1930), *Repisas* (1931), *Horno* (1932), *Guasinton* (1938) y *Los Sangurimas* (1934). Era un espíritu comprensivo, flexible, moderado y a veces irónico. Sus temas estaban tomados de la pobreza, la injusticia, el sufrimiento, la animalidad humana y la naturaleza hostil, pero no fue monótono. Los cuentos de *Guasinton* son muy diversos en tema, humor y perspectiva. El que hemos elegido — «Se ha perdido una niña» — es uno de los pocos cuentos poéticos de la producción ecuatoriana.

José de la Cuadra

SE HA PERDIDO UNA NIÑA

Cuento al estilo viejo, al margen de los libros románticos

5   *Mi primo Claudio*

La narración que ahora reproduzco, y a la cual su autor calificó de poemática, la escribió mi primo Claudio poco antes de morir. Estaba
10 entre sus papeles íntimos que heredé, por voluntad de nuestra tía Sagrario, junto con una caña de Malaca, veinte novelas de Felipe Trigo, un par de tiradores Presidente y varias corbatas a vivos rojos. Mi primo Claudio
15 gustaba mucho de los vivos rojos en las corbatas, en los pañuelos y en los calcetines. También gustaba del ron aferrante y de la cerveza helada. En sus frecuentes madrugadas bohemias prefería trasegar vasos de leche-
20 tigra: esto es, leche con puro de 21º. Claudio

murió a los dieciocho años, en flor de juventud y en olor de beodez, cierta noche plenilunar de mayo.

Lo mataron a tiros, en el cabaret grande de la calle Machala, tres gringos del «Santa Clara», vapor que estaba al ancla en la rada, cumpliendo su escala. Los gringos habían ido a bailar al cabaret, llevando consigo una rubia muy pintarrajeada.

Entre las debilidades de mi primo se contaba la de creerse bello como Antonio y atrayente como Don Juan; así, emprendió de inmediato la conquista de la mujerzuela.

Utilizaba como armas su sonrisa, que reputaba irresistible, y su detestable inglés escolar. Los gringos estaban tan borrachos como él, y parece que se ofendieron por los galanteos a la hembra. Hay quienes creen que mi primo, cuyo inglés era intuitivo y según mejor calculaba, se equivocó en un vocablo, que resultó injurioso como él lo pronunciaba. Lo cierto fué que los gringos sacaron sus pistolas, y en menos de un minuto convirtieron el cuerpo de mi pariente en un arnerillo sangrante. Al verlo así, la mujer dijo, en un castellano de erres difíciles, que ése era el tercer hombre en el mundo que moría en honor de ella. Mi primo Claudio, tumbado de bruces sobre una mesita de kaolín, ya no podía decir absolutamente nada. Con su definitivo silencio, la poesía ecuatoriana perdió un poeta de posibles valores antológicos, y las cantinas del puerto, un cliente asiduo y constante, que demoraba el pago de las cuentas a crédito pero que las pagaba a la larga.

El anuncio

Hoy de mañana leí en el diario, confundido en el fárrago de avisos económicos, este reclamo breve: «Se ha perdido una niña.» Y a continuación se daban las indicaciones y señas de la bebé huidiza. A lo que parece, la criatura decía ya, con su lengua enredada, torpecilla, ñoñamente musical; «papa» y «mamá»; quizás alguna otra palabra más.

Es de suponer que se reía anchamente, enseñando la gracia leve de los dientecillos de ratón. Acaso sabría guiñar, con anticipada malicia femenil, los negros ojitos, y mesarse con ambas manos, peinándola, como una diminuta y morena Loreley, la mata ensortijada de los cabellos color castaño oscuro. Y toda esta inocente alegría de dos años ralos, se agitaba dentro de una batita blanca de holanda, sobre unos zapatitos forrados de raso crema y bajo un enorme pompón de cintas en tono pétalo de rosa.

Había tal morosa delectación en describir a la muñeca y tal maña ingenua en ofrecer el cebo de la recompensa a quien la hallare y volviere, que era fácilmente comprensible que sólo una madre podía así describir a su hija, o un amante a su amante.

Este aviso intrascendente, que leí hoy de mañana, todavía en el lecho, mientras se inundaba mi cuarto en la gloria del sol naciente, me ha hecho recordar una historia que ocurrió cuando era muchacho.

También se perdió una niña en la historia que voy a contar. O, mejor, a cantar.

El primer escenario

Samborondón es la bien guarnida. Desde el Septentrión vigílanla sus perros. Al Meridión, el río se enrevesa en curvas que la ocultan: quiere dejarla como al fondo de un caracol de agua corriente, defendida y secreta. Y la aldea sonríe, agradecida. Antes, no ha mucho, precisamente cuando esta historia comienza, Samborondón estaba en francos y leales amores con el río. Ahora, no. El Guayas riñó con ella por achares y de ella se va apartando, día por día, dejándola tierra adentro, poniendo entre ambos una faja de playas limosas. El Guayas tiene costumbres arcaicas y se parece a los antepasados. No se corrige aún y es difícil que se corrija jamás. Odia lo moderno y se engríe remembrando lo que fué.

Los abuelos dizque colocaban una tabla, dividiendo el lecho conyugal cuando se peleaban. Algo como eso es la faja de playa samborondeña. El Guayas ha procedido igual que los antecesores.

Por detrás de Samborondón se extienden, hasta la raya del horizonte, los tembladerales[1] verdosos, donde habitan los lagartos hambrientos. Los tembladerales comienzan en la misma tapia trasera del cementerio, que queda al final del pueblo, y estrechan a Samborondón en un prieto abrazo. De eso estaba celoso el río. Fué un viejo pleito que ha durado siglos y que el Guayas perdió. Hay que suponer que Samborondón coqueteaba con sus dos amantes y éstos no lograron avenirse. El pueblo es pequeño, si bien hay quienes aseguran que es muy grande. Nadie lo ha medido. Allá se es supersticioso. Corre una abusión[2] popular: cuando se mide a alguna persona, ésta muere a poco. Es como si la midieran para su ataúd. Puede ser que la abusión se aplique a las poblaciones, y por eso nadie ha medido a Samborondón. Sólo vale decir que va de estero

---

[1] Pantanos con plantas que se hunden en el cieno y tiemblan al menor movimiento.

[2] Superstición, agüero.

y del filo de los tembladerales al filo de la playa fluvial.

La aldea es tan linda como una muchacha montuvia[3] aún no desdoncellada. Las casuchas se agrupan en torno de la iglesia y se desbandan luego a lo largo de las callejuelas que nacen en la plaza del parque.

Las mujeres son guapas, fornidas y recias: tienen ojos bonitos, boca chiquita y acorazonada, pechos altos, muslos duros y esbeltos y ancas poderosas. Con la forzosa excepción de las familiares de los señores feudales, casi todas las mujeres se dedican a cocer, tallar y pulir el barro. Fabrican ollas anchurosas, torneadas cantarillas y jarrones de finas formas. Es una manufactura nativa, prestigiada de tiempo. Una suerte de oficio noble, del que se enorgullecen.

Los hombres labran el campo, ejercen la rabulería o roban ganado. Aquellos que no hacen ninguna de estas tres cosas, anudan corrillos en los portales o vagabundean por las calles yerbosas. Visten pantalones de dril, cotonas de zaraza[4] abotonadas hasta el cuello, y sombreros ligeros de paja. Algunos portan al cinto el machete filudo y pequeñín como una daga, o un yatagán de ejército. Son grandes «jugadores de fierro». Y su consumada maestría es indiscutible. Valientes de veras, comprometen su vida por una insignificancia cualquiera. Aman la pinta, las lidias de gallos y el aguardiente de caña. Les place jinetear potros indómitos y adoran la emoción de la sabana que va corriendo bajo el galopar de las bestias.

Las muchachas, en los amplios patios soleados, junto al mismo horno donde se cuece el barro, hacen rosquillas de maíz, empanadas y dulces de tipo monjil. Venden los muchachos las obras salidas de manos de las muchachas. Arman agudos griteríos en las balsas, ofreciendo los artículos a los pasajeros de las lanchas y vapores.

Viejos y viejas forman el beaterío, y entre sus filas se recluta el grueso de la feligresía parroquial. El sol calienta como en todas partes; y, cuando la luna sale, consagra la aldea de exotería.[5] Entonces, Samborondón se propicia como escenario adecuado para un bonito cuento de amor.

La muchacha montuvia

Eras tú, Catalina, flor de esa tierra samborondeña. Tú, júbilo de mis años niños, buen recuerdo de los días fugados, adorable salvajilla, naciste en las marcas parroquiales, hija de quién sabe quién en el vientre hospitalario de la bruja ña Maclovia, nuestra antigua servidora. Referíanse de tu origen cosas extrañas. Serías, según las gentes paisanas, engendro sacrílego de un cura párroco, que lo fué del pueblo; y juraban los vecinos que tenías una cruz en el paladar y un copón de cáliz bajo la lengua. Por eso de tu padre eclesiástico, decían que ña Maclovia se convertía cada noche en una mula briosa e iba a dar coces contra la puerta mayor de la iglesuca. Otros decían que eras el fruto de los amores de tu madre con un mercachifle griego que andaba por los caminos reales con el hato del negocio sobre las espaldas inclinadas. No faltaba quien te atribuyera como progenitor al cacique fallecido, a quien ahora reemplazaba sin ventaja un nuevo cacique cualquiera. Lo único que decía ña Maclovia respecto de tus orígenes era que «le lloraste en la barriga», acaso — pienso yo — acobardada de su anchura y de su tenebrosidad, en la que te agitarías tú, pobrecita cosa pequeña, como un chagüís[6] en un nido de ollero. Aquello de tu llanto de nonata te valió fama de adivina. Dirías el futuro. Prevendrías lo que iba a ser. ¡Sibila infeliz! No conseguiste jamás adivinar cuándo mi vieja tía Sagrario estaba de mal humor, y siempre te acercaste a ella, mimosa y zalamera, precisamente en las peores oportunidades. Te tocaban más azotes que a mí en el cuotidiano reparto, aun cuando ahora pienso si no harías todo lo posible para librarme a mí. Porque eras buena de hueso y me querías de adentro, como por allá se dice ¡oh, tú, júbilo de mis años niños, recuerdo amable de los días fugados!

---

[3] Campesina de la zona de la costa regada por los grandes ríos.
[4] Tela de algodón.

[5] Afición a lo exótico.
[6] Pajarillo que en otras partes del Ecuador se llama *putilla*.

Maestra de vida

He aprendido de ti tanto y tanto que puedo decir que me enseñaste a vivir. Todas mis habilidades de muchacho se remontan hasta ti, mi humilde maestra. Por ti sé cómo se flota sobre las aguas mansas y cómo se atraviesan a brazo luchador las vaciantes y los rápidos. Por ti sé cómo se trepa a los árboles de troncos nudosos, en cuyas ramas altas cuelgan las frutas. Por ti sé cómo se monta a pelo, sobre el lomo liso de los caballos. Por ti sé el ardid de coger sin riesgo casas de avispas y palacios de hormigas, y el ardid de escapar de los perros furiosos, y el ardid de torear las reses alzadas. Por ti sé el significado de los medrosos ruidos del monte. Por ti sé interpretar la voz de los elementos desatados, y sé que cada cosa aparentemente muda y silenciosa de la naturaleza está hablando siempre, siempre, y sufre y goza al igual que los animales y los hombres. Toda mi ciencia campesina viene de ti, como de una fuente. Y conozco también por ti el sabor de un beso puro. Tus labios, púberes apenas, acariciaban sin mancilla mi orfandad de un lustro, siempre llorosa y tímida, sujeta al férreo yugo de mi tía Sagrario.

El viaje

Cuando estuve en edad de entrar a la escuela, mi tía Sagrario quiso que nos estableciéramos en Guayaquil. La buena señora necesita pretextos para sus futuras cuentas de curadora. La estada en el puerto abría camino al derroche de mi escasa herencia paterna, confiada a sus manos. Mi presunta educación iba a pagar los lujos de mi tía: sus mantas de seda, sus zapatos de charol, la batista de su ropa interior, sus misas a las ánimas y sus novenarios. Tú y yo lloramos al separarnos del pueblo. A mí me ilusionaba un tanto la novedad del viaje. A ti, no. Te veo en mi memoria, como estabas en ese trance de la embarcada: sostenías con una mano el lío de tus corotos,[7] y con la otra, la jaula del perico hablantín. Te corrían las lágrimas por el rostro y tus ojos estaban abotagados. Al verte

así, mi tía te trató de imbécil y te haló de la oreja hasta que pediste perdón. Durante todo el viaje no cruzamos palabra.

El segundo escenario, los personajes, las escenas

En Guayaquil sufrimos hasta lo inconcebible. Fué nuestro viacrucis y nuestro calvario. Muy tarde ha sido, para cada uno, nuestro monte Tabor. Tía Sagrario se extremó en torturarnos. A ratos parecía como si se hubiese vuelto loca. Nos flagelaba con un largo látigo. Nos privaba de la merienda. Nos hacía rezar oraciones, hincados sobre las piedrecillas menudas. Impedía que nos acostáramos en la cama, obligándonos a permanecer sentados, vencidos de hambre y de sueño. Nos mantenía de pie durante largas horas, meciendo su hamaca, mientras ella desgranaba el rosario o leía novelones. Su cólera subía de punto cuando no venía el señor Fernández. Este señor Fernández se había hecho amigo de mi tía a poco de nuestra llegada a Guayaquil y la visitaba con frecuencia. Después he comprendido que era su amante y que la explotaba. El señor Fernández era un cuarentón regordete y bajo de estatura, con bigotes a lo kaiser Guillermo II. Hablaba con voz aflautada y olía a suciedad y a agua Florida. A mí me odiaba descaradamente; me llamaba «animalejo estúpido» y me propinaba coscorrones. Sin duda veía en mí un obstáculo para su futuro reposado, al lado de mi tía, disfrutando los dinerillos de mi padre. Estoy convencido de su deseo de que me aplastara un automóvil o me apestara de bubónica. En cambio a ti, Catalina, el señor Fernández te devoraba con los ojos. Por distintos caminos, la conducta del señor Fernández nos irrogaba daño. Por solidarizarse con él, tía Sagrario arreciaba su odio contra mí. Presintiendo en ti una rival de sus amores, tía Sagrario te odiaba más. Y nuestros cuerpecillos pagaban las consecuencias. Tía Sagrario se indignaba contra tus senos erectos de virgen, que inocentemente anunciaban su pezón bajo la blusa, temblorosos y frágiles.

---

[7] Trastos, trebejos.

— Esta mujer anda provocando a los hombres con esas dos cosas puntonas ¡so indecente! — decía. Y te hacía fajar el busto como a un mamoncillo.

Luego luchó contra tus caderas saltarinas y redondas, que se sacudían cuando andabas con ese paso tuyo ligero, de animalillo joven. Cosió para ti holgados trajes de sempiterno azul, semejantes a esas batas que usaban para el baño las mujeres del pasado siglo. Pero era inútil empeño tratar de esconder la alegría de tus encantos recientes, la gloria de tus gracias de crepúsculo matutino. Saltaban por ahí, por donde se esperaba menos: ora un rizo caedizo, ora tu mirar adormilado, ora una risa o un ademán. Hay que compadecer un poco a la tía Sagrario. Debe haber sufrido mucho al no poder vencerte.

La escena máxima

Lo terrible ocurrió la vez que tía Sagrario sorprendió al señor Fernández abrazándote en una esquina del salón, mientras tú forcejeabas por desasirte. No se enojó con él. En cambio, desfogó sus iras contigo.

— ¡Corrompida! ¡Ah, eres una corrompida! ¡Y una ingrata! ¿Es que no me agradeces el bien que te he hecho al recogerte para que no fueses una perdularia cualquiera?

¡Ah, cuánta maldad, Dios mío; cuánta maldad! Si entonces yo hubiera sido capaz de comprender habría sentido lástima del furioso dolor de aquella vieja celosa. Pero todavía mis ojos no habían mirado para la honda sima donde se debaten las pasiones humanas, y no comprendí. Rodaste, a golpes, por el suelo. Tumbada de espaldas, parecías una pequeña muertecita, y yo lloré, creyéndote perdida para siempre. Tía Sagrario se recluyó en su alcoba. Al poco rato oí que ella también lloraba, con unos profundos sollozos que la ahogaban.

La despedida

Seguramente en esa ocasión fué cuando resolviste escaparte. Cierta noche — alta noche sería — me desperté, sintiéndote próxima a mí. Te habías sentado al borde de mi cuna y me besabas.

— ¿Me extrañarías, Claudio, si me fuese? — inquiriste —.

Pero no dejaste que respondiera. En seguida hablaste de nuestro pueblo. Trajiste a la memoria todas las cosas bonitas que vimos juntos. Y terminaste por repetir alguna de esas historias montuvias que me contabas allá, al anochecer, en la cocina de nuestra casa samborondeña, mientras lavabas los trastes y yo me mecía en la hamaquita de jerga,[8] que colgaba en la puerta de la azotea. Creo que esa noche me narraste la historia de la india encantada. Esta india, que entre los suyos fué princesa, mora en una cueva en la cumbre del cerro grande de Samborondón. En los plenilunios sale a bañarse, desnuda, con rayos del astro, que recoge en un mate de oro. Escuchando esa historia me dormí.

La fuga. La muerte

Y al día siguiente ya no estabas en la casa. Se te buscó por todas partes, pero no se logró dar con tu paradero. No he vuelto a verte más. Sin embargo conozco tu breve novela. Primero, un cuartucho de hotel, luego un zaquizamí[9] de arrabal; al cabo, el prostíbulo. Primero, un hombre; luego, muchos hombres, todos los hombres. Después del prostíbulo, el hospital; y más tarde, la morgue y la tumba. Uno que sin duda te amaba hurtó tu cuerpecillo a la fosa común. Compró una sepultura para tu cadáver, en la colina del Carmen, y además una cruz de madera con tu nombre. Alguna ocasión, borracho, he pasado por frente al cementerio de los pobres y se me ha ocurrido ir a tu tumba a visitarte. Mis amigos lo han impedido. Estando sin alcohol, no he ido jamás, ignoro por qué. Mas estoy seguro de que abrigo por ti, o mejor dicho, por tu recuerdo, un sentimiento que tiene poco de compasivo y que se parece mucho al de aquel desconocido a quien debes los seis metros de profundidad que te ocultan para siempre.

---

[8] Pieza de paño.

[9] Especie de taberna.

El gesto del muchacho

Es para reírse. Me río yo mismo. Pero yo era así de muchacho. Hay que considerar que me crié en la orfandad, que no tuve mimos y que nadie me engrió. Me agarraba a cualquier emoción desesperadamente. Y era sentimental y romántico sin saberlo. La vecina pulpera perdió una vez su gato, y puso un aviso en la puerta de su tienda: «Se ha perdido un gato romano, con un ojo amarillo y el otro verde. Se llama Juan. Le regalaré cuatro reales a quien lo traiga». Yo imité a la vecina. Recatado de los ojos de mi tía pegué un papelito en un rincón del zaguán. Decía allí que te habías perdido, daba tu nombre y te describía a mi modo. Ofrecía a quien te volviera mi mejor juguete: una caja de soldados pomeranianos, regalo de mi padrino. Pero nadie te tornó a mí. Los pomeranianos, encerrados en su cuartel de cartón, perdieron sus colores metálicos y se enmohecieron. El papelito amarilleció y acabó por caerse. Una tarde se iría, barrido a escoba, en el carretón de la basura. Y nada más.

El reclamo

Sin duda no daba bien tus señales cuando no te volvieron a mí. No sería por lo horro de la recompensa. Estoy seguro de que el hombre es bueno. Cualquiera que hubiera leído el reclamo te habría traído a mi lado. Sí; el hombre es bueno. Ahora podría describirte mejor. Diría:

— Se ha perdido una niña. Es flor de la tierra samborondeña. Su carne es del mismo color del barro cocido, del barro con que las hembras paisanas fabrican las ollas anchurosas, las torneadas cantarillas y los jarros de finas formas. Su pelo es renegrido y zambo; pero, en cambio, su boca es chiquita y acorazonada. Sus senos son altos; sus muslos, duros y esbeltos; y sus ancas, poderosas. Su risa semeja el relincho de una yegua de vientre, suelta en la sabana. Su llanto parece el arrullar de las pintadas colembas[10] en los porotillos orilleros. Ama los caramelos de limón y el silencio; mas, de estar alegre, charla como un periquito hablantín. Mira siempre tímidamente, como un chagüiz apresado. Cuando anda, todo su cuerpo salta en un zangoloteo inocentemente lascivo: brincan sus senos, cimbran sus caderas, su carne tiembla y se estremece. Toda ella es un maravilloso juego de complicado resortaje. Sólo los potros indómitos , corriendo por las pampas, pueden comparársele.

Invocación final

— ¿La has visto tú, mujer de la calle? ¿La has visto tú, hombre de la calle?

(De *Guasinton*, Quito, 1938).

Uruguay. ENRIQUE AMORIM (Uruguay; 1900–1960) obtuvo sus mayores éxitos con su serie de novelas rurales: *La Carreta* (1929), *El paisano Aguilar* (1934), *El caballo y su sombra* (1941). Pero no se ha quedado en el tema campesino, como lo prueban sus novelas de ambiente urbano, atentas a problemas sociales, políticos, psicológicos y aun a puras aventuras policiales. Infatigablemente Amorim va levantando su torre de novelas, desde las que observa el mundo sudamericano. Otros títulos son *La edad despareja* (1938), *La luna se hizo con agua* (1944), *El asesino desvelado* (1946), *Nueve lunas sobre Neuquén* (1946), *La victoria no viene sola* (1953), *Corral abierto* (1956), *Todo puede suceder* (1956), *Los montaraces* (1957), *La desembocadura* (1958).

---

[10] Avecita de plumaje negro y pecho amarillo.

Amorim es un observador inteligente, mesurado pero inquieto por la desorientación espiritual de nuestro tiempo. A veces la militancia política lo lleva a esbozar situaciones o personajes demasiado abstractos, pero en general acierta en la descripción precisa de una realidad concretísima. Ha escrito también teatro, versos y varios libros de cuentos. De su colección de cuentos *Después del temporal* (1953) reproducimos «La fotografía», que el mismo autor ha señalado como uno de sus preferidos. En estas páginas prueba Amorim su habilidad de narrador. Con detalles cuidadosamente elegidos presenta la soledad de una francesa en un pequeño pueblo uruguayo. Madame Dupont — mujer de mala vida, dedicada a su triste profesión entre «los horribles muros» de «su casa vergonzosa en los arrabales del pueblo» — quiere sacarse una fotografía junto con cualquier mujer decente, para engañar piadosamente a su madre, allá en Francia. La relación entre la profesional del amor y la maestra solterona apenas está insinuada, pero la atmósfera del cuento es densa, dramática y conmovedora.

Enrique Amorim

LA FOTOGRAFÍA

El fotógrafo del pueblo se mostró muy complaciente. Le enseñó varios telones pintados. Fondos grises, secos, deslucidos. Uno, con árboles de inmemorable frondosidad, desusada
5 naturaleza. Otro, con sendas columnas truncas que — según el hombre — hacían juego con una mesa de hierro fundido que simulaba una herradura sostenida por tres fustas de caza.

El fotógrafo deseaba conformarla. Madame
10 Dupont era muy simpática a pesar del agresivo color de su cabello, de los polvos de la cara pegados a la piel y de alguna joya, dañina para los ojos cándidos del vecindario. Con otro perfume, quizás sin ninguna fragancia, habría
15 conquistado un sitio decoroso en la atmósfera pueblerina. Pero aquella señora no sabía renunciar a su extraña intimidad.

— Salvo que la señora prefiera sacarse una instantánea en la plaza. Pero no creo que
20 tenga ese mal gusto — dijo el fotógrafo. Y rió, festejándose su observación —. Me parece más propio que obtengamos una

fotografía como si usted se hallase en un lindo jardín, tomando el té . . . ¿He interpretado sus deseos?

Y juntó una polvorienta balaustrada y la mesa de hierro fundido al decorado de columnas. Dos sillas fueron corridas convenientemente, y el fotógrafo se alejó en busca del ángulo más favorable. Desapareció unos segundos bajo el paño negro y volvió a la conversación como quien regresa después de hacer un sensacional descubrimiento:

— ¡Magnífico, magnífico! . . . —. El paño fué a parar a un rincón —. Acabo de ver perfectamente lo que usted me ha pedido . . .

La mujer miraba el escenario con cierta incredulidad. La pobre no sabía nada de esas cosas. Se había fotografiado dos veces en su vida. Al embarcarse en Marsella, para obtener el pasaporte. Y un retrato en América, con un marinero, en un parque de diversiones. Por supuesto, no había podido remitir esa fotografía a su madre. ¿Qué iba a decir su madre al verla con un marinero, tan luego su madre que odiaba el mar y la gente de mar?

Volvió a explicarle al fotógrafo sus intenciones:

— Quiero un retrato para mi madre. Tiene que dar la impresión de que me lo han sacado en una casa de verdad. En mi casa.

El hombre ya sabía de memoria las explicaciones. Pretendía un retrato elocuente que hablase por ella. Conocía la dedicatoria que llevaría al pie: «A mi inolvidable madre querida, en el patio de mi casa, con mi mejor amiga.»

Era fácil simular la casa. Los telones quedarían admirablemente. Faltaba la compañera, la amiga.

— Eso es cosa suya, señora. Yo no se la puedo facilitar. Venga usted con ella y le garantizo un grupo perfecto.

Madame Dupont volvió tres o cuatro veces. El fotógrafo se mostraba complaciente, animoso.

— Ayer saqué a dos señoras contra ese mismo telón. ¡Fantástico! Ya está probado. El grupo sale perfecto. Vea la muestra. Parece el jardín de una casa rica.

La clienta sonrió ante la muestra. Tenía razón el fotógrafo. Un retrato verdaderamente hermoso. Dos señoras, en su pequeño jardín, tomando el té.

Y volvió alegremente hasta las puertas de su casa vergonzosa, en los arrabales del pueblo.

A unos cien metros de su oscuro rincón vivía la maestra, la única vecina que respondía a su tímido saludo:

— Buenas tardes.

— Buenas . . .

A la pobre señora del pelo oxigenado le temblaban las piernas. El saludo se le desarticulaba en los labios. Y seguía pegada a los muros, sin levantar la vista.

Tal vez algún día consiguiese valor para detener el paso y hablarla. La maestra parecía marchita, apoyada en el balcón de mármol con aire melancólico y fracasado. El balcón era semejante al de utilería. Bien podría ella prestarle un favor. ¿Por qué no atreverse? No se negaría ante una solicitud tan insignificante.

Al fin, una tarde se detuvo. Una tarde sin gente, con perros vagabundos. Pasaba un carro de pasto verde, de esos a los que se les pide una gracia. Y la otorgan . . .

Se detuvo repentinamente. Claro, no la esperaban. Y le explicó el caso, lo mejor que pudo. Sí, era nada más que para sacarse un retrato destinado a su madre. Un retrato de ella con alguien, así como la señorita, respetable . . . Sonrió, segura de ayudarse con un gesto. Se retratarían las dos y ella le pondría una dedicatoria. La madre, una viejita ya en sus últimos años, comprendería que su hija habitaba una casa decente y tenía amigas, buenas amigas a su alrededor. La escena ya estaba preparada desde días atrás. ¿Sería ella tan amable de complacerla? Las relaciones de Madame Dupont son muy escasas y no se prestan para cosas así. No sirven. Además, no la entienden. ¿La podía esperar en casa del fotógrafo? Sí, la esperaría a la salida de clase. Mañana. Cuando los niños volviesen a sus hogares. «Merci, merci . . .»

Madame Dupont no recordaba si había monologado, simplemente. Si la maestrita había dicho que sí o que no . . . Pero recordaba una frase desvanecida en su memoria, no escuchada desde tiempo atrás: «Con mucho gusto».

Y dió las gracias con palabras de su madre. Y antes de dormirse besó el retrato de su madre, poniéndolo nuevamente en su sitio, entre una pila de sábanas, amortajado.

Al fin, alguien del otro lado del mundo se había dignado tenderle la mano para que ella pudiese dar un salto. Pensaba, mientras se dirigía a la casa del fotógrafo, que tal vez fuese el comienzo de una nueva etapa en su vida. La maestra le había contestado con naturalidad, como si prometiese sin mayor esfuerzo. Aquel detalle la tranquilizaba.

No acababan de acomodar las sillas, de situar la mesa, de dar golpes de plumero al polvoriento balcón de «papier mâché».

El fotógrafo, cansado de rectificar el cuadro, se asomó a la puerta de calle a ver pasar la gente. Cuando los niños salieron de la escuela, entró a enterar a su clienta. La maestra ya estaría en camino.

— Dentro de un momento llegará — aseguró la mujer —. Ha de estar arreglándose.

Al cuarto de hora los alumnos habían colgado sus delantales blancos y se les veía otra vez vagabundear por la calle, sucios, gritones, comiendo bananas, cuyas cáscaras arrojaban en los zaguanes con crueles intenciones, a la expectativa del porrazo. Los días que se sentían malos, sin saber por qué.

— Ya debería estar aquí. Lamento comunicarle — dijo el hombre — que dentro de poco no tendremos luz suficiente para una buena placa.

La mujer aguardaba, disfrutando del apacible rincón, feliz en su espera. Nunca había permanecido tanto tiempo en un sitio tan amable y familiar. Se colmó de una dicha honrada, sencilla, desconocida.

Con las primeras sombras, Madame Dupont abandonó el local. Se alejó envuelta en una disimulada tristeza. Dijo que volvería al día siguiente. La maestra, sin duda, había olvidado la cita.

Al doblar la esquina de su calle la vió huir del balcón. Oyó el estrépito de la celosía como una bofetada. Después lo sintió en sus mejillas, ardiendo.

No es fácil olvidar un trance semejante. Y menos aún si se vive una vida tan igual, tan lentamente igual. Porque Madame Dupont acostumbraba a salir una vez a la semana y ahora ha reducido sus paseos por el pueblo. Suele pasar meses sin abandonar los horribles muros de su casa.

No ha vuelto a ver a la maestra marchitarse en el balcón de mármol, a la espera del amor, de la ventura.

El fotógrafo archivó el decorado, la tela pintada con aquel árbol de fronda irreal. Sobre la balaustrada cae un polvillo sutil, que es el alma del pueblo, la huella de sus horas apacibles.

Los niños siguen arrojando cáscaras de fruta en los zaguanes con perversas intenciones. Sobre todo cuando sopla el viento norte. Y se oyen gritos de madres irritadas, de padres coléricos.

A veces, no está de más decirlo, hay que encoger los hombros y seguir viviendo.

(De *Sur*, Buenos Aires, 1942, num. 91).

El existencialismo o, por lo menos, ese angustioso meditar que asociamos al existencialismo de Kierkegaard — meditar sobre la criatura humana, concreta, singular, atormentada por el sentido de su responsabilidad — inspiró cuentos, novelas. No fue ni literatura idealista ni realista; precisamente su originalidad estuvo en que se negó a separar la conciencia por un lado y el mundo exterior por otro. Le interesaba comprender la existencia humana como un «estar», como un «ser» en el mundo. Un gran novelista dio nuestra América en esta dirección: EDUARDO MALLEA (Argentina; 1903). Empezó juguetonamente con los *Cuentos para una inglesa desesperada* (1926) pero después de diez años de silencio reapareció con una tremenda seriedad. *Nocturno europeo* (1934) fue una confesión en tercera persona; en esa persona — Adrián — Mallea comenzó a ahondar en su angustiada concepción de la vida. En *Historia de una pasión argentina* (1935) mostró a su angustia en su circunstancia nacional. Libro autobiográfico, vibrante, cálido. Imprecación contra los figurones de la oligarquía, contra las clases poderosas que asfixian la vida auténtica del pueblo. Ternura para las voces profundas de la nación trabajadora y leal. En los relatos de *La ciudad junto al río inmóvil* (1936) Mallea intentó descubrir el secreto de Buenos Aires: personajes conscientes de su soledad y desesperación, con las raíces morales en el aire. Desde *Fiesta en noviembre* (1938) Mallea, que hasta entonces se expresaba con monólogos, empezó a construir sus novelas con diálogos en contrapunto, con múltiples personajes cada cual con su perspectiva. Pero en todas las novelas que siguieron, desde *La bahía de silencio* (1940), por variados que sean, los personajes y sus actitudes ante la vida siempre están habitados por Mallea, que desde cada alma creada persigue su propia indagación de qué es ser hombre, ser mujer, en una situación vital argentina. Mallea tiene el pudor de contar. Cada vez que llega a una situación propicia para hacer galopar el relato, se desvía hacia lentos análisis psicológicos o reflexiones más o menos filosóficas. Su tono de preocupación, de tristeza y a veces de congoja por las condiciones de la vida domina toda su vasta obra novelística. Puesto que, de acuerdo a nuestro plan, no podemos incluir aquí pasajes de sus novelas, vamos a reproducir unas páginas en las que Mallea echa un vistazo a su propia actividad de narrador. De esta manera ligamos esta sección con la que sigue, que versará sobre el Ensayo.

Eduardo Mallea

TRÍPTICO PERSONAL
1940-1949

1.

No sé lo que es la ambición literaria; en puridad no sé lo que es. Puedo imaginármela, puedo hacerme a la idea de que es algo así como una convención de naturaleza retórica según la cual un señor dado se propone obtener de un dado público ciertas calificaciones presuntas. Pero la palabra no me gusta. Implica, *prima facie*, cierto trueque; y en este cambio es a veces más ilegítimo lo que se da que legítimo lo que se obtiene. A la palabra ambición prefiero la voz proyecto: me parece más próxima de la artesanía problemática y menos garantizada de costosas complacencias. Por lo demás escribo en virtud de un proceso cuya calificación no es tan simple. Elijamos una palabra: catártico. Catártico en lo personal; pero ¿qué tiene que ver lo personal con la función real de escribir? El esteta puede ajustarse a un ejercicio de tal modo suntuario, privado, fortuito, presuntuoso; pero nadie más. Escribir, en el sentido decente del término, entraña otros contratos. Por lo pronto, una necesidad de estructura, o de relaciones proporcionadas, entre el objeto producido y el medio en que se produce. No es menester siempre que la literatura refleje su tiempo; es a veces menester — es a veces forzoso — que la literatura refleje lo que está en su tiempo *sin ser visto*, o lo que su tiempo reclama por conductos tácitos que sólo por la creación producida se hacen (y a veces sólo a largo plazo) explícitos.

Un escritor refleja de su tiempo lo que su tiempo no encuentra. Por eso cuando la política prevalece atacando la libre expresión creadora de la criatura humana, la literatura recoge su tiempo en sus trojes. Una literatura llamada a perdurar es generalmente profética; en raros casos apologética; menos aún de propaganda. Cuando la literatura no es de anunciación, de suscitación, se vuelve mostrenca, subordinada, subalterna. Como los cleros, la literatura necesita para ser grande engrandecerse en la privación y nacer de un prolijo y noble tormento. Dostoiewsky está bien en el tiempo de Dostoiewsky. Su concepción de su tiempo llevaba ventaja sobre el tiempo. Pero los países totalitarios han matado su literatura; por eso solo, por mucho que blandan otros estandartes, han renunciado ya a la mitad de su genio. Cervantes es tan importante como Lepanto,[1] en muchos sentidos, más: porque lo que una batalla tiene de eterno es su leyenda, pero lo que un genio nacional tiene de eterno es su permanente actualidad.

No sólo persiste el escritor según su verdadera ley en hallar lo que su tiempo no encuentra, sino lo que él, en tanto que hombre dotado de medios expresivos, halla, en su medio, inexpresivo. De ahí que algunos no nos hayamos dado la paciencia de limitarnos y estemos todavía dando manotadas acumulativas, tocando a veces temas que no elegiríamos y empleando a veces registros que sin causa decisiva no utilizaríamos y extendiendo nuestro abarcar en vez de ajustar nuestro apretar. ¡Cuánto tiempo hace que yo, por ejemplo, no me doy el gusto de escribir un libro a mi gusto! Estoy escribiendo, por mi parte, sobre lo que creo que no puede pasar sin ser recogido, articulado, aunque no sea más que para acusar el tema y dejarlo fuera del limbo, fuera de la región de lo inexpresado. Y de este modo yo mismo considero varios de mis libros sin calor, como voluminosas aproximaciones. Pues no quiero dejar — ni a trueque de darme un gusto a mí mismo — de acercarme y enfrentarme con materias que no podemos dejar imprevistas, que no podemos dejar inéditas, que no podemos dejar ocultas en la masa indiferenciada. Y sucede después como en los edificios: si uno llega a techar los basti-

mentos la obra se salva y si no, no. Así pues a lo que tiendo es a ir figurándome los libros que podrán servir de techos. Si los obtengo, las voluminosas aproximaciones obtendrán mecánicamente su sentido parcial y su justificación general; y si no, quedarán como eso, como meras masas aproximativas, semejantes a las paredes y al techo de una arquitectura substantiva que nunca del todo se consumó. Pero mientras tanto, nuestro quehacer es una labor ímproba, una labor a la que no le importa más que poseer un fin y estar desarrollando un ejercicio, un ejercicio hacia ese fin. Libro escrito es libro al que ya somos extraños: nuestra atención está de nuevo reclamada por otros objetivos y por otros ritmos. ¿Quién puede favorecer o contrariar el destino de un libro ya lanzado? No hay injusticias en materia de arte, no hay botellas al mar. Por eso son tan pocas las obras totalmente ignoradas que las posteridades descubren. Hay libros que se reactualizan, pero casi nunca, prácticamente nunca, libros que se descubren *in totum*, que se traen a la vida de la muerte. El libro que no halla vida que practicar es el que nace muerto. Los que llegan a la vida con vida pueden conocer vicisitudes, pero no óbito. ¿De qué vale que nos empeñemos en matar, o en ayudar, a un ente que nace muerto, o a uno que va a vivir? ¿Qué tiene que ver eso con nosotros? ¿Amigo, crítico? No hay otra ayuda más que la natural, que sale del organismo proyectada porque sí, porque tiene que ser así y no puede ser de otra manera.

2.

He nacido en una ciudad del Atlántico, doce horas de tren al sur de Buenos Aires, el 14 de agosto de 1903. La ciudad donde nací se llama Bahía Blanca. Es una ciudad relativamente grande, de mucho movimiento comercial: tres puertos ofrece al mar, posee una base marina, silos, elevadores de granos y un tenue labio gris donde faenan los pescadores; más adentro de ese labio gris se recoge la ciudad propiamente dicha.

---

[1] La famosa batalla naval contra los turcos (1571) en la que perdió Cervantes el uso de la mano izquierda.

Mi padre era un médico cirujano, hombre de gran cultura social y humanística, de dúctil y extraordinario encanto en el trato; tenía en verdad una de esas dulces sabidurías medulares en las que, por su viviente proporción, me parece definirse la naturaleza americana, húmeda la inteligencia de alma, y lista la conciencia para ofrecer y ayudar; mi padre tenía aficiones literarias y políticas, fué un *pioneer* y llevó su avanzada personal de ciencia y cultura a las regiones todavía bravías del sur de nuestra provincia de Buenos Aires, donde era duro luchar y vivir; en aquellas regiones aluvionales vivió como el señor que era, con ponderación y sin riqueza, fácil a la renuncia y difícil al rencor; era tierno y altivo: como el roble de fuerte y como el roble de tierno. Al lado de él y de mi madre crecí con dos hermanos — una mayor y otro menor — en la ciudad azotada por los vientos y la arena de los médanos del sur. Yo era muy aficionado a leer y rumiar, y en aquella casa tranquila se tejieron los sueños — los primeros y tal vez los definitivos — de una infancia meditativa. En 1914 llegaron hasta mi casa los ecos de la guerra de Europa y en el consultorio de mi padre yo hojeaba las revistas francesas callado ante las estampas vandálicas de mutilación y de fusilamiento. Dos años después mi padre vino a instalarse en la capital, a fin de ocuparse exclusivamente de la educación de los hijos.

Yo siempre fuí un estudiante desordenado y abandoné mi carrera de derecho cuando comencé a publicar los primeros trabajos. No sé cuándo comenzó mi vocación literaria; creo que si no escribiera no viviría. De temperamento difícil a la palabra, concentrado, tuve siempre una necesidad profunda de marcar cuanto iba viviendo con una expresión más fuerte de la que hubiera sido capaz de imprimirle con la voz o con los actos. En 1926 apareció mi primer libro, una serie de cuentos poemáticos.

En el alma radican ojos mucho más netos y profundos que en la razón racional: todo consiste en el milagro de tenerlos abiertos cuando todo en el mundo los invita a entrecerrarse. Estuve de nuevo — había viajado dos veces, antes — en Francia y en Italia, y en esos países y desde esos países ví mi América, y mi país en esa América, como una entidad diferente, verdaderamente nueva en su ritmo, grande en sus dimensiones, rica en sus yacimientos, próvida en su naturaleza, secreta en su proceso, admirable en la calidad y singularidad de su destino. De esas comprobaciones, clarificaciones y evidencias surgieron diez libros.[2] Equivalen, para mí, a diez fracasos generales. Están llenos de precipitación y de necesidad; todos fueron escritos sin ajuste a métodos estrictos, como obra de artista improvisador, y merecerían la desaprobación de un discípulo de Leonardo porque su obstinación carece de rigor. Sus motivaciones están desprovistas de disciplinas rectoras. Y si algo justifica (probadas tales carencias) que esos libros anden todavía por el mundo es tal vez el ser su necesidad una necesidad argentina, esto es, americana, y su desigualdad parecida a la desigualdad de nuestro paso, que varía de ritmo y de medida según el imperio y estilo de nuestras grandes distancias. El paso europeo no conoce más que las distancias cortas y el orden es por definición cosa de límites.

He vivido; he escrito; he combatido. En mis libros nada vale excepto, creo, *una índole de aspiración*, en el sujeto y en el objeto, aspiración que yo distinguiría, espiritualmente, como una voluntad individual y común *de ser más* en lo que se refiere a empresa y proyecto del hombre argentino. Esa aspiración, contada como he podido, a veces inorgánicamente, a veces cándida o ilógicamente, ya mediante generalizaciones, ya mediante personajes de novela, constituye, en fin, la médula de cuanto he hecho. A veces creo que tendría que hacerlo todo de nuevo; muchas veces envidio a los hombres que veo en nuestro campo naturalmente aplicados a su conversación seria y profunda con la tierra. Ésa me parece la mejor entre todas la conversaciones. Otras veces pienso que el sacrificio de nosotros mismos realizado por la palabra escrita es el deber más considerable que tenemos los hombres de letras para con la comunidad, el sacrificio de modos de vida menos crueles que la creación,

---

[2] «Escrito en 1940.» (*Nota de Mallea*).

larga de nacer y corta de morir. No tengo gran cosa que agregar sobre mí. Vivo bastante solitario y me gusta dar largas caminatas por la ciudad, pensando que ya es hora de que escriba mi primer verdadero libro. A veces me siento fatigado y me parece que han pasado años y años desde los días en que soñaba con hacer algo bueno de lo que mis amigos pudieran enorgullecerse. Entonces siento un gran desencanto de mí, y quisiera ir a explicar a cada uno de esos amigos las razones de mi fracaso y la tristeza de mi mediocridad. Pero la vida no se detiene y atrás dejamos lo que amamos. Creo que llegaré a viejo prefiriendo la lectura de *Beauchamp's Career*[3] a la lectura de Aristóteles, lo cual debe ser un pésimo síntoma. No conozco mayor alegría que la de vivir entre la gente que quiero, y ver el mundo — el mundo simplísimo y pequeñísimo — en su compañía. Y después de veinte años de consagración a las letras, de entregarles lo mejor de mí, noche y día, estaría dispuesto a creer que he trabajado demasiado poco si no estuviera ahí el ramo de invectivas para demostrarme lo contrario.

3.

Tengo cuarenta y seis años.[4] He escrito diecisiete libros. He destruído tres. He tenido que recomenzar cada día mi aprendizaje literario. He recibido más bondad que la que juzgué merecer y he obtenido el relativo éxito a que podía aspirar un escritor que escribe en español y ha nacido en una bahía del Atlántico austral, lejos de los grandes centros cotizadores de la literatura. He aprendido cosas con dolor y las he olvidado con facilidad. He sacrificado muchas comodidades a la labor literaria. He escrito siempre con sufrimiento. He padecido mucho de no haber alcanzado aún la suma de eficacia y anchura que deseé para mi producción. No me gusta hablar de literatura con

mis amigos y tuve siempre una simpatía secreta por aquel escritor portugués llamado Eça de Queiroz que vivió muchos años en Inglaterra y cuyos amigos, a quienes trató siempre con una humana y exquisita cortesía, sólo se enteraron después de su muerte de que aquel hombre cordial y normal era además de eso un escritor, uno de los más grandes que Portugal había conocido. Y en su país, cuando lo buscaban para elogiarlo, decía, con la dulce elegancia de un alma bien educada: «Yo no soy más que un pobre hombre de Povoa de Varzim.»[5]

Quizás desearía yo no haber encontrado en mi vida el destino duro y terrible de crear. Pero ya que me ha sido dado, lo he tomado con voluntad y hasta con entusiasmo. Muchas veces me dejé llevar por la ilusión de que toda auténtica idea poética es un estímulo para el corazón humano; y de que, escribiendo, podía yo, siendo tan poca cosa, hacer algo en favor de los hombres, aunque mis lectores fueran pocos y mi mensaje tan defectuoso y tan insuficiente.

He escrito mucho sobre los hombres de mi país y sobre sus tierras, sus ilusiones y sus sueños. He viajado por otros países y por otras literaturas. Y de ese modo mi deuda se fué haciendo tan grande, que pensé no descansar hasta no concluir, en los capítulos de la vasta carta de mis libros, una especie de ferviente epístola o largo cuento contado a todos los amigos del mundo, sin levantar mucho la voz, al costado de un fuego o al arrimo de un río, en que estuviera recogida la historia de unas almas cuyo destino me pareció admirable o cuyos sueños compartí o cuyas tragedias me hicieron pensar o cuyos insomnios o cuyos dramas encerraron para mí una significación misteriosa y extraña. Estoy a bordo de esa larga narración. Y espero contarla hasta que ya no tenga fuerzas y los personajes aparezcan alejándose, como el espíritu de los héroes muertos, en la antigua tragedia.

(De *Notas de un novelista*, 1954).

---

[3] Novela del escritor inglés, George Meredith (1828–1909).

[4] «Escrito en 1949 para la antología *World's Best*, editada por Whit Burnett en los Estados Unidos, que comprendía ciertos escritores universales, a cada uno de los que se le había pedido que dijese algo sobre sí mismo o sobre su obra para anteceder al trozo seleccionado. (*Nota de Mallea*).

[5] Villa de Portugal, cerca de Oporto, donde nació Eça de Queiroz (1843–1900).

JULIO CORTÁZAR (Argentina, 1914) es estrella de primera magnitud en la constelación de «best sellers» de los últimos años: Juan Rulfo, Ernesto Sábato, Gabriel García Márquez, Augusto Roa Bastos, Carlos Fuentes, Mario Vargas Llosa, Guillermo Cabrera Infante, etc. Se destacó primero por la habilidad con que combinaba la fantasía con la inteligencia: *Los Reyes* (1949), *Bestiario* (1951), *Final del juego* (1956). Percenecía entonces a la familia de escritores escapistas que admiraban sobre todo a Jorge Luis Borges. Después se comprometió con la realidad de nuestro tiempo, aun en sus recovecos más sórdidos, y maduró en libros donde, además de ese libre juego entre los caprichos de la imaginación y las travesuras de la lógica, nos muestra una filosofía de la vida, escéptica, irracional, violenta, y una voluntad de experimentar con las formas lingüísticas y narrativas hasta el punto de dejarlas rotas y sin sentido: *Las armas secretas* (1959), *Los premios* (1961), *Historias de Cronopios y de Famas* (1962), *Rayuela* (1963), *Todos los fuegos el fuego* (1966). De este último libro hemos seleccionado el cuento que da título a toda la colección. Aquí vemos a Cortázar experimentando con una de las formas del arte narrativo: la del tiempo, que se abre en un contrapunto de situaciones parecidas — una mujer entre dos hombres, un hombre entre dos mujeres —, situaciones separadas por siglos pero configuradas simultáneamente por un común incendio final.

Julio Cortázar

TODOS LOS FUEGOS EL FUEGO

Así será algún día su estatua, piensa irónicamente el procónsul mientras alza el brazo, lo fija en el gesto del saludo, se deja petrificar por la ovación de un público que dos horas de circo y de calor no han fatigado. Es el momento de la sorpresa prometida; el procónsul baja el brazo, mira a su mujer que le devuelve la sonrisa inexpresiva de las fiestas. Irene no sabe lo que va a seguir y a la vez es como si lo supiera, hasta lo inesperado acaba en costumbre cuando se ha aprendido a soportar, con la indiferencia que detesta el procónsul, los caprichos del amo. Sin volverse siquiera hacia la arena prevé una suerte ya echada, una sucesión cruel y monótona. Licas el viñatero y su mujer Urania son los primeros en gritar un nombre que la muchedumbre recoge y repite. «Te reservaba esta sorpresa», dice el procónsul. «Me han asegurado que aprecias el estilo de ese gladiador.» Centinela de su sonrisa, Irene inclina la cabeza para agradecer. «Puesto que nos haces el honor de acompañarnos aunque te hastían los juegos», agrega el procónsul, «es justo que procure ofrecerte lo que más te agrada». «¡Eres la sal del mundo!», grita Licas. «¡Haces bajar la sombra misma de Marte a nuestra pobre arena de provincia!» «No has visto más que la mitad», dice el procónsul, mojándose los labios en una copa de vino y ofreciéndola a su mujer. Irene bebe un largo sorbo, que parece llevarse con su leve perfume el olor espeso y persistente de la sangre y el estiércol. En un brusco silencio de expectativa que lo recorta con una precisión implacable, Marco avanza hacia el centro de la arena; su corta espada brilla al sol, allí donde el viejo velario deja pasar un rayo oblicuo, y el escudo de bronce cuelga negligente de la mano izquierda. «¿No irás a enfrentarlo con el vencedor de Smirnio?», pregunta excitadamente Licas. «Mejor que eso», dice el procónsul. «Quisiera que tu provincia me recuerde por estos juegos, y que mi mujer deje por una vez de aburrirse.» Urania y Licas aplauden esperando la respuesta de Irene, pero ella devuelve en silencio la copa al esclavo, ajena al clamoreo que saluda la llegada del segundo gladiador. Inmóvil, Marco parece también indiferente a la ovación que recibe su adversario; con la punta de la espada toca ligeramente sus grebas doradas.

«Hola», dice Roland Renoir, eligiendo un cigarrillo como una continuación ineludible del gesto de descolgar el receptor. En la línea hay una crepitación de comunicaciones mezcladas, alguien que dicta cifras, de golpe un silencio todavía más oscuro en esa oscuridad que el teléfono vuelca en el ojo del oído. «Hola», repite Roland, apoyando el cigarrillo en el borde del cenicero y buscando los fósforos en el bolsillo de la bata. «Soy yo», dice la voz de Jeanne. Roland entorna los ojos, fatigado, y se estira en una posición más cómoda. «Soy yo», repite inútilmente Jeanne. Como Roland no contesta, agrega: «Sonia acaba de irse.»

Su obligación es mirar el palco imperial, hacer el saludo de siempre. Sabe que debe hacerlo y que verá a la mujer del procónsul y al procónsul, y que quizá la mujer le sonreirá como en los últimos juegos. No necesita pensar, no sabe casi pensar, pero el instinto le dice que esa arena es mala, el enorme ojo de bronce donde los rastrillos y las hojas de palma han dibujado sus curvos senderos ensombrecidos por algún rastro de las luchas precedentes. Esa noche ha soñado con un pez, ha soñado con un camino solitario entre columnas rotas; mientras se armaba, alguien ha murmurado que el procónsul no le pagará con monedas de oro. Marco no se ha molestado en preguntar, y el otro se ha echado a reír malvadamente antes de alejarse sin darle la espalda; un tercero, después, le ha dicho que es un hermano del gladiador muerto por él en Massilia, pero ya lo empujaban hacia la galería, hacia los clamores de fuera. El calor es insoportable, le pesa el yelmo que devuelve los rayos del sol contra el velario y las gradas. Un pez, columnas rotas; sueños sin un sentido claro, con pozos de olvido en los momentos en que hubiera podido entender. Y el que lo armaba ha dicho que el procónsul no le pagará con monedas de oro; quizá la mujer del procónsul no le sonría esta tarde. Los clamores lo dejan indiferente porque ahora están aplaudiendo al otro, lo aplauden menos que a él un momento antes, pero entre los aplausos se filtran gritos de asombro, y Marco levanta la cabeza, mira hacia el palco donde Irene se ha vuelto para hablar con Urania, donde el procónsul negligentemente hace una seña, y todo su cuerpo se contrae y su mano se aprieta en el puño de la espada. Le ha bastado volver los ojos hacia la galería opuesta; no es por allí que asoma su rival, se han alzado crujiendo las rejas del oscuro pasaje por donde se hace salir a las fieras, y Marco ve dibujarse la gigantesca silueta del reciario nubio, hasta entonces invisible contra el fondo de piedra mohosa; ahora sí, más acá de toda razón, sabe que el procónsul no le pagará con monedas de oro, adivina el sentido del pez y las columnas rotas. Y a la vez poco le importa lo que va a suceder entre el reciario y él, eso es el oficio y los hados, pero su cuerpo sigue contraído como si tuviera miedo, algo en su carne se pregunta por qué el reciario ha salido por la galería de las fieras, y también se lo pregunta entre ovaciones el público, y Licas lo pregunta al procónsul que sonríe para apoyar sin palabras la sorpresa, y Licas protesta riendo y se cree obligado a apostar a favor de Marco; antes de oír las palabras que seguirán, Irene sabe que el procónsul doblará la apuesta a favor del nubio, y que después la mirará amablemente y ordenará que le sirvan vino helado. Y ella beberá el vino y comentará con Urania la estatura y la ferocidad del reciario nubio; cada movimiento está previsto aunque se lo ignore en sí mismo, aunque puedan faltar la copa de vino o el gesto de la boca de Urania mientras admira el torso del gigante. Entonces Licas, experto en incontables fastos de circo, les hará notar que el yelmo del nubio ha rozado las púas de la reja de las fieras, alzadas a dos metros del suelo, y alabará la soltura con que ordena sobre el brazo izquierdo las escamas de la red. Como siempre, como desde una ya lejana noche nupcial, Irene se repliega al límite más hondo de sí misma mientras por fuera condesciende y sonríe y hasta goza; en esa profundidad libre y estéril siente el signo de muerte que el procónsul ha disimulado en una alegre sorpresa pública, el signo que sólo ella y quizá Marco pueden comprender, pero Marco no comprenderá, torvo y silencioso y máquina, y su cuerpo que ella ha deseado en otra tarde de circo (y eso lo ha adivinado el procónsul, sin necesidad de sus magos lo ha adivinado como siempre, desde el primer instante) va a pagar el precio de la mera imaginación, de una doble mirada inútil sobre el cadáver de un tracio diestramente muerto de un tajo en la garganta.

Antes de marcar el número de Roland, la mano de Jeanne ha andado por las páginas de una revista de modas, un tubo de pastillas calmantes, el lomo del gato ovillado en el sofá. Después la voz de Roland ha dicho: «Hola», su voz un poco adormilada, y bruscamente Jeanne ha tenido una sensación de ridículo, de que va a decirle a Roland eso que exactamente la incorporará a la galería de las plañideras telefónicas con el único, irónico espectador fumando en un silencio condescendiente. «Soy yo», dice Jeanne, pero se lo ha dicho más a ella misma que a ese silencio opuesto en el que bailan, como en un telón de fondo, algunas chispas de sonido. Mira su mano que ha acariciado distraídamente al gato antes de marcar las cifras (¿y no se oyen otras cifras en el teléfono, no hay una voz distante que dicta números a alguien que no habla, que sólo está allí para copiar obediente?), negándose a creer que la mano que ha alzado y vuelto a dejar el tubo de pastillas es su mano, que la voz que acaba de

repetir: «Soy yo», es su voz, al borde del límite. Por dignidad, callar, lentamente devolver el receptor a su horquilla, quedarse limpiamente sola. «Sonia acaba de irse», dice Jeanne, y el límite está franqueado, el ridículo 5 empieza, el pequeño infierno confortable.

«Ah», dice Roland, frotando un fósforo. Jeanne oye distintamente el frote, es como si viera el rostro de Roland mientras aspira el humo, echándose un poco atrás con los ojos 10 entornados. Un río de escamas brillantes parece saltar de las manos del gigante negro y Marco tiene el tiempo preciso para hurtar el cuerpo a la red. Otras veces —el procónsul lo sabe, y vuelve la cabeza para que solamente 15 Irene lo vea sonreír— ha aprovechado de ese mínimo instante que es el punto débil de todo reciario para bloquear con el escudo la amenaza del largo tridente y tirarse a fondo, con un movimiento fulgurante, hacia el pecho 20 descubierto. Pero Marco se mantiene fuera de distancia, encorvadas las piernas como a punto de saltar, mientras el nubio recoge velozmente la red y prepara el nuevo ataque. «Está perdido», piensa Irene sin mirar al procónsul 25 que elige unos dulces de la bandeja que le ofrece Urania. «No es el que era», piensa Licas lamentando su apuesta. Marco se ha encorvado un poco, siguiendo el movimiento giratorio del nubio; es el único que aún no sabe 30 lo que todos presienten, es apenas algo que agazapado espera otra ocasión, con el vago desconcierto de no haber hecho lo que la ciencia le mandaba. Necesitaría más tiempo, las horas tabernarias que siguen a los triunfos, 35 para entender quizá la razón de que el procónsul no vaya a pagarle con monedas de oro. Hosco, espera otro momento propicio; acaso al final, con un pie sobre el cadáver del reciario, pueda encontrar otra vez la sonrisa de la mujer 40 del procónsul; pero eso no lo está pensando él, y quien lo piensa no cree ya que el pie de Marco se hinque en el pecho de un nubio degollado.

«Decídete», dice Roland, «a menos que 45 quieras tenerme toda la tarde escuchando a ese tipo que le dicta números a no sé quién. ¿Lo oyes?» «Sí», dice Jeanne, «se lo oye como desde muy lejos. Trescientos cincuenta y cuatro, doscientos cuarenta y dos». Por un 50 momento no hay más que la voz distante y monótona. «En todo caso», dice Roland, «está utilizando el teléfono para algo práctico». La respuesta podría ser la previsible, la primera queja, pero Jeanne calla todavía unos segundos y repite: «Sonia acaba de irse.» Vacila antes de agregar: «Probablemente estará llegando a tu casa.» A Roland le sorprendería eso, Sonia no tiene por qué ir a su casa. «No mientas», dice Jeanne, y el gato huye de su mano, la mira ofendido. «No era una mentira», dice Roland. «Me refería a la hora, no al hecho de venir o no venir. Sonia sabe que me molestan las visitas y las llamadas a esta hora.» Ochocientos cinco, dicta desde lejos la voz. Cuatrocientos dieciséis. Treinta y dos. Jeanne ha cerrado los ojos, esperando la primera pausa en esa voz anónima para decir lo único que queda por decir. Si Roland corta la comunicación le restará todavía esa voz en el fondo de la línea, podrá conservar el receptor en el oído, resbalando más y más en el sofá, acariciando al gato que ha vuelto a tenderse contra ella, jugando con el tubo de pastillas, escuchando las cifras hasta que también la otra voz se canse y ya no quede nada, absolutamente nada como no sea el receptor que empezará a pesar espantosamente entre sus dedos, una cosa muerta que habrá que rechazar sin mirarla. Ciento cuarenta y cinco, dice la voz. Y todavía más lejos, como un diminuto dibujo a lápiz, alguien que podría ser una mujer tímida pregunta entre dos chasquidos: «¿La estación del Norte?»

Por segunda vez alcanza a zafarse de la red, pero ha medido mal el salto hacia atrás y resbala en una mancha húmeda de la arena. Con un esfuerzo que levanta en vilo al público, Marco rechaza la red con un molinete de la espada mientras tiende el brazo izquierdo y recibe en el escudo el golpe resonante del tridente. El procónsul desdeña los excitados comentarios de Licas y vuelve la cabeza hacia Irene que no se ha movido. «Ahora o nunca», dice el procónsul. «Nunca», contesta Irene. «No es el que era», repite Licas, «y le va a costar caro, el nubio no le dará otra oportunidad, basta mirarlo». A distancia, casi inmóvil, Marco parece haberse dado cuenta del error; con el escudo en alto mira fijamente la red ya recogida, el tridente que oscila hipnóticamente a dos metros de sus ojos. «Tienes razón, no es

el mismo», dice el procónsul. «¿Habías apostado por él, Irene?» Agazapado, pronto a saltar, Marco siente en la piel, en lo hondo del estómago, que la muchedumbre lo abandona. Si tuviera un momento de calma podría romper el nudo que lo paraliza, la cadena invisible que empieza muy atrás pero sin que él pueda saber dónde, y que en algún momento es la solicitud del procónsul, la promesa de una paga extraordinaria y también un sueño donde hay un pez y sentirse ahora, cuando ya no hay tiempo para nada, la imagen misma del sueño frente a la red que baila ante los ojos y parece atrapar cada rayo de sol que se filtra por las desgarraduras del velario. Todo es cadena, trampa; enderezándose con una violencia amenazante que el público aplaude mientras el reciario retrocede un paso por primera vez, Marco elige el único camino, la confusión y el sudor y el olor a sangre, la muerte frente a él que hay que aplastar; alguien lo piensa por él detrás de la máscara sonriente, alguien que lo ha deseado por sobre el cuerpo de un tracio agonizante. «El veneno», se dice Irene, «alguna vez encontraré el veneno, pero ahora acéptale la copa de vino, sé la más fuerte, espera tu hora». La pausa parece prolongarse como se prolonga la insidiosa galería negra donde vuelve intermitente la voz lejana que repite cifras. Jeanne ha creído siempre que los mensajes que verdaderamente cuentan están en algún momento más acá de toda palabra; quizá esas cifras digan más, sean más que cualquier discurso para el que las está escuchando atentamente, como para ella el perfume de Sonia, el roce de su mano en el hombro antes de marcharse han sido tanto más que las palabras de Sonia. Pero era natural que Sonia no se conformara con un mensaje cifrado, que quisiera decirlo con todas las letras, saboreándolo hasta lo último. «Comprendo que para ti será muy duro», ha repetido Sonia, «pero detesto el disimulo y prefiero decirte la verdad». Quinientos cuarenta y seis, seiscientos sesenta y dos, doscientos ochenta y nueve. «No me importa si va a tu casa o no», dice Jeanne, «ahora ya no me importa nada». En vez de otra cifra hay un largo silencio. «¿Estás ahí?» pregunta Jeanne. «Sí», dice Roland dejando la colilla en el cenicero y buscando sin apuro el frasco de coñac. «Lo que no puedo entender . . .», empieza Jeanne. «Por favor», dice Roland, «en estos casos nadie entiende gran cosa, querida, y además no se gana nada con entender. Lamento que Sonia se haya precipitado, no era a ella a quien le tocaba decírtelo. Maldito sea, ¿no va a terminar nunca con esos números?» La voz menuda, que hace pensar en un mundo de hormigas, continúa su dictado minucioso por debajo de un silencio más cercano y más espeso. «Pero tú», dice absurdamente Jeanne, «entonces, tú . . .»

Roland bebe un trago de coñac. Siempre le ha gustado escoger sus palabras, evitar los diálogos superfluos. Jeanne repetirá dos, tres veces cada frase, acentuándolas de una manera diferente; que hable, que repita mientras él prepara el mínimo de respuestas sensatas que pongan orden en ese arrebato lamentable. Respirando con fuerza se endereza después de una finta y un avance lateral; algo le dice que esta vez el nubio va a cambiar el orden del ataque, que el tridente se adelantará al tiro de la red. «Fíjate bien», explica Licas a su mujer, «se lo he visto hacer en Apta Iulia, siempre los desconcierta». Mal defendido, desafiando el riesgo de entrar en el campo de la red, Marco se tira hacia adelante y sólo entonces alza el escudo para protegerse del río brillante que escapa como un rayo de la mano del nubio. Ataja el borde de la red pero el tridente golpea hacia abajo y la sangre salta del muslo de Marco, mientras la espada demasiado corta resuena inútilmente contra el asta. «Te lo había dicho», grita Licas. El procónsul mira atentamente el muslo lacerado, la sangre que se pierde en la greba dorada; piensa casi con lástima que a Irene le hubiera gustado acariciar ese muslo, buscar su presión y su calor, gimiendo como sabe gemir cuando él la estrecha para hacerle daño. Se lo dirá esa misma noche y será interesante estudiar el rostro de Irene buscando el punto débil de su máscara perfecta, que fingirá indiferencia hasta el final como ahora finge un interés civil en la lucha que hace aullar de entusiasmo a una plebe bruscamente excitada por la inminencia del fin. «La suerte lo ha abandonado», dice el procónsul a Irene. «Casi me siento culpable de haberlo traído a esta arena de provincia; algo de él se ha quedado en Roma,

bien se ve.» «Y el resto se quedará aquí, con el dinero que le aposté», ríe Licas. «Por favor, no te pongas así», dice Roland, «es absurdo seguir hablando por teléfono cuando podemos vernos esta misma noche. Te lo repito, Sonia se ha precipitado, yo quería evitarte ese golpe». La hormiga ha cesado de dictar sus números y las palabras de Jeanne se escuchan distintamente; no hay lágrimas en su voz y eso sorprende a Roland, que ha preparado sus frases previendo una avalancha de reproches. «¿Evitarme el golpe?», dice Jeanne. «Mintiendo, claro, engañándome una vez más.» Roland suspira, desecha las respuestas que podrían alargar hasta el bostezo un diálogo tedioso. «Lo siento, pero si sigues así prefiero cortar», dice, y por primera vez hay un tono de afabilidad en su voz. «Mejor será que vaya a verte mañana, al fin y al cabo somos gente civilizada, qué diablos.» Desde muy lejos la hormiga dicta: ochocientos ochenta y ocho. «No vengas», dice Jeanne, y es divertido oír las palabras mezclándose con las cifras, no ochocientos vengas ochenta y ocho, «no vengas nunca más, Roland». El drama, las probables amenazas de suicidio, el aburrimiento como cuando Marie Josée, como cuando todas las que lo toman a lo trágico. «No seas tonta», aconseja Roland, «mañana comprenderás mejor, es preferible para los dos». Jeanne calla, la hormiga dicta cifras redondas: cien, cuatrocientos, mil. «Bueno, hasta mañana», dice Roland admirando el vestido de calle de Sonia, que acaba de abrir la puerta y se ha detenido con un aire entre interrogativo y burlón. «No perdió tiempo en llamarte», dice Sonia dejando el bolso y una revista. «Hasta mañana, Jeanne», repite Roland. El silencio en la línea parece tenderse como un arco, hasta que lo corta secamente una cifra distante, novecientos cuatro. «¡Basta de dictar esos números idiotas!», grita Roland con todas sus fuerzas, y antes de alejar el receptor del oído alcanza a escuchar el click en el otro extremo, el arco que suelta su flecha inofensiva. Paralizado, sabiéndose incapaz de evitar la red que no tardará en envolverlo, Marco hace frente al gigante nubio, la espada demasiado corta inmóvil en el extremo del brazo tendido. El nubio afloja la red una, dos veces, la recoge buscando la posición más favorable, la hace girar todavía como si quisiera prolongar los alaridos del público que lo incita a acabar con su rival, y baja el tridente mientras se echa de lado para dar más impulso al tiro. Marco va al encuentro de la red con el escudo en alto, y es una torre que se desmorona contra una masa negra, la espada se hunde en algo que más arriba aúlla; la arena le entra en la boca y en los ojos, la red cae inútilmente sobre el pez que se ahoga.

Acepta indiferente las caricias, incapaz de sentir que la mano de Jeanne tiembla un poco y empieza a enfriarse. Cuando los dedos resbalan por su piel y se detienen, hincándose en una crispación instantánea, el gato se queja petulante; después se tumba de espaldas y mueve las patas en la actitud de expectativa que hace reír siempre a Jeanne, pero ahora no, su mano sigue inmóvil junto al gato y apenas si un dedo busca todavía el calor de su piel, la recorre brevemente antes de detenerse otra vez entre el flanco tibio y el tubo de pastillas que ha rodado hasta ahí. Alcanzado en pleno estómago el nubio aúlla, echándose hacia atrás, y en ese último instante en que el dolor es como una llama de odio, toda la fuerza que huye de su cuerpo se agolpa en el brazo para hundir el tridente en la espalda de su rival boca abajo. Cae sobre el cuerpo de Marco, y las convulsiones lo hacen rodar de lado; Marco mueve lentamente un brazo, clavado en la arena como un enorme insecto brillante.

«No es frecuente», dice el procónsul volviéndose hacia Irene, «que dos gladiadores de ese mérito se maten mutuamente. Podemos felicitarnos de haber visto un raro espectáculo. Esta noche se lo escribiré a mi hermano para consolarlo de su tedioso matrimonio».

Irene ve moverse el brazo de Marco, un lento movimiento inútil como si quisiera arrancarse el tridente hundido en los riñones. Imagina al procónsul desnudo en la arena, con el mismo tridente clavado hasta el asta. Pero el procónsul no movería el brazo con esa dignidad última; chillaría pataleando como una liebre, pediría perdón a un público indignado. Aceptando la mano que le tiende su marido para ayudarle a levantarse, asiente una vez más; el brazo ha dejado de moverse, lo único que queda por hacer es sonreír,

refugiarse en la inteligencia. Al gato no parece gustarle la inmovilidad de Jeanne, sigue tumbado de espaldas esperando una caricia; después, como si le molestara ese dedo contra la piel del flanco, maúlla destempladamente y da media vuelta para alejarse, ya olvidado y soñoliento.

«Perdóname por venir a esta hora», dice Sonia. «Vi tu auto en la puerta, era demasiada tentación. Te llamó, ¿verdad?» Roland busca un cigarrillo. «Hiciste mal», dice. «Se supone que esa tarea les toca a los hombres, al fin y al cabo he estado más de dos años con Jeanne y es una buena muchacha.» «Ah, pero el placer», dice Sonia sirviéndose coñac. «Nunca le he podido perdonar que fuera tan inocente, no hay nada que me exaspere más. Si te digo que empezó por reírse, convencida de que le estaba haciendo una broma.» Roland mira el teléfono, piensa en la hormiga. Ahora Jeanne llamará otra vez, y será incómodo porque Sonia se ha sentado junto a él y le acaricia el pelo mientras hojea una revista literaria como si buscara ilustraciones. «Hiciste mal», repite Roland atrayendo a Sonia. «¿En venir a esta hora?», ríe Sonia cediendo a las manos que buscan torpemente el primer cierre. El velo morado cubre los hombros de Irene que da la espalda al público, a la espera de que el procónsul salude por última vez. En las ovaciones se mezcla ya un rumor de multitud en movimiento, la carrera precipitada de los que buscan adelantarse a la salida y ganar las galerías inferiores. Irene sabe que los esclavos estarán arrastrando los cadáveres, y no se vuelve; le agrada pensar que el procónsul ha aceptado la invitación de Licas a cenar en su villa a orillas del lago, donde el aire de la noche la ayudará a olvidar el olor a la plebe, los últimos gritos, un brazo moviéndose lentamente como si acariciara la tierra. No le es difícil olvidar, aunque el procónsul la hostigue con la minuciosa evocación de tanto pasado que lo inquieta; un día Irene encontrará la manera de que también él olvide para siempre, y que la gente lo crea simplemente muerto. «Verás lo que ha inventado nuestro cocinero», está diciendo la mujer de Licas. «Le ha devuelto el apetito a mi marido, y de noche . . .» Licas ríe y saluda a sus amigos, esperando que el procónsul abra la marcha hacia la galería después de un último saludo que se hace esperar como si lo complaciera seguir mirando la arena donde enganchan y arrastran los cadáveres. «Soy tan feliz», dice Sonia apoyando la mejilla en el pecho de Roland adormilado. «No lo digas», murmura Roland, «uno siempre piensa que es una amabilidad». «¿No me crees?», ríe Sonia. «Sí, pero no lo digas ahora. Fumemos.» Tantea en la mesa baja hasta encontrar cigarrillos, pone uno en los labios de Sonia, acerca el suyo, los enciende al mismo tiempo. Se miran apenas, soñolientos, y Roland agita el fósforo y lo posa en la mesa donde en alguna parte hay un cenicero. Sonia es la primera en adormecerse y él le quita muy despacio el cigarrillo de la boca, lo junta con el suyo y los abandona en la mesa, resbalando contra Sonia en un sueño pesado y sin imágenes. El pañuelo de gasa arde sin llama al borde del cenicero, chamuscándose lentamente, cae sobre la alfombra junto al montón de ropas y una copa de coñac. Parte del público vocifera y se amontona en las gradas inferiores; el procónsul ha saludado una vez más y hace una seña a su guardia para que le abran paso. Licas, el primero en comprender, le muestra el lienzo más distante del viejo velario que empieza a desgarrarse mientras una lluvia de chispas cae sobre el público que busca confusamente las salidas. Gritando una orden, el procónsul empuja a Irene siempre de espaldas e inmóvil. «Pronto antes de que se amontonen en la galería baja», grita Licas precipitándose delante de su mujer. Irene es la primera que huele el aceite hirviendo, el incendio de los depósitos subterráneos; atrás, el velario cae sobre las espaldas de los que pugnan por abrirse paso en una masa de cuerpos confundidos que obstruyen las galerías demasiado estrechas. Los hay que saltan a la arena por centenares, buscando otras salidas, pero el humo del aceite borra las imágenes, un jirón de tela flota en el extremo de las llamas y cae sobre el procónsul antes de que pueda guarecerse en el pasaje que lleva a la galería imperial. Irene se vuelve al oír su grito, le arranca la tela chamuscada tomándola con dos dedos, delicadamente. «No podremos salir», dice, «estan amontonados ahí abajo como animales». Entonces Sonia grita, queriendo desatarse del abrazo ardiente que la envuelve desde el sueño, y su primer alarido se confunde con el de Roland que inútilmente quiere enderezarse, ahogado por el humo negro. Todavía gritan, cada vez más débilmente, cuando el carro de bomberos entra a toda máquina por la calle atestada de curiosos. «Es en el décimo piso», dice el teniente. «Va a ser duro, hay viento del norte. Vamos.»

(*Todos los fuegos el fuego*, 1966).

ENSAYO

Aunque los escritores que siguen se distinguen también como narradores, aquí los presentaremos por su labor de ensayistas, en la que son excelentes.

Las primeras informaciones sobre el cubismo, el ultraísmo y el superrealismo llegaron a Venezuela con rezago, en comparación a otros países. Cuando llegaron, un grupo de cuentistas y novelistas venezolanos, encabezados por ARTURO USLAR PIETRI (1995), no pudiendo negar la realidad ni queriendo copiarla, acertaron en el arte de apuntar a lo poético que está enredado en las cosas.

Uslar Pietri dio el ejemplo con una prosa rica en impresiones sensoriales, en metáforas líricas, en símbolos que sugieren una nueva interpretación de la realidad americana. Sus primeras narraciones fueron de 1928: *Barrabás y otros relatos*. En los otros dos libros de cuentos que siguieron se advierte una evolución desde el culto de la frase muy imaginativa hacia un arte más atento a la descripción de las cosas vernáculas: *Red* (1936), *Treinta hombres y sus sombras* (1949). Ha escrito, además, una excelente novela histórica sobre la guerra de la independencia en Venezuela: *Las lanzas coloradas* (1931). Aquí nos presenta movimientos de muchedumbres, no de héroes. Esta perspectiva que deliberadamente lo confunde todo en manchas desordenadas y sueltas es la del impresionismo. Uslar Pietri ha puesto al servicio de un tema bárbaro una sabia técnica de novelista. En *El camino de El Dorado* (1948) nos dio la biografía novelada del diabólico conquistador Lope de Aguirre.

La labor de Uslar Pietri como ensayista es asimismo muy estimable: *Las visiones del camino* (1945), *Letras y hombres de Venezuela* (1948), *Las Nubes* (1956); *Un retrato en la geografía* (1962). Éste es el aspecto de Uslar Pietri que vamos a ofrecer en nuestra antología. Las páginas que siguen, «Lo criollo en la literatura», son reflexiones sobre los aportes originales de la cultura hispanoamericana. Por ser, no sólo un estudioso de nuestro pasado literario, sino también uno de los creadores más talentosos en el presente, pocos ensayistas tienen tanta autoridad como Uslar Pietri para desarrollar su tema.

Arturo Uslar Pietri

LO CRIOLLO EN LA LITERATURA

América fué, en casi todos los aspectos, un hecho nuevo para los europeos que la descubrieron. No se parecía a nada de lo que conocían. Todo estaba fuera de la proporción en que se había desarrollado históricamente la vida del hombre occidental. El monte era más que un monte, el río era más que un río, la llanura era más que una llanura La fauna y la flora eran distintas. Los ruiseñores que oía Colón no eran ruiseñores. No hallaban nombre apropiado para los árboles. Lo que más espontáneamente les recordaba era el paisaje fabuloso de los libros de caballerías. Era en realidad otro orbe, un nuevo mundo.

También hubo de formarse pronto una sociedad nueva. El español, el indio y el negro la van a componer en tentativa y tono mestizo. Una sociedad que desde el primer momento comienza a ser distinta de la europea que le da las formas culturales superiores y los ideales, y que tampoco es continuación de las viejas sociedades indígenas. Los españoles que abiertamente reconocieron siempre la diferencia del hecho físico americano, fueron más cautelosos en reconocer la diferencia del hecho social. Hubiera sido como reconocer la diferencia de destino. Sin embargo, la diferencia existía y se manifestaba. Criollos y españoles se distinguieron entre sí de inmediato. No eran lo mismo. Había una diferencia de tono, de actitud, de concepción del mundo. Para el peninsular el criollo parecía un español degenerado. Muchas patrañas tuvieron curso. Se decía que les amanecía más pronto el entendimiento, pero que también se les apagaba más pronto. Que era raro el criollo de más de cuarenta años que no chochease. Que eran débiles e incapaces de razón. Por su parte, el criollo veía al peninsular como torpe y sin refinamiento. Todo esto lo dicen los documentos de la época y está latente en palabras tan llenas de historia viva como «gachupín», «indiano», «chapetón», «perulero» La misma voz «criollo» es un compendio de desdenes, afirmaciones y resentimientos.

Esa sociedad en formación, nueva en gran medida, colocada en un medio geográfico extraordinariamente activo y original, pronto comenzó a expresarse o a querer expresarse. Hubo desde temprano manifestaciones literarias de indianos y de criollos. No se confundían exactamente con los modelos de la literatura española de la época. Los peninsulares parecían pensar que todo aquello que era diferente en la expresión literaria americana era simplemente impotencia para la imitación, balbuceo o retraso colonial. Algún día superarían esas desventajas y sus obras podrían confundirse enteramente con las de los castellanos.

Esas diferencias literarias existieron desde el primer momento. Empezaron a aparecer aún antes de que hubiera criollos. Surgen ya en la expresión literaria de los primeros españoles que llegan a América y la describen. La sola presencia del medio nuevo los había tocado y provocado en ellos modificaciones perceptibles. Esos españoles que venían de una literatura en la que la naturaleza apenas comparece, van de inmediato y por necesidad a escribir las más prolijas y amorosas descripciones del mundo natural que hubiera conocido Europa hasta entonces. Ya es la aparición de un tema nuevo y de una actitud nueva. Hay también una como ruptura de la continuidad literaria. Cuando van a narrar los hechos históricos de que son testigos, lo hacen resucitando antiguas formas ya en desuso. Van a escribir crónicas.

Se manifiesta también una como resistencia del nuevo medio cultural al trasplante de las formas europeas. A algunas las admite, a las más las modifica, pero a otras las rechaza. Los dos géneros literarios en que florece el genio español en la hora de la colonización, la comedia y la novela realista, no logran pasar a América. Cuando viene un gran novelista como Mateo Alemán, calla o escribe una Gramática. No hay en Indias quien imite a Lope de Vega, a pesar de que hubo tiempo en que todo el que podía sostener pluma de poeta lo imitaba en España. En cambio se cultiva con intensidad y extensión extraordinaria el poema histórico narrativo, que en España no llega a arraigar y tiene una vida efímera y postiza. [5]

Esos rasgos y caracteres diferenciales no hicieron sino acentuarse con el tiempo, dándole cada vez más ser a la realidad de una literatura hispanoamericana que, fuera de la lengua, no tenía mucho en común con la [10] literatura española.

Tardos fueron los españoles en admitir este hecho. Todavía a fines del siglo XIX Menéndez y Pelayo habla de la literatura hispanoamericana como parte de la literatura española [15] y se propone, en la antología que la Academia le encomienda, darle «entrada oficial en el tesoro de la literatura española» a la «poesía castellana del otro lado de los mares». Con todo, Menéndez y Pelayo no puede menos que [20] atisbar algunas de esas diferencias tan visibles. Para él la contemplación de las maravillas naturales, la modificación de la raza por el medio ambiente y la vida enérgica de las conquistas y revueltas sirven de fundamento [25] a la originalidad de la literatura de la América hispana. Originalidad que para él se manifiesta en la poesía descriptiva y en la poesía política.

También hubo de notar las diferencias Juan Valera. Para él provenían del menor arraigo de [30] los criollos, de la menor savia española. Esto les parecía inclinarlos al cosmopolitismo. No eran éstos rasgos que podían merecer su alabanza. Y tampoco se cuidaba de rastrearlos en el medio colonial para ver si tenían algo de [35] consustancial con el espíritu del criollo.

Esta parca y un poco desdeñosa admisión de la diferencia llega sin modificarse casi hasta nuestros días. Reaccionan contra ella algunos pocos: Miguel de Unamuno, en parte, y [40] Federico de Onís, de un modo tenaz y penetrante. Pero todavía cuando Enrique Díez Canedo se recibe en la Academia Española, Díez Canedo, que amaba y quería entender a América, habla de la «unidad profunda» de [45] las letras hispánicas, y, concediendo una mínima parte a la diferencia, afirma que Garcilaso «el Inca», Alarcón, Sor Juana y la Avellaneda, «españoles son y muy españoles han de seguir siendo». [50]

Y, sin embargo, las diferencias existen, han

existido siempre, se han venido afirmando a través del proceso histórico de la formación cultural de Hispanoamérica, están presentes en todas las obras importantes de su literatura
5 desde el siglo XVI, lejos de debilitarse se han venido afirmando con el tiempo, y son mayores y más características que las semejanzas que la acercan al caudal y al curso de la literatura española.

10 No hay manera más clara de percibir toda la verdad de esta aserción que la que consiste en aplicar a cualquiera de las obras capitales de la literatura criolla los rasgos que se han venido a considerar como los más característicos y
15 persistentes de la literatura castellana. La incompatibilidad brota al instante para decirnos que, precisamente en lo más fundamental, han sido siempre y son hoy cosas distintas.

Don Ramón Menéndez Pidal,[1] autoridad
20 legítima en todo lo que se relaciona con la lengua y literatura castellanas, ha señalado como los caracteres fundamentales de la literatura española los siguientes: la tendencia a lo más espontáneo y popular: la preferencia
25 por las formas de verso menos artificiosas; la persistencia secular de los temas; la austeridad moral; la sobriedad psicológica; la escasez de lo maravilloso y de lo sobrenatural; el realismo y el popularismo.

30 Es obvio que estos caracteres que Menéndez Pidal considera «de los más típicos y diferenciales» de la literatura española no convienen a la literatura hispanoamericana. No son los de ninguna de sus épocas ni se reflejan en nin-
35 guna de sus obras más caracterizadas y valiosas. No se hallan en la obra del Inca Garcilaso; es casi lo contrario lo que representa Sor Juana Inés de la Cruz; no aparecen en los libros del Padre Velasco, de Rodriguez Freyle, de
40 Peralta Barnuevo; no están en Concolorcorvo, y ni la sombra de ellos asoma en Sarmiento o en Martí, en Darío o en Horacio Quiroga. Aun las formas más populares de la poesía hispanoamericana, como Martin Fierro, se
45 apartan visiblemente de ese esquema.

No hay duda de que son otros los rasgos que identifican a la literatura hispanoamericana. No sólo llegaron más atenuados a ella

los rasgos castellanos, que se impusieron a toda la Península, sino que desde el comienzo se afirmó en ella la necesidad de una expresión distinta. Lo castizo no halló sino un eco superficial en su ámbito.

Examinada en conjunto, en la perspectiva de sus cuatro siglos, la literatura hispanoamericana presenta una sorprendente individualidad original. Desde el comienzo se manifiestan en ella caracteres propios que se van acentuando a lo largo de su evolución y que la distinguen de un modo claro de la literatura española y de todas las otras literaturas occidentales. Esos caracteres aparecen temprano, se van intensificando con el transcurso del tiempo y están en todas sus obras fundamentales. El mundo nuevo hallado en el Océano y la sociedad original formada en su historia llevaron el eco de sus peculiaridades a su expresión literaria.

No es difícil señalar algunos de esos rasgos característicos. Son los más persistentes y los más extendidos. Asoman en las más antiguas obras de la época colonial y continúan indelebles en las más recientes de las últimas generaciones. En grado variable se advierte igualmente su presencia en todos los géneros. Desde la historia a la poesía, al ensayo y a la novela.

El primero de esos rasgos propios es, sin duda, la presencia de la naturaleza. La naturaleza deja de ser un telón de fondo o el objeto de una poesía didáctica para convertirse en héroe literario. El héroe por excelencia de la literatura hispanoamericana es la naturaleza. Domina al hombre y muestra su avasalladora presencia en todas partes. A la árida literatura castellana llevan los primeros cronistas de Indias, más que la noticia del descubrimiento de costas y reinos, un vaho de selvas y un rumor de aguas. Los ríos, las sierras, las selvas son los personajes principales de esas crónicas deslumbradoras para el castellano que las lee desde la soledad de su parda meseta. Es con bosques, con crecientes, con leguas con lo que luchan Cabeza de Vaca, o Gonzalo Pizarro, y Orellana.

Aun cuando llegan las épocas más clásicas

---

[1] *Bulletin Hispanique,* 1918. Vol. XX.

e imitativas, el jesuíta expulsado hará su poema neolatino sobre la naturaleza salvaje de América, la *Rusticatio Mexicana* de Landívar. Cuando Bello invita a la poesía neoclásica a venir a América, la primera nota de americanidad que le ofrece es el canto a las plantas de la zona tórrida.

Pero ese dominante sentimiento de la naturaleza en la literatura criolla no es meramente contemplativo, es trágico. El criollo siente la naturaleza como una desmesurada fuerza oscura y destructora. Una naturaleza que no está hecha a la medida del hombre.

Cuando Sarmiento considera la vida política y social argentina para escribir a *Facundo*, el medio natural se convierte fatalmente en el personaje de su obra. No es de Rosas, ni siquiera de Quiroga, de quien va a hablarnos: es de la pampa. El la siente, criollamente, como un ser vivo, como una fiera monstruosa que amenaza la vida argentina.

Podría parecer baladí señalar la presencia de la naturaleza en los románticos, porque en ellos podría ser simple imitación de sus maestros europeos. Pero, en cambio, cuando la novela hispanoamericana comienza a alcanzar dimensiones universales, se afirma como su rasgo más saliente el de la presencia trágica de la naturaleza como héroe central. En ninguna otra novela contemporánea tiene la naturaleza semejante importancia.

El rasgo que más parece seguir a éste en importancia y permanencia es el que podríamos llamar del mestizaje. O de la aptitud y vocación de la literatura, como de la vida criolla, para el mestizaje. La literatura hispanoamericana nace mezclada e impura, e impura y mezclada alcanza sus más altas expresiones. No hay en su historia nada que se parezca a la ordenada sucesión de escuelas; las tendencias y las épocas que caracterizan, por ejemplo, a la literatura francesa. En ella nada termina y nada está separado. Todo tiende a superponerse y a fundirse. Lo clásico, lo romántico, lo antiguo con lo moderno, lo popular con lo refinado, lo tradicional con lo mágico, lo tradicional con lo exótico. Su curso es como el de un río, que acumula y arrastra aguas, troncos, cuerpos y hojas de infinitas procedencias. Es aluvial.

Nada es más difícil que clasificar a un escritor hispanoamericano de acuerdo con características de estilos y escuelas. Tiende a extravasarse, a mezclar, a ser mestizo.

Este rasgo tan característico de lo criollo se presenta también en las artes plásticas. En un sagaz ensayo («Lo mexicano en las artes plásticas») José Moreno Villa habla del «fenómeno muy colonial del mestizaje», que hace que en los conventos del XVI encontremos esa extraña mezcla de estilos pertenecientes a tres épocas: románica, gótica y renacimiento. Esa tendencia al mestizaje le parece a Moreno Villa lo que fundamentalmente diferencia al arte mexicano del europeo, del que parece proceder, y sus interesantes observaciones las resume en la siguiente forma, que viene a ilustrar de un modo muy útil nuestra tesis: «El siglo XVI se distingue por su anacronismo (mezcla de románico, gótico y renacimiento); el siglo XVIII se distingue por su mestizaje inconsciente, y el siglo XX se distingue por la conciencia del mestizaje.»

Muchos son los ejemplos de este fecundo y típico mestizaje que ofrece la literatura criolla en todas sus épocas.

Garcilaso el Inca, buen símbolo temprano, es más mestizo en lo literario y en lo cultural que en la sangre. Elementos clásicos y barrocos siguen vivos en nuestro romanticismo. *Facundo* es un libro caótico imposible de clasificar.

Ese mestizaje nunca se mostró más pleno y más rico que en el momento del modernismo. Todas las épocas y todas las influencias literarias concurren a formarlo. Es eso precisamente lo que tiene de más raigalmente hispanoamericano, y que era lo que Valera juzgaba simplemente como cosmopolitismo transitorio. El modernismo surge por eso en América, y en España no tiene sino un eco momentáneo y limitado. Los hombres del 98 aprenden la lección modernista, pero en su mayor parte reaccionan hacia lo castizo.

Esa vocación de mestizaje, esa tendencia a lo heterogéneo y a lo impuro vuelven a aparecer en nuestros días en la novela hispanoamericana. En ella se mezclan lo mítico con lo realista, lo épico con lo psicológico, lo poético con lo social. Tan impura y tan criolla como ella es la nueva poesía. A nada del pasado renuncia, incorporando aluvialmente todo lo que le viene del mundo. No renuncia al clasicismo, ni al barroco, ni al romanticismo, ni al modernismo. Sobre ellos incorpora los nuevos elementos que florecen en la extraordinaria poesía caótica de un Pablo Neruda.

Frente a la tendencia de la literatura española «a lo más espontáneo» y «a las formas de verso menos artificiosas» la literatura hispanoamericana alza su antigua devoción por las formas más artísticas.

El gusto hispanoamericano por las formas más elaboradas y difíciles, por las formas de expresión más cultas y artísticas, no sólo se manifiesta en su literatura y en su arte, sino que se refleja en la vida ordinaria y hasta en el arte popular. Barroca, ergotista y amiga de lo conceptual y de lo críptico es su poesía popular. El cantor popular compone frecuentemente en formas tan elaboradas como la de la décima.

Ya el español Juan de Cárdenas, entre otros, señalaba en el siglo XVI el gusto del criollo por el primor del discurso y la ventaja que en esto llevaba al peninsular. Lope de Vega, por su parte, en el gran archivo de su teatro, señala como característica del indiano la afectación del lenguaje: «Gran jugador del vocablo.» Y Suárez de Figueroa, en *El Pasajero*, dice de ellos: «¡Qué redundantes, qué ampulosos de palabras!»

La larga permanencia del barroco y la profunda compenetración del alma criolla con ese estilo, es un fenómeno harto revelador en este sentido. Es el estilo que más se naturaliza y se arraiga en América. En cierto modo adquiere en ella un nuevo carácter propio. Sació el amor del criollo por lo oscuro, lo difícil, lo elaborado. Es hecho muy lleno de significación que a fines del siglo XVI, en el aislamiento de una villa de la Nueva España, Bernardo de Balbuena, un seminarista crecido y formado allí, concibiera el más complejo y rico de los poemas barrocos de la lengua castellana: el *Bernardo*.

El gusto del hispanoamericano por las formas más artísticas y arduas no se pierde. Sobrevive a todas las influencias y a todas las modas. Lo lleva a todos los géneros literarios, desde la novela al periodismo. Lo que primero le importa es la belleza de expresión. Eso que llaman estilo. Y que hace que la mayor aspiración de un escritor consista en ser considerado como un estilista.

El barroco y el modernismo son tan hispanoamericanos porque satisfacen ampliamente esa sed de las formas más artísticas. No le parece al hispanoamericano que se puede ser gran novelista sin escribir en una hermosa prosa. Ni se puede ser pensador sin una expresión artística. El prestigio de Rodó no venía de sus ideas, sino de su forma. Los novelistas más estimados en Hispanoamérica son los que emplean un lenguaje más armonioso y poético. Jorge Isaacs antes que Blest Gana. Y Ricardo Güiraldes antes que Manuel Gálvez.

El hispanoamericano no concibe la literatura sino como arte de la palabra, y la medida de ese arte es la forma.

Junto a este rasgo, y sólo en aparente contradicción con él, me parece ver surgir de inmediato el del primitivismo de la literatura criolla.

El mismo gusto de la forma y de la elaborada composición la lleva a una deformación de los datos inmediatos de lo objetivo, que a lo que se parece es a la estilización de los primitivos. Hay en la literatura hispanoamericana cierta forma de realismo que no es sino realismo de primitivo. Una realidad reelaborada por el estilo y por la concepción general del sujeto. Una como perspectiva de primitivo que hace que el pájaro del árbol del fondo resulte tan grande como la cabeza del personaje del primer plano.

Esta estilización primitiva de lo natural y de lo subjetivo rechaza la mera copia de la realidad y es un aspecto del sometimiento del criollo a una forma rígidamente concebida y elaborada.

Hay una perspectiva de primitivo en aquel tapiz de mil flores que es la Silva de Bello, y el *Facundo*, de Sarmiento, y en la poesía de Darío y en la selva de Rivera, y en casi toda la combinación de paisaje, personaje y acción de la novela.

No sólo sabe a primitivo la literatura criolla por la estilización rígida, sino también por la abundante presencia de elementos mágicos, por la tendencia a lo mítico y lo simbólico y el predominio de la intuición.

Lo más de ella está concebido como epopeya primitiva, en la que el héroe lucha contra la naturaleza, contra la fatalidad, contra el mal. Es una literatura de símbolos y de arquetipos. El mal y el bien luchan con fórmulas mágicas.

Valor mágico tienen las más de las fórmulas y de los conceptos de los pensadores, de los poetas y de los novelistas. Expresan antítesis insolubles, en actitud pasional y devocional. El poeta lanza su conjuro contra el poder maléfico. El novelista describe la epopeya de la lucha contra el mal, que es la naturaleza enemiga, o la herejía, o la barbarie. El héroe moral representa la civilización y lucha contra la barbarie, que, a veces, no es sino la avasalladora naturaleza.

Es, por eso, una literatura de la intuición, la emoción y el sentimiento. Sentidor más que pensador, dirá Unamuno de Martí, que es uno de los más representativos. Las novelas de Azuela, Gallegos, Güiraldes, Alegría, son míticas y mágicas. La misma actitud mágica e intuitiva que caracteriza la poesía de Neruda define lo más valioso del moderno cuento hispanoamericano, y es la esencia de lo que debía ser el pensamiento de los más influyentes pensadores. Qué otra cosa que una fórmula mágica es el conjuro de Vasconcelos: «Por mi raza hablará el espíritu».

Tampoco son la austeridad moral y la sobriedad psicológica rasgos de la literatura criolla. Lo son, por el contrario, la truculencia moral y la anormalidad psicológica. Es como otro aspecto de su inclinación por las formas complicadas y artificiosas.

Es literatura pasional expresada en tono alto y patético. Sus héroes son trágicos. La pasión y la fatalidad dirigen su marcha hacia la inexorable tragedia. Más que el amor, es su tema la muerte. Sobre todo la muerte violenta en sobrecogedor aparato.

Este gusto por el horror, por la crueldad y por lo emocional llevado a su máxima intensidad, da a la literatura hispanoamericana un tono de angustia. Lo cual la hace, a veces, una literatura pesimista y casi siempre una literatura trágica.

Sonríe poco. El buen humor le es extraño. No hay nada en ella que recuerde la humana simpatía del *Quijote*, o la risueña miseria del *Lazarillo*. Torvos, estilizados y absolutos principios contrarios del bien y del mal se afrontan en sangrientos conflictos. Patéticamente claman, batallan y triunfan o sucumben.

La vida no está concebida como relación mudable, variada y equilibrada, sino como fatalidad absorbente y trágica.

Podría hacerse el censo de los héroes de la novela hispanoamericana. Asombraría la abundancia de neuróticos, de criminales, de fanáticos, de abúlicos, es decir, de anormales. Gentes de psicología compleja, atormentada y mórbida. Fanáticos de la creación o de la destrucción.

Estos rasgos no dejan de reflejarse en la poesía, en el ensayo y en el periodismo. Su tono es conmovido y exaltado. Hay como un acento apocalíptico consustancial con el espíritu criollo. La vida concebida cruzada y como catástrofe.

La Araucana es poema épico que termina con la trágica inmolación de los héroes. El espeluznante suplicio de Caupolicán no tiene antecedentes en la literatura castellana. Lo horrible y lo excepcional humano pueblan las crónicas de la conquista. Los *Comentarios Reales* están llenos de truculencia psicológica. Y Bernal Díaz. Y lo están también Fernández de Lizardi y Mármol. «Sombra terrible de Facundo, voy a invocarte», anuncia sobriamente Sarmiento.

Ni siquiera el realismo escapa a esta condición. Se busca en él la morbosa complejidad psicológica. Piénsese en el desasosiego moral, en el patetismo religioso, en la fatalidad trágica de los héroes de la novela realista hispanoamericana. Recuérdese, en dos extremos, a Rafael Delgado y a Eugenio Cambaceres. El *Laucha,* de Payró, se diferencia de sus antecesores picarescos, tan simples hijos del azar, del hambre y de la libertad, precisamente en el complejo desasosiego del ser, en la truculencia psicológica.

Toda la novela de la revolución mexicana está dentro de ese signo. Desde *Los de Abajo*, pasando por *Pito Pérez*, hasta la sombría y presagiosa fatalidad del Pancho Villa de Guzmán. Toda la novela indigenista andina. Toda la novela social con sus atormentados sufridores. Anormales, complicados, trágicos, excesivos sin sobriedad ni en el actuar ni en el sentir son los personajes de Eduardo Barrios, los de Rufino Blanco-Fombona, los más de Gallegos, los de *La Vorágine*, los que pueblan los apesadillados cuentos de Horacio Quiroga.

El alma criolla está como en tensión trágica en su literatura Esto es lo que a muchos ha parecido rezagada permanencia del romanticismo. A los que no saben ver en los fenómenos más americanos sino imitación de escuelas europeas. No es imitación, es rasgo del alma histórica y del ser individual reflejado en una literatura propia.

Los rasgos enumerados hasta aquí parecen convenir a todas las obras características de la literatura criolla. Están presentes en las más típicas de ellas y vienen a ser lo que en realidad las distingue y personaliza ante otras literaturas. Esos rasgos típicos aparecen como los más extendidos y los más constantes. Se les encuentra en todas las épocas y en todas las zonas de la literatura hispanoamericana. Otros hay transitorios o locales que no convienen con tal persistencia a toda la generalidad de su complejo ser de cuatro centurias. Pero aun habría que señalar otro rasgo tenaz, que es uno de los más vivos reflejos de la vida y de la psicología hispanoamericanas. Y es que la literatura está predominantemente concebida como instrumento. Lleva generalmente un propósito que va más allá de lo literario. Está determinada por una causa dirigida a un objeto que está fuera del campo literario. Causa y objeto que pertenecen al mundo de la acción.

Cuando Sarmiento se pone a escribir a *Facundo* no lleva en mientes ningún propósito literario. Sus motivaciones y sus objetivos no pertenecían a la literatura. Escribe improvisadamente para defender su causa, para justificar su posición, para atacar a Rosas. No se sitúa frente a problemas de arte literario, sino ante cuestiones de lucha política y de destino histórico colectivo. Su libro está dentro de una lucha. Es una forma de llegar a la acción. Si luego resulta una de las más grandes creaciones de la literatura criolla no será su autor el menos sorprendido.

El ilustre caso de *Facundo* es típico de la concepción hispanoamericana de la literatura como instrumento de lucha. Por eso también casi toda ella es literatura improvisada, llena de intenciones deformantes, lanzada como proyectil antes de madurar como fruto. No le debe a otras preocupaciones la hora mayor de los Proscriptos la literatura argentina. Ni a

otras tampoco su florecimiento literario la revolución mexicana.

La pluma del anciano Bernal Díaz se mueve al servicio de una querella política, la causa del soldado del común contra la estatua clásica del glorioso capitán. Es obra de protesta. Y la sorda querella del indio contra el español es la que mueve al Inca Garcilaso. Es obra de denuncia. En los años de la Independencia su libro dará a luz todo su poder subversivo. Y *La Araucana* y el *Arauco Domado* son alegato de partido, como no deja de serlo, en lo mejor y más vivo, la larga crónica pintoresca de Castellanos, o las indiscreciones de Rodríguez Freyle.

Toda la literatura de los jesuitas desterrados es de combate y de reivindicación. Sin excluir a Clavigero y a Landívar. Bello, Olmedo y Heredia están en las filas de la lucha cívica. Toda la literatura del siglo XIX está teñida de partidarismo. Es de conservadores o de liberales. De postulantes o de protestantes. Es periodismo político bajo otras formas. Que es lo que Lizardi hace con *El Periquillo*. Y lo que hace Juan Vicente González con la historia. Y lo que hacen los románticos con la poesía.

Si algo caracteriza a la literatura criolla hasta hoy es que con mayor persistencia y en un grado no igualado por ninguna otra está condicionada y determinada por la política. Es literatura de defensa o de ataque de los intereses de la plaza pública. Es literatura que no se conforma con ser literatura, que quiere influir en lo político y obrar sobre lo social. Es literatura reformista. Lo objetivo le es extraño y está ausente de sus obras verdaderamente típicas.

Bastaría para demostrarlo pasar rápida revista a la novela. Desde *Amalia* hasta *El mundo es ancho y ajeno*. Toda ella es instrumento de lucha política y prédica reformista.

La poesía también manifiesta este carácter, desde los gauchescos hasta Pablo Neruda. Es poesía un poco oratoria puesta al servicio de la lucha. Este carácter político de la poesía, que no escapó a Menéndez y Pelayo, está presente en todos sus mayores momentos. Ni siquiera durante el modernismo ese rasgo desaparece. Se atenúa y modifica, pero no se borra. La poesía modernista está dentro de una concepción política y muchas veces abiertamente al servicio de ella como se ve en el Rubén Darío de la *Salutación del optimista,* de la *Oda a Roosevelt* y del *Canto a la Argentina.*

Todo el ensayo hispanoamericano tiene ese carácter. Está hecho como para servir a propósitos reformistas inmediatos. Le interesan las ideas por sus posibilidades de aplicación práctica a lo social. Es en este sentido un pensamiento eminentemente pragmático volcado hacia lo político y lo social. Ese rasgo lo han advertido todos los que han estudiado el pensamiento hispanoamericano. En 1906 Francisco García Calderón señalaba en los criollos la preferencia por la filosofía con «aspecto social». «Su inteligencia — decía — es pragmática; apasionan los problemas de la acción.» Y cuarenta años más tarde José Gaos al analizar las características del pensamiento hispanoamericano, destaca la temática política y el aspecto pedagógico, informativo y docente. Lo llama un «pensamiento de educadores de sus pueblos».

Estos rasgos son sin duda los que más individualidad y carácter le dan a la literatura criolla. Los que precisamente le dan el carácter criollo. Las obras que carecen de ellos saben a cosa ajena o imitada de lo ajeno. A inerte ejercicio retórico. Las más grandes los tienen en grado eminente, y es su presencia lo que da el tono y el matiz diferencial a lo criollo.

Del claroscuro de la historia literaria viva surge con estos rasgos el rostro de la literatura criolla. Rasgos que son verdaderos y no ficticios porque también lo son del alma, de la vida y de la circunstancia criollas. Sobre ellos se ha ido alzando con sus poderosas peculiaridades lo que ya podemos llamar una literatura hispanoamericana propia. Ellos han sido su condición y su destino. Sobre ellos ha crecido vigorosa y distinta. Sobre ellos está hoy y sobre ellos partirá hacia el porvenir.

Son esos rasgos los que la literatura hispanoamericana ha recibido de la tierra y de las gentes de su mundo, los que la identifican con él y los que, por ello mismo, en su última instancia le dan personalidad y validez universal.

No sólo están presentes en las obras capitales de la literatura criolla, sino que es su presencia lo que hasta hoy define, más que ningún otro factor, lo criollo en literatura.

Son caracteres distintivos y propios de una literatura fuertemente caracterizada que, en lo esencial, se diferencia de la española, la más próxima, y más aún de las otras literaturas de Occidente. Ellos afirman la necesidad de considerar la literatura criolla en su ser, en su circunstancia, en su condición con un destino tan propio y tan caracterizado como el del mundo americano que expresa. Literatura original de un nuevo mundo.

(De *Las nubes,* 1956).

———◆———

Mariano Picón-Salas (Venezuela; 1901–1965) apareció con Uslar Pietri en el grupo de vanguardia de las letras venezolanas, poco después de la primera guerra mundial. Como Uslar Pietri, fue narrador: su novela *Los tratos de la noche* es de 1955. Pero sus narraciones, muy intelectuales, ocupan un sitio menor dentro de su vasta labor de historiador, crítico y ensayista. Sus historias de la cultura son excelentes, como *De la conquista a la independencia* (1944) y *Formación y proceso de la literatura venezolana* (1940). Ha cultivado también la biografía novelada: *Pedro Claver, el santo de los esclavos* (1950). Y sus colecciones de ensayos revelan una de las inteligencias más alertas del continente. Sus temas son diversos, pero generalmente se inspiran en la realidad hispanoamericana, a la que conoce como pocos gracias a sus viajes y estudios especializados. Entre los principales libros de ensayos recordemos: *Europa-América. Preguntas a la Esfinge de la Cultura* (1947) y

Crisis, cambio, tradición, (1956) *Regreso de tres mundos* (*Un hombre y su generación*, 1959), *Sierra de Venezuela* (1965). Picón-Salas pertenece a la familia de espíritus constructivos. Sus críticas a los defectos de nuestra civilización son penetrantes y certeras, pero siempre acaban por ofrecer a los hombres un mensaje de fe en los valores de la libertad y el progreso moral.

Mariano Picón-Salas

ARTE Y LIBERTAD CREADORA

Un próximo coloquio de la Universidad de Columbia[1] en el otoño del presente año versará, entre otras cosas, sobre la libertad del artista creador en los perplejos días que presenciamos. Es obvio el hecho de que a partir de la segunda década del presente siglo con el implantamiento en la que fuera democrática Europa de regímenes totalitarios, la divinización del Estado omnipotente por los partidos únicos que lograron controlarlo, impuso su presión e influencia a las más libres y personales zonas del espíritu como la de la creación artística. Parodiando a Mussolini se pudo decir: «todo en el Estado y dentro del Estado aun el alma caviladora del artista.» No tuvo una pretensión mayor la Edad Media al incluir dentro de lo teológico todo el orbe de la Cultura, aunque lo que entonces fué impulso y fe espontánea, ahora quería establecerse por presión y decreto. Si en la lucha por la modernidad, a partir del siglo XVI, el Estado se fué configurando como fuerza estrictamente profana, ahora ansiaba asumir una nueva estructura sagrada; se erigía como intérprete y depositario de la verdad única en curioso y absurdo contraste con el relativismo del conocimiento científico y la pluralidad de formas culturales de nuestra opulenta civilización. Pretendió rebajarse el Arte a una especie de propaganda, buena para exaltar las fuerzas y virtudes del pueblo alemán (a la manera como lo consideraba Hitler), para servir al proletariado en su combate con la burguesía o para cualquier otro mito racial o político de los que estaban nutriendo las ideologías estatales. Quiso imponerse una fe oficial, tan ceñida y limitada como la que el concilio de Nicea, al fin de la antigüedad, estableció sobre las anarquizadas iglesias del Oriente cristiano. Con la diferencia de que aquélla versaba sobre una concepción trascendente del mundo, sobre el lejano más allá, mientras la de nuestro siglo pretendió condicionar las formas más habituales e inmanentes de la vida humana como el amor, la economía, la diaria conducta de los hombres. En Alemania, por ejemplo, hubo cánones sobre la «belleza germana» que debía diferenciarse de la de los judíos, los eslavos, los latinos y — para qué decirlo — de las degeneradas naciones mestizas. La cultura de tan gran pueblo que desde el siglo XVIII se fijó conscientemente una meta de universalidad, se encerraba en un nacionalismo resentido y xenófobo; negaba su propia grandeza. Por ello, lo más semejante a las imprecaciones de Hitler eran los coléricos apóstrofes de los más agresivos profetas del Antiguo Testamento y su vieja mística, superada por el Cristianismo,

---

[1] Se refiere a la Conferencia que con el título general de «La libertad responsable en las Américas» se reunió en Nueva York los días 25 a 30 de octubre de 1954, como parte de la celebración del bicentenario de la Universidad de Columbia, y a la que asistieron con Picón-Salas, muchos otros hombres de letras de nuestro continente.

del único pueblo elegido. El Nazismo era, así, como un semitismo radical, de antes de la redención.

En emocionada romería marchaban las juventudes nazis a contemplar las estatuas románicas de la Catedral de Naumburg, porque en éstas — a pesar de llamarse «románicas» — querían ejemplarizar los arquetipos del perfecto Apolo o la perfecta Walkiria nórdica. Cuando en la Historia de la Cultura tropezaban con un demasiado manifiesto milagro artístico como el del Renacimiento italiano, era preciso demostrar o creer que en los grandes florentinos de los siglos XV y XVI prevaleció una misteriosa corriente de sangre germánica. A la pinacoteca de Dresden acudía cada día de fiesta el oficial y disciplinado cortejo de jóvenes nazis, presidido por su respectivo «führer», para rendir homenaje y admiración aprendida a la «Madona», de Rafael. Pero del mismo Museo, por considerarlo Arte degenerado, arrojaban simultáneamente las más deleitosas obras del impresionismo, constructivismo o expresionismo moderno y las grandes esculturas — ¡tan germánicas! —, de Barlach.[2]

Como conciliación de hermanos enemigos en el mismo propósito estatista, fiscalizador y destructor de la conciencia creadora, por la primera y joven fuerza que tuvieron algunas novelas de Fedin, Pilniak o Leonov[3] en el alba de la revolución rusa, la Literatura soviética caía en una mojigatería de cartilla monótona de obligaciones y virtudes del trabajador socialista. Tan rígidos como los alemanes, de la más rastrera y estática fidelidad fotográfica, eran aquellos cuadros rusos que se exhibieron en el Pabellón Soviético durante la Feria mundial de Nueva York en 1939. No hay arte sin deformación o trasmutación de la realidad, sin aquella vivencia personal, teñida de su propia alma, espejo complicado de su integridad, que el artista impone al espectáculo del mundo. Y este factor de entrañable individualización, la lucha del artista con su

propio «demonio», era lo que querían eliminar, oficiosa y asépticamente, los reglamentos, ideologías y controles de los Estados totalitarios. Y frente a los atletas nazis de la envenenada Alemania de los años 30, con su innecesario alarde de colosalismo y brutalidad, seguíamos prefiriendo los más viejos Policletos, Lisipos o Donatellos, los «burgueses de Calais»[4] o los torsos de Maillol.[5] Del mismo modo quizás nos seguían ofreciendo mayor emoción popular y hasta socialista los Courbet[6] o Daumier[7] del siglo XIX. Esto, sin tomar en cuenta que los «realismos» totalitarios prácticamente querían suprimir de la Historia del Arte todo proceso dialéctico y eludir el cambio, crítica y exploración de las formas y pesquisa de nuevas vivencias en que se estaba afanando el espíritu europeo desde el tiempo de los impresionistas.

Pero no se crea que es privativo de los países totalitarios en los que el Estado pretende asumir funciones de «Eclesia» integradora, la lucha que el artista contemporáneo mantiene por la libertad de su obra y por ser el intérprete autónomo de los bellos fantasmas de su imaginación. Mucho habría que decir sobre los obstáculos que encuentra la libertad y autenticidad artística en los países supercapitalistas, donde ciertas formas de Plástica, Música, Drama y Ficción se trocaron en negocio próspero con el auxilio o abuso que pueden prestarles otras técnicas complementarias como el Cine, la Radio, la Televisión, etc. Nunca como en nuestros días al artista se le ofreció el trágico dilema de elegir entre la pureza — frecuentemente mal comprendida o valorada de su obra — y el fácil halago y ventajas económicas que puede prestarle el arte convencional, servido o deformado de acuerdo con las apetencias del comercio. Al multiplicar la técnica la difusión mecánica y multitudinaria de las obras de arte; al trocarse el libro en argumento de cine y la música en masa de discos, la industria artística inició una

---

[2] Ernst Barlach (1870–1938), escultor expresionista alemán.

[3] Konstantin A. Fedin (1892), Boris Pilniak (1894-h. 1937), Leonid M. Leonov (1899), escritores rusos contemporáneos.

[4] La famosa obra escultórica de Auguste Rodin (1840–1917).

[5] Aristide Maillol (1861–1944), escultor francés.

[6] Gustave Courbet (1819–1878), pintor francés.

[7] Honoré Daumier (1808–1879), pintor y grabador francés.

producción «en cadena» que a veces — como en los Estados Unidos — se extiende desde el escritorio del editor hasta los magnates cinematográficos de California. Se le quiere imponer al Arte que ya no sea producto singular y exquisito, sino tan usual, colecticio y rápidamente comerciable, como la Aspirina o las hojillas para rasurarse. En nombre del consumidor, que a veces se supone anormalmente tonto, se llega a fijar y a dosificar — como los componentes de una droga — la parte de sexo, excitación o aventura que debe contener determinada novela o película. La «racionalización» con fines económicos del trabajo artístico, llega a ser, así, tan peligrosa para la libertad del arte como el control totalitario. El libro o la partitura se convierte en el primer producto de una complicada y encadenada manipulación. Casi la misma diferencia que entre una antigua obra artesanal y otra masivamente mecanizada, podría ya fijarse entre el trabajo de una editorial francesa del siglo XIX que al publicar a Baudelaire o Mallarmé no hacía otro negocio que la venta misma del libro, y el de una editorial de Nueva York que cuando lanza una novela de éxito calcula ya en millón de dólares, la tentadora adaptación al cinematógrafo. A esta otra técnica posible o complementaria y a los requerimientos económicos, a veces se subordina la producción artística. Y esta nueva forma de producción no sería peligrosa, si para la masa a quien quiere servirse no se prefiriese, frecuentemente, lo más fácil y convencional. El «happy end» de las películas de Hollywood se trueca de este modo en el símbolo más azucarado de la banalidad artística. Si es todavía comercial reconocer el mérito de un gran escritor ya formado y al que se acostumbró el público, acaso se pongan trabas a los temas y estilos de un gran escritor que comienza. Y el libro casi se fabricará de encargo según lo condicione la moda que cambia con las noticias de los periódicos, las guerras y colisiones en el exterior, el ánimo eufórico o depresivo de las masas. Ya en muchas editoriales de los Estados Unidos, equipos asalariados de redactores transforman el argumento o desa-

rrollo de una novela, para que según la empresa que la lanza, agrade más al público. Y un limitado concepto del Arte como mera recreación o «información cultural», hace que se condensen en sus respectivos «plots» las obras de Shakespeare o de Dickens para ahorrar la obligación de leerlas. Al dar al producto artístico un prevaleciente valor industrial como el de la coca cola o el bicarbonato, un tema (psicoanálisis, aventura, ficción histórica) se desarrollará y ofrecerá casi en serie, con recetas establecidas, hasta que el público se canse y sea preciso ofrecerle otros excitantes y motivos.

Sería, pues, farisaico loar la gran libertad espiritual de los países capitalistas frente a los otros, mientras la obra artística no pueda rescatarse de la presión y deformación que frecuentemente le impone nuestra hipertrofia económica. Si en el siglo XVIII, en la todavía sosegada época de las imprentas de mano, la opinión pública podía formarse leyendo los escritos de Locke o de Voltaire, ahora es la gran empresa quien de acuerdo con sus intereses y prejuicios forjará los lemas y consignas del día. Nuestra imagen puramente numérica de la democracia no hace siempre posible la libre expresión de las minorías intelectuales o disidentes, y éstas son cada día más subalternas y «patronizadas» como los escribas egipcios. El «clerc», a la manera francesa, el intelectual a quien Julien Benda[8] asignaba tan responsable sitio de vigilancia en la sociedad, se ha trocado más bien en un «clerk», un asalariado, de acuerdo con la palabra anglosajona. Y la libertad de los poderosos que disponen de grandes y absorbentes empresas para difundir sus periódicos, libros, películas, propagandas, no se equilibra con la que también necesitan los inconformes o heterodoxos. El drama espiritual de la época es la colisión entre un producto tan fino, unívoco y personalizado como la Cultura, y las fuerzas de Economía y Poder que quieren deformarla a la medida de sus intereses y sus mitos. Y qué va a hacer el hombre con su libertad de creación, derecho tan impretermitible y necesario como cualquiera otro derecho

---

[8] Julien Benda (1867–1956), filósofo y escritor francés.

político, derecho que todavía no se planteaba a los Padres de Filadelfia y a los asambleístas franceses de 1789 porque creían asegurado el llamado «progreso de las luces», es lo que ya tiene que estudiar la época.

Si el control por el Estado de los productos de la Cultura lleva al más inerte y opresor totalitarismo, la sola entrega al comercio y a las grandes empresas de la difusión del arte, pervierte también la obra y sacrifica al interés numérico un fundamental requisito de diferencia y de calidad. Siempre fué una minoría la que produjo la Cultura, la que se aventuró en el azar y riesgo de cambiar formas y crear obras inusitadas. Cuando el dirigente de la comunidad se llama Pericles la obra elegida resiste los embates del tiempo y trasmite su lección de belleza perenne, pero como sería utópico pensar en la emergencia de siempre renovados Pericles, cabe prever otros recursos que protejan la libertad del intelectual o del artista creador. Es una libertad que va más allá de lo que comunmente se llama Política. La Política vive de lo transitorio, el Arte — mucho menos bullicioso — pretende lo intemporal. Y quizás porque las empresas que manejan el gusto y la opinión se hicieron tan poderosas, no será atentar contra su propia libertad imponerles que también respeten lo que se considera distinto o heterodoxo. Por otra parte, la Política tan pretenciosamente configuradora y apremiante en nuestra época, pretende llevar al campo del Arte y de la Cultura su fragor de secta e ideología. Por la doble presión del Estado y de las empresas económicas, el Arte y la Cultura de nuestro tiempo parecen vivir en situación de guerra civil. Y los núcleos culturales que todavía no están invadidos de totalitarismo o perversión económica, deben preocuparse de formar aquellos espíritus universales, comprensivos y serenos que conserven la paz del ánimo entre las sombras del actual laberinto.

A los tres poderes públicos en que quería dividir y equilibrar Montesquieu las funciones de un Estado ecuánime, habría que agregar y legalizar la otra fuerza que forman en cada país sus grandes escritores, sus grandes filósofos, sus grandes artistas, trocada en Alta Corte del Espíritu. Si en la sociedad moderna se da tan absorbente representación al financiero, al comerciante, al político profesional, ¿por qué no ha de otorgársela también al intelectual y al artista?

¿Y no han representado mucho mejor que los magnates del acero o la dinamita, la conciencia de nuestra civilización hombres como Whitehead, John Dewey, Benedetto Croce, Bertrand Russell, Miguel de Unamuno, Thomas Mann, Arnold Toynbee o Albert Schweitzer?

(De *Crisis, cambio, tradición*, 1956).

La «Revisa de Avance» que apareció en Cuba, en 1927, fue el órgano de una nueva generación literaria. Eran jóvenes que ejercitaban su rebeldía en todos los frentes: protestaban contra la injusticia política, bostezaban ante los lugares comunes de la cátedra y el periodismo, se apartaban por igual de la grosería de las novelas naturalistas y de las finuras de los versos modernistas. En fin, querían renovar el ambiente poniéndose a tono con las corrientes literarias de vanguardia. Los ensayistas de ese movimiento fueron JORGE MAÑACH, JUAN MARINELLO, FRANCISCO ICHASO y FÉLIX LIZASO.

JORGE MAÑACH (1898–1961) es uno de los escritores de más sólida formación humanística en toda Hispanoamérica. Su libro *Martí el apóstol* (1933) revela el brillo y también el calor de su pensamiento. Con notable agilidad y elocuencia Mañach ha escrito varias colecciones de ensayos sobre filosofía, arte, literatura y problemas sociales.

Las páginas que reproducimos — «El estilo de la Revolución» — tienen un triple mérito: revelan al hombre Mañach, explican un episodio de la vida cubana y juzgan las características de la literatura de vanguardia con palabras que podrían aplicarse a todos los países hispanoamericanos.

Jorge Mañach

EL ESTILO DE LA REVOLUCIÓN[1]

Desde hace por lo menos un año, casi todos estamos en Cuba fuera de nuestro eje vital, fuera de nuestras casillas. La mutación de la vida pública, con ser hasta ahora una mutación
5 muy somera, a todos nos ha alcanzado un poco, y a algunos nos ha movilizado por derroteros bien apartados de nuestro camino vocacional. Nos ha hecho políticos, políticos accidentales del anhelo revolucionario.
10 No tenemos más remedio — y hasta podríamos decir que hoy por hoy no tenemos más deber — que aceptar con fervor esta responsabilidad que los tiempos nos han echado encima. Nadie fué antaño más tolerante que
15 yo hacia el hombre de artes o de letras que se mantenía pudorosamente al margen de las faenas públicas. Porque estas faenas tenían entonces la índole y los propósitos que ustedes saben: la carrera política era un
20 ejercicio de aprovechamientos, una carrera en que los obstáculos sólo los ponía la conciencia, de manera que, prescindiendo de ésta, solía llegarse a la meta sin mayores dificultades. Así se fué segregando, al margen de la vida pública,
25 una muchedumbre de gentes sensitivas, que no se avenían a dejarse el pudor empeñado en las primeras requisas del comité de barrio. Y, naturalmente, sucedió que la cosa pública se fué quedando, cada vez más exclusivamente,
30 en manos de aquellos que se sentían capaces de echarse el mundo a la espalda, y que generalmente se lo echaban.

Pero aquella abstinencia de los decorosos, de los sensitivos, les iba cerrando más y más el horizonte. Creíamos que se podría mantener la vida pública cubana dividida en dos zonas: la zona de la cultura y la zona de la devastación. Y creíamos que, ampliando poco a poco, por el esfuerzo educador, la primera de esas parcelas — con artículos, conferencias, libros y versos — acabaríamos algún día por hacer del monte orégano. Lo cierto era lo contrario. Lo cierto era que la política rapaz iba esparciendo cada vez más sus yerbajos por el terreno espiritual de la Nación, nos iba haciendo todo el suelo infecundo, todo el ambiente irrespirable, todos los caminos selváticos.

Y un buen día, los cubanos nos levantamos con ganas de poda y chapeo. Nos decidimos a asumir la ofensiva contra el yerbazal venenoso. No se trataba ya sólo de defender los destinos políticos de Cuba, sino sus mismos destinos de pueblo civilizado, su vocación misma a la cultura. En esta tarea estamos todavía, y digo que no nos podemos sustraer a ella, si no queremos volver a las andadas.

En los momentos dramáticos que vivimos, urgidos a la defensa de la primera gran oportunidad que Cuba tiene de renovarse enteramente, no acabo de hallar en mí, ni de comprender en los demás, la aptitud para acomodarse otra vez a la pura contemplación. Todo lo que hoy se contempla parece deforme en sus perfiles y sin ningún contenido

---

[1] La época revolucionaria en Cuba que logró la caída del presidente y dictador Gerardo Machado en 1933.

verdadero. Estamos habitando un pequeño mundo vertiginoso, frenético de impaciencias, y necesitamos sosegarlo, sosegarlo noblemente en una postura de gracia histórica, antes de retornar a las imágenes y a las perspectivas, es decir a los goces del pensamiento, de la poesía y del arte puros.

Porque, en rigor, esta pureza no existe. Lo digo con el rubor heroico de quien confiesa una retractación. Por arte o pensamiento puro entendimos nosotros hace años — en los años del yerbazal — ejercicios de belleza o de reflexión totalmente desligados de la inmediata realidad humana, social. Defendimos mucho aquella supuesta pureza. Eran los días — ustedes se acordarán — del llamado «vanguardismo», que para el gran público se traducía en una jerigonza de minúsculas, de dibujos patológicos y de versos ininteligibles. No se permitía ninguna referencia directa a la comedia o a la tragedia humanas: eso era «anécdota», y nosotros postulábamos un arte y un pensamiento de categorías, de planos astrales.

La gente se indignaba, y ahora yo comprendo que tenían y no tenían razón. La tenían, porque el arte y la manifestación del pensamiento y la poesía misma no son otra cosa que modos de comunicación entre los humanos. Y no hay derecho a sentar como normas de expresión aquellas formas que no sean francamente inteligibles. Ni tampoco lo hay de un modo absoluto a excluir de la expresión las experiencias inmediatas, cotidianas, que constituyen el dolor o el consuelo de los hombres, su preocupación o su esperanza.

Visto a esta distancia, el vanguardismo fué, en ese aspecto, una especie de fuga, una sublimación inconsciente de aquella actitud marginal en que creíamos deber y poder mantenernos para salvar la cultura. Lo que nos rodeaba en la vida era tan sórdido, tan mediocre y, al parecer, tan irremediable, que buscábamos nuestra redención espiritual elevándonos a planos ideales, o complicándonos el lenguaje que de todas maneras nadie nos iba a escuchar. Diego Rivera, el

gran mexicano, que hacía en su tierra una pintura mural fuerte, militante y cargada de odios sociales, nos parecía un gran talento descarrilado. Pedíamos los vanguardistas un arte ausente del mundo casi inhabitable. Y así nos salía aquel arte sin color y casi sin sustancia, un arte adormecedor y excitante a la vez, un arte etílico, que se volatizaba al menor contacto con la atmósfera humana.

Recuerdo que, por entonces, el gran Varona[2] escribió, refiriéndose a nosotros, una frase que nos pareció de una venerable insolencia: «Están por las nubes. Ya caerán.»

Y, efectivamente, caímos. Caímos tan pronto como la tiranía quiso reducirnos, del nivel de la opresión, al nivel de la abyección. Se suspendió la *Revista de Avance* y se fugaron los sueños. La realidad era ya una pesadilla inexorable.

Y sin embargo, aquello del vanguardismo no fué en rigor una sumisión, ni una cosa inútil. Fué también una forma de protesta contra el mundo caduco que nos rodeaba. Y preparó, a mi juicio, el instrumento de expresión mediante el cual han de encontrar su voz y su imagen los tiempos nuevos.

Aquella rebelión contra la retórica, contra la oratoria, contra la vulgaridad, contra la cursilería, contra las mayúsculas y a veces contra la sintaxis, era el primer ademán de una sensibilidad nueva, que ya se movilizaba para todas las insurgencias. Lo que nosotros negábamos en el arte, en la poesía y en el pensamiento era lo que había servido para expresar un mundo vacío ya de sustancias, vacío de dignidad y de nobleza. Negábamos el sentimentalismo plañidero, el civismo hipócrita, los discursos sin médula social o política, el popularismo plebeyo y regalón: en fin, todo lo que constituía aquel simulacro de república, aquella ilusión de nacionalidad en un pueblo colonializado y humillado. Nos emperrábamos contra las mayúsculas porque no nos era posible suprimir a los caudillos, que eran las mayúsculas de la política. Le tomábamos el pelo a Byrne,[3] porque contribuía a la ilusión de que con la bandera bastaba para

---

[2] Enrique José Varona. Véase el capítulo VIII de esta obra.

[3] Bonifacio Byrne (1861–1936), poeta cubano, autor de un conocido poema sobre la bandera de su patria, escrito en 1899, durante la ocupación de Cuba por los Estados Unidos.

estar orgullosos. Deformábamos las imágenes en los dibujos, porque lo contrario de esa deformación era el arte académico, y las academias eran baluartes de lo oficial, del favoritismo y la rutina y la mediocridad de lo oficial. Alentábamos lo afro-criollo, porque veíamos en ello una insurgencia sorda, un intento por romper la costra de nuestra sociedad petrificada. Cultivábamos el disparate, para que no lograran entendernos las gentes plácidamente discretas, con quienes no queríamos comunicación. Hacíamos, en fin, lo que llamábamos un arte «aséptico», como una reacción contra la mugre periodística y la fauna microbiana que lo invadía todo en derredor.

Pero, entretanto, fijaos bien: se iba templando un instrumento nuevo. Un instrumento de precisión.

El estilo de escribir, de pintar, de pensar, se iba haciendo cada vez más ágil y flexible, más apto para ceñirse a las formas esquivas de la idea o de la emoción. Más capaz de brincar grandes trechos de lógica sin perder la gravedad. Más dispuesto para transfigurar imaginativamente las cosas. Esto ya en sí estimulaba el ansia de una realidad nueva. Nadie puede calcular lo que supone cultivar esas destrezas. La calistenia y la gimnasia son buenas porque, al capacitar al hombre para las emergencias físicas difíciles, le ponen en el cuerpo la tentación de provocarlas. Así, la capacidad de insurgencia y de innovación del espíritu se aumenta con esos ejercicios de expresión. Todas las grandes transformaciones sociales se han anunciado con un cambio en el estilo de pensar y de expresar. Lo primero fué siempre el verbo.

Sinceramente creo, pues, que el vanguardismo fué, en la vertiente cultural, el primer síntoma de la revolución. No digo, claro está, que fuesen los vanguardistas quienes hicieron lo que hasta ahora se ha hecho: digo que ellos contribuyeron mucho a sembrar el ambiente de audacias, de faltas necesarias de respeto, de inquina contra los viejos formalismos estériles. Los esbirros de Machado no andaban muy desacertados cuando recogían y denunciaban, por el simple aspecto de sus carátulas, las revistas osadas de aquella época. Aquel dibujar hipertrófico, aquella negación de la simetría,

aquella repugnancia a las mayúsculas, eran ya, para su olfato de sabuesos, otros tantos atentados contra el régimen. Y cuando la mutación política vino, emergieron en los periódicos, en los micrófonos y hasta en los muros de la ciudad gentes que manejaban, en crudo, un nuevo estilo, una sintaxis y a veces un gusto insurgente de las minúsculas. Se cumplía así la prehistoria del estilo revolucionario.

La Revolución verdadera, la que sí lleva mayúscula y está todavía por hacer, utilizará como instrumento constructivo, en el orden de la cultura, esos modos nuevos de expresión que antaño nos parecieron simplemente arbitrarios y desertores.

Porque la revolución integral de Cuba tendrá que incluir, desde luego, una intensificación de la actitud creadora del espíritu, y en tanto en cuanto esa actividad sea susceptible de módulos nuevos, la Revolución los impondrá. No se concebiría un suceso político y social semejante sin un arte nuevo, una literatura nueva, un nuevo ritmo y rumbo del pensamiento.

El contenido de esa expresión revolucionaria cubana será emoción jubilosa o ardida ante las imágenes de un medio social más altivamente cubano y más justo: de una patria enérgica y unánime, liberada de todo lo que hasta ahora la unió o la dividió contra sí misma: la politiquería rapaz, la incultura, la ausencia de jerarquías, la lucha feroz de las clases.

Y para expresar esa imagen de la Cuba armónica, se recurrirá sin duda a un lenguaje literario y artístico que en nada se parezca al de la época sumisa. No el lenguaje insurgente del vanguardismo, que fué sólo un experimento previo de minoría; pero sí el que pasó por aquella prueba críptica y sacó en limpio una agilidad, una gracia, una energía y una precisión totalmente desconocidas para las academias del viejo tiempo. En suma, un lenguaje de avance, puesto al servicio de una patria ya moderna.

Con la renovación integral de Cuba se producirá así la síntesis entre aquel estilo desasido de antaño y las nuevas formas de vida. En el molde vacío que el vanguardismo dejó, se echarán las sustancias de la Cuba Nueva.

(De *Historia y estilo*, 1934).

GERMÁN ARCINIEGAS (Colombia; 1900) es un ágil y brillante ensayista, con puntos de vista siempre imprevistos. Ha intentado escribir novela (*En medio del camino de la vida*, 1949), pero es evidente que sólo se siente cómodo cuando toma la palabra y da opiniones. Periodista de garra, sus opiniones suelen aparecer en forma de artículos breves. Luego los reúne, y así van apareciendo sus colecciones de ensayos sueltos, como las admirables de *El estudiante de la mesa redonda* (1932), *América, tierra firme* (1937) y *En el país del rascacielos y las zanahorias* (1945). Otras veces, sus páginas persiguen un tema central, y se organizan en libros unitarios, como *Los Comuneros* (1938), *Los alemanes en la conquista de América* (1941), *Este pueblo de América* (1945), *Biografía del Caribe* (1945), etc. Cualquiera que sea la forma exterior de sus escritos, la obra de Arciniegas revela una profunda unidad: la de una mente lúcida, original, preocupada por nuestra América. Con simpatía por el indio y por el pueblo humilde, con viva sensibilidad para el pasado histórico y sus figuras heroicas, con una militante fe en las buenas causas de la democracia, la cultura y el progreso, ha ido escribiendo una versátil enciclopedia americana. Sólo que, en Arciniegas, el saber no es mera erudición: se da junto con una visión rica en buen humor, en lirismo y en anécdotas significativas.

Germán Arciniegas

LA AMÉRICA DEL PACÍFICO

La América del Atlántico es una América de puertos. Sus grandes ciudades miran al mar. Su vida está cruzada por todos los idiomas. En Buenos Aires, el grado de educación de una persona lo da el número de lenguas que posee. Las calles de esta ciudad, como las de Nueva York o las de Río Janeiro, son escaparates de un comercio universal. Así debieron serlo —en el mundo más apretado de otro tiempo—, las de Venecia, Pisa, Génova. La América del Pacífico, no. La América del Pacífico está en la montaña. Sus ciudades no sólo no están al nivel del mar, sino que a veces se resguardan en alturas inverosímiles: México a 2300 metros, Bogotá a 2600, Quito a 3000, La Paz a 3500. A esas ciudades no llega la marea de inmigrantes: cada familia hace doscientos, trescientos, cuatrocientos años que se ha establecido en el país. La Babel de los idiomas no estremece las torres parroquiales. Allá, cualquiera puede decir que en su casa han hablado castellano diez generaciones. ¡Hasta en el comercio se ven más nombres de mercaderes lugareños que de forasteros! Es lo último que puede decirse.

¿Por qué somos así? Por el mar Pacífico. Porque el Pacífico es el único océano que queda, el único mar de verdad. Quienes vivimos en el occidente americano nos encontramos delante de esas aguas profundas, sin límites, que nadie cruza. Se dice que del otro lado, en una remota orilla fantástica viven pueblos extraños: los japoneses, los chinos, que ya son para nosotros, como para cualquiera, razas fabulosas, incomprensibles, con unos ojillos que parecen como dos puñaladas hechas en un cuero. Su idioma, su escritura, sus lindos dibujos que se esfuman en un fondo gris de perlas orientales, nos hablan de un país de leyenda. Si alguna persona dice que ha ido al Japón, nos parece un Marco Polo, y nos le acercamos curiosos para que nos diga cómo es aquello. Hay la versión de que de esas tierras vinieron hace muchos siglos algunos navegantes a poblar ciertas regiones americanas. Venían en juncos, dicen los sabios. Y entonces nos parece que los sabios están componiendo un cuento maravilloso, como todos los cuentos en que aparece un navegante que se pasa meses y meses cruzando las llanuras del mar montado en un caballito de mimbre.

Tan ancho y definitivo es el Pacífico que las compañías de navegación no se apartan de la costa, y sus barcos buscan el estrecho de Magallanes o la rajadura abierta por los americanos en el istmo de Panamá para restituirse al Atlántico, al mar doméstico — Mare Nostrum, como dirían los latinos —, en donde otra vez respiran los mareantes y se sienten acompañados y tranquilos. El Pacífico no es mar que invite a la partida. Así como en las naciones del oriente americano el pueblo todo se apretuja en el litoral para ver llegar los barcos, para ver salir los barcos, en el occidente se queda en las montañas; ni siquiera desciende al puerto, por curiosidad, para conocer agua salada. Hay allí millones de gentes, y aun de gentes cultas y ricas, que no han visto el mar. Uno de los poemas más bellos que se han escrito en Colombia en este siglo lo hizo León de Greiff: es la «Balada del mar no visto.» Del mar que él no ha visto, ni han visto millares de sus conterráneos que viven en los repliegues de los Andes. Es la voz del Pacífico que mantiene al hombre a distancia como diciéndole: mis aguas no son para vistas; son para soñadas; permanecen aún en el mundo de la fábula.

*

A la América del Pacífico se la encuentra muy castellana. Desde California hasta Chile. En California se siguen construyendo casas a la española y las ciudades se llaman San Francisco, Santa Bárbara, Monterrey, Nuestra Señora de los Angeles. Cuando me hallaba en California, detrás de mi casa corría un camino que se llamaba La Alameda del Rancho de las Pulgas, y al frente un riachuelo denominado San Francisquito. Yo vivía en Palo Alto. Esa California, naturalmente, está mucho más cerca de México — o de Bolivia — que de Nueva York. Como Nueva York está más cerca de Buenos Aires que de California. Por eso hay una América del Atlántico y hay una América del Pacífico. Pero no hay que entrar en digresiones. A la América del Pacífico se la encuentra un acento castellano. «Cómo hablan de bien ustedes el castellano», es lo primero que se nos dice en Buenos Aires a quienes venimos del Pacífico, de los Andes.

Quizá no se haya reflexionado lo suficiente sobre este nuestro acento castellano, que ni siquiera es andaluz, ni gallego, sino castellano. El asunto va más allá del idioma. Hay una cuestión de espíritu. El hombre del Pacífico, en América, ha vivido como el de Castilla en España: pegado a la tierra, quieto dentro de su paisaje que, muchas veces, también, es paisaje de mesetas. Los Andes han sido Pirineos gigantescos que mantienen aislados a nuestros pueblos. Se han sucedido siglos en que nosotros hemos visto pasar, al igual que los castellanos, la corriente europea, como algo ajeno a nuestra vida, como algo lejano de que sólo oímos el rumor.

Cuando se vive en una ciudad puerto, siempre que se echa a andar por una calle se sabe que al final se encontrará al hombre de la boina vasca que se bambolea en un bote pescador, o a la vela remendada y el bosquecillo de mástiles. Las calles se tiran al mar y las últimas casas se reflejan, como peces, en el agua. ¡Qué distintas son las ciudades de los Andes! Las calles desembocan en el monte: hay siempre una colina, a veces la montaña misma, que le hace a cada una su telón de fondo de riquísimo verde vegetal. Por eso allá, el hombre tiene una alma que se mueve entre paisaje de árboles. Sigue siendo rural. Mientras por acá los niños han jugado en la playa, allá no hay quien de joven no haya participado en las faenas del campo, y haya ido por leña al monte, por agua a la quebrada.

El agua, allá, es agua dulce de la montaña. He dicho que las calles terminan siempre en una colina o en una montaña, y debo rectificar: también pueden caer al fondo del valle, por donde corre la quebrada. O mejor dicho: tienen una punta que da al cerro y otra que cae al río. Del lado del Pacífico no hay grandes ciudades, no hay estas enormes concentraciones universales en donde los hombres se cuentan por millones. Años, siglos atrás, los fundadores — andariegos que de pronto hacían un alto en su camino —, se detenían donde cantaba mejor el agua, y fundaban una aldea. Lo que ellos llamaban una ciudad. De ahí nacieron muchedumbres de brevísimas ciudades que aun parecen nidos que cuelgan de los árboles, mitad de tapia y teja, mitad de monte y quebrada.

*

Lo que en el oriente de América son anchurosas llanuras que se extienden ante un mar lleno del alegre vocerío de los mercaderes y que respira por la chimenea de los transatlánticos, al occidente son montañas — la cordillera de los Andes, la cornisa de rocas — frente al mar silencioso, al «mar Pacífico.» Aquí, del lado levantino, puertos abigarrados, fenicios, por donde entran a codazos y a millones los inmigrantes; allá, puertos de pescadores, de fuerte colorido regional. Del lado Atlántico el litoral es sonoro y atrás queda la pampa profunda y silenciosa; del lado Pacífico el litoral es tranquilo, y adentro la montaña está llena de voces que se multiplican en los valles y en las plazas o mercados de las aldeas. Por el costado izquierdo, desde California hasta Chile, América está llena de notas regionales, de vestidos típicos, de viejas músicas autóctonas; por el costado derecho, desde Nueva York hasta Buenos Aires, todavía resuenan en América acentos europeos, se respira un ambiente universal, se vive como en el «hall» de un hotel internacional.

Oriente y occidente en América son como cara y cruz, como sol y luna, como agua y tierra. Acá, por el Atlántico, los inmigrantes han llegado en rebaños de buques y se han derramado en las orillas como la espuma de las olas. Allá, al Pacífico, también llegaron en otro tiempo, en muchedumbre, inmigrantes. Pero eran gentes de tierra y no de mar En la América del Norte, a través de generaciones, la frontera se fué moviendo de Oriente a Occidente, hasta que la avalancha humana se descolgó sobre las campiñas de California. Esa gente, antes, había cruzado el mar, pero cuando llegó a California ya no venía tirando remos, sino empuñando hachas, se habían extinguido en su lengua las canciones marinas, y sólo se oía el golpe seco del hierro, rajando bosques. En las almas no resonaba el cristal de las aguas, sino el paso de los vientos por la garganta de las rocas, por el arpa de los pinos. Y así han sido por allá todas las migraciones del hombre: desde los tiempos en que las naciones indígenas se iban corriendo en masa, en México, de Norte a Sur; desde que el aymará trepó en Bolivia los flancos de la cordillera o el pueblo de los Incas se extendió de Cuzco hasta Colombia; desde que los chibchas trotaban por los montes extendiendo los brazos de su estrella que partía de un corazón de esmeralda: la sabana de Bogotá.

Mirando sobre la línea del ecuador, en un mapamundi, la anchura del Atlántico y la del Pacífico, se ve cómo éste es tres veces más grande. En su vasto dominio cabría cuatro o cinco veces un continente como el africano. En los mapas de navegación las líneas del Atlántico se multiplican y cruzan como las de la palma de la mano. El Pacífico sigue terso y solitario. Los dos mares han modelado dos espíritus en América. No por un simple capricho llegan a Buenos Aires millares de italianos, de esos italianos que parecen estar siempre viendo saltar ante sus ojos los caballos azules del Mediterráneo. Italia ha tenido la virtud de ofrecer al mundo el ejemplo más brillante de una cultura porteña en su historia del Renacimiento. La península era entonces un palomar de veleros. En nuestras ciudades andinas, coronas de viejos virreinatos, echaron raíces españoles de tierra adentro, soldados de tierra firme, que eran como las piedras y los árboles que pueden verse en cualquier rincón de Castilla.

(De *La Nación*, Buenos Aires, 26 de octubre de 1941).

En esta generación de ensayistas y críticos se destacan también Luis Alberto Sánchez (Perú; 1900), Hector Velarde (Perú; 1898), Jorge Zalamea (Colombia; 1898), Benjamín Carrión (Ecuador; 1898), Tomás Blanco (Puerto Rico; 1900) y Luis Cardoza y Aragón (Guatemala; 1904). Al grupo mexicano corresponde Andrés Iduarte (Mexico; 1907) cuya vida en su país natal, en España y ahora en los Estados Unidos le ha permitido ver nuestra expresión literaria de un modo muy personal y siempre justo. Aparte de sus artículos publicados en revistas y periódicos, Iduarte es autor de un libro esencial sobre Martí, *Martí, escritor* (1944); de un encantador libro de memorias *Un niño en la Revolución mexicana* (1951) que ha de continuarse próximamente; y de un volumen de ensayos, *Pláticas hispanoamericanas* (1951), en el que se refleja su punto de vista en cuanto al pasado y el presente de nuestra cultura, centrado en sus nombres más prestigiosos. El ensayo que reproducimos — no publicado en libro aún — es un elogio al idioma en que está escrita nuestra literatura, y por lo tanto, nos parece oportuno ofrecerlo.

Andrés Iduarte

DE LA LENGUA Y SU DÍA

Era 1933 y vivíamos, como estudiantes de leyes y de letras, en el Madrid anterior a la tremenda guerra. Se acercaba el 12 de octubre y los hispanoamericanos nos preparábamos,
5 en la Federación Universitaria y en el Ateneo, para celebrar el Día de la Raza.

¿Cuál raza?, nos preguntábamos. Porque de aquélla a que aludíamos había, en nuestro grupo estudiantil, muchachos blancos, rubios
10 nórdicos del Alvarado veracruzano, del Táchira de Venezuela, de Montevideo; castaños de Coahuila y Tabasco, de Bogotá y de Antioquia, de Valparaíso y de Buenos Aires; trigueños de La Habana, de Huatusco, de San
15 José de Costa Rica; mestizos con fuerte o leve porcentaje indígena — frentes breves de Yucatán, narices aguileñas de Cajamarca, fuertes mandíbulas del Anáhuac, cuadrados torsos de los llanos de Venezuela, achinados ojos de Arequipa, menudos pies femeninos de Filipinas —; mulatos de blanquísimos dientes y crespo pelo de Santo Domingo y de Nicaragua, verdes ojos en canela piel de mujer colombiana, y aun indios puros o casi puros de fuertes hombres y fina mano de Tehuantepec, o de mongólica estampa del páramo boliviano; y retintos negros, relucientes de limpios, del Callao, de Panamá. ¿Cuál raza?...

En la alegre calle madrileña veíamos iberos enjutos y enteros, fenicios activos y emprendedores, hebreos de nariz inconfundible, bereberes de fuerte barba, árabes de ojos soñadores, visigodos rubios y rojos celtas «de roble» y, en mujer, toda la gama de la belleza que viene del desierto y va hasta las cumbres alpinas. Eran los duros tiempos del avance nazista y la palabra raza sonaba con peor sonido que nunca: a señores y esclavos, a privilegiados y proscritos, a metrópoli y colonias, a linaje y plebe. ¿Cuál raza? ¿Cuál era el punto de contacto, el denominador común, el nexo de todos aquellos colores, de facciones tan diferentes, de líneas tan diversas, sino la lengua y la cultura?

Todos los hispanoamericanos habíamos crecido en la celebración del 12 de octubre, del Día de Colón y sus carabelas. En el escudo de la Universidad de México habíamos aprendido, hasta el corazón, el lema que le inscribió don José Vasconcelos, «por mi raza hablará el espíritu.» Lo sentíamos, pero sin entenderlo cabalmente. Años más tarde, en París, nuestro latinoamericanismo se hizo hispanoamericanismo, tomó camino del meridiano de Madrid. Y en la casa de Gabriela Mistral, de Bédarrides de Vaucluse, de la Provenza, aprovechando el no merecido privilegio de su hospitalidad, oímos a diario su exaltación del verbo y su condenación de prerrogativas antropológicas. Y finalmente, tiempo después, con don Miguel de Unamuno bajo el brazo, y en la prensa y en el parlamento, fructificó la lenta pero segura marcha hacia lo bueno y lo justo. ¿Cuál raza? ... Desde entonces, aun siendo el 12 de octubre, en lo que nosotros pensamos fué en el 23 de abril.

Esa, ésa era la raza. La lengua era la raza. Mexicanos de nuestra altiplanicie de *eses* sibilantes y vocales cerradas, cuidadosa dicción y mil vocablos indígenas ya dentro del español común, o todavía fuera de él, palpable prueba del mundo rico y vario del que procedían, y de la devoción ética y estética por la otra ancha mitad de la naranja; arequipeños, bogotanos, quiteños y bolivianos también de tierras de águilas y cóndores, de charla también en sordina, de fonética y ritmo preciosos y aun preciosistas, como los de mis compatriotas de las alturas; mexicanos, como yo, de las costas del Golfo, de aspiradas *eses*, de plurales iguales y angulares, de abiertas *eses*, de mucha y sonora conversación, junto con venezolanos de La Guaira y Margarita, puertorriqueños de San Juan y de Ponce, colombianos de Cartagena o Barranquilla, cubanos de La Habana y Camaguey y Santiago, todos hijos del mismo arco linguístico del Golfo y el Caribe; chilenos de finísima articulación labial, en la punta de la lengua; argentinos y uruguayos de rodadas *yes* y pintorescas palabras forasteras; colombianos académicos, siempre con su Rufino José Cuervo alerta y avisado; limeños de un delicioso sabor virreinal en la gustosa plática; paraguayos con menos suerte que nosotros los mexicanos en la batalla por incorporar sus términos indígenas ...

Todos nos entendíamos sin esfuerzo alguno, no sólo por el sonido de las palabras, sino en su esencia. Y al hablar de los temas eternos y raizales — del amor y la amistad, de la vida y la muerte, de la dignidad y el decoro, de la patria y los padres y los hijos, del bien y del mal, de Dios y la fe, de la verdad y la justicia — coincidíamos, o chocábamos y batallábamos, y peleando en español nos entendíamos. Pero lo extraordinario era que la lección la recibíamos y la fraguábamos, juntos, en España, y que los españoles también la fraguaban y la recibían con nosotros.

No estaba la diferencia entre España y América, aquélla de un lado y ésta del otro, como suponían los ignorantes, los negadores y los mutiladores. La *ese* apical de Castilla o de Asturias aparecía, para sorpresa y condena de los imperiales y de los coloniales, en los labios de un ecuatoriano, recogida desde su infancia, traída desde su lugar; la *elle*, que en general no pronunciábamos los hispanoamericanos, tampoco era común en los madrileños, salvo en los empeñados en aprenderla y, en cambio, aparecía en un peruano de Arequipa o en un mexicano de Orizaba; la aspiración de la *ese* la compartían antillanos y costeños de muchas partes de América, y andaluces y extremeños; un arcaísmo de Chile era también palabra viva en los campos de Salamanca, y otro de Cuba en Asturias; y un criticado neologismo de los habaneros resonaba, de pronto, en la boca de aquel compañero de Teruel ... En el mar del idioma, hecho de cosa tan tenue y movible como es el espíritu, había de todo, y ese todo estaba distribuído igualmente en diversos rincones de América y España. Corrientes impetuosas se movían, con aparente capricho, en el inmenso caudal, y hacia todas las direcciones. Era un todo, un todo diverso y múltiple, el arco iris — hay que decirlo mil veces — que girando en círculo da el blanco general y único. Los que creían que todo era rojo o azul, mataban la riqueza de los demás colores; o, mejor dicho, la perdían para su espíritu pequeño y parroquiano.

No había, pues, lengua de vencedores y vencidos, de dueños y arrendatarios, de regaladores y beneficiados. Los imperiales de la metrópoli que creían lo contrario — los había entre nosotros —, enarbolando como mejor derecho su nacimiento físico en Castilla, no sabían cómo era, ni de qué era, ni cuál era el arma que enarbolaban. Y otro tanto los regionalistas rebeldes de América — también los había — que daban carácter de superior e inapelable a una divergencia, a una variedad, a una particularidad local. Todos habían nacido en el mismo sitio, pero no lo sabían: en el muy amplio y único, uno, que es el de la misma lengua. Su regazo no es sólo el solar castellano, ni la montaña cantábrica — aunque aquél merezca la reverencia de que fué el punto de partida —: su regazo está en Berceo, en el Arcipreste, en Fernando de Rojas, en Garcilaso, en Cervantes, en Santa Teresa, en Fray Luis, en Lope, en Quevedo, como en el Inca y Alarcón y Sor Juana, y en Bello y Darío

y Martí. Los españoles de hoy son tan hijos de esa lengua como los hispanoamericanos que nacieron lejos de Alcalá y de Ávila, no más; y los santigueros, santiagueses y santiaguinos de Cuba, de Santo Domingo y de Chile lo son igualmente, no menos. Los cobija a todos. A través de siglos, de cambios, de pausas, de aludes, de aciertos, de errores, ha llegado a unos y a otros, y todos trabajan en ella y para ella. «En lengua todos tenemos qué perdonar y qué pedir perdón», dice, en frase que no podemos cansarnos de citar, el mexicano, mi compatriota, Alfonso Reyes. Todos la hacemos y la deshacemos. Es bien común.

En aquel mundo de fe y de verdad de la juventud, junto a la gallarda y poderosa lengua de Castilla, de los castellanos de hoy, vivía el habla cordial y rápida de los cubanos, la lenta canturría de los mexicanos de la altiplanicie, el suave bisbiseo de los quiteños, al lado de la palabra de vascos, catalanes, gallegos, aragoneses y asturianos con fuertes huellas de sus acentos nativos.

Era lógico, pues, que allí celebráramos el 12 de octubre pensando en el 23 de abril, aniversario de la muerte física de Cervantes, del máximo símbolo de nuestra lengua. Su legado es, en suma, la fiesta de la lengua, la fiesta del único concepto limpio y legítimo de raza.

(Leído en la Universidad de Oriente, Santiago de Cuba, 23 de abril 1955. Publicado en *Excelsior*, México, 5 mayo 1955).

NOTICIA COMPLEMENTARIA

Lamentamos que, por falta de espacio, no hayamos podido recoger poesías de los mexicanos ALI CHUMACERO, RUBÉN BONIFAZ NUÑO y MARCO ANTONIO MONTES DE OCA; del guatemalteco LUIS CARDOZA Y ARAGÓN; del hondureño CLAUDIO BARRERA; de los nicaragüenses PABLO ANTONIO CUADRA, ERNESTO CARDENAL y ERNESTO MEJÍA SÁNCHEZ; del costarricense ALFREDO CARDONA PEÑA; de los cubanos DULCE MARÍA LOYNAZ, EMILIO BALLAGAS, CINTIO VITIER, ELISEO DIEGO y ROBERTO FERNÁNDEZ RETAMAR; del dominicano ANTONIO FERNÁNDEZ SPENCER; de los puertorriqueños FELIX FRANCO OPPENHEIMER y FRANCISCO MATOS PAOLI; de los venezolanos JUAN LISCANO, IDA GRAMCKO y GUILLERMO SUCRE; de los colombianos GERMAN PARDO

García, Rafael Maya, Eduardo Carranza, Fernando Charry Lara, Gonzalo Arango y Fernando Arbeláez; del ecuatoriano Cesar Dávila Andrade; de los peruanos Martin Adan, Xavier Abril, Javier Sologuren, Alejandro Romualdo y Manuel Moreno Jimeno; de los bolivianos Guillermo Viscarra Fabre y Yolanda Bedregal; de los chilenos Humberto Díaz Casanueva, Julio Barrenechea, Braulio Arenas, Gonzalo Rojas, Nicanor Parra, Miguel Arteche y Efraín Barquero; de los paraguayos Hugo Rodríguez Alcalá y Elvio Romero; de los uruguayos Ester de Cáceres, Sara de Ibáñez, Clara Silva, Idea Vilariño y Sarandy Cabrera; de los argentinos Francisco Luis Bernárdez, Eduardo González Lanuza, Conrado Nale Roxlo, Alberto Girri, César Fernández Moreno, Juan José Hernández y María Elena Walsh, entre otros.

Tampoco hemos podido traer a nuestra antología a los narradores mexicanos Agustín Yáñez, José Revueltas, Juan José Arreola, Juan Rulfo, Carlos Fuentes y Vicente Leñero; a los centroamericanos Salarrué, Carlos Luis Fallas, Rogelio Sinán, Augusto Monterroso, Hugo Lindo, Joaquín Beleño y Ramon H. Jurado; a los cubanos, Enrique Labrador Ruiz, José Lezama Lima, Guillermo Cabrera Infante, Virgilio Piñera; a los puertorriqueños Enrique A. Laguerre, René Marqués y Emilio Díaz Valarcel; a los venezolanos Miguel Otero Silva, Antonio Arraiz, Ramón Díaz Sánchez y Salvador Garmendia; a los colombianos Eduardo Zalamea Borda, Jose A. Osorio Lizarazo y Eduardo Caballero Calderón; a los ecuatorianos Jorge Icaza, Demetrio Aguilera Malta y Adalberto Ortiz; a los peruanos Ciro Alegría, Jose María Arguedas, Carlos E. Zavaleta, Julio Ramón Ribeyro, Mario Vargas Llosa y Enrique Congrains Martin; a los bolivianos Augusto Céspedes y Raul Botelho Gosálvez; a los chilenos Marta Brunet, Carlos Droguett, Fernando Alegría, Enrique Lafourcade y José Donoso; a los paraguayos Gabriel Casaccia y Augusto Roa Bastos; a los uruguayos Juan Carlos Onetti, Carlos Martínez Moreno y Mario Benedetti; a los argentinos Ernesto Sábato, Manuel Mujica Láinez, Roberto Arlt, H. A. Murena y David Viñas entre otros.

COLOFÓN

Los autores de esta antología pertenecen también a la literatura hispanoamericana por su obra creadora. Eugenio Florit (España-Cuba; 1903) poeta; Enrique Anderson Imbert (Argentina; 1910) narrador. Una antología, por didáctica que sea, por objetiva que aspire a ser, es también una obra personal. Como toda obra personal, debe llevar la firma de sus autores. Que nuestras firmas sean, pues, un poema, un cuento.

Eugenio Florit

LA NOCHE

Ya, Señor, sé lo que dicen
las estrellas de tu cielo;
que sus puntos de diamante
me lo vienen escribiendo.

5　　Ya, por páginas del aire,
las letras caen.
　　　　　　Yo atiendo,
ojos altos, muda boca
y callado pensamiento.

10　　Y qué clara la escritura
dentro de la noche, dentro
del corazón anheloso
de recibir este fuego

　　que baja de tus abismos,
15　va iluminando mi sueño
y mata la carne y deja
al alma en su puro hueso.

　　Lo que dicen las estrellas
20　me tiene, Señor, despierto
a más altas claridades,
a más disparados vuelos,

　　a un no sé de cauteloso,
a un sí sé de goce trémulo
(alas de una mariposa
agitadas por el suelo).

　　Y en el suelo desangrándose
se pierde la voz del cielo
hasta que se llega al alma
por la puerta del deseo.

　　Paloma de las estrellas,
ala en aire, flecha, hierro
en el blanco de la fragua
de tu amor.

　　　　　　En el desvelo
de tantas luces agudas
todo va lejos, huyendo.
Todo, menos Tú, Señor.
Que ya sé cómo me hablas
por las estrellas del cielo.

1952.

(De *Asonante final y otros poemas*, 1955).

Enrique Anderson Imbert

EL LEVE PEDRO

Durante dos meses se asomó a la muerte. El médico refunfuñaba que la enfermedad de Pedro era nueva, que no había modo de tratarla y que él no sabía qué hacer . . . Por suerte el enfermo, solito, se fué curando. No había perdido su buen humor, su oronda calma provinciana. Demasiado flaco y eso era todo. Pero al levantarse después de varias semanas de convalecencia se sintió sin peso.

— Oye — dijo a su mujer — me siento bien pero ¡no sé! el cuerpo me parece . . . ausente. Estoy como si mis envolturas fueran a desprenderse dejándome el alma desnuda.

— Languideces — le respondió su mujer.

— Tal vez.

Siguió recobrándose. Ya paseaba por el caserón, atendía el hambre de las gallinas y de los cerdos, dió una mano de pintura verde a la pajarera bulliciosa y aun se animó a hachar la leña y llevarla en carretilla hasta el galpón. Pero según pasaban los días las carnes de Pedro perdían densidad. Algo muy raro le iba minando, socavando, vaciando el cuerpo. Se sentía con una ingravidez portentosa. Era la ingravidez de la chispa, de la burbuja, del globo. Le costaba muy poco saltar limpiamente la verja, trepar las escaleras de cinco en cinco, coger de un brinco la manzana alta.

— Te has mejorado tanto — observaba su mujer — que pareces un chiquillo acróbata.

Una mañana Pedro se asustó. Hasta entonces su agilidad le había preocupado, pero todo ocurría como Dios manda. Era extraordinario que, sin proponérselo, convirtiera la marcha de los humanos en una triunfal carrera en volandas sobre la quinta. Era extraordinario pero no milagroso. Lo milagroso apareció esa mañana.

Muy temprano fué al potrero. Caminaba con pasos contenidos porque ya sabía que en cuanto taconeara iría dando botes por el corral. Arremangó la camisa, acomodó un tronco, cogió el hacha y asestó el primer golpe. Y entonces, rechazado por el impulso de su propio hachazo, Pedro levantó vuelo. Prendido todavía del hacha, quedó un instante en suspensión, levitando allá, a la altura de los techos; y luego bajó lentamente, bajó como un tenue vilano de cardo.

Acudió su mujer cuando Pedro ya había descendido y, con una palidez de muerte, temblaba agarrado a un rollizo tronco.

— ¡Hebe! ¡Casi me caigo al cielo!

— Tonterías. No puedes caerte al cielo. Nadie se cae al cielo. ¿Qué te ha pasado?

Pedro explicó la cosa a su mujer y ésta, sin asombro, le reconvino:

— Te sucede por hacerte el acróbata. Ya te lo he prevenido. El día menos pensado te desnucarás en una de tus piruetas.

— ¡No, no! — insistió Pedro —. Ahora es diferente. Me resbalé. El cielo es un precipicio, Hebe.

Pedro soltó el tronco que lo anclaba pero se asió fuertemente a su mujer. Así abrazados volvieron a la casa.

— ¡Hombre! — le dijo Hebe, que sentía el cuerpo de su marido pegado al suyo como el de un animal extrañamente joven y salvaje, con ansias de huir en vertiginoso galope —. ¡Hombre, déjate de hacer fuerza, que me arrastras! Das unas zancadas como si quisieras echarte a volar.

— ¿Has visto, has visto? Algo horrible me está amenazando, Hebe. Un esguince, y ya empieza la ascensión.

Esa tarde Pedro, que estaba apoltronado en el patio leyendo las historietas del periódico, se rió convulsivamente. Y con la propulsión de ese motor alegre fué elevándose como un

460

ludión, como un buzo que se quitara las suelas. La risa se trocó en terror y Hebe acudió otra vez a las voces de su marido. Alcanzó a cogerlo de los pantalones y lo atrajo a la tierra. Ya no había duda. Hebe le llenó los bolsillos con grandes tuercas, caños de plomo y piedras; y estos pesos por el momento dieron a su cuerpo la solidez necesaria para tranquear por la galería y empinarse por la escalera de su cuarto. Lo difícil fué desvestirlo. Cuando Hebe le quitó los hierros y el plomo, Pedro, fluctuante sobre las sábanas, se entrelazó a los barrotes de la cama y le advirtió:

— ¡Cuidado, Hebe! Vamos a hacerlo despacio porque no quiero dormir en el techo.

— Mañana mismo llamaremos al médico.

— Si consigo estarme quieto no me ocurrirá nada. Solamente cuando me agito me hago aeronauta.

Con mil precauciones pudo acostarse y se sintió seguro.

— ¿Tienes ganas de subir?

— No. Estoy bien.

Se dieron las buenas noches y Hebe apagó la luz.

Al otro día cuando Hebe despegó los ojos vió a Pedro durmiendo como un bendito, con la cara pegada al techo. Parecía un globo escapado de las manos de un niño.

— ¡Pedro, Pedro! — gritó aterrorizada.

Al fin Pedro despertó, dolorido por el estrujón de varias horas contra el cielo raso. ¡Qué espanto! Trató de saltar al revés, de caer para arriba, de subir para abajo. Pero el techo lo succionaba como succionaba el suelo a Hebe.

— Tendrás que atarme de una pierna y amarrarme al ropero hasta que llames al doctor y vea qué es lo que pasa.

Hebe buscó una cuerda y una escalera, ató un pie a su marido y se puso a tirar con todo el ánimo. El cuerpo adosado al techo se removió como un lento dirigible. Aterrizaba.

En eso se coló por la puerta un correntón de aire que ladeó la leve corporeidad de Pedro y, como a una pluma, la sopló por la ventana abierta. Ocurrió en un segundo. Hebe lanzó un grito y la cuerda se le escapó de las manos. Cuando corrió a la ventana ya su marido, desvanecido, subía por el aire inocente de la mañana, subía en suave contoneo como un globo de color fugitivo en un día de fiesta, perdido para siempre, en viaje al infinito. Se hizo un punto y luego nada.

(De *El Grimorio*, 1961).

LECTURAS COMPLEMENTARIAS

Forzosamente hemos tenido que excluir de nuestra antología la novela y el teatro. A fin de que el lector pueda completar por su cuenta el panorama de la literatura hispanoamericana, ofrecemos a continuación dos listas, también antológicas, de novelas y obras teatrales, agrupadas por orden alfabético de los países en que se originaron.

NOVELA

ARGENTINA

José Mármol (1817–1871), *Amalia*
Eugenio Cambaceres (1843–1888), *Sin rumbo*
Roberto J. Payro (1867–1928), *Divertidas aventuras del nieto de Juan Moreira, El casamiento de Laucha*
José Miró (1867–1896), *La Bolsa*
Enrique Larreta (1873–1961), *La gloria de Don Ramiro*
Manuel Gálvez (1882–1962), *Nacha Regules*
Ricardo Güiraldes (1886–1927), *Don Segundo Sombra*
Benito Lynch (1885–1952), *El inglés de los güesos*
Roberto Arlt (1900–1942), *Los siete locos*
Leopoldo Marechal (1900), *Adan Buenosaires*
Eduardo Mallea (1903), *Todo verdor perecerá*
Manuel Mujica Láinez (1910), *La casa*
Ernesto Sabáto (1911), *Sobre héroes y tumbas*
Julio Cortázar (1918), *Rayuela*
H. A. Murena (1923), *Los herederos de la promesa*

BOLIVIA

Nataniel Aguirre (1843–1888), *Juan de la Rosa*
Alcides Arguedas (1879–1946), *Raza de bronce*
Armando Chirveches (1881–1926), *La candidatura de Rojas*
Carlos Medinaceli (1899–1944), *La chaskanawi*
Augusto Céspedes (1904), *El Metal del Diablo*
Oscar Cerruto (1912), *Aluvion de fuego*

COLOMBIA

Eugenio Díaz (1804–1865), *Manuela*
Eustaquio Palacios (1830–1898), *El Alférez Real*
Jorge Isaacs (1837–1895), *María*
Tomás Carrasquilla (1858–1940), *La marquesa de Yolombó*
José Eustasio Rivera (1888–1928), *La vorágine*
Eduardo Zalamea Borda (1907), *Cuatro años a bordo de mí mismo*

José A. Osorio Lizarazo (1900), *Garabato*
Eduardo Caballero Calderón (1910), *El Cristo de espaldas*
Gabriel García Márquez (1929), *Cien años de soledad*

COSTA RICA
José Marín Cañas (1904), *El infierno verde*
Carlos Luis Fallas (1910), *Mamita Yunai*
Joaquín Gutiérrez (1918), *Manglar*

CUBA
Cirilo Villaverde (1812–1894), *Cecilia Valdés*
Jesús Castellanos (1879–1912), *La Conjura*
Carlos Loveira (1882–1928), *Los Ciegos, Juan Criollo*
Luis Felipe Rodríguez (1888–1947), *Ciénaga*
Enrique Serpa (1899), *Contrabando*
Enrique Labrador Ruiz (1902), *La sangre hambrienta*
Alejo Carpentier (1904), *Los pasos perdidos, El acoso, El siglo de las luces*
José Lezama Lima (1912), *Paradiso*

CHILE
Alberto Blest Gana (1830–1920), *El loco Estero, Martín Rivas*
Luis Orrego Luco (1866–1949), *Casa Grande*
Augusto D'Halmar (1880–1950), *Pasión y muerte del cura Deusto*
Eduardo Barrios (1884–1963), *El Hermano Asno, Gran señor y raja — diablos*
Joaquín Edwards Bello (1886), *El roto*
Fernando Santivan (1886), *La Hechizada*
Mariano Latorre (1886–1955), *Zurzulita*
Pedro Prado (1886–1952), *Un juez rural, Alsino*
Jenaro Prieto (1889–1946), *El Socio*
Manuel Rojas (1896), *Hijo de ladrón*
Marta Brunet (1901), *Humo hacia el sur*
María Luisa Bombal (1910), *La última niebla*
Juan Godoy (1910), *Angurrientos*
Nicomedes Guzmán (1914–1964), *La sangre y la esperanza*
José Donoso (1925), *Coronación*

ECUADOR
Juan León Mera (1832–1894), *Cumandá*
Demetrio Aguilera Malta (1905), *Canal Zone*
Jorge Icaza (1906), *Huasipungo*
Alfredo Pareja Díez-Canseco (1908), *El Muelle*
Enrique Gil-Gilbert (1912), *Nuestro pan*
Adalberto Ortiz (1914), *Juyungo*

EL SALVADOR

Napoleón Rodríguez Ruiz (1910), *Jaraguá*

GUATEMALA

Rafael Arévalo Martínez (1884), *El hombre que parecía un caballo*
Miguel Angel Asturias (1889), *El señor Presidente, Hombres de maíz*
Mario Monforte Toledo (1911), *Entre la piedra y la cruz*

HONDURAS

Marcos Carías Reyes (1905–1949), *Trópico*

MÉXICO

José Joaquín Fernández de Lizardi (1760–1827), *El Periquillo Sarniento,
Don Catrín de la Fachenda*
Manuel Payno (1810–1894), *Los bandidos de Rio Frío*
Vicente Riva Palacio (1832–1896), *Martín Garatuza*
Ignacio Manuel Altamirano (1834–1893), *El Zarco*
José López Portillo y Rojas (1850–1923), *La parcela*
Rafael Delgado (1853–1914), *Angelina*
Emilio Rabasa (1856–1930), *La bola*
Federico Gamboa (1864–1939), *Santa*
Mariano Azuela (1873–1952), *Los de abajo, La Luciérnaga*
Martín Luis Guzmán (1887), *La sombra del caudillo*
José Rubén Romero (1890–1952), *La vida inútil de Pito Pérez, Mi caballo,
mi perro y mi rifle*
Gregorio López y Fuentes (1897), *El indio*
Agustín Yáñez (1904), *Al filo del agua*
José Revueltas (1914), *El luto humano*
Juan Rulfo (1918), *Pedro Páramo*
Carlos Fuentes (1929), *La muerte de Artemio Cruz*

NICARAGUA

Hernán Robleto (1895), *Sangre en el trópico*

PANAMÁ

Rogelio Sinán (1904), *Todo un conflicto de sangre*

PARAGUAY

Gabriel Casaccia (1907), *La babosa*
Augusto Roa Bastos (1918), *Hijo de hombre*

PERÚ

Clorinda Matto de Turner (1854–1909), *Aves sin nido*
Clemente Palma (1872), *La nieta del oidor*
José Díez-Canseco (1905–1949), *El Duque*
Ciro Alegría (1909–1967), *La serpiente de oro, El mundo es ancho y ajeno*
José María Arguedas (1911), *Los ríos profundos*
Mario Vargas Llosa (1936), *La ciudad y los perros*

Puerto Rico
  Manuel Zeno Gandía (1855–1930), *La charca*
  Enrique A. Laguerre (1906), *La llamarada, Solar Montoya*

República Dominicana
  Manuel de Jesús Galván (1834–1901), *Enriquillo*
  Tulio Manuel Cestero (1877–1954), *La sangre: una vida bajo la tiranía*
  Ramón Marrero Aristy (1913), *Gver*

Uruguay
  Eduardo Acevedo Díaz (1851–1921), *Ismael*
  Carlos Reyles (1868–1938), *El gaucho Florido*
  Enrique Amorim (1900–1960), *El paisano Aguilar*
  Francisco Espínola (1901), *Sombras sobre la tierra*
  Juan Carlos Onetti (1909), *La vida breve*

Venezuela
  Manuel Vicente Romero García (1865–1917), *Peonía*
  Gonzalo Picón-Febres (1860–1918), *El sargento Felipe*
  Manuel Díaz Rodríguez (1868–1927), *Sangre patricia*
  Rufino Blanco Fombona (1874–1944), *El hombre de hierro*
  Rómulo Gallegos (1884–1969), *Doña Barbara, Canaima, Cantaclaro*
  José Rafael Pocaterra (1889–1955), *El doctor Bebé*
  Teresa de la Parra (1891–1936), *Las memorias de Mamá Blanca*
  Antonio Arriáz (1903). *Puros hombres*
  Ramón Díaz Sánchez (1903), *Cumboto*
  Arturo Uslar Pietri (1905), *Las lanzas coloradas*
  Miguel Otero Silva (1908), *Casas muertas*

TEATRO

Al confeccionar la presente lista de obras teatrales nos hemos limitado a los autores contemporáneos, prescindiendo de otros anteriores. Pero no hay que olvidar uno por lo menos de los dramaturgos de la Colonia, aunque su obra también pertenezca a la literatura española del Siglo de Oro. De lectura obligada para todo estudiante deben ser *La verdad sospechosa* y *Las paredes oyen*, de Juan Ruiz de Alarcón (1580–1639).

Argentina
  Samuel Eichelbaum (1894–1968), *Un guapo del 900*
  Conrado Nalé Roxlo (1898), *La cola de la sirena*
  Juan Carlos Ghiano (1920), *Corazón de tango*
  Osvaldo Dragún (1929), *Y nos dijeron que éramos inmortales*

BOLIVIA

Antonio Díaz Villamil (1897–1948), *La hoguera*
Guillermo Francovich (1901), *Un puñal en la noche*

COLOMBIA

Antonio Alvarez Lleras (1892), *El zarpazo*
Luis Enrique Osorio (1896), *El Doctor Manzanillo*
Enrique Buenaventura (1925), *La tragedia de Henri Christophe*

COSTA RICA

José Fabio Garnier (1884), *A la sombra del amor*
Eduardo Calsamiglia (1918), *Bronces de antaño*

CUBA

José Antonio Ramos (1885–1946), *Tembladera*
Luis A. Baralt (1892), *La luna en el pantano*
Abelardo Estorino (1925), *El robo del cochino*
José Triana (1933), *La noche de los asesinos*
Antón Arrufat (1935), *El caso se investiga*

CHILE

Antonio Acevedo Hernández (1886), *Almas perdidas*
Armando Moock (1894–1942), *La serpiente*
Egon Wolff (1926), *Los invasores*
Alejandro Sieveking (1934), *La madre de los conejos*

ECUADOR

Jorge Icaza (1902), *Como ellos quieren*
Demetrio Aguilera Malta (1905), *Lázaro*
Luis A. Moscoso Vega (1909), *Conscripción*

EL SALVADOR

Walter Beneke (1928), *Funeral Home*

GUATEMALA

Manuel Galich (1912), *Papá Natas*
Carlos Solórzano (1922), *Las manos de Dios*

MÉXICO

Xavier Villaurrutia (1904–1951), *Autos profanos*
Celestino Gorostiza (1904–1967), *El color de nuestra piel*
Rodolfo Usigli (1905), *El Gesticulador, Corona de sombra, Corona de luz, Corona de fuego*
Elena Garro (1920), *Un hogar sólido*
Sergio Magaña (1924). *Los signos del Zodiaco*
Emilio Carballido (1925), *Rosalba y los Llaveros*

NICARAGUA
Hernán Robleto (1893), *El vendaval*
Pablo Antonio Cuadra (1912), *Los los caminos van los campesinos*

PANAMÁ
José de Jesús Martínez (1928), *Juicio Final*

PARAGUAY
José Arturo Alsina (1897), *La marca de fuego*
Josefina Pla (1907), *Una novia para José el feo*

PERÚ
Leonidas Yerovi (1881–1912), *La casa de tantos*
José Chioino (1900), *Retorno*
Enrique Solari Swayne (1915), *Collacocha*
Sebastián Salazar Bondy (1924–1965), *La valija*

PUERTO RICO
Emilio S. Belaval (1903), *La Muerte*
Francisco Arriví (1915), *Vegigantes*
René Marqués (1919), *Los soles truncos, La carreta*

REPÚBLICA DOMINICANA
Franklin Domínguez (1931), *El último instante*

URUGUAY
Florencio Sánchez (1875–1910), *Barranca abajo, M'hijo el dotor*
Ernesto Herrera (1886–1917), *El león ciego*
Mario Benedetti (1920), *Ida y vuelta*
Carlos Maggi (1922), *La biblioteca*
Mauricio Rosenkof (1928), *Las ranas*

VENEZUELA
Julián Padrón (1910–1954), *La vela del alma*
Cesar Rengifo (1916), *Lo que dejó la tempestad*
Isaac Chocron (1932), *Requiem para un eclipse*

GLOSARIO

*de términos de métrica y retórica que
se usan con mayor frecuencia*[1]

ACENTO: la mayor intensidad con que se pronuncia determinada sílaba de una palabra o en un verso. Es ley general del verso castellano que lleve un *acento* en la penúltima sílaba. Según esto, las últimas palabras de los versos se alteran al contar las sílabas cuando no son graves; las esdrújulas son consideradas como si tuvieran una sílaba menos, y en las agudas, la última sílaba equivale a dos.

ACONSONANTADOS: se dice de los versos que tienen iguales sonidos — vocales y consonantes — a partir de la última vocal acentuada, o tónica.

AFÉRESIS: licencia usada a veces en poesía, que consiste en suprimir una o más letras al principio de un vocablo.

ALEJANDRINO: el verso de catorce sílabas, dividido generalmente en dos hemistiquios de siete. El *alejandrino* francés consta de doce sílabas.

ALITERACIÓN: repetición en una cláusula de la misma letra, o grupos de sonidos.

ANFÍBRACO: pie de la poesía clásica formado por una sílaba larga entre dos breves.

ANAPESTO: pie de la poesía clásica formado por dos sílabas breves y una larga.

ANISOSÍLABOS: versos desiguales entre sí.

ANTÍTESIS: figura que consiste en contraponer una frase o una palabra a otra de contraria significación.

ARTE MAYOR: los versos de más de ocho sílabas.

ARTE MENOR: los versos de ocho o menos sílabas.

ASONANCIA: rima entre dos palabras cuyas *vocales* son iguales a contar desde la última acentuada. Se la llama también *rima imperfecta.*

AUTO: acto, composición dramática en que por lo general intervienen personajes bíblicos o alegóricos. *Auto sacramental:* el escrito en loor de la Eucaristía. *Auto de Navidad:* el de asunto relacionado con dicha fiesta religiosa.

---

[1] Algunas de las definiciones usadas en este glosario han sido tomadas del libro de Tomás Navarro, *Métrica española*; de *Vox*; del *Diccionario de Literatura española* publicado por la «Revista de Occidente», de Madrid; y del *Diccionario de la Real Academia de la Lengua.*

BUCÓLICA (poesía): la que canta las bellezas de la naturaleza y los encantos de la vida campestre.

CADENCIA: distribución y combinación de los acentos, pausas y melodía.

CANCIÓN: composición poética derivada de la «canzone» italiana, y generalmente de tema amoroso. En su aspecto popular, la *canción* está relacionada con la música, es de métrica diversa y de tono sencillo y natural.

CANTIDAD: duración de los sonidos o de las sílabas y relaciones de tiempo entre ellas, de importancia para la rítmica del verso.

CANTO: cada una de las partes en que se divide un poema, especialmente los del género épico.

CESURA: pequeña pausa que se hace en un lugar determinado del verso.

COLOQUIO: género de composición literaria en forma de diálogo. Puede ser en prosa o en verso.

CONSONANCIA: igualdad de los últimos sonidos, tanto vocales como consonantes, en dos palabras, a partir de la última vocal acentuada. Llamada *rima perfecta* en poesía.

COPLA: breve composición lírica, especialmente la que sirve de letra en las canciones populares. Por extensión, cualquier clase de estrofa.

CUARTETA: estrofa de cuatro versos octosílabos de rima *abab*. Cualquier otra combinación de cuatro versos de arte menor.

CUARTETO: estrofa de cuatro versos endecasílabos de rima *abba*. Combinación métrica de versos de arte mayor.

DÁCTILO: pie de la poesía clásica formado por una sílaba larga y dos breves.

DÉCIMA: conjunto de diez octosílabos dispuestos en el orden de dos redondillas y dos versos de enlace, *abba; ac; cddc*. (Navarro) Llámase también «espinela».

DIÉRESIS: licencia poética que consiste en separar en dos sílabas las dos vocales de un diptongo.

DODECASÍLABO: el verso de doce sílabas, compuesto de 6 más 6. Cuando la cesura va después de la séptima sílaba, se suele llamar «de seguidilla», y fue muy empleado por los poetas modernistas.

ÉGLOGA: poema bucólico lírico, de forma dialogada.

ELEGÍA: en su origen, composición fúnebre. Es con frecuencia una lamentación por cualquier motivo que produce tristeza en el ánimo del poeta.

ENCABALGAMIENTO: se dice que hay *encabalgamiento* cuando la unidad rítmica del verso no coincide con una unidad de significación y, por lo tanto, el final de un verso, para completar su sentido, tiene que enlazarse con el verso siguiente.

ENDECASÍLABO: el verso de once sílabas.

ENEASÍLABO: el verso de nueve sílabas.

EPIGRAMA: composición poética que expresa un pensamiento por lo general festivo o satírico.

EPÍTETO: palabra o frase que se une al nombre para especificarlo o caracterizarlo.

ESTRIBILLO: cláusula en verso que se repite después de cada estrofa en algunos poemas líricos.

ESTROFA: grupo de versos sujetos a un orden metódico. (Navarro) Cualquiera de las partes o grupos de versos de que constan algunos poemas, aunque no estén ajustadas a exacta simetría.

FÁBULA: poema alegórico que contiene una enseñanza moral, y en el que intervienen cosas o animales.

GLOSA: composición poética con una estrofa inicial, de la que se repiten uno o más versos al final de cada una de las siguientes.

HEMISTIQUIO: la mitad de un verso, separada de la otra mitad por una cesura. Puede designar también cada una de dos partes desiguales de un mismo verso.

HEPTASÍLABO: el verso de siete sílabas.

HERNANDINA: estrofa usada por José Hernández en su poema «Martín Fierro», y que consiste en una décima a la que se le suprimen los cuatro primeros versos.

HEXADECASÍLABO: el verso de diez y seis sílabas.

HEXÁMETRO: verso de la medida clásica, que consta de seis pies.

HEXASÍLABO: el verso de seis sílabas.

HIATO: efecto de la pronunciación separada de dos vocales que van juntas. Si las vocales forman un diptongo, su pronunciación separada se llama *diéresis*.

HIPÉRBATON: figura que consiste en alterar el orden que las palabras deben tener en el discurso con arreglo a las leyes de la sintaxis llamada regular.

HIPÉRBOLE: exageración de las cualidades de un ser, realzándolas o rebajándolas.

IMAGEN: representación de una cosa determinada con detalles fieles y evocativos. No es necesario que sea metafórica o visual; puede tener carácter sensual, y también dar lugar a interpretaciones simbólicas.

ISOSÍLABOS: versos de igual número de sílabas.

LETRILLA: poema de origen popular, cada una de cuyas estrofas termina con uno o más versos que forman el *estribillo*.

LIRA: combinación métrica o estrofa de cinco versos, endecasílabos el segundo y quinto, y heptasílabos los otros tres, de rima consonante *ababb*. Puede formarse también con seis versos de diferente medida.

MADRIGAL: poema breve, de tono delicado, generalmente amoroso.

MEDIDA: número y clase de sílabas que ha de tener un verso.

METÁFORA (o traslación): trasposición del significado primero de un nombre; traslación del sentido recto de las voces en otro figurado, en virtud de una comparación tácita.

MÉTRICA: ciencia y arte que trata de los versos.

METRO: la medida aplicada a cierto número de palabras para formar un verso. También se llama así al verso con relación a la medida que le corresponde según su clase.

MONORRIMO: el uso de varios versos de un solo consonante o asonante.

OCTAVA (de *Oña*): combinación inventada por este poeta chileno, compuesta de ocho endecasílabos aconsonantados que riman *abbaabcc*. Octava *italiana*: aquella en que el primero y quinto versos son libres, y los demás riman: segundo y tercero, sexto y séptimo, y cuarto y octavo. Octava *real*: la formada por ocho endecasílabos con rima consonante de *ababbcc*. Llamada también *octava rima*.

OCTAVILLA: la combinación de arte menor formada como la octava italiana, pero con los versos cuarto y octavo agudos.

ODA: composición del género lírico, generalmente dividida en estrofas o partes iguales. Suele ser un canto de entusiasmo ante un suceso grandioso o notable.

ONOMATOPEYA: imitación del sonido de una cosa en el vocablo que se forma para significarla. (Academia)

OVILLEJO: suma de diez versos en que figuran tres pareados, cada uno formado por un octosílabo y un quebrado a manera de eco, a los cuales sigue una redondilla que continúa la rima del último pareado y termina reuniendo los tres breves quebrados en el verso final. (Navarro)

PARADOJA: figura consistente en el empleo de expresiones o frases que envuelven contradicción.

PARÁFRASIS: interpretación o libre traducción de un texto literario.

PAREADO: combinación de dos versos unidos y aconsonantados.

PENTASÍLABO: el verso de cinco sílabas.

PERÍFRASIS (o circunlocución): figura retórica consistente en expresar una idea por medio de un rodeo de palabras.

PIE: antiguamente se designaba con este nombre a las unidades métricas de formación elemental. Es la duración comprendida entre dos tiempos marcados sucesivos, separados por intervalos isócronos.

PIE QUEBRADO: combinación de versos octosílabos con versos de cuatro sílabas. También, otras combinaciones de versos cortos y largos.

POEMA ÉPICO: narración en verso de un suceso de importancia, hecha en tono elocuente y entusiasta y, por lo general, asociado a la historia de un pueblo o nación.

POEMA HEROICO: aquel en que, como en el anterior, se narran o cantan hazañas gloriosas o hechos memorables, pero de importancia menos general.

POLIMETRÍA: variedad de metros en una misma composición poética.

PROSOPOPEYA: atribución de cualidades o actos de persona a otros seres.

QUINTILLA: combinación de cinco versos octosílabos aconsonantados; no han de ir tres consonates seguidos, ni terminar con un pareado.

REDONDILLA: estrofa de cuatro octosílabos de rima consonante *abba*.

RETRUÉCANO: inversión de los términos de una cláusula en otra subsiguiente para que el sentido de esta última contraste con el de la anterior. (Academia)

RIMA: semejanza o igualdad entre los sonidos finales de verso, a contar desde la última vocal acentuada. Composición poética breve, de género lírico.

ROMANCE: combinación métrica formada por una serie indefinida de versos octosílabos, asonantados en los pares y sin rima en los impares. *Heroico:* el formado por versos endecasílabos.

ROMANCILLO: el compuesto por versos de menos de ocho sílabas.

RONDEL: breve composición amorosa, generalmente en redondillas octosílabas, en que se repiten armoniosamente conceptos y rimas. (Navarro) Algunos poetas usan endecasílabos de diversos tipos.

SEGUIDILLA: composición poética que puede constar de cuatro o de siete versos, y en que se combinan heptasílabos y pentasílabos. Es de carácter popular.

SERVENTESIO: estrofa formada por cuatro versos endecasílabos de rima alterna. Era un género de composición de la lírica provenzal, de asunto moral, político o satírico.

SEXTINA: estrofa de seis versos endecasílabos. *Sextina modernista:* combinación de seis versos de cualquier medida, con rima consonante de *aabccb*.

SILVA: composición formada por endecasílabos solos o combinados con heptasílabos, sin sujeción a orden alguno de rimas ni estrofas. (Navarro). Poema en silvas.

SÍMIL: figura que consiste en comparar expresamente una cosa con otra, para dar idea viva y eficaz de una de ellas. (Academia)

SINALEFA: pronunciación en una sola sílaba de la última vocal de una palabra y la primera de la palabra siguiente.

SONETO: composición poética de catorce versos distribuídos en dos cuartetos y dos tercetos, generalmente endecasílabos. Modernamente se escriben sonetos con otras clases de versos.

SONETILLO: combinación de arte menor en forma de soneto.

TERCIA RIMA: los tercetos.

TERCERILLA: el terceto que emplea el verso octosílabo en vez endecasílabo. *Tercerilla modernista:* estrofa compuesta de tres versos de una misma rima consonante.

TERCETO: tres versos endecasílabos, que riman el primero con el tercero. Cuando son varios, el segundo verso de cada uno de los grupos consuena con el primero y tercero del siguiente, y se termina con un cuarteto. Llamado también *tercia rima*.

TETRASÍLABO: verso de cuatro sílabas.

TRIOLET: nombre provenzal de una composición poética usada por Manuel González Prada, que no es otra que el antiguo *zéjel*, según Navarro.

TRISÍLABO: el verso de tres sílabas.

TROPO: empleo de las palabras en sentido distinto al que propiamente les corresponde, pero que tiene con éste alguna conexión, correspondencia o semejanza. (Academia)

TROQUEO: pie de la poesía clásica compuesto de una sílaba larga y otra breve.

VERSIFICACIÓN: arte de versificar, de hacer versos. Por razón de su medida, los versos son *métricos* si se ajustan a un determinado número de sílabas y *amétricos* si no se sujetan a tal igualdad. (Navarro)

VERSO: período rítmico constante cuya unidad representan los acentos. Palabra o conjunto de palabras sujetas a medida y cadencia, según ciertas reglas. *Verso blanco*, o *verso libre*, o *suelto:* el verso sin rima.

VERSOLIBRISMO: expresión pura de la conciencia poética, sin trabas de medidas, consonantes ni acentos. (Navarro)

VILLANCICO: composición poética popular con estribillo, y especialmente de asunto religioso.

YAMBO: pie de la poesía clásica que consta de una sílaba breve y una larga.

ZÉJEL: estrofa antigua española compuesta de un estribillo inicial, un terceto monorrimo que constituía la mudanza, cuyo consonante cambiaba en cada estrofa, y de un verso final llamado *vuelta*. (Navarro)

ÍNDICE ALFABÉTICO

El número romano indica el tomo

PERMISSIONS AND ACKNOWLEDGMENTS

We wish to thank the authors, publishers, and holders of copyright for their permission
to use the reading material in this revised edition.

Borges, Jorge Luis: "Ajedrez" and "Borges y yo" from *Antología personal,* by permission of the author. (J)

Cortázar, Julio: "Todos los fuegos el fuego," © 1966, 1967 Editorial Sudamericana,
S.A., Buenos Aires, Argentina. (CE)

Gorostiza, José: "Preludio," by permission of the author. (J)

Novás Calvo, Lino: "A ese lugar donde me llaman," by permission of the author. (J)

Paz, Octavio: "Todos santos, Día de muertos," fragment of "El laberinto de la soledad,"
by permission of the author. (J)